古今
悬案疑案奇案
大全集

□文章 编著

中国华侨出版社

图书在版编目（CIP）数据

古今悬案疑案奇案大全集／文章编著. —北京：中国华侨出版社，2012.12 （2016.5重印）
ISBN 978-7-5113-3001-7

Ⅰ.①古… Ⅱ.①文… Ⅲ.①中国历史－通俗读物 Ⅳ.①K209

中国版本图书馆CIP数据核字（2012）第262517号

古今悬案疑案奇案大全集

编　　著：文　章
出 版 人：方　鸣
责任编辑：艾　涛
封面设计：李艾红
文字编辑：张荣华　文　娟
美术编辑：玲　玲
经　　销：新华书店
开　　本：1020mm×1200mm　　1/10　　印张：36　　字数：600千字
印　　刷：北京华平博印刷有限公司
版　　次：2013年1月第1版　2016年5月第2次印刷
书　　号：ISBN 978-7-5113-3001-7
定　　价：59.80元

中国华侨出版社　北京市朝阳区静安里26号通成达大厦三层　　邮编：100028
法律顾问：陈鹰律师事务所
发 行 部：（010）88866079　　传　真：（010）88877396
网　　址：www.oveaschin.com
E-mail：oveaschin@sina.com

如发现印装质量问题，影响阅读，请与印刷厂联系调换。

前　言

　　老子出关是西去还是东归？不被看好的忽必烈为何能继承帝位？"狸猫换太子"，究竟纯属伪造还是确有其事？名妓陈圆圆的结局如何，出家、殉情，还是隐逸？朱元璋大兴文字狱，无声的文字为什么会被抹上血腥色彩？苏东坡在金山寺曾遭遇过"UFO"吗？难道在窦绾墓中挖掘出的长信灯在设计之中就加入了环保意识……这些曲折离奇的悬案，迷雾重重的疑案，案中有案的奇案，一桩桩、一件件，至今还遁迹在没有尽头的黑暗之中，像磁石一样吸引着人们猎奇的目光，并引导着人们不断去探究，去追寻。

　　每一个案件本身都在讲述着一段历史，每一个人物背后都有一段鲜为人知的故事。随着时光的变迁，在岁月长河的冲刷之下，那些曾经的人和物的故事，渐渐变得模糊不清，再也无人能够了解当时的真相，再也无人能够诉说其中的曲折，给我们留下了无数难以明晰的历史谜题。

　　历史发生了什么？历史隐藏了什么？虽然后人一直在不停地研究、探索，但由于种种原因，许多历史之谜至今仍然众说纷纭、莫衷一是。有许多真相因为年代久远，相关人证物证被岁月所尘封，使得史料缺失，许多细节被覆灭；有的因为当局者出于某种政治需要、个人喜好偏见等自身利益的考虑刻意隐瞒，而有所保留、有所舍弃甚至进行了篡改而逐渐隐藏了其真实的身影；有的是因为受人类当前的认知能力和科技水平所限而不能完全得到合理的解释等等。这些现实问题使得许多历史细节难以展现出完整的真实面貌，久而久之容易让人们形成一定的认识误区：人们经常以个人的判断对一些事件进行厚此薄彼的陈述或判断，事件细节不断地被加入人工的修饰，或进行随意拼接、删改，甚至以讹传讹，最后形成偏见，可能跟事实真相大相径庭。

　　几千年的时光中，有多少谜团在历史的尘埃下沉睡，等待着有人能够让它们重见光明，告诉后世的人们曾经发生的最真实的故事。拨开历史的迷雾，故事就是生动的、深刻的；揭开故事的真相，人物就是鲜活的、近距离的。朝堂、后宫因涉及最高权力的争夺，使得众多历史事件因被掩埋了真相而变得众说纷纭；奸臣、名将的离奇故事因后人的褒贬而多有附会，历史的真实也难以还原；而名妓、绝色红颜在她们生存的朝代就是传奇女子，生前死后流传千年仍是传奇。如果说这些历史离我们太远或太过虚幻，那么存在我们身边且曾为多人目睹的奇特现象或文物应该不是杜撰。如出土的楼兰文书和令人惊艳的"楼兰美女"，记载着海市蜃楼般存在的楼兰古国的历史；比如马王堆古尸的千年不腐，五光十色的珠宝，色泽如新的随葬漆器……这些曾经的存在直到现在人们也才捕捉到似真似幻的一丝半缕，加上现在的科学无法完全解释，终成历史长河中的悬疑篇章。

聚焦历史，披露惊心动魄的案件传奇；穿越迷雾，揭开错综复杂的尘封真相。本书为读者精心准备了历史上具有一定影响力和意义深远的悬案、疑案、奇案，以史实为依据，侧重科学性和真实性，披露鲜为人知的奇闻轶事、诉说帝王之家的权力斗争、演绎后宫之间的爱恨情仇、考证文化艺术的真伪虚实、破译考古文物的神奇密码、揭秘国宝背后的惊天事实……本书多角度、全方位地逐层透析这些案件背后的各个疑点，客观、科学地分析其成因、特点及其破译进展情况。同时，还设置了"历史话外音"，针对每一个悬案、疑案、奇案或评述，或分析，或发表感慨，让我们在感受玄妙历史的同时，从历史中借鉴经验，从故事中收获记忆，从谜案中找寻真谛。

一个个扑朔迷离的谜团，一个个扣人心弦的故事，一个个震撼心灵的史实，一句句中肯实在的时评。寻一方净土，泡一壶清茶，让我们一同穿越历史的长河，去见识各种悬而未决、扑朔迷离的离奇历史和故事。拨开历史的迷雾，探寻悬案、疑案、奇案背后的真相，让悲剧不再重演。

目 录

第一章

名人去向悬案

——名人们的生死之谜，浮生若梦何去何从

老子的出关之谜：是西去还是东归

老子是中国古代哲学家、思想家和道家学派的创始人，他一生最大的成就是开创了道家学派，并为后人留下了一部五千余言的《道德经》。司马迁《史记》记载，老子姓李，名耳，字聃，因而人称老聃，曾做过周王室管理藏书的史官，后来隐居不仕，骑青牛西出函谷关后"莫知其所终"。

到底老子为什么要出关呢？老子出了函谷关之后是往哪个方向走了呢？这无疑是难以解开的谜题。

有史实记载，老子曾西出函谷关，被关令尹喜强而著书，留下了中国思想史上的巨著《道德经》。而后他就骑着一头大青牛，继续西行，则没了消息。但是，老子到底骑着青牛去了哪儿，真的是如史书所言西行而去吗？这引起了很多考古学家和历史学家的兴趣，但是至今没有得出很确凿的证据。

有人说他西出大散关，经流沙奔印度去了，并说他到印度传教，教出了释迦牟尼这样的大弟子。历代不少人认为此说只是道教为了抬高自己贬低其他宗教而捏造出来的。而有人说晚年的老子在甘肃临洮落脚，为归隐老者炼内丹，养生修道，得道后在临洮超然台"飞升（去世）"。有人甚至提出了老子在甘肃的大体行程路线——出函谷关（今河南灵宝县东北），过散关（今陕西宝鸡市西南），入甘肃，经游天水、陇西、临洮、兰州、酒泉等地后，又回到陇西邑，落户临洮，最终在临洮东山"飞升"。老子在临洮"飞升"后，其子嗣在此繁衍生息。唐太宗李世民所修《氏族志》称："李氏凡十三望，以陇西为第一。"后世天下李氏都称老子为李姓"太上始祖"。所以，时至今日，临洮县岳麓山至今还有"超然台""说经台""飞升崖""文锋塔"等与老子有关的遗迹。所以就有学者认为，老子西行落户甘肃之后始有"天下李氏出陇西"一说。但是，这些西去的说法虽然颇为传神，却因为缺乏有力的证据而显得有些苍白。

当然，还有很多人认为老子不是西去，而是东归。

《庄子·天道篇》有一段记载，叙说了老子离职后便离开周室而归乡养老了。老子的故乡位于今天的河南省鹿邑县，离孔子所在的曲阜不远。孔子还曾拜访过老子，也就是传说中的"孔子问礼"。这件事不论是在《庄子》《韩非子》《吕氏春秋》，还有在儒家著作《礼记·曾子问》中都有记载。以目前所掌握的史料来看，只有老子退隐后东归的说法有文献根据，其他的说法，还有待学术界提供新证据。

不过，虽然对老子的去处还颇有争议，但是，无论老子最终前往何方，他在中国历史文化上留下的著作和观念却成为我们推崇和学习的典范。

◎历史话外音◎

我们来看看孔子对老子的评价吧！子曰："鸟，吾知其能飞；兽，吾知其能走。走者可以为罔，游者可以为纶，飞者可以为矰。至于龙，吾不能知其乘风云而上天。吾今日见老子，其犹龙邪！"这大概算是对老子最高的评价了吧！

西施：是随范蠡而去还是被沉水

西施本名施夷光，春秋末期出生于中国绍兴诸暨苎萝村，天生丽质，中国古代四大美女之首。当时越国称臣于吴国，越王勾践卧薪尝胆，谋复国。西施忍辱负重，被越王勾践献给吴王夫差，成为吴王最宠爱的妃子。从此吴王日日沉迷酒色，不理朝政，最后落得众叛亲离。最后，吴王夫差拔剑自刎，结束了持续几十年的吴越战争，吴灭后西施就失去了音信，那么西施的结局怎样呢？作为越之功臣、吴之罪人的西施最后的结局如何，则众说纷纭。而在《史记》这部具有权威性的史书里，尽管有关于范蠡的详尽记载，却找不到有关西施的只言片语，难解的谜团让人倍感缺憾。又有人说她被仇恨的吴国人民乱棍打死，至今史学界也没有统一的结论。

西施最终的结局是生是死，历史上有各种不同的说法，一种说法是她随范蠡归隐于五湖。这也是最让世人接受的也是最浪漫的说法。原本西施和范蠡是情侣，后来两人为救越国牺牲了爱情。西施归国后，范蠡认为勾践可以共患难而不可以共安乐，带西施归隐江湖，因为有范蠡泛于江湖的传说，所以这种说法很容易被人接受。东汉袁康《越绝书》记载，吴亡后，"西施复归范蠡，同泛五湖而去"。明代胡应麟《少室山房笔丛》也有类似说法，以为西施原与范蠡有情，吴国覆亡后，范蠡带着西施隐居起来。李白《西施》诗云："一破夫差国，千秋竟不还。"也认为西施跟随范蠡隐居了。

一种说法是沉海或沉湖说。勾践灭吴后，他的夫人偷偷地叫人骗出西施，将石头绑在西施身上，而后沉入大海。或者是勾践也被西施的美色所迷惑，想要纳她为妃。范蠡怕勾践重蹈吴王夫差的覆辙，于是与西施乘船到湖中心后，将其淹死。

勾践为什么要杀害西施？一说是出于"狡兔死，走狗烹"的想法。勾践担心胜利后范蠡势大，欲害之，而范蠡有先见之明，已隐退，故杀他的情人以示警告。另一说是勾践觉得实施美人计有些胜之不武，故杀掉西施以保其密。再一说是勾践认为西施虽立功，但终是祸水，她能祸乱吴国，也能祸乱越国，故杀之绝祸。无论哪一种说法都显示了勾践的卑鄙和残忍。

墨子说"西施之沈，其美也"。西施成也其美，毁也其美。可美又有何罪呢？毁灭美的人才有罪。毁灭有大义立大功的美女罪至大焉！

还有一种是落水说。人们并不希望西施这位无辜的弱女子有个悲惨结局，于是找出初唐诗人宋之问《浣纱》诗："一朝还旧都，靓妆寻若耶；鸟惊人松梦，鱼沉畏荷花。"为依据，认为吴国灭亡后西施回到故乡，在一次浣纱时，不慎落水而死。唐朝诗人李商隐曾作《景阳井》绝句一首："景阳宫井剩堪悲，不尽龙鸾誓死期；肠断吴王宫外水，浊泥犹得葬西施"。另一诗人皮日休也有诗题《馆娃宫怀古》共五绝，第五首是："响屧廊中金玉步，采苹山上绮罗身；不知水葬今何处，溪月弯弯欲效颦。"从这两首诗可以看出，唐代也流传过西施被沉于水的说法。

最后一种说法是西施被杀了。传说吴王自刎而死时，吴人把一腔怒火都发泄在西施身上，用锦缎将她层层裹住，沉在扬子江心。此说取证于《东坡异物志》载："扬子江有美人鱼，又称西施鱼，一日数易其色，肉细味美，妇人食之，可增媚态，据云系西施沉江后幻化而成。" 这种说法绝对可以说是传说，不可信，只作为谈资罢了。

这四种说法尽管存在分歧，沉海说和隐居说流传最广，也是最可信的。西施究竟是怎么死的，虽然有各种说法，但真正的死因没有一个确切的定论，她的死仍是一个不解之谜。自古红颜多薄命，她的死因虽不确定，但她为救越国作出的牺牲是毋庸置疑的，就让这个美丽而又伟大的女子带着自己的不解之谜永远地沉落在美丽的湖中。

◎历史话外音◎

自古红颜多薄命，西施本是农家女子，只是因为天生丽质，做了越王政治斗争中的工具，事成之后，"兔死狗烹"，也是情理之中的事。

貂蝉：惨死还是善终

貂蝉，是我国民间传说中的人物，为东汉末年司徒王允家的义女，为拯救汉朝，由王允授意施行连环计，使董卓、吕布两人反目成仇，最终借吕布之手除掉了恶贼董卓。之后貂蝉成为吕布的妾，董卓部将李傕击败吕布后，她随吕布来到徐州。下邳一役后，吕布被曹操所杀，貂蝉跟随吕布家眷前往许昌，从此不知所踪。

貂蝉国色天香，有倾国倾城之貌，见东汉王朝被奸臣董卓所操纵，于月下焚香祷告上天，愿为主人担忧。王允眼看董卓将篡夺东汉王朝，设下连环计。王允先把貂蝉暗地里许给吕布，再明把貂蝉献给董卓。吕布英雄年少，董卓老奸巨猾。为了拉拢吕布，董卓收吕布为义子。从此以后，貂蝉周旋于此二人之间，送吕布于秋波，报董卓于妩媚。

然而，自从吕布白门楼殒命之后，这位胆色俱佳的奇女子便就此不见了踪迹。是随失败的吕布同赴了九泉，还是被胜利的曹操掳回了许昌等疑问，从群雄争霸开始一直到归晋统一也没有解开。

元代杂曲《连环计》中说她本名任红昌，是任昂的女儿，在宫中专管貂蝉冠因此又叫貂蝉。实际历史上只有王允利用一宫女挑拨吕布和董卓关系一事，貂蝉的故事一般认为由此故事改编而来。

正史上面没有提到貂蝉这个人，所以没有貂蝉之死的说法。曾经耗费大量笔墨渲染貂蝉义举的罗贯中，对貂蝉"长安兵变"后的描述，始终着墨不多，《三国演义》上最后一次提到貂蝉的时候还是跟吕布一起在白门楼被曹操围困时，后来吕布兵败身死就没有说明了。

白门楼事发后，貂蝉会是怎样的命运呢？有这样几种传说。

一说是曹操得知关羽把貂蝉藏在静慈庵，就暗中派人缉拿，貂蝉为绝曹的野心，遂扑剑自杀；

一说貂蝉出家为尼，其间写了佚名的《锦云堂暗定连环计》，寿终庵中；

一说曹操采纳荀攸之计，为离间桃园三兄弟，而把貂蝉明许关羽，暗应刘备，为绝曹念，关羽杀了貂蝉；还有一说是，关羽把貂蝉送回了木耳村（今木芝村），貂蝉一直未嫁，所以村中便有了貂蝉墓及纪念殿堂，还在后殿供奉了关公。后来又添新闻，成都北郊一位曾姓老人曾捡得一块碑，碑文曰："貂蝉，王允歌姬也，是因董卓猖獗，为国捐躯……随炎帝入蜀，葬于华阳县外北上涧横村黄土坡……"按此说，貂蝉极有可能流落于蜀中而了结残生。

乡民传说，桃园三兄弟得势后，便把貂蝉送回故里，老死后就埋在这里。又说貂蝉扑剑自戕，关羽得知后将遗体护送回故乡安葬。所以后殿有关羽像，殿前有表示貂蝉演戏的戏台，都是报答关羽拒杀和护送之恩。

另在定襄县东南的中霍村是吕布故里，有"霍清泉""智擒赤兔马""歪脖子树"等民间传说，都与吕布有关。

千百年倏忽，逝者如斯夫，一身娇艳的貂蝉留下了一生的谜团，写就了一段历史，也带给后世一个美好的形象，果遇有心人，关于貂蝉的种种遗憾终将不再有。

◎历史话外音◎

以写了500余万言《中国历代演义》而著称于世的蔡东藩先生不仅肯定了貂蝉的存在，而且予以极高的评价："司徒王允累谋无成，乃遣一无拳无勇之貂蝉，以声色为戈矛，反能致元凶之死命，粉红英雄真可畏哉。"并说："庸讵知为一身计，则道在守贞，为一国计，则道在通变，普天下之忠臣义士，猛将勇夫不能除一董卓，而貂蝉独能除之，此岂尚得以迂拘之见，蔑视彼姝乎，貂蝉，貂蝉，吾爱之重之！"

骆宾王终归何处：诛杀、逃跑还是出家

　　鹅鹅鹅，

　　曲项向天歌。

　　白毛浮绿水，

　　红掌拨清波。

　　一首《咏鹅》让骆宾王成为家喻户晓、妇孺皆知的诗人。

　　作为"初唐四杰"之一，骆宾王尤其擅长写诗，给我们留下《帝京篇》等众多名篇。其中，他起草的讨伐武则天的檄文《为徐敬业讨武曌檄》名扬天下，就连武则天看到这篇檄文后也不由得感叹："宰相安得失此人？"

　　公元683年，骆宾王在老家浙江临海县当一名普通县官。这年冬天，长期处于病态的高宗扶鸾而去，遗诏立太子李显为帝。高宗在位时，武则天代替高宗掌握朝政已达几十年，权力的充斥使她无法放弃至高的权柄，她废长立幼，自己独掌大权。为了巩固皇权，武则天下令排除异己并大肆诛杀唐室勋臣，设立间谍机构，世人以相互告密而自卫，整个皇城陷入了惶惶不安之中。骆宾王亲眼目睹了武则天集团犯下的种种恶行，心中愤懑不已，于是联合握有兵权的徐敬业准备起事讨伐武则天，写出《为徐敬业讨武曌檄》这样义正词严、气势恢宏的檄文，确立了"拥戴李显，匡扶唐室"的政治主张。公元684年，起义因徐敬业没有抓住有利战机，最终被武则天围剿，历时3个月的起义在扬州城下宣告失败。骆宾王、徐敬业等起义主要头领准备连夜坐船逃往高丽，但因部下叛变，徐敬业被杀，骆宾王自此不知去向。

　　而骆宾王的命运究竟如何，历史上有以下几种说法：

　　说法一：诛杀。

　　《资治通鉴》明确地记载了起义军失败后徐敬业、骆宾王被叛军诛杀的场景；《旧唐书》也肯定了诛杀骆宾王的事实。

　　说法二：逃跑。

　　《新唐书》记载的是骆宾王在兵败后逃跑。武则天死后，李显即位。为表扬骆宾王为大唐江山作出的牺牲，李显下令郄云卿在全国各地搜集有关骆宾王的诗作，要求对其兵败后的下落作出严密的调查，遍访其好友。起初郄云卿认为骆宾王可能已被叛军诛杀，但随着调查的深入和得到的线索，提出了逃跑隐匿这个说法。

　　说法三：出家。

　　初唐著名诗人宋之问在杭州灵隐寺月下吟诗，吟出"鹫岭郁岧峣，龙宫锁寂寥"就不知道该怎么继续了，这时候一个老和尚接着送了一联妙句："楼观沧海日，门对浙江潮。"据说此人就是骆宾王。之后，有人去寻他却再也没有找到此人。

　　而在2005年，中央电视台《见证发现之旅》栏目播出专题片《骆宾王》。浙江师范大学中文系教授、骆宾王研究专家骆祥发向媒体公布了自己这么多年研究骆宾王下落的结果。他说骆宾王兵败被诛杀的论证值得怀疑，在官方的史册上出现两种完全不同的记载，这本身就值得商酌。同时，骆祥发提到，在家族宗谱上也有关于骆宾王逃出后隐身在江苏南通一带芦苇荡，辗转后，客死南通，埋骨黄泥口的记载，终年70岁左右。

◎历史话外音◎

　　骆宾王曾久戍边城，曾经写有不少边塞诗，其如："晚风迷朔气，新瓜照边秋。灶火通军壁，烽烟上戍楼。"豪情壮志，见闻亲切。

杨贵妃：死于马嵬坡还是逃往日本

蜀江水碧蜀山青，圣主朝朝暮暮情。行宫见月伤心色，夜雨闻铃肠断声。天旋地转回龙驭，到此踌躇不能去。马嵬坡下泥土中，不见玉颜空死处。

唐朝诗人白居易的《长恨歌》详细地叙述了唐玄宗与杨贵妃的爱情悲剧。诗人借历史人物和传说，讲述了一个凄美的爱情故事，通过人物形象的塑造，再现历史事件的真实性，感染着千百年来的读者。诗歌在给人唯美艺术享受的同时，更让人想入非非，甚至推断杨贵妃没有死在马嵬坡。日本知名女星山口百惠2002年接受访问时，曾宣称自己是杨贵妃的后代，于是有人站出来说，日本不仅有杨贵妃的坟墓和塑像，还有一个被称为"杨贵妃之乡"的久津村。很多人便开始相信那个久远的传说：当年杨贵妃在马嵬坡兵变的逼迫下，其中一名侍女代替她而死，杨贵妃在遣唐使的帮助下，乘船离开了大唐，辗转到了今日的日本山口县久津村。美人之死终让人觉得惋惜，但事实上杨贵妃并没有因人们的美好幻想而免遭一死，更没有逃到日本。

据史料记载，公元755年，节度使安禄山诈称"有密旨，令禄山将兵入朝讨杨国忠"，兵起范阳，同年12月攻陷东都洛阳。当时，深受唐玄宗宠爱的杨贵妃兄妹得罪了太子，据《旧唐书·后妃传》记载："河北盗起（即'安史之乱'），玄宗以皇太子为天下兵马元帅，监抚军国事。国忠大惧，诸杨聚哭，贵妃衔土陈情，帝遂不行内禅。"这样一来，皇太子李亨自然恨透了杨贵妃兄妹，为后来的贵妃之死埋下了伏笔。

公元756年5月，玄宗皇帝举众西逃，仓皇中的杨贵妃、杨国忠等人丝毫没有注意到，太子李亨已经将护驾的禁军大将陈玄礼收买。据史料记载，逃离长安后的次日，玄宗一行来到了距长安百里之遥的马嵬驿（今陕西兴平县境内）。当时李隆基、杨贵妃二人正在驿站内休息，驿站外随行的吐蕃使者因没有东西吃与杨国忠争吵起来，陈玄礼趁机向禁军官兵宣布："杨国忠打算谋反。"

一些没有被陈玄礼收买的士兵半信半疑，但陈玄礼指着不远处与吐蕃使者说话的杨国忠，煞有介事地宣扬杨国忠要挟持皇上进行政变，蒙在鼓里的士兵看见杨国忠与吐蕃使者发生争吵，认定杨国忠准备造反，乱箭齐发，将其射死。厄运很快就降临到杨玉环的头上。《旧唐书·后妃传》中云："（玄宗一行）至马嵬，禁军大将陈玄礼密启太子诛国忠父子，继而四军不散，玄宗遣力士宣问，对曰：'贼本尚在！'盖指贵妃也。力士覆奏，帝不获已，与妃诏，遂缢死于佛室，时年三十八，瘗于驿西道侧。"

关于杨贵妃之死，司马光的《资治通鉴》记载得更为详细："上（玄宗）杖屦出驿门，慰劳军士，令收队，军士不应。上使高力士问之，（陈）玄礼对曰：'国忠谋反，贵妃不宜供奉，愿陛下割恩正法。'上曰：'朕当自处之。'入门，倚杖倾首而立。久之，京兆司隶韦谔前言曰：'今众怒难犯，安危在晷刻，愿陛下速决！'因叩头流血。上曰：'贵妃常居深宫，安知国忠谋反？'高力士曰：'贵妃诚无罪，然将士已杀国忠，而贵妃在陛下左右，岂敢自安！愿陛下审思之，将士安则陛下安矣。'上乃命力士引贵妃于佛堂，缢杀之。与尸置驿庭，召玄礼等入视之。"

中国有句古话叫斩草除根，陈玄礼是最关心杨贵妃死活的人，绝不可能随便让宫女代替，给杨贵妃留下找他报仇的机会。因此，在关系身家性命这点上陈玄礼不会马虎。更何况，兵荒马乱如何能找到一个跟杨贵妃如此相像的宫女？所以杨贵妃没死一说很难找到有力证据。

根据《旧唐书·后妃传》记载："上皇自蜀还，令中使祭奠，诏令改葬。礼部侍郎李揆曰：'龙武将士诛国忠，以其负国兆乱。今改葬故妃，恐将士疑惧，葬礼未可行！'乃止。上皇密令中使改葬于他所。初瘗时以紫褥裹之，肌肤已坏，而香囊犹在。"

从这段记载可以看出，杨贵妃确实死于马嵬坡，否则李隆基就不会令中使（宦官）前去祭奠，诏令改葬，掘墓后发现紫褥、香囊等，这与《新唐书》中的"裹尸以紫茵"的记载相吻合。最重要的是掘墓后，杨贵妃的墓并非空穴，而只是"玉颜不见"——肌肤已坏。这就足以驳斥"不见尸体"的谣传，由此推之白居易的"玉颜不见"应理解为"尸体已腐"，而不是"不见尸体"。

通过以上证据，可以充分证明，杨玉环确实死于马嵬坡。

○**历史话外音**○

民间传说自有公正的评判，对历史人物的褒贬往往比较客观。杨贵妃之死，既有其自取其咎的一面，更有作为牺牲品的一面。于是，人们幻想确实已死了的杨贵妃能重新复活，寄寓无限的追念。

白莲教女英雄唐赛儿：是生俘受辱还是出家为尼

提起出家修行的尼姑，往往会想到六根清净，四大皆空，无论如何也很难跟朝廷大事挂得上边。而中国历史上有许多的皇帝一般都会利用佛教、道教等宗教信仰来控制民众的思想。照理说，尼姑这一群体朝廷应是利用而不是扫荡，但明朝的尼姑却遭受到了前所未有的侵扰和追捕，这又是怎么回事呢？

永乐十八年（1420年），明成祖朱棣突然下令，将全国所有的尼姑以及女道士，统统逮捕，并送往京师逐一审问，验明真实身份。这场史无前例的尼姑扫荡案，既打破了千百年来佛门与世无争的状态，也让后人感到疑惑重重。朱棣为什么要捕捉天下尼姑呢？

事情还得从山东境内农民起义中一个名叫唐赛儿的白莲教徒讲起。历史上，农民起义运动不胜枚举，每个朝代都会或多或少地爆发农民起义，唐赛儿领导的这场起义运动规模小、持续时间短，虽没威胁到明朝政权，却也着实震惊了当时的统治者——永乐皇帝。不仅派出了"京营"五千精锐人马，还调用正在山东沿海"抗倭"的军队，来镇压这场农民起义，摆出了一副"攘外必先安内"的架势。

为什么朱棣会如此兴师动众？民众为何会对一个尼姑领袖如此拜服？细细分析便可发现其中原因：其一，这次起义刚好发生在永乐皇帝"迁都北京"前夕，这事是直接关系到皇帝面子的"形象工程"和"政绩工程"，永乐皇帝决不允许在这种时候出任何乱子；其二，起义军以"白莲教"为依托，教徒对唐赛儿死心塌地，唯命是从。以"教"为依托的起义最能蛊惑群众，永乐皇帝害怕好不容易从侄子手上夺得的政权轻易地被"邪教"推翻；其三，起义军队伍不断壮大，在一个女人的带领下，连续挫败朝廷强兵劲旅，不禁让永乐皇帝和朝廷颜面扫地。种种原因，朱棣对唐赛儿分外仇恨，疯狂地镇压起义军。

由于寡不敌众，缺乏有力的支援，起义军只坚持三个月便功亏一篑，首领唐赛儿下落不明。永乐皇帝为了消除后患，杀一儆百，防止起义死灰复燃，下令严查唐赛儿的行踪，于是在民间掀起轰动一时的尼姑扫荡案。直至永乐皇帝驾崩，都没寻找到唐赛儿的行踪。一则，搜查人员搜查不到唐赛儿的下落，为了推卸责任，便捏造了唐赛儿已遁入佛门来搪塞皇帝；二则，佛门弟子远离世俗，官府一般不介入，唐赛儿极有可能混入佛门以求避难；再则，唐赛儿起义时，曾自称"佛母"，永乐皇帝以此认为唐赛儿与佛门有着某种关联。因此，便有史料中记载：永乐皇帝因"唐赛儿久不获，虑削发为尼或处混女道士中，遂命法司，凡北京、山东境内尼及道站，逮之京诘之"。（《明史纪事本末》）于是，永乐皇帝下令将北京、山东的尼姑及女道士统统逮捕，押送朝廷审讯。同年七月，又命山东左参政段明继续搜索唐赛儿。段明不仅将山东、北京的尼姑全部逮捕，逐一搜查，还逮捕了全国范围内的数万名出家女子。关于此事，《明史》也有简单记载："永乐十八年二月，山东蒲台唐赛儿反，唐赛儿不获，溟逮天下出嫁尼姑万人。"

历史上关于唐赛儿的下落有两种说法，一种是唐赛儿曾被官兵所捉，遭受了非人的折磨后死去。另一种是唐赛儿在当地民众的掩护下，躲进尼姑庵，之后再无人找得到她。

第一种说法的佐证是一些野史的记载。话说永乐皇帝为抓住唐赛儿，明朝的锦衣卫倾巢而出，加上山东左参政的搜寻大队，对逮捕的尼姑及女道士进行严刑拷打，被问刑的尼姑或女道士均因受不了酷刑屈打成招。唐赛儿一案，造成近万名年轻女子蒙冤惨死。为了保护其他女子，隐匿的唐赛儿主动献身，并交出白莲教的圣物——白莲玉足。被俘后，唐赛儿遭受严刑拷打，被剃光头发，脱光衣服，受到官兵的反复侮辱。据传，她被凌迟上千刀，足足受尽疼痛的折磨才断气，还被斩首示众。但是，这毕竟是野史的记载，情节有所夸大是极有可能的。

第二种说法则认为唐赛儿受到当地老百姓的拥戴，随时可得到当地百姓的掩护。唐赛儿发动的这场农民起义目的是反对永乐皇帝不顾民生、民意，执意迁都，大兴土木，不仅大量耗费人力物力，老百姓的徭役也一年比一年重，尤其是山东农民，处于运河开凿地区，生活在水深火热之中。唐赛儿适时而起，以"白莲教"名义团结百姓，聚众起义，当地人尊称她为"佛母"。基于此，她得到当地百姓帮助掩护逃脱明王朝追捕不是不可能的事。如果唐赛儿被生俘，永乐皇帝不会倾尽明朝强大的特务、巡察机构，在全国范围内搜查尼姑、女道士。由此可见，唐赛儿"确实还活在人间"。但至于她是不是削发为尼，以及她的下落，还是需要进一步探讨研究的，无法定论。

◎ 历史话外音 ◎

唐赛儿之所以在明朝强大而又严密的特务、巡察机构的捕捉下得以逃脱，离不开民众的支持与保护。可见，民心所向是多么强大的力量。

建文帝朱允炆：自焚而死还是逃出皇宫

明朝开国皇帝朱元璋死后，因皇太子朱标于洪武二十五年（1392年）先他而死，乃由皇太孙朱允炆即位，即建文帝。然而，在建文帝刚即位不久，燕王朱棣便于建文元年（1399年）以"清君侧之恶"的名义举兵反抗朝廷，以声讨齐泰、黄子澄为名，矛头直指建文帝。朱棣在封地起兵，发动了历史上有名的"靖难之役"。直至建文四年（1402年），朱棣由燕王荣登皇位，历时4年的灾祸结束。朱棣攻陷南京后，皇宫已是一片大火，建文帝下落不明，皇帝使用的玉玺也随之消失得无影无踪。一时间，关于建文帝的生死之谜，成为历史上争讼不决的悬案。之后，有关建文帝已经出逃的传闻颇多，明成祖朱棣对此总是不安心，此事也成为他的一块心病。

关于建文帝生死之谜，常见的是正史中的记载，朱允炆于宫中自焚而死，但有两点却很奇怪。首先，清理现场的时候，太监只找到了马皇后和太子朱文奎的遗骸，朱允炆的遗骸始终没有找到；其次，建文帝使用的玉玺也下落不明，活不见人死不见尸。燕王朱棣为夺取帝位，只有宣称建文帝已死，为掩饰夺取帝位而发动的政变，朱棣指使臣下掩盖历史真相，销毁建文时期的政府档案，禁止一切关于此事的记叙，篡改历史。而且，燕王为让天下知建文帝已自焚，曾作有祭文，但其墓于何处，无人知晓。明末，崇祯帝曾表示，想给建文帝上坟，却不知其坟墓在何处。

另一种说法，在南京被攻破后，建文帝曾想自杀，但在其亲信说服下，削发为僧，从地道逃出了皇宫，隐姓埋名，浪迹江湖。明成祖死后，又回到京城，死后葬于京郊西山。事实上，明成祖朱棣也不相信建文帝真的死了，朱允炆的生死未卜给当时的明成祖一种无形的压力，派遣户科都给事中胡，以寻访仙人张三丰为名，暗中侦查建文帝的踪迹，走遍大江南北，前后共二十余年。民间传说中，在许多地方都有建文帝的踪迹，有的说建文帝逃到云贵地区，辗转到南洋，直到现在，云南大理仍有人以建文帝为鼻祖；也有现代学者认为，当年建文帝潜逃后，曾藏于江苏吴县鼋山普济寺内，接着隐匿于穹窿山皇驾庵，于永乐二十一年（1423年）病亡，埋于庵后小山坡上。

同样，明成祖朱棣的子孙后代也认为建文帝的下落是个谜。明神宗朱翊钧即位伊始，曾下诏为被杀的建文朝大臣建祠庙进行祭祀，并颁布《苗裔恤录》，对他们的后裔给予抚恤。万历二年（1574年）十月十七日，他在文华殿与内阁大学士们谈起建文帝一事，提出了思虑已久的问题："听说建文帝逃亡，不知真伪如何？"再次提出了明朝的第一号无头公案。内阁首辅张居正如实回答："我朝的国史没有记载这件事，听前朝的故老们说，靖难之师进入南京城，建文帝乔装逃亡。到了正统年间，有一个老和尚在云南驿站壁上题诗一首，有'沦落江湖数十秋'之句。御史召见此人询问，老僧坐地不跪，说：'我想叶落归根。'查验后才知道是建文帝。"张居正的说法，记载在《明神宗实录》，与祝允明《野记》所说大体相同，可见在明朝中晚期，关于建文帝的下落已经不再忌讳，事实的真相逐渐明朗。

至于建文帝的下落到底如何，以上两种说法都无法给出令人满意的答案。建文帝生死之谜，今人还以穿越的形式改编成电视、电影。至于建文帝真正的下落，只能遗留于历史长河之中。

◎历史话外音◎

皇权富贵，美色欲望，都只不过是过眼云烟。朱允炆也许逃到了世外桃源，沉浸于大自然之中，而朱棣在位期间所做的也是合格的，两者平衡，岂不更好？

乱世闯王李自成：死于乱军还是出家为僧

遍览明清两朝官方历史文献以及诸多私家著述，大都对李自成的人生结局作过这样的记载："兵败九宫山，最终被当地乡勇围困，死于乱军之中。"然而，事情并非如此简单。有关李自成的下落，几百年来众说纷纭，莫衷一是，成为一宗历史悬案。目前关于李自成死地和终年之说达18种，涉及了湖北、湖南、贵州、广西、广州、甘肃等多个省市，在《明史》《清始祖实录》等中均有记载。

从战略推理，认为李自成去当和尚，情势所迫，是为了联明抗清。当时，李自成领导的大顺军的主要敌人，已经不再是明王朝，而是气势汹汹的清军，抗清已成为当务之急。联合国内的其他武装力量显得至关重要。当时可以联合抗清的，只有唐王朱聿键手下的湖南何腾蛟。何腾蛟要求部队指挥权交给李自成，但何腾蛟是唐王的宰臣，李自成虽是大顺皇帝，这在情理上也是难以接受的。再说，李自成逼死崇祯皇帝，深恐唐王不能谅解，李自成遂采取假死、隐居的做法，巧妙地回避了矛盾，让皇后高氏和李过出面与何腾蛟联合，共同抗清。有迹象表明，奉天玉大和尚极有可能就是闯王李自成。崇祯十六年（1643年），李自成在起义过程中，曾经自称"奉天倡义大元帅"，与奉天法号相合。此外，敕印、"奉天玉诏"铜牌均属皇帝专用，暗合李自成大顺皇帝的身份。奉天玉墓葬违背僧规以陕北民俗埋葬，李自成的家乡就在陕北米脂县。

同时，何腾蛟有一份关于李自成牺牲在湖北通山县九宫山下的奏疏，这可以做为已经死于乱军之中的最原始文献之一。由于不久后李自成的部将接受了他的节制，他有充分的条件从大顺军将领及士兵的口中获悉李自成牺牲的经过。

但是，李自成也十分有可能采纳了谋士的意见，选择退隐。在这样一个生死存亡的关键时刻，何为最为稳妥的退身之策？那就是出家了，这在当时也许是种明智之举，而另一个原因似乎和李自成幼年的经历有关，李自成从6岁到10岁，出家4年当和尚，被命名为黄来僧。一些佛学研究者认为这也是还他本来面貌。

而且，李自成逃窜到石门夹山一说，流传也极为广泛。湖南省石门县古称澧阳，又称澧州。据清乾隆年间的《澧州志林》所收澧州知州何璘的《李自成传》一文称，李自成兵败，独窜石门之夹山为僧，法名奉天玉和尚。文中所指夹山即夹山寺，该寺位于石门县东15公里的三板桥，是一座唐代古刹，也就是本文一开始讲到的那个地方。寺内还有与此说相关的一些碑记塔铭、诗文残板，以及奉天玉和尚的骨片及宫廷玉器在内的许多遗物，包括1980年的考古发掘中发现的诸多文物。这些无疑构成了此说法的有力佐证。

总之，"闯王"李自成是中国历史上一位千古少有的传奇英雄，他发动和长期坚持的大规模农民战争，推翻了盛极一时的明王朝，但他却败在关外新兴的北方少数民族——满族所建立的清廷之下。是失误也好，是天生缺憾也罢，后世对这次起义和与这次起义有关的历史资料的销毁，让我们对李自成一生中的许多问题无法充分了解。关于李自成失败后，到最后归宿的疑案，至今同样真相难明，诸多的记载与传说，还有待于进一步澄清和发现。

◎ 历史话外音 ◎

乐昌梅花一带，民间历代相传，众口一词，曹国公不姓曹，而姓李，人称李大人。曹国公为真龙天子，在明末清初，李姓之真龙天子，除李自成之外，别无他人。

名妓陈圆圆：出家、殉情，还是隐逸

山海关战役后，吴三桂从李自成手中夺回陈圆圆。随后他被清政府封为平西王，陈圆圆也跟着他去了云南。那么，之后陈圆圆经历了哪些事情？她的结局又如何呢？

史学界流传的说法是，陈圆圆年老色衰，吴三桂对她产生厌倦，转而疼爱"四面观音"、"八面观音"（吴三桂宠妾的绰号）。看破红尘的陈圆圆立意吃斋念佛，不与他人争宠。虽然她还住在吴三桂的寝宫，但独处一室，常年吃素，与外事隔绝，与"出家"无本质区别。又有人说，陈圆圆在吴三桂兵败后，没有自杀或者绝食而亡，而是在昆明归化寺出家做尼姑，法名"寂静"。

还有一种说法，当清兵攻破昆明城时，吴三桂之孙吴世潘服毒自杀，吴世潘妻子与陈圆圆均自缢而亡，或陈圆圆绝食而死。清代文人孙旭在《平吴录》中记载："（吴三桂叛乱失败时）桂妻张氏前死，陈沅（圆）及伪后郭氏俱自缢。一云陈沅不食而死。"《平滇始末》也说："陈娘娘、印太太及伪皇后俱自缢。"

直到1983年，贵州岑巩县的考古工作者提出"陈圆圆魂归岑巩"，被多数学者所接受。至此，有关"陈圆圆结局"的争论告一段落。据考古学家称，在岑巩县水尾镇马家寨狮子山上有一个土堆，便是陈圆圆的墓，墓碑上刻有"故先妣吴门聂氏之墓位席，孝男：吴启华。媳：涂氏。孝孙男：仕龙、仕杰。曾孙：大经、大纯……皇清雍正六年岁次戊申仲冬月吉日立"。原来，马家寨的人全部姓吴，是吴三桂的后代。当年，吴三桂将败，其爱将马宝把陈圆圆与其儿子吴启华偷偷送至思州（今贵州岑巩）。后来，吴启华为纪念马宝的救命之恩，也为躲避清朝政府的追杀，就改姓马，居住的寨子就叫马家寨。陈圆圆死后，家人不敢明目张胆地写着她的名字，便采用暗语。"先妣"指已经去世的母亲；"吴门"既指代吴家，也表明这里所藏之人是苏州人，古时候苏州亦称吴门；"聂"可看作"双耳"，陈圆圆本名姓邢，后跟养母姓陈，邢和陈都带有"耳"字旁，且"双"字含有美好、团圆之意，因此"聂"暗指陈圆圆；"位席"有正妃之意，表示其地位崇高。于是墓碑上"故先妣吴门聂氏之墓位席"可以理解成"母亲苏州人氏陈圆圆王妃之墓"。但后来有人根据史书记载："马宝在楚雄继续对抗，最后兵败被俘，被押送省城，终被凌迟致死"，认为马宝没有去过思州。

一代美女陈圆圆究竟是看破红尘出家为尼，还是为吴三桂殉情，抑或吴三桂兵败后她隐姓埋名生活数年？至今，史学界没有统一定论。

○**历史话外音**○

冒辟疆在《影梅庵忆语》中曾写道："妇人以资质为主，色次之，碌碌双鬟，难其选也。慧心纨质，淡秀天然，平生所见，则独有圆圆尔。"而就是这样的色艺冠绝，成就了陈圆圆悲剧的一生。

顺治之谜：是出家还是出天花而死

顺治十八年（1661年），正月初六，夜里子时，深宫传出了一个令人震惊的消息：年仅24岁的顺治皇帝在养心殿驾崩。对于顺治皇帝的死亡，《清世祖实录》中的记载异常简短，"丁巳，夜，子刻，上崩于养心殿"。为什么关乎生死的大事，以寥寥数字敷衍了事，甚至对死因只字未提？作为记录顺治皇帝生平最权威的档案——《清世祖实录》中有一段关于顺治死前的最后记录。顺治患病是在顺治十八年（1661年）正月初二，到初六顺治已经是病入膏肓。《清世祖实录》中用了200多字记载了顺治死前的活动，而描述他的死亡却仅有11个字，除时间、地点之外再也找不到任何的线索，这究竟是为什么呢？不仅如此，清朝皇室家谱《玉牒》中也仅仅只记录了顺治驾崩的时间，对于顺治皇帝的死因依然是避而不谈。就在顺治驾崩后的第三天，不满8岁的康熙登上了紫禁城金銮殿的宝座。皇宫中很快恢复了平静，但是让人们迷惑的是，24岁的顺治皇帝，一向身体强健，从未听说有什么疾病缠身，为什么会突然不治而亡？

相传，顺治皇帝迷恋上了一位董鄂妃，而顺治的母亲孝庄皇太后对此极为不满，设计害死了董鄂妃。董鄂妃死后刚过百天，宫中传出顺治驾崩的消息。短短一百天里，贵妃去世，天子驾崩，一切真的这么巧合吗？

顺治帝与董鄂妃的故事传得沸沸扬扬。民间有个传说，说董鄂妃，即董小宛，原是江南八大名妓之一。诗书琴画样样精通，长得娇美动人。清兵南下时打到南京，董小宛被俘带回北京，才艺兼具的董小宛入宫后深得顺治的宠爱，最终被顺治立为贵妃。一代名妓成了皇贵妃，引起孝庄皇太后的不满，于是设计害死了董小宛。清宫内国史院满文档案记载，顺治皇帝14岁那年，在遵化打猎的时候，认识了一位在山洞内静修的法师。从那以后，便与佛结下了不解之缘。

一次顺治来到北京的宁波天童寺对主持木陈忞说："朕猜想我的前身一定是个僧人，所以现在一见了佛家寺院，就不想再回到宫了。要不是怕皇太后惦念，我早就出家了。"顺治崇佛已久，而且早有出家之意，董鄂妃死后，他曾经一度伤心欲绝，无心朝政，病逝于养心殿也许仅仅是个对外托词，而是遁入空门，削发为僧。据《起居注》记载，康熙即位后不久，孝庄皇太后曾多次带着他上五台山礼佛。此类活动本可以在北京举行，可他们偏偏不远千里来到五台山，而且这样的活动不只进行过一次。如此看来，顺治在五台山出家修行，也许才是隐藏在礼佛背后的真相。而这也就恰恰能够解释吴梅村在诗中所写的"日往清凉山"。庚子之变，慈禧太后西逃，当地要接待她，就从五台山借了一些用具，与宫廷用具极为相似，可能是顺治当年用过的。

如果将这些细节综合起来，关于顺治死亡之谜似乎可以还原成：孝庄害死了董小宛，顺治心灰意冷，以病逝为托词，到五台山出家为僧。而孝庄唯恐此事为天下人所知，于是便假借顺治之名，伪造遗诏。遗诏中的种种自责，无疑是孝庄强加给顺治"莫须有"的罪名。

顺治朝的翰林院学士王熙曾写过一部《自撰年谱》。在年谱中王熙谈到，顺治十八年（1661年）正月初六，被召入养心殿，聆听完顺治帝旨意后，到乾清门起草遗诏，此份遗诏经御前大臣们三次修改，三次进呈，顺治皇帝在病榻上咬着牙过目后钦定。翰林院学士王熙在他的年谱中写到，应召进入养心殿后，病榻上的顺治帝对他说得了痘症，恐怕是好不了了。所谓的痘就是天花，顺治皇帝从患病到驾崩，只有五天的时间，他的病症与天花病极为相似。

重新审视后，顺治出家的说法又有疑点浮出水面。董小宛的丈夫——冒辟疆在《影梅庵忆语》中详细追忆和董小宛的相识：己卯初夏，和董小宛第一次见面。己卯——也就是明崇祯十二年（1639年），这一年董小宛16岁，而顺治才两岁。

董鄂妃并非董小宛，她也并非被孝庄设计害死的。事实上，董鄂妃是因为自己的孩子夭折，悲痛不已，因伤成疾而去世的。据《续指月录》记载，"玉林琇到北京后，听说弟子茆溪森为顺治剃发，当即叫人架起柴堆，要烧死茆溪森。"顺治得知这件事情后，无奈之下只好决定蓄发还俗，不再出家。这么说来，传说并非空穴来风，顺治的确曾经削发为僧，只是他的出家最终并没有成行。

从种种史料和迹象推断，顺治患天花去世，似乎是最接近真相的答案。但是令人费解的是顺治患病去世，应该属于正常死亡。然而清宫档案为什么对顺治的死因只字未提，讳莫如深，难道顺治死亡的背后还隐藏着什么不可告人的秘密？

顺治死后，朝廷依照遗嘱，将他葬在清东陵。这块风水宝地，是顺治14岁的冬天，在遵化躲避天花时发现并确定下来的。一代天子，竟为天花所迫，不得不离开皇宫，将自己放逐于北方的荒凉之地。对于天花，当时的人们几乎是谈之色变。满族入关后，到中原地区，天花细菌传播非常厉害，再加上水土不服，顺治进关18年，很容易传染上这种天花的疾病。为了不引起朝野的恐慌，清朝正史中有意隐去了顺治死于天花的事实，也是在情理之中。

顺治年间，一个叫张宸的官员所写的个人笔记，书中这样记载：正月初七，顺治驾崩的第二天，朝廷在传谕大赦的同时，还传谕民间不许炒豆，不许点灯，不许倒垃圾。这些禁忌只有在皇帝"出痘"的情况下才会出现，因此，史学专家们更加确信顺治皇帝就是因为天花死去的。

究竟是为什么，史料在这么多关键之处的记载，会有众多异常的出入，这似乎很难用记述者的失误来简单地下结论。300多年的时光悄然流逝，威严的紫禁城依旧沉默不语，关于顺治的死亡，在时光的流逝中变得模糊不清，只能依靠史料中的零星记载，尽可能去还原那段历史本来的面目。为了爱情遁入空门只是充满想象力的传奇，从各种史料和迹象推断，顺治死于天花的可能性最大，但并不是最终定论，顺治神秘的死亡就在紫禁城的静默中永远被尘封。历史正是因为有了诸多难以猜测的谜题，才会显得如此耐人寻味。

◎历史话外音◎

民间传说，明末清初，郑成功据台湾岛抗清，顺治皇帝御驾亲征，来到厦门。郑成功的部队沿岸与清军激战，顺治皇帝被郑成功炮轰而死，江鱼就吃了皇帝肉，从此鱼鳔都不长了。

第二章

朝廷政变逆案

——宫廷斗争真相难寻，千古奇案扑朔迷离

欲盖弥彰：汉献帝禅让实则为曹丕篡位

自古以来，说到圣君，大家都会提到尧舜禹，尤其是尧舜禹之间的禅让，让后代文人感慨不已。世间最难以舍弃的就是权力，为了权力可以寡廉鲜耻，可以抛妻弃女，而尧舜禹竟然可以将天子之位相让，是何等的气魄。而后的历史长河中，所发生的禅让真的是对权力的放弃吗？历史之事，仍需考证。

东汉末年，曹操挟持汉献帝，统一北方。汉献帝只是傀儡，实权由曹操掌握。公元220年正月，曹操病死，其子曹丕继位为魏王，并逼早已徒具虚名的汉献帝禅让。同年十月，汉献帝宣布退位，将皇位禅让给曹丕。曹丕故作推辞，再三推让之后才答应接受。十月二十九日，曹丕受禅登基，改国号为魏，改元黄初，为魏文帝，并尊曹操为武皇帝，庙号太祖。十一月一日，曹丕废献帝为山阳公。至此，历经一百九十余年的东汉正式结束。

汉献帝的禅让，是一场劳心劳力的大运动，整个曹魏上下几乎全部调动了起来。《三国志·魏文帝本纪》中，曹丕说："舜、禹之事，吾知之矣。"曹丕为何要搞得如此复杂，要求汉献帝仿效尧舜，禅位于自己呢？为什么曹操至死都不称帝呢？

自古以来，弑君是要被钉在历史的耻辱柱上，一种观念经过成百上千年的积淀，即便不是法律明文规定，也同样具有约束力。这就是道德的力量、舆论的力量、世俗的力量。众口铄金，积毁销骨，当时的历史形势下，曹丕如果用直接的方式夺权的话，可能会落得跟王莽一样的下场，当时的汉献帝只不过是个傀儡，实权还在曹丕的手中。

可是如何解决夺权的道德问题呢？

整个的禅让运动波澜起伏，大概分为两个时期。前期是曹丕的臣子劝进，臣子讲述了很多理由，说曹丕已经有了一定条件，可以称帝，汉室天命衰微。经过曹丕的提示，臣子们才明白，这个劝进不能由曹丕手下来说，只能由汉献帝自己来讲，不然显得太虚伪。于是大臣们纷纷去聒噪汉献帝，威逼利诱，汉献帝无奈，只能颁布诏命，表示自己恳求让位于曹丕，但曹丕依然拒绝。原因当然不是曹丕说的自己"德薄恩寡"，只是故作姿态，因为上古虞舜也有三让天下之义。于是乎，一次又一次恳求禅让天下，曹丕一次次的故作姿态说担当不起，最后无论如何，曹丕都还是会接受禅让。

曹丕所继承的天下，东向兖州、徐州，北至幽州、冀州，西到凉州，南至荆州北部等，是曹操一生用血汗所打下的天下，东有黄巾、吕布、陶谦，北有袁绍、乌桓及董卓余党，南有袁术、刘表，西有马超、韩遂、张鲁。还有刘备、孙权、刘璋等人自立抵抗等，甚至夺走荆州南部及汉中，这些部分已被去掉。整个天下几乎为白手起家，一寸山河一寸血，筚路蓝缕以启山林的精神，从无到有。事实上，曹丕并不是从汉献帝的手上篡夺城池和土地，相反是曹家军团供给了十几年的汉室皇族。所谓的汉朝天下，徒剩其名而不符实情，曹丕实际上是继承曹操的天下，而不是汉献帝的天下。虽美其名为汉天子，实际上没有人听命于汉献帝。

曹丕为了政治利益，让汉献帝一直活到老死。

所谓禅让，不过是献帝与曹丕之间的一场政治闹剧。主角也好，配角也罢，都不能撕去那最后的一点点遮羞布。不单是曹丕需要借禅让来堵住悠悠众口，就算是汉献帝，也必须就坡下驴，给自己找一个最后的虽然凄惨但至少比较安稳的归宿。

都说时势造英雄，在什么样的历史背景下就会有什么样的英雄，曹操只能称得上枭雄，而他的儿子曹丕呢？不过只是为了维护表面的和平，实际上暗潮涌动。

玄武门之变：手足相残背后是权力的争夺

唐高祖李渊与皇后窦氏，共生有4子1女。长子李建成，次子李世民，三子李元霸，四子李元吉，女为平阳公主。诸子中，元霸早年夭亡，其余3子1女，均跟随李渊，在建立唐朝一统江山的斗争中，各有建树。"玄武门之变"以秦王李世民成功射杀太子李建成和齐王李元吉而结束，宫廷门外，两兵交战，血流成河。

李世民，是历史上有名的明君。他的皇位居然是通过骨肉相残得到的，总觉得让人难以接受，但是到底哪一方才是这场政变的始作俑者呢？

所谓"一山难容二虎"，更何况权力之争从来都是残酷血腥的。唐王朝建立后，李渊以"立嫡为长"的传统惯例，册封李建成为皇太子，立李世民为秦王，若论打下江山的功劳来看，应数李世民最大。他智勇双全、功勋卓越、人心所向，再加上秦王府谋士骁将，更让李世民如虎添翼，形成一股强有力的政治力量。而太子李建成心胸狭窄，妒心颇重，他自知功不如秦王高，名不如秦王大，谋臣不如秦王多，总觉得李世民的存在对他是一个潜在的威胁，便联合齐王李元吉，对李世民百般陷害、谗言挑拨、造谣中伤，致使两兄弟的关系竟如仇人一般。据说，在太原起兵时，李渊曾答应李世民事成之后将立其为太子，可是李渊并没有兑现当初的诺言，而把太子之位给了李建成，封李世民为秦王。这样，李世民自然是不甘心的，当李世民的威信逐渐建立起来盖过自己时，李建成按捺不住了。

据《资治通鉴》记载，就在"玄武门之变"发生的前几天，李建成趁北征突厥之际，企图将秦王府的精兵骁将转移到自己手里借此除掉李世民。只是这一次阴谋泄露，未能得逞。面对李建成、李元吉咄咄逼人的气势，正史中李世民对于李建成和李元吉可谓一忍再忍，其中最为典型的有两件事：骑马事件和毒酒事件。一次，李世民与李建成打猎，李建成将一匹劣马让李世民骑，结果劣马将李世民摔下马背三次，最后，李世民察觉了建成不怀好意，马上换了坐骑，这才幸免于难。武德九年（626年）六月，太子李建成、齐王李元吉邀请李世民到东宫喝酒，准备用毒酒暗害李世民，结果"秦王心中暴痛，吐血数升；淮安王李神通扶秦王归西宫"，幸亏解救及时，不然难保性命。两次事件，让李世民痛下决心发动政变，据历史记载来看，虽是李世民发动，但责任却在李建成。

但是，历史是胜利者写的，是否完全如正史中所写也不得而知，但有人对此提出了不同意见。从骑马事件来看，李世民久历沙场，骑术高超，如何不识劣马？即便碍于情面骑上劣马，一蹶即当换骑，如何三蹶？至于毒酒事件，李世民与李建成、李元吉矛盾已然激化到无可收拾的地步，两大阵营剑拔弩张，频频发生冲突，如何又有聚宴之理？更让人难以理解的是，便是这个"吐血数升"的李世民，两三天后在玄武门前生龙活虎，力挽强弓射杀了长兄李建成？

所以，我们可以认为"玄武门之变"是李世民蓄谋已久的一次谋杀行动。事变的发生是因为他对自己功劳与地位的心理不平衡引起的。无疑李世民功劳最大，由于李世民是李渊的次子，按照宗法礼仪和古代皇位继承制度，皇帝的位子是轮不到他来做的。李世民要想做皇帝，就不能依靠正常的方式和途径，为了达到夺位的目的，李世民一方面争立战功，扩大自己的影响力，另一方面大力网罗人才，暗中积聚力量。攻下洛阳后，李世民招贤纳士，设天策府、文学馆。文学馆中，既有博学多识的知识分子，也有政治军事方面的智囊之士。后来事实证明，十八学士中的房玄龄、杜如晦等都是"玄武门之变"的密谋策划者。天策府和文学馆的建立，标志着以秦王李世民为核心的政治集团的形成。这时，即使李世民不产生争夺最高权力地位的念头，他的文武功臣也不会甘居秦王府，真正是"势难雌伏"。除争立战功和网罗人才，李世民还通过妻子长孙氏争取高祖妃嫔的支持，甚至对东宫集团心腹人物也进行收买，为其所用。

玄武门是入宫必经之地，李渊自然要用最信任的武将来把守，而玄武门的值班将士常何却被李世民所收买。收买一个人，不是一时之间就可以做到的，这说明李世民早有为皇之心，又说明他早有为皇之备。李世民积极进攻，迫不及待地利用一切机会发动攻势，贞观史籍中把李世民写成被动挨打的局面，是悖离史实的。东宫谋士魏徵"见太宗勋业日隆，每劝建成早为之所"，就是因为看到秦王对太子的威胁日益严重，所以常劝李建成早日动手，除掉李世民。如果不是李世民咄咄逼人的气势，太子李建成根本用不着与秦王李世民争斗，他本就是顺理成章的皇帝。因此，"玄武门之变"是蓄谋已久、精心策划的一次刺杀行动，绝不是紧急时刻不得已而为之，事变的始作俑者是李世民。

唐太宗李世民不仅是唐朝最负盛名的皇帝，也是中国历史上最著名的帝王之一。但单就"玄武门之变"来看，这也是手足相残、争夺帝位的争斗，李世民也绝不是站在光明的位置。

◎历史话外音◎

《贞观政要集论》的撰者元朝的戈直说："夫太宗之于正心修身之道，齐家明伦之方，诚有愧于二帝三王之事矣。然其屈己而纳谏，任贤而使能，恭俭而节用，宽厚而爱民，亦三代而下，绝无而仅有者也。后之人君，择其善者而从之，其不善者而改之，岂不交有所益乎！"这里所说，太宗在正心修身、齐家明伦方面，有愧于二帝三王之事，主要是指太宗与其兄李建成的皇位之争。

《十香词》：萧皇后丧命之谜

"《十香词》冤案"是历史上著名的谗言杀人案件。主要是辽道宗听信小人谗言，相信萧皇后与人通奸，便命其自尽，造成了堪称辽国历史上最大的冤案。

萧皇后原名萧观音，16岁时嫁梁王为妃，次年，梁王登基为辽道宗，萧观音被册封为皇后。精通汉文化的萧皇后，常常吟诗作赋，弹古筝，且写得一手漂亮书法，才貌双全的萧皇后深得辽道宗喜爱。

此时，有个叫耶律乙辛的人权倾朝野，萧皇后深感忧虑。于是劝说道宗不要将国事全部委托耶律乙辛，以免发生"功高盖主"的事情。萧皇后的进言引起了道宗的重视，便下旨让太子参与朝政，取代乙辛。得知事实真相的耶律乙辛对萧皇后怀恨在心，发誓要报仇，因此格外关注萧太后的动向。

道宗毕竟是一国之君，岂能专心喜欢皇后一人？丈夫对自己的宠幸越来越少，深感寂寞的萧皇后便写了一首情意绵绵的《回心院》，希望被改编成歌曲唱给道宗听。当时，宫中伶官中只有赵唯一一人能把这首词谱成乐曲，而且他的嗓音条件最好。为了尽快让道宗知晓自己的心意，萧皇后常常命赵唯一进宫演奏。不想，这却给了耶律乙辛报仇的机会。一方面，他收买皇后身边的丫鬟单登，一方面派人写了一首感情真挚却很露骨的《十香词》。

一天，单登向萧太后恳求道："这首《十香词》为宋国皇后所著，但笔迹拙劣。如果皇后能抄写一份送与奴人，奴才将感激不尽。"萧太后答应了单登的请求。全诗如下：

青丝七尺长，挽作内嫁妆，不知眠枕上，倍觉绿云香。

红绡一幅强，轻阑白玉光，试开胸探取，尤比颤酥香。

芙蓉失新艳，莲花落故妆，两般总堪比，何似粉腮香？

蜻蜓哪足并？长须学凤凰，昨宵欢臂上，应惹领边香。

和羹好滋味，道语出宫商，定知郎口内，含有暖甘香。

非关兼酒气，不是口脂芳，却疑花解语，风送过来香。

既摘上林蕊，还亲御苑桑，归来便携手，纤纤春笋香。

凤鞋抛合缝，罗袜卸轻霜，谁将暖白玉，雕出软钩香。

解带色已战，触手心愈忙，那识罗裙内，销魂别有香。

咳唾千花酿，肌肤百和装，元非嗷沉水，生得满身香。

当《十香词》抄好后，受其内容感染，萧皇后又即兴写了一首怀古绝句：

宫中只数赵家妆，败雨残云误汉王。

唯有知情一片月，曾窥飞燕入昭阳。

见时机成熟，耶律乙辛让单登向辽道宗揭发萧皇后和赵唯一"通奸"的事情，物证就是《十香词》和《怀古》。尤其是《怀古》一诗，里面含有"赵唯一"三个字，这就成了"铁证"。况且，现在赵唯一已经被耶律乙辛屈打成招，对他与萧皇后通奸的事情供认不讳。

被怒气冲昏头脑的辽道宗，立即下令处死萧皇后。于是，宫人捧着一匹白绫，来到萧皇后寝宫。萧皇后死后，辽道宗仍未解气，命裸其尸体，裹以芦苇席，送回萧家。

◎历史话外音

一代皇后竟然被冤枉致死，不得不令人扼腕叹息。一首表达爱情的《十香词》，却成为陷害萧皇后的有力证据，凄美的爱情发生在现实生活之中，令人惋惜慨叹。

陈桥兵变：赵匡胤陈桥驿黄袍加身建立新朝

清代诗人查初白"千秋疑案陈桥驿，一着黄袍便罢兵"的诗句，与岳蒙泉"皇袍不是寻常物，谁信军中偶得之"的诗句异曲同工，其实，都是表明"陈桥兵变"是有预谋的。

那么，为什么会有这样的诗句暗示呢？陈桥驿赵匡胤黄袍加身是否真有预谋呢？

陈桥驿，位于河南省新乡市封丘县东南的陈桥镇，西南距开封市四十五里，因驿北有陈桥而得名。后周禁军的统帅、殿前都点检赵匡胤在此黄袍加身，建立了大宋王朝。中国历史，在小小的一个驿站被彻底改写。

五代时，当时是后周大将赵匡胤屡立战功，官至殿前都点检，统领禁军。他还兼任宋州（今商丘县南）归德军节度使，防守都城汴京。后周显德六年（959年）周世宗驾崩，他的七岁儿子柴宗训继位。这样一个年幼无知的幼年皇帝，是无法继续完成统一大业的。

手握禁军兵权的赵匡胤，便当仁不让地站到了历史的风口浪尖上，他要用自己的方式改写历史。

赵匡胤轻易夺得政权，旧史书归因于"人望固已归之，于时主少国乱，中外始有推戴之意"；宋王朝君臣也称是"本朝以揖让得天下"。可是，历史记载也有破绽之处，在赵匡胤陈桥兵变前，据说，他的母亲、姐姐以及政敌韩通之子、学士陶谷等都在不同角度窥测赵匡胤将返朝称帝，汴梁民众也有风传，"及将北征，京师喧言，出师之日，将策点检为天子"。所谓司马昭之心，路人皆知也。因此，几十年后，郑州知府李淑因作"弄耜牵车晚鼓催，不知门外倒戈回"的诗句而获罪罢官。

再回到显德七年（960年）的正月初一，当时后周朝廷再次接到了来自镇、定二州（今河北正定和定州）边防急报：契丹和北汉合兵南下，意图中原。宰相范质、王溥和枢密使魏仁浦未加核实，便急匆匆地决定派赵匡胤率殿前司军北上抵御。他们不知道，所谓的辽军南侵的消息，不过是赵匡胤集团制造的谣言，作为实现改朝换代阴谋的一个步骤罢了。与这个谣言一起满天飞的，还有"点检作天子"的说法。孤儿寡母，主少国疑，政出多门，再加上"点检作天子"的"神符"，怎么能不引发自以为承天命的都点检改朝换代的野心呢？《宋史演义》也曾说："借北征事瞒人耳目而已"。蔡东藩撰写演义小说，于此提出种种疑问，他说："陈桥兵变，黄袍加身，史家但言非宋祖意。吾谓是皆为宋祖所欺耳。"接着他提出，契丹和北汉何以不闻深入？点检作天子之谣，自何而来？何来黄袍？在赵匡胤称帝时，何以首赏功臣？……"足见宋祖之处心积虑，固已有年"，类似这种看法，也见于部分通史和专著，陈登原认为这是阴谋，"所谓陈桥兵变，真曹丕所谓'舜禹之事，吾知之矣'者也。"在这种形势之下，孤儿寡母所能做的只剩下拱手让出江山了。

在这次兵变中，赵匡胤洞悉了整个后周朝廷的形势，准确把握了改朝换代的难得机遇。首先，他为兵变大造舆论，很好地起到了蛊惑人心的作用，为日后受禅代周奠定了舆论基础；其次，制造契丹入侵的谣言，使得自己能把兵权迅速掌握手中，并带离忠于后周的侍卫司部队控制的京城；其三，黄袍加身、将士拥立，由于事先的精心筹划，演得丝丝入扣，忙而不乱。而兵变之后的政变几乎没有流血就和平取代了后周政权。这点是前朝兵变领导人没有做到的。因而，这场兵变加政变也就得到了上至原后周大小官吏，下到开封黎民百姓的支持拥护。

陈桥兵变是有史可查的，正是这次兵变才使赵匡胤如愿以偿当上皇帝。但它是赵匡胤预谋、一手操纵的，而是非功过自将留给后世的人们评判了。

◎历史话外音◎

宋太祖一生最大的贡献和成就在于重新恢复了华夏主要地区的统一，一举结束了安史之乱以来长达200年的诸侯割据和军阀战乱局面。让饱经战火之苦的百姓终有了一个和平安宁的生产生活环境，为社会的进步、经济的发展、文化的繁荣创造了良好的条件。

"烛影斧声"千古案：宋太宗赵匡义如何得到皇位

历史上的皇位继承一般都是"父死子承"，以"兄终弟及"的方式获得皇位的例子却很少。宋太宗赵匡义就是其中之一，他的登基方式相比他人而言比较特殊，后世才对他如何获得皇位充满了猜测。

宋太宗赵匡义，是宋太祖赵匡胤的同母弟弟。赵匡胤称帝后，先后灭掉后蜀、南汉、南唐，最终统一了十国。统一后，他通过"杯酒释兵权"，逼迫手下将领交出兵权，建立中央集权。在位17年，为大宋的统一稳定付出了一生的心血，然而关于他的死因颇为奇巧。公元976年，宋代开国之君赵匡胤一夜之间猝然离世，正史中没有他患病的记载，野史倒有"烛影斧声"的传说，即太祖赵匡胤是因其弟篡夺帝位，而被弟弟无情地加害。他的死因，成了历史上一宗离奇的悬案。

到底"烛影斧声"这桩千古谜案是怎么一回事呢？目前史学界对这桩谜案存在着不同的、甚至是根本相反的看法，但有一点是诸家都认可的，即宋太宗并没有宋太祖的传位遗诏。最早明确地指出这一点的是清代史学家毕沅。他在研究宋初的历史时发现，无论是《宋史》中的《太祖本纪》还是《太宗本纪》，都没有只言片字涉及宋太祖的遗诏之事，而且在《太祖本纪》中有"太宗遂立"等字眼。而《宋史》中的《王继恩传》则记载太祖死后，皇后命皇子德芳入宫即位，但王继恩等臣子非但不顾皇后的懿旨，然而召赵匡义入宫即位。在《辽史》的《景宗本纪》中亦有"宋主匡胤卒，其弟炅（即宋太宗）自立"的字眼。这种种的记载，虽然有些差异，但是却从不同的角度表面了一个史实，即宋太宗并没有宋太祖的传位遗诏。

既然几乎所有的研究者都赞同了宋太宗并不是手持太祖遗诏顺理成章地登上帝位的，那么他真的是篡权谋逆，"烛影斧声"真的确有其事吗？

关于这段历史，《湘山野录》也有这样的记载：深夜，宋太祖突然命人召晋王赵匡义入宫。赵匡义入宫后，宋太祖屏退了左右侍从，独自与赵匡义酌酒对饮。这很明显存在着种种疑点：为什么宋太祖要在深夜突然召赵匡义入宫？难道是兄弟之间有非常重要的秘事非要这时候谈，而且还得屏退左右侍从？文章接下来的描述更令人疑惑难解：

宋太祖手持柱斧戳地，"嚓嚓"的斧声清晰可闻。什么是"柱斧"？"柱斧"倒不是用来砍人的斧头，而是一种形似如意的可以拿在手中把玩的文具类用品。然而，按常理说，要拿着"柱斧"戳地，宋太祖必然就要蹲下身，毕竟他不是长臂猿。可这就更怪异了：兄弟俩人喝着酒，怎么会突然拿"柱斧"戳地，还发出清晰的"嚓嚓"声？一边戳还一边喊"好为之，好为之"。关于这句话，有的解释是"好做"，有的解释是"好好干"。做什么？干什么呢？

由于史料的记录中有着诸多疑点，便有了赵匡义毒死兄长的说法。话说赵匡义趁太祖不注意便在酒里下了毒，无意喝下毒酒的太祖瞬间毒性发作，顺手拿起"柱斧"戳向赵匡义，但已经没有足够的力气，于是身子一软，拿着"柱斧"在地上痛苦地戳着，口中喊道："好为之，好为之。"而赵光义则在惊慌离席起身，本能地躲避。

这一幕是真的吗？有没有史实可以证明？

学者们通过研究史料后发现，说赵匡义毒死太祖的说法并没有确切的证据能够证明，大多数是一些稗官野史捕风捉影的说法。但是太祖应该是非正常死亡的，因为依照当时皇宫的医疗条件，一般的疾病不会也绝不可能使太祖突然丧命。即使是一些疑难杂症，也有高明的御医诊治，有灵丹妙药吊着命，太祖绝不至于一夜赴黄泉。而且如果太祖已病入膏肓，就该卧榻静静休养，侍从悉心照料，而不是深夜召赵匡义入宫喝酒。因此，太祖是非正常死亡的可能性非常大。

有些认为赵匡义是正统之君的人则摆出了"金匮之盟"的证据进行证明。所谓的"金匮之盟"，是指太祖之母杜太后临死前召集了太祖、太宗，以及赵普入宫，问太祖何以能得天下，太祖说是祖宗和太后的恩德和福荫。杜太后说："你错了，若非周世传位幼子，使得主少国疑，你怎能取得天下？你当汲取教训，他日帝位传光义，光义再传光美，光美传于德昭，如此，则国有长君，乃是社稷之幸。"太祖听完这番话，哭泣叩拜。杜太后便让赵普将自己的遗命写为誓书，藏于金匮之中。这便是赵匡义为了证明自己即位的合法性，抛出来的证据。

然而很多学者认为"金匮之盟"很有可能是赵匡义的杜撰。因为太祖如果想要传位给他，直接书写遗诏便可，怎么需要弄个"金匮之盟"那么麻烦呢？再加上赵匡义即位后不久就把弟弟们罢官流放，一一死去，这让"金匮之盟"不得不更让人怀疑。而且，赵匡义在哥哥宋太祖死了不到一年就改元，嫂嫂死之后没按皇后之礼发表，种种行为都让后人无法理解，这让他帝位的合法性深受后人怀疑。

◎历史话外音◎

在政治舞台上，当亲情遇上政治，往往就难以称得上血浓于水了。宫廷中的众多"谜案"，与其说是"谜"，不如说是阴谋。这个阴谋，普通人难以想象，但在皇族、在宫廷是再正常不过的。宫廷，这个社会的最上层，其成员多数唯权是从，为了权力，几乎什么都能无所顾忌地做。

夺门之变：明英宗朱祁镇南宫复辟

在明代历史上，有这么一个皇帝：被俘后又被无条件放回来，下台后又靠政变重登皇帝宝座。在明代历史上，只有他先后用过两个年号。他，就是明英宗。

南宫之变，又称夺门之变，是景泰八年（1457年）明英宗在徐有贞、石亨、曹吉祥等人的支持下成功复辟，二度临朝一事。

这里面到底是有多少曲折婉转的故事呢？首先要先说说明英宗朱祁镇是怎么被俘的。当时的背景：明英宗朱祁镇因为宠信宦官王振，听信王振的谗言，亲帅明朝精锐五十万大军征伐蒙古瓦剌，结果兵败土木堡，五十万大军几乎全军覆没，自己亦被瓦剌生擒活捉，十分狼狈。瓦剌也先在活捉了明英宗后，以他为诱饵对大明进行要挟，并妄图携带明英宗，逼降大明关隘，兵不血刃，直取北京。但也先的诡计被于谦、王直等睿智的明朝大臣们识别，他们提出了"社稷为重，君为轻"的口号，危急时刻立明英宗朱祁镇的弟弟明代宗朱祁钰为皇帝，以挫败也先的阴谋，尊称明英宗朱祁镇为太上皇。就这样，皇帝朱祁镇和朱祁钰的角色转换完成。立了新皇帝后，明朝君臣百姓上下一心，同仇敌忾，在代宗朱祁钰和兵部尚书于谦的领带下，终于取得了北京保卫战的胜利，击败了瓦剌大军，稳住了大明动荡的局势。

明英宗土木堡被俘，北居一年。明朝和瓦剌进行了和谈，并最终迎回了此时已经是太上皇的明英宗朱祁镇，明代宗朱祁钰把这位过了气的哥哥安排在南宫，变相地囚禁了起来，又加派靖远伯王骥看护，实际上是监视。不过，这个王骥是个官迷，因为于谦和宰相王文等人都很讨厌他，所以，他反而和英宗的关系越来越好，这是代宗没有料到的。英宗名义上是太上皇，实际上却是没有任何自由，代宗给他的限制很多，不仅将南宫的大门上锁并灌铅，加派锦衣卫看守，而且日常的饮食衣物都是从一个小窗户递送进去的，防止南宫与外面联络，纸笔极少供应。

尽管如此，朱祁钰仍然认为自己的地位不保险，因为"土木之变"后立的皇太子朱见深是太上皇的儿子，不是他自己的儿子。因此，他处心积虑地想废掉朱见深，改立自己的儿子为太子。为了把皇位传给自己的儿子，也为了让那些见风使舵的大臣死心塌地跟他走，朱祁钰用加官晋爵、赏赐金银的办法来笼络大臣，希望大臣们支持自己的行动。后来也如愿以偿，册立朱见济为太子，废英宗的长子朱见深为沂王，不过景泰四年（1453年）十一月，新太子朱见济突然病死，代宗于是也郁郁寡欢。

不久之后，代宗就生重病了，他把自认为股肱之臣的武清侯石亨召到病榻前，命令他代行祭天礼。石亨看到代宗皇帝病得如此之重，心中顿生邪念，他想到了端出太上皇明英宗继续做皇帝这一招，以便捞取更大的政治资本和皇帝信任。于是他立刻和徐有贞、曹吉祥联络。十四日，徐有贞、石亨等人已经和孙太后、英宗取得联系。十六日，于谦再度上表请求复立见深为太子，代宗留中不报，谁知就在这天夜里爆发了震惊华夏的"夺门之变"。

事有凑巧，当时北边传来了瓦剌骚扰边境的战报，于是石亨借机以保护京城安全为名调集千余名士兵进入内城。这时忽然天上乌云密布，伸手不见五指，众人以为遭到天谴，都非常害怕。徐有贞站出来劝大家不要退缩，众人继续前进，并很顺利地进入了皇城，直奔南宫。石亨派人撞开了宫门，请英宗登辇。这时乌云突然散尽，月明星稀，众人的士气空前高涨，簇拥着英宗直奔大内。

在斋宫卧床不起的明景帝朱祁钰，听到外面传来的钟鼓声，不禁大惊失色，连忙向身边的太监问道："莫非是于谦不成？"太监错愕未答。不久，有太监跑来报告，说是太上皇复辟了。朱祁钰连声说："好！好！"说着，气喘不已，面壁而卧。他日夜担心的事情终于发生了。强烈的刺激使他的病情骤然加重，再也无法起床。朱祁镇把他废为郕王，囚禁到西宫，没过几天，他就死了。有人说他是病死的，有人说他是被害死的。但他究竟是怎么死的，至今还是个谜。

◎历史话外音◎

明景帝继位，本出于一时权宜，只以眷位故，演成景帝唯恐其兄之入，英宗唯恐其弟之生。兄弟失和，授野心分子以机会。当景帝病革之际，前立太子已故，已无子嗣，皇位理当归还英宗一系，原可和缓而自然的转移，其理甚明，其事至易，直以英宗庸愦，而小人从中滋生事端。英宗复位，景帝竟以暴薨，甚至英宗也在有意无意间，任令迎复诸辈冒功滥赏，大事报复，谦等冤死。当时人已甚不以为然，如阁臣李贤；而时久事平，英宗后也懊悔昔日之妄杀。

名臣多尔衮：到底有无谋逆之心

多尔衮的一生战功显赫，少年得志，而后带领满族军队攻入北京，帮助年幼的顺治帝一统中原，开启了清皇朝入主中原的历史篇章。开国定制的多尔衮位高权重，一人之下，万人之上，然而多尔衮正值壮年却突然发病去世，死后不久更是被朝廷全面清算、削爵、擢宗室、籍家产、罢庙享、断其后嗣、掘墓、开棺、鞭尸，这些鲜血淋漓的残杀，展现了政治舞台上的权力争夺。

多尔衮死后获罪，残酷而血腥的屠杀，至于多尔衮得祸的原因，史书归罪为他想当皇帝。但是乾隆帝却认为这是"诬为叛逆"。那么多尔衮是否真有叛逆之心？

少年得志的多尔衮在努尔哈赤死后，与皇太极争夺后金汗位失败，其母阿巴亥成为政治斗争的牺牲品，因所谓的太祖遗命而自尽殉夫。得宠于努尔哈赤的多尔衮本是最有可能继承汗位之人，如今却被皇太极继位，内心的不甘可想而知。多尔衮通过卓著的战功，逐渐获得皇太极的信任，也正是通过这种信任，他开始逐渐削弱昔日曾打击他与母亲的敌对势力，等待时机，觊觎权柄。

皇太极死后，从多尔衮所作的几项决定就可以看出他是否对帝位有野心。

首先，多尔衮拥立了年仅6岁的福临继位，这是他权衡各方所作出的决定。皇太极死后，与多尔衮争夺帝位最大的对手就是皇太极长子豪格。综合各方面条件来说，豪格与多尔衮势均力敌，但是豪格却在争夺过程中取得了代善和济尔哈朗的支持，这给多尔衮造成了更大的威胁。选择福临继位，就可以有效地阻止豪格夺得帝位。

其次，福临继位之后，多尔衮对小皇帝的态度也很放任。福临也无法亲政，睿亲王多尔衮和郑亲王济尔哈朗辅政，多尔衮也开始逐渐培植自己的势力。一方面，多尔衮放任福临玩乐。另一方面，多尔衮也极不把小皇帝放在眼里。顺治七年（1650年），多尔衮还以自己的正妃元妃去世为由，强行要求小皇帝到摄政王府向他请安。此时的多尔衮几乎已经成为名副其实的地下皇帝。

最后，多尔衮对待曾经的敌人豪格和舒尔哈齐的态度。多尔衮对共同主政的舒尔哈齐也是怀恨在心，因为舒尔哈齐曾先主张立豪格为帝，而后又同意立福临，就是没投多尔衮的票，多尔衮早就对此耿耿于怀。于是多尔衮巧立各项罪名，最后把舒尔哈齐挤出了权力中心，由自己的胞弟多铎取代了舒尔哈齐。同时，多尔衮也向着自己的主要政敌豪格开刀，将豪格废为庶人。

多尔衮相继除去两位主要政敌之后，顺治5年后去世，多尔衮又减少了一个重量级的制约者。其后不到一个月，多尔衮便称皇父摄政王。在此之前，顺治为了安抚多尔衮，已经赐封其为皇叔父摄政王。现在由皇叔父摄政王到皇父摄政王，虽然只有一字之差，意义却相差千里，现在就相当于两个皇帝，多尔衮的野心已经昭然若揭。但他一生并没有公开称帝。

多尔衮死后下葬之时，还偷偷将生前准备的黄袍、大东珠、素珠、黑狐裘等放入棺内，这些东西，也只有皇帝才拥有使用权。

多尔衮生前没有公开称帝，主要原因还是在于其实力不能与皇权相抗衡，但是他的种种迹象表明，他确实是有谋逆之心。

◎历史话外音◎

多尔衮善用北方汉人，有一定军事才能。入关前后对蒙古族、朝鲜族、汉族所犯下的群体屠杀、野蛮掠夺、强奸妇女等罪行，是不可以原谅的罪孽。

祺祥政变：慈禧太后发动国耻开端

慈禧登上其主宰晚清半个世纪之久的政治舞台，始于咸丰十一年（1861年）的第一次垂帘听政。

咸丰十年（1860年），英法联军进逼北京。慈禧随咸丰帝逃往热河（今河北承德）避暑山庄。31岁的咸丰有家难归，病入膏肓，不久辞世。

当时，唯一的皇子即唯一可继承大统的载淳只有6岁，皇后钮钴禄氏亦即后来的慈安只有25岁，载淳生母懿贵妃叶赫那拉氏即后来的慈禧只有27岁。咸丰临终口授遗嘱，立皇长子载淳为皇太子，并将两枚随身印章——一枚文曰"御赏"，赐给皇后；一枚文曰"同道堂"，赐给嗣皇帝载淳，由懿贵妃保管。两印为嗣皇帝下达诏旨的符信，"御赏"印盖起首之处，为印起；"同道堂"印盖结尾之处，为印讫。只有同盖这两方印，谕旨方有效。

咸丰死后，皇后钮钴禄氏及懿贵妃叶赫那拉氏分别被尊为"母后皇太后"与"圣母皇太后"，俗称"东太后""西太后"。然咸丰遗诏尚在、尸骨未寒，他精心设计的政治格局便在两宫皇太后与奕䜣合谋策动的"辛酉政变"重击下碎成了齑粉。

这次政变是怎么引起的呢？这次政变的最终结果会是怎样呢？这不仅仅是个谜，更是关系到中国近现代史的悲惨命运。

1861年11月2日，慈禧太后联络恭亲王奕䜣在北京逮捕肃顺等八大臣，发动祺祥政变。1861年8月22日，咸丰帝病死热河行宫，6岁的儿子载淳继位，由顾命八大臣肃顺、载垣、端华等执掌政权，决定明年起用"祺祥"年号。咸丰懿贵妃叶赫那拉氏极欲利用载淳生母皇太后的身份谋夺最高统治权，她授意御史董元醇奏请皇太后垂帘擅权的计划遭到八大臣的抵制后，便与留守北京的恭亲王奕䜣勾结起来。慈禧于10月7日供"以减其劳"为名，解除了载垣领禁卫军兵权，奕䜣再拉拢争取了掌握京畿与直隶重兵的兵部侍郎胜保和僧格林沁的支持。10月26日，慈禧由热河起行，携幼帝载淳由载垣、端华跟随从间道回銮北京。咸丰帝灵柩则由肃顺走大路护送。

11月1日，慈禧一行在胜保派亲兵接应下抵京，当天即与奕䜣秘密协商。11月2日黎明，载垣、端华刚踏入宫门，就被事先埋伏两旁的侍卫逮捕。肃顺扶柩到达密云时，在行馆被捕拿。3日，任命奕䜣为议政王，桂良、文祥等人任军机大臣，组成新的军机处。7日，清廷改年号"祺祥"为"同治"，并宣布载垣等三人大逆不道，当即赐载垣、端华自缢，将肃顺斩首，景寿等五人分别罢黜或遣戍。8日，慈禧下诏历数载垣、端华、肃顺等人的罪状，主要有：抗拒皇太后垂帘听政，不能尽心和议以致失信各国等。11日，载淳正式登极，太后听政，26岁的慈禧篡夺了清朝大权，开始了她对中国48年的黑暗统治。1861年是辛酉年，故亦称"辛酉政变"。

从此，慈禧作为中外反动势力勾结的产物和他们的代表，在半殖民地的中国进行了48年的罪恶统治。她上台的第一桩罪行，就是"借师助剿"，和外国侵略者共同血腥镇压了著名的太平天国运动。中国历史上许多不平等条约如中英《烟台条约》、《中法新约》、中日《马关条约》、《中俄密约》、《辛丑条约》等都是在她统治时期与外国签订的。她的篡政和统治，使近代中国蒙受了无穷无尽的屈辱。这次政变，因载淳登极后拟定年号为"祺祥"，故史称"祺祥政变"。这年为辛酉年，又称"辛酉政变"，因政变发生在北京，又称为"北京政变"。

◎历史话外音◎

这次改变，是一次最高统治集团中争夺执政大权的宫廷政变，但从政变时加给肃顺等人"不尽心和议"的罪名和政变后那拉氏、奕䜣等人对外国侵略者的态度来看，标志着清政府向半殖民地政权的转化。

第三章

帝王秘事谜案

——君王们不为人知的宫廷历史

千古一帝秦始皇：嬴政身世揭秘

关于秦始皇嬴政的身世，几千年来，流传着诸多说法，其中，秦始皇是吕不韦的私生子的传说流传最广，这是因为《史记》和《资治通鉴》等权威史书中都有类似的记载，《汉书》的作者班固则直接称秦始皇为"吕政"，故后人多持此说。

据记载，秦始皇是继秦庄襄王（子楚）之位，以太子身份登上王位的。秦始皇之母是赵姬这点是毋庸置疑的。那么赵姬到底是什么人呢？

秦始皇之母赵姬原是卫国商人吕不韦的小妾，后被吕不韦献给子楚，子楚继位后，被封为王后。有的史书上说赵姬被献给子楚时已经怀有身孕，而司马迁在《史记》中说她是怀孕足月才产下秦始皇的。那么，秦始皇究竟是子楚的儿子，还是吕不韦的儿子呢？后世为了这个问题一直争论不休。

吕不韦原是卫国濮阳（今河南濮阳）人，后举家迁居到韩国阳翟（今河南禹州）。吕家是远近闻名的富商，靠贩贱卖贵投机倒把积攒了千金家产。但吕不韦并不满足这种富甲一方的生活，他野心勃勃，对皇权垂涎三尺。《战国策》记录了他与其父一段精彩的对话。他问："种田的收益几倍？"父答："十倍。"又问："贩卖珠宝，收益几倍？"又答："百倍。"再问："扶立一个国君，掌握一国权柄，收益几倍？"其父笑答："那就千倍万倍，算不清楚了。"

吕不韦意味深长地笑着说："是呀！扶立一个国君，不只可以荣华富贵，还可以泽及子孙后代呀！"

于是，吕不韦打点行装，来到赵国国都邯郸，精心谋划从事政治投机。当时，秦昭王的太子安国君之子异人被羁留在赵国当人质，吕不韦认为"奇货可居"，异人在赵国的日子相当难过，连衣食都成问题。吕不韦认为异人可以利用，于是想方设法接近他、讨好他。他前往拜访异人，与其密谋，由吕不韦出资千金，为其打通关节，过继给很受安国君恩宠却无子女的华阳夫人立为嫡嗣，更名为子楚，在二十多个兄弟中争得太子继承人的地位。秦昭王五十六年（公元前251年），秦昭王去世，安国君继位为孝文王，立子楚为太子，使之成为未来王位的合法继承人。

吕不韦的宠妾赵姬容貌秀丽，能歌善舞。有一次，子楚与吕不韦饮酒，赵姬为其歌舞助兴，子楚见到她后非常喜欢，便起身向吕不韦敬酒，请求吕把此女赐给他，吕不韦遂献出了赵姬。她隐瞒了自己有孕在身的事实，后来生下儿子名政，就是后来的秦始皇，赵姬因此被子楚立为夫人。秦孝文王在位一年便死了，子楚顺理成章地继位当了国君，称秦庄襄王。庄襄王自知这一切全仗吕不韦出谋划策，因此知恩图报，一上台便任命吕不韦为丞相，封为文信侯，食邑河南洛阳十万户。子楚死后（公元前247年），刚13岁的嬴政便登上了秦王的宝座，因为年幼，政事便落入了吕不韦和赵太后之手。这样，就有了嬴政是私生子之说。这个故事在《史记》和《资治通鉴》称为吕不韦"奇货可居"。

以上是司马迁《史记·吕不韦列传》中的大概内容。根据《史记》的记载，则秦始皇为吕不韦的后裔无疑。千百年来，民间传说秦始皇为私生子，也是起源于此。吕不韦认为嬴政是自己的亲生儿子，让嬴政喊自己为"仲父"，自己则掌管全国政事，成为一手遮天的大人物，吕不韦在邯郸的秘计实现了。

然而，也有人对此持不同的看法。首先，有的史学家注意到，成书早于《史记》的《战国策》当中没有吕不韦献赵姬的记载，而《战国策》一向喜欢辑录个人隐私，既然没有关于这件事的记载，说明当时并无这种传闻。其次，《史记》的记载本身也有点含糊不清：前面说"姬自匿有身"，也就是隐瞒了有身孕的事实，后面却又说"至大期时，生子政"，说她足月而产。这里可以有两种理解，一是嫁给子楚后有孕足月而产，一是原先已有孕至足月而产。如果是后一种情况，那么子楚当然知道孩子不是自己的，又似乎不必立其为夫人，也不会让这个孩子当太子并继承王位的。因此认为司马迁其实表达的是前一种情况，即赵姬嫁了子楚后怀孕并足月产下政，也就是后来的秦始皇。

明代史学家王世贞认为，这是吕不韦为保住其取得的荣华富贵，自己编造出来的故事。原中国科学院院长、著名历史学家郭沫若则认为，这种说法始于西汉初年，是吕后为夺权而让诸吕编造、散布以便制造舆论的，其目的是为了说明天下本是吕家的，现在被刘家夺去，理应由吕家再夺回来。

那么，秦始皇到底是子楚的儿子，还是吕不韦的儿子，后人争议不休。身世之谜也只有留于后人去推测了。

◎历史话外音◎

秦始皇亲政后，听取李斯进献的灭六国的建议，着手规划统一六国的大业。其总的战略方针，是由近及远，集中力量，各个击破。先北取赵，中取魏，南取韩，然后再进取燕、楚、齐——先攻克成皋，沿黄河向东推进，撕开韩赵魏楚的联防。继而北上，切断韩魏联络，然后灭韩吞赵，伺机灭燕。不得不说，虽然秦始皇谜团众多，也掩盖不了他千古一帝的伟大。

苻坚与慕容冲：断袖多情皇

自古帝王都是多情的种子，因为他们对女人的要求可谓是有多少就能满足多少，他们是皇帝，拥有再多的老婆也没人干涉。所以，中国历史上也就出现了不少因为宠爱美人而断送江山的皇帝。例如夏、商、西周、北齐等朝代，都是因为君主迷恋女色而丢了祖宗基业。

但有一个政权的丢失，却是因为帝王迷上了一个男人。这到底是怎样一件扑朔迷离的案件呢？

东晋十六国时期的前秦帝国，皇帝苻坚和十六国时期的第一帅哥慕容冲之间的爱恨纠葛，让这个政权被摧毁了。

作为前秦开国君主苻洪的孙子，苻坚出身五胡之一的氐族，他性格古怪，从小就很早熟，年龄与情商的增长一点也不成比例。在他七岁的时候，他就懂得如何帮助别人摆脱困境。八岁的时候，他的言谈举止就十分成人化，在一堆孩子中间，显得格外扎眼与不协调。

胡人野蛮成性，作为一个马背上成长起来的民族，他们成天就只知道杀人和吃肉。而苻坚却很不一样，他在八岁的时候，居然主动找到自己的爷爷，希望能给自己找一位老师，教自己读书识字。虽然对孙子的要求很诧异，但苻坚的爷爷还是为他找了一位老师。

苻坚很刻苦，很快便学得了一身的好本领。在苻坚长大后，统治前秦帝国的是他的堂兄苻生，苻生是一个生性残暴，喜欢嗜杀的君王，每日上朝的时候，便要把杀人的铁钳、钢锯随身携带，如果哪个大臣说话不中听，或者不听他的话，当下就大开杀戒，血溅当场。这样一个皇帝必然不会受到欢迎，苻生上台不过数月，便成为了全民公敌，人人都想诛之。公元357年，苻生和苻坚之间的矛盾日益激化，为了保全自己，苻坚先下手为强，发动了政变，将苻生消灭，成为了新皇帝，号"大秦天王"，定年号"永兴"。

在东晋十六国的君主中，苻坚是少有的英明皇帝。他曾被著名历史学家陈登原评价为："文学优良，内政修明，大度容人，武功赫赫。"苻坚也的确是有所作为，他在短短的十几年间，便基本统一了北方，前秦帝国达到了巅峰时期。

随后苻坚便率军进攻前燕，公元370年的时候，前燕陷入了困境，新皇帝慕容暐年轻气盛，任意妄为，排挤能臣，导致朝中无人，最终在苻坚强大的攻势下，陷入土崩瓦解的局面。当时前燕的皇室许多人都成为了前秦的俘虏，除了皇帝慕容暐，被前秦俘虏的还有他的弟弟中山王慕容冲和妹妹清河公主。

前燕这个国家属于鲜卑族，这个民族的人都有一个共同的特点就是皮肤出奇地白，不论男女老少，都是细皮嫩肉的。其中被苻坚掳走的慕容冲和清河公主虽然当时只有十二三岁，但都算是鲜卑族人里的极品。尤其是慕容冲，虽然是男儿身，但却生得唇红齿白，面如璞玉，令苻坚为之神魂颠倒。

自从见到这姐弟俩，这位战功赫赫的前秦皇帝对后宫六千粉黛便全都不放在眼里了，独独对这掳来的鲜卑族的姐弟俩给予厚爱，将他们一起送进宫里不分白天黑夜地宠幸起来。长安百姓们还对此编了两句歌谣："一雌复一雄，双飞入紫宫。"

从王爷到男宠，对于慕容冲来说显然是无法磨灭的仇恨。苻坚强迫他入宫的那天起，慕容冲的心里就埋下了复仇的种子。在苻坚享受着与慕容冲的"恩爱"时，他所倚重的宰相王猛看不下去了，规劝一番，才使苻坚极其不舍地把慕容冲放出了皇宫，做了平阳太守。苻坚本是爱慕慕容冲的，但慕容冲却将这段经历视为了奇耻大辱。

在十四年后，慕容冲卷土重来，于公元385年打到长安城下。慕容冲攻势强悍，苻坚眼看城池守不住了，便拿出二人当年温存的旧衣服派人给慕容冲送去，希望能感动旧情人，结果却遭到了慕容冲的拒绝。

这位多情帝王不得已留下太子苻宏当替死鬼，自己领兵逃到五将山，但不幸被羌族首领姚苌杀死。而慕容冲攻进长安后，在城里大肆屠杀，一洗当日的耻辱。可能苻坚最终也无法想到，自己是死在当日的一番多情之上。

○历史话外音○

中国历史上有众多皇帝因女色失去江山，但因贪恋男色而丢失江山的皇帝可谓少之又少。作为一国之君，不能把雄心大志放在治理国家上，却因一己私欲，断送先人打下的江山，令人为之惋惜。

千古一帝：李世民鲜卑族身份之谜

唐太宗李世民，唐朝第二个皇帝，杰出政治家、军事家。他在位期间出现了历史上称道的"贞观之治"，被称为"千古一帝"。史书对李世民的记载，寥寥300字，功过论断，兼而有之。

《唐书》上有一个关于李世民命名的有趣故事：李渊二子即将诞生之时，李渊路遇一书生为其看相，书生惊呼："李渊贵人也，其子也贵，有济世安民之大任。"李渊惧，欲杀此人，书生已杳然不知所踪。归家，二子诞，故起名"世民"，取"济世安民"之意。

唐太宗李世民的一生，关于他身世的疑点很多。有考古学家根据《步辇图》留下来的唐太宗李世民的最早画像推测，一代英明的君主李世民，是鲜卑族人的后裔。此言一出，立刻引起人们的议论，李世民是鲜卑族人吗？

那要先从李世民祖辈说起了。李世民一家祖籍在今河北省赵县，而李渊生于关陇，自称祖居关陇，是西凉王李皓的后代，有人说他是借此来提高自己的地位，事实如此还是另有隐情现在已无法考证。

原山东太行山地区有五大望族姓氏——王、卢、崔、李、郑，其中李姓又是鲜卑族中的一大姓氏。有人推测说李氏一门是破落贵族，也有人说李氏是鲜卑族大野部的姓氏。

唐朝时候少数民族与汉族的界限划分没有那么清楚。根据可考证的历史资料证明，唐朝之前，北方各民族大融合现象广泛存在，如在隋炀帝时，突厥人就曾强制改穿汉装。唐太宗李世民的祖母，即唐高宗李渊的母亲独孤氏，是隋文帝的一名后妃的姐妹，属于非汉族，李世民的母亲窦氏也是鲜卑族人。而李渊一方的血统还没有足够的历史证据进行论证。现在普遍的说法是，唐太宗李世民是各民族的混血儿，民族大融合的产物。陈寅恪当年曾详细考证此事，但到今天为止，还没有什么新的历史遗留下来的资料或实物可以供此问题得到深一步的结论。

认为李世民是鲜卑族人的观点主要有以下论据：

其一，在鲜卑族人的风俗中，有父死子娶母为妻的习俗，也有一家的男人合用一妻的典故。昭君出塞的典故中，王昭君在死了丈夫后就嫁给了自己的两个儿子。唐朝帝王史中，也有类似的尴尬关系。立武则天为后印证了唐朝的胡俗，唐太宗李世民、武则天与唐高宗李治之间的关系可以说是乱伦。历史上，杨贵妃也是一例。杨贵妃本是唐玄宗之子寿王的妻，却被玄宗讨来做了贵妃。这些为李唐王朝大臣们所不齿的关系是不是李氏家族身体里流淌的粗犷的血液在作怪呢？这也难以定论。但有一点则是可以明确的，那就是李唐王朝深受胡人风俗的浸染。

其二，从唐太宗的性格来判断他的血统。李世民性格凶残、野心勃勃，为李唐打下天下的战功赫赫。贞观年间，唐太宗平定东突厥，俘虏颉利可汗，解除了北边的威胁；5年后，平定吐谷浑，俘其王慕容伏允；贞观十四年，有平定高昌氏，于其弟置西州，并在交河城（今新疆吐鲁番西）置安西都护府。晚年时，唐太宗征伐之心犹存，亲征高句丽。唐太宗善骑射，一生过着不倦的戎马生涯。这些都可以作为质疑他的血统问题的证据。

其三，考古学家通过对唐太宗李世民的安息之所——昭陵的考察研究，找到了新的证据。昭陵为唐太宗李世民的坟墓，原有14个"番西"的石雕像现在已不知何处，石雕像到底有些什么来历？现在已是无人知晓。但是驰名中外的"昭陵六骏"浮雕还保存在西安碑林博物馆石刻艺术陈列室里。

中国所有帝陵中，为什么只有在李世民的昭陵里会有战马石刻？唐太宗独特的墓葬形式是否真的显示了鲜卑族的习俗？昭陵是李世民的坟墓，至今未被打开，或许不久的将来，人们可以从昭陵那里得到最确切的答案。

◎历史话外音◎

李世民的身世疑案也许永远都解不开。但是无论是汉族人还是鲜卑族人，李世民都可以称得上是千古一帝，他开创了历史上著名的"贞观之治"，为后来实现"开元盛世"奠定了重要的基础。

圣明也黑幕：唐太宗为何要篡改国史

唐太宗李世民是我国历史上一位伟大的皇帝。在其统治期间，他勤于政事，改革经济，举贤任能，体恤百姓，减轻刑罚，并且开创了"贞观之治"的盛世局面，使得我国封建社会的发展达到了顶峰。因此，在后人眼中，唐太宗李世民就是中国历代帝王的表率。但即使是这样一位英明圣主，他的一生仍有很多瑕疵，"玄武门兵变"的历史实情一直让后人迷惑，而他后来的修改国史也让人议论纷纷。

贞观三年（公元629年），太宗下令在中书省特别设置秘书内省专门负责修撰前五代史。同年闰十二月，太宗又下令将史馆移入禁中，设于门下内省北面，由宰相监修。从此之后，史馆成为皇帝直接控制的门下省的一个常设机构，不再具有修史职责而是专门负责修撰当朝国史。唐太宗究竟出于何种动机要重置史馆，修改国史呢？这个问题迄今为止仍未有确定的答案，给历史留下了一桩疑案。后人对此也有不同的看法。

一种说法认为唐太宗修改国史，是为自己杀兄逼父的篡位辩护。这种观点认为，李世民的皇位并不是合法继承而来，是其弑兄逼父的结果。这一行为不仅不合乎封建法统和封建伦理，而且在李世民自己看来，也是不能留下来示子孙，垂为法诫的。因此，为掩盖这种残暴的行为，为自己的登基确立合法性，李世民决定撰修国史，下令创立宰相监修国史的制度，这就使史官很难做到秉笔直书，只能按统治者的意图撰写历史。

李世民在位期间，曾不止一次违例要求亲看国史和起居注，并称是"使得自修改耳"。其实，作为帝王原本就是不可以随便看史官写的起居注的。在李世民授意下，史官们把李世民发动"玄武门之变"的动因写成"安社稷，利万民"的大义行为，从而严重歪曲了历史事实。在撰写《高祖实录》和《太宗实录》时，费尽笔墨铺陈李世民在武德年间的功劳，竭力抹杀太子建成的成绩，降低高祖李渊的作用，而且把太原起兵的密谋描绘为太宗的精心策划，而高祖则处于完全被动的地位。这样，李世民便是开创李唐王业的首功之人，皇位本来就应该是他的，李渊退位后也就理应由他继承皇位。因此，李世民登上皇位便显得合理多了。

还有种说法认为李世民之所以要修改国史，抬高自己在太原起兵中的地位，贬低李渊的功劳，乃是出于当时的政治统治的需要。他要求贞观史臣把太原起兵中李渊由主动起兵变为被动起兵，目的是为了把李渊描绘成一个忠臣的形象，从而符合儒家的道德要求。李世民将李渊描绘成是在隋炀帝要下令逮捕他、李世民和刘文静等又设下圈套逼得他走投无路的时候才不得不反的形象，而且在起兵时李渊还曾号称"欲大举义兵，远迎主上"。这样一来，李渊就成了大忠臣了。很明显，这种刻画有利于维护李世民的统治，防止人们以此为例，起兵谋反。

◎历史话外音◎

李敖曾经评价过唐太宗李世民：唐太宗是历史上最有"奇情"气质的英雄人物，柔情侠骨，一应俱全。在打天下的政治斗争中，当然他有和人一样的霹雳手段，但在这些政治性的"俗情"以外，他有许多"奇情"，使江山多彩，为人类增辉。

中宗暴亡：为韦后喊冤，为安乐公主平反

从武则天铁血统治结束到唐玄宗开元盛世到来的八九年间，是上层统治飘摇动荡的年代。平庸皇帝唐中宗李显是一个典型的"贤夫良父"，在后宫中纵容韦后滥用权力，娇惯女儿安乐公主，是有名的"和事皇帝"。他统治下的老百姓也远没有达到水深火热、官逼民反的程度，因此本应当个糊涂天子了此一生。但是，景龙四年六月，他却突然一命呜呼，坊间流传他是在吃完韦后派人送来的饼之后离奇死亡的。他真的是被自己的结发妻子毒死的吗？

按照新、旧《唐书》和《资治通鉴》的记载，唐中宗李显是被毒死的。《资治通鉴》是这样说的："散骑常侍马秦客以医术，光禄少卿杨均以善烹调，皆出入宫掖，得幸于韦后，恐事泄被诛；安乐公主欲韦后临朝，自为皇太女；乃相与合谋，于饼馅中进毒。六月，壬午，中宗崩于神龙殿。"按照这个说法，韦皇后的两个情人杨均和马秦客害怕和皇后私通的事情败露，韦皇后想当皇帝，而安乐公主想当皇太女，几方势力都觉得中宗碍手碍脚。于是，大家联合搞出了一碗毒汤饼。

为了增强这个说法的合理性，《资治通鉴》在景龙四年的五月，也就是唐中宗去世的前一个月还特意加上一笔："五月，丁卯，许州司兵参军偃师燕钦融复上言：'皇后淫乱，干预国政，宗族强盛；安乐公主、武延秀、宗楚客图危宗社。'"有人状告皇后淫乱，公主、驸马和大臣谋逆，中宗当然要把告状人燕钦融找来当面盘问。面对中宗声色俱厉的盘问，燕钦融大义凛然。其实，中宗对妻子和女儿也不是完全没有意见，现在这些丑事连地方小官都知道了，中宗也觉得挺没面子的，于是就默默地把燕钦融给放了。没想到燕钦融才出大殿，就被韦皇后的死党——宰相宗楚客派人杀死在殿前。原本怕老婆出了名的中宗虽然没有追究，但却头一次表现出了对韦皇后超乎寻常的愤怒。韦皇后和她的党羽这才担心起来，开始想对策了。他们想出的对策就是下毒害

死唐中宗。

但是，事情真的是这样吗？看看史书是怎么说的吧！完全把安乐公主作为反面教材来对待的《旧唐书》完全没有投毒的记载。书中提到了她想当皇太女、凿建昆池等作威作福的许多细节，但是却根本没提到她还给中宗下过毒。显然，这样的重大遗漏，绝不是因为《旧唐书》的作者祖护安乐公主。在现存史书中，第一次提到唐中宗李显被韦皇后谋杀，是在此后半个多月的太平公主和相王的三儿子李隆基的一场针对韦皇后发动的政变，其中带有明显的军事动员色彩。当时指挥政变的一个将军就对他的手下说："韦皇后毒死先帝，所以我们今天要杀死韦皇后为先帝报仇。"这是什么意思呢——这是一个战场上的军事动员。实际上，这是在给政变找一个充分的理由，是不是实有其事，这是非常值得怀疑的。

还有，在唐中宗死后半个多月，韦后和安乐公主也死于政变。虽然政变打出的旗号是她们两个人毒死中宗罪该万死，但是在政变结束后不久，她们两个却还是被以礼改葬了，以礼改葬本身就是承认她们其实是政治斗争的牺牲品。再从亲情的角度上来说，据历史记载，中宗是出了名的疼老婆和女儿，特别是安乐公主，韦皇后和安乐公主完全没有杀中宗的现实需要。

那既然不是韦皇后和安乐公主下毒，唐中宗又怎么会死得那么突然呢？

据史料研究，唐中宗可能死于突发性的心脑血管病，因为李唐皇室，有心脑血管疾病的家族遗传病史，唐太祖、唐太宗、唐高宗都是死于这种病。这样看来，说韦后母女毒死中宗可能是一个千古冤案。

但是，无论如何，唐中宗的死，对于当时政坛来说又是一场大地震，惹出了一系列的权力纷争，最终李隆基胜利取得政权，唐朝也进入短暂的稳定发展时期。

◎历史话外音◎

政治的腥风血雨总是让人模糊了双眼和内心，自古以来，为了权力和地位，手足相残、父子反目、亲人撕破脸的例子不胜枚举。而后来者也在这条路上前仆后继，权力和欲望，也许一沾上就像毒品似的难以戒掉吧！

北魏孝文帝拓跋宏：唯一被老婆气死的皇帝

北魏孝文帝拓跋宏一生雄才伟略，功绩显赫，却偏偏在最后被自己出轨的老婆气死，英雄迟暮，结局总忍不住让人叹息。说起拓跋宏，他也算是吃尽苦头，才登上帝位的，皇室中的帝位争夺战十分激烈，虽然拓跋宏最终坐到了龙椅上，但他却还要听命于当时的冯太后，冯太后为人势利，对权力把持得十分严苛。

在冯太后掌权的那些年里，北魏此处安插了她的党羽，而且国计民生也都是冯太后一个人说了算。不过冯太后管理井井有条，对北魏日后的发展起到了长远的影响，也为拓跋宏日后管理北魏做了一个良好的铺垫。

在拓跋宏长大成人后，冯太后为他娶了皇后，便是冯太后的侄女冯媛。拓跋宏与冯媛一开始时感情很好，但冯媛自己却不知道珍惜，毁灭了这段感情。说起缘由，要从太和十四年（490年）九月说起，冯太后死后，拓跋宏掌握大权，他当即开始大刀阔斧的改革，将北魏再次推向了改革的风口浪尖之上。

不久开始迁都，将北魏的首都从平城迁往中原洛阳，为了能够顺利迁都，拓跋宏决定御驾亲征，荡平南齐，统一中国。御驾亲征自然要带着大军和满朝文武了，浩浩荡荡的30万大军便向洛阳开拔。

等到了洛阳，大臣们想回也回不去了，只得留在中原，拓跋宏顺利迁都。迁都后，他又推行汉化改造，不但衣食住行上全部汉化，语言也要学习汉语，但冯媛却不肯这样做，她坚决不说汉语。这件事情，让拓跋宏十分恼火，经过几次沟通无效后，他便于太和二十年七月，废掉冯媛的后位，降为庶人，在瑶光寺养老。废掉皇后后，拓跋宏很快又选出了新的皇后，便是与冯媛同父异母的姐姐冯润。

冯润小名妙莲，当年是和冯媛一起进宫服侍拓跋宏的，之所以她当时没有成为皇后，只是因为她的母亲不是正房，冯润与拓跋宏的感情非常好，但可惜自身有着一种顽疾，是一种传染性很强的皮肤病，为了不被传染，拓跋宏也不得不让她远离皇宫。废掉冯媛后，拓跋宏一直对冯润念念不忘，正巧冯润的皮肤病被调理得差不多了，拓跋宏便将她接进了皇宫。

冯润早年虽是善解人意，知书达理，但时光无情，她离开皇宫这几年，拓跋宏并不了解她的变化。冯润回宫后，看到原来只对自己一往情深的拓跋宏后宫多了许多宠妃，自然无法忍受，她设计除去了拓跋宏身边的妃子，让拓跋宏专心致志只宠幸自己。

可是拓跋宏志在大业，很少有时间陪冯润，时间一长，冯润便寂寞难耐，她开始寻觅合适的情郎，先是找到了一个假太监高菩萨，二人勾搭成奸后，冯润又四处拉帮结派，利用手里的权力四处为自己寻觅更好的情人。

满足了自己的欲望，冯润还要帮自己人做坏事，他的弟弟北平公冯夙一直垂涎于拓跋宏的六妹彭城公主，冯润便自作主张让彭城公主嫁给自己的弟弟。彭城公主不从，便逃离洛阳，去向前方作战的拓跋宏告状。

听到自己的皇后如此胡作非为，拓跋宏自然是非常生气。正巧那时他因为劳累过度，早已疾病缠身，冯润的事情更让他病情加重。班师回朝后，拓跋宏便处置了冯润，将其关押起来。一直到几年之后，拓跋宏因为久病未愈，即将离世之前，才下令将冯润赐死。

不过拓跋宏十分念旧情，将她仍以皇后身份厚葬，以免败坏冯家的名声。可以说从某种角度来讲，拓跋宏的早逝，与冯润的胡作非为有着一定的关系，正是冯润的胡闹，才使得拓跋宏心情郁结，疾病恶化，最终病逝。

◎历史话外音◎

俗话说，齐家治国平天下。一代君王竟因自己妻子的作为郁郁而终，终让人觉得惋惜。历史上，君王以国家为重，齐家是每位君王必备能力，安定的家庭生活及观念才能让君王一展治国之能力，不能齐家又何以治天下？

不被看好的忽必烈：为何能继承帝位

古时候，按照蒙古族家法，大可汗人选应由被称为"忽烈而台"的皇室议会兼选举委员会来推举并得到认可，才算合法，但是1260年忽必烈在开平即帝位，显系违反家法，因为当日皇室会议已公推他的胞弟阿里不哥为大可汗，兹后兄弟还用兵4年之久。

舆论的导向，王公的人心，多数都在阿里不哥一边，忽必烈诏谕天下，只有在中原方面有宣传的功效，不能得到蒙古族人的同情。而且蒙哥（前任大可汗，忽必烈长兄）的遗孀——忽必烈的长嫂，尚站在阿里不哥的一边。然而最终的赢家却是一开始并不被看好的忽必烈，这其中的原因，除了他有其弟不可比及的攻伐谋略与人才优势外，还有什么鲜为人知的内幕呢？

忽必烈在中原创业，多用汉人，因为汉人智谋卓著，视野广阔，对自己事业的提升极有帮助。至少在朝代的初创时期，忽必烈是这样想的。但是为了争取主动，他放低了自己的姿态，对蒙古族的贵族与军人则竭力拉拢，以金帛相遗，并称"自是岁以常"，因之当日的措施，也就为日后的永久政策。

由此，我们可以得知，即使是忽必烈建立元朝，乾坤一统，大权在握，蒙古族贵族内对其为最高军政宗教领袖依旧有反对的声音。这样一种局面，让他不得不对前期的政策进行一番"检讨"。成吉思汗给他留下了无边的基业，他很长一段时间也自认为感觉不错，史书记载，在尚未"成龙"之前，忽必烈就有"大有为天下"的志向。满则溢，权力的步步提升，意味着有些东西就要放弃，不管愿不愿意。放弃一些是为了拿得更多，退一步才可能海阔天空。这一思想主导了他建立帝业前后的诸多作为，不逞一时强、不冒一时之险是当中重要的组成部分。

1268年的夏天，蒙古族军队进犯南宋的襄阳与樊城，这两城隔江相对，形成犄角之势，易守难攻。忽必烈的军队将这两城一围便是4年半。1272年的冬天，终以两位来自美索不达米亚的工程师阿拉丁和希拉的伊斯迈尔所造之工程武器，粉碎了城内百姓的抵抗。次年初，樊城被攻破，襄阳投降。

4年半的襄樊之战，宋军损兵折将，忽必烈的日子也颇为艰难。虽然南宋降将、汉军都元帅刘整曾言："无襄则无淮，无淮则江南唾手可下也。"其实，绕开这两座黄先生所言的"汉水上的重镇"，以旧有的战略，即以川蜀战场获得的优势进逼江南，也完全行得通。只是这一路而下，必遇城攻城，见兵杀兵，其土可得，但所费靡多。以"快、准、狠"以及"目标效益最大化"的标准来衡量，显然不划算，忽必烈的祖父成吉思汗就是以这种硬对硬的方式开创了他的伟业，但成吉思汗所为，是以征伐本身为一种目的。而忽必烈则将战争视作政治上的手段。

襄樊为南宋的屏障，取得这一战略要冲，顺江而下，获得胜利显得更加容易，况且杀戮少，江南人心更易收。因此，忽必烈不以"大部队冒险深入"的成吉思汗似的方式为原则。单就这点来说，成吉思汗可称"外放"，忽必烈则是"内收"。最后得到的结果完全符合忽必烈当初的设想。他赢了。

1271年，取《易经》"大哉乾元"之义，建国号为大元后，为了巩固自己的统治，也同样采取这一步调。以往少数民族在中原建立政权，多为先进的汉文化所吸引，积极地靠近这一文明体系，自觉不自觉地服膺于这种文明，建汉式宫殿、习汉人文字、服汉人衣冠、遵汉人制度，最终使自己的政权达到前所未有的高度，这无疑是积极寻求自身进步的举动，是进取的姿态。

帝国建立后，疆土广大，蒙古族人少，故而在全国各行省中以蒙古族人充任最高长官，色目人与蒙古族人长期交往，是其"最为信赖的朋友"，且擅长经商理财，放到现在，无疑是最为优秀的理财规划师或是股票经纪人。

1262年，忽必烈委任色目人阿合马为财政及税收大臣，此人"替世祖理财二十年，他增加税收，核实发现隐匿，为皇帝信用，做到中书平章政事"。忽必烈类似这般一系列的举措，无非是向蒙古族的贵族和自己的盟友表明，他虽为元的皇帝，但更是蒙古族人的大汗，他未曾让蒙古族人吃亏，更没有受到汉人的摆布。他以多数人都能接受的方式，为他的帝国创造了某种平衡，将以暴力为主要形式的征服活动平缓地过渡到了理性的治理上。忽必烈因而也成为一个基本符合"明主"要求的皇帝。

在忽必烈的面前，是人人梦想得到的龙椅，在他的背后，是广袤的领土。他是这两样东西的真正主人。他到处妥协，最终却是到处收益。

◎**历史话外音**◎

忽必烈表面上看是蒙古帝国的继承人，但实际上他却开创了一个新的帝国，死后也有了中原的庙号，成为了"中国式"的天子。

元顺帝：生存之后才能生活

孛儿只斤·妥欢帖睦尔，史称元顺帝。这个元朝末代皇帝的一生，可以说是跌宕起伏、命运多舛。1330年，母亲罕禄鲁氏因宫廷阴谋而被杀，10岁的妥欢帖睦尔被政敌流放。这位少年的远徙图是——他首先住在朝鲜北部的一个岛上，次安置于今日之广西桂林。

考虑到这位蒙古族少年所处的境地，可以想见，对皇位他或许已没有了过多的窥视，能捡得一条命，平平淡淡地聊度此生，也就心满意足了。但《周易》讲否极泰来，倒霉透顶，怎么着也有去晦气的一天，否则人生还有什么嚼头？也许是天可怜见，1333年，好运降临到了已经13岁的蒙古族少年的头上——他登上了皇位。

为什么这个潦倒的少年会忽然有这样的奇遇，或者说人生转折呢？这其中到底有什么让人不可知的原因呢？而之后这个少年皇帝的遭遇更是奇特——看似平凡无为的他，竟然是元代在位时间最长的一个皇帝。这又是为什么呢？

其实，这位蒙古族少年应该感谢三个人，一个是他叔叔图帖睦尔，一个是他弟弟懿璘质班，一个则是太皇太后卜答失里。感谢前者，是因为在他临死之前突然良心发现，觉得弑兄夺位愧对先人后辈，于是下诏决定将皇位传给兄长元明帝的儿子；感谢弟弟，是因为这个弟弟虽然登上了皇位，却无福消受这么重大的恩典，即位43天就死去了，这给妥欢帖睦尔转变命运带来了一道曙光。

实际上最为重要的是太皇太后的对图帖睦尔遗诏的坚持，在旁人看来，她完全有权力不遵诏令，立自己的儿子为帝，一些权臣也力劝她这么做，比如燕铁木儿。燕铁木儿的发迹源于妥欢帖睦尔的祖父，也就是元武宗海山，与在中亚细亚的窝阔台的孙子海都作战时期。他之所以力劝卜答失里立自己的儿子为帝，不过是因其孤儿寡母好控制，但最终卜答失里不为其所动，誓立明宗之子，还颇具讽刺般地让燕铁木儿去迎还远在广西的妥欢帖睦尔。

这中间过程也颇为曲折，燕铁木儿唯恐新皇帝登基会清算自己，便拖延时间，致使皇位空缺达6个月之久，军国大事一切皆听燕铁木儿，实际上已有皇帝之实，大概是老天开眼，燕铁木儿贪恋女色，终因荒淫过度而死，妥欢帖睦尔这才即皇帝位。

这位元朝的皇帝"处境特殊"，倒不全是因为他少年多艰，而是其在即位之后7年内因被另一权臣伯颜所执，而不能自由行权，从一处虎穴又落入另一个狼窝，倒也够这个年轻人受的。或许正因如此特殊的处境，才养成他愿意将就妥协，擅长利用一个人物或一种机构去平衡另一人物或因素的生存技巧，也才能在"夹着尾巴做人"和"抬着胸膛欢笑"之间寻找到最佳的支点。

伯颜因执掌国政，嚣张跋扈，甚至不把妥欢帖睦尔放在眼里。皇帝年少，权力不稳，需要伯颜这样的重臣来稳固自己的地位，所以有人说皇权的本质是相互交换的物品，的确如是。伯颜以其个人喜好，滥杀无辜，任人唯亲，将心腹安插于卫成部位，成为自己的私兵，府库钱帛听其出纳。

1340年，伯颜想废掉妥欢帖睦尔，另立新君，此时伯颜之侄脱脱与其不合，将事密告妥欢帖睦尔，这位空悬龙椅7年之久的皇帝才利用这一矛盾发动宫廷政变，将伯颜流放远地。而伯颜于途中病死于今日的南昌市。

这7年之中，妥欢帖睦尔丝毫没有反抗的企图，恐怕不近事实。为了寻找战胜的机会，就需要忍受长久的妥协。权力之争是如此，掌握实权后处理国事他也依循这样的路线。他个人出于兴趣上的倾向，喜谈佛学，但照顾到汉人的心情，也时常出席儒臣的经筵。元朝立国，以蒙古族人及色目人充重要职位，而他却任命一个贺姓汉人为御史大夫和左丞相，贺说祖制不许，不敢从命，妥欢帖睦尔就赐给他一个蒙古族姓，他的意思就是"你不想干也想干"。

这分明有些戏谑玩笑的成分，但妥欢帖睦尔正是依靠这样在权贵之间厘定最大的妥协，在百官两端达成最大的平衡，才能以一己之力坐稳皇位。

唯其如此，妥欢帖睦尔才可能平安地活下来，经过一次又一次的翻覆，成为有元一代在位时间最长的皇帝。这就是他的活法，他知道，在这个黑白无常的时代，过于聪明，反受其害，过于蠢笨，家国不保，做个"蠢己蠢人"之人，才可以与"现实"达成共识，永享太平。也正是看透了当时的情境，妥欢帖睦尔才采取这样的方式以求自保。

自保，首在将自己的个性隐秘，做一个方方面面都能接受的普通人，鉴于此，他晚期的一些事迹，就不能简单地将其视作"亡国之君"的征兆。譬如花一个多月的时间打猎，与僧人聚众淫乱，还向人请教"房中术"，又譬如不顾国事，沉湎于木匠活，做起来还"其精巧绝出，人谓前代所罕见"，这自然让写史、读史之人想起误国的宋徽宗及后来的"木匠天子"明熹宗朱由校。

我们只能说，元顺帝是个悲情人物。他所面对的已是"无可奈何"的局面。当帝国如水果糜烂之际，一个人的道德感与责任心，对全局已无必然的拯救。

◎历史话外音◎

清代郑板桥曾说"难得糊涂"，此为一人生境界，只因聪明，洞悉人事，内心痛苦，不如糊里糊涂，随波逐流，才能落得耳目清净，孛儿只斤·妥欢帖睦尔，这个在朱元璋的军队攻破通州后，半夜由大都健德门逃亡的元主，可算是真正的"自我生活家"了。

郑旺妖言惑众：明武宗朱厚照身世疑案

明武宗朱厚照，为明孝宗的独生子。明孝宗与张皇后一生恩爱，除张皇后外没有再纳一个嫔妃，算是中国历史上鲜少的一位一夫一妻制的皇帝。不过关于他们的这个独生子的身世，还惹出了一个轰动朝野的大案子。这个案子关乎朱厚照离奇的身世谜案。

这个谜案到底隐藏着什么曲折离奇的故事呢？

成化二十三年（1487年），张皇后与明孝宗结为夫妻，此后，虽然孝宗未纳其他的妃嫔，专宠张皇后，但奇怪的是他们大婚后四年，张皇后依然没有生育，也没有任何怀孕的迹象。大臣们和宗室皇亲着急万分，先后上书请求皇帝纳妃子。但是孝宗坚持不纳妃嫔。但心里也暗自着急，因为王朝子嗣的事情关系到大明王朝的血脉延续。于是他和张皇后在宫中一连斋戒几个月，以求上苍的怜悯，赐一皇子给自己。最令人怀疑的事情就在这个时候发生了。弘治四年（1491年）九月，宫中突然传出喜讯，张皇后终于生了一位皇子。

在举国欢庆的同时，不知怎么谣言就开始流传——这个皇子并非张皇后所生，而是周太后宫中的婢女郑金莲所生。孝宗皇帝和张皇后为了减轻大臣们谏其广纳妃嫔的压力，便将这个孩子强行抱了去。说是张皇后所生的龙子。一时间这个传言闹得是满城风雨，连孝宗皇上和张皇后本人也有所风闻，但并未派人追究此事，孝宗的这种态度无疑加剧了流言的传播，之后事件在各地都传得沸沸扬扬。人们都怀疑这个皇子究竟是张皇后亲生还是从别的宫人那里抱过来据为己有的。而且，张皇后生下皇子的消息也确实过于突然，因为一点征兆都没有，但是说皇后没有生育能力也是没有根据的，因为她后来确实为孝宗生育过一个皇子，名叫朱厚炜，只不过夭折了。

但是，流言开始蔓延开来，言官奏明皇上说流言妖言惑众，如此下去会影响到太子朱厚照将来的前途，请求皇上予以严惩，以绝妖言。孝宗意识到了事情的严重性，便派锦衣卫严加追查。最后，查到谣言的源头原来是宫中婢女郑金莲的父亲郑旺，和宫中的小太监刘山。

据说张皇后生子后不久，小太监刘山对郑旺说这个孩子本来是郑的女儿郑金莲所生，张皇后不生养，便强行抱了去。郑旺知道之后便在外边四处炫耀，一时间这件事闹得满城风雨，世人皆知，郑旺也到处宣扬自己是"皇亲国戚"，是国丈，是皇帝的老丈人，当今皇太子的亲外公。后来孝宗派人查明此事之后，便将这两个人逮捕入狱，并亲自审查此案。但在民间又有了新一轮的谣言，大家都说郑旺就是皇上的国丈，当今皇太子就是郑金莲所生。孝宗皇上怕人知道事情的真相，就亲自审理此案。

孝宗作出的判决也存在疑点。原本此案主角郑旺应处以极刑，但郑旺只判了监禁。宫女郑金莲仅被送入浣衣局为奴。从判决的结果来看，这个案子确实有些蹊跷。而且还有记载称，宫中有一个宫女被送进了浣衣局，但她进去时，其他宫女都要恭敬地站立两旁，可见来人并非一般。但这个宫女到底是不是郑金莲，却没有明确的记载。更奇怪的是，明武宗朱厚照继位后不久，便无故释放了关在锦衣卫大牢中的郑旺，并派人将其送回家乡。这样一来，又给人制造了一个难以理解的疑点。

郑旺出狱之后，还到处说朱厚照是他的女儿郑金莲所生，女儿虽在浣衣局洗衣实际上却过着太后般的生活。这样一来谣言又起。郑旺的同乡王玺竟然打通关节，闯到东安门外，声称要面圣上奏"国母"被囚禁的实情，郑旺、王玺也因此被捕入狱。武宗令大理寺严审此案，审判之时，郑旺多次在堂上声称自己无罪，皇上真的是女儿郑金莲的亲骨肉。但是，这次却没有孝宗在世时那么幸运，他被判妖言惑众罪，因是累犯被判死刑。武宗即使真的是郑金莲所生，此时他也不会承认，因为这样毕竟对自己、对先皇，乃至于对明王朝而言，都不是一件什么值得宣扬的事儿。就这样武宗生母的事情也就随着郑旺的死最终不了了之。但是，这并不说明，郑旺说的是假话，明武宗就是孝宗张皇后所生，因为案子中间有太多令人费解的疑点。

对于武宗的生母究竟是谁，是张皇后还是郑金莲。后人曾作出一些猜测但却没有让人信服的证据。后来，武宗朝后期，宁王造反，说武宗不是张皇后的亲生，由此朱家的子孙都变了种，都是冒牌货。这个事件至此，依然是一个历史上一个悬而未决的疑案，有待于后人进一步推敲证明。

◎**历史话外音**◎

通过近些年来历史学界的研究，人们认为朱厚照追求个性解放，追求自由平等，为人却又平易近人，心地善良，是极具个性色彩的一个人。

清世宗雍正：四爷真的篡改遗诏了吗

康熙的一辈子可以说是业绩辉煌，家事、国事、天下事，他基本都能游刃有余地处理，如果把中国历朝历代封建帝王进行排名，康熙帝绝对是数一数二。但在帝位传承这件既是家事，又是国事，也涉及天下事的问题上，纵使康熙帝有千般智慧，万般手段，也难以处理得当。于是这件看似被迷雾围绕的雍正继位之谜，在数百年后仍能引起人们在茶余饭后津津乐道，成了今天影视剧不断炒来炒去的不朽话题。

公元1722年，康熙帝驾崩，不久，遗诏公布。皇四子胤禛被确立为新皇帝，即雍正皇帝。胤禛的继位就像是一块石头丢进了原本平静的湖面，让清廷内外动荡不已，引发世人纷纷地讨论，人们争论的焦点是胤禛继位的合法性。一种观点认为康熙钦定胤禛，雍正帝胤禛的皇位是合理合法的；另一种观点则是坊间盛传的"改诏说"。即认为康熙皇帝原本想要把皇位传给十四子胤禵，但皇四子胤禛在康熙病逝前后精心策划了篡位阴谋，联合隆科多，把诏书里写的"传位十四子"改为"传位于四子"，由此夺取皇位，登基为帝。此外，民间关于雍正篡位的传说就更多了。比如，雍正投毒篡位说：康熙在畅春园病重，皇四子胤禛屏退左右，送进了一碗人参汤，康熙喝了汤就升天了，皇四子随之当了皇帝；年羹尧改诏说：雍正的母亲私通川陕总督年羹尧，入宫八个月就生下了雍正，改诏出自年羹尧之手等等。

坊间很多作品都把雍正夺位的情节刻画得曲折离奇，与官书记载大相径庭。然而，很多人都清楚，官方文书是不能尽信的，因为它是雍正即位后编写的，自然不会用春秋笔法进行描述。而民间流言野史，更不能全信，因为这些流言多出自雍正政敌之口，加上文学家进行笔墨修饰，难免偏离真相。雍正继位之谜，遂扑朔迷离，成为千古疑案。但是经过众多学者对于历史资料的研究表明雍正杀父一说是很难成立的。史料记载，对医学和药学很有研究的康熙深通医道，他曾经明确地说过：人参并不适合北方人的身体，怎么可能在病重的时候反而喝参汤呢。而且，雍正是个聪明人，他要想向父亲表示孝心，怎么可能挑父亲不爱喝的参汤献上呢？而对宫廷礼节稍有了解的人就能清楚地知道，外间要向皇帝呈上任何一种食物都需要通过银针、试吃太监等多道程序一一检查才能放行的。敬一碗有毒的参汤，雍正有这个能耐吗？可见，这种说法是靠不住的。

而坊间盛传的"改诏说"按常理来说是更不可能的。因为按照清朝的书写格式，允禵写作"皇十四子"，胤禛写作"皇四子"，第一个"皇"字不可省略，改诏是不可能的。而且当时还没有汉字的简化字，"于"的繁体字为"於"，根本不可能从一个"十"毫无痕迹地添上笔画。而且，清朝的遗诏不止用汉字书写，还要用满文进行书写。满文的书写是由字母拼成的，"皇四子"与"皇十四子"的字母组成是有很大差异的，雍正并不可能轻而易举就把满文的字母进行修改。如今很多专家研究后否定了这一坊间传言，但并不排斥雍正的矫诏篡立。因为雍正继位确实存在许多疑点，这件公案扑朔迷离众说纷纭，成为千古疑案。也就是说，基于以上三点，"改诏说"是不可能成立的。

至于主张雍正继位是合法合理的，则认为是雍正表现比较好，深得康熙的信赖。首先，雍正在继位前，对康熙是表现出绝对的忠诚和孝顺，因此深得康熙的喜欢。其次，在兄弟面前保持友善的姿态，坚决保持中立，不随意得罪任何人。再次，对康熙吩咐的事情，事无巨细，一一办妥，让康熙深感满意。最后，雍正特别能忍，他在诸皇子争斗最激烈的时候韬光养晦地摆出一副无心求政事、甘心事农田的姿态，更是深得康熙的喜欢。于是，雍正就不声不响一步一步地获得康熙的认同，夺取皇位。

而如今在博物馆里已有"康熙传位遗诏"的存档，这似乎能对雍正继位之谜做一个解答。这份遗诏的文字自右向左，自上往下书写，用汉、满、蒙三种文字书写。汉文共约1700余字，第一部分主要讲述的是康熙的功绩。第二部分，则宣告了帝位的继承人。"雍亲王皇四子胤，人品贵重，深肖朕躬，必能克承大统，著继朕登基，继皇帝位……"这短短的31个字，似乎可以为这存留了近三百年的谜团之争进行澄清。

目前，虽然对于这份遗诏是否是出于康熙之手学术界尚存争议，但雍正继位的合法性却渐渐地被世人认同。一些学者认为，从历史角度，康熙选择雍正主要有两点：首先，雍正个人能力强，足以托付重任。其次，康熙发现自己晚年过于仁慈，对官场的腐败现象没法控制，便需要从皇子中找一个具有铁手腕的皇子对吏治进行整治，以求保住大清的百年基业。最后，雍正的儿子弘历也就是以后的乾隆帝深得雍正的喜爱，为了能保住弘历能顺利登基，便把雍正作为弘历登基大道上的一个跳板。

从种种的迹象看，这些猜测颇有道理。不过，不可否认，雍正在位期间的确做了很多为国为民的好事，对整顿吏治、改善民生、维护稳定等都作出了一定贡献，也成为"康乾盛世"的过渡。他的功劳是不能否认的。

◎**历史话外音**◎

在清朝九子争夺皇位这段历史中，有着很多扑朔迷离的案件，那是当时特殊的历史环境使然。皇太子，注定是其他有意于谋求皇位的诸皇子攻击的靶心。康熙鉴于前太子的两立两废，为了维护下一任继承者而秘密立储也是有可能的，但无论如何，只要继承者能利国利民，便不该对一些小细节过分苛责。

福康安案：他是乾隆私生子吗

福康安生于乾隆十八年（1753年），刚出生的福康安就得乾隆皇帝钦赐姓名，幼年的福康安被乾隆皇帝带进了皇宫亲自教养，待之如同亲生儿子一般。福康安长大成人以后，乾隆对他更是委以重任，生前封贝子，死后赠郡王，成为一代宠臣之最。因为乾隆对福康安过分宠爱，因此有人猜测福康安其实是乾隆与傅恒福晋的私生子。原因如下：

第一，清朝入关之后，分封吴三桂等异姓王，结果引出了三藩之乱的祸事来。因此清政府下令"异性不王"。但是，福康安却被封为嘉勇郡王，配享太庙。福康安的两个哥哥都很优秀，但乾隆却从未打算加封他们王爵。

第二，福康安十几岁就开始南征北战，战无不胜。乾隆皇帝在他每次出征的时候都给他作最好的准备，以便他能战胜归来。

第三，福康安的两个哥哥都被乾隆皇帝招为额驸，但是如此得宠的福康安却没有娶公主为妻。乾隆的九格格与福康安只相差四岁，年岁相当。但是乾隆却没有把九格格指给福康安，甚至连一个宗氏女子都没有许给福康安，这也让人十分生疑。

第四，傅恒死后，乾隆在他的葬礼上许诺："汝子吾儿定教养"，这也让人怀疑。

其实，福康安是不是乾隆之子实在是没有十分明确的证据，但是史学家们认为，乾隆对福康安的宠爱，也只是因为乾隆在福康安身上看到了自己和孝贤纯皇后早夭的皇二子永琏、皇七子永琮的身影，福康安又是乾隆一手教养长大，还是孝贤纯皇后的内侄子，自是十分宠爱。长大后的福康安也没有让乾隆失望，骁勇善战，立下了许多功劳。

◎ 历史话外音 ◎

福康安纪功碑位于嘉义市嘉义公园内。立于嘉义之石碑，右书汉文，左书满文，其汉文内容如下：

命于台湾建福康安等功臣生祠诗以志事三月成功速且奇，纪勋合与建生祠。

垂斯碗淡忠明着，消彼雀符志默移。垂地期恒乐民业，海湾木复动王师。日为日毁似殊致近年以各省建立生祠，最为欺世盗名恶习；因令严行饬禁，并将现有者慨令毁去。若今特命台港建立福康安等生祠，实因台潜当逆匪肆逆以来，荼毒生窍，无虑数万。福康安等于三月之内，扫荡无遗，全郡之民咸登任佣。此其勋绩，固赏有可纪；且令奸顽之徒触目警心，方可以潜消狠庾。是此举似与前此之禁毁迹虽相殊，而崇实斥虚之意则原相同，轨能横议？且励大小诸臣，果能实心为国爱民，确有美政者，原不禁其立生祠也。崇实斥虚政在兹。

第四章

后宫嫔妃谜案

——深宫迷迭步步惊心，美人之计风波四起

人彘惨案：吕雉心狠手辣除戚夫人

她是中国历史上第一个专权的后宫之主。她有能力、有魄力，为开创汉朝江山费尽心力。她心思缜密、心肠狠毒，为了追求权力不择手段，杀功臣、残后宫、诛刘姓王，她连眼皮都不眨一下，她就是汉高祖刘邦的皇后——吕雉。

吕雉是中国封建史上第一个执政的后宫人物。她不但坚忍、聪慧，而且专权、狠毒。她是第一个干政并掌权的女人，为了达到自己的目的，她施尽了手段，其果断、其凶狠，给后人留下了深刻的印象。

西汉初，高祖刘邦得了天下后，吕后由于年老色衰，已为刘邦所厌烦。刘邦每次出游、出征，都由戚夫人陪着。而把吕后留在宫中，很少见面，相互感情日渐淡薄。他宠幸戚夫人，日日揽在怀中调情取乐。戚夫人貌比西施，身材修长。会弹奏各种乐器，舞技高超，吕后心生嫉妒但又无可奈何。

西汉初年，高祖刘邦死后，惠帝软弱，皇太后吕雉弄权。为了稳固自己手中的权力，维护自己儿子的帝位，吕后使出各种手段打击宫廷对手。高祖在世之时，戚夫人受宠，吕后曾为之倒光了醋瓶子，再加上刘邦驾崩之前曾经动议立戚夫人之子赵如意为太子，则更加剧了吕后对戚夫人母子的怀恨。

吕后把戚夫人抓起来，先当下人使用。她让人剃光戚姬的头发，用铁链锁住她的双脚。又给她穿了一身破烂的衣服，关在一间潮湿阴暗破烂的屋子里。让她一天到晚舂米，舂不到一定数量的米，就不给饭吃。晚上，就被牵着铁链锁进"永巷"中看守。

此时的戚夫人不但伤感自己的命运转折，同时更为远在千里之外的赵王如意——她的儿子担心。她无时无刻不想扳倒吕后，在她眼里，吕后只不过是一个普通的女人。她根本不清楚吕后的实力强劲。在这个与世隔绝的地方，她完全失去了同儿子赵王刘如意的联系。于是，她自创了一首歌，"子为王，母为虏。终日舂薄暮，常与死为伍。相离三千里，当使谁告汝！"她万万没想到这首歌不仅没能改变自己的命运，更牵连了自己的儿子。

当吕后听到戚夫人满含悲戚与怨恨的歌声时，不由得勃然大怒，立即决定对赵王如意下手，准备斩草除根，以绝后患。

惠帝刘盈心地善良，听说母亲吕后把如意召入长安，知道母亲想要对如意下毒手，他很可怜这个年幼无辜的弟弟，决心加以保护，于是乘赵王入长安之前，背着吕后到城外去迎接。他把赵王直接接回自己的宫室居住，起居饮食都在一起，吕后虽然痛恨如意，却没有机会对如意下手。有一天，汉惠帝清早起来出去打猎，可是连日来的早出晚归，让年幼的弟弟早已疲惫不堪。刘盈不忍叫醒弟弟，欲让其多睡一会儿，便独自出宫狩猎。吕后终于找到了可乘之机，就派人送去毒酒，把如意给害死了。赵王如意一死，吕后更是得意。她不甘心让戚夫人轻易地死去，便想出了一条毒计。

她的计划可谓是惨绝人寰。她先派人砍掉戚夫人的四肢，挖去她的双眼，用药熏聋她的双耳，再喂以哑药令其口不能言，然后将其扔到猪圈里，称之为"人彘"。吕后为了展示自己的"得意成果"，便约儿子惠帝前去观看。当惠帝看到昔日美丽端庄的戚夫人如今成了这样一个怪物时，不由得大吃一惊，回寝宫后惊吓出了一场大病，心中悲痛万分，他没料到自己有一个心肠如此恶毒的母亲。

他见吕后大权在握，自己虽为皇帝，却并没有绝对的权力，心灰意冷之下，开始纵情声色，不再以朝政为念。他虽知自己如此放纵会影响到自己的健康，甚至危及生命，却也不顾了。在如此的境况下生活，倒不如速死。他把一切都置之脑后，不久便死去。吕后从此更是大权在握，控制朝廷于股掌之上！

◎**历史话外音**◎

　　从吕雉如此残忍杀害戚夫人这件案子来看，后宫倾轧有的时候比朝堂之争更加残酷。

　　吕雉的掌权统治，虽然对于皇族刘家来说是一个威胁，但对于整个国家而言，在吕雉掌政期间能重用人才，并实行黄老之术与民休息的政策，为后来的文景之治打下了很好的基础，司马迁在《史记·吕后本纪》中对她的评价是"政不出户，天下晏然；刑罚罕用，罪人是希；民务稼穑，衣食滋殖。"

汉光武帝与阴丽华：帝王也有真爱

　　汉光武帝刘秀起兵打天下之前，曾经到过新野，听说阴君有个女儿名叫阴丽华，长得美貌无双。

　　刘秀虽然没有见到过，却从心眼里喜欢她，总是念念不忘。他后来到长安，见到执金吾（掌管京师卫戍的武官）出行时车骑随从之盛，不由感慨说道："仕宦当作执金吾，娶妻当得阴丽华。"他后来起兵于春陵，一心想打下天下，不再想做执金吾了，但是对阴丽华却始终没有忘怀。

　　都说男人都是见异思迁，何况皇帝，然而，汉光武帝确实一生钟情于阴丽华。阴丽华到底有何个人魅力呢？仅是长相貌美便能得一生宠爱吗？

　　汉光武帝刘秀，汉高祖九世孙，长沙定王的后裔，九岁而孤，寄养在叔父刘良家里。他有两个哥哥，长兄刘縯，次兄刘仲，都气度恢宏，轻财仗义。刘秀更是生得一表人才，待人接物，慷慨磊落，行事更是睿智勇毅。

　　刘秀完成学业后从长安回到故乡，与阴丽华的兄弟阴识、阴兴都结为生死之交。他们对刘秀的敬重和钦佩，也加深了阴丽华对刘秀的爱慕。

　　刘秀兄弟在南阳起兵后，正在长安游学的阴识立即回到家乡，聚合子弟、宗族、宾客千余人，参加起义。

　　昆阳大战之后，刘秀终于和他心仪已久的阴丽华喜结良缘。三个月后，刘秀奉更始之命前往洛阳，与新婚妻子依依惜别，这一别就三年。为争取真定王刘扬的支持，作为权宜之计，刘秀不惜答应娶刘扬的甥女郭氏为妻，终于借得精兵十万，击败王郎，廓清河北，于是他拒绝了更始皇帝的封号，决定另立王朝，不久即帝位于鄗南的千秋亭，以建武为年号，定都洛阳。

　　刘秀想起了尚在娘家的阴丽华，就把她从淯阳接到洛阳，久别的夫妇终于相聚。阴丽华却没有想到他的身边已有另外一个女人。

　　于是在册立皇后的问题上就出现了一个问题，是立郭氏为后呢，还是以阴丽华为后。尽管郭氏是刘秀患难相随的红粉知己，虽然在戎马倥偬中，郭氏一直追随左右，并已身怀六甲，但依然只得了一个贵人的称号，阴丽华是刘秀的结发妻子，刘秀一心一意要把皇后的位置留给她，星夜派侍中傅俊将她迎来洛阳。不料阴丽华却说："困厄之情不可忘，而况郭贵人已经生子。"坚持不肯接受皇后的册封，光武帝迫不得已，只好立郭氏为后，封阴丽华为贵人。

　　阴丽华放弃了皇后的身份，却得到了刘秀越来越浓烈的爱。她的淳朴善良，她那女性的伤感，事事谦让的性格，总让人心生爱怜，而且她姿容出众，不失母仪天下的气质。为弥补阴丽华没有做上皇后的愧疚，刘秀经常光顾她的寝宫，嘘寒问暖，反而冷落怠慢了郭氏。

　　这样刘秀和郭氏的矛盾也开始了，而且郭氏总是一副闺秀脾气，经常同刘秀发生争吵，私下里则颇有怨言。

而就在这一年，发生了一件对郭皇后十分不利的大事。刘扬因为政治问题被汉光武帝给革职查办了。刘扬之死使郭皇后失去了重要的政治依靠。但汉代以礼法治天下，非有严重的过失，皇后之位不宜轻易动摇。

光武帝与郭皇后的感情虽然不甚美满，但他们的矛盾尚未尖锐化，建国初年的刘秀尚能克制自己的感情，保持后宫的稳定。于是，原来的妻妾关系又维持了多年，阴丽华也默默地做了16年的贵人。

与此同时，皇后郭圣通却因宠衰而更加怨愤不满。到建武十七年（41年）刘秀终于废掉了郭皇后，而改立阴丽华为皇后。刘秀对阴丽华长久的歉疚，终于得到补偿的机会。

阴丽华虽然真的没有当皇后的念头，但由此也明白了刘秀对她的真情厚意，心中自然是十分满足。但她仍一本初衷，恭俭仁厚，谦让自抑，不喜笑谑，事上谨慎柔顺，处下矜惜慈爱，天下都称她为贤后。

阴丽华一生谦德可风，相夫教子，主理后宫，不曾干预朝政，更能约束家人，使刘秀无后顾之忧，专心国事，才出现了与"文景之治"并称的"光武中兴"时代。刘秀死后，阴丽华的儿子即位，就是汉明帝，尊阴丽华为皇太后，又过了七年，阴丽华死，享年60岁，合葬在刘秀的原陵。

皇帝的婚姻，鲜有幸福圆满的结果，而刘秀、阴丽华却和谐得令人羡慕，这固然是由于刘秀的宽仁厚德，惜念旧情，而阴丽华的貌美德高与安分守己，是最重要的因素。刘秀对阴丽华30年的感情告诉后人，拥有三宫六院七十二妃的帝王也有真爱。

◎历史话外音◎

两千年过去，拂去多少尘事，几百代流逝，总有些东西留下印记。在爱情的传说里，有两个古人继续感动着新的世纪，这两个人就是刘秀和他的结发之妻。

南怀瑾曾经评论过阴丽华：自秦、汉以后，可以称为帝王体制时代较为贤良的后妃，为数实在寥寥无几。以开国创业的那些帝王来说，除了汉光武的阴丽华和朱元璋的马皇后以外，即如李世民的长孙皇后，还当退居其次。

情迷姐妹花：赵飞燕、赵合德同侍汉成帝之谜

古往今来，纵观后宫嫔妃争宠无不是刀光剑影，你死我活，即便是出自一门的姑侄、姐妹的亲情嫔妃，也大都争风吃醋，互相诋毁，彼此打击。但也有例外，汉代的赵飞燕和赵合德姐妹二人，同侍汉成帝刘骜一人，却互相扶持，互相呵护，发扬团结就是力量的精神，共荣共宠了近十年，一时权倾后宫。

究竟是什么样的魔力才能让汉成帝为此姐妹花着迷竟至最后身亡？

说起二人的身世，真是不幸得很，她们的母亲是嫡亲的皇家血统，被封为姑苏郡主，后来嫁给了将军赵曼。无奈夫妻关系不和，她便与府中一位姓冯的管家之子冯大力私通，生下了一对双胞胎，自然不便收留家中，分娩之后，便装在一个蒲包之内，抛弃于荒郊野外。说来这一对姐妹也真是命大，居然三日不死，只好由冯家抱回收养。不料冯家后来又败落，无力养活，生身之母依然不认，姐妹二人无依无靠，辗转流落到了长安，卖身于阳阿公主之家，这时姐妹二人已经十几岁了。阳阿公主看她二人容貌非凡，便令其学习歌舞，给姐姐取名宜主，妹妹取名合德。赵氏姐妹的美各有千秋。姐姐赵飞燕美在身段，身轻如燕，大家都称她为"飞燕"，她毫不谦虚，干脆把自己的名字也改成了赵飞燕。妹妹赵合德美在肌肤莹润，据说她洗完澡从浴盆里站出来，身上不沾一滴水珠。相同的是两姐妹都精通歌舞。

阳阿公主是汉成帝刘骜的姐姐，刘骜是历史上最好色的帝王之一。有一天，汉成帝到阳阿公主府上游玩，一眼便看中了在舞姬中央唱歌跳舞的飞燕，汉成帝大为心动，便向阳阿公主要求把飞燕带回后宫。就这样，赵飞燕飞入了汉宫，得到了汉成帝的宠幸。

好的开始是成功的一半。赵飞燕很快就凭借自身的优势——优雅美丽的身段和出神入化的舞技牢牢地抓住了刘骜的心。刘骜常常为赵飞燕举办舞会，赵飞燕又歌又舞，把刘骜迷得神魂颠倒。赵飞燕对于舞蹈很有原创精神，她表演的都是自己创造出来的舞，她表演的一种舞步，手如拈花颤动，身形似风轻移，令刘骜十分着迷。

赵飞燕入宫不久，后宫女官樊嫕又向刘骜汇报，说赵飞燕的妹妹赵合德姿容远在其上，刘骜不禁起了得陇望蜀之心，后又接来了赵合德。赵合德入宫数日，就被封为婕妤，两姐妹轮流承欢侍宴。原先被皇帝宠爱有加的许皇后与班婕妤，此时备受冷落。许皇后被废掉，班婕妤也侍奉皇太后去了。赵氏姐妹掌握后宫生杀大权，不可一世。赵飞燕被册立为皇后，赵合德也被封为昭仪，两人并得宠幸，权倾后宫。赵氏姐妹专宠十余年，久无子嗣，且始终没有生育的征兆。她们害怕别的嫔妃怀孕生子，威胁后位，就疯狂地摧残宫人。而赵飞燕最后为了生儿子而胡作非为淫乱宫廷却最终被成帝知道。这之后赵飞燕又骗汉成帝说自己怀孕，等到临盆之时却由太医上奏，说是"圣嗣不育，一生下来便夭折了。"汉成帝日夕盼望的喜讯成了泡影，失望之余也懒得再去东宫。然而，他哪里知道，赵飞燕根本就没有怀孕，这是为了继续争宠，赵飞燕瞒着妹妹所设的骗局。赵合德最终明白了是怎么一回事，对姐姐的这一行为十分愤怒，也十分惊惧。赵合德明白，这骗局一旦戳穿，必定死无葬身之地。赵合德狠狠地骂姐姐，使得赵飞燕猛然惊醒，懊悔交加，从此收敛形迹，进行一种自我流放式的幽居生活，不再招蜂引蝶，也不再贪恋荣华富贵了。

当时的朝政已被王氏外戚把持，汉成帝本有亲政的能力，但权力又夺不回来，内心很是痛苦无奈，于是就纵情声色来掩盖自己内心的痛苦和悲哀。绥和二年春天，因为欢娱过度，汉成帝竟然停止了呼吸，死在了龙床之上。赵合德自觉羞愧不已，饮药自杀。赵飞燕也被打入冷宫，寂寞而终。

◎历史话外音◎

都说红颜祸水，更何况是绝美姐妹花，但汉朝的灭亡并不能归之于赵飞燕和赵合德。汉成帝自甘堕落，迷恋酒色，荒淫无道，不理朝政，最后竟死在赵合德的"温柔乡"中，能怪谁？

丑陋的贾南风：为何能够权倾朝野

俗话说"爱江山更爱美人"，纵观中国历朝历代，那些能够征服皇帝的女人，不管其出身是高贵还是低贱，无不有倾国倾城的容貌。但是，西晋惠帝在位时，却偏偏选了一个"丑而短黑"的女子做皇后，而这个相貌丑陋的女子，竟然能够在钩心斗角的西晋皇宫中，运用政治铁腕与超人的权谋，逐渐把西晋王朝的权力掌控在自己手中，这无疑是值得后人思考的。

贾南风虽然长得难看，但是其父贾充却是西晋的开国元勋，在父亲的支持下，贾南风嫁给太子司马衷，被册封为太子妃。做太子妃，贾南风头脑奸诈、心肠狠毒，甚至做出以剑戟直刺太子其他妊娠嫔妃的事情。晋武帝闻听此事后异常震怒，曾想废掉她，但外戚杨珧只对他说了一句："陛下忘贾公闾耶？"废妃之事就不了了之，由此可见，贾充在西晋政权中的确地位牢固，权势显赫，这也就为贾南风日后权倾朝野打下了坚实基础。

精于权术的贾南风在皇太子司马衷的继位问题上也曾出过很多力。例如有一次，晋武帝得知外人盛传太子"蠢笨如猪"时，感到非常忧虑，于是出了一套题考太子，以便决定是否废黜他。太子见到题目后惊慌失措，不知道如何作答，贾南风在这时发挥了巨大作用，她替太子找了一个略有小才的人做枪手，答完了这套试题。

晋武帝看过答卷后，感觉太子给出的答题虽然平庸，但做个皇帝还是没问题的，于是就打消了废黜太子的念头。司马衷在贾南风的帮助下得以保存太子之位，从那以后，自然对她非常佩服，言听计从。

公元290年，晋武帝驾崩，司马衷继位，史称晋惠帝，贾南风顺理成章地被立为皇后。当朝太子无能且懦弱，而皇权又是如此的诱人，因此，成为皇后的贾南风唯一想要做的事就是掌控西晋王朝的大权。

但是，晋惠帝登基时，朝政大权被皇太后杨芷的父亲、太傅杨骏一手独揽，贾南风根本无法插手，这自然让追逐权欲的她心生嫉恨，两人之间也就形成了不可调和的矛盾。经过一系列明争暗斗，贾南风终于在晋宗室和诸侯王的帮助下，于惠帝永康元年（291年）三月借汝南王司马亮和楚王司马玮之手，诛杀了杨骏及其族人、党羽数千人，从而扫除了她夺权道路上最大的障碍。

随后，贾南风又拿皇太后开刀，以莫须有的谋反罪名将其贬为庶人，囚禁在金墉城，而且还把在其身边服侍的宫女全部赶走，八天不给饭吃，活活饿死了这位西晋皇太后。

这次政变后，晋惠帝拜汝南王司马亮为太宰，以卫瓘总领尚书事，共同执掌朝政。于是，一心想要权倾朝野的贾南风又把矛头指向他们。同年6月，贾南风又导演了一场"矫诏使楚王玮杀太宰、汝南王亮，太保、淄阳公卫瓘"的历史闹剧。随后，司马玮又被她抛出来做替罪羊，将其以"矫诏擅自杀戮大臣"罪名诛杀。

就这样，贾南风一路杀将过来，干净利落地把朝廷重臣一一诛杀，从而独揽大权，晋惠帝自然也就变成了傀儡皇帝。

尽管已经手握重权，但是贾南风还有一块心病，因为她只为晋惠帝生了四位公主，所以谢才人所生的司马遹就成为晋惠帝的长子，被立为太子，贾南风担心将来太子继位后对自己不利，为了达到长期控制朝政的目的，她先是上演了一场"诈有身，内稿物为产物"的闹剧，然后又暗地把妹夫韩寿之子韩慰祖抱进宫中收养。公元299年，感到时机成熟的贾南风，阴谋废掉太子，然后将韩慰祖立为太子。

至此，贾南风消灭了所有障碍，如果说她还有下一步打算，那很可能就是夺取丈夫的皇位，自立为帝。然而，历史并没有给她这个机会，原太子司马遹被废黜后，贾南风仍然不肯放过他，派人将其暗杀，这一事件最终导致西晋宗室怨声载道，同时也激起了宗室诸王的反抗。第二年4月，梁王司马肜、赵王司马伦等率兵入宫，将贾南风贬为庶人，并诛杀其党羽数十人。五天后，就在贾南风饿死皇太后的那座金墉城里，赵王派来的使者威逼她喝下一杯金屑酒，从而结束了她罪恶的一生。

◎**历史话外音**◎

贾南风召宗室诸王入朝诛杀杨骏，为后来的"八王之乱"埋下了隐患。贾南风死后，西晋宗室之间开始轮番逐鹿中原，互相残杀，不但使西晋王室元气大伤，更让中国历史进入长达三百年的大分裂局面。

天后武则天：并不是第一个女皇帝

在我们的记忆中，中国历史上第一位女皇帝就是武则天，她在位时，上继贞观之治，下启开元盛世，政绩斐然，一生唯我独尊、敢作敢当，死后又为自己立了一块没有任何文字的"无字碑"。这些都给我们留下了深刻的印象。

其实，严格说起来，武则天并不是中国历史上第一位女皇帝，她只能位列第三。那么，前两位会是谁呢？

历史上第一位女皇帝是北魏孝明帝的女儿元姑娘。元姑娘即位时还是个女婴，她的登基完全是她的祖母——宣武帝之妃、孝明帝之母胡太后一手安排的。

幼主孝明帝登基后，胡太后则母以子贵被尊为太后，并因孝明帝年幼而临朝听政。胡太后在政治上恣意专权，生活上又十分淫乱，引起朝臣不满。侍中元叉、中侍刘腾等曾将胡氏幽禁于北宫。后来，胡氏重新临朝听政，更加肆无忌惮，"为四方所秽"，当然也引起孝明帝的不满。于是母子之间嫌隙屡起。

在公元528年，据《北宋后妃》记载，孝明帝之妃生下一个女儿，当时胡太后谎称生了一个皇子，并设计毒死了明帝，拥立"皇子"为帝。几天后，胡太后又忽然宣布襁褓皇帝原来是个女婴，当然，出尔反尔都是为了宫廷斗争的需要，元姑娘只不过是胡太后手中的一枚棋子。小女婴虽然只做了几天的帝，但是，却是中国历史上第一个女皇帝。而第二位女皇帝是陈硕真，浙江睦州青溪（今浙江淳安）人，自幼父母双亡，和一个妹妹相依为命。历经风风雨雨，尝尽人间辛酸苦辣。

当时，唐高宗即位，由于唐太宗统治后期奢侈之风盛行，劳民伤财，使部分地区的人民受到了较重的剥削和压迫。青溪位于今天浙江西北部，这里山高谷深，物产十分丰富。正因如此，统治者对其也格外关注，搜刮无度，使得这一地区的百姓负担十分沉重，怨声载道。

有一年，当地发了大洪水，百姓们流离失所，民不聊生。陈硕真看在眼里，急在心里。于是，她不顾自己的安危，毅然打开东家的粮库救济灾民，不料被管家发现，打得她死去活来，当夜被乡人救出，逃入山中隐蔽起来。

在此之后，当地百姓不断听到有关陈硕真"得道成仙"的传言，她的亲戚也到处宣传陈硕真已经成仙从天界重回人间，现在法力无边，变化莫测，能够驱使鬼神。于是，乡民们都寄希望她能为民除害造福（农民起义一般都会借助封建迷信的力量，陈硕真也不例外）。

公元653年十月初六夜，她率领民众在淳安田庄里举行起义，家乡人民纷纷响应，起义队伍迅速扩充到万余人，陈硕真自立为"文佳皇帝"，带领民众连续攻克桐庐、睦州等地，并逼近歙州、婺州，对封建统治者造成威胁，一时间威名大震。

朝廷闻讯后，即派扬州刺史房仁裕带兵前往镇压，婺州刺史崔义玄也赶紧征集兵力对起义军进行打击。由于起义军缺乏实战经验，几经浴血奋战，死伤无数，最终全军覆没。

陈硕真从起兵到兵败身亡，不过一个多月时间，但是东南震动，影响极大，可惜生不逢时。她自称皇帝，在中国历史上还是第一次。

按历史时间推算，当时武则天还是唐高宗的昭仪。陈硕真自立皇帝的第三年（655年），武则天才被立为皇后。一直到公元690年，武则天才自称"神圣皇帝"，改国号为周，所以只能是位列第三。但是她掌握了政权，并且在位整整15年的时间，所以，她是中国历史上"标准"的女皇帝。

◎历史话外音◎

历史上，武则天并不是第一位女皇帝，之所以历史上将其记为第一位，主要在于她的功绩，并改了"国号"，虽然对于她的称帝后人有很多争议，但终为一代明君，为中国历史进程作了一定的贡献。

霸道皇后：要求皇帝坚守一夫一妻制

隋朝初期的独孤皇后，曾在政治生活中扮演着举足轻重的角色，协助隋文帝杨坚开创了"人庶殷繁，帑藏充实"的"开皇盛世"。独孤皇后名伽罗，是北周大司马、河内公独孤信之女。独孤伽罗14岁的时候，其父独孤信替她挑选了北周柱国大将军、隋国公杨忠之子杨坚当丈夫。《北史》中是这样赞美杨坚的："皇考美须髯，身长七尺八寸，状貌瑰伟，武艺绝伦；识量深重，有将率之略。"

独孤皇后是个特殊的女性。不仅因为以上所说的她的显赫身世、她的才干以及她的美貌，还因为她是一个货真价实的女权主义者，是一个一夫一妻制的忠实捍卫者，她能让隋文帝一辈子只娶她一个，论这手段，也足以证明她不是个普通的女人。

在古代封建社会男尊女卑的情况下，一般家庭的男人惧内的情况少之又少，更何况是帝皇之家。在一般人看来，一人之下、万人之上的皇帝，天下绝无他怕之人，更何况是一个女人。而隋文帝却是一个例外，是着着实实的"妻管严"皇帝，这到底是怎么回事呢？

隋文帝是中国历史上少数几个较为开明的皇帝之一。他建立隋朝，结束了几百年的诸侯割据和混战的局面，使得神州大地又一次得到统一。然而，他缘何成为历史上少数"惧内"的皇帝之一呢？隋文帝和独孤皇后相敬如宾的爱情传为美谈的同时，她对隋文帝私生活的控制也在民间流传开来。

独孤皇后从各方面考虑，将隋文帝制服得服服帖帖，要是在现代社会，绝对算是个管理型的女强人。首先，独孤皇后根本不让隋文帝找其他的女人。她清除了隋文帝身边所有的女人，也就是"清君侧，狐媚不得宠幸"，历史上有明确记载独孤皇后毒杀被隋文帝宠幸过的女人。隋文帝拿她没办法，一概不设嫔妃，唯独孤皇后独尊。不过这也好，隋文帝清心寡欲，把精力用到治理国家上，搞得头头是道，劝课农桑，开设科举，国家承平，人民安居，形势一片大好。不仅如此，她还让隋文帝下旨，规定满朝文武乱娶妻妾者，一律不予提拔重用。她甚至将太子杨勇废掉，只因杨勇不爱原配而宠爱别的姬妾，整天花天酒地，恣意玩乐。另外，她还对隋文帝严加看管，安插耳目，有什么风吹草动立马就能知晓。

遇到如此精明又强悍的女人，隋文帝为什么不反抗呢？为什么杨坚如此听独孤氏的话呢？一则，独孤氏与隋文帝的感情非常好。感情是维系关系的纽带，如果杨坚不爱独孤氏，绝不会这样由着她的性子来。结为夫妻的时候独孤氏正值妙龄，端庄漂亮，温柔贤惠，而且独孤皇后具有一种巾帼不让须眉的个性魅力。最重要的一点，独孤氏的家教非常好，知书达理，"柔顺恭孝，不失妇道"。独孤氏父母早亡，所以对长辈非常尊敬，懂礼貌、识大体，是个上得了厅堂的懂事的好儿媳，"见公卿有父母者，每为致礼焉"，朝中上下无人不夸，在当时也是声名远播的，属于女人中的极品。直到杨坚当了皇上，二人的感情维系得还非常好，文帝上朝，独孤氏在外面候着，等丈夫下班。深情相望之后，一同用餐就寝，"同反燕寝，相顾欣然"，以现在的观点来看，也算是模范夫妻了吧！

二则，当初杨坚当皇上之前，二人曾海誓山盟，要与对方白头到老，从一而终。既然夸下了海口，自然不能随便食言，当了皇帝，说话更不能不算数。最重要的是，独孤氏很有政治头脑，谈论起来也头头是道，朝中大臣们没有不服的。最早在杨坚篡周称帝的问题上，独孤氏就表现出超常的政治敏锐性，北周宣帝死后，独孤氏派人告诉杨坚："大事已然，骑兽之势，必不得下，勉之！"让杨坚当断则断，从而促使杨坚废周自立。从这里开始，隋文帝就依赖上独孤皇后了。而且独孤皇后很争气，为杨坚生了五个儿子，继承皇位的问题也不用琢磨了。就在独孤氏死后两年，隋文帝也一命呜呼，追随她而去了。

◎历史话外音◎

一个成功男人的背后总有一个伟大的女性，这话真的不假！话说回来，独孤皇后的所作所为在今天看来，非得冠上大女子主义的帽子了！

往事只堪哀：大周后生死之谜

李煜（937～978年），字重光，五代后期南唐国主，世称李后主。公元975年宋兵破金陵，出降，后被毒死。能诗文、音乐、书画，尤以词名。诗文语言生动，充满了对身世及现实的哀叹情绪。其作品在题材及意境上突破了晚唐五代词以艳情为主的窠臼。

李煜在位之时，从不关心国事，每日谱词度曲，以风流自命。春天到来时，他将殿上的梁栋窗壁，柱拱阶砌，都装成隔箭，密插各种花枝，称之为"锦洞天"；令宫里的妃嫔，都绾高髻，鬓上插满鲜花，在锦洞天内饮酒作乐。

李煜纵情声色，相继宠幸大小周后。大周后娥皇生于公元936年，比李煜大一岁，她的父亲周宗是南唐元勋功臣，为李昪称帝立下汗马功劳。李昪登基后，官拜内枢使同平章事，位同宰相。中宗李璟继位后，对周宗敬重有加。李璟看重其身家条件，让年方十九岁的李煜迎娶了周宗的长女娥皇。这是一桩典型的包办婚姻，有较浓的政治色彩。按传统经验或大数定律，这种婚姻的幸福指数往往较低。李煜则非常幸运，娶到了一位才才色俱佳的绝代佳人。二人结发，可谓珠联璧合，天从人愿。

周娥皇生得相貌极美，史载"有国色"，娴静聪慧，气韵高雅，且博览群书，诗画双绝，"晓书史，善歌舞，精音律，尤以弹琵琶见长"。她与李煜的姻缘也是由琵琶开始。八月初八，是中宗李璟的四十岁生日，宫中举行盛宴，娥皇为李璟演奏了一首精彩的琵琶曲，中宗大悦，叹其灵慧，当场就将视为国宝的烧槽琵琶赏赐给她，且向娥皇的父亲周宗提亲，恳请将她许配给了李煜。李璟也有颇高的文学艺术修养，赠予琵琶，即是对她音乐才华的赏识，也是认为她与李煜志趣相投，更是寄希望于这桩联姻能巩固皇室与重臣的政治联盟。

不过，自古红颜多薄命。大周后包括她的妹妹小周后，都没能跳出这一"红颜定律"。大周后究竟是怎么死的呢？这也算是一桩疑案了。

关于大周后的早逝，主要有两种说法。一是被李煜与小周后偷情气死。陆游《南唐书·昭惠传》："或谓后寝疾，小周后已入宫中。后偶事幔之，惊曰：'汝何日来？'小周后尚幼，未知嫌疑，对曰：'既数日矣。'后患怒，至死面不外向。"才情高绝的娥皇受到亲情与爱情的双重背叛，心死绝望，郁郁而终。

《南唐书》对于大周后之死则是另一种说法：周娥皇自知快要结束生命，就向丈夫告别说："婢子多幸，托质君门，冒宠乘华，凡十载矣。女子之荣，莫过于此。所不足者，子殇身殁，无以报德。"她亲手将李璟所赐烧槽琵琶和一直戴在手臂上的玉环交给李煜以为纪念，又亲笔写下遗书要求薄葬。三天后，周娥皇支撑着为自己沐浴更衣，更亲手将含玉放进自己嘴里，（应为玉蝉）随后于瑶光殿西室阖目而逝，谥"昭惠"，下葬懿陵。

到底是什么原因导致大周后盛年离世？她究竟是在何种情形下撒手人寰？

原因其实是多方面的。娥皇由于自幼金枝玉叶，婚后又频频生育，难免体弱。与李煜不分昼夜的恣意放纵，当然也非常消耗体力。一次贪杯后偶感风寒，终于病倒。随后她最钟爱的小儿子仲宣又突发急病而死。幼子的夭折使她非常悲伤，给了她致命一击，从此身体迅速衰弱，终告不治。

至于小周后与李煜的偷情之恋，真实的情况也不全关风月。李煜的风流天性是一方面，另一方面也是国丈府的乐意促成。一旦长女不讳，皇后的位置极有可能落入旁人之手，而后位的更替，直接影响到外戚的家族利益，此刻若以小周后次第而进，自可避免后位"易姓"的险情。最后一点，李煜的生母钟太后不愿儿子为媳妇过于悲伤，当然也默许此事。

一生顺遂的大周后在未逝之际初尝世态炎凉，内心定然是感慨万分，帝王的爱情，因为冰冷的皇权，早已注定不只是两个人的事情，嫁与天子，就只能是皇后而不仅仅是妻子。

大周后离去后的好长一段时间，李煜都不能从失去她的悲哀中解脱出来。在一首《采桑子》中有这样的反映：

亭前春逐红英尽，舞态徘徊，细雨霏微，不放双眉时暂开。

绿窗冷静芳音断，香印成灰，可奈情怀，欲睡朦胧入梦来。

他还在一首感怀诗中无可奈何地叹息道："空有当年旧烟月，芙蓉城上哭蛾眉。"尽管李煜对爱妻百般思念，千般哀怨，却不能让美丽的大周后死而复生了。

◎历史话外音◎

"云一绸，玉一梭，澹澹衫儿薄薄罗，轻颦双黛螺。一重山，两重山，山远天高烟水寒，相思枫叶丹。鞠花开，鞠花残，塞雁高飞人未还，一帘风月闲。秋风多，雨相和，帘外芭蕉三两窠，夜长人奈何。"用这首南唐后主李煜的诗来悼念这位薄命红颜吧！

得宠之谜：为何明宪宗一生独爱万贞儿

历史上得宠的妃子数不胜数，但多以纯粹的青春姿色取媚，在与无情的岁月对抗中受到宠爱如初的，却谁也不及明宪宗的爱妃万贞儿。这个生活在明朝英宗和宪宗时期的谜一样的女人，留给了后世研究者无数的问号。没有惊人的美貌，没有显赫的家势，也没有花季一般的年龄，她究竟凭借什么独受恩宠20年呢？

万贵妃四岁入宫。天顺时选侍东宫，成化二年封贵妃。年长宪宗近20岁。然而她天生机警，深谙心机，又得宠爱。明宪宗一直宠爱着比他大近20岁的万贞儿，不能不说是后宫史上的奇迹。

《明史》中一句话说得很明白，"六宫希得进御"，有了万贞儿，三千佳丽皇上都看不上。足见宪宗欢喜到了无以复加的地步。要不是因为出身低微，早就立她为皇后了，这一点从万贞儿几次从旁挑唆，便"谗废皇后吴氏"，可见一斑。最后宪宗真的将皇后废了。万贞儿曾经为宪宗生下一个儿子，宪宗非常高兴，马上封万贞儿为贵妃。可惜不到一月，皇子夭折，此后万贞儿就再也没怀上过龙子。但万贞儿妒忌其他妃嫔，不让她们接近宪宗，并在后宫广设耳目，宪宗有时偷偷摸摸地与其他妃嫔交欢一次，如果妃嫔有怀孕的迹象，多被万贞儿暗中察觉，她就千方百计逼令喝药打胎。宫中人人自危，但慑于万贵妃的淫威，无人敢出首。因此几年过去了，宪宗一直没有子嗣。宫廷内外，朝野上下都为此忧心。宪宗也为此极为焦虑。然而，宪宗朱见深倾其一生都对这个比自己大近20岁的女人格外地宠爱和忍让，一直到万贞儿去世。据清代张廷玉等人所修《明史》记载，经历丧子之痛，万贵妃开始对其他怀孕的妃嫔或已经降生的皇子大加谋害，而宪宗却对这个女人无计可施，未加责罚，相反却是一再的退让。

宪宗为什么这么纵容万贞儿？他跟万贞儿之间究竟有着怎样的情缘？

首先，明宪宗应该有强烈的恋母情结，从两岁开始宪宗就是由万贞儿带到大，而且英宗土木堡之变之后被困瓦剌，朱见深的叔父趁机抢去皇位并废了他的太子之位，在这段最艰难的日子里，只有万贞儿陪在他身边不离不弃，在一个人最落魄的时候能有人陪该是多么幸运。而随着宪宗的逐渐长大，两个人耳鬓厮磨日久生情自然是难免的事，万贞儿应当是充当起了母亲、保姆兼情人的多重身份。总之，朱见深其一生都对这个女人有特殊的依恋，不论她做得多么过分，他都能忍让、退避。他离不开这个女人，这个女人就是他生活的支撑，没了她，他的世界也将溃然崩塌。即使万贞儿人老珠黄，宪宗也对她充满感情，这种感情应是一种错综复杂的感情。

其次，万贞儿善用心机，想方设法绑住宪宗。史料中记载这么一个故事：说是万贞儿自恃宠幸，每次见到吴皇后板着脸不给面子，吴皇后非常生气。起初还勉强容忍，耐到二十多日，实在忍耐不住，免不了斥责她无理。可万妃非但不知收敛，却对皇后反唇相讥。一次惹得吴后命宫人将她拖倒在地，亲自取过杖来连击数下。万贞儿回到宫中，哭泣不止。恰好宪宗进来，询问她因何哭泣。万贞儿故意不说，最后侍女说明了原因。宪宗大怒，要去找皇后评理。她便抢前牵住宪宗的衣服，佯为劝慰。宪宗又恨又怜，慢慢替万妃解开衣服，见她雪白的肌肤上面，一道道杖痕透着血色，不由怒从心起，发誓道："此等泼辣货，我若不把她废去，连皇帝都不做了！"万贞儿哽咽着说："妾已年长色衰，不及皇后玉女天成，还请陛下命妾出宫，以免皇后生气，妾也省得受那杖刑了！"明明是反激宪宗。宪宗更怒："你不要这样，我明日就把她废去。"万贵妃欲擒故纵，又激他说："册立皇后，是两宫太后的旨意，陛下废后，太后不会同意的。"宪宗说："我自有办法！"

第二天一早，宪宗便去见两宫太后，说吴皇后举动轻佻，不守礼法，不堪居六宫之首，更不足母仪天下，定要废去。周太后劝阻道："册后才一月便要废去，这也说不过去。"但宪宗坚持要废后，并说若不废后，他便披发入山，不做皇帝。周太后溺爱儿子，只得由着宪宗。于是，一道废后诏书下达，命吴氏退居西宫。从这件事即可看出说明万贞儿心计颇深。

万贞儿正是利用了宪宗从小对自己产生的依赖心理，并将这种依赖化解和转换为男人对女人的爱慕，中间又夹杂着母性和亲情的魅力，这让宪宗无法自拔地爱上了万贞儿。而宪宗自身又是一个弱势内敛的皇帝，喜欢留恋过去的岁月和时光，这与万贞儿的细心谋划正相吻合，从而造成了万贵妃独享恩宠20年。

◎历史话外音◎

人的情感是最不能细说的。尽管万贞儿对后宫的其他女人残害，她心机很重，诡计多端，阴险狡诈。但宪宗却对她宠爱、忍让。明宪宗对万贞儿这个比他大近20岁女人的爱也不是世俗能说通的。

谜样人生：孝庄太后下嫁多尔衮或有隐情

关于大清国母"孝庄文皇后"下嫁一说，真假难辨，莫衷一是。所谓"太后下嫁"，即指孝庄文皇后下嫁给摄政王多尔衮。孝庄文皇后，是清太宗皇太极的妃子，顺治皇帝的亲生母亲，康熙皇帝的祖母，一生历经数朝，竭力辅佐儿孙两代幼主，定鼎天下，死后累加谥号称"孝庄仁宣诚宪恭懿至德纯徽翊天启圣文皇后"，受到清室顶礼尊崇。

1644年，皇太极驾崩。一场激烈的皇位之争展开了。有实力的竞争者有三个人：长子肃亲王豪格、皇太极十四弟睿亲王多尔衮和第九子福临。其中豪格和多尔衮都是拥有实力的亲王，得到八旗部队中半数的支持。这时福临的生母博尔济吉特氏看中了两红旗旗主礼亲王代善的身份和威望，其具有能够左右大局的力量，便紧紧拉住代善，使两红旗长支持福临。然后又将镶蓝旗拉至麾下。最后，使多尔衮改变初衷，拥戴福临。幼主福临即位后，多尔衮把持国柄，成为摄政王。《清朝野史大观》这样记载：多尔衮还以顺治的名义向天下颁布诏书：皇叔摄政王现在是单身，他的身份、地位和相貌，皆为国中第一人，太后非常愿意放弃自己的地位嫁给他。因此"太后下嫁"之说自明末清初即已流传，清末排满时重又复炽。这在历史上是一桩疑案。至今在清史学界也仍然是肯定者有之，持怀疑否定者亦有。

太后下嫁之说，最早引起史家关注的是明遗民张煌言的十首《建夷宫词》，其中有一首说："上寿觞为合而尊，慈宁宫里烂盈门。春宫昨日新仪注，太礼恭逢太后婚"。张煌言此词写于顺治七年，以当时人记当时事，似有所据，慈宁宫是孝庄皇太后的寝宫，词中说慈宁宫中张灯结彩，喜气盈盈地举行婚礼，就是指孝庄太后下嫁多尔衮之事。主张太后下嫁说的还有其他的论据：其一，多尔衮尊称为"皇父摄政王"；其二，据蒋良骐《东华录》记载，诏告多尔衮的罪状中，不仅有自称"皇父摄政王"，还有"又亲到皇宫内院"，似乃暗指多尔衮迫使太后与之为婚；其三，孝庄遗嘱康熙不要将其与皇太极合葬，是否因下嫁多尔衮而有难言之隐。

另一方面，20世纪30年代，明清史大师孟森著《太后下嫁考实》，力辩此事全无。也有学者认为张煌言诗，不能作为太后下嫁确证。其诗系远道之传闻，故国之口语，诗非信史，不足为凭。而蒋氏《东华录》所记"皇父"，是清君主对某个臣下的尊称，或是清世祖封多尔衮为"皇叔父"后以其定鼎功勋显著，无可晋爵，乃以"皇父"为封。"皇父"之于皇帝仍为臣下。而满族旧俗有直呼尊者为父之例，多尔衮前封"皇叔父摄政王"，满文直译为"汗（君）的叔父父王"，因此这并不表明多尔衮为福临的皇父。

不过也有人说多尔衮和孝庄是青梅竹马，这是最有中国传统特色的感情戏，在电视剧和民间野史里，孝庄和多尔衮也有这么一段情窦初开的关系：两人在同一府邸中长大，颇为投缘，又因孝庄出嫁，这段情愫才不得不暂且搁在一边。

事实上，根据正史记载，孝庄乃蒙古族，在草原上长大，12岁时由兄长护送到盛京，嫁给皇太极。而多尔衮约从十五六岁开始，就为清朝的江山四处征战，立下赫赫战功。虽然清朝立国之初，汉化程度尚浅，但一个为深宫后妃，一个乃帐前骁将，相遇相知的可能性有多大，可想而知。

此外，据《清宫档案揭秘》披露，顺治七年（1650年）正月，多尔衮害死了肃亲王豪格之后，霸娶了豪格之妻。此女也姓博尔济吉特氏，她是孝端文皇太后妹妹，孝庄的姑姑。"孝端"与"孝庄"只一字之差，何况又都属于她们"一门四皇后"的家族，"错把鸭头当丫头，头上没有桂花油"，也未可知。

另一"最有力的证据"是据说起缘于一座"风水墙外"的陵寝。有人说，与清东陵大墙内众多巍峨堂皇的帝后嫔妃相比，孝庄文皇后的西陵为什么建在陵园的大墙外？还不是因她生前下嫁不守妇道么？

此说更加难以成立。据《清圣祖实录》载，孝庄临终前，曾反复叮嘱康熙说："我身后之事特以嘱汝：太宗文皇帝梓宫安奉已久，不可为我轻动。况我心恋皇父及汝，不忍远去，务于孝陵近地择吉安厝，则我心无憾矣。"

不过"孝庄下嫁"是否确有其事，目前难以作出定论，只待新的材料发现和新的研究工作展开，才能解开个中之谜。

◎历史话外音◎

由于孝庄经常留意参与清廷的政治活动，她的政治素质和才能得到了磨炼，很快脱颖而出。当重大政治事变突然发生的时候，这种才能就明显地显示出来了。

第五章

皇嗣秘闻奇案

——皇家惊魂，太子公主宫闱秘事几人知

骊姬乱晋：太子申软弱无奈自杀之谜

女色乱国，争庶夺嫡，始终是中国历史上宫廷权力斗争的一个主题。晋献公年轻貌美的宠妃骊姬，为了让自己的儿子继承君位，用计逼死太子，继而加害其他的王室公子。为避杀身之祸，后来成为国君的公子夷吾、重耳纷纷流亡国外，地处中原实力强大的晋国，从此陷入了漫长的动乱。

春秋时期晋献公五年（公元前672年），晋献公出兵攻打骊戎，灭了骊戎之君，将他的女儿骊姬作为俘虏带回国内。献公十分宠爱骊姬，她不仅貌美如花，体轻如燕，且工于心计，深谙讨乖取巧的门道，令献公想入非非，不顾占卜人的劝阻坚持将其纳为己有，并把她立为夫人。后来，骊姬生了一个儿子，叫奚齐。

其实，在晋献公当太子的时候，已有一妻两妾，妻未生育即病死，两妾各生一子：夷吾（晋惠公）、重耳（晋文公）。但晋献公最宠爱的却是他父亲的小妾齐姜，两人乱伦生子申生。晋献公即位后立齐姜为夫人，申生为太子。为自己母子的未来权位未雨绸缪，骊姬展开了一系列活动，排挤晋献公另外的几个儿子，为奚齐争取继承晋国国君的地位。她要为儿子扫清踏上国君之位的障碍，除掉最有才华的三个王子：申生、重耳、夷吾。

都说最毒莫过妇人心，骊姬接下来到底是如何攻心计使太子不得不自杀而亡呢？

骊姬对申生的陷害是一步一步完成的，她并不急于动手，先是找借口支走申生。首先贿赂献公宠臣优施、梁五等人让他们在献公面前大造舆论说："曲沃是晋君宗庙所在地，必须让太子居守。"晋献公听了他们的话，遂让申生离开国都绛城，去了曲沃。隔绝了献公与申生的直接联系，切断了他们父子间频繁的沟通渠道，为后面的用计和陷害准备了基本的条件。她贿赂其他朝臣，指使别人给献公提议，自己未曾出面，从而掩饰了她对太子的险恶心机。有一次，献公私下向她表示欲废太子，以奚齐代之的意思，骊姬还哭着说："太子之立，诸侯皆已知之，而数将兵，百姓附之，奈何以贱妾之故废嫡立庶？君必行之，妾自杀也。"她在表面上为太子申生说好话，背后却指使人到晋献公面前给申生进谗言，逐渐离间他们父子之间的感情。

申生到曲沃不久，骊姬有次哭着告诉献公，说申生在曲沃收买民心，准备夺取国政。献公略有所信，问道："那该怎么办呢？"骊姬故意劝献公道："您可借口年老，交出国政。申生得到国政，说不定会赦免您。"献公听罢坚决表示说："绝不能给他国政！我以武威扬名诸侯，现在没有死就丢了国政，算什么武！自己的儿子都胜不了，算什么威！我一定要想办法收拾他。"晋献公自此对申生暗伏杀机。

骊姬觉得时机成熟以后，便迂回地采取行动。她假托献公梦见了申生故去的母亲，让申生赶快回曲沃的祖庙去祭祀。申生祭祀以后，把祭祀用过的酒肉礼品进奉给献公。献公当时在外游猎未归，骊姬就把酒肉留在宫中，在里边下了毒药。献公回来以后，厨师送上那些祭品，献公就要享用，骊姬当即拦住，说："胙所从来远，宜试之。"把酒洒在地上，地面隆起一个大包；肉喂狗，狗死；让小臣饮酒，小臣死。骊姬顿时哭起来，边哭边说："太子何忍也！其父而欲弑代之，况他人乎？且君老矣，且暮之人，曾不能待而欲弑！"之后骊姬佯装大惊，哭倒于地。献公见太子要给自己下毒手，亦怒不可遏，派人执杀了申生少傅杜原款。申生不敢辩白，而后又派二五率兵去捉拿申生。申生只好逃往外地。由于申生身被恶名，无法洗雪，最终自缢而死。

这次事件的结果，是晋献公立奚齐为太子，骊姬的目的总算达到。但没过几年，晋献公病危，临终前托孤于荀息，嘱他立奚齐为晋君。可是晋献公一死，大夫里克随即发难，杀死骊姬和奚齐。骊姬费尽心机为儿子夺取的权势，为自己夺来的地位，霎时成为一枕黄粱。

🌀**历史话外音**🌀

唐代的岑参曾以诗评价过骊姬：

序曰：夷吾、重耳墓，隔河去三十里。

骊姬北原上，闭骨已千秋。浍水日东注，恶名终不流。献公恣耽惑，视子如仇雠。此事成蔓草，我来逢古丘。蛾眉山月苦，蝉鬓野云愁。欲吊二公子，横汾无轻舟。

扶苏之死：胡亥李斯密谋直接害死太子

公元212年夏，秦始皇巡游归途中，当至沙丘时，突然病重，遂立刻命宦官赵高写信给长子扶苏，准备安排后事，但病情恶化，随后病死于沙丘。出于种种个人利益的考虑，赵高、公子胡亥伙同丞相李斯密谋策划，李斯执笔模仿始皇笔迹写假诏给扶苏，以"与蒙恬合谋造反为名"令其自裁，于是，一个有可能非常有作为的、德才兼备的秦国后世国君就这样被扼杀了。

太子之位来得快——秦始皇是在生命的最后时刻立他为太子的，去得也快——秦始皇尸骨恐怕未寒，他就死了。

扶苏之母郑妃为郑国人。因为郑妃喜欢吟唱当地流行的情歌《山有扶苏》，始皇便将两人之子起名为"扶苏"。古人用"扶苏"来比喻林木的茂盛和葱翠。据说，扶苏年少时机智聪颖，生具一副悲天悯人的慈悲心肠，显然，在具有残暴个性的秦始皇来看，似乎其性格有些过于软弱。据史料记载，秦始皇因不满一些儒生的复古言论，在李斯的煽动下，于咸阳坑杀了460余名儒生。一向对秦始皇唯唯诺诺的扶苏知道后，劝谏道："天下初定，远方黔首未集，诸生皆诵法孔子，今上皆重法绳之，臣恐天下不安。唯上察之。"秦始皇大怒，将其赶出宫廷去北边给守卫北方的蒙恬作监军。扶苏被派往蒙恬处作监军是始皇三十五年（公元前212年）的事，直到始皇三十七年（公元前210年）七月扶苏被矫杀，两年时间里，秦始皇从未过问过扶苏。由此可知，他们的父子关系自然好不到哪里去。但秦始皇还是清楚，他二十多个儿子中也只有扶苏堪当大任，况且又是长子，遵古制，自然会立他为太子。将玉玺赐给他，并让他赶回咸阳参加自己的葬礼。如果是这样的话，扶苏又怎会自杀往死呢？

前面提到了，是三人密谋间接害死扶苏的。当时秦始皇的玉玺和"书"并没有到扶苏手里。被当时的赵高与一直跟随秦始皇巡游的小儿子胡亥拆开了。几个在秦始皇身边的人就一同商议，伪造了秦始皇给丞相李斯的诏书，立胡亥为太子。又伪造了一份赐给扶苏的诏书，用皇帝的玉玺把诏书封好。诏书大意如下：

我巡视天下，祈祷祭祀各地名山的神灵以求长寿。现在扶苏和将军蒙恬带领几十万军队驻守边疆，已经十几年了，不能向前进军，而士兵伤亡很多，没有立下半点功劳，反而多次上书直言诽谤我的所作所为，因不能解职回京当太子，日夜怨恨不满。扶苏作为人子而不孝顺，赐剑自杀！将军蒙恬和扶苏一同在外，不纠正他的错误，也应知道他的谋划。作为人臣而不尽忠，一同赐命自杀，把军队交给副将王离。

胡亥和李斯的使者抵达上郡，扶苏接旨受命，开封读始皇帝赐书落泪，入内舍准备自杀。蒙恬劝阻扶苏说："陛下在外巡游，没有册立太子，遣派臣下统领30万大军镇守边疆，委任公子为监军，关系到天下的安危，国家的稳定。眼下有使者携书前来，马上自杀，何以知道是真是假？望公子上书请求复核，复核无误后再自杀，为时不晚。"成败决定于一念之差，悔恨铸成于瞬间之误。对于身处高位、左右国政的人来说，瞬间的选择，往往决定历史的动向。蒙恬受始皇帝信任重托，是多年统兵在外的大将，凭借他对当前政治局势的了解，他对皇帝赐书的真伪有相当的怀疑。当年信陵君窃符救赵，杀大将晋鄙夺军权，正是使用诈称使者王命的手段，如今皇帝高龄多病在外，唐突间有诏书使者来，要皇长子和大将自杀交出兵权，实在是蹊跷。蒙恬的判断和劝告，合情合理而又明智。然而，令人难以理解的是，扶苏竟然没有因蒙恬的劝告而有所省悟，他当即自杀了，留下了一句"父赐子死，何能复请"的话。

无论怎样，扶苏还是自杀了。"父赐子死，何能复请"这句话绝不是用一个"孝"字就能解释得了的。

◎历史话外音◎

苏轼评价扶苏之死，认为父让子死，子不得不死才算是孝。而张居正却认为，扶苏虽然"仁"，却是愚蠢之仁，愚蠢之孝，不足为后世效法。

建成太子：并非史书所说的不堪

史书记载中，大唐太子李建成是一个不光彩的失败者，丧家之犬是他最好的写照。而人们对建成太子的印象建立于《贞观政要》《旧唐书》《新唐书》这类书的基础上。相反，李世民却是一个顶着历史光环的贤明君主。可是这个所谓"贤明"君王的英明之处，不在施政方面，而在于他修改了历史史实。据记载，李世民曾经先后三次要求亲自观看高祖李渊和他本人的《实录》。然而，粉饰的历史终究掩盖不了真相。翻开各类史料，从各种自相矛盾的记载中，我们清楚地看到，建成太子并非史书所说的那番不堪。

从人品修养上来讲，史书将李建成丑化成"喜酒色游猎"之徒，无疑是为了粉饰李世民夺位的合理性。事实是怎样的呢？《资治通鉴》里说，李建成"性仁厚"，这一点倒是平实可靠。其实，若真提到好酒色、游猎，李世民倒是有些这类事迹。据史书所载，有一次，李世民随李渊到齐王府，李元吉暗伏刺客欲于席间击杀李世民。反而是李建成心地仁厚，怕因此而惊骇了李渊，及时制止了他的行动。事后李元吉埋怨说："我不过是为大哥你着想罢了，这对我又有什么好处？"这一句话很妙，从上文的语气来猜测，此时李元吉为自己的行为辩护时说的，完全是一派"此地无银三百两"的情景。这就令人不得不疑心到他深层次的动机。而在玄武门事变前夕，又是李元吉向李渊进言，要求诛杀李世民。而李建成的反应，史书却没有记载，若他有比李元吉更激烈的主张，史书一定会大书特书，以显示他是何等不念兄弟之情。但却从未出现建成欲杀李世民之事。这只能说明，李建成远不像李元吉那样，急于要置李世民于死地。因此，说李建成是个宅心仁厚的太子可谓有理有据。

说到军事才能，用史学者何木风的话说："作为李渊的长子，李建成在唐帝国未建时所立功勋是卓著的。可以这样讲，如果李渊没有建成，就很难成为唐高祖。也就是说，有了李建成才有了后来的唐帝国。"建唐初期，晋阳起兵、定西河、下绛县、驻永丰、入长安等军事活动中，李建成冲锋陷阵，战功卓著。攻破长安也是李建成所为，这奠定了唐都号令天下的军事基础。

除了在军事上卓有成效外，李建成也擅长玩政治，且不逊色李世民。李建成招贤纳士，一度网罗了魏徵、王珪等人才，这些人后来也成了贞观年间的一代名臣。他在第二次对刘黑闼作战中，采纳魏徵的建议，以怀柔为主，武力为辅，更显示出他的政治和军事完美结合的才能。在李建成成为太子之后辅佐李渊处理政务，可谓有条不紊，也表明他有较强的处理政务的能力。

与李世民相比，李建成并非如史书所说的不堪，他与李世民都是人中之龙，都有经天纬地之心。而李建成更是名正言顺的开国太子。只是，李世民先下手为强，以下犯上，以臣逼君，最终杀了亲哥亲弟，登上皇位。假使没有李世民，李建成同样会给唐王朝铸造一个盛世，甚至不会比李世民差，然成王败寇就在一念之上，李世民胜在占了先机，李建成则败在不知防人。

历史上，向来是成王败寇，成功者或多或少会修改当朝历史来证明自身的伟大，对于败者也未必像史书上说的不堪，这也许就是政治。

太平公主不"太平"：谋逆是否真有其说

公元713年，即玄宗先天二年。据史书载："七月甲子，太平公主及岑义、萧至忠、窦怀贞谋反，伏诛。"这一年的十二月庚寅，改元为开元。因而亦有史书称这一事件所发之时为开元元年。这一次政变史书称为"太平公主谋逆"。事发三日后，公主被赐死于府第。

太平公主是否真有"谋逆"之事，还是其被杀另有缘由？

应该说，起初李隆基与姑母太平公主的关系是很好的，他们曾经是一根绳索上的两个蚂蚱，命运相连，并没有什么利害冲突，并在诛杀韦后一党的六月政变过程中，彼此支持，互相配合。但是天无二日，国无二主，英勇的李隆基如果成为皇帝，太平公主又如何背后操纵权柄？当两人共同的敌人消失后，姑侄间的争斗就不可避免了。

在一些传闻中，太平公主和李隆基的关系很微妙，他们之间的情感好像不只是姑侄这么简单，还掺杂了一些爱情。

传闻并不是真正的历史，在历史上，由于唐朝风气开放的缘故，又因为武则天的家族的确比较特殊——不太在乎伦理，乱伦之爱比比皆是。武则天的母亲杨氏可以和外孙子贺兰敏之私通；武则天的姐姐韩国夫人在丈夫死后和妹夫（即唐高宗）私通，并把自己的女儿也送进宫，侍奉舅舅（即唐高宗）；武则天的侄子武三思与表嫂（或表弟妹）韦皇后私通。但从史料中还没有寻到太平公主和侄儿李隆基之间情感纠葛的一丝痕迹，不过，他们围着权力而进行了你死我活的斗争却是真实的。

从唐睿宗立李隆基为皇太子后，争斗就开始了。唐睿宗没有遵循嫡长子继承制，以功业为首，选择李隆基作为皇太子，得到大臣包括宗室和太平公主的一致赞同。当时政局形势，只能是睿宗当皇帝、隆基当太子，太平公主绝对不可能萌发当皇帝的意愿，但她认为李隆基没有多少从政经验，总会依照她的意图办事。不过李隆基自有自己的主张，而拥护太子的一批大臣如姚崇、宋璟等认为过去的朝政被外戚和诸公主干预得太厉害，强烈要求革除这种弊政，这样就触犯太平公主的私利。从此，太平公主就把太子李隆基看成了自己政治上的对手，很想利用她的权势换一个容易控制的人取代他。

李隆基当太子不到4个月，"太子非长，不当立"的流言蜚语就传播起来了。制造这个舆论的当然是太平公主。在大造舆论声势的同时，太平公主也在不断扩充势力，她的支持者窦怀贞、萧至忠、崔湜等都担任要职。面对太平公主咄咄逼人的结党营私活动，李隆基深感不安，姑侄之间的矛盾日益加深。左、右羽林将军都投靠了太平公主。

先天二年（713年），太平公主准备以羽林兵从北面、以南衙兵从南面起兵废掉李隆基。在这种情况下，李隆基先发制人，首先诱杀左、右羽林将军，然后迅速除掉了参与阴谋的宰相。太平公主本人逃入山寺，"三日乃出，赐死于第"。

《旧唐书》卷八（玄宗本纪）说道："先天二年七月三日，尚书左仆射窦怀贞、侍中岑义、中书令萧至忠崔湜、雍州长史李晋、左羽林大将军常元楷、右羽林将军李慈等与太平公主同谋，期以其月四日以羽林军作乱。"可以看出太平公主的野心。

唐睿宗在位的三年中，太平公主参与政治最深。这时的她大规模培植个人势力，试图效仿母亲武则天，干预政治。她的企图失败了。太平公主一生历经五朝天子，无数次大小宫廷政变，对当朝起的作用也越来越大。

史书上记载的太平公主谋逆一事确实有据可查，不过女人干政自从武则天开了先河之后，朝野上下对女人干预政治有一种本能的警惕。在这种大的社会背景下，任何女人干政的企图都是注定要失败的。韦后、安乐公主如此，太平公主也不例外。

◎历史话外音

太平公主是我国历史上赫赫有名的人物，不仅仅因为是中国历史上第一个女皇武则天的女儿，而且她几乎真的成了"武则天第二"。太平公主虽不乏心机和才干，也曾纵横捭阖得意一时，但终未能承传母志，位列九五，只是在史书上留下许多五颜六色的斑痕而已。

文成公主：文化的传播使者

中国历史上，有不少以公主或宗室女下嫁番邦国王和亲的事例，就其态势而言不外乎两种情况：一种是国力衰弱，以和亲委曲求全，以结好番邦；另一种则是国力强盛，威震四海，以和亲安抚边远之邦，有赐婚的意味。前者是持卑微之姿，利用女性的美貌和柔媚，来缓和战场上的冲突；后者却是趾高气扬，宣展大国之姿，用亲戚关系来笼络感化疆外野民。唐太宗时期，文成公主远嫁吐蕃，就是后一种和亲情况的典范。

文成公主，唐宗室之女。贞观十五年（641年），唐太宗将其嫁于吐蕃赞普松赞干布，从此，吐蕃与大唐结盟，"甥舅一家亲"。文成公主入藏时，带去大批书籍、药材、蚕种和许多吐蕃没有的谷物、果品、蔬菜的种子。文成公主于唐高宗永隆元年（680年）病逝，藏族同胞亲切地尊称她为"救助度母"。

唐朝国力如此强盛，为何文成公主还要远嫁西藏呢？

文成公主下嫁吐蕃的松赞干布，并非出于她的本意，而是缘于唐王朝的边疆政策。唐朝初期，周边诸多少数民族政权不断侵扰发难，"边患纷争"是中央政府最头痛的问题之一。若要根除边患，只有两种办法，一是战争，另一种是和亲。对刚刚安定的唐王朝来讲，"和亲"不失为一种好的缓解策略和解决办法。对此，唐太宗也有着清醒的认识。他知道，若以战争手段解决，未必有好结果。而采用和亲政策，虽有些不痛快，可为天下百姓计："苟可利之，何爱一女！"

这个时候，吐蕃的赞普松赞干布势力日渐强大。当时的松赞干布还很年轻，于贞观十年（636年）派使者带着大量金银珠宝，向唐太宗请婚。不过唐太宗不知出于什么考虑，竟没有答应。这位执着的赞普，率兵侵扰，也不过是想给自己娶个大唐的公主做媳妇。不甘心的他，又派出能说会道的禄东赞，带着"黄金五千两，宝物珍玩数百件"的厚礼，到长安再次请婚。"雅有节制"的禄东赞果不负赞普厚望，一番对答，"进对合旨"，令唐太宗很是欣赏，婚事也就自然而然定了下来。太宗许嫁宗女文成公主。

贞观十五年（641年），文成公主在唐送亲使江夏王太宗族弟李道宗和吐蕃迎亲专使禄东赞的伴随下，出长安前往吐蕃。松赞干布在柏海（今青海玛多）亲自迎接，谒见道宗，行子婿之礼。之后，携文成公主同返逻些（今拉萨）。文成公主在吐蕃生活了近40年，一直备受尊崇。从此，吐蕃与大唐成为"甥舅一家亲"，换来"数十年间，一方清净"的良好局面。永徽元年（650年），松赞干布去世后，文成公主一直居住在那里，深受当地百姓爱戴。在她的影响下，汉族的碾磨、纺织、陶器、造纸、酿酒等工艺陆续传到吐蕃；她带来的诗文、农书、佛经、史书、医典、历法等典籍，促进了吐蕃经济、文化的发展，加强了汉藏人民的友好关系。她带来的金质释迦佛像，至今仍为藏族人民所崇拜。

文成公主去世后，过了30年，唐中宗准备将大唐的第二位公主——金城公主下嫁给吐蕃的赞普。中宗曾制诏总结唐的和亲政策，并夸赞"自文成公主往，其国因多变革"。这句话一点都不夸张。文成公主极大地影响和改变了吐蕃的社会面貌和生活状况。

在民族传说中，和文成公主有关的流传最广也最有影响力的便是文成公主在拉萨修建大、小昭寺的故事了。也正是文成公主带来了唐朝先进的建筑技术和大批熟练工匠，才使得大、小昭寺得以修建成功。

◎历史话外音◎

文成公主知书达理，不避艰险，远嫁吐蕃，为促进唐蕃间经济文化的交流，增进汉藏两族人民亲密、友好、合作的关系，做出了历史性的贡献。美丽善良的文成公主在吐蕃护佑这片美丽的土地和善良的人民。雪域高原的蓝天白云，曾见证过这一切。

永泰公主：武则天亲孙女死因成谜

永泰公主李仙蕙，是唐高宗李治与女皇武则天的亲孙女，中宗李显的第七个女儿，死于武则天大足元年，年仅17岁。

关于永泰公主的死因，文献记载，唐大足元年九月，永泰郡主（时李显为庐陵王）因参与议论张易之兄弟"何得恣入宫中"，为武则天所杀害。一千多年来史学家对此无有异议。1982年在永泰公主墓中出土了《大唐故永泰公主志铭》墓石后，便引起对永泰公主死因的争论。

根据《新唐书》《旧唐书》和《资治通鉴》等史书，论证永泰公主是被武则天杀害的。《新唐书·则天顺圣武皇后纪》中说：大足元年"九月壬申，杀邵王重润及永泰郡主、主婿武延基。"《资治通鉴·则天顺圣皇后》中说："太后春秋高，政事多委张易之兄弟，邵王重润与其妹永泰郡主、主婿魏王武延基窃议其事，易之诉于太后，九月壬申，太后皆逼令自杀。"史书记载，均为懿德太子李重润与永泰公主，因议论武则天私生活而被其赐死。

还有一说是永泰公主被武则天毒死。永泰公主墓志铭有"自蛟丧雄锷，鸾愁孤影；槐火未移，柏舟空泛"句。有人判断，"自蛟丧雄锷，鸾愁孤影"，说明永泰公主丈夫武延基丧命于利刃后，永泰公主仍孤单生活。"槐火未移，柏舟空泛"，说明焚烧大槐树之火，即杀武延基之事，虽然未波及公主，但她不久亦死去。墓志铭另有"珠胎毁月，怨十里之无香"句。

有人根据《大唐故永泰公主志铭》有"珠胎毁月，怨十里之无香，琼萼凋春，忿双童之秘药"句断言永泰公主系因病而死，不是被武则天杀害的。永泰公主墓出土的十一块骨盆碎片，复原了永泰公主的骨盆，经科学测量与鉴定，认为"永泰公主骨盆各部位较之同龄女性骨盆都显得狭小，显然，如此狭小的骨盆，即使一般胎儿也难顺产……"并结合墓志铭"珠胎毁月"句，断定"永泰公主死于难产"。"珠胎"为怀孕，"珠胎毁月"当是志文作者隐喻公主被武则天所毁。因身怀有孕，不立斩或杖杀，而缓期逼令服药自杀。这就是"自蛟丧雄锷，鸾愁孤影"，所谓永泰公主之"守寡生活"。

为什么志文作者不直书永泰公主的死因呢？这是撰写墓志铭的一般惯例，即古人撰写墓志铭有三讳：为尊者讳，为亲者讳，为长者讳。故书人之善恶，一般是以典故喻之，直书其善恶者少。更何况志文作者是奉中宗皇帝的命令撰文的。永泰公主死于祖母之毒手，自然作者不敢直言其事，反之，用隐晦之笔法，对中宗来说则并无直接的伤害和难堪。关于志文作者，《新唐书》载：徐彦伯乃善于为文之人，秉笔累朝。武周朝参与选编《三教珠英》；中宗朝以修《则天实录》而受到嘉奖。后来以《南郊赋》一篇，擢修文馆学士，官至工部侍郎。武后时，王公卿士以语言为酷吏所引死（诬陷），徙不可计。彦伯著《枢机论》，以谓"言者德之柄，行之主，志之端，身之文也；君子之枢机，动则物应，得失之见也。可以济身，亦可以覆身，否泰荣辱，一系之能，审思而应，精虑而动，择其交以后谈，则悔吝何由而生，怨恶河由而至，如此乃可以言也，以为戒世云"。这该是徐彦伯秉笔累朝的经验之谈了。既然徐彦伯在中宗朝参与修撰《则天实录》，那么，他对永泰公主的死因当非常清楚不过了。因此之故，他在奉敕撰写铭文时，怀着十分矛盾的心情，一方面屈于不能说真情实话的约束，另一方面又不能对永泰公主的惨死表示同情，以致最终发出了"千秋万岁何时晓"的悲叹。

◎历史话外音

有的时候不得不说，作为皇室的一族，是幸运的也是不幸的。生于帝王之家，唐中宗李显之女，武则天之孙女；喜荣华正好，年仅妙龄十之有七；恨无常早降，祸起萧墙一命归西。生之尊贵，葬之显赫，她是中国历史上唯一一个坟墓被冠称为"陵"的公主，规格与帝王相等。

唐太宗之子：14个儿子中12个死于非命

在古代，要问当谁的儿子最为尊贵，估计十个有九个会回答说是当皇帝的儿子。试想一生下来就是龙子，要风得风，要雨得雨，还有什么比这更如意的呢？其实，家家有本难念的经，皇帝的儿子也不是十二分如意，唐太宗李世民可真正算得上中国历史上的一代明君，不过太宗的儿子却没那么好命。太宗共有14个儿子，就有12个死于非命。其中3个被杀，3个自杀，3个早夭，1个被"幽闭"，2个被废为"庶人"尔后又被流放。他为他们操心劳神、洒泪顿足，甚至下过杀子诏。都说虎毒不食子，更何况是英明的唐太宗？这是怎么回事呢？

唐太宗十四子包括后长孙氏生恒山王李承乾、濮王李泰、高宗李治；杨妃生吴王李恪、蜀王李愔；阴妃生庶人李祐；燕妃生越王李贞、江王李嚣；韦妃生纪王李慎；杨妃生赵王李福；杨氏生曹王李明；王氏生蒋王李恽；后宫宫女生楚王李宽、代王李简。

唐太宗的大儿子李承乾从小就聪慧，八岁即被立为皇太子，成为东宫之主。但成年后的李承乾无所作为，还喜好声色，骄侈荒淫。《新唐书》记载他一段言词说："我作天子，当肆吾欲；有谏者，我杀之，杀五百人，岂不定！"而且为了稳坐他的太子宝座，但他怕太宗，就大耍两面派，当着太宗，言必忠孝；退朝返宫，便与群小褒狎。他有足疾，怕因此被废，很嫉妒受太宗喜爱的魏王李泰。后来，李承乾甚至想谋老子的反，被人告密，下狱后废为庶人，徙往黔州，两年后死在那里。

第二子楚王李宽，出继给叔父楚哀王李智云，早薨，无后。

第三子吴王李恪，武德三年（620年），封蜀王，贞观元年（627年），改封吴王。李恪有文武才，太宗常称其肖己，欲立为太子，但遭到了大臣长孙无忌（文德皇后的哥哥）的反对。长孙无忌看到外甥承乾、李泰都完了，想立另一个外甥即太宗第九子李治。后来，无忌辅立李治后，就借口"谋反案"杀李恪"以绝众望，海内冤之"。在李世民的儿子中，数李恪在大臣、百姓中威望最高，却死于冤狱。

第四子李泰，武德三年（1620年），封宜都王。四年（621年），进封卫王，贞观二年（628年），改封越王，授扬州大都督，十年（636年），改封魏王，因心怀夺嫡之计，和太子各树朋党，意图谋反。太子李承乾被废为庶人后，李泰也被"幽闭"起来，后改封泰为顺阳王，迁居均州的郧乡县。贞观二十一年（647年），进封濮王。高宗永徽三年（652年），薨于郧乡，年仅35岁。

第五子李祐，喜好打猎，鬼混度日，长史的谏言一句也听不进去。连累长史被太宗指责辅导无方。后来太宗还换了敢于犯颜直谏的权万纪任长史。贞观十七年（643年），敢于犯颜直谏的权万纪，被李祐派刺客刺杀，发动叛乱，事败。李祐被贬为庶人，赐死于内省。

第六子李愔，喜欢在田间狩猎，却不避禾稼，把百姓辛苦栽种的庄稼任意践踏，毁屡次为非作歹，深为百姓所怨恨。曾令太宗大为恼怒，曰："禽兽调伏，可以驯扰于人；铁石镌炼，可为方圆之器。至如愔者，曾不如禽兽铁石乎！"被贬为虢州刺史。高宗永徽四年（653年），李愔再次被废为庶人，死于流配地巴州。

第七子李恽，贞观五年（631年），封郯王，十年（636年），改封蒋王、安州都督。纵情享乐，使州县不堪其劳。唐高宗上元元年（674年），有人诬告李恽谋反，惶惧自杀。

第八子李贞，贞观五年（631年），封汉王，十年（636年），改封越王、扬州都督。"颇涉文史，兼有吏干"，然"人伏其才而鄙其行"。后来与韩王李元嘉、鲁王李灵夔、霍王李元轨反武（则天）失败，服毒自尽。

从史家记下的这些宫廷轶闻，我们可以知道太宗14个儿子，除李福、李治以外，其余都死于非命。《旧唐书》："子弟作藩，盘石维城。骄侈取败，身无令名！"不仅其他人这样说，其实太宗自己亦不好受，在颁布诏书杀李诏时，太宗"为之洒泣"，喟叹："上惭皇天，下愧后土，叹惋之甚，知复何云。"

○ 历史话外音 ○

　　封建制度规定了这些"龙种"的特殊地位。封建帝王们原想以这些特权来抬高儿子们的地位，以便巩固家天下的统治，结果却事与愿违，走向反面。这是封建制度使之骄侈取败的，英武如唐太宗，亦无可奈何！

狸猫换太子：调包之计真假虚实难辨

《狸猫换太子》——一出包公戏，把宋仁宗身世之谜渲染得充满了奇情异彩。

宋仁宗赵祯，真宗之子。乾兴元年（1022年）即位，由刘太后垂帘听政，明道二年（1033年）太后死，才开始亲政。宋仁宗在位42年，是两宋时期在位时间最长的皇帝。关于仁宗的身世，有一种至今流传的说法，就是"狸猫换太子"的故事。主人公的传奇经历几乎家喻户晓，妇孺皆知。

在这出包公戏《狸猫换太子》中，包拯巡行到地方，路上在经过一处破窑时，被一位老妇人拦住，老妇人向包拯哭诉了自己鲜为人知的悲惨而又离奇的身世之后，经过仔细地推敲，包拯认定她就是当今圣上宋仁宗的亲生母亲李娘娘，于是他立刻回京查访当年还在世的老宫女，终于明白了事情的来龙去脉。当时这位李娘娘只是宋仁宗的父亲宋真宗后宫一位小小的宫女，可是由于受仁宗皇帝宠幸，被封为才人，进而升为婉仪，并且还怀上了"龙种"。那时候，母以子贵，李娘娘幻想着生下儿子，在后宫拥有自己的一席之地。在得知李娘娘生了儿子之后，当时的刘德妃也就是后来的刘皇后异常嫉妒，于是她便买通了接生婆，用一只剥了皮的狸猫，换去了刚刚出生的宋仁宗。等到宋真宗高兴地下朝回来要看自己的骨肉时，却只看到了一个血淋淋的怪物。后果可想而知，宋真宗不分青红皂白，立刻将李娘娘打入冷宫。后来刘德妃又升为皇后，就对李娘娘起了灭口之心。李娘娘看出刘皇后的心思，就在一位好心的宫女帮助之下，急忙逃出了深宫，从此就躲到了一处破窑里，隐姓埋名孤苦伶仃地生活了20年，期盼着有一天自己能骨肉团聚。包拯一向清节廉明、大公无私，他为了洗雪李娘娘的冤仇，就把她带回京城，想方设法让仁宗认了真母。此时几十年的冤案真相大白，坏人得到应有的惩处，李娘娘也母子团圆，被封为李宸妃，结局十分美满。

尽管《狸猫换太子》这部京剧的结局十分完美，可是它究竟纯属伪造还是确有其事呢？

关于仁宗认母，史上确有其事。刘妃李妃，亦有其人。只是历史的真相却非大家所熟知。真宗皇后刘娥，华阳人，她本是嘉州一个银匠龚美的妻子，后来随着龚美从四川来到东京。

真宗赵恒时为襄王，是太宗第三子。他听闻四川出美女，便要找一个蜀姬。刘娥得知，便想方设法进了襄王府。赵恒与刘娥一见钟情，如胶似漆。太宗得知后，怒令赵恒将刘娥赶走，赵恒无奈，便把刘娥秘密安排在一家亲信家，暗中幽会达15年。

真宗即位后，把刘娥召进宫，先是封为美人，郭皇后死后，真宗有意立刘娥为后，遭到大臣反对，但在三年中将刘娥升至德妃。刘娥没有亲戚，遂将前夫龚美改姓刘，认为兄长。

真宗曾有五子，但相继夭折。已经四十多岁的真宗忧心忡忡。于是刘娥借腹生子，命自己的侍女李氏服侍真宗，不久，生下一子，名受益，后改为祯，是为仁宗。李氏刚生下赵祯，刘娥便赶到，威胁利诱，抢走了赵祯，并告诫所有知情人不得外泄一丝信息。刘娥母凭子贵，顺利被册封为皇后。

李氏，杭州人，家境贫苦，与弟弟李用和相依为命。李氏入宫，与弟弟离散，替刘娥生下太子。但是她被剥夺了太子生母的身份，心情悲苦可想而知。真宗倒还记得李氏，时有临幸，后来李氏又生下一个女儿，但不久夭折。刘娥并没有按身边太监的意思杀掉李氏，相反帮她找到了失散多年的弟弟，并授以官位。李氏生前默默无闻，真宗死后，仁宗即位，刘后临朝，也没人敢告知皇帝真相。后李氏病重，刘后匆忙加封其为宸妃，但是封号没有挽救李氏性命，她带着对儿子的无尽思念离世。

刘后本打算以普通宫女的身份葬了李氏，宰相吕夷简劝改之，最终着皇后衣冠以皇后之礼下葬于嘉庆院，后改葬洪福院。

仁宗亲政后，得知自己身世，哭得死去活来。追尊李氏为皇太后，并开馆勘验是否为刘后毒杀以及衣冠之制。之后连续为李氏上尊号，建神庙，给李氏唯一的弟弟高官厚禄。

李氏生前之遭遇与死后之荣华形成鲜明对比。

后人同情李氏遭遇，以借腹生子之事为原型编写故事"狸猫换太子"，并且没有让李氏早早死去，而是苦尽甘来，在生前就享受了她应有的一切。

◎历史话外音◎

真相永远都留在历史的长河中，而所有的蛛丝马迹都靠后来者侦察而得。这其中，真或假，除了更多的历史事实，也随着人们的传闻而变得越来越蹊跷迷离。

南宋假冒皇侄案：染布匠竟冒充皇嗣

南宋绍兴八年（1138年）十二月，南宋与金国议和。朝廷下诏寻访宗室，并命地方官将所访宗室发遣至"行在"临安（杭州）。不久，单州砀山发生一起假冒皇侄的案件。

北宋时，单州砀山县有一个名叫朱从因的染匠，以染布为业，兼做贩卖生意。一年，朱从因贩运一批大枣，前往南京，在一个被人称为刘婆的妇人家中，见一小儿，名叫刘僧遇，相貌可人。朱从因对刘婆说，自己很喜欢这孩子，愿将他收作养子，并以所贩大枣作为酬报。刘婆同意，朱从因将刘僧遇带往砀山。

至南宋高宗时，砀山已被金军占领。一天，有几个金兵看见刘僧遇，感到惊奇，因为刘僧遇的相貌与多年前被掠往金国的钦宗皇帝的相貌十分相似。几个金兵一再注目，并说："此儿似赵家少帝。""少帝"即宋钦宗（宋高宗之兄），刘僧遇听后，将金兵所言，记在心里。

当时，刘僧遇白天帮朱从因做工，晚间闲暇时，便去戏园看皮影戏。戏园所演故事大都取材于宋徽宗、宋钦宗两朝宫廷旧事，刘僧遇将有关唱词牢记在心里。绍兴十年（1140年），当刘僧遇得知朝廷下诏寻访宗室的消息后，便声称自己是"少帝"宋钦宗的次子。

砀山知县得知这一消息后，便差人查问此事。刘僧遇不仅一一回答有关问题，并道："当年在翁翁（宋徽宗）怀中，见翁翁腋下有一黑痣，常以手抚玩。"使差又问刘僧遇为何流落在民间？刘僧遇答：京城破守，少帝使近侍张金背负刘僧遇出城。逃至夏邑，遇见刘统领。刘统领将张金杀死，后来，刘僧遇逃了出来，遂流落在民间，最后归于染匠朱从因家。

之后，寻访到刘统领。刘僧遇私下对刘统领说：我真是少帝次子，公所言，当与我一致。若有不同，我便将公累年过失告于朝廷。刘僧遇对刘统领多年的过失均是从戏园看戏时得知的。

刘统领听了刘僧遇的这番话，感到恐惧。虽然明知刘僧遇所言不实，但是仍一如刘僧遇所言。至此，砀山知县对于刘僧遇的真伪不再怀疑，便将此事禀报单州。单州知州桑夏卿派专人护送刘僧遇前往临安。

到了泗州，司法参军孙守信见到刘僧遇后，认为事情可疑，便将心里所疑之处告诉了泗州知州王伯路。王伯路决定暂时让"皇侄"住在公馆，同时将此事上奏朝廷。若证实刘僧遇是真皇侄，再用船护送至临安。

奏章上达后，朝廷以为此事非同小可，便命有关官员调查。之后，得知一准确消息，即钦宗帝并无第二子。随即，朝廷便派金牌付转运使往泗州，与孙守信共同会审此案。

刘僧遇等人全部下狱。谁知，第二天城内一片传言说：皇侄在狱后，夜间狱屋上有"火光赤气"。更有一干百姓携带酒肉前来探视皇侄。

孙守信见人心惶惶，便告诉下官，不得严刑拷问，当以智推之。之后，追到刘婆作证，事情终于有了结果。

案后，奉旨将刘僧遇"决脊。杖二十。刺配琼州牢城"。刘僧遇被押解至来安县时，竟在当地兴国寺题了一首诗："三千里地孤寒客，七八年前富贵家。沧海玉龙惊雪浪，权藏头角混泥沙。"此时的刘僧遇竟真的将自己当作一个"皇侄"了。

◎历史话外音◎

都说这世上的事情假作真时真亦假，这真真假假的事情果真真是让人抓不着头脑。当是时，世上连人都可以假冒，到底是人心崩坏，还是时势所成？

梃击案：谁是宫廷斗争的始作俑者

一位手持木棍的男子，一位不受宠爱的太子；一个胡言乱语的凶徒，一桩不了了之的悬案，是胆大包天还是装疯卖傻？是狂性大发还是受人指使？明末的梃击案，不仅揭开了浓雾笼罩的宫闱一角，也让人们得以窥视在那个骨肉相残的年代中生存的残酷。

差点被打的这个人不是普通人，是皇太子，这个皇太子是万历皇帝的长子，叫朱常洛。万历帝皇后无子，妃嫔共生八个儿子，其中早死三人，实际竞争太子的只有两位：一位是宫人王氏所生皇长子常洛，另一位是郑贵妃所生皇三子常洵。

神宗晚年宠信皇贵妃郑氏，对自己先前所立的宫女王氏所生的皇太子朱常洛极为不满。处心积虑地想废掉朱常洛而立郑贵妃所生皇三子朱常洵为太子。为此神宗还曾与郑氏秘密宣誓，一定会立朱常洵为太子。神宗想立宠爱的郑贵妃之子朱常洵为皇太子，既怕违反祖制，又受到朝臣的反对。而且神宗并不喜欢由宫女所生的儿子朱常洛，并没有要立他做太子的打算，所以，迟迟19年不立皇太子。最后皇太后干涉了此事，万历皇帝迫不得已，于万历二十九年（1601年）册立朱常洛为太子，但同时也封朱常洵为福王，赐洛阳为其藩国，这就是明末的太子之争。

朱常洛的太子当得并不舒服，他一面战战兢兢地唯恐被废，一面忍气吞声地禁闭深宫，原想着唯唯诺诺得以保周全，谁料到事情并不由他所愿。万历四十三年（1615年）五月的一个傍晚，朱常洛居住的慈庆宫忽然闯入一个五大三粗的男子，他手持一根粗大的枣木棍，几下就打倒了守门的老太监，然后不由分说就直奔太子寝宫。贴身太监见阻拦不住，只能关闭大门，大声呼救。幸好宫里的侍卫们闻讯赶到，并与同时赶来的几个太监一起才将此男子擒获，交由东华门的守卫指挥使朱雄收监。朱常洛非常受惊，第二日就将此事禀明了神宗，神宗下令审讯。然而负责审问的"浙党"官吏以凶徒是个疯癫病人为由，草草结案。朝中一些郑贵妃的党羽也多次上书要求尽快处死凶徒，草草结案。朝中东林党大臣怀疑此事是郑贵妃所为，请求皇帝彻查此事。

神宗怕事情闹大，于是亲自来处理此案。皇太子朱常洛既不想得罪万历皇帝，也不想得罪郑贵妃，再加上自己也算逃脱了性命，于是也不想深究。最后万历皇帝处死了凶徒，草草结案。

张差的供词和处理的结果却引起了朝中一些官员的怀疑，再联系到这段时间郑贵妃的种种活动到太子之位引发的种种争斗，这个事情恐怕有人在背后操纵，而且似乎就是冲着皇太子朱常洛去的。

为了皇太子的安危，刑部提牢主王之寀决定彻查此案，他在牢中亲自审问张差，见张差身强力壮，样子决不像一个疯颠之人。开始张差不想说，也不敢说，后来王之寀用饭菜引诱他，张差才开口说出了一个惊人的秘密。张差供认，在此之前，他曾受一个不知名的太监的委托，要他刺杀太子，太监承诺事成之后分给他几亩田地。后来，太监带他入太子宫，并要他见一个打杀一个，并承诺事后救他出去。王之寀听后大惊，明白了这次张差行刺确实有宫里的人在背后指使，而且目标就是皇太子。王之寀马上将审讯的结果上奏朝廷，结果引起轩然大波。大臣们议论纷纷，都认为这个事情背后肯定有宫里的大人物指使，而且暗示此事的主谋一定是郑贵妃，并且郑贵妃的父亲郑国泰也脱不了干系。进一步调查之后，两名太监也得以曝光，他们就是郑妃的两个心腹太监庞保和刘成。

但是，事情虽然明摆着可能与郑贵妃有关，而且大臣们也一再上疏，要求彻查。但是，慑于郑贵妃的权势，大臣们并没有直接提到郑贵妃和外戚郑国泰，郑国泰竟然自己按捺不住，写了一个表明自己清白的帖子，上奏万历皇帝。这几乎无异于"此地无银三百两"。给事中何士晋抓住这个时机上奏神宗说："大臣们上的折子并未说到国泰就是主谋。张差的口供也还没有交上来，国泰就变得如此慌张，不能不对其有所怀疑。"神宗不愿意再把事态扩大。因为，郑贵妃是他的第一宠妃，并且自己曾许诺过要立她的儿子朱常洵为太子。即使郑贵妃做出这样的事情，自己也不好说什么。于是，神宗就让郑贵妃去见太子朱常洛。贵妃见太子后，极力为自己开脱，并向太子下拜。神宗也在一旁帮郑贵妃开脱，最后朱常洛只好答应神宗，这个案子，把张差这样疯颠的人，处决了就行了，不必再有株连。刑部就此结了案，将张差被凌迟处死。

庞保、刘成在张差死后，见死无对证，便百般抵赖，最后，被神宗密令处死。到此，这个案子就算最终结了案。

◎历史话外音◎

明朝的各类宫廷疑案表明了明朝权力交替制度的弊端及吏治腐败、党派斗争、宦官专权、特务横行等一系列政治乱象，黑暗的宫廷斗争，大臣们的愚忠，皇室的家庭生活，及夫妻之间、长幼之间的情感纠葛。

明末疑案：崇祯太子真假难辨

崇祯帝有七个皇子，但长大成人的只有三个，即长子朱慈烺，三子朱慈灿，四子朱慈炤。朱慈烺生于崇祯二年（1629年），次年被立为太子。崇祯十七年（1644年）三月十八日夜，李自成部攻破北京内城，已经绝望的崇祯帝派人叫来三个儿子，亲自为他们换上民间旧衣，叮嘱他们道："你们今天是皇子，皇城一破就是普通百姓了，各自逃生去吧!不要留恋朕，朕必死于社稷!你们务必要谨慎小心，将来如果得以保全，务必要为父母报仇。"这是一位父亲对不通人情世事的皇子如何在乱世安身立命的教诲，父子亲情及无限感慨尽在其中，令周围的太监、宫女也都黯然泣下，然而形势已不允许他们过多逗留，崇祯帝立刻命太监护送三位皇子出宫逃生。次日，崇祯帝自缢于煤山。由于局势混乱，三位皇子出宫后的行踪便变得扑朔迷离起来，在当时就已传闻纷起，说法各异。稍后，在南明和清初又接连发生了几起"伪太子案"，使得此案愈发变得扑朔迷离。

三月十九日，闯王李自成进入北京，下令搜寻皇太子及二王。二十日清晨，思宗的岳父嘉定侯周奎把永、定二王交出。据说，太子也被李自成的军队搜获，并且太子与李自成之间还有一段对话。

太子挺立不屈，镇定自若，问李自成："为何不杀了我？"李自成说："你无罪，我岂能妄杀！"太子道："既然如此，那么请听我言：一，不可扰我祖宗陵寝；二，速葬我父皇母后；三，不可妄杀我百姓。"

四月十三日，李自成东征吴三桂时，太子曾被封为宋王，定王、永王也随军前往。

李自成兵败山海关后，太子、定王、永王的下落谁都不清楚，或说曾被吴三桂夺去，或说定王已在城南遇害。清军入京后，也未见到太子及二王。明末清初诸多史料中也记载不一，甚至在《明史》中，也只是记载："贼挟太子西逃，不知所终。"不得不承认有关太子下落的传闻实在是真伪难辨。

崇祯十七年（1644年）十一月，忽有一貌似太子的男子，在太监陪同下到了外祖父嘉定侯周奎府中，周奎佯装不识，唤出在其家养伤的长平公主与他相见。姐弟一见就抱头大哭，于是周奎一家向太子行君臣大礼。

周奎怕太子被人发现惹祸，便要太子自称姓刘，隐居读书，遭太子拒绝。周奎只好令家人趁天黑将太子赶出府门，结果双方发生争执，被巡夜的哨兵捉住，送刑部审理，定为假冒太子，押入狱中。

刑部主事钱凤览对此有所怀疑，便叫来原宫内太监辨认，他们都说是真太子；他又把太子送入宫中，让他辨认宫中事物，他都对答如流。他还让曾侍卫太子的锦衣卫辨认，结果十人一齐跪下称："这是真太子，请不要伤害他！"

真太子的出现令多尔衮非常紧张。他害怕有人以崇祯太子为旗号召人们反对外族统治，正是出于这种担心，他决不能让一个明朝太子留在世上，于是导演了一幕认证真伪的闹剧。首先让亲属辨认，周奎一口咬定是假。长平公主先说是真的，被周奎打了一记耳光，再也不敢吱声了。

原来称太子为真的的太监很快就被处死，剩下的只好异口同声地说太子是冒充的。一些原明朝官员为避免麻烦，有的以太子本来就不知道的事情加以质询，试图证明其为伪冒；有的避不相认，直接称其为伪。这种情况激起了百姓不满。宛平县民杨时茂上书谴责前明官员是"逆臣无道，蔽主求荣"。

顺天府民杨博等上书，直斥周奎、谢陞等皆卖主求荣之辈。朱徽等上书指出：如果太子为假，周奎为何留宿他二日后才报？初见时公主为何抱头痛哭？山东东阿祁八、杨凤鸣聚众起义，给清朝官员发出通牒，要求立刻放还太子，否则就把他们杀光。这使得清统治者更加紧张，次年四月布告天下称太子为伪。不久，太子在狱中被处死。轰动一时的太子真假案结束了。

这件事情的始末，详细记载于明末遗老钱士馨编的《甲申传信录》，与《明史》中李自成封太子为宋王的情节有所出入。当然这也只是关于崇祯皇太子传闻的一种说法，太子究竟死了没有，依然是个谜。

◎历史话外音◎

太子在当时的形势下，也算是悲情人物。实按当时情况，太子就不应站出表明身份，朝代更迭，不如做个闲散隐逸之人来得好。

阿敏囚死案：皇太极为什么囚禁困死堂弟

阿敏生于明万历十四年，是舒尔哈齐的次子。父亲被囚时他侥幸逃脱死罪，从此跟随伯父努尔哈赤南征北战。阿敏骁勇善战，立下不少汗马功劳。天命元年，努尔哈赤称汗建国，就是大金国，封阿敏为和硕贝勒。在四大和硕贝勒中，阿敏排行老二，地位仅次于努尔哈赤的次子大贝勒代善。

阿敏助努尔哈赤打下江山，照说应该对皇室忠心耿耿，但为什么很快就与皇太极之间产生了矛盾，最后还招致了杀身之祸？原因有以下几点：

第一，为报父仇。父亲被囚时，阿敏已经25岁，已经不是不谙世事的孩童了，他当然知道害死父亲的真正凶手是谁，那就是他的伯父——努尔哈赤。努尔哈赤生性暴戾，阿敏出于对他的敬畏，不敢有什么袒露心声，所以以皇太极一继位，他便原形毕露。一言一行之中，不仅把矛头直指皇太极，并且还充满对先汗的积怨。

第二，出言放肆。阿敏本就一介武夫，生性鲁莽，口无遮拦，加上对先汗的积怨，所以常在朝野上下中散布怨言，诸如："我何故生而为人？""还不如山上的一棵树，或者坡上的一块石头"，"即使被人砍伐为柴，甚至被野兽浇上一泡尿，也比现在的处境强"。这些话如果仅仅是一个自卑者的自怨自艾也无所谓，但阿敏的本意并不在于自我讽刺和嘲笑，而是在大张旗鼓地向皇太极宣战，来宣泄自己心中的不满。甚至还跟叔父贝和齐说，自己在梦中被伯父捶打，但却有黄蛇护身。这样明显的暗示自己是真命天子，其篡权野心诏告天下。

第三，试图分裂。天聪元年，阿敏奉命率师征战朝鲜，攻势猛烈，朝鲜国王被迫求和。当朝鲜国王接受和议条件后，他并不急于退兵，因为他真正的条件是要自立门户。所以他转对随行的贝勒们说："你们愿意回去就自己回去，我是打定了主意要进朝鲜都城，我一向羡慕明朝皇帝与朝鲜国王居住的宫殿，无缘得见，现在既然来了，一定要进去看看。"屯居朝鲜、不再归国这一意图遭到强烈的反对，就连亲弟弟济尔哈朗也不站在他那边，阿敏看势头不对，不得不返回大金，但愿望落空，怒气冲天，走之前又是一番烧杀抢掠。

第四，出师不利。天聪三年十月，皇太极亲统大军征明，攻克了山海关内永平、滦州、迁安、遵化四城。

第二年三月，皇太极派阿敏率军前往驻守。谁知阿敏到永平不久，明兵奋起反击，阿敏所带军队连战失利，损失惨重，身为主帅的他却弃城而逃。更为残忍的是，逃跑前，他下令屠杀城中汉族降官降民，并将全部财产洗掠一空。

中国有句古话，多行不义必自毙。阿敏平日的所作所为早已激起了皇太极的杀心，不拔出这跟眼中钉，根本无法安稳地做好帝王。正好趁大败而归，举国上下都在谴责他的时候，定了他的罪。

皇太极在阿敏身上扣了16条罪状，例如：太祖在时，挑唆其父，欲离兄汗；自视为汗，欺凌在下诸贝勒；丢弃永平，残杀降民，等等。其实，皇太极杀意已决，正所谓"欲加之罪，何患无辞"？最后，经议政王大臣会议决定，阿敏应当处斩。皇太极此时出面下令免死，改为囚禁。阿敏被囚10年后，死在狱中，终年55岁。

他的命运，似乎重蹈了自己父亲的覆辙，其实他本可以一心效主，在为努尔哈赤立下汗马功劳之后，继续效忠皇太极，两朝元老和忠臣的名望，便足够后半生享用，可他偏偏选择了另一条不归路，在狱中结束了自己的一生。

◎ 历史话外音 ◎

历史上兄弟相互残杀的例子不胜枚举，为了权力仇恨招致杀身之祸的也不少，最终的结局都是走上不归路，悲惨死去。

第六章

忠奸难辨罪案

——火眼金睛看名臣奸佞，内幕留待千秋评说

韩信被杀：千古奇冤还是罪有应得

　　说起汉代风云人物，不能不说到韩信，因为韩信在西汉初年至少有两个"第一"。第一个"第一"，韩信是西汉第一功臣；第二个"第一"，韩信是西汉第一个被杀的功臣。

　　韩信之死，是西汉第一大案，也是一个名案和疑案，它被看作是开国皇帝诛杀功臣的典型。那么既然韩信是开国功臣，为何会落到被皇帝诛杀的下场？

　　韩信（约前231~前196年），淮阴人。年轻时穷困潦倒，由于整天无所事事，连自己都养活不了，一直被人欺负。

　　韩信长得高大，喜欢携带着刀剑，但大家都认为他是个胆小鬼。有一天，有一个人对他说："你要是不怕死，就用这剑刺死我；要是怕死，就乖乖地从我的胯裆下钻过去。"韩信望了很久，就俯下身，匍匐着从他的胯下钻过。街上的人因此都耻笑他是一个怯懦之徒。而这样一个胆小的人，后来竟然成了大将。

　　秦末时期，陈胜、吴广起义后，项梁也渡过淮河北上，韩信此时带着他的宝剑投奔了项梁，留在部队，默默无闻。后来，他投奔汉中刘邦的起义军，军行到南郑，很多将领都开了小差，韩信也不例外。萧何听到后，连夜去追韩信。刘邦以为萧何也开小差，结果两天后，萧何回来了。

　　萧何对刘邦说："韩信，国士无双，大王如果仅仅是想留在汉中称王，就不需要韩信；如果想争夺天下，除了韩信，没有谁能够帮上你的忙了！"

　　在萧何的劝说下，刘邦让韩信当了大将，并且选了一个好日子，斋戒沐浴，设置坛场，举行了一个十分隆重的册封仪式。

　　韩信被拜为大将，深觉是自己施展才能的时候了，便向刘邦详细分析了当时的形式，发挥了杰出的军事智慧才能，立了战功无数。他在战争中常常能做到出奇制胜，以少敌多。

　　在韩信一连灭魏、徇赵、胁燕、定齐，齐国平定之后，他派人向刘邦上书说："齐国狡诈多变，是个反复无常的国家，南边又与楚国相邻，如不设立一个来镇守，局势难以稳定。我希望你派我做个假王。"当时，项羽正把刘邦紧紧围困在荥阳，情势危急，看了韩信上书内容，刘邦十分恼怒，大骂韩信不救荥阳之急竟想自立为王。张良、陈平暗中踩刘邦的脚，凑近他的耳朵说："汉军现处境不利，哪能禁止韩信称王呢？不如趁势给他做个人情，让他为我们守住一方土地，否则可能发生变乱。"刘邦经提醒顿时明白过来，改口装腔作势骂道："大丈夫平定了诸侯，要做就做个真王，为什么还要当假王？岂有此理？"说罢，他仍然愤愤不平。于是派张良前去立韩信为齐王。召韩信等率兵与项羽会战，大破项羽。

　　汉高祖五年（前202年），韩信被改封为楚王。

　　楚将钟离眛与韩信是朋友，项羽死后，他躲在韩信处，却被有心人揭发，引得刘邦要求韩信交出人来，但韩信不肯交。

　　汉高祖六年（前201年），有人告韩信谋反。刘邦听信陈平之计，说要游览云梦之泽，其实是要袭击韩信。在韩信犹豫去与不去之际，有人向韩信建议："杀了钟离眛去见汉高祖，高祖必定高兴，也就不用担心祸患了。"于是韩信把此事与钟离眛商议，钟离眛说："刘邦之所以不攻打楚国，是因为我在你这里，如果想逮捕我去讨好刘邦，我今天死，随后亡的定是你韩信。看来你也不是位德行高尚的人。"随后钟离眛自杀而亡。韩信则提着钟离眛首级去见刘邦。刘邦令武士把韩信捆绑起来，放在随从皇帝后面的副车上，对韩信说："有人告你谋反。"接着就给韩信戴上械具。回到洛阳，赦免了韩信的罪过，改封他为淮阴侯，把他安置在长安，以免再兴风作浪。

　　韩信被贬为淮阴侯之后，深知高祖刘邦畏惧他的才能，所以常常装病不参加朝见或跟随出行。

　　陈豨被封为巨鹿郡郡守，前来向韩信辞行。韩信辞去左右，说："你是高帝宠信之臣，你所管辖的地方，是聚天下精兵的地方，而你现在又是陛下宠信的臣子，人们说你反，陛下一定不相信；再次说，陛下就会产生怀疑；三次说，陛下一定会带兵亲征。我为你在京城做内应，天下可图。"陈豨平素就了解韩信的才能，相信他的计谋，表示一切听从韩信的指示。

　　汉高祖十年（前197年），陈豨果然起兵造反。高祖亲自率兵前去征讨，韩信称病不随高祖出征，而暗地里却派人对陈豨说："尽管举兵，我在这里帮你。"

　　韩信与家臣谋划趁夜晚伪造赦令，兴兵作乱，袭击吕后和太子。不料被人密告，吕后无明确证据，于是与相国萧何商议，诈称陈豨已死，以令列侯、群臣入宫道贺为由诱骗韩信进入宫中。韩信因为与萧何的友情，入朝进贺，却不知吕后早已设好"陷阱"，入宫即被擒，被斩于长乐宫钟室，并被诛灭父族、母族、妻族三族。一世英名的大将韩信，便这样让心狠手辣的吕后暗害了。

　　据说刘邦听到这个消息后很高兴，这从《淮阴侯列传》中可以看到："高祖已从豨军来，至，见信死，且喜且怜之。"

　　是的，除掉了心头刺，摆脱了韩信的威胁，而且是吕后干的，刘邦无需担上迫害忠臣的恶名。但值得思考的是，对于韩信这样的元老级人物，没有刘邦的默许，吕后敢下手吗？

　　韩信功劳太大，刘邦已经赏无可赏，所以他只有死路一条。自古以来，开国功臣的凄苦的结局，不过如此。

　　那么，到底韩信的死是罪有应得，还是千古奇冤？有人说陈豨是汉王的宠臣，韩信与其素无交往，那怎么可能约定一起谋反呢？而这样重大的"谋反"机密，又怎么会轻易被知道呢？假如真有所谓的谋反，又为什么是被捕后立斩于长安宫钟室，而不是昭示天下，公开审理？这样用一种暗杀的手段来结束掉一位开国功臣的生命，确实令人费解！

◎历史话外音◎

　　"成也萧何，败也萧何"，韩信像是一颗被安排好去冲锋陷阵的棋子，需要他的时候给他地位权力，等到目标达成，即被消除，真是可悲可叹！

"清君侧"：是晁错的死亡之因吗

　　戴着皇帝老师、御史大夫的荣誉，晁错登上了权力巅峰，可倏忽间被腰斩于市。"七王之乱"的"清君侧"是他死亡的真正原因吗？当一个治国君子成为政治棋子，是否就注定被玩弄于股掌之间？

　　晁错是西汉初期的一位政治家，他学贯儒法，知识渊博，故深受文、景两帝的器重和宠信。景帝前元三年，晁错为了实现自己的政治理想，巩固大汉王朝的千秋大业，向汉景帝上书《削藩策》。汉景帝为了汉朝的长治久安，听从了晁错的建议，开始了"削藩"。但是就在晁错的政治理想就要实现之时，他却被腰斩于长安东市。他的蒙冤而死与文帝时代青年政治家贾谊的夭折，成为文、景时代最著名的两大政治悲剧！晁错蒙冤而死是因为朝廷大臣给他拟定的罪名是无臣之礼，大逆不道。朝廷大臣给晁错拟定的罪名虽然很重，但并不是晁错被杀的真实原因，那么晁错被杀的真实原因是什么呢？

　　大汉王朝持续了四百多年，是中国历史上算是持续时间较长的王朝。当然由于王莽篡汉，这个王朝被一分为二，分为前半段和后半段，历史上称为前汉和后汉，又叫西汉和东汉。那么汉王朝四百多年，应该说最精彩的是在西汉，而西汉王朝两百多年，最精彩的是从汉高祖刘邦到汉武帝刘彻这一段，这一段历史，我们可以用四个字来形容，那就是轰轰烈烈。

而晁错，便是这轰轰烈烈的王朝里的一个悲剧人物。

开始的时候，晁错的理想就是做一名政治、法律工作者，并特意去学习政治法律知识。参加工作后，因为书读得多，知识面比较宽，就在太常衙门里负责礼仪制度等方面的工作。

后来，汉文帝因为政府工作人员里没有熟悉《尚书》的人，就搜罗通晓《尚书》的人才，晁错有幸，被派去学习《尚书》。晁错当时被称为"智囊"，是来自他的"辩才"，而并非他的智慧。缺乏保身之道，是他政治生涯中最大的致命伤。

公元前157年，文帝去世，景帝继位。晁错政治生涯的春天到来了。作为晁错老师的忠实拥趸，景帝早在太子时代就已经迷眩于他高超的辩才。晁错一夜之间，就从八百石的"中大夫"，越级升迁为二千石的"内史"。在文帝晚年没有被接受的那些建议，现在也全部开始着手实施。

本来，最有资格最应该直接跟皇上交流工作的是丞相，这是丞相的权力，更是丞相的荣誉，组织制度基本上也是这么规定的。现在，申屠嘉丞相被晾在了一边，申屠嘉的心里也越来越火！

申屠嘉决心打倒晁错，抢回属于自己的荣耀。要是从工作路线上、执行中入手，难度大了些，申屠嘉知道，自己的实践操作不如晁错，理论能力方面更不是对手！

偏偏就在这时晁错给了申屠嘉一个重拳出击的理由。

史府的大门朝东开，晁错可能是觉得上下朝很不方便，所以在南面又开了一道门。开个门本身并没有什么，问题是要开这道门，就得把太上皇庙的围墙打穿。自然，这种大不敬的行为，普通官员是不敢去做的。但晁错就敢，因为景帝宠信他。

晁错的这一行为给了别人弹劾他的机会。丞相申屠嘉就打算拿这个事情整治一下晁错，准备"奏请诛错"。但诡异的是，申屠嘉的计划居然能够提前被晁错所得知，这自然也从一个侧面反映出了当日晁错地位的如日中天，尽管他既不是三公，也不是九卿。晁错应对的措施是连夜进宫，赶在申屠嘉之前向景帝"自首"。第二天早朝，申屠嘉话还没说完，景帝就开始为晁错辩护，景帝说，"晁错拆掉的，只是太上皇庙的外墙，不是内墙，外墙没那么重要，而且还是我让他拆的，晁错没罪，这事儿就这么算啦。"

下朝后，申屠嘉长叹说："我后悔呀，为什么不将晁错先斩后奏呢？如今竟反受其辱！"回家后气得一病不起，呕血而亡。

申屠嘉的死，成就了晁错的上台。从"内史"升职为"御史大夫"，意味着晁错正式步入了帝国三公九卿的行列，进入了最高执政团体的大名单，他上台后第一件事就是鼓吹削藩。

这是为帝国的长治久安计，消除一切潜在的威胁长安皇权的隐患，是天经地义的事情。

削藩，这些藩王们会愿意吗？这个问题只有一个答案：就是不愿意，因为这是他们的既得利益，一个王侯他拥有这么多既得利益，谁甘心情愿把它供奉出去，说拿走就拿走了，不造反才怪，所以晁错提出削藩策以后，大家都不赞成，这个事情搞不成。

但是晁错提削藩是有道理的，而且是一种深谋远虑的对策，既然要削藩，既然要真正推行削藩的政策，确实应该拿吴国这个最强大的藩国开刀，就是吴王刘濞，不管他是反，还是不反，都要拿他开刀，这个冤大头他当定了，这是没有办法的。

晁错的悲剧在于，他像所有睿智的政论家一样，看透了帝国政治未来的方向削藩，却没能找到一种正确的方式去达成这一目标。在削藩这个必须完成的命题上，晁错之前的贾谊和汉文帝主张"众建诸侯而少其力"，晁错之后的主父偃和汉武帝同样推崇"推恩令"。二者都获得了成功，而唯有晁错遭遇惨败，本人惨遭腰斩，帝国则承受了一场不必要的叛乱。

如果用一句话来为晁错的人生做一个总结，那么这句话最应该是：他选择了用一种错误的手段去达成一个正确的目的，最后，他失败了。他一直在磨刀石上兢兢业业，试图打磨出一把能够把敌人一刀两断的利刃，但结果，他发现自己错把刀背磨成了刀锋，最终自己割伤了自己。

　　晁错是死得冤的，因为他死在自己的政治理想和抱负快实现的时候，奋斗了一生的目标就在咫尺，却只能阴阳相望。

天网恢恢：到底谁才是杀害岳飞的元凶

　　怒发冲冠，凭栏处，潇潇雨歇。抬望眼，仰天长啸，壮怀激烈。三十功名尘与土，八千里路云和月。莫等闲，白了少年头，空悲切。　靖康耻，犹未雪，臣子恨，何时灭？驾长车，踏破贺兰山缺。壮志饥餐胡虏肉，笑谈渴饮匈奴血。待从头，收拾旧山河，朝天阙！

　　读罢这首豪情壮志的《满江红》，你是否也想起那个"精忠报国"的抗金英雄岳飞，这个南宋军事家的名字，几乎是流芳千古，家喻户晓，震烁古今。

　　传说岳飞出生时，他家房脊上落了只大鸟，鸣叫几声就飞走了。岳飞父亲岳和因此给儿子取名"飞"，字"鹏举"。

　　19岁岳飞投军抗辽，不久后其父去世，他退伍返乡守孝。

　　1126年，金兵大举入侵中原，岳飞再次投军，开始了他抗击金军、保家卫宋的生涯。由于岳飞灵活用兵，不照搬兵书的做法，深受皇上欣赏，被封为东京留守司统制。

　　1129年，金将兀术率金军再次南侵，杜充率军弃开封南逃，岳飞无奈之下只好随之南下。是年秋，杜充不战而降，岳飞率军孤军奋战，他先在广德攻击金军后卫，六战六捷，接着在金军进攻常州时，四战四胜。次年，岳飞在牛头山设下埋伏，大破金兀术，收复建康，金军被迫北撤。

　　从此，岳飞威名震四方，他所统帅的军队，纪律严明，作战英勇，成为宋人心中的"偶像"，金人心中的"劲敌"，被称为"岳家军"。

　　"岳家军"训练有素，战无不胜，所到之处，冻死不拆屋，饿死不掳掠，深受百姓们的欢迎和爱戴。金兵统帅金兀术曾不无感慨地说："撼山易，撼岳家军难！"

　　后来，绍兴七年（1137年），岳飞升为太尉，他多次向高宗建议兴师北伐，一举收复中原，但都遭到高宗拒绝。而奸臣秦桧恰恰了解赵构投降求和的心理，便对赵构说他愿意充当说客促成此事。赵构瞬时对秦桧大有好感，便命他参加政事，不久后升他为宰相。

　　绍兴九年（1139年），就在岳飞等将领率领宋军节节胜利，立誓打到金兵老巢时，却在一天之内收到十二道金字牌，命令岳飞退兵。岳飞顿时气愤无比，仰天长叹："十年之功，毁于一旦！"他壮志难酬，只好挥泪班师。从此，奠定了南宋覆灭的基础。

　　绍兴十一年（1141年），岳家军撤退后，金兀术又率军占领了河南广大地区，金兀术写信给秦桧，试图借秦桧之手，铲除岳飞。秦桧本来就记恨岳飞，而恰好他对金朝的指示唯命是从，于是立即密报高宗，夺去了岳飞的兵权，委以枢密院的虚衔。

　　岳飞洞悉了秦桧一行人的阴谋，自行辞官回到了家乡。但秦桧并没有因此放弃对岳飞的追杀，他随即收买了岳飞的手下，许以重金诬告岳飞等人蓄意谋反，直把岳飞陷害下狱，同时被抓的还有岳飞的儿子岳云，大将张宪。

　　秦桧指使狱卒对岳飞进行审问，问岳飞为什么要谋反，岳飞听罢，"唰"一声撕裂了上衣，袒露出母亲在自己后背上刺下的"精忠报国"四个大字。即刻，是非曲直，不言自明。

　　入狱两个多月，岳飞坚强不屈，任凭狱卒百般严刑拷打，不再为自己辩白。直到年底，秦桧以"莫须有"的罪名将岳飞毒死于临安风波亭，是年岳飞仅三十九岁。其子岳云及大将张宪随后也被杀害。

　　岳飞的被捕和被杀，震惊了整个朝廷，引起了许多有正义感的人的极度不满。当时，南宋的另一名老将韩世忠当面质问秦桧，要求秦桧拿出岳飞父子谋反的证据，秦桧竟无耻地说："他们谋反的事莫须有。"韩世忠听完气愤不已，反问道："'莫须有'三字，怎能服天下人心？"

这桩千古奇冤就这样在历史上画下了重重一笔，然后，谋害岳飞的元凶真的是传说中的宰相秦桧吗？宋元以来的史家对此作了探索，但仍众说纷纭，各执一词。

据考证，秦桧在京都失守后被金兵带到北方，很快成为了完颜昌的亲信，1130年10月，秦桧秘密回到南宋，声称是挂念南宋，杀死了金兵逃回来的。但据《大金国志》记载，秦桧当时是在金国参加议事，而他的返宋也是金国决定的，目的是要他促成议和。

因此，他有了宋、金议事的双重身份，成为南宋王朝降金政策的炮轰者兼推行者，而当时，岳飞手握重兵，战功最大，反对投降的意愿更坚定，自然而然就成了秦桧的第一铲除对象。

然而，有人认为真正要除掉岳飞的幕后黑手是高宗，因为只有他，才有权力下令杀害岳飞。秦桧虽是宰相，但他并不具备杀人的权力。

那么，高宗为什么要杀害这样一个精忠的名将呢？

后来研究者一般认为是目标冲击。岳飞一生奋斗的目标是"迎回徽钦二帝"，而迎回了二帝，赵构的皇位就岌岌可危了，可见，他一怕迎回二帝，二怕中原恢复，三怕岳飞矢志抗金，他与岳飞的冲突，最后终究要爆发成君臣之间的仇杀。他杀岳飞，势在必然。而秦桧则是在这起冤案中，起了推波助澜的作用。

青山有幸埋忠骨，白铁无辜铸佞臣。

历史是有情，还是无情？我们无从评断，但抗金英雄岳飞却世世代代受到后人们的敬仰与纪念。

◎历史话外音◎

岳飞没有战死在抗金的战场，却死在南宋王朝的监狱，以"莫须有"的罪名惨遭毒手，既讽刺又让人对这样血淋淋的历史感到毛骨悚然。

报效朝廷，横遭血冤：袁崇焕冤死之谜

"一生事业总成空，半世功名在梦中。死后不愁无勇将，忠魂依旧守辽东！"

大凡一个王朝的末年，总是一个风云际会的大时代：民族的刻骨仇恨、宫廷的可耻阴谋、沙场的动地鼙鼓，无一不是这末年时代里的印记。

袁崇焕，顶盔贯甲，穿行于那段谜一般的晚明历史大舞台，留下了浓墨重彩的一笔。他被许多人认为是一个不折不扣的英雄人物，而另一部分人则诋毁说袁崇焕是投靠清的汉奸。为什么对一个人会有两种天差地别的言论呢？

袁崇焕，字元素，号自如，明万历十二年（1584年）出生于广东东莞，是明代杰出的军事家、政治家。袁崇焕在近代有着很高的名望，梁启超盛赞他为"千古军人之模范"。

明天启、崇祯年间，明王朝内忧外患，在历史的凄风苦雨下苦苦挣扎。袁崇焕虽是一介书生，却有着一腔热血，一颗赤子之心，他晓畅军事，了解边塞情形，不畏邪恶，为人慷慨有胆略，以知兵闻名。

袁崇焕考中进士后，被朝廷任命为福建邵武知县。袁崇焕在邵武知县任上的重要事迹，流传下来也很多，比如他审断冤狱，为老百姓伸张正义，招贤纳士，招募一些有识之士为朝廷所用，平时还帮老百姓做一些事情，关心天下局势，特别是辽东地区明清之间的战争等等，反正是政绩卓然。

后来，御史侯恂慧眼识人，不拘泥于旧习，破格提拔了袁崇焕，委以重任，前往辽东参加对后金作战。袁崇焕受命之后，连夜赶路，丛林荒野，虎豹出没，天明入城，将士都赞叹他的勇敢与胆量。

那时辽东的形势可以用"一塌糊涂"来形容，明朝的社会矛盾空前激化，已是千疮百孔。袁崇焕果敢从国外引入新式武器，击溃一代雄主努尔哈赤，致其伤重不久后不治而亡，与其儿子皇太极僵持于关外十年之久，却无可奈何。袁崇焕数十年来纵横辽东，无人能敌。他所镇守的宁远则成为皇太极进攻山海关的一个主要的军事障碍，皇太极与其亡父努尔哈赤都曾在袁崇焕手下吃过败仗，因此皇太极更是对袁崇焕恨之入骨，想尽办法要除掉这个最大的障碍。

1629年，皇太极对明朝进行了一次大范围的骚扰。他亲自统帅军队绕过袁崇焕的防区，冲过层层障碍直接打到了北京。袁崇焕这个时候正守在山海关附近，得到军报，便日夜兼程，率领9000骑兵，回京救驾。

这个时候，皇太极又使出了一招如三国演义里"蒋干盗书"的计谋，他先设计抓了两个明朝的太监，把他们囚禁起来，然后让他的两个将领在囚禁太监的房屋旁边"秘密"商量起军事来，说皇太极和袁崇焕已经如何有秘密约定，如何里应外合攻打北京城，还说此事关系重大，千万不可泄露出去之类，云云。实际上这些都是说给隔壁那两个被囚禁的太监听的。

到了第二天，皇太极就放了这两个太监。两个太监马不停蹄赶回宫中，惊魂未定地将袁崇焕意图"谋反"的消息告诉了崇祯皇帝。崇祯皇帝大惊失色，旋即以议兵饷为名，将城外的袁崇焕骗入宫中，接着以谋反罪将袁崇焕逮捕，关进牢狱，并定于第二年秋后问斩。

据明史载：袁崇焕行经法场前，刽子手一刀一刀割下其肉，沿途百姓争相从刽子手手中抢来崇焕之肉生食之，一块肉往往又被争抢撕扯成数块，整个场面直比一场"人肉大拍卖"。至法场时，崇焕已气绝，骨肉无存，只余一头颅，崇祯皇帝命将其传阅长城上的九个边防关口，以此震慑边将，以儆效尤。就这样，皇太极不费一兵一卒，不用一枪一炮，借着崇祯皇帝的手就杀掉了自己的心腹大患袁崇焕。

其实，从崇祯皇帝的为人来看，他并非像历代亡国之君那样昏庸荒淫，相反，崇祯皇帝一心励精图治，勤于政事，一度被朝野赞誉为"明主"。那么，崇祯为何要杀袁崇焕这样一个将领呢？难道真的是中了皇太极的反间之计？或许是。但袁崇焕被下大狱是崇祯二年（1629年）十月，处斩是在崇祯三年（1630年）八月，中间有近九个月的时间能够弄清事情来龙去脉，假如要慎重审讯，"反间计"并不难破解。那么，为什么不昏庸却勤勉的崇祯还是要杀袁崇焕呢？

皇太极所谓的"反间计"其实并不高明，也不是袁崇焕被杀的根本原因，它不过是擒捕袁崇焕的锁链的最后一环，"反间计"只是压垮骆驼的最后一根羽毛。

崇祯皇帝应当明白袁崇焕是被冤枉的，但从袁崇焕戍边看来，似乎未曾为皇帝分忧，尽管辽东坚固，但是清军依然大模大样地绕过山海关骚扰边境，五年平辽的诺言看来是不实之词，这对于一个对大臣要求苛刻的皇帝崇祯是无法容忍的。此后，清兵临京师，引发朝野震动，这等奇耻大辱必须由一个罪不可赦的替罪羊来平息，否则天子颜面何存？因此，袁崇焕的悲剧也就在所难免了。

袁崇焕之死，可以说直接导致了明朝的最后灭亡。他死后，明廷再也找不到一个像样的督师，边事无人，这是第一个后果。第二个后果，明军将士因此对朝廷寒透了心。第三，袁崇焕一死，各路兵将军心大乱，山西和陕西两路军马溃回家乡后竟然沦为流寇，流寇从此成为大明王朝的又一大威胁，并最终把它埋葬。

◎历史话外音◎

在睿智的历史老人面前，我们显得那么的天真无知。在明末那个动荡的年代，在那个内忧外患的时代，袁崇焕区区一个辽远边将，以其孤弱之躯，为明朝安宁和百姓福祉而粉身碎骨，终身立志报效朝廷却横遭血冤。他轰轰烈烈地战斗了，但每一场战斗，都是在一步步走向不可避免的悲剧结局。

为了效忠而死：方孝孺为何被株连"十族"

中国古代刑罚中有"灭九族"一说，也就是除犯人本人外，直系亲属上下各杀四代，从罪犯的高祖直到玄孙全部杀掉，这种刑罚可以说是野蛮至极，但偏偏更有甚者，有人竟然被灭了十族。这个人就是明朝方孝孺。

皇帝杀人，常有株连九族之说。"株连九族"已经是相当恐怖了，而方孝孺竟是被株连十族！

何谓十族，便是在原先九族（亲戚）之外，再加上朋友合称为十族。

方孝孺到底犯了什么罪，竟要遭"十族"之株！

方孝孺生于元末乱世，但宁海地处偏僻，没遭战火之殃，他的童年生活尚安定。他的家庭虽不富有，但世敦儒术，父亲方克勤是当地名儒，所以他从小受到系统的儒家思想教育。他天资聪颖，六岁能诗，十三岁善作文，千言立就，乡人呼为"小韩子"。他读书时全神贯注，"日坐一室不出门庭，理趣会于心，虽钟鼓鸣、风雨作不觉也"。看到书中刊载的圣贤事迹和贤良形貌，便悠然神往，慨然生愿学之心。

明太祖朱元璋死后，建文帝和燕王朱棣之间爆发了历时四年的皇位争夺战。1402年6月13日，燕王朱棣的军队攻入当时明朝的首都南京，之后众多建文帝的大臣纷纷向燕王投降。建文帝宠臣方孝孺却拒不迎降，燕王招他前去，他闭门不出；朱棣令人将他从家中拖出来，他身着孝服，当庭号哭不止；朱棣让方孝孺的学生劝他，他破口大骂。朱棣考虑到他在读书人中的影响力，将他关进监狱，继续派人劝说。

6月17日，燕王举行登基典礼，照例要有人写劝进表，众大臣都说："此事非方孝孺莫属。"

于是燕王再次召方孝孺出狱，谁知方孝孺见朱棣就放声大哭。朱棣只好安慰方孝孺，塞给他一支笔，说这个诏书除了你没人有资格写。结果方孝孺奋笔疾书四个大字"燕王篡位"之后把笔扔到一旁，边哭边骂，说大不了就是一死，诏书是不能写的。被惹恼的朱棣威吓他说："你就不考虑你的九族了吗？"方孝孺用更大的声音回答："就算灭我十族我也不怕。"于是，方孝孺就成了中国历史上唯一被灭了十族的人，他的朋友学生也被当作一族，和其他九族加起来，一共抓了873人。

方孝孺的妻子郑氏和两个儿子方中宪、方中愈上吊死了，两个女儿投秦淮河而死。家人都逃脱了苦刑，他的亲戚朋友可都遭了殃。每抓到一个，都带到方孝孺的面前，让他看看，再行千刀万剐，一共杀了七天，873人。方孝孺镇定自若，不为所动，还忙里偷闲，做了一首绝命诗，古色古香——"天降乱离兮，孰知其由？奸臣得计兮，谋国用犹。忠臣发愤兮，血泪交流。以此殉君兮，抑又何求？呜呼哀哉兮，孰不我尤！"平心而论，诗做得很一般。当弟弟方孝友被捆到他的面前时，他竟然流下了眼泪。方孝友也做了一首七绝告别哥哥："阿兄何必泪潸潸，取义成仁在此间。华表柱头千载后，旅魂依旧回家山。"看来这弟兄俩还真是一样的驴脾气。八百多人杀完了，轮到方孝孺了，他被凌迟处死后拆散骨骸弃之。他的学生，德庆侯廖永忠的两个孙子廖镛、廖铭，偷偷捡拾他的骨骸葬于聚宝门外山上。这两个仗义的学生旋即被杀。除去杀的人，此案还入狱、充军、流放一千多人。方孝孺的诗文在永乐年间是禁书，谁敢藏有，杀头。方孝孺死了，被用世界上最残酷的杀人法杀死了。在此之前，八百多姓方的、不姓方的、和方有血缘关系、没血缘关系，甚至连面都没见过的人像牲畜一样被杀掉了。

从那以后，对方孝孺的评价就一直存在争议。有人说方孝孺体现了中国古代知识分子的气节，也有人说方孝孺的做法不值得。

方孝孺真正错误的地方在于，他在自己殉节的过程中，连累了其他八百多人，特别是那些人的被杀，根本就是方孝孺图一时的嘴巴之快造成的。效忠先皇的方式有很多，方孝孺大可以在城破之日混入百姓中逃走隐居，或者自尽了事。如果说方孝孺只是自己为建文帝殉节的话，归结底这也是方孝孺自己的选择，没有人能够说他是错的。

朱棣本来也不想杀掉方孝孺，更没有灭族的想法，只是想让方孝孺为他尽力罢了，直到被方孝孺骂得气急败坏才痛下杀手。

结果一个敢杀，一个敢忍，就造就了这样一场悲剧。

方孝孺的气节是成就了，但这个用873条血肉性命垫抬起来的气节里，有太多血污。

◎历史话外音◎

我们当然不能按照今天的道德标准去评价方孝孺，建文帝和朱棣的皇位争夺战不过是明朝王室之间的内斗。当战争结束时，方孝孺面临的是效忠先帝还是投诚新帝的问题，无论他在两者之间作何选择，应该说都没有错。虽然朱棣的才华远远超过建文帝，且朱棣的胜利已经是既成事实，方孝孺效忠建文帝显得十分迂腐，但是，我们也不能用"良鸟择木而栖"之类的理由说，方孝孺干脆投诚朱棣算了。

狄青被污案：欧阳修为何诬陷名将

北宋仁宗时期的著名将领狄青含冤而死，这一悲剧给北宋的政治和军政带来诸多负面影响。在两宋军事史上，狄青是屈指可数的军事奇才之一。他身先士卒、运筹帷幄，为北宋王朝建立了卓越功勋。

在这一悲剧的酝酿及演变过程中，欧阳修扮演了十分重要的角色。众所周知，在北宋的政坛、文坛及学术发展上，欧阳修均有重大建树和影响。然而，就是这样一位出色的文臣，竟以种种诬蔑之辞三次上疏宋仁宗诋毁狄青，对狄青被贬乃至其身死产生了决定性影响。一代名臣无端陷害一代名将，实在是匪夷所思。

据现有史料看，欧阳修曾三次上疏诋毁狄青，分别为见于宋仁宗至和三年所上的《上仁宗乞罢狄青枢密之任》、是年七月《上仁宗论水灾》第一状及同月《上仁宗论水灾》第二状。这三次上书中，欧阳修极尽诬蔑陷害之词，言语上也多有蔑视和不敬，究竟是私人恩怨还是另有原因使他对狄青如此深恶痛绝呢？

可以说，欧阳修对狄青之贬产生了决定性作用。但是，他并没有置狄青于死地的想法。欧阳修之所以大骂狄青，都是北宋最高统治集团内部的"恐武症"在作祟。

我们知道，宋代江山是如何而来的，因此，两宋历代帝王出于防止赵姓江山易手的考虑，在制度上对武将的防范无所不在。特别是从宋太宗后期开始，随着北宋治国方略的改变、内部政治形势的变化，以及随着宋辽、宋夏关系的演化，如何防范武将逐渐为所有士大夫及最高统治集团的核心价值观念。在这种价值观的影响和支配下，北宋的武将不管立下什么丰功伟绩，也不能摆脱文官的蔑视和反感。但是，宋仁宗时期，仁宗对狄青十分青睐，原因其一，宋仁宗统治期间，军政弊端已经毕显无遗，表现在战场上便是武将怯战避战的现象屡见不鲜，而狄青却充分表现出其出色军事才能与战争智慧，为赵宋王朝立下了赫赫战功；其二，狄青不仅功勋卓著，且对宋王朝忠心耿耿，即文彦博所说的"忠谨有素"。因此，行伍起家的狄青在短短十余年间一跃成为枢密使，得到皇帝的宠爱。可是，这一事实却与文臣的核心价值观产生了严重冲突，最终，狄青成为文臣眼中欲除之而后快的眼中钉。

在这种大背景下，欧阳修在其奏疏中频频使用鄙薄、蔑视狄青之语，也就不足为奇。北宋这种畸形的文武关系，造成狄青郁郁而终的悲剧，也造成了北宋军事实力孱弱，使其经常处于被动挨打的局面。同时也不得不感叹，欧阳修如此聪慧之人，仍旧摆脱不了封建专制统治的枷锁和时代的局限，成为专制统治的工具。

历史大背景下，文人对自己所赞扬的对象也有着主观印象，不论是褒是贬，均摆脱不了封建专制统治的束缚。

招降祖大寿案：皇太极为何两次招降叛将

公元1631年7月，皇太极为实现清军入关、一统中原的愿望，走出了入关战略的重要一步——亲率大军攻大陵河城。大陵河城是战略要地锦州的门户，并由明朝以祖大寿为总兵率16000余人守城。

皇太极率兵围城三月，祖大寿弹尽粮绝，为了城中16000将士与3万百姓的安危，祖大寿投降了。皇太极对于祖大寿极为礼遇，不顾人的劝阻接受了祖大寿的智取锦州之计。就像皇太极所说："朕以诚待他，他必不负朕。即使他负朕，朕在所不惜，要的就是心悦诚服。"

然而，令皇太极始料未及的是，祖大寿失信了。回到锦州城的祖大寿，彻底地断绝了与皇太极的联系，甚至他已经顾不得后金军为质的儿子祖可法以及部将三十余人的性命。面对祖大寿"我绝对不做失信之人"的誓言，皇太极却表现出了空前的宽容和耐性，依然厚待祖大寿的儿子和部将。

历史总是在不经意间显示出其戏剧性的一面。10年之后，清军进攻战略要地锦州城，守卫锦州的依然是祖大寿。因为锦州城是山海关最后的屏障，攻下锦州，就好比是一把利剑直抵明朝的咽喉。那么要如何才能攻下锦州呢？皇太极从满族贵族的特殊利益和满族本身的具体历史情况出发，决定屯兵义县，将其作为攻取锦州的前沿阵地和后勤基地。面对"塞上之兵，莫劲于祖大寿之兵"的形势，皇太极悉心采取了《三国志》曹丕的话："坐而降之，其功大于动兵革也。"明朝降将张存礼也为皇太极献上了一计：将明军内部的蒙古兵作为争取对象，里应外合就可轻而易举地夺取锦州城。

皇太极的对手依然是祖大寿，采取的方法依然是围城。这次围困让祖大寿又想起10年前的大凌河之围。与大凌河城一样，锦州城也陷入了孤立无援、弹尽粮绝的境地。而城内还有部分有意归降清军的蒙古将领，可谓内忧外患。崇德七年农历二月十八，洪承畴在松山被俘，松山失陷，祖大寿等待明朝援军的希望破灭，又受到已经投降清军的两个兄弟祖大成和祖大乐的劝导，无奈之下于公元1642年农历三月八日再次投降清军。这一次皇太极依然对祖大寿礼待有加，祖大寿被皇太极的诚心所感动，真正地投降了清军。如果说第一次投降是祖大寿无奈之下的背叛，那么第二次他就算得上是真心归降了。

那么，面对祖大寿第一次投降、背叛，为何皇太极还要再次招降祖大寿呢？

皇太极深知祖大寿在军事上的价值，祖大寿抗清二十多年，有多少满族人都是在"取祖大寿项上首级，夺南朝花花江山"的梦想中长大的，可以说祖大寿是一代满族人在军事上的精神目标。而且对皇太极的雄图大业来说，锦州之后的下一个战略目标就是重镇宁远。宁远总兵、辽东提督吴三桂统率了关外明军，成为清军的最大阻力。但是，祖大寿却是吴三桂的舅舅，可想而知，祖大寿在对吴三桂的战役中具有举足轻重的作用。皇太极招降祖大寿的真正目的其实就为了吴三桂，就像欧阳修所说："醉翁之意不在酒"。

历史上有作为的君王对于人才并不是俘虏过来那么简单，最重要的是能够为己所用。两次招降，目的就是为了让被招降的人心悦臣服。

冲冠一怒为红颜：吴三桂投降清廷真的只为红颜吗

"恸哭六军皆缟素，冲冠一怒为红颜"，似乎自从三百六十多年前，这句话就为这段历史和其主人公之一吴三桂的抉择动因定下了永恒的基调，他被不断盖上"逆臣""汉奸"的名号，但是，历史上的吴三桂果真是一个不忠不义的无耻之徒吗？

众所周知，中国的南北之争或"胡汉之争"一直贯穿于元以前的历史。但高潮却是明清之际，这里面正有大家所熟悉的中国汉奸史重头戏。一直被世人传为"千古罪人"的吴三桂正是这关键时期的关键人物。他是否真如世人所传说的"冲冠一怒为红颜"，全是为了一个女人才叛变吗？

吴三桂的祖籍是今天的江苏高邮，出生地则是今天的辽宁省。其父名叫吴襄，武进士出身，在崇祯年间曾担任锦州的总兵；其舅舅名叫祖大寿，也是崇祯年间的名将。出生在这样的家庭里，吴三桂从小就表现出了超乎常人的勇武。他的一生（1612~1678年）几乎都是在马背上度过。前半生（1~32岁）在明末，被称为"旧朝之重镇"；后半生（33~67岁）在清初，则被称为"新朝之勋臣"。

吴三桂出身辽东豪族、武功世家，不但弓马娴熟，以力战名；还世受皇恩，幼承庭训，满脑子全是忠孝节义（据说他16岁时曾闯围救父，有忠孝之名）。他手下的子弟兵也是明军中的王牌，战斗力最强。可碍于当时明、闯、满成三角之势，正所谓是"螳螂捕蝉，雀在其后"，他的兵力仅有四万，而李自成的闯兵号称百万，清兵也有十万，无论与谁联合，都势必受制于人。他的处境确实艰难。而从名节上讲，他投闯则背主，降清则负明，也是横竖当不成好人。

在这样的紧要关头，吴三桂别无选择又必须选择。当他考虑投降李自成时，却见农民军穷疯恨极，入城后到处抓捕拷打明降官，专以抢掠金帛女人为事，让他望而却步。恰恰这时，李自成攻陷北京，对吴三桂的父亲及其他亲属实行了严刑拷打并勒索钱财，而李自成手下的大将刘宗敏居然霸占了吴三桂的爱妾陈圆圆，他只好断下投奔李自成的念想。

但反过来说，刘宗敏真的会为了占有一个女人，不惜拷掠吴襄，完全不顾及吴三桂么，这岂不是自坏大事？陈圆圆与吴三桂对于农民军孰轻孰重，一目了然。所以刘宗敏占有陈圆圆，不能说只是一个女人的问题，而应该是一个重大策略的原则问题。

此时的吴三桂不过三十出头，风华正茂，这样一个血气方刚的男人确实很有可能为了自己心爱的女人做出一些冲动的事情来，因此吴三桂"冲冠一怒为红颜"似乎就不难理解了。

但在《吴逆取亡录》里边提道："三桂抵蓟州，襄使者至，诘知襄被执，笑曰：'是胁我耳，我至即释，何患！'"可以看出吴三桂在面对父亲被擒无奈的情况下仍在给自己吃宽心丸，劝慰自己一切不过是威胁。这样才更接近那个曾夫沙场救父的少年吴三桂，更贴近他自己真实的面目。但也许只是因为他这样豁然的态度，才会让后人误会他是为红颜而出战。

接着看《吴逆取亡录》，在吴三桂询问完父亲的情况后，"复问：'陈姬无恙乎？'使者以实告，勃然曰：'大丈夫不能保一女子，何面目见天下人！'遂反旆而东，回山海关，以讨贼复仇，布告远迩。"乍一看，这冲冠似乎确有其事，但他是在了解了父亲的情况之后才询问的陈圆圆。自古以来，囚父之仇，夺妻之恨，是中国男人最无法忍受的事情，而吴三桂却一下子全赶上了。他的冲动，他的愤怒，他的无奈，导火线根本不单单是一个心爱的女人，而是父亲的性命、家人的遭遇和自己的尊严。

他身为山海关总兵，手下握着一帮曾一起出生入死的兄弟，难道他能置他们于不顾？于是，为了这种种无可奈何，为了这一条条与他紧紧关联的生命，他带领手下勇杀回来，从李自成手里夺回了山海关。

几天后，"石河大决战"拉开了帷幕，整整一日苦战之后，吴三桂按约定打开山海关城门，多尔衮大军杀入，至此，大顺王朝的20万农民军全军覆没，中国历史从此进入清朝统治的时代。这一历史印记，让吴三桂毫不费力地戴上了一顶标志着"投降者"的帽子。

投降清朝后，吴三桂屡立战功，平定四川，攻下云南，深入缅甸，擒杀桂王，受封平西王。接着，康熙实行削藩政策，这让他再度起兵反叛，称吴周政权，自立为帝。在攻下长江南岸后，吴三桂便止步不前，想与康熙议和，却不知这一停顿给了康熙准备奋战的机会。清政府在长江北岸一切布置完毕后，拒绝了吴三桂的请求，并最终击溃吴军。

他为这后半生付出了惨重的代价，儿孙妻妾被凌迟处死，多年追随的部下，副将以上几乎都被杀头，而他奔波的一生终在1678年农历八月十七夜结束。

◎历史话外音◎

纵观吴三桂：荣也人所不及，辱亦人所不及。他的两次反叛，无疑都是被逼到了绝路，而非昏君奸臣所逼，他本人则成了时代变革和封建社会权力斗争中的牺牲品。历史只讲结果，过程只是情节，但是，我们也千万不要因为一个人一时的过失去否定他的一切。

奸党鳌拜：也曾有过忠勇之时

鳌拜拥有一个令许多清朝贵族羡慕的称号——"满洲第一勇士"。从这个光荣称号可以看出，没有过人的能力、卓越的战功，是不可能得到这么一个称号的。

其实，鳌拜少年时期就随着皇太极东征西讨，立下了赫赫战功。在清军入关之前，他就已经凭借卓越的战功频频升迁。最主要的战役是夺取皮岛和松锦大捷。这两次战役对清军入关来说都极为重要。鳌拜在战争中也总是身先士卒，勇猛过人。夺取皮岛之时，作为清军先锋将领的鳌拜，面对明军严阵以待的战阵，他第一个冲向明军阵地，冒着炮火与明军展开近身肉搏，最终成功地引导清军主力登上皮岛，消灭了皮岛明军。松锦大战之时，鳌拜途中遇明军，他没有退缩，而是一马当先，迎头而上，五战皆捷。这两次大战使得鳌拜直升为护军统领，成为八旗将领中具有较高地位的人物。

清军入关之后，鳌拜作为武将，他的任务还没有结束。当时中原地区有最让清政府头疼的是李自成的大顺农民军和张献忠的大西农民军。平定这两支农民军成为清政府交给鳌拜的主要任务。鳌拜也并没有让自己的朝廷失望，他先随阿济格打败了大顺农民军，带领清军占领了清河南、湖广、江西、南京等地六十三城。后又随着亲王豪格等率军大败张献忠的大西农民军，得到西南广大地区。战役之中的鳌拜也总是身先士卒，往前猛冲。大破两支农民军，鳌拜实居首功。

无论是为清军入关，还是入关之后为清政府一统中原，鳌拜都在大大小小的战役中勇猛过人，出生入死，转战南北，立下了汗马功劳，是当之无愧的清初开国功臣。

这就是鳌拜的勇。

至于忠，则表现在鳌拜对皇太极和顺治的忠心。皇太极死后，皇太极长子豪格与皇太极之弟多尔衮陷入了帝位之争。鳌拜作为镶黄旗的护军都统，他此次选择的拥护对象是豪格。原因很简单，因为鳌拜对皇太极忠心耿耿，所以他坚决拥护先帝的嫡亲血脉继承帝位。鳌拜对豪格全方位的武力支持使得多尔衮不得不放弃帝位，提出由皇太极第九子福临继位的建议。这一折中方案最终为双方所接受。因为对于鳌拜来说，他拥护的并不豪格本人，而是皇太极的血统。

顺治皇帝继位之后，多尔衮作为摄政王权倾朝野。开始不断地打击政敌。鳌拜当然也不能幸免。在多尔衮摄政期间，鳌拜有功而无赏、无罪而受罚，三次论死，备受打压。然而鳌拜对小皇帝的忠心依然没有改变。共同反对多尔衮拥护豪格的同伴们，在多尔衮当政期间大多都已经改变初衷投靠多尔衮，但是鳌拜依然不屈不挠，始终没有迎合多尔衮。

鳌拜作为武将，骁勇善战，耿直倔强、敢于抗争；作为一个臣子，忠心耿耿，一片赤诚，坚守臣节，称得上是一个难得的忠义之臣。虽然康熙一朝的鳌拜飞扬跋扈，野心勃勃，但也不能因此而磨灭了他前期为清朝所作出的贡献。

◎历史话外音◎

忠奸一念之间，或许因为功盖过主，权力的欲望膨胀，一时贪念造成无法挽回的败局。

石达开：大渡河畔的信函之谜

石达开是太平天国农民起义的杰出领袖，少年投身太平天国，英勇善战，足智多谋，功勋显著，被封为翼王。可惜，太平天国后期，内部混乱，石达开终于在1857年率20万兵马从天京出走，转战数年，却难觅一足之地，后来他毅然决定进军四川，最终丧师于大渡河畔。一代英豪，饮万古长恨。

石达开向四川进军，路过大渡河畔，遭到清军与地方土司紧紧围困，成为釜中之鱼。经过六月征战，却仍未能摆脱困境。无奈之下，石达开决定用自己的头颅换取数万将士的生命，自投清营，不幸牺牲。

《太平天国文书汇编》记载，石达开在无可奈何的情况下，命军师曹伟人给清军写了一封信。信的内容是：石达开愿意以自己的生命为代价，请清军放过几万将士。这封信被射入了驻守在大渡河对岸的清朝四川重庆镇总兵唐友耕的军营中。因此，人们一直认为此封信是石达开写给唐友耕的。然而，后来史学界又对这封信的收信人提出了新观点，众说纷纭。那么，这封信的收信人到底又是谁？

最值得关注的说法有两种：一是，收信人是重庆镇总兵唐友耕，另一种说法是四川总督骆秉章。

收信人是唐友耕的说法来源于1908年唐鸿学所编《唐公年谱》。此书中就提到了石达开在大渡河畔所写的信。据《唐公年谱》记载，信的内容是："惟是阁下为清大臣，当得巨任，志果推诚纳众，心实以信服人，不蓄诈虞，能依清约，即冀飞缄先复，拜望台驾近临，以便调停，庶免贻误，否则阁下迟行有待，我军久驻无粮……"

持这种观点的人还有萧一山，他认为《唐公年谱》附录的石达开信函是可靠的，该信的确是石达开写给唐友耕的。萧一山还写成了《翼王石达开致清重庆镇总兵唐友耕真柬伪书跋》一书。《广东文物》按照萧一山的说法，著有《石达开致唐友耕书》一书。因此，此种说法一直广为流传。

简又文先生也认为收信人应该是唐友耕。他提出，据《太平天国全史》记载，"致唐函更见之《唐公年谱》，尤为可信。"

但是，罗尔纲先却认为《唐公年谱》所收录的信件的确出自石达开，但收信人并非唐友耕，而是骆秉章。因为唐鸿学是唐友耕之子，唐鸿学著《唐公年谱》，并收录了石达开的信，可能会为了给父亲脸上贴金，故意把收件人改为了唐友耕。

那么，收信人是骆秉章的说法从何而来呢？主要来源于四川《农报》的一篇标题为《致四川总督骆秉章书》的文章，该篇文章表明收信人应是骆秉章，而不是唐友耕。因为四川农民高某在紫打地偶然发现了石达开的函稿三通，稿中内容说明石达开是要写信给骆秉章的。罗尔纲先生认为此稿为真实信函，是没有经过唐鸿学篡改的。

人们之所以赞成这种说法，另外一个依据主要是根据书信的内容来分析。

"惟是阁下为清大臣，肩蜀巨任，志果推诚纳众，心实以信服人，不蓄诈虞，能依清约，即冀飞缄先复，并望贲驾遥临，以便调停，庶免贻误，否则阁下迟行有待，我军久驻无粮……"

此处的说法与《唐公年谱》大致相同，但是还是有区别。首先，把"肩蜀巨任"改成了"当得巨任"，其次把"并望贲驾遥临"改成了"拜望台驾近临"。罗尔纲先生认为，这是唐鸿学为了使人相信此信是石达开写给唐友耕，而做的故意篡改。因为从唐友耕和骆秉章的职位来看，唐友耕是重庆镇总兵，而骆秉章是四川总督。能担当"肩蜀巨任"的人只有可能是骆秉章。从当时两人所处的地方来看，当时唐友耕与石达开隔河相望，而骆秉章却在四川，适合"贲驾遥临"的也只有骆秉章。此外，唐友耕是降清太平军，而且作为重庆镇总兵，也无生杀释放大权，石达开又怎么可能会写信乞求唐友耕放守自己的将士呢？显然，此封信的收信者最有可能的就是骆秉章。

总之，石达开到底是写信给了谁，一直也没有统一的定论。

●历史话外音●

有关石达开的评价，最著名的当属美国传教士麦高文通讯中的一段话了："这位青年领袖，作为目前太平军的中坚人物，各种报道都把他描述成为侠义英雄——勇敢无畏，正直耿介，无可非议，可以说是太平军中的培雅得（法国著名将领和民族英雄）。"

第七章

科考黑案

——金榜题名不容易

此"关节"非彼关节：科考如何作弊

在漫长的1300年科举考试中，制度设计者为了保证科举考试的公平性，不断地采取各种各样的措施来防范作弊。但是，"道高一尺，魔高一丈"，作弊手段仍层出不穷，屡禁不止。

那到底是什么样的作弊手段风靡一时呢？

这就要从"关节"说起了。这所谓的"关节"，并不是指我们身体上的部位。这是科举时代隐蔽性最强的一种舞弊手段，是在科场采取弥封和誊录两项防范措施后出现的作弊新招，其花样繁多，危害极大，始自两宋，盛于明清。

关节，指的是考官与考生通过卷面上特定的字眼来进行作弊的暗号。

北宋真宗景德年间，朝廷制定了两项在古代科举史上具有重要意义的考场规则：一是糊名，二是誊录。

糊名，是将试卷上考生的姓名、籍贯等项都用纸糊盖起来，使批阅试卷的考官不知道手头的卷子是何人所作；誊录，则是在考生交卷后，另由考场专雇的誊写人员将考卷全部重抄一遍，然后再交考官评阅，这样，就连考生的笔迹，考官也无法认出了。

人类的智慧是无止境的，既然制定了新的考场规则，那新的作弊手段自然就随之出现了。新的作弊手段订关节递条子诞生了。

具体讲，就是考生与考官串通作弊，考前约好，在试卷内诗文某处用什么字作为记号，为确保录取时准确无误，每个关节条子都订三四处的字眼。对订好的关节，写在条子上。考官入场后，留心于他要关照的人，凭手头字条上的关节暗号录取，一找一个准儿，决不会遗漏。那些送了银子通了关节的考生，哪怕是答卷驴唇不对马嘴，也能取中，这便是关节的妙用。

我们所熟悉的奸臣秦桧就曾巧用过"关节"的把戏。

据说当时有个叫秦暄的族内子弟将要应试。临考前，秦桧派人把中书舍人程子山召入相府，只让仆人用美酒好饭侍候，秦桧本人并不出面接待。程子山独自一人闲得无聊，便翻看桌子上标有"进士秦暄呈"的札文浏览再三，几乎背诵下来。几天后，程子山接到入闱典试的任命，并得知秦暄参加考试。这时，程子山立刻想到日前秦桧刻意安排的用意，遂以秦暄的札文作为考试内容。那秦暄自然高中榜首。

还有一个是北宋真宗时，有个叫杨亿的翰林学士，声名很高，在省试开考前夕，他特地招待来京应试的同乡举子。应邀前来聚会的考生个个兴奋不已，席间极尽阿谀奉承之能事，有的称颂杨学士诗名著天下，此次必作"文衡"（主考官），有的则直接请求杨亿给予"指导"。听到这些，杨亿勃然变色，口中边说"丕休哉"，边甩袖而去。"丕休哉"三个字出自《尚书》，是一句骂人的话。在场的同乡举子们，死脑筋的以为碰了钉子，聪明点的则听出话中有话。果然，数日后杨亿出任知贡举，几位卷子中用了"丕休哉"的，都被录取了。

到了明代，暗通关节之弊日渐盛行。史载："明季即有以关节进者。每科五六月间，房考就聘之期，则先为道地，或晋谒，或为之行金以贿诸上台，使得棘闱之聘后，分房验取如操券而得也，每榜发，不下数十人。"看来，棘闱之内，场场有关节之弊，而且干此勾当者不在少数。

在明神宗万历年间就有一起非常典型的关节作弊案。

万历十六年（1588年），正好是戊子科乡试，宰相黄洪宪充任北闱考官。这位主考大人在入场前接收了大把的条子，录取时单看"字眼关节"是否相符，"势高者无子则录其婿，利重者非子则及其孙"。当时，有位叫李鸿的浙江士子，场前重金买通黄洪宪，暗中订下关节，在两场卷文中都使用了与上下文毫无关系的吴地土语"囡"字，结果取为第十一名举人。在黄洪宪手下以关节取中的卷子，"文理讹谬，章章若是"。由此引起众怒，"榜出而人人切齿，无不欲唾洪宪之面而笞其背也。"刑部主事饶伸上疏弹劾，说："今邪臣所为罔上行私者，莫如科场之弊。"他直言指陈："未有大通关节肆无忌惮如黄洪宪之为者。"

可见，"通关节"是一种很难杜绝的作弊方式。

由于此法花样繁多，不易察觉，是以往的防范措施根本无法阻止的，特别是在锁院、弥封和誊录等防范措施日趋完善之后，越来越多的人采用了通关节。

◎ 历史话外音 ◎

"万般皆下品，唯有读书高"几乎深埋在科举时代的每一个人的脑海之中，无论他是考生、农民还是商人。

教育成为通向荣誉的最正当的途径。一旦金榜题名就可以有完全不同的人生，但是如果一个人屡试不第的话，同样会被周围的人甚至家人看不起，失去地位和尊严。当屡试不第的时候，希望就变成了压力和负担，致使一些人选择了通过作弊在科举考试中取得较好的成绩，以得到解脱。

正是这些消极的社会舆论推动了考试作弊的发展，当舞弊成为一种风气，成为世人追求荣华富贵的垫脚石，这种能颠覆命运的力量，足以让士子们铤而走险！

柳永：科场频频失意

"寒蝉凄切，对长亭晚，骤雨初歇。都门帐饮无绪，留恋处，兰舟催发。执手相看泪眼，竟无语凝噎。念去去，千里烟波，暮霭沉沉楚天阔。多情自古伤离别，更那堪，冷落清秋节。今宵酒醒何处？杨柳岸，晓风残月。此去经年，应是良辰好景虚设。便纵有千种风情，更与何人说！"

词雅，景美，情切的柳永词《雨霖铃》，语文书上的"白衣卿相"、"花间皇帝"的婉约词派创始人，你是否曾去了解过他的人生？这样一个至今仍被称赞的词人却曾屡遭科举落榜，传言说他特不招皇帝待见，因何？

我们都知道，人的痛苦大多在于无法改变所谓的命运，人的快乐大多来自适应既定命运的安排。熟读经史子集的柳永才华横溢，久经情场的柳永胸襟高远。奔波仕途之路成了他唯一的选择，拼搏科举考试也只能是唯一的途径。在他那个年代，做官无疑是一条出人头地、光宗耀祖的道路。柳永也不可能是一个例外。因为他毕竟没有那么高的思想觉悟，只知道做官可以实现他的抱负，施展他的才华。当时，柳永曾豪言："假使让我参加殿试考试，即便是和皇帝面对面，我也丝毫没有畏惧，必定拿他个第一名。"

这话也并不完全是吹牛，据史料记载，当年"凡有井水饮处，皆可歌柳词"，凡是有饮水需求的人都会唱柳三变的歌，言外之意，没有人不知道柳三变，他是名副其实的"文艺超男"。

柳永本人，才华独步词坛，又不愿结交达官贵人，在上流社会没多少人缘，而且他还有个致命的弱点，那就是风流成性，在当时世人皆知柳三变品行不端，天性放荡，风流韵事层出不穷，以至于他名声不好。而宋代对生活作风问题尤为重视，这便让柳永考场屡屡失意，对他的名声也产生了重大的负面影响。

但柳永却对自己的声名狼藉浑然不知，便怀着必胜的信心到汴京参加考试，本以为自己能成为天子门生，结果顺理成章，名落孙山，初战败绩。

第二次考试，大概因为发挥不好，又落榜了。这次落榜对他的打击太大，由着性子写了首牢骚味比山西老陈醋还浓烈的《鹤冲天》。其中有句"忍把浮名，换了浅斟低唱"，等于是在指责大宋朝的科举制一文不值，是个失败产品。他自己是痛快了，但是有人难受了，那便是当时的皇帝宋仁宗。

由于《鹤冲天》的名气太大，完成后没几天就送到了宋仁宗的桌案上。仁宗皇帝是个很爱才的人，范仲淹、欧阳修、富弼、王安石、司马光、苏洵、苏轼等等大宋朝最著名的文坛牛人，都是在他的统治时期大放异彩的。柳大才子的这篇文章等于彻底否定了他的半生功绩，不生气是不可能的。

三年后，柳永又来京城考试了，这次他既没怯场，也没发挥失常，顺利地过了考试关，只等皇帝朱笔圈点放榜。谁知，当仁宗皇帝在名册簿上看到"柳永"二字时，龙颜大怒，恶狠狠抹去了柳永的名字，在旁批到："且去浅斟低唱，何要浮名？"

此后柳永写完词都会在后面注上"奉旨填词"，这样公然跟皇帝对着干，作品是流传得更多了，但离他的进士梦却是越来越遥远了。

柳永的文采那是没得说，论词的造诣，别看作品今天只留下200多首，但是所用词调竟有150个之多，并大部分为前所未见的、以旧腔改造或自制的新调，又十之七八为长调慢词，这对宋词的解放与进步作出了巨大贡献。而且他的用词通俗化、口语化，如同唐朝白居易的诗一样流传很广。

柳永扎根坊间的创作生活一直持续了17年，直到他47岁那年才算通过考试，得了一个小官。

柳永一生穷苦不堪，断然不能如其他达官巨富般挥金如土买众美人一笑，但是在他风流惆怅和满腹才华的精神世界中，却让这些女子深深着迷，纷纷成为他的铁杆"粉丝"，这些女子都心甘情愿地奉养他。

公元1053年，当82岁高龄的柳永不幸结束其"光辉灿烂"的一生之时，还是这些女子凑钱让他入土为安。纵然他不曾像家人一样高中进士，也没有如同学那般跻身庙堂，但在千千万万显赫，却无名的进士群落里找不到一个位置又何尝不是一件好事呢？倘若不是如此，千古奇人柳永充其量也就是一个普通的文官（顶多是一个大官）；上了皇榜，却挤不进历史，更留不住大众的欣赏和仰慕之情。

◎ 历史话外音 ◎

尽管柳永一辈子不招皇帝待见，究其原因还是人情淡薄，这一案例给我们的警示是，书生意气难做官场大权。

李昉：跳进黄河也洗不清

人们总以为天高皇帝远，在天子脚下做些小动作一定可以瞒天过海，不至于那么倒霉就被揭发，正是带着这样侥幸的心理引发了古代越来越多的作弊事件，作弊花样层出不穷。李昉，便是一次科场舞弊中被皇帝发现的一个悲剧人物。这一个科场舞弊案成了他人生上一个重大的污点。

李昉，这个颇有传奇色彩的宋初文人，似乎成了一个被历史遗忘的角色，偶尔被记起，总是背负着沉重的十字架。然而事实果真如此吗？

他是自己考试作弊被发现还是另有蹊跷？

回到开宝六年（973年）某一天，宋太祖赵匡胤在朝堂之上按照惯例会见当年新考上的进士。新录取的进士有11人，诸科28人。这些未来官场的后备干部们来到皇帝日常主持重要会议和政务活动的讲武殿，接受国家最高权力者的接见。

以往这样的会见就像是一场简单的面试，与科考并无本质上的联系，甚至连面试都谈不上，说白了就是进入新的圈子，大家互相见个面打个招呼以后互相照料指教。

可这一天赵匡胤却似乎对此格外重视，他将吏部的铨选职责也揽在自己的身上。吏部从那些通过科考的考生中铨选官员，通过简短的谈话过程，来考察考生的"身"、"言"两大入仕指标。这样的考察形式本来就是不靠谱的，就算"言"可以通过说话者的谈吐对其个人水平有个大致了解，但是"身"则成了一档选秀节目，就是用外表去衡量一个人是否具备做官的才华，完全成了以貌取人。

在简单的试探之下，武济川、刘浚露出了马脚，他们在回答赵匡胤的问话时，答非所问，完全跑题，根本就是滥竽充数。赵匡胤非常愤怒，"难道我堂堂帝国选拔来选拔去，就选出这样的人才？"他当朝就撤去二人功名，退回原籍。打发完两人，赵匡胤开始追究当事人的责任。

这场科考的主考官是翰林学士李昉，李昉刚刚重返赵宋帝国权力中心并成功地掌握了干部选拔权。按照以往的"历史经验"，随着这些高中的考生们陆续进入官场后，昔日的考生就成了自己的"门生"，也将是他权力世界的宝贵财富，对巩固自己的地位有着举足轻重的作用。而且李昉的政治地位不日将会得到大幅度的提升。

可惜就在李昉对未来无限憧憬的时候，被赵匡胤发现了两个烂人，他的下场，可想而知。

清官难做，坏人易当。一旦当官，就很难洁身自好，面对权利地位名利的诱惑，李昉陷进去了，大概是他当时的运气不好，特别是在追查之下，赵匡胤更是发现了被他除名的考生武济川与李昉有同乡关系，能忍吗？不能。

李昉一下子跳进黄河也洗不清了。

之后，赵匡胤作出两项决定，一是重新考试；二是赵匡胤经过调查，确认原来的主考官李昉在主持考试过程中的确存在不公，于是就抹掉了李昉翰林学士的头衔，并让他背了一个降职处分。

比较有意思的是赵匡胤重新组织的那场考试，除了之前已经除名的武济川，李昉所录取的其他10个进士再次被录取。让人感到不解的是，从第一名到第十名，连顺序排名都原封不动。除了这10人又补录了26名进士，"不过附名在此十人之后"。

有人说，从后来重新的考试可以看出考场舞弊事件不过是赵匡胤借题发挥的由头，他的真实意图很明确，就是要把官员的选拔权抓到自己的手里，借此削弱文人官僚的权力，来强化自己手中的皇权。而李昉不过是这场弈局中的一个棋子罢了。

的确，官官相扶的政治局面一直都是帝皇最害怕见到的，赵匡胤最担心的是，像李昉这样的在朝大臣之间或大臣和一般士大夫之间抱团的派系，成为中央集团的一股分割力量。

但也有人说赵匡胤是想借此给世人敲一个警钟，劝告他们妄想在科考中搞小动作，要安守本分，遵守一切制度。否则科考就变成人们争夺名利地位不择手段的工具了，失去了最初挑选优秀人才的宗旨。

李昉并不冤，他确确实实做错了，但从后面看来或许这是一场似有若无的"科场舞弊案"。尽管重新考试但名单几乎一样，因此也有人说李昉冤，且让我们认为赵匡胤不过是想要以此次科考舞弊事件抹杀人们不按照制度胡乱"安排"的现象，杜绝这种坏的风气。

此后，赵匡胤为科举考试增加了一道新的考试程序，那就是让士子与皇帝面对面地殿试。这样一来，皇帝不仅把对文官的选拔权牢牢地攥在了自己的手中，还可以防止奸佞们胡作非为，让真正有才华的人脱颖而出，为朝廷效力。

◎ 历史话外音 ◎

人不要做违背良心的事情，即使当时不被人发现，总有一天会露出马脚。

唐伯虎：风流才子"被科考作弊"

桃花坞里桃花庵，桃花庵里桃花仙。

桃花仙人种桃树，又折花枝换酒钱。

酒醒只在花前坐，酒醉还来花下眠。

半醉半醒日复日，花落花开年复年。

但愿老死花酒间，不愿鞠躬车马前。

好一派桃花当季的美景，好一句"酒醉还来花下眠"，这便是一代风流才子唐寅的作品之一《桃花庵歌》。

我们对唐寅的认识大多是从《唐寅点秋香》而来。风流倜傥、放荡不羁无外乎是世人赋予他的代名词。但事实上，唐寅也是一个拥有各种辛酸故事的悲剧人物，他甚至曾经被牵连进科举案。

现在就让我们一起翻开历史来看看唐寅的心酸经历吧。

唐寅（1470~1523年），字伯虎，一字子畏，号六如，吴县人，出生在闾门外经营小酒店的商人之家，童年时常在店里干杂活，帮助父母招待顾客。13岁那年，父亲不惜重金，为他请了一个60多岁的塾师，经过3年的闭门苦读，唐寅由老师举荐走进了府试考场，结果年仅16岁的他，初试锋芒便得中苏州头名秀才，一时誉满江南。唐寅不仅少年聪颖，能诗善文，而且从小就显露出在绘画方面的特殊才华，他师从著名画家周东村，画艺日趋精湛，几年后山水、人物、仕女、花鸟无所不工。

明孝宗弘治七年（1494年），唐寅25岁。这一年，先是家中顶梁柱、唐寅的父亲因操劳过度而去世，随后母亲因悲伤过度，撒手人寰，紧接着，唐寅的结发妻子徐氏也与世长辞，不久，幼小的儿子夭折，唐寅在不断转换的丧服中悲哭不已。

而悲伤还在继续，唐寅刚出嫁不久的妹妹，也青春早逝了。短短一年，五位至亲相继离去，风华正茂的他平添了不少白发。

弘治十一年（1498年），唐寅在祝枝山等好友鼓励下，从悲痛中振奋。这年，唐寅高中乡试第一名"解元"，他的悲痛也化解了不少，就等着来年参加会试，博取功名，也算告慰地下父母、妻子了。

弘治十二年（1499年），京城举行每三年一次的全国会试，即礼部试，又称春闱。各省的举人都可应考，考中者称为贡士，经殿试即可赐出身为进士金榜题名。徐经怀着对功名的热望，邀请唐寅同船共赴北京会试。两位年轻士人满以为此番可一展才华，名标金榜，谁料等待他们的却是一场厄运。

自古名高遭忌。此科的两位主考官，一是礼部尚书兼文渊阁大学士李东阳，一是礼部右侍郎程敏政，都是当时首屈一指的大文人。可是，自幼一帆风顺，"才高俯视侪偶"，免不了受到一些人物的嫉妒。这次，程敏政以礼部右侍郎任会试主考，更为嫉妒者所忌恨。

唐寅前一年乡试夺魁后，早已名播江南，延誉京都，担任江南乡试主考的梁储回京后，曾拿唐寅的文章给程敏政看，"敏政亦奇之"。唐寅、徐经联袂抵京后，会试前夕，两人又遍访前辈，广交名流，徐经随带书童，出手大方，引起人们的瞩目。特别是唐寅陪同徐经拜见了礼部右侍郎程敏政，而程是徐经乡试中举时的主考官，又恰恰同李东阳主持这次会试。结果受到众举子的猜忌和唐寅同乡、学友都元敬的中伤。

会试例举行三场考试，不料入试两场刚毕，流言蜚语已满京城，盛传富家子徐经贿买试题。

就在发榜前夕，"给事中（谏官）华昶弹劾程敏政鬻题"。在明代，给事中有合法的谏诤权，由言官弹劾会试主考官出卖试题，可不是小事，弘治帝震怒诏令程敏政立即停止阅卷，听候审查，他已经初选的卷子全由李东阳会同其他考官复核；徐经、唐寅即以科场舞弊的嫌疑犯关进监狱，严刑拷问。

然而，经过李东阳等的复核，程敏政选中的试卷中，却没有被指控为贿买到试题的徐经和唐寅之卷。

几番拷审，毫无所获。最后，一场轩然大狱，竟然以所谓"事出有因，查无实据"，不分青红皂白，用"各打五十大板"草草结案：主考、礼部右侍郎程敏政以"不谨"，勒令退休；诬告人给事中华昶"以言事不实"降职调外任处分

更冤枉的是，他们因为受牵连被卷入这场科举案，当查明清白时，还被皇上下旨唐寅永不得参加科举，结果，"学而优则仕"这个古时读书人的唯一出路被堵死了，满怀希望的唐伯虎成了政治斗争的牺牲品。从此，世间少了一个官老爷，多了一位浪荡才子。

这就是历史上非常著名的科场舞弊案，案情相当复杂，史料记载众说纷纭、难分真伪。但是，唐寅确属无辜、确属被牵连无疑，就这样一位才华横溢的唐寅消失了，留下的只有一个放荡不羁的唐伯虎。

◎ 历史话外音 ◎

"杜曲梨花杯上雪，灞陵芳草梦中烟。前程两袖黄金泪，公案三生白骨禅"。虽然被洗清了罪名，但这段经历无疑严重打击触动了他的内心。一个才华横溢的才子走向了另一条路。

南闱科场案：绝塞生还吴季子

清朝顺治十四年发生了一次株连甚广的科举案，时被称为"江左三凤凰"之一的吴兆骞因仇人诬陷也卷入其中。吴梅村为此写下一段感人心魄的诗句："生男聪明慎莫喜，仓颉夜哭良有以。受患只从读书始，君不见，吴季子！"

吴兆骞生于明崇祯四年（公元1631年），字汉槎，苏州松陵人。其七世祖即孝子吴璋，叔祖吴易。吴兆骞9岁作《胆赋》，10岁写《京都赋》，少年时即声震文坛。少年的吴兆骞性情狂放。据清人笔记记载。小时候在私塾读书，见同学取下帽子，他常拿来小便。同学告诉先生，面对先生的责问他竟然回答："与其放在俗人头上，还不如拿来盛小便。"先生叹息："此子必以名大惹祸。"他曾对好友汪钝说："江东无我，卿当独秀。"从此看出小年时候的吴兆骞便是一个愤世嫉俗的怪人，史料也说他："为人简傲自负，不拘理法，不谐与俗故乡里忌之者众"。

顺治十四年（1657年）吴兆骞中举人，就在以为仕途即将开始的时候，一场意想不到灾难迎面而来。

"南闱科场案"发于当年11月，江南主考官方遒等取中的举人方章钺，系少詹事方拱乾第五子、与方章钺联宗有素，天下士子哗然，朝廷更有火上加油者，次年十一月定案，正负主考官方遒、钱开宗及十八房考官俱正法。

吴兆骞为仇人诬陷卷入其中。

翌年，兆骞赴京接受检查和复试。

在复试中，他交白卷，被革除举人名。顺治皇帝亲自定案，兆骞家产籍没入官，父母兄弟妻子一并流放宁古塔（今黑龙江省宁安县）。

关于他交白卷有两种说法，清史稿说他：因为当时殿试气氛紧张，所有的殿试举子都戴上枷锁，夹棍绳索也都准备好的，吴兆骞没有见过这样的场面，没把文章写完。还有一种说法说他负气交了白卷，这两种说法后种说法多出于清人笔记，而前种说法一般都是史料的记载，不管是哪种说法对于吴兆骞的定案是："审无情弊"。就这样一个审无情弊的案子，吴兆骞依然被责四十板，家产籍没入官，父母兄弟妻子并流宁古塔。在这次株连甚广的科举案中，满族人用杀戮的方式立威。早管不得什么"冤枉"二字了！吴兆骞的师友吴伟业写下那段感人心魄的《悲歌赠吴季子》："山非山兮水非水，生非生兮死非死。""生男聪明慎莫喜，仓颉夜哭良有以。受患只从读书始，君不见，吴季子！"他的至交好友顾贞观更是在为他送行的时候许下诺言，必定全力营救。

宁古塔的生活对于一个生活在江南，一个富裕家庭里走出来的吴兆骞不能不说是很大的考验。为了这件案子吴家已一贫如洗了，生活是异常的艰辛。他冬季只能用斧子敲凿冰块，粗粮为食。还好得到狱中好友方拱乾一家的关照，才没有饥寒交迫。顺治十八年（公元1661年），方家赎归，吴兆骞写道："寄羁臣之幽愤，写逐客之飘零。"感寓其悲凉身世。

顺治二十三年，弹指一挥间，吴兆骞终于生入雁门关，回到北京后，他一直住在徐乾学家里。后来明珠邀请他作为小儿子的老师，总算在北京也有了生计，一次因一些细故他和顾贞观闹不和，顾贞观也不辩护，明珠带他到自己的书房，当他看到："顾梁汾为吴汉槎屈膝处"几个字的时候不禁大恸，声泪俱下。正如一名叫顾忠的诗人写道："金兰尚使无良友，关塞终当老健儿"。

吴兆骞很快就返回苏州故里，并在友人、童年好友汪钝的资助下，筑屋三间。自己命名为："归来草堂"。长期的严寒生活，兆骞已不适应江南水土气候，竟然大病数月，后来病情一直没有好转，不得不赴京治疗。此后在贫困潦倒中逝于京师旅邸。时年54岁，因为家境贫寒，纳兰性德为他料理了后事。

◎ **历史话外音** ◎

吴兆骞一生留下大量讴歌祖国边陲的诗篇。"苍茫大碛旌旗引，属国壶浆夹马迎。料知寇兵鸟兽散，何须转斗摧连营"，这是现存最早关于抗击沙俄的爱国主义诗篇。二十几年的风霜，改变了一个人，也成就了一个人，当年诗词华丽的青年才俊，变成一位慷慨悲凉的关塞老人。这二十几年的边塞生活也奠定了吴兆骞在清初文学史上不可替代的地位。他的文集现仅存《秋笳集》八卷，《归来草堂尺牍》《西曹杂诗》等。他的《秋笳词》仅存三首，殊为可惜。

李振邺：他如何成为科考作弊的狂徒

顺天是京畿所在地，权贵豪门云集，每到乡试之年，走后门、拉关系屡见不鲜。

顺治皇帝对此情况也非常清楚，为警告与考试有关的人员，他下诏说："考官阅卷有弊者，杀无赦。"这次顺天乡试的考试竞争相当激烈，考生5700多人，仅录取206人。面对如此激烈的竞争，考生及其家长们都使出浑身解数，将皇帝的警告当耳边风，他们是八仙过海各显神通，有的考生和家长甚至想到通过舞弊中举。

这次顺天乡试，朝廷任命翰林院侍读曹本荣为主考官，侍讲宋之绳为副主考官，大理左右评事李振邺、张我朴、国子博士蔡元曦、行人司行人郭濬等十四人为同考官。

李振邺等人虽然是进士出身，但年轻狂妄，考虑事情很不周到，遇到有人来找他们拉关系，总是满口答应。他们这样做不全是为了得到钱财，更重要的是希望通过这种途径巴结达官贵人。为了达到目的，他们将考生家长的爵位和钱财作为录取标准，他们录取的考生全是爵位高的而且党羽多的官员的子弟，或者是家财万贯而且有名气者的弟子。发榜以后，不但田耕、邬作霖被录取为举人，而且京官三品以上子弟都榜上有名，舆论一片哗然。

而这些年轻、狂妄的考官并没有因为做了亏心事而沉默，他们还四处炫耀，明目张胆地对别人说："某某，他能考中举人完全是我的帮助。某某的文章本来是不通的，他跟我关系很好，我就让他中了副榜；某某，我虽然极力推荐，但有另外的考官不同意，这个考官的资格比我老，实在是没有办法。"他们提到的考生有几十上百人，这些话让那些本来就痛恨他们的人感到更加气愤。

李振邺更是毫无顾忌，与他通关节的考生达到25名之多。而要从5700多份考卷中找到通关节考生的试卷也是一件十分困难的事情。李振邺认为自己的秘书灵秀十分聪明能干，就用蓝笔开列了25名通关节考生的名单，命令他去寻找。尽管灵秀是尽心尽力去办，但也只找到了5名考生的试卷，其余20名考生的试卷却没有着落，因此只录取了5名考生。

考试结束后，李振邺将另外20名考生的事情忘记了。而灵秀将李振邺写给他的那份名单给同伴冯元看，冯元与李振邺原本就有矛盾，正愁找不到李振邺的把柄，就迫不及待地把这份名单收起来，想用这个作为证据来报复李振邺。

而李振邺舞弊行为远远不止这些，他简直到了疯狂的地步。《丁酉北闱大狱纪略》记载，李振邺在出任考官之前就认识一个叫张汉的人，李振邺看中张汉聪明能干，活动能力强，善于察言观色，因此让穷困潦倒的张汉寄居在自己家中。张汉估计李振邺以后可能担任顺天乡试的考官，可以依靠他来发财。这两个各自心怀鬼胎的人勾结起来，成为酒肉朋友。

当时，李振邺在京城娶了一个妾，过一段时间之后，他老婆要从老家来京城，而李振邺是一个"妻管严"，非常害怕老婆。他只好将小妾送给张汉，并让她告诉张汉帮助自己找需要舞弊的考生，张汉则可以收取中介费。张汉于是大肆在外面招揽考生，并且私吞了部分钱财。由于张汉招揽舞弊的考生人数过多，以致社会流传一种说法："今年顺天乡试很难考了，就是同考官李振邺一个人都不知道卖出去多少录取名额了。"这让李振邺非常恼火，他以为是张汉故意让他难堪，两个发生了内讧。尽管如此，张汉还是相信李振邺既然收了钱，就会帮人家录取，但让他没有想到的是，这成了李振邺报复他的好机会，李振邺却故意不录取张汉提供的通关节者。

除张汉之外，还有一个考生叫蒋文卓，也大肆揭发考官舞弊，不过他揭发的对象是另一位同考官张我朴。他为什么要揭发张我朴呢？

在这次阅卷的同考官中，郭濬是一位典型的书呆子，李振邺和张我朴根本没有把他放在眼里。张我朴与参加这次考试的一位叫蒋廷彦的考生关系不好，他早就计划好让这位蒋先生落第。而张我朴误认为郭濬准备向主考官推荐录取的考卷中有一份是蒋廷彦的，他极力阻止郭濬推荐，郭濬只好淘汰这份试卷。

这份试卷实际上不是蒋廷彦的，而是蒋文卓的。收了蒋廷彦好处费的郭濬出贡院之后，将自己为什么没有录取的详情说出来，并且还说了李振邺也故意整张汉的事情。于是，蒋廷彦、蒋文卓和张汉联合起来，要揭发李振邺、张我朴的舞弊行为，由二蒋负责编写、刻印揭发材料，张汉则假装发疯，四处散发、张贴这些揭发材料。

这些舞弊丑闻被一个叫张绣虎的光棍知道了，他认为发财的机会来了，想乘机敲诈李振邺和张我朴，威胁他们两人交1200两银子给他，否则就上告朝廷。张绣虎敲诈的事情又被吏部官员陆贻吉知道，他也是揭发材料中涉及舞弊的人员，他将这件事情告诉了刑部官员任克溥，任克溥直接向皇帝报告了这件事情。十月十六日，朝廷正式下令立案，皇帝下令抓捕所有涉案人员。

审理束之后，顺治皇帝大开杀戒，李振邺、张我朴、蔡元禧、陆贻吉、项绍芳、田耜、贺鸣效等七人被斩首，父母、兄弟、妻子、儿女等共有108人被流徙尚阳堡，家产入官。

正副主考官曹木荣、宋之绳因负有领导不力的责任，官降五级。对于写揭发材料的张汉、二薛，还有企图敲诈的张绣虎，由于他们的家属还没有被抓来，关在监狱等候处理。郭濬虽然没有被处死，但十二月在监狱病死。

接着朝廷还查处其他相关人员，办案人员四处搜查，张次先父子、孙伯龄父子、郁光伯父子、学士诸震、张恂、李倩以及张汉的哥哥张嘉等人都被逮捕，后来又派人抓了虽然通关节，但没有被录取的常熟考生赵某，湖州的两位姓沈、两位姓闵的考生，共计5名考生。

顺治皇帝没有就此罢手，他要继续查那些已经及第的考生。十一月底，顺治皇帝下令礼部召集新录取的举人进行复试。顺治十五年正月十五日，新录的200名举人前往太和殿进行复试。为了防止考生舞弊，顺治皇帝让每位考生前面都站一个手持兵器的士兵，面对这样严厉的监考和肃杀的气氛，考生们都感到胆战心惊。

有182名考生通过了复试，准许参加会试。苏洪濬、张元生、时汝身、霍于京、尤可嘉、陈守文、张国器、周根郜等8名考生文理不通，被革掉举人。接着又将礼部负责组织考试的官员董笃行、鱼飞汉、柯耸及监试御史抓起来，关进监狱。

○ 历史话外音 ○

　　科举是通往权力的门槛，给人带来的诱惑实在太大，虽有重典在前，在巨大利益的诱惑下，很快就有人忘记了血的教训。

辛卯科场案：是否属实

　　历史上鼎鼎有名的"辛卯科场案"，发生在康熙五十年时。

　　据说，此案与扬州有关："历史上的'科举'营私舞弊丑闻常有发生。康熙年间的辛卯科举案是清代三大科举案之一——中试者除苏州13人外，其余多为扬州盐商子弟，其中吴泌、程光奎等人文理不通，舆论大哗。结果涉案的两江总督噶礼、江苏巡抚张伯行被解任；副主考赵晋与同考官王曰俞、方名私受贿赂，斩立决；吴泌、程光奎等均绞监候（死刑，监禁等候再审）；主考左必蕃失察革职。"

　　事实是否真的如此？

　　康熙五十年九月初九（公元1711年10月20日），正是辛卯科举考试发榜的日子。这天，夫子庙江南贡院门前，聚集着数千人在等待看榜，不少颇有文才、小有名气的考生竟纷纷落榜，顿时，贡院门前像炸开了锅，叹息声、叫骂声、哭泣声、争辩声，交织一片……

　　康熙先看到两江总督噶礼关于学子闹事的奏折，并未在意，稍后，又接到了江苏巡抚张伯行的奏折，大吃一惊，极为震怒。

　　张伯行禀报：本届江南乡试出现大舞弊案。两江总督噶礼接受贿赂、纵容舞弊；副主考官赵晋受贿纹银十万两，出卖举人功名；阅卷官王曰俞、方名通同作弊；正主考官左必蕃知情不报。为此，江南学子大哗、民愤难平。请求皇上从速严办涉案人员，以定江南学子之心、稳定社会秩序。

　　康熙也算是自制力极强的人，他强忍愤怒，继续批阅奏折。又翻到了他安插在江南的坐探、苏州织造李煦的一封密奏：江宁学子义愤填膺，把考场匾额上的"贡院"两字涂改为"卖完"；街上贴出一副对联："左丘明双目无珠，赵子龙浑身是胆。"显然是指责正主考左必蕃对舞弊行为视而不见、听而不闻，副主考赵晋胆大妄为、贪赃枉法。他感到这事非同小可，若不严厉追究，势必影响朝廷尊严及科举制度的信誉，立即传旨：将主考官左必蕃、赵晋先行解职，接受审查，派尚书张鹏翮前往江南，会同噶礼、张伯行查处具报。

　　经过调查，张鹏翮、张伯行基本查清这起罕见的科场舞弊大案。试前，吴泌、程光奎各向赵晋行贿20万两银子，各向考官王曰俞、方名行贿10万两银子，方名素与程光奎私交颇深，这次，王曰俞、方名收了吴泌、程光奎的贿赂，乡试时就为他们大开方便之门，吴泌、程光奎竟然得以在考场中抄袭。试后，王曰俞、方名又将吴泌、程光奎的试卷呈荐给赵晋，赵晋自然加以照顾，将这二人都给予录取……

　　在案件的审理过程中，出现了一个更让张鹏翮、张伯行惊诧的线索，在审理赵晋的心腹家人轩三时，轩三供出他受赵晋指使，在某晚亲自送银子20万两给总督噶礼。再审赵晋，赵晋不得不把行贿噶礼的经过和盘托出，又审吴泌、程光奎，两人供认出他们共向噶礼行贿30万两银子的事实。全场顿时愕然。噶礼却拂袖而去。当晚，张伯行连夜写了一道言辞恳切的奏折，发往京城去了。康熙接到张伯行的奏折后，也接到了噶礼的奏折，参劾张伯行七大罪状。

　　不久，康熙传旨，解除噶礼的职务，派侍郎赫寿前来同张鹏翮共同审查噶礼受贿之事，噶礼却反咬一口，列举张伯行"不出海捕盗，办案不力"等七条罪状，要求查处。奏本上去后，果然奏效，康熙下旨，解除张伯行职务，交由张鹏翮、赫寿一并查处。

　　张鹏翮因其子与噶礼是上下级关系，当然偏袒噶礼，侍郎赫寿是满族人，也不想得罪噶礼，但两人要保住噶礼，必然要除掉张伯行这个心头之患。于是，张鹏翮、赫寿奏复康熙："噶礼劾伯行办案不力属实，张伯行劾噶礼受贿50万两银子全虚，噶礼无罪，张伯行诬奏督臣，应革职"。康熙阅奏后，认为是非不清。张鹏翮、赫寿系掩盖矛盾，不肯明断，再次下旨：命尚书穆和伦、张廷枢前往江南复审。

新任钦差穆和伦与张廷枢，到扬州后什么也没干，一头就扎进了案卷中。这两个人很清楚，如果认真办案，不但要得罪噶礼，还要得罪前任两位钦差。如果草草了结此案，江南民怨不能平息，皇帝也不会答应。商量来商量去，觉得只有想办法补上原卷的破绽，然后公开审讯一批人犯，才能维持住原判，实际上也就是保住了张鹏翮的面子。

穆和伦、张廷枢的复审结果，除将事实确凿的赵晋、王曰俞、方名等案犯处以极刑外，因与张鹏翮关系甚好，与噶礼也有私交，偏信则暗，即回奏康熙："前钦差张鹏翮、赫寿所奏属实，张伯行诬奏督臣，应当革职。"复杂的人情关系网络使张伯行命悬一线……

康熙又一次发怒了。他调来全部案卷，召集六部会审。六部、九卿会审，是清代最隆重的审案方式。自顺治朝以来，这样的大审仅有少数几次，因此消息传开，京师立刻轰动。康熙五十二年正月二十六日，康熙决定："台阁重臣害怕贪官污吏，各部言官庇护钦差大臣，此案审理已逾一年未有结果，朕只得亲自审理。现宣布最后结论：科场舞弊人员一律依法处决，不得宽怠；两江总督噶礼收受贿赂、纵容属下舞弊，即革职听参；江苏巡抚张伯行，忠贞秉正，留任原职，不日另行升赏。"

根据康熙的命令，副主考赵晋与同考官王曰俞、方名私受贿赂，斩立决；作弊者吴泌、程光奎等人文理不通，均绞监候（死刑，监禁等候再审），但目前的资料都无法证明这些嫌犯是扬州人。

◎ 历史话外音 ◎

这次科场案自上而下，死伤无数，惩罚之严酷，牵连之广，为科举制建立以来所未有，确实令人心惊胆战。忽视此案背后复杂的背景不谈，顺治皇帝之屠刀大举确实对科场舞弊者起到强大的威慑作用，此后五十年间，没有科举大案发生。

俞鸿图：如何因妻妾受腰斩极刑

都说成功男人的背后必定有贤惠的女人，然而，实际情况也不尽然。中国历史上就有成功男人背后站着最不贤惠女人的案例。正是由于妻妾的贪贿舞弊，使得自己被处以腰斩极刑，成为中国历史上最后一位受此极刑的人，这人便是在清朝康熙、雍正两朝为官的俞鸿图。

俞鸿图到底是怎样被妻妾害至受腰斩极刑的呢？

俞鸿图（？—1734年），字麟一，浙江海盐人。

雍正十年五月，俞鸿图以翰林侍讲学士被皇上钦点河南学政。学政任期为3年，照例要巡回各府举行"院试"，确定秀才人选。

俞鸿图曾因雍正五年以编修出任江西乡试副主考时，被人告发收受举人的牌坊银。幸好皇帝认为牌坊银不能算赃银，只给了个革职留用的处分，不久便复职了。所以这次俞鸿图特别小心，唯恐又出事。于是，每到一府，俞鸿图就下令紧锁试院，将其手下仆人分为内外两班，严令各人做各人的事，不许串岗，也不许擅自出入试院，意在杜绝传递之弊。

所谓"上有政策，下有对策"。

俞鸿图手下仆人中难免有狡黠、贪婪之徒，眼见着有这捞油水的好机会，岂肯放过？偏偏俞鸿图的小妾又是个极爱钱财的女人，于是主仆来个互相勾结：有专人负责代为传递考试题目的，有负责到外面联系主顾的，而俞夫人和小妾就负责收银子。

有钱同赚，联合作弊，忙得不亦乐乎。

为了不让俞鸿图发现作弊之事，这些人想了一个很巧妙的办法。

每当有需要传递的文章时，就贴在俞鸿图经常要换洗的衣服上。外面的仆人递进来，里面的仆人再揭下来送给应试的考生。俞鸿图一心专注于公事，哪里觉察到手下人在衣服上耍的花招呢？一次两次，俞鸿图的妻妾和仆人从中尝到甜头，更是欲罢不能，一发不可收拾。

由于泄题，以致录取一些平时一窍不通的考生。久而久之，社会上议论纷纷，都骂俞鸿图纳贿徇私。这些流言自然也传到俞鸿图的耳朵里，但他自以为清白，没有作弊，所以也不以为然，认为是些落榜生泄私愤而已。

官场险恶，俞鸿图没有意识到由于自己的大意，会带来一场横祸。与俞鸿图同朝为官的王士俊听到种种关于考试的议论后，不由动心，认为这是个出风头的好机会，搞不好还可以官升一级。于是在五月，即上疏奏言俞鸿图考试不公、贪赃舞弊，还列了不少条款。

清初对科场舞弊惩治甚严。圣旨很快传来，俞鸿图被削职审讯。

审讯之初，俞鸿图拒不承认自己已有纳贿的行为。但他家里的那些仆人们慑于天威，纷纷交代某日替谁传递某文、得银若干；某日又替某人传递某文、得银若干等。为了逃避罪责，仆人们纷纷把责任推给俞鸿图的妻妾，说都是主母的意思，他们不得不照办。作弊的考生也都一一招认考题是从俞府仆人手中购得。

这下俞鸿图有口难辩。虽说自己确实是蒙在鼓里，但妻妾与仆人作弊已是事实，银子也在自家箱子里，人赃俱在，不服也得认罪。

即日，审讯结果就被回奏皇上，说俞鸿纵容妻妾与仆役传递、收取贿赂等若干款。

雍正十二年三月，刑部拟定俞鸿图死罪。而俞鸿图的父亲户部侍郎俞兆晟也因为儿子的事，被皇帝革职严审。

据传，俞鸿图最后被执行腰斩——一种极残酷的行刑方式。当时的刽子手对腰斩犯人一向是要索取"规费"的。有了"规费"，可以砍利落些，让犯人迅速死去，少受痛苦。否则，故意让人迟迟不死，受尽折磨。

俞家犯罪人多，家里早已一片混乱，事先又未得消息，自然没有"规费"给刽子手。行刑当日，刽子手毫不留情。俞鸿图被砍成两段后，上身在地上滚来滚去，痛得死去活来，神智却还清醒。他用手蘸自己的血在地上连写了七个"惨"字，其求生不能、求死不得之状，令人目不忍睹。邹士恒向雍正帝报告了这一惨状后，雍正帝下令封刀，腰斩自此废除。

相信在俞鸿图生命的最后一刻，他的内心一定充满了悔恨和冤屈，可惜随着监斩官的一声令下，一切都无法追悔。

◎ 历史话外音 ◎

失败男人的背后也许正站着一个自私愚蠢的女人。可知，为人不仅要独善其身，更要懂得齐家治家。否则，家里出现了一颗"老鼠屎"，可能就会坏了一锅粥。

柏葰案：一失足成千古恨

中国历史上因科场舞弊案被处死的最高级别的官员，出现在清朝。

这个倒霉蛋叫柏葰。柏葰（？~1859年），原名松葰（道光十年改为柏葰），字静涛，巴鲁特氏，蒙古正蓝旗人。柏葰出生于北京，自小聪明好学，道光六年（1826年）考中进士，授庶吉士。柏葰一生仕途顺畅，曾任工部、刑部侍郎、正黄旗汉军副都统等职，为官清廉。

柏葰的这个"葰"字很有意思，据说他原来叫松俊，他是蒙古族人，由于案发之后，就在他这个俊字上加了一个草字头，按照古时候的说法，这些被处以极刑的人犯，往往要被官方把他们的名字改一改，或者加个三点水，或者加个草字头，意味这些人都属于那种山泽草寇之流，所以这个柏葰的"葰"字我们很少见到。

1858年，咸丰皇帝在位的时候，按照传统科举制度，要举行乡试。时年63岁的柏葰被任命为此次考试的主考官。此时柏葰出任文渊阁大学士，官高位显的他当然是做梦也想不到，死神正向他逼近。

在清朝，八旗子弟登台演戏是被清制所严令禁止的，而这一年乡试榜上却有一位名叫平龄的镶白旗满洲人名列第七名，而这个平龄恰恰是一位经常登台表演的名伶，且为多人所熟识。

这件事情一下被沸沸扬扬传开了，人们都议论说平龄这个人只是个戏子，他怎么能够中举。不久就有人将此事上奏了朝廷。咸丰帝颇为重视，命怡亲王载垣、郑亲王端华等认真查办此案。结果发现平龄的问题倒不是很大，只不过是有些错别字，柏葰等考官又误以为错别字是誊写所致（为了防止作弊，考生的试卷不直接与考官见面，考官看到的卷子是专人抄写的），认为考生"颇有才气"，故录为举人。按说这样的失误，柏葰最多也就因为"失查"，背个小处分。平龄呢，本来处理结果是多年不许再参加考试。但未及结案，便死在了狱中。

但真正的问题还在后头，载垣及其幕后同党肃顺与柏葰是政治上的对手，他们当然不会错过这个对柏葰穷追猛打的机会。这一深挖，便发现了大问题。

一是50多份试卷存在或大或小的问题。二是柏葰真的参与了另一起弊案。参加这次考试的广东肇庆人罗鸿绎，委托同乡兵部官员李鹤龄帮忙。李鹤龄先交代罗鸿绎在试卷中做了记号，约定头篇文末用"也夫"，二篇文末用"而已矣"，三篇文末用"岂不惜哉"，诗末用"帝泽"。然后李鹤龄串通另一个考官浦安根据记号找到了罗鸿绎的试卷。浦安又通过柏葰的家丁靳祥给柏葰说情，柏葰最终没有经得住人情关的考验，录罗鸿绎为举人。事后，柏葰仅得到了16两银子的酬谢。或许柏葰帮浦安的忙，本来就没想要在经济上得到好处，而是碍于官场人情，给同事面子。按照潜规则，或远或近的将来，同事也定会以适当的方式还他人情。当然，这些人情，都是拿平民老百姓的利益做交易。

案情真相大白后，咸丰皇帝很生气，后果很严重。浦安、李鹤龄、罗鸿绎与柏葰等判处死刑，立即执行。清朝的惯例，一品大臣，一般不会被处死，而是在人犯到刑场之后，由皇帝下旨特赦，改死刑为流放。柏葰以为故事会重演，还嘱咐家人准备好行李，随时准备动身。但他到刑场之后，发现监斩的官员都戴上了墨镜，因为这些官员都与柏葰有或深或浅的交情，戴上眼镜表示"惨不忍睹"。柏葰这才明白，自己难逃一死。

咸丰皇帝最终决定要对柏葰这个一品大员、大学士处以斩刑，把与他有关的罗鸿绎、李鹤龄、浦安三个人一同处斩。据说在宣布这个皇帝旨意时，咸丰皇帝还是很不情愿的，在这个谕旨当中，写下了这样的几句话：情虽可原，法难宽宥，言念及此，不禁垂泣。也就是咸丰不得已斩杀这个两朝的老臣，他都禁不住掉眼泪。

后来，一声令下，四人人头落地。柏葰临死前，大骂不止，诅咒对手肃顺不得好死。而历史就是这样凑巧，柏葰一语成谶，两年之后，肃顺恰恰也是在菜市口问斩。

◎ 历史话外音 ◎

柏葰之死，固然有政治斗争的因素掺杂其中，但也不是冤案，确系事实清楚，证据确凿。可见，统治集团内部的政治斗争，有时候也不完全是一件坏事。

周福清案：糊涂一时，后悔一世

提及周福清，想必知者甚少，但提起鲁迅的祖父，想必是妇孺皆知。

几乎所有介绍鲁迅先生生平的资料，都说鲁迅出生在一个殷实之家，少年时家里发生了一场变故而使家道败落。而这场"变故"，我们一定想象不到，指的就鲁迅祖父周福清所犯的科场案。科场案到底是怎样的一个案件？为什么会使一个殷实之家迅速败落呢？

让我们一起来探索一下此案的来龙去脉。

周福清，生于1838年，丁卯年（1867年）中举，同治十年（1871年）中进士，被钦点为翰林院庶吉士，后来又做了金溪知县、内阁中书。可以说，周福清使周氏这个农耕家族跃入仕途，创造了最大的辉煌。

1894年秋天，浙江举行乡试。周福清的儿子，也就是鲁迅的父亲周伯宜，虽然以前屡试不第，但这次仍然准备再考。另外还有周家的五户亲友，也均有人应试。他们打探到主考官殷如璋是周福清的同榜进士，便凑了银钱一万两，恳求他去贿赂考官，以求中举。

这可是冒风险的事情。虽然买举人一说，传得沸沸扬扬，但毕竟是朝廷严禁的违法事情，一旦败露，有性命之忧。但最后，周福清还是选择了铤而走险。为什么呢？

周进士基于如下几方面的考虑：其一，根据儿子眼下的实力，考取举人无望，非采取这种手段不可；其二，自己久居京城，人头很熟，有把握扣开殷如璋这个人的贪欲之门；其三，一切银两都由上面五家秀才负担，自己分文不出，就能连带解决儿子的举业问题，事后还有丰厚的回报，颇为值得。这三项足于使一个头脑清醒的人，做出蠢事来。

于是，他给殷如璋书写亲笔信一封，内附银票一万两。

当时考官出京，为防舞弊，不准会见亲友，不准外出拜客，不准收发信件。到地方后，更要处处受到考试监督官的监督。周福清想，京官南下赴杭，必取道苏州，思忖再三，于8月31日带仆人陶阿顺到苏州专候。9月7日，殷如璋的船只抵达苏州，停泊在阊门码头。

事到临头，周福清胆怯起来，这事毕竟成功了获利丰厚，失败后是要掉脑袋的。他犹疑不决，最后决定先派仆人陶阿顺先去投石问路。

他差陶阿顺雇小船，设法靠近殷的官船，将信送上。恰巧副主考周锡恩在主考船上聊天，殷接信后，不便拆阅，搁于茶几，仍与副主考叙谈。也该出事，素来办事精明的仆人陶阿顺，唯恐银票有闪失，高声嚷道："信里有万两银票，怎么不给一张回条？"殷为示清白，将信交周锡恩启阅。

在众目睽睽之下，周福清贿考事实，全部败露。殷如璋义愤填膺，叫苏州知府王仁堪派人将陶阿顺拿下，一切书函证据，移交苏州府，由苏州府审理。陶阿顺当即供出自己是受周福清指使的。王知府把这一案件迅速上报朝廷。

再说周福清，他见陶阿顺送信一去不回，便知道事情不妙，吓得生了病，逃到了上海。但是逃得了和尚逃不了庙，他是个极其恋家的人，为了避免牵累亲朋和家人，不久，就去衙门投案自首了。

坦白交代中，周福清把一切罪过揽在自己身上。他说，在去北京探亲路上，途经上海，一时起意，而独身去苏州打通关节，有关人员都不知情。至于那一万元的银票，也只是随意写的一纸空票，钱庄中是兑不到白银的。他想到，那几家家道殷实，事成后是不愁付不出这笔费用的。

虽然浙江一些官员以周福清"一时糊涂，闻拿畏罪，自行赴县投首"等理由，尽量为其减轻罪责，但光绪坚持对周福清施以重刑，很快就下了一道谕旨："周福清着改斩监候，秋后处决，以肃法纪而儆效尤。"

周福清回到家中，儿子周用吉已在6年前忧愤中病故了，家中孤儿寡母，家景衰落，周福清在一个日渐困顿的家中度过了凄凉的晚年，三年后，病逝。

◎ 历史话外音 ◎

有人说金钱"危可使安，死可使活，贵可使贱，生可使杀"。周福清之所以会干出这样的糊涂事，也是因为他的望子成龙之心太切。为了儿子的前途，便忘记了法律，忘记了道德。也许，他是过于相信金钱的力量。

第八章

文字狱悲案

——古代知识分子挥之不去的梦魇

焚书坑儒：秦始皇所坑何人

历来"焚书坑儒"，一直被作为秦始皇残酷暴戾的证据，他也被后世天下学人唾骂了两千多年，焚书坑儒对中国文化来说，影响可谓深远，很直接地摧残了中国的文化，压制了人们的思想。

在这所谓的"焚书坑儒"中，秦始皇坑的真的是儒生吗？或者是另一些人所说的，秦始皇坑的是一些江湖术士。那么，这些被秦始皇活埋的到底是什么人？

公元前219年，秦始皇称帝后，力求长生不老，就派了几千童男童女去寻求丹药，却不料，这几千人竟一去不返。秦始皇不但没派人寻找他们，还继续派人寻找不老丹药。其中便有侯生、卢生两人。

由于秦始皇建政后，视天下为刍狗，荒淫暴虐，民不聊生。特别是"焚书"事件，引起了读书人的强烈不满。

侯生、卢生两个人私下议论说："始皇为人，天性刚愎自用，灭诸侯，并天下，意得欲从，于是便自以为自古以来的圣贤谁也比不上他。他高高在上，听不到批评之声，日益骄横；官员们为了讨好他，只能战战兢兢地说谎欺瞒。法律规定，方士之术不灵就要被处死。如今方士三百人，都是因为畏惧而献谀，谁也不敢指出始皇之过，天下之事无论大小皆取决于皇帝，他竟以秤来称量大臣们的上疏，大臣们呈上的疏奏（竹简）每天不足一百二十斤，谁也不能休息。像这样贪揽权势的人，我们不能为他求长生不死之药。"

于是，二人相约而逃。

秦始皇听说侯生和卢生逃跑了，勃然大怒，说："我对待卢生这些人不薄，赏赐甚厚，而他们居然在背后诽谤我，说我缺德。我曾派人去问这些在咸阳的儒生，有人告诉我，他们中有人妖言惑众，扰乱老百姓的思想。"于是，始皇命有关部门逮捕了一些散布"妖言"的读书人。这些人在严刑拷打之下，互相检举揭发，共"咬"出了460多个诽谤过秦始皇的儒生。秦始皇一声令下，这460多个儒生遂被活埋于咸阳。

这就是发生于公元前212年震动后世的"坑儒"事件。

那么所坑者到底是不是"儒"呢？

侯生与卢生本是受秦始皇之命寻仙求药的方术之士，并不能算是纯粹的儒生。他们的逃跑，也是怕自己找不到仙药被追究，而他们评论秦始皇的话，却无不中的。嬴政由他二人的逃跑，而迁怒于咸阳的读书人，竟一口气活埋了460多人。

因此有人说，事情的起因是方士设骗，并且在诽谤秦始皇后逃亡，秦始皇迁怒于其他方士是正常的，所以被杀的当然也是方士。

据说"坑儒"一说最早是出现在西汉时期，那时秦始皇已经死了一百多年。所以许多人便开始替秦始皇翻案。如章太炎、顾颉刚等人，认为秦始皇并没有坑过儒，他坑的其实是"方士"。

但另一些史实却表明：首先，秦始皇坑的是诸生中犯禁者460人，这些人犯了什么"禁"？其实就是禁书禁令中的"偶语《诗》《书》者弃市，以古非今者族"等，这分明指的是儒生；其次是从扶苏劝他父亲的话中我们可以看到：诸生皆诵法孔子，今上皆重法绳之。"诵法孔子"指的当然是儒士了。

"儒生方士"，儒生当然可以兼事方术，而方士更可能兼事儒术，两者截然不可分开。像导火者侯生、卢生，他们肯定是方士，但他们指责秦始皇的语气，分明是一副儒者口吻，所以我们也可以称之为"坑士"。

当然，也有可能是因为秦始皇喜鬼神之事，派人到处求仙药，于是有一些儒生便投其所好，摇身一变成为方术之士，借此博取荣华富贵。秦始皇坑掉的"诸生"中，很可能包括许多方士化的儒生，所以司马迁才说秦始皇"焚诗书，坑术士"。不管怎么说，当时的方术之士大多数也是些读书人，可算是准儒生。

如果说秦始皇坑杀的都是些装神弄鬼、招摇撞骗的方术之士，这个事件对儒生们的打击可能不会那么沉重，所造成的社会影响恐怕也不会那么恶劣。事实是，"焚书坑儒"事件之后，儒生们纷纷站到了秦始皇的对立面，有的甚至公开参加了反秦起义军。

有趣的是，"坑儒"的肇事者侯生、卢生却没有在这场坑儒活动中被杀害。据说后来侯生被抓到了，秦始皇要处他车裂之刑，侯生慷慨陈词，历数秦始皇奢侈殃民的罪过，秦始皇听后漠然，竟放了他。而事实究竟是什么，我们也无从得知了。

秦始皇虽意在维护统一的集权政治，进一步排除不同的政治思想和见解，但却未收到预期的效果，这样的手段太过激烈与残酷，无法从根蒂统一人们的思想，反而加速了秦始皇梦想要的"传至万世"基业的破灭。

◎历史话外音◎

"坑灰未冷山东乱"，这场文化浩劫直接摧毁了秦始皇要建立"万世帝国"的梦想。唐代诗人司空图曾喟然长叹："秦坑儒也，儒坑秦也？"这真是一个莫大的讽刺。

乌台诗案：文豪苏轼为何被捕

汉朝的时候，御史台常植柏树，柏树上常常栖息着乌鸦，所以人们常称御史台为"柏台"或"乌台"，而戏指御史们都是"乌鸦嘴"。宋代著名文学家苏轼因写诗获罪，此案由御史台一手操办，所以人们把这一冤案称为"乌台诗案"。

苏轼（1037~1101年），字子瞻，号东坡居士，北宋文学家，诗人，书画家，四川眉山人。家教良好，其为文汪洋恣肆，诗词清新豪健，奔放灵动，逸态横生，才思四溢，被尊称为豪放派的代表，在书画与学术上也有较高的造诣。

有人说苏轼是一个时运不济的天才，他刚进入仕途不久，就被卷入了一个巨大的政治旋涡。

以神宗、王安石为首的政治实权集团，提倡改革，实施新政；而以司马光为首的一批元老旧臣，坚持反对改革，抵制新法。苏轼却坚定地站在了司马光一边。

熙宁三年，苏轼写了《上神宗皇帝》书，公开反对变法，接着写了"再论"和"三论"，开始注定了他坎坷的一生，颠沛流离的命运。

熙宁四年（1071年），苏轼被贬为杭州通判，接着转任密州、徐州，元丰二年（1079年），他被调任为湖州太守。之后，他写了一份《湖州谢上表》，有以下内容："……知其愚不适时，难以追陪新进，察其老不生事，或能牧养小民……"意思是说：您知道我愚老不能适应新形势，不能去追陪那些新进者，但您又觉得我虽年老却不爱生事，就派我去管管那些小民。

这份《谢上表》被王安石等人拿去仔细阅读，他们当然听得懂苏轼的"弦外之音"，御史中丞李定、舒亶、何正臣等人摘取苏轼《湖州谢上表》中语句和此前所作诗句，以谤讪新政的罪名逮捕了苏轼，在神宗的默许下，苏轼被抓进乌台，一关就是四个月，每天被逼要交代他以前写的诗的由来和词句中典故的出处。

开始，苏轼只承认《山前绝句》等诗反映了一些民间疾苦，但绝无冤谤之心。后来，在被审讯折磨后，他身心疲惫，于是对这些被指控的"罪诗"，一一作出违心的解释。

让我们一起来读读《山前绝句》这首诗和苏轼被逼招供的"供词"：

《山村绝句》第二首云：

老翁七十自腰镰，惭愧春山笋厥甜。
岂是闻韶解忘味，迩来三月食无盐。

苏轼的供词是："此诗意言山中之人饥贫无食，虽老犹自采笋蕨充饥，时盐法峻急，僻远之人，无盐食用，动经数月……以饥盐法太急也。"

此诗表现出的忧国忧民，但由于有心人等刻意挑剔，苏轼的文字罪就在所难免了。同样的"罪诗"还有很多，若细细去品读，便会发现中国的文字罗网是何等残酷，而中国文人在文字罗网的挣扎又是多么无力与可笑。

苏轼被捕后生死未卜，一日数惊。在等待最后判决的时候，其子苏迈每天都去监狱给他送饭。由于父子不能见面，所以早在暗中约好：平时只送蔬菜和肉食，如果有什么坏消息，就改送鱼，以便心里早作准备。一日，苏迈因银钱用尽，需出京去借，便将为苏轼送饭一事委托一位亲戚代劳，却忘记告诉其与父暗中约定之事。这一天，这个亲戚正好得到了一批腌鱼，就在饭里给苏轼送了鱼。苏轼见鱼大惊，以为自己凶多吉少，便以极度悲伤之心，为弟苏辙写下诀别诗两首，请狱卒转交给弟弟苏辙。

其中一首写道：

圣主如天万物春，小臣愚暗自亡身。
百年未满先偿债，十口无归更累人。
是处青山可埋骨，他年夜雨独伤神。
与君世世为兄弟，更结来生未了因。

这两首诗很快就传到了神宗手上，据说，神宗读了诗，动了慈悲之心，为苏轼的才华所折服，而那些想置苏轼于死地的人，再罗织罪名，也就无济于事了。

仁宗太后在临终时对神宗说，"苏氏兄弟选中进士，先皇非常高兴，说他为子孙找到两位相才。如今，他们不但没有受重用，还被小人陷害，苏轼无非是作了几首小诗，发了一点牢骚，这是文人的习性，你可不能冤枉无辜啊，否则先皇在天之灵也不会安心的。"

神宗听后很感动，为遵从仁宗太后的遗嘱，他决心放了苏轼。

此案历经四个月，虽最后苏轼没有蒙冤死去，但此案发生期间牵连了一大批官员，他们大多都遭贬或罚铜。这是苏轼一生中影响最大的一次，是一场名副其实的文字狱。

◎历史话外音◎

诗案是苏轼一生的转折点，苏轼由当初的"奋厉有当世志""致君尧舜"，转变为"聊从造物游"的艺术人生。

血腥文字风：朱元璋为何大兴文字狱

朱元璋洪武年间，接连不断地出现了文字狱。

很多人的文章"一不小心"就出了问题，因为朱元璋常常怀疑他们在文章中讥讪自己。文字狱的血腥味，使大批文人学士吓得胆战心惊。

为什么无声的文字会这样被撒上血腥色彩？

为什么朱元璋要大兴文字狱？

王枫先生在《朱元璋的敏感》中写道："朱元璋大兴文字狱、删节《孟子》，源于他的文化自卑，这是不错的。朱皇帝出身卑贱，文化功底很浅，他怕自己被饱读诗书的文人们算计了。打江山时，为了笼络人才，暂可容忍一二；待天下平定，这种自卑心理便膨胀起来，变成屠刀，变成文字狱。"

从历史上看来，朱元璋的文字狱，更有"创新"：自他起，"因言获罪"中的"言"不再仅指思想，而是扩大到话语的各个层面；文字狱的惩治对象，也开始超出"不同政见者"的范畴。

翻开史书笔记，朱元璋推行的文字狱真是不少，而且五花八门。

考察朱元璋屡次大兴文字狱，其规模，其严酷程度，其无中生有、疑神疑鬼的荒唐劲，都可推断出这件事对他的打击与伤害，是多么令他沮丧、物伤其类且怒不可遏：

浙江府学教授林元亮为海门卫作《谢增俸表》，内有"作则垂宪"句，诛；

北平府学训导赵伯宁为都司作《长寿表》，内有"垂子孙而作则"句，诛；

福州府学训导林伯璟为按察使作《贺冬表》，内有"仪则天下"句，诛；

桂林府学训导蒋质为布按作《正旦贺表》，内有"建中作则"句，诛；

常州府学训导蒋镇为本府作《正旦贺表》，内有"睿性生知"句，诛；

澧州学正孟清为本府作《贺冬表》，内有"圣德作则"句，诛；

陈州府学训导周冕为本州作《万寿表》，内有"寿域千秋"句，诛；

怀庆府学训导吕睿为本府作《谢赐马表》，内有"遥瞻帝扉"句，诛；

祥符县教谕贾翥为本县作《正旦贺表》，内有"取法象魏"句，诛；

台州训导林云为本府作《谢东官赐宴笺》，内有"体乾法坤，藻饰太平"句，诛；

德安府学训导吴宪为本府作《贺立太孙表》，内有"永绍亿年，天下有道，望拜青门"句，诛；

……　……

从表面看来，朱皇帝逐渐无法容忍任何谐音以及字词的联想义，但仔细琢磨则不难发现，他所敏感的，正是有可能指向他出身的这些字词的同音或近义语：盗贼，和尚。

从这点来说，贵有天下的朱元璋，终其一生，也自认为"盗贼""和尚"这两种经历是他最不愿示人的疮疤。他跟阿Q一样，他的身份焦虑，从来都是一个问题。

不仅这样，诗文中的文字狱更是令人哭笑不得。明初文坛上，高启是很受人尊敬的一位，他以散文见长，朱元璋洪武初年曾授翰林编修，修《元史》。洪武三年擢他为户部右侍郎，但高启坚决辞职，情愿回到老家教书，这下可触怒朱元璋了。高启友人魏观出任苏州知府，在当年张士诚的王府废墟上新造了苏州府衙，按时人习俗请高启写了一篇《上梁文》，内有"虎踞龙盘"等套话。魏观的仇家知道后，向上报告说魏有张士诚第二的野心。朱元璋速命御史查证，结果魏观被诛，高启腰斩，死时仅39岁。

江西丰城有个僧人名来复，洪武初年应召入京建法会。朱元璋赐膳，来复呈诗谢恩，诗云："金盘苏合来殊域，玉碗醍醐出上方。稠迭滥承上天赐，自惭无德颂陶唐。"这本是一首很好的谢恩诗，但朱元璋的理解却不是这样。"殊域"本指外国，而朱元璋把"殊"字分拆成"歹朱"，认为在骂姓朱的人。"无德"本是作者"自惭"，而朱元璋认为这是来复在骂他，于是下令赐死。

朱元璋屡兴文字狱，手段极其残忍，而且非常的荒诞，这种荒诞的行为实有其深刻的用意：唯有这种不需要任何理由、无从辩解的杀戮，才能够立威，显示出皇权的绝对性，而对朝野造成巨大的威慑。对权术的运用推到了极致。

其实，这些文字是不是真有那么严重的鄙视的意思，朱元璋心里也没底，但他总觉得所有文字的背后都有可能暗藏着数不清的挖苦、揶揄和讥讽。确有其事的，杀了活该；被冤杀的，权当是一种震慑吧。

我们可以看到，朱元璋深以他的平民出身为耻，深以他当过乞丐和和尚为耻。他的暴戾、残忍是外表，内心实际上非常的自卑，或者说心灵极度的自卑外化为极度的自大、专横，在他充满自卑的情结中，异常羡慕官员和士大夫所拥有的优越地位，因而产生强烈压制别人的暴虐意念，以求自己心理平衡。

由于朱元璋称帝后对文字的百般猜忌，往往毫无道理就胡乱杀人臣，以至于当时读书人都不愿意出来当官，一时间当朝人才凋零。

◎历史话外音◎

读懂朱元璋的自卑，或可给我们以这样的启示：不要被某些人的"强势"所迷惑，他们的"强势"也许正是他们的弱势所在，是经过包装的严重自卑。其背后，一定有维护自己的私欲和地位的企图。

庄廷钺：编修一部史书，引发一场血案

一部史书的编修，竟引出一场骇人听闻的血腥大狱；一个欺世盗名、沽名钓誉的庸碌之辈，竟带来一场令人瞠目结舌的血光之灾；一个卑鄙歹毒的无耻小人，竟从中得到飞黄腾达的机缘。

究竟修史者做了哪些触怒当政者的事由？究竟弄权者如何兴风作浪、草菅人命？究竟案情是如何的令人匪夷所思？发生在清初的庄廷钺明史案将让你深深体味一场血雨腥风的屠戮。

庄廷钺（？～1655年），字子襄。浙江湖州人。他生于一个富商之家，从小聪明好学，尤其喜欢阅读历史著作，由于他忍受不了读书的辛苦，因而并没有走上十年寒窗、金榜题名的科举之路。

然后，"天有不测风云，人有旦夕祸福"，正处于美好年华二十五六岁的庄廷钺，竟染上恶疾，瞎了双眼，美好的生活突然间变得黯淡无光。

但他却未因此颓废堕落，反而决定效法先贤，著述一部史书，传诸后世。

一个偶然的机会，庄廷钺买到了明朝天启大学士朱国祯的明史遗稿。庄家为完成庄廷钺的心愿，许以重金邀请十几位儒士，将书稿整理加工，修改润色，并补上天启、崇祯二朝史料，变成了一本史书，取名为《明史辑略》，又叫《明书辑略》，最后署上自己的姓名，成为了自己的大作。

为提高书的知名度，庄廷钺还邀请前礼部侍郎李令晰写了序言，并在书的前面开列了一大批著名文人作为"参订"者，但其实很多被列进去的人根本就没有参与任何工作。

书稿完成后还没来得及刊刻印行，庄廷钺就撒手归西了。而其父庄允城爱子深切，为告慰庄廷钺在天之灵，他刊印了一千部《明史辑略》，得意地以为儿子的名字将会流传千古，正做着黄粱美梦的时候，殊不知一场灾难已经悄无声息来到他的身边。

原来，由于时间仓促，工作马虎，《明史辑略》中存在许多清廷避讳的史实：

第一：《明史辑略》直书了明朝与后金的关系，书中直书清太祖努尔哈赤的名字、官衔，还记载了明朝大将李成梁杀死努尔哈赤父祖，收养年幼的努尔哈赤的事实；还斥骂了降清的明朝官吏；

第二：对满族人用了贬称：如"夷寇""奴酋"之类；

第三：如实记载了南明抗清的历史，记录了南明三王的即位，正朔等。

这些史实，都是清朝统治者不愿意看到的，在当时，谁写了这些，都有被抄家杀头的危险。正是这些史实，才引发了这场骇人听闻的文字狱，到底它引发了怎样的血雨腥风呢？

顺治十八年（1661年），归安知县吴之荣告发了此书，由于湖州知府陈永命接受了庄允城数千金的贿赂，拒不审理。但庄允城却不向吴之荣行贿。因而吴之荣见敲诈不成，再度告发，事情越闹越大，最后惊动朝廷中的辅政大臣鳌拜等人。

"树欲静而风不止"，尽管庄允城早已挖掉《明史辑略》中的"违碍"字眼，但真正的屠戮仍然无情地到来。

康熙元年（1662年），吴之荣赶到北京，向刑部状告庄允城撰写、刊印逆书。

康熙二年（1663年），庄允城被逮捕上京，后来不堪虐待死于狱中，庄廷钺则被掘墓开棺，尸体被悬吊在杭州城北关城墙上示众达3个月之久，后被寸磔，骨架被抛入护城河，其家人无一幸免。

除此之外，凡作序者、校阅者及刻书、卖书、藏书者均被处死，刻字工汤达甫、印刷工李祥甫，书店老板王云蛟、陆德儒惨遭屠戮。庄廷钺之弟庄廷钺也被凌迟处死，全族获罪；李令晳及其子李礽焘等4人、朱佑明及其子朱念绍、朱彦绍、朱克绍和侄子朱绎先后被斩杀，妻子徐氏吞金自尽，李令晳的幼子16岁，法司命他减供一岁，得免死充军。少年不肯，最后一并处斩；董二西当时已死，尸体被从棺材中挖出，肢解成36块，子董与沂，也被诛杀。湖州府学教授赵君宋本是告发者之一，亦以"私藏逆书久不上缴"罪名被处斩。苏州浒墅关主事李继白因买书被杀。学政胡尚衡、松江提督梁化凤、守道张武烈等人以重金行贿得免。范骧、查继佐、陆圻三人因吴三桂手下红人吴六奇之助，无罪开释。告发者吴之荣得到庄允城、朱佑明两家大量财产。

此案前后共杀死了72人，各家妇女被发配边疆的多达一百余人。

◎**历史话外音**◎

从被杀者的死法来看，杀人者简直丧心病狂，为了抹灭史实而伤害多少无辜的生命，他们如野兽一样凶残，为了巩固政权，为了降服臣民，一旦发现风吹草动，便不顾任何生命或事实用残忍的手段加以镇压，可耻又可悲。

吕留良：死后竟然被冤为"主犯"

正所谓"天下无奇不有"，居然还有这样的奇闻，清清白白地死了，结果死后竟然被立案杀害，不仅被当成主犯，而且其后人无一幸免，更让大跌眼镜的是在死后49年后惨遭开棺戮尸枭示之刑。

到底是什么样的罪会连死人都不放过？

让我们先一起来认识案子中的主人公吕留良。

吕留良（1629~1683年），明末清初杰出的学者、思想家、诗人和时文评论家、出版家。字庄生、又名光纶，字用晦，号晚村，别号耻翁、南阳布衣、吕医山人等，暮年削发为僧，名耐可，字不昧，号何求老人。浙江崇德县（今浙江省桐乡市崇福镇）人。

吕留良自幼聪慧过人，8岁就能赋诗作文。15岁时，明王朝覆亡，清廷即颁布令，对汉族人民施行高压政策，激起汉族人民的剧烈反抗，吕留良视明王朝覆亡为"天崩地解"。

吕氏一生一身傲骨，视仕途如粪土，他"散万金之家以结客，往来湖山之间，跋风涉雨，各尝艰苦"。吕留良不但用家产支援起义军，而且也曾直接参加抗清战斗左股中箭，留下终身创伤。

吕留良的著作中记载了许多清朝事迹，下笔行文毫无顾忌，尤其对康熙时政指斥颇多。吕留良死后，书稿藏于家中。

湖南靖州人曾静到州城应试，看到吕留良的部分诗文，文中力倡华夷之别，他很感兴趣，就派弟子张熙到吕留良家中求吕氏遗书。

吕葆中热情接待张熙，把先父遗书全部给了他，并向他介绍了吕留良之徒严鸿逵以及严鸿逵之徒沈在宽等人。

　　曾静、张熙、严鸿逵、沈在宽等往来密切，志趣相投，以华夷之别为思想基础，谋图反清复明。

　　当时恰值雍正抑制宗室，猜忌功臣，胤祀、胤禵和年羹尧等人先后被治罪，其党徒造作流言，攻击雍正不得人心，行将垮台。

　　曾静等人误信流言，认为反清复明时机成熟。他们听说川陕总督岳钟琪是年羹尧的部将，两次要求入京朝见雍正皆遭拒绝，对雍正又恨又怕，正暗自担心；又听说岳钟琪是岳飞的后裔，而清则是金人后裔，岳氏与清朝恰为世仇。

　　于是便策划了一番，决定借助于岳钟琪的兵力反清复明，派张熙前往游说。张熙向岳钟琪投递一封书信，上面列举了雍正的九大罪状：弑父、逼母、害兄、屠弟、贪财、好杀、酗酒、好淫、诛忠用佞。力劝岳钟琪拥兵举义，光复明室。

　　岳钟琪收到书信后大吃一惊。为了擒得主谋，他佯装赞同张熙意见，与张熙订盟起誓，同生死共患难，让张熙请出其师友辅佐起事。

　　张熙信以为真，供出曾静，岳钟琪又佯装迎请曾静，将二人送往北京，接受雍正亲审。曾静、张熙一见皇帝，才明白被岳钟琪出卖，立即伏地认罪，供出了事情的全部真相。

　　雍正传命浙江总督，查抄吕留良、严鸿逵、沈在宽等人家藏书籍，连同所有人犯一起解送京师审讯。

　　雍正亲阅吕留良书稿，研究吕留良的反清思想，认为应该就此案大造舆论，从理论上批驳华夷有别说，在意识形态领域大树特树清朝正统观念。他将已死的吕留良、吕葆中和严鸿逵戮尸，沈在宽凌迟，吕、严亲族16岁以上男子全部斩首，妇女幼童发往东北边疆为奴。

　　将此案中曾静、张熙的口供和谕旨编为《大义觉迷录》，颁发全国各地，又让曾静、张熙二人亲到浙江地区去宣讲，当众忏悔认罪，消弭反清意识，雍正宣布不杀曾静、张熙，也不许自己的子孙杀他们。表面的原因是他们认罪态度好，而实际上却是拿他们当工具使。

　　吕留良在生前是寂寞的。在他死去几十年后，终于有了一位知音——曾静，可是这位身后知音，却给吕留良及其家族带来了灭顶之灾。雍正决定开棺戮吕留良之尸，当尘封了49年之久的棺椁被打开之时，却发现吕留良肌肤完好，色泽如生，并且胸前还写有"重见天日"四个大字，面带笑容的吕留良最终给了雍正最为冷峻的一个嘲讽。

　　死后成为罪人，古今多有，并不稀奇。稀奇的是，吕留良都死去了40年，还要被定为主犯，因而被"剖棺戮尸，并杀其二子"。

　　吕留良之所以在死后40余年，又"受极刑于身后"被"剖棺戮尸"，以致"渐不为人称道"，其源盖由于曾静的谋反案，及其后在雍正的"出奇料理"下，以吕留良为对象酿成的一桩震惊全国的文字大狱。

　　吕留良之所以会被下重罪，因为在雍正看来，吕留良作为一世大儒，其影响远大于曾静，他提出的"夷狄说""华夷辨"，尤关系到清朝统治的根基，只有对吕留良大张挞伐，才能"维持世教，彰明国法"。

　　而雍正自以为赦免曾静，并写下《大义觉迷录》公布于天下，就能澄清事实，谣言自灭，而子孙后代亦将因其坦荡诚实而尊崇他的英明。可惜，他的子民只记住了流言蜚语，而早已将这皇帝的恳切自辩忘得干干净净。他越想抹掉，却越抹越黑。而后来乾隆上位就把曾静、张熙凌迟处死，并将《大义觉迷录》荡涤殆尽销毁。他认为这样就能让父皇英灵安息。然而，天下芸芸众生怀疑毁书的唯一理由是其中透露了太多的真相。

◎历史话外音◎

　　大兴文字狱的时代，不仅禁锢了人们的思想，而且阻碍了时代的进步。这是一种文化惨案，更是一种文明悲剧。

《南山集》案：罗织罪名莫须有

清朝文字狱不断，康熙五十年（1711年），发生了震惊天下的《南山集》案。

康熙五十二年（1713年），翰林院编修戴名世因《南山集》案被处斩，其16岁以上的同族均被斩杀。受戴名世牵连的方孝标一家被斩，方氏族人，除已经出嫁的女儿外，一律充军黑龙江，其他相关人员发配到宁古塔（黑龙江省宁安县）。一桩轰动朝野历时两年的惨案至此结束。

是什么引起了这宗惨案？

且让我们一一来回看那段历史。

戴名世，安徽桐城人，与康熙同月同日生，但比皇帝大一岁，生于顺治十年（1653年）。他在古文经学方面有很高造诣，以振兴古文（即散文）改造时文（即八股文）为己任，总结古文创作从形式到内容一整套理论，为桐城派形成作出重要贡献。

戴名世对历史具有浓厚志趣，尤其留心明代的史事。他从青少年起，便接受博学名士和故明遗老的影响和熏陶。这些遗老隐士，拒绝朝廷博学鸿儒之举，誓不仕清，终日闲散山林，眷怀明朝而抱残守缺，醉酒吟诗抒发闷气。戴名世专心明朝史事，对乱党误国、孤忠效死、流离播迁、外族入主中原诸事了如指掌，明朝沦丧的悲壮激情油然而生。不过，戴名世毕竟不是明朝遗老，他只站在史学家的角度，对明朝的兴衰进行比较合乎历史的分析，其中不免夹杂着对明朝的眷恋情意。

他在中进士和担任编修以前，曾经到处网罗散失佚文，访问明朝遗老，搜罗明朝末年的逸闻轶事，尤其是南明小朝廷的史事，准备将来撰写明史之用。他的同乡方孝标，曾写书《滇黔纪闻》。书中不但记述了在云南贵州见到的山水风景，并且还根据听到的传说，记述了南明桂王朱由榔在西南抗清的事迹，书中所记年月用了永历的年号，戴名世也把它收作将来写明史的资料。

其实《南山集》并无攻击清朝的文字，仅仅是在记述明弘光帝逃亡南京事，用了"永历"的年号。当时明代已亡，清代已立，不用清帝纪年而用亡明纪年，就是大逆不道。

戴名世这个人，虽才思洋溢，驰名文坛，但很孤傲，放荡不羁，又相当直率，凡事触喉而出。这种个性，无论在文坛或政坛，都容易得罪人。另外，他出道虽然很早，但不愿参加科举，只教书糊口，直到34岁才进国子监。京城国子生涯见多识广，更磨炼了他一身傲骨。他厌恶官场的虚伪龌龊，常常借酒嘲谑讥骂，被人称作"狂生"。那些有权势的官僚都想寻机会整他一下。

俗语说，人怕出名猪怕壮。康熙四十八年（1709年），57岁的戴名世考中进士，被授以翰林院编修之职。他没做官时，没有人说《南山集》有什么问题，等他做了官，问题就出来了。

康熙五十年（1711年）十月十二日，都察院左都御史赵申乔以《南山集》发难，把他告了一状。于是掀起了一场罕见的文字狱。

赵申乔是何许人呢？原来是戴名世殿试时头名状元赵熊诏的父亲。儿子中了状元，排名在戴名世之前，老子为何还要来寻事呢？说来也不奇怪，戴名世的才学名气本来在赵熊诏之上，会试又名列榜首，士林都认为状元非戴莫属。可是殿试揭晓，金榜却被赵某占了鳌头，舆论哗然，怀疑赵申乔依官仗势从中做了手脚。赵申乔又怒又惧，决定先下手为强，于是，向皇上状告戴名世恃才狂妄，私刻文集，影响恶劣，居心叵测。

康熙帝令刑部严察审明。政治问题的罪状是无限上纲罗织升级的，书中凡是南明政权年号、事迹，流露感情的地方，都成了反清铁证，并且还牵连到《滇黔纪闻》的作者方孝标。

那时，一人犯谋逆大罪要株连九族。刑部给戴名世定的是"大逆"罪，依法凌迟。方孝标早死，应戮尸锉骨。他们的祖、父、子、孙、兄弟及伯叔父、兄弟之子，十六岁以上的都要杀头；母、女、妻妾、姐妹，子之妻妾，十五岁以下子孙、伯叔父兄弟之子配给功臣作奴婢。方苞为逆书作序，也要杀头，因李光地说情，免死。龙云鄂自首，将其妻、子发配宁古塔。编修刘岩知情不报，革职，着与其妻充军三千里。

《南山集》一案牵连数百人，可又找不出诋毁本朝的片言只句，连皇帝也认为连累太众。他不想用这么多人的鲜血染红即将来临的六十岁庆典。于是开恩将戴名世一人减刑砍头，其余皆免死罪，有的送往黑龙江，有的配入旗籍为奴。尽管如此，可是受株连得罪的人仍有几百人之多，是一次规模很大影响很广的文字狱。

《南山集》的沉冤，仍然是清朝在思想领域镇压异端的一个典型。

◎历史话外音◎

在内心的声音被完全禁锢的朝代，在严密的文网之下，广大知识分子人人自危，不敢议论朝政，不敢研究经世致用的学问，迫使知识分子走上学术和现实相脱离的道路，埋头于故纸堆里，导致思想、文化的畸形发展，形成了"万马齐喑"的局面。

钱名世案：出奇料理文字狱

钱名世案——雍正朝著名文字狱案之一，从性质上说，钱名世案不像曾、吕案那么严重，因此雍正的处理虽然同样也如曾、吕案一样"有一番出奇料理"，但却带上了恶作剧的性质，以一种独特的"精神折磨法"摧残着一代士子的精神世界，以致最终的底线彻底崩溃，对于极其重视脸面的知识分子来说，这比要他们的性命还要痛苦得多。

那是什么样的精神折磨呢？首先要先搞清其中的曲折迂回，然后再细细品味里面的阴谋火药味道。

钱名世，字亮工，江苏武进人，出身于书香门第，康熙四十二年（1703年）癸未科一甲第三名，这第三名便是所谓的探花郎。金榜题名后，受翰林院编修，后升任到翰林院侍讲学士，著有《崇雅当集》《古香亭诗集》。

有人曾说，钱名世的"名世"之名恰与戴名世的相同，而他的"亮工"之字恰与年羹尧的相同，想来与文网有缘。

没想到竟真的陷入文字引起的旋涡。

钱名世乃当时名士，文采斐然，犹善工诗文，当时官宦以及世人以得其一诗为荣，他被尊誉为"江左才子"。其才子名声虽誉满神州，然而其道德品质在当时也遭到人诟病，很多人认为他放浪形骸，行为不端，常出没于花街柳巷，更趋附谄媚权臣贵戚，为人们所不齿。他的此种行为更不容于雍正，雍正继位之初，打击朋党是他当务之急，钱名世依附年羹尧自然是雍正打击的对象。

当羹尧案发时，官府在抄年家时抄到了钱名世给年写的二首马屁诗，其一首有句曰："分陕旌旗同召伯（周之将军），从天鼓角汉将军（霍去病）。"第二首有句曰："鼎钟名铸山河誓，平藏宜立第二碑。"第一首不用解释，第二首的"平藏宜立第二碑"是指当年年羹尧曾配合一个皇子平藏，事成后给皇子立了块纪功碑，但没有给年羹尧立，钱名世意思是，按年的功劳，还可以给他立一块碑。

这些诗句其实不过是赞美一下立了大功的将军，以年羹尧当年功劳、威势，连雍正都让他三分，他给年羹尧的朱笔谕旨中不知有多少肉麻的话，如"你我是千古君臣之遇的榜样"等；《清史稿》载"羹尧才气凌厉，恃上眷遇，师出屡有功，骄纵。行文诸督抚，书官斥姓名。请发侍卫从军，使为前后导引，执鞭坠镫。入觐，令总督李维钧、巡抚范时捷跪道送迎。至京师，行绝驰道。王大臣郊迎，不为礼。在边，蒙古诸王公见必跪，额驸阿宝入谒亦如之……"

可见当年拍年羹尧马屁的不知有多少，也不知有多少人远比钱名世过分。可雍正自己，其他人都没事，独钱名世却因几句无关痛痒的诗被抓来开刀，可见雍正的有意罗织成狱。大约是钱名世的名声本就不好，抓来做了儆猴之鸡正合适吧。

雍正四年（1726年）四月二十一日有上谕，说钱名世"品行卑污……钻营不俊，以诗赠年羹尧，曲尽谄媚，至以平藏之功归之于年羹尧，谓当立一碑于圣祖平藏碑之后，悖逆已极……"。按这"悖逆已极"的罪名，钱名世大约要全家遭殃了，不料这回圣心独到，要换一种惩罚法了。不久皇帝下诏："著将钱名世革去职衔，发回原籍。朕书'名教罪人'四字，令地方官制匾额，张挂钱所居之宅。"挂块牌，当然比杀头、充军轻松多了，不过对钱名世本人，每天对着"名教罪人"这四个御赐大字，大约是生不如死吧。

何谓"名教罪人"：名教，就是名声与教化，也即古代社会对知识分子规定的礼法规范和道德标准。崇奉儒家封建礼教的古代士人也称"名教中人"。所谓"名教罪人"，即指败坏儒林道德，玷污名教声誉，为"名教中人"所不齿的士人。

钱名世不仅被"封"为"名教罪人"，在收录了385位官员所作的385首"大批判"的诗作之后，雍正还要钱名世自己出钱将这些"大批判作品"刊刻成集，并命名为《名教罪人》，让他带回家好好地学习和反省。

雍正在处理完钱名世"名教罪人"一案之后，就此借题发挥，他要让天下所有的读书人和大小臣工都明白这样一个道理：如果"获罪名教"，虽然可以腆着脸皮活下来，但在这样的处罚之下，在精神上所受的折磨是"更甚于正法而死"的。用通俗的话说，就是要让人生不如死。

在这其中，我们可以直观而清晰地感受到来自皇权的高压，以及这种高压所带来的恐惧。雍正赐钱名世"名教罪人"的金匾和《名教罪人》的诗集，无疑是在对钱名世进行强烈的精神折磨。

古代读书人多看重自己的名声和脸面，现在有皇帝亲自定性为"名教罪人"，那又怎么能在人前抬得起头来呢？于是钱名世回到常州家中，就在这般惊悚惶恐万分中，惶惶不可终日，不久就此抑郁而终，凄然地离开了人世。

◎历史话外音◎

这场案件让我们明白了，古代文字狱不仅对知识分子进行身体打击，同样，还给他们带去无限的精神压力。

查嗣庭案：独立的文字狱

雍正帝继位之初，有两个最为倚重的人物，一个是年羹尧，一个是隆科多。隆科多是康熙孝懿皇后的弟弟，一等公佟国维之子，康熙末年官至步军统领、理藩院尚书，雍正初年袭爵一等公，授吏部尚书，加太保。和年羹尧相似，隆科多也是个"招权纳贿，擅作威福"的人物，其引起雍正帝注意。办理隆科多的案时，雍正帝处处把他与年羹尧相提并论，逐步贬削他的恩荣与官爵。雍正五年（1727年）十月，隆科多因私藏玉牒（皇室宗谱）罪付审，诸王大臣合议劾隆科多犯有四十一条大罪，得旨永远圈禁，家产追补赃银，其二子也受处分。第二年，隆科多死于禁所。

与隆科多案有关的查嗣庭案结束于隆科多治罪前数月。

查嗣庭，字润木，号横浦，浙江海宁人，康熙四十五年（1706年）进士，选入翰林，经隆科多保奏授内阁大学士大夫，后又经左都御史蔡王廷保奏授礼部左侍郎。雍正四年（1726年），查嗣庭派充江西乡试正考官，被人告发试题"怨望、讽刺"。这年九月，查嗣庭刚从江西返抵京师就被捕入狱。案件尚未了结，查嗣庭病死狱中。

所谓试题"怨望、讽刺"，指《论语》题："君子不以言举人，不以人废言"；《孟子》题："山径之蹊，间介然用之而成路；为间不用，则茅塞之矣。今茅塞子心矣"。但猜忌的雍正帝进一步怀疑查嗣庭所出的《易经》第二题："正大而天地之情可见矣"，第三题："其旨远，其辞文"及《传经》第四题："百室盈止，妇子宁止"包含更隐秘的讽刺。照他的理解，是咒骂"雍正"年号的；"其旨远，其辞文"二句是暗示两道题中的"正""止"二字有呼应关系。真是了不起的附会。

后来民间也有附会，说查嗣庭所出题中"维民所止"一句（语出《礼记·大学》），"维""止"二字是把"雍""正"砍去了头。这大约是因为查嗣庭著过一部《维止录》，后世附会从这部书名产生。

案发后，查嗣庭赴赣行李、在京寓所和浙江老家都被彻底搜查。雍正帝从搜得的日记（似即《维止录》）中找出许多"极意谤讪"康熙政治的言论。如认为裁减闲散京官是翰林院的一大灾难；认为戴名世狱及康熙五十年科场案是因语言文字而杀人（按：清朝统治者从来不承认自己以语言文字杀人，即不承认有文字狱）；认为引见百官罢黜不合格者有失作贤之道；认为九卿会议是做样子，钦赐进士是例行公事，不能识拔奇才；认为殿试不完卷者黜退不取是杀一儆百、无罪而罚，等等。日记"谤讪"前朝，试题"谤讪"当今，这就是清廷所宣布的查嗣庭的两大罪状。

此外，据说《维止录》首页有这样一条记载："康熙六十一年某月日，天大雷电以风。予适乞假在寓，忽闻上大行，皇四子以即位，奇哉！"被认为是借灾异咒谤雍正帝即位，雍正帝深信天命，求"祥瑞"唯恐不多，查嗣庭竟取唱反调，有人认为这是他得祸的真正原因之一。

雍正五年（1727年）五月，案件结束，有关人犯作如下处置：

查嗣庭戮尸、枭首，子查沄（一作查潭）斩监候（另一子查克上先已病死狱中）。幼子查长棒头三人和侄子查开等二人流放三千里外；家产抄没，折银充浙江海塘工程费用；兄查嗣玉栗（官翰林侍讲）流放陕西，后来死于戍地，另一兄查慎行（官翰林编修）特许释归，不久病死。

其他牵连得罪的有：江西乡试副主考俞鸿图革职；江西巡抚汪隆降四级调用；布政使丁士一革职发往福建工程上效力。传说浙东诸家桥镇（所属府县不详）关帝庙中有当地某学究题的一副门联："荒村古庙犹留汉，野店浮桥独姓诸"，被查嗣庭采入《维止录》中，案发后殃及该学究。

不仅如此，由于汪景祺、查嗣庭都是浙江人，雍正帝进而迁怒于浙江士人，恨浙江士风不正。查嗣庭下狱的次月，即雍正四年（1726年）十月，清廷特设浙江观风整俗使，专职监视士人，整顿士风（接着东南各省相继设立观风整俗使）。作为处罚，十一月又下诏停止浙江士人乡试、会试。吏部侍郎、钱塘人沈近思上疏拥护，说汪、查等人使"越水增羞，吴山蒙耻"，条陈整顿风俗、约束士子的十条建议，雍正帝批转浙江巡抚和观风整俗使议行。雍正六年（1728年）八月，经浙江总督李卫请求，雍正帝才解除了停止乡会试的诏令，两年后又撤销了观风整俗使。

每办一案都尽量有所创造，尽量在整治风俗人心方面做文章，以扩大"战果"，这是雍正文字狱的一大特点，是世宗操纵文字狱的"高明"之处。

查嗣庭结案后数月，隆科多得祸，四十一条大罪中有一条是"保奏大逆之查嗣庭"，查嗣庭的罪状中也有"趋附隆科多"一条，这说明查嗣庭狱与隆科多有直接关系。但作为文字狱，查嗣庭狱基本上是独立的事件，不像汪景祺、钱名世二狱那样紧紧依附于惩戒朋党的政治斗争。

◎ 历史话外音 ◎

文字狱是清代对于文化发展的摧残，众多文人志士因此丧失生命。通过这一事件，也似乎能够看出皇权对于自我的保护和不可侵犯。在许多莫须有的"文字罪"后，我们可以看到皇室对自己权力和地位的巩固。

谢济世、陆生楠：孪生文字案

据说谢济生、陆生楠是一对孪生案件，两案都胎育于李绂、田文镜互参事件，但胎育期长短不齐。说起陆生楠冤案，还得从另一事件说起。

雍正有个心腹，叫田文镜，他的来历说法五花八门，总之是雍正身边的大红人。

田文镜瞧不起科甲人员，嫌他们办事缓慢。当时他是河南巡抚，稍看不顺眼的他立刻就上奏弹劾，经常一次就弹劾二三十人，因为雍正信任他，大量科甲出身的官员接二连三因田文镜的弹劾而罢官，搞得整个河南人心惶惶。

雍正四年（1726年）四月，广西巡抚李绂升任直隶总督，路过河南，田文镜循例迎送，以为读书人嘛，无非是些胆小怕事，懦弱无能之辈，便照常言行欺辱，这回田文镜遇到对手了。

李绂，字巨来，江西临川人，清康熙三十八年（1699年）进士，幼时便有神童称号，又是雍正宠臣张廷玉的门生，没有两把小刷子能以广西巡抚升任直隶总督？

李绂可不是吃素的，当时就忍不住指责田文镜不该有意侮辱天下读书人。于是田文镜便上密疏参劾李绂，说他们这些科甲出身的人在拉帮结派，搞朋党。同样，李绂一进京，就参劾田文镜并为因他而罢官的众多官员鸣冤，雍正事先收到田文镜的密疏，心中有数，对李绂的奏疏置之不理。不过还是派人往河南调查田文镜，调查的结果，并根据某些迹象，雍正反而更加怀疑李绂一伙在搞朋党，而对田文镜更加信任。

谢济世的舅舅蒋肇的门生陈学海曾参与调查田文镜，觉得雍正有意祖护田文镜，颇为不满，认为结案不公，跟谢济世说起这事。

哪知道谢济世乃血勇之人，见不得奸恶，当时才上任浙江道监察御史十来天，却也忍不住，"路见不平一声吼"，拍案而起，立即上疏参劾田文镜十宗罪。

雍正不高兴了，把奏疏退还，谢济世是个怪人，有一股迂顽之气，坚持上疏，要命的是，谢济世上疏的内容跟李绂一模一样，雍正大怒，便断定他们在搞科甲朋党，将谢济世革职拟斩。

九卿、科道会审，刑部尚书励杜讷问："谁指使你的？"谢济世答："有两个人。"问是哪两个人？答："孔子和孟子。"问为什么？答："田文镜恶名世人皆知，我谢济世自小读孔孟之书，粗识大义，见到奸恶之人，不攻击就是不忠，孔子和孟子教我的。"励杜讷大怒，下令动刑，谢济世受不了，搬出康熙皇帝的庙号来，大叫圣祖仁皇帝，听到康熙庙号，众大臣都要下跪的，谢济世熬刑不过就大叫圣祖仁皇帝，陪审的众大臣赶紧下跪，这一叫，一跪，弄得会审的场面十分滑稽。最后的结果，将李绂革职，谢济世、陆生楠革职并发配新疆阿尔泰。

怎么又把陆生楠扯进去了呢？

陆生楠先是以举人身份被选为江南吴县知县，因为在吴县做知县有政绩，雍正便召他进京汇报工作。雍正查阅他的奏折时，见他用词"倨傲诞妄"，很不高兴，之后引见，又见他"举动乖张"，问他话又默不作声，他给雍正留下了极差的印象。

当时工部正好缺一个管水利方面的官，雍正想，陆生楠既然能做好一个知县，或许有些才能，便把他留京补缺试用，让他学习办事，希望他改掉那些"毛病"。

过了不久，雍正又引见陆生楠，陆生楠依旧是那样，不卑不亢，言谈之间还让雍正觉得有抗逆的意思，平日召见臣下，哪有不奴颜婢膝、拍马奉承的？雍正大为恼火，转而又想，你陆生楠跟谢济世是老乡，李绂又做过广西巡抚，你们肯定是一伙的，搞朋党，所以才敢这样无礼，简直是无法无天了！于是把陆生楠也革职发配新疆阿尔泰。

在新疆阿尔泰充军，本来也不至于落到斩首的地步。或许是充军的日子太过无聊，也或许是才华、思想达到了一定的高度，"学益进，文益奇诡不测"。

谢济世越过程朱理学"三纲五常"的正统对《大学》进行批注；陆生楠则以提倡民主反对极

端独裁专制的超前思想写了《通鉴论》十七篇文章。

驻守阿尔泰的振武将军王锡保邀功心切，派人搜书，上报朝廷对他们两人进行参劾。雍正相当恼火，认为陆生楠罪大恶极"情无可逭"，并写了一篇冗长的谕旨，选取陆生楠的片言只语一一驳斥。

为此事，雍正还将广西在京的官员，特别是临桂四塘的监察御史陈宏谋大骂一番"你们广西边远小省，在朝廷做官的本就不多，可是竟出了谢济世、陆生楠这样的人，可见你们广西的风俗是多么的恶劣"。

雍正七年（1729年）十一月二十七日，下密诏将陆、谢两人在阿尔泰同时绑赴刑场。雍正还玩了一招厉害的，当陆生楠被斩首人头落地时，宣布免谢济世死罪。不过，陆、谢两人早已把生死置之度外，生又何欢，死又何惧？事后，有人问谢济世为何临刑时那么从容，他说："论逍遥自在，生不如死；论痛楚，病不如刑。尸解而去，何惧之有？"

◎历史话外音◎

清代文字狱不是开玩笑的，可见清代文字狱到了什么地步。正规的史书是不敢谈陆生楠的，知识分子早就毛骨悚然，哪敢轻易下笔。论述时事，野史比较大胆一点，不过也不敢留下大名。

年羹尧：文字案中案

每个朝代都有文字狱，而雍正朝的文字狱却是始自大名鼎鼎的大将年羹尧。年羹尧本是沙场上的将领，为何会卷入文字风波？据说他的这场文字狱还成了一罕见的"案中案"，许多人随后受牵连，这史实究竟是怎样的曲折迂回，让我们赶紧来揭秘吧。

年羹尧，字亮工，号双峰，原籍安徽怀远，汉军镶黄旗人。

康熙三十九年（1700年）进士，授职翰林院检讨。

年羹尧在川藏一带平叛屡建功勋，康熙末年授定西将军、兼理川陕总督，一意依附当时还是雍亲王的允禛。允禛篡位后，年羹尧备受宠信，累授川陕总督、太保、抚远大将军，爵封一等公。年羹尧又因妹妹是雍正的妃子，开始居功自傲，雍正早就想杀一儆百，只是苦于没有借口。

雍正三年（1724年）二月，出现"日月合璧，五星联珠"的天文奇观，臣僚上表称贺，雍正特别注意年羹尧的奏表，并找到了"毛病"，一是字体潦草，二是将成语"朝乾夕惕"写成了"夕惕朝乾"，此语意为终日勤慎，就是写倒了意思也不变。雍正却认为年羹尧居功貌上，心怀不轨，那些对年羹尧有怨怼的人见皇上带了头，便群起而攻之。

四月，雍正下诏解除年羹尧川陕总督职，命他交出抚远大将军印，调任杭州将军。年羹尧调职后，官员们更加看清形势，雪片似飞折告发。九月，年羹尧被押送北京会审。十二月，朝廷议政大臣向雍正提交审判结果，一共给年羹尧开列92款大罪，请求立正典刑。罪状分类：大逆罪5条，欺罔罪9条，僭越罪16条，狂悖罪13条，专擅罪6条，忌刻罪6条，残忍罪4条，贪婪罪18条，侵蚀罪15条。

雍正不忍，年羹尧虽万死不赎，但毕竟立下大功，不管怎么也要优待，就不杀全家了。年羹尧赐死，家族中任官者一律革职，子孙发遣边地充军，家产抄没入官。年大将军的辉煌人生，以三尺白绫结束，亲族、同党或斩首或流放或贬谪，凡是与他有一丝牵连的人统统受到处罚。

◎历史话外音◎

作为臣子，有功固可受宠，功盖过主便有可能获罪。故而，要有位居人后的觉悟和计划，不要随便抢了自己"老板"的功劳。岂不知树大招风，待风大树自倒，树倒便猢狲散了。

徐述夔：一柱楼诗案

徐述夔，原名赓雅，江苏扬州府东台县栟茶镇（今属如东县）人，先世世代居官。乾隆三年（1738年），徐述夔与江南长洲沈德潜等共乡试，皆中举人，交往过密，友谊甚为深厚。

徐述夔带着他的理想的思维模式和行为方式参加科举考试，但仕途被封，理想难以实现。停会试这一灾难，从思想感情上、肉体心灵上使他受到摧残。积郁多年的愤懑要得到抒发，压抑多年的情绪要得到宣泄，加之"反清复明"思想的熏陶，大快人心的反清诗句便随之产生，迅速地传出这一特定历史时期的时代新声和社会情绪。

灾难导火线是徐氏同里一仇人——蔡嘉树，先是由他与徐述夔的争斗失败告终，接着他的总管童志璘，由于早年曾想入泰州学，但被徐述夔说童志璘出身军家子，童志璘对此怀恨多年，便为蔡嘉树控告徐述夔而奔波。

童志璘赶去呈控了徐述夔所著《一柱楼诗集》。在向刘墉呈控时，他接受了蔡嘉树的教训，用了"既见此书，恐有应究之语，是以呈出"这一句能进能退的话。如果说，将来定案时，认为徐述夔的诗依律问罪，他是呈控者，有功之人；反之，徐的诗集若并无应究之处，他也不承担"诬陷"或"诬告"的法律责任。因为他讲的是"恐有应究之语"，不是"有应究之语"。刘墉随即将此事报告了乾隆。刘墉对徐述夔诗集的评价是"语多愤激"，在奏章中说："如有悖逆，即当严办，如无逆迹，亦当核销以免惑坏人心风俗。现移督抚办理。"刘墉不知乾隆对此的看法如何，所以说了个模棱两可的话，并将此事移交督、抚去办了。

乾隆接到刘墉的奏折及徐述夔诗一本，沈德潜所作徐述夔传一本后，认为徐述夔身系举人，所作诗词语多愤激，应当重治其罪，沈德潜为逆犯作传，转多赞扬，实为丧尽天良、负恩无耻。同时斥责在江苏省的两江总督及江苏巡抚"平日所司何事？"特别说到去年发生在江西的汪锡侯的"大逆之书"《字贯》案。责问他们应得何罪？要对有关县府司道各官一并参处。接着向全国各地总督、巡抚、都统发出了关于搜查徐述夔诗文的上谕，要求各地及时报告搜查情况。这样在全国范围内掀起了一股搜查徐述夔"逆书"的浪潮。

此案牵连者很多，凡涉及一柱楼诗者，一个不漏地查过去翻箱倒柜地抄家，而后才作出处分与否的决定。当时官员中受处分的有暂管两江总督高晋、署两江总督萨载、江苏巡抚杨魁。受刑罚的有江宁藩司陶易，九卿会奏为拟斩立决，乾隆改为从宽监候。扬州知府谢启昆因办理案"迟缓半月"被判"发往军台效力赎罪"。东台知县涂跃龙因"未能立即查究"处以"杖一百，徒三年"。江宁藩司衙门幕友陆琰被认为"有心消弭重案"处以死刑。原礼部尚书沈德潜这位生前多次获得乾隆特别恩宠的诗坛泰斗，撰文称徐述夔"人与文章皆可为法。"一柱楼诗案发生时他已死十年，乾隆命追夺沈德潜的一切谥典官职，撤出乡贤祠内的牌位，仆毁御赐碑文。原栟茶盐场大使姚德璘、衙门的塾师毛澄曾为徐述夔的《和陶诗》作跋，后来改名黄斌，从原籍浙江浙幕于甘肃，已入籍迪化，中了陕西的举人。他岂想到15年前的一篇平平常常短短的跋文，使他"杖一百流三千里"呢!

徐述夔的两个学生徐首发、沈成濯因"列名校对"和"听其（徐述夔）命取逆名"而被斩首。徐述夔作诗，徐怀祖刊刻流传，这是"父子相济为逆"虽然他父子二人均已病故，但"仍照大逆凌迟律，碎其尸，枭首示众，以彰国宪，而快人心。"徐述夔已死15年，厝棺在乡间，此时剖棺，他的尸体未腐，这样割下首级悬示在东台县城示众。徐怀祖死了一年多，停棺在家中，他的尸体亦完好，其首级割下在栟茶场示众。徐食田、徐食书因为是正犯之孙处以斩首。九卿议奏：徐述夔的子、孙、兄、弟、兄弟之子，年十六以上者皆斩，十五岁以下及妻妾、姊、妹，子之妻、妾付给功臣之家为奴。财产入官。仅田产一项，徐述夔家有14000亩。原告蔡嘉树，乾隆说他和徐述夔为同里，《一柱楼诗集》早已刊出，自应早已知闻，并不呈控，只因近时田产涉讼才挟嫌告发，非"实知尊君亲上"，但逆书系他告发，取保省释。蔡得了个以害人不利己的结局。

这种残酷的手段不仅打击了汉族文人的思想意识，而且严重打击了士人的人格尊严。

◎历史话外音◎

文字之狱，使读书人思想的自由空间越来越窄。只能如龚自珍所说的："避席畏闻文字狱，著书都为稻粱谋。"

第九章

变节无间道诬案

——是千古奇冤，还是盖棺定论

临阵叛变：秦始皇的异母弟弟为何投降敌国

　　长安君成，作为秦王朝的开国皇帝秦始皇的弟弟，历史上与他有关的记载并不多。相比于统一中国，建立了中国历史上第一个大一统王朝的秦始皇，他的鱼目之光实在难以与哥哥的珠玉争辉。他哥哥对中国的乃至世界的历史都产生了深远的影响，但他的一次叛变行为，却对这个"千古大帝"乃至整个帝国都产生了影响。那是一次什么叛变行为，他为什么要背叛自己的哥哥？

　　成是嬴政同父异母的弟弟，父亲为庄襄王子异（子楚），母亲是韩夫人。他比嬴政小3岁，在父亲的呵护培养下，兄弟俩一起在咸阳度过了幸福的童年。就在秦王政八年（前239年）的时候，嬴政准备发兵攻打赵国，成被任命为统帅。当时成领兵进攻赵国，本来战争的胜利已经近在咫尺，但出乎嬴政的意料，他一直信任的弟弟居然毫无前兆地在前线投敌。之后，有关成这个人物的记载便只剩下寥寥数笔，再无详情，就好像是一颗流星划过夜空一样。历史上把这件事件被称为"成之乱"。

　　《史记·秦始皇本纪》中记载道："王弟长安君成将军击赵，反，死屯留，军吏皆斩死，迁其民于临洮。"

　　后来有学者经过研究后指出，"反，死屯留"一文中之"死"字为衍字。扬宽先生据《史记·赵世家》赵悼襄王六年（即秦王政八年，前239年）的记事中提到"封长安君以饶"一文中，辨明长安君成并没有死，只是叛秦降赵后被赵国授予封地饶，也就是现在的河北饶县，被赐封号为长安君，定居在赵国。

　　关于成，《史记·春申君列传》还有这样的记载："今王使盛桥守事于韩，盛桥以其地入秦，是王不用甲，不信威，而得百里之地，王可谓能矣。"说的是秦王派盛桥出使韩国，结果盛桥不费兵甲便在韩国的扩张中取得了极大效果，秦王一直称赞他有能力。据扬宽先生考证，盛桥即是成。成出使韩国大致是在秦王嬴政五年前后，他也因为这件事获得了秦王嬴政极大的信任，开始在秦国的政治舞台上崭露头角，大发异彩。扬宽先生说："《始皇帝本纪》未载盛桥此事，或因其后盛桥反叛，前功不得记载。"后来，成降赵后被封为长安君，在赵国定居下来，在以后的历史记载中不再出现。

　　但是为什么成要背叛自己的国家向他国投诚呢？秦王也并非庸君，反而是个知人善任的人；而且成在秦国是皇室贵族，身份地位都非同一般，他为什么甘愿放弃皇族的高贵身份，反而接受他国的爵位。按照常理来说，就算成在赵国得到爵位，也不可能获得真正的实权，他不可能被安置在赵国的权力中心，不可能接触到最机密的国事，不可能抵达权力的巅峰，他最多就获得一个拿着俸禄任着闲职的爵位。相反，他还会背负千古的骂名，他到底是怎么想的呢？怎么甘愿舍弃山珍而选择鸡肋呢？

　　这得从秦国的皇族构成谈起。当时的秦国共有三位太后，当时权利最大的是华阳夫人，她既是秦孝文王的正妻，又是楚国人，身后有着楚国作为强大的后盾。另一位太后则是夏太后，夏太后即嬴政的亲祖母，庄襄王子异的身生母亲。但她是韩国人，虽然一开始就依附于华阳夫人，但她却时时刻刻记着在秦国培植自己的亲信，后来为子异选侧室夫人便是自己的娘家人，即后来的韩夫人。第三位太后就是嬴政的母亲，帝太后赵姬。当时的赵姬刚从赵国迁回秦国，根基未稳，仅有在赵国的亲信，如吕不韦、嫪毐等人。

　　当时庄襄王驾崩后，即位的嬴政被夏太后和韩夫人视为严重的威胁，她们为了巩固韩夫人之子成的势力，便努力地为成创造任何可以的立功的机会。上文所说的成出使韩国所取得的极大功绩便很有可能是在夏太后和韩夫人联合韩系外戚的下所得到的结果。因为按照当时的时间推断，出使韩国的成年仅15岁，便能不费一兵一卒地让秦国得到韩国献出的"百里之地"，这事无论在当时还是现在看来都是件不可思议的怪事。但由于当时的秦国法律规定，身为王子，如果没有功劳，是不能得到爵位官职的。为了让成能出头，韩夫人以及夏太后不得不用尽自己的办法帮助成铺平一切道路。由于成一直活在夏太后和韩夫人的保护下，并没有感觉到来自其他势力的严重威胁。但保护者的精心安排，只能照顾得了成的前半生。秦王政七年（前240年），夏太后薨。伴随夏太后的死，韩系外戚失去了中心人物，不可避免地衰落。韩夫人自己是个没什么势力的女子，夏太后在世时，她还可以联合夏太后与赵姬分庭抗礼，但如今，夏太后一死，她便失去后盾，相反，赵姬没有了夏太后的节制，又自恃是秦王的生母，加上相国吕不韦的支持，趁势排挤韩夫人和成，可以说是当然的事情。而成便失去保护伞，他的安逸的命运也因此发生了变化。为了逃避这种变化，他便选择了叛乱，期盼能在他国找到自己的保护伞。

◎历史话外音◎

成的背叛是胆小懦弱的结果，与母亲、祖母自幼的过度保护有关。他只想到了保全自己的性命，追求荣华富贵，却没想过怎么在纷繁复杂的朝廷中建立自己的势力，保全自己。他是个被宠坏的孩子，一个不懂权衡利弊的幼稚的孩子。

一死易，不死难：李陵投降匈奴的内情

在中国漫漫历史长河中，忠臣无数，奸佞亦不少。毋庸置疑，前者自然受千古景仰，后者亦会遭万世唾弃。然而，在忠奸分明的帝制时代，却有一个人虽然变节却被世人深深同情。这个人就是李陵。李陵到底是因被灭族而甘心另事他主还是兵败诈降伺机灭匈？时至今日，这桩绵延达两千多年的公案依旧是个扑朔迷离的谜。

汉武帝天汉二年（公元前99年）的秋天，贰师将军李广利受命率领三万铁骑从酒泉出发，征伐匈奴。此时的李陵正担任骑都尉，率领五千人将士在酒泉、张掖一带教习射箭之术，防备匈奴偷袭。汉武帝本来是要李陵负责李广利的后勤补给的，但李陵主动要求率领五千步卒，向北深入单于王庭，扰乱匈奴军的注意力，使匈奴军不能全力对付汉军。武帝默许了。

一个月后，李军与匈奴八万铁骑在浚稽山相遇。李陵驻军于两山之间，大有一夫当关、万夫莫开之势，连战连捷，十天内共斩杀匈奴骑兵一万余人。原本按照事先的部署是他且战且退，诱敌深入汉匈边界。到时前有李广利的援军包围匈奴军，后有路博德负责率军接应，这样能灭匈奴主力于吹灰之间。但是由于李广利妒忌李陵的军事才能，援军迟迟不到；路博德又不相信李陵能在匈奴军队最兵强马壮的时候灭掉匈奴主力，不愿尽全力作为李陵的后援；再加上部下的出卖，单于很快知道李陵是孤军深入，难有后援，便率军阻断汉军退路，把李军团团包围。被围攻的近十天的时间里，李陵率军与匈奴大战数十回合，最终因弹尽粮绝、援兵未至，兵败投降，成了史书上所说的叛徒。

但对于李陵的投降历史上有两种观点争议不休。一种观点是，在李陵弹尽粮绝、走投无路的时候，他只是被匈奴俘虏，并未投降。此时，汉朝听到消息后，便派公孙敖带领军队设法抢回李陵。但公孙敖到了匈奴后无功而返。可是公孙敖由于害怕没能完成皇上的重托而被责罚，便对皇上说，听说李陵在帮匈奴训练精兵，要攻打汉朝。汉武帝听到这个消息后，龙颜大怒，马上下令将李陵全家斩首示众。此时，身为俘虏的李陵听到父母妻儿都被斩首的消息，绝望地同意了匈奴单于的招降。

另一种观点是李陵在一开始兵败的时候就向匈奴投降了。但李陵是诈降的，一方面是为了保护那些追随他的士卒的性命，另一方面是为了潜入匈奴军营，探清匈奴军队实力的虚实、训练的特色，以备将来回到汉朝的时候能想出彻底打败匈奴军的作战方案。同时，如果汉军攻打匈奴的话，能里应外合，使匈奴军队腹背受敌，杀它个措手不及。然而，汉武帝听到李陵投降的消息后，根本就不听从其他人的意见，执意要把李陵一家斩首。当他得知家人都死了的消息后，深知自己再也回不去汉朝了，只能死心地留在了匈奴。

第二种观点的支持者所占的人数比较多，尤其是司马迁、班固等文坛上的重量级人物对李陵投降的记载和评价，让更多人对李陵的投降深表同情。班固在《汉书·苏武传》中对投降后的李陵有这么一段刻画，苏武在汉使的营救下得以回中原的时候，邀请李陵同行。此时，李陵推心置腹地告诉苏武说，他投降的目的原本是想找机会劫持单于，为朝廷效劳。却不料汉皇不了解他的心志，杀了他的老母和妻儿，绝了他的归路，令他死后亦无脸面再面对列祖列宗。就算今生有幸得以回朝也只是平添自己的耻辱罢了，情愿与苏武永别也不愿再回到故土。

事实上，李陵的投降是被多种因素所迫使，他不得不降。

一是皇帝的原因。汉武帝安排李陵给李广利当后勤补给，心高气傲的李陵如何肯给一个没实力的裙带之臣当手下？自然会自请出战。此时，武帝非但没有阻止，还同意李陵在没骑兵的情况下，和号称"马上无敌"的匈奴军交战。在李陵兵败后，武帝一心希望李陵能自杀，然而一听到他投降便在没有丝毫调查清楚的情况下，灭了李家一族，绝了李陵的后路，李陵如何能不降？

二是大臣的原因。武帝后期的朝廷已经渐入奢靡的末路，外戚当权，把持朝政。李广利能因妒忌令援军迟迟不至，路博德能因不信而不出兵救援，但二者都没受到惩罚，反而害得李陵受到公孙敖的诬陷而被灭族。殊不知，当时公孙敖所报的替匈奴训练士兵的人是李绪，是一位早年投降匈奴的汉都尉，而不是李陵。

三是李陵自身的因素。李陵是飞将军李广的孙子，李广因曾支持梁王而极不受武帝待见，使得李陵出战前就背负了一种皇帝无法原谅的原罪。再加上当时匈奴将领用已降的汉军士卒的性命要挟李陵，若他不降，便立刻将所有幸存者都杀掉。他由于放不下追随他兄弟的性命，便无法践行"吾不死，非壮士也"的诺言，便没能战死疆场，以完名节。然而他又不甘心就这么投降匈奴，自己的良心一直备受煎熬。

一死易，不死难，无论是诈降还是真降，李陵早已备受良心的折磨。尽管他的投降行为千百年来一直被人痛恨，但只因他是身降心不降，致使后人对他常怀同情之心，对他投降的内情也一直是争辩不休。

◎历史话外音◎

"不成功便成仁"的儒家伦理道德观念早已成为社会的道德规范，忠心不二，宁死不屈才是垂范千古的英雄。李陵的"留得青山在，不怕没柴烧"的思想在当今社会并不难以接受，只是在那个深受儒家伦理思想影响的时代，却只能承受千古的骂名。

金人奸细之辨：秦桧是不是奸臣

一提起秦桧，肯定会有很多人说："秦桧是一个大奸臣。"似乎打从有记忆开始，就认为秦桧是一个陷害忠良、无所不为的大奸臣。至今在杭州西湖边上还有秦桧和王氏跪在岳飞像前的雕像作为佐证。秦桧的奸臣形象早已深入人心，如今还有一种说法，秦桧不仅是一个大奸臣，而且还是金人派入南宋，企图毁灭南宋的奸细。事实真的是如此吗？

有人认为秦桧是金人所派潜入南宋的奸细。在公元1130年的时候，被俘到金国的秦桧突然逃回宋朝。按秦桧自己的说法是，此时恰逢完颜昌攻楚州，他"杀了金人监己者，弃舟而来"。反对者认为，金人对北宋的俘虏一向看管甚严，尤其是高级俘虏，如皇室宗亲、朝廷重臣。秦桧当时并不是一个无名小卒，监视他的人肯定人数不少，一个文弱书生怎么可能轻易地就杀了所有人，成功逃出？就算他真的这么幸运地杀了所以监视他的人，但从金朝国都会宁府（今黑龙江省哈尔滨市阿城区）到南宋都城临安（今杭州）路途遥远，他怎么可能没受到任何阻拦，轻易逃回呢？就算真的金国沿途不设防，那照理说，其他被俘虏的人也能同样逃回，可是回朝的就仅他一个。按照秦桧自己的说法，似乎存在着种种谜团难以解开，但如果说秦桧是金朝特意所派潜入南宋的内奸，那之前的种种不合理就迎刃而解了。

而且，秦桧到金国后做了最让宋人唾骂、不齿的事——替徽宗起草《乞和书》。一个向外族乞和的臣子，怎能保证他能保持坚贞不变的决心呢。加上秦桧逃回南宋后，由原先的主战派转投主和派阵营，不仅坚决反对出战，还协同皇帝把作战有功的岳飞以"莫须有"的罪名斩杀于风波亭。种种行径不能不让人觉得他是金国安插入南宋的一个极具威力的杀伤性武器，伺机把南宋潜在的翻盘机会消灭在襁褓中。

然而，事实真的如人们猜测的这样？秦桧真的出卖了南宋，弃明投暗？那为什么南宋的史学家没有留下任何关于秦桧为金人奸细的只言片语呢？按理说，他们是最了解这段历史的人！如李心传的《要录》中说，秦桧不是金人"奸细"，只是主和派而已。徐梦莘写的《三朝北盟会编》中也提到，前御史中丞秦桧和家属从金军占领的楚州孙村中逃归至涟水军丁祀水寨，只使用"逃归"二字。熊克写的《中兴小记》说，秦桧从敌中归来，也没说到他是"奸细"。有些人会质疑，这不过是史学家的春秋笔法，为尊者讳。秦桧不过是个丞相，作为一个臣子，他还不足以有这个能力使所有文人都不敢说他的不是之处。而且，就算文人真的惧怕他的权势，不敢直言，但可以隐晦地把这些信息隐藏在行文之间，这一向是中国文人所擅长的事。但前人的文字记载中都难以找到这方面的资料，可见，说秦桧是金人奸细不过是世人的一种猜测而已。

随着中国考古界在2006年发掘的一宋代古墓中发现了包括秦桧亲笔遗嘱在内的一批重要文物。遗嘱中，秦桧首先告诫子孙远离政治，万莫贪恋禄位，说深知自己将"获谴汗青"，"蒙羞万年"，叮嘱子孙不可为他争辩，要求子孙"庶几可得苟全性命"。

秦桧在遗嘱中表明对金议和是根据南宋"国情"分析下得出的保全家国的唯一出路。因为战争需要大量物质积累，需要"暂息兵戈勤稼穑"与民生息。事实上也是，一个国家如果没有丰厚的国库作为支持，没有强兵能将，要和一个实力比自己强很多的国家开战，不过是加速国家的灭亡，使人民更陷入水深火热之中。而且当时的朝廷内文武不和，主和主战各持一端，没能达成统一意见。朝廷都不团结统一，如何能奢望战争能取得绝对性的胜利？秦桧在遗嘱中感慨，"生逢乱世家国颠沛"，总想做点经世救国的实事，但"为实事者均不见容于当下"，深知他必将更难以见容于言官史册。

从秦桧的自白和同时代人的记录，可见秦桧并非是金国派入南宋的奸细，并没有变节投降金国。若说秦桧居安苟活，那他也不至于会被俘到金国。在公元1126年，金兵突袭汴京，北宋兵败城破后，在金人的威胁下，宋朝百官主张立张邦昌为帝，只有秦桧等少数人提出反对意见，要求皇帝只能立赵氏宗族的子弟。秦桧此举，受到了大宋国民的赞赏，但结果却被金人俘虏到金国。如果秦桧是个局安苟活的人，他从一开始顺从群臣意见，做个安逸太平的伪朝臣子不就可以了，反正谁为君对他的影响也不大。再说，秦桧回到南宋后身居宰相高职。此时的他可谓是一人之下，万人之上。他有什么必要做金国的奸细，难道金国真的成功火宋，能让他再加官晋爵？这是不可能的。难道让他做皇帝？这更不现实。如此浅显的道理，秦桧不可能想不明白，他根本没有理由出卖南宋以求自己的荣华富贵。

但秦桧却是个实实在在的奸臣，就算岳飞案是皇帝要他死，岳飞不得不死，秦桧自身也无能为力外，其他的如利用自己的职权打击和自己意见相左的主战派，扶持自己的拥护者，操纵权柄，独揽南宋军务等等行径都让他成为一个不折不扣的奸臣。

可见，秦桧是个奸臣，但却不是金人的奸细。

"青山有幸埋忠骨，白铁无辜铸佞臣"，秦桧奸臣的形象早已深入民心。千古是非功过都由后人评说，奸臣并不意味着就会变节，沦为奸细。每个人心中都有一把尺子，评定是非，评定值不值得去做。秦桧如此聪明的人，怎可能做吃力不讨好的事呢？

"水太凉，不能下"：钱谦益降清又叛清

明末清初的才子中，没有谁比钱谦益更备受争议了。这位被誉为明朝"江左三大家"之一的诗坛领袖，开创了有清一代的诗风。但在明朝将亡的时候，有一句"名言"比他的其他诗文更广为流传，至今仍传为笑柄，那便是——"水太凉，不能下"。

这是怎么一回事呢？钱谦益怎么从一个铁骨铮铮、与魏党阉臣相斗的正直汉子沦落为清朝的降臣，又怎么会降清后又叛清呢？他经历了什么，以至于被乾隆帝挖苦为"平生谈节义，两姓事君王，进退都无据，文章那有光"。同时还下令销毁他所著的《初学集》《有学集》等一百多种著作，甚至凡有他名字的序文或列名校勘的读物，都在禁止之列。

这事得从公元1645年的6月说起，清朝豫亲王多铎率清军势如破竹地逼近南京，此时，明朝崇祯皇帝自缢身亡，李自成的大顺政权也面临着败亡，尚留在南京城内的明朝大臣们，除了以死相抵或者逃命求生外，就是出降求荣了。钱谦益，这位曾经积极参与东林党人反对魏忠贤阉党的活动的士林领袖，在众人眼中一定不会苟且偷生的。而且在爱妾柳如是的劝说和支持下，他对外高调地声称自己欲效法屈原，投水自尽，誓与明朝共存亡，并率领家人至常熟尚湖。然而，从日上三竿到夕阳西下，钱谦益一直在岸上走着，连鞋都没沾湿一下。柳如是忍不住再劝他投河，他探手摸了摸湖水，说道："水太凉了，不能下。"随后便回城，并以"头皮甚痒"为由，剃了个辫子头，打开城门，主动向清军乞降。

一代爱明的仕子就这么向清军投降，使得晚明的政坛、文坛都大受震动，一时间，骂声四起。钱谦益为什么要降清呢？难道他忘却了儒家的伦理道德，还是他中了邪，明知不可为而故意为之？

事实上，钱谦益降清，主要有三个原因：除了贪生怕死之外，另一个重要的原因，就是钱谦益舍不得自己满腹才华就此埋没。钱谦益是个才子，参加科举便一举夺得一甲进士。他本人更是秉持封侯拜相的远大理想，无时无刻不盼望着自己能位极人臣、光宗耀祖。可是，在晚明仕途的三起三落都让他难以一展才华，仕途美梦终难实现。此时，恰逢清朝入主中原，是个急需人才的时代，他便期盼着自己的主动投降能赢得清朝统治者的青睐，授以重权，得以重用，使治国的抱负得以展现。而此时的清朝统治者也很适应时机地开出一系列的丰厚的条件对这些仁人志士进行招降，钱谦益难以抵受诱惑也是在所难免的事。遇到伯乐，得以重视，这是文人本质里的一种渴求，钱谦益也不例外。

学者经过对晚明历史进行考察后发现，钱谦益降清还有一个原因是出于对南京城百姓性命的考虑。如果主将誓与南京城共存亡，坚决抵抗清军的话，南京城的百姓难免得浴血奋战于烽火之中。到时生灵涂炭，死伤无数，也未必能守得住一座孤城。就算守得住，生活在孤城的百姓，自给自足是件极不现实的事。相反开城投降，免却杀戮，生灵免受涂炭，即使钱谦益自己背负千古骂名，又算得了什么呢？

为了保全性命，为了施展抱负，为了生灵免受涂炭，钱谦益向清朝政府低下了高贵的头颅。可是为什么已成变节之臣的钱谦益又不专心仕清呢？反而在投降5个月后，便向上级递交了提前退休的辞呈，参与到反清复明的行动中，再次变节呢？

事实上，钱谦益降清以后并没有得到清廷的信任和重用。顺治三年（1646年），他被授予

秘书院学士兼礼部右侍郎，充修《明史》副总编辑，而实际上，这一官职不过是清廷用来装饰门面的闲职而已。"入仕拜相"的美梦的又一次破灭使钱谦益对清廷失去了信心。加上被指大节有亏，同僚、亲友对他叛降行为的鄙视，使得他备受良心的煎熬。没有人体会到他对百姓的付出，没有人体会到他对仕途的渴求，没有人体会到他深深的后悔，他只能投向反清复明的队伍，只希望得到同伴的谅解，努力挽救自己的过错。

这从他离开清廷南归的途中所作的诗文始见端倪。他在"临觞莫怅青蛾老，两见仙人泣露盘"等诗文中不时流露出沧桑之感。所谓"两见仙人泣露盘"，就是指甲申明朝的灭亡与乙酉弘光朝的灭亡。这种发自肺腑的反思，充溢于钱谦益的作品之中。

有些人怀疑钱谦益后期诗作情感的真实性，觉得这不过是一个两度变节之臣为自己遮羞的润色致辞罢了。但专家对钱谦益的诗文比较分析后发现，相同的怀念故国，抨击清朝统治思想的诗作在钱谦益后期的作品中不仅数量多、涉及面广，而且历史久远。相比前期诗文，钱谦益在后来的作品中对自己投降清朝痛悔不已，并表明欲以实际行动进行赎罪。如"残生犹在讶经过，执手只应唤奈何。近日理头梳齿少，频年流面泪痕多"，"羡尔先知逃劫外，悔余后死羁尘中"，这都是对自己当年不能以身殉职而变节降清，深表悔恨。这些诗的沉痛悲愤，虽然不能抹去其变节投降的污点，但能表明他是真心愧悔。

◎历史话外音

"水太凉，不能下"是钱谦益变节的托词，却是他经过多次利益分析思考最终作出的决定。就其本身而言是个大污点，但对于民众而言，却不失为一件得以免受涂炭的幸事。两度变节，其人格确有缺陷，但其本质却是以民为先，这倒是不能抹灭的事实。

戊戌告密：袁世凯——戊戌变法的变节者

一提起袁世凯，估计稍了解中国近代史的人都会知道这么一位鼎鼎大名的显赫人物。在以往的教科书中，袁世凯是被定了案的反面角色。因为他出卖了光绪帝，害死了"戊戌六君子"，导致了"戊戌变法"的失败。因为他窃取了辛亥革命的胜利果实，导致中华民族在走向民主共和的路上前程茫茫。他还"尊孔"复兴帝制，倒行逆施，就连死后也要令中国大地陷入军阀混战的局面。他真的在戊戌变法时充当了罪恶的告密者，还是另有隐情？他真的背叛了光绪帝，还是别有苦衷？

袁世凯所处的时代，恰逢清朝末期，面对着列强的侵蚀，力渐不支的大清朝在光绪帝的领导下，于1898年开展了一场轰轰烈烈的新政，意图挽救国家于危难之中。因那年为农历戊戌年，后人称之为"戊戌变法"。因回光返照式变法只持续了103天，又称"百日维新"。随后，一场由慈禧太后主导的政变，在一夜间否定整个新政。光绪被囚，康有为、梁启超流亡海外等事接连发生，变化之快，让整个帝国都摸不着头脑。

清代宫廷最不乏谜团。这次新政起始与终结都以一种迅雷不及掩耳之势开展，十分突然，而其过程又一波三折，留下了重重谜团：新政期间，到底是慈禧对新政的态度起了变化，还是袁世凯的告密，出卖了光绪帝？袁世凯变节的动机到底是什么？

按照传统的说法，袁世凯的告密是"戊戌变法"失败的关键原因。慈禧政变是由于袁世凯告密而导致。究竟袁世凯怎样告密？为什么告密？至今仍然众说纷纭，留下重重疑团。

变法运动，始于戊戌年四月二十三日，以光绪帝颁布《明定国是》诏谕为标志。接着新政上谕，如雪片飞下，向各级政府频频发去。守旧派则在慈禧的默许下推宕拖延，用尽全身解数地阻挠。结果新政诏谕全成空文，帝后两党势不两立，形同水火。随后，光绪帝意识到宫廷将有变故，自己正处在危险的悬崖边上，便命维新人士先行撤离。但以康有为为首的维新派人士誓死搭救皇帝。

因此，谭嗣同夜访法华寺会见袁世凯，劝说袁世凯举兵杀荣禄，铤而走险包围颐和园，实行兵变，迫使慈禧太后交出实权。

历史上对谭嗣同夜访法华寺后的事情进展有两种不同的说法，传统说法是：袁世凯是个两面派，一面假装自己是亲帝党，假意和维新派周旋，骗得光绪帝对他升官加爵，另一面则眼见慈禧的势力根深蒂固，不愿拿自己的荣华富贵冒险，决定投靠旧党。那一夜，他用假话哄走了谭嗣同，随后便向荣禄告密，出卖光绪帝和维新派。隔日清晨，慈禧马上采取行动，临朝训政，囚禁光绪，捕拿维新派，诛杀六君子，"百日维新"遂告失败。

而另一种说法则是袁世凯是真正支持维新派的。他一开始与维新人士接触便是给强学会捐款。当时正是袁世凯作为政界新人，想要发展自己人际圈的时期，那时他便捐了500两银子。当时他对康有为变法中练兵改制的条例赞赏有嘉，有意与维新人士进一步接触，但却因被派往天津小站训练新军而不得已作罢。

因此，当时的袁世凯并没有加入强学会，而无论是"百日维新"的新政，还是康梁密谋逼宫慈禧等等事件都策划于密室中，袁世凯只是个局外人，根本不能得知详情，可见他根本就不是新党的人物。

据史料记载，后来光绪帝提拔袁世凯为侍郎，想要拉拢袁世凯的新军作为军事支持，欲与后党做最后的斗争。但光绪帝的破格提拔，以及帝党为了搭救光绪帝不断地会见袁世凯，这早已引起后党的怀疑，在帝党准备宫变之前，荣禄就已经得到慈禧的懿旨，调聂士诚部断袁军进京之路，调董福详部赴北京。此时的袁世凯早已被荣禄软禁。等到慈禧宣布训政，通缉康党，袁世凯明白帝党已经彻底失败了，便和盘托出谭嗣同夜访法华寺的政变计划，于是有了慈禧诛杀六君子于菜市口。

由上面这个资料看得出来，太后废帝训政，通缉康梁是早已在谋划中的事，无论袁世凯是否告密，扼杀戊戌变法于襁褓中的计划早已是板上钉钉的事。只是后来谭嗣同等人的被捕，确确实实与袁世凯有直接关系。

"戊戌维新"从一开始就注定了失败，因为单纯的改良变法是难以从根本上挽救的沉疴难愈、积重难返的清王朝。

有反对者坚决称袁世凯确实是"戊戌变法"的变节者，因他在《戊戌日记》中并未讳言自己告密。《戊戌日记》中说，谭嗣同再三要求袁世凯举兵杀荣禄，包围颐和园，并说："不除此老朽（指慈禧太后），国不能保。"袁世凯闻言大惊，推辞敷衍，不肯答应。文中表明袁世凯的告密是积极的、主动的。

可是《戊戌日记》存在几个疑点。第一，杀西太后是何等重大的事件，袁世凯如果是积极告密的话，应该马上向慈禧的心腹，也就是庆王奕劻告密，何必一定要跑到天津向荣禄告密呢？第二，据袁世凯说，入津拜见荣禄时，恰逢有客人来，袁世凯便辞去说明天再汇报。帝党欲叛变是何等大事，把此事多延宕一天岂不是以慈禧的性命开玩笑？即使座上有客人，袁世凯是何等精明人，如何不能把客人支走？第三，隔天荣禄回访时，据日记所说，是和盘托出围园杀太后之谋，并商量如何保全光绪，但按理荣禄应立即驰京报信，他们该保护的是慈禧并非光绪，因此袁世凯的《戊戌日记》中所谈的告密情形是不足以相信的。

◎历史话外音

袁世凯是"谋国者"，是乱世之枭雄，他本该拨乱反正、一统中华，稳居一朝之名臣排位，但历史没有给他这个机会，他具有政治智慧，也具有军事才能，但他缺乏长远的目光，把自己的路走绝了。如果他没有称帝，如果他能看清当时局势，如果他能多活几十年……很可惜，历史没有如果，因此，他败在了自己手上。

第十章

暗杀玄机政案

——弑君篡权是贪恋权位，还是别有隐情

尧舜禅让：第一次权力传递之谜

一说起唐尧虞舜，人们往往会想起他们的相继禅让。尧舜禅让给中国的远古历史添上了很多美好的想象空间。人们总觉得这是个"垂拱而治、天下清明"的时代。尤其是经过后代学者的加工润色，唐尧、虞舜的举闲禅让美谈一直盛传不衰。

据说，尧16岁就显示出了治理天下的努力，被族人推选为领袖。到86岁那年，已经年迈体衰，便聚集族人，让他们推举贤能的"接班人"，大家就推举了品德兼备的舜。尧为了对舜加以考察，就把自己的两个女儿娥皇、女英嫁给了他。因为虞舜是个重瞳的人（也就是眼睛有两个瞳仁）。人们都觉得他长相怪异。父亲和后母都对他极度不好，甚至合谋，想要害死舜。他们几次暗算舜，都被舜识破。但舜非但没有怪罪他们，反而对父母更加恭敬，对同父异母的弟弟更加关心。他用高尚的品格赢得了尧的信任，尧就把治理天下的权力交给了他，自己退居一旁养老。八年后，尧去世了，舜正式做了帝王。这就是一般历史书上所说的"尧舜禅让"的故事。人们称这种说法为"举贤说"。

但尧舜这种相继禅让被誉为美谈的行为却一直为部分人所质疑。

最早提出质疑的是荀子。荀子在《荀子·正论》中说道："夫曰尧舜禅让，是虚言也，是浅者之传，陋者之说也。"而同时代的法家代表人物韩非，非但不承认尧舜的"禅让"行为，反而说舜和禹之所以能继承帝位，是"臣弑君"的结果。他在《说疑》中这么说："舜逼尧，禹逼舜，汤放桀，武王伐纣，此四王者，人臣弑其君者也。"这并非韩非一个人的怪说，唐代的刘知几在他所著的《史通》中引《汲家琐语》说："舜放尧于平阳"，意思是说虞舜夺了唐尧的帝位后，把唐尧流放了。又说舜是给禹赶到苍梧而死的，并非传统史书上所记载的是病死的。司马贞在《史记正义》中引《竹书纪年》说："尧德衰，为舜所囚。舜囚尧，复偃塞丹朱，使父子不得相见也。"

许多名家都对尧舜禅让的行为提出了质疑，那么我国最早有关尧舜禅让的记录是在何时呢？据我国现存的史料显示，最早记有"禅让"其事的是被誉为"上古之书"的《尚书》中的《尧典》一章。除《尚书》之外，提到"尧舜禅让"的还有《论语》和《孟子》等。但多数学者经过研究后发现，《论语》中关于唐尧让帝位于虞舜的一段文字并非出自孔子之口，而是后人把散简附在书后所成的。而孟子对"禅让"这件事，态度则比较暧昧。当万章问他："尧以天下与舜，有诸？"他回答："否，天子不能以天下与人。"章又问："然则舜有天下也，孰与之？"孟子说："天与之。"他接着说道："天子能荐人于天，不能使天与之天下……昔者，尧荐舜于人，而天受之；暴之于民，而民受之……尧崩，三年之丧毕，舜避尧之子于南河之南，天下诸侯朝觐者，不之尧之子而之舜；讼狱者，不之尧之子而之舜；讴歌者，不讴歌尧之子而讴歌舜，故曰，天也，夫然后之中国，践天子位焉。"关于舜禅位于禹，他认为是天所赐予的，这个天可以理解为天神、天子，也可以理解为人民。这是孟子所运用的巧妙的语言艺术进行的解说。

后代的学者也或明朗或隐晦地表达自己对尧舜的禅让行为的怀疑。据《史记》记载，舜取得了行政管理权以后，便开始"举十六相""去四凶"，目的是为了扶植亲信，排除异己巩固自己的统治地位。所谓"举十六相"，就是虞舜把被唐尧长期排除在权力中心之外的"八恺""八元"同时启用了。所谓"去四凶"，就是把唐尧宠信的浑沌、穷奇、梼杌（传说中的一种猛兽）、饕餮，同时除掉，这样就不仅架空了唐尧，还能建立起自己的势力范围。把唐尧架空了之后，虞舜就开始软禁唐尧，不准他同儿子、亲友见面，再逼迫他让位，最后把唐尧的儿子放逐到丹水。

而虞舜同样也不是自愿禅位的，这从虞舜的死可以一见端倪。

历史记载：舜南巡，死于苍梧之野，葬于九嶷山。表面上看舜是个能体察民情的好首领，他到了晚年还到处视察。但到苍梧地区很不幸病逝了。当听到舜死的消息，他的两个妃子娥皇女英跟到苍梧，抱竹大哭，双双投水自尽。试想几千年的苍梧之地，既非政治经济中心，又非边关防敌要塞，人烟稀少，舜有必要在百岁高龄跑去那南巡吗？他能走得动？还孤身一人去南巡，没有家人照应？既然不带家眷，为什么后来两个妃子投水而死？这些都是后来的学者产生疑问。后人不禁猜想，虞舜之所以会到苍梧，要不就是武装押解，不得不往，要不就是追兵在后，盲目逃生，二者必居其一。

传了两千多年的"禅让"说，一旦被完全否定，也难令人信服。于是，有学者结合社会发展史加以考证，认为这只不过是一种寻常的部落选举的方式，后来因政治、教化的需要被后人粉饰成神圣而又光彩非凡的"禅让"罢了。"禅让"一制，众说纷纭。要解开这个谜，看来还得有更充分的论证才行。

◎历史话外音◎

虞舜的禅让一直被传为美谈，既是政治需要，亦是教化的需要。不可避免，历史会在传承的过程中被一些学者进行加工美化，他们或许是为了以史奉劝君主效仿，或许是为了以史教化民众，但总而言之，他们对形成中华民族的传统美德起了重要的作用，这点是不能否认的。

荆轲刺秦案：为何最终失败

荆轲刺秦王，是中国历史上一次颇负盛名的刺杀行动，同时也被多数人认为是最失败的一次。荆轲与秦王，近在咫尺而无侍卫在旁，一边是养尊处优的皇帝，一边是精于剑术的刺客，外加一把满是毒液的匕首，为何荆轲在这么有利的条件之下，都无法成功刺杀秦王？荆轲的失败令人百思不得其解，言者云云。

很多人将荆轲失败的原因归咎于他的助手秦舞阳。据史料记载，起初应该是荆轲捧着樊於期的人头，其助手秦舞阳捧着燕国督亢的地图，两人一同走上大殿献给秦王。然而秦舞阳临阵慌张，被侍卫呵斥，让秦王起了疑心，有所防范。而荆轲一人上殿，又增加了刺杀行动的困难，从而导致刺杀失败。

对于此，燕国太子难辞其咎，毕竟秦舞阳是他派给荆轲的。一个15岁就杀过人的囚犯，在太子丹看来竟算得上艺高人胆大，难怪后人批驳他想出了一个根本不可能成功的计划，从而加速了赵国的灭亡。

除上述说法外，更多的人认为，刺杀不成功，是荆轲自身的能力问题。荆轲在"图穷匕见"后，没能把握时机一击致命，抓着秦王的衣袖却被秦王挣脱。秦王在大殿之上绕着柱子跑，剑客出身的荆轲竟然追不上，甚至躲不开秦王的长剑，连番遭袭，最后死在了侍卫的斩杀之下。荆轲的刺杀如此狼狈，岂会不败？由此不能不质疑他自身的能力问题。也许正如当时著名剑客鲁句践所说："嗟乎，惜哉其不讲于刺剑之术也！"

即便如此，还是有人将原因推究到了太子丹的身上。太子丹在派荆轲刺杀秦王之前曾对他说："诚得劫秦王，使悉反诸侯侵地，若曹沫之与齐桓公，则大善矣；则不可，因而刺杀之。"按太子丹的意思，荆轲首先要做的是劫持秦王，逼他归还之前侵吞的各诸侯国的土地，若秦王不答应，才刺杀他。这就使荆轲在最能置秦王于死地的那一刻有所迟疑，不仅劫持不成，更错失了刺杀的先机，导致彻底的失败。

◎历史话外音◎

　　我们反对电影中以"天下"为幌子为暴秦的专制集权辩护、抹杀反抗专制暴政的英雄行为的崇高价值的立场。然而燕太子丹"至丹以荆卿为计，始速祸焉"的政治决策不能不让后人反思，就像北宋文豪苏洵在《六国论》中所写："向使三国各爱其地，齐人勿附于秦，刺客不行，良将犹在，则胜负之数，存亡之理，当与秦相较，或未易也。"

沙丘之谜：秦二世胡亥矫诏夺权

　　始皇三十七年（前210年）七月，烈日悬空，艳阳高照，大秦帝国的出巡队伍浩浩荡荡地在河北平原上行走着，庄严，肃穆，一如之前的四次出巡。谁也不敢怠慢，因为秦始皇是一个铁面无私、严酷执法的人。但谁也没想到这个千古一帝会在这里突然暴毙，结束了他的生命旅程。关于秦始皇的驾崩，史学界、医学界等经过研究探侦后发现一直存在着两种争议。

　　一种观点认为秦始皇是自然死亡。他的暴毙是由于"惊恐劳累"，加上"外伤诱发结核性脑膜炎"导致。持这种观点的人认为：小时候的秦始皇患过软骨病和气管炎，由于当时身处赵国，并没有获得很好的医治，留下了后遗症。壮年时又不幸地患上癫痫（俗称羊癫疯），时常发作。公元前218年发生了一次行刺未遂事件，使得秦始皇从此患上了惊恐症，此后便无永宁之日。为了消灾避难，也为了求取不老之药，秦始皇在臣子的奏请下于公元前210年开始第五次巡游。此次的长途跋涉终使他累倒，在返回咸阳途中癫痫发作，头部撞在座位侧边的青铜冰鉴上。于是，早年集聚于脑部的结核菌开始加剧活动，使之头痛、眩晕、发烧，加之长途跋涉的劳累使得他体质虚弱，更加重了病情。由于当时受医疗技术的限制，秦始皇不治身亡。故秦始皇死于沙丘，是多种非人为因素促成的。

　　另一种观点则认为他死于"暗杀"。郭沫若就是持这种观点的一个代表性人物。他认为秦始皇是被少子胡亥所害。其理由有：其一，秦始皇虽然头撞在青铜冰鉴后引发了脑内的结核菌活动，但不一定马上会死，大约还能坚持两三个礼拜的时间。在这段时间内，巡游队伍完全可以从沙丘走到咸阳，而不应该是秦始皇暴毙在沙丘。这便是问题的关键。其二，当时秦始皇虽然发烧，但意识还比较清楚。他亲自写木简遗诏与扶苏，"朕巡天下，祷祠名山诸神，以延寿命，不幸归途疾发。今命在旦夕，其以兵属蒙恬，与丧会咸阳而葬。"并命赵高马上把信送到上郡给公子扶苏。但无奈赵高与李斯串通，暗中把诏书改为"赐死扶苏、蒙恬"和"以兵属裨将王离"。可是，他们怕秦始皇清醒后怪罪而未敢将诏书送出时，谁知秦始皇在沙丘过了一夜便死去了。史料记载，当第二天早上赵高、李斯打开温凉车时，"看见始皇的右耳流着黑血，不知什么时候早已经硬得和石头一样了"。郭沫若认为，"这除了胡亥一人而外，连李斯、赵高都不知道"，"假如到了现代，解剖的小刀是可以发现出秦始皇的右耳里边有一条三寸长的铁钉的"，故胡亥为争夺皇位暗害了秦始皇。

　　少子胡亥联合臣子赵高、李斯杀害兄长，矫诏夺权，这在历史上已成不可否认的公案，已有大量史料加以证明。然而，秦始皇沙丘暴毙一直是史家未能解密的疑案。难道真的是少子胡亥为了夺得皇权而亲手将自己父亲置于死地？难道疯狂地追逐权力的高峰早已蒙蔽了他的人性？那么如果胡亥弑父杀兄是真的，是他一人所为，还是赵高、李斯等重臣有参与其中策划呢？

　　在秦始皇沙丘暴毙这件事中，除了少子胡亥，赵高的嫌疑是最大的。当时的赵高任中车府令一职。也就是专管宫廷乘舆车与印信、墨书的宦官头儿，并被秦始皇授命教导少子胡亥法律常识。本来第五次巡游，上卿蒙毅也在随行之列。蒙毅也就是蒙恬的亲弟弟，为皇帝的亲信，同时也是公子扶苏的支持者。可是当秦始皇在途中病重时，蒙毅却被遣"还祷山川"。史家对此进行猜测，这极有可能是赵高为了帮助胡亥夺权而耍的计谋。因为随行在秦始皇身边的蒙毅就相当于是公子扶苏安放在皇帝身边的耳目，遣走蒙毅，便等于去掉了扶苏的耳目。加上他篡改秦始皇要扶苏速回咸阳的圣旨，足见他的谋逆之心在秦始皇未死便初露端倪了。

在秦始皇死后，赵高马上说服胡亥，用权威胁、用利引诱李斯的手法，迫使李斯加入谋逆三人组，一起假造秦始皇诏书，拥立胡亥继承皇位。同时，还以秦始皇的名义指责扶苏为子不孝，指责蒙恬为臣不忠，让他们自杀，不得违抗。在得到扶苏自杀的消息以后，胡亥才命令车队日夜兼程，迅速返回咸阳。为了继续欺骗臣民，车队不取捷径，反而绕道回咸阳，摆出继续出巡的架势。但由于暑天高温，秦始皇的尸体已经腐烂发臭了。为了遮人耳目，胡亥一行命人买了许多鱼装在车上以乱其臭，迷惑大家。到了咸阳后，胡亥继位，是为秦二世。随即大封功臣赵高和李斯等人。由此可见，若说秦始皇沙丘暴毙是少子胡亥所为，那么赵高就是其中的主谋，李斯便是从犯。

◎历史话外音◎

矫诏夺权，这在中国封建社会并不少见。皇室子弟为了能得到这个天下至尊的帝位往往无所不用其极。手段不同，结果不同，但相同的一点便是他们如果成功后便会刻意地对自己的这段不堪的历史进行掩盖、美化，希望自己保留正统之名，流芳百世。但史家为了还原历史，往往会留下些只言片语暗示后人，才使历史如此扑朔迷离，没有定论。

伪"周公再世"：儒士皇帝王莽篡权之谜

"周公恐惧流言日，王莽谦恭未篡时。向使当年身便死，一生真伪有谁知"，白居易的《放言五首》一语道破了后人对王莽这个儒家皇帝的评价。王莽是中国历史上一个特殊的人物，他的一生几乎与两汉交际的许多重大历史事件都有着或多或少的联系。外戚篡位、建立新朝、改革制度以及农民起义等等扑朔迷离的历史事件递嬗发生，这些使得后世在对王莽评价的问题上产生极大的分歧。从东汉的班固开始，王莽一直是封建史学家咒骂与讥讽的对象。虽然在这漫天讨伐声中也有微弱的几个声音，似乎想从公允的角度去重新认识评价王莽，但由于缺乏足够的论证，并不能从根本上改变世人对王莽的看法。但是，从历史和经济的角度来看，王莽真的是"伪君子"和"空想主义改革家"么？如果换一个人在王莽的位置上，能不能比他做得更好？

王莽，西汉孝元皇后王政君的侄儿，中国历史上新朝的建立者。他生活在社会矛盾空前激化的西汉末年，由于其人谦恭俭让，礼贤下士，被当时朝野上下视为能力挽危局的不二人选，在篡位之前他被誉为"周公再世"。然而在公元9年，王莽代汉建新，建元"始建国"，推行新政，史称"王莽改制"。不久，天下大乱，他死于乱军之中，新朝随后灭亡，成为了中国历史上最短命的朝代之一。

史上关于王莽及其改制的评价分歧很大，见仁见智，迄无定论。但基本上可以归纳为两种意见：其一，认为王莽是一个应该否定的历史人物。持这种意见的人认为王莽非但不是一个有胆识的改革家，反而是一个披着君子外衣的政治野心家。他篡位前所做的事都是为了让自己当上皇帝铺平道路，他非但不是儒士皇帝，反而是个伪君子。而他登基后所进行的改制活动，并不是一场具有社会意义的改革，而是西汉外戚政治的一个产物。

李鼎芳在《王莽》一书如此说道，王莽绝不是一个改良主义者，是属于大地主贵族豪强集团的，是当时腐化的统治集团中贪污残暴的代表人物。他指出，生活在风雨飘摇的西汉末年的王莽凭借着自身显贵的出身和皇太后的庇护，勾结部分大商人大地主结成豪强集团，"巧言令色"地骗取了中小地主和部分人民的同情，获得了政权，建立了新朝。王莽在统治新朝的十五年中，推行了一系列的改制活动，企图改变西汉末年的腐败混乱局面。他想用复兴井田制度来解决土地问题，用不准买卖人口来解决奴婢问题，用轻换重的钱币改革，再配合五均赊贷，无论是哪一项都不能改变人民被严重剥削的局面。他的改革非但不能给人民带来安定的生活，反而使人民陷入更严重的灾难。《中国史稿》则反复强调王莽是一个惯于耍弄阴谋的野心家。王莽改制是一系列倒行逆施的政策和措施。

另一种意见认为：王莽是一个值得肯定的历史人物。王莽代表了中下层地主阶级，是一个历史的改良主义者，而王莽变法是一次改良主义运动。腐败动乱的西汉末年的土地问题十分严重，经常爆发农民和奴隶运动，不时地冲击着封建王权的稳定。当时，一般的中下层地主阶级早已对于刘家王朝丧失了信心。相反，他们祈望能出现一个有能力、有魄力的人能出来改变这种局面，挽救地主阶级政权，因此，改良主义者和改良主义运动便应运而生。王莽便是应时运而生的人物，他的出现、他的篡位是在历史的推进下使然的。他之所以能比他人更为容易地爬到了政治上的最高点，是因为他有着外戚的有利条件，他能利用裙带关系直接进入权力中心。但这不是王莽的错，他决定不了自己的出身。再加上王莽由于幼年孤贫和儒家的说教，使他深知当时政治问题所在及一般中下层统治阶级的要求，所以他改制是针对土地兼并、奴隶盛行、商人资本发达三个严重社会问题进行的，因而获得了中小地主的支持。

王莽在封建正统的史学家笔下一直被描写成为一个窃权夺位的伪君子、篡窃者，备受谴责和辱骂。他们认为无论王莽为改革做了多大的贡献，为民生尽了多大的努力，他都是个篡权的人。无论他多有才能，他只能效仿周公，尽一个辅臣的责任，他不该也不能自立为王。实际上，这种观念是一种家天下的传统封建观念，按照这种论证方式，几乎每个朝代的开国君主都是名不正言不顺的，都应该谴责批判的。

实际上，王莽是个很有真知灼见的人，他能在西汉统治集团腐烂到发臭的时候，提出改制。而且他是站在农民的利益角度进行制度改革的考虑，而不是维护大地主的利益，因此才遭致大地主的顽强反对最终以失败告终。因此胡适才说王莽是1900年前的一个社会主义者，受了1900年的冤枉，应该替他伸冤。

◎历史话外音◎

王莽之所以在后世背负这么沉重的骂名，只因他篡了西汉政权，夺了刘氏位。这在强调"忠孝"为上的封建时代是不能容的。纵然能"君不君"，也绝对不能"臣不臣"。只能说，王莽的骂名以及他的失败只因他处在了一个不适合他的时代。但毕竟他的所作所为都能从民生出发，都能尽力做到利国利民，后世人就不应该一棍子把他打死。

隋炀帝杨广：杀父之谜

隋文帝杨坚是隋朝的开国皇帝，他终结了中原大地南北分裂的局面，统一了全国。他在位期间采取了一系列加强中央集权的措施，致力于建立一个稳定、统一的国家，使隋朝在政治、经济、文化等方面都有了很大的发展。但隋文帝却在仁寿四年（604年）猝死于仁寿宫，终年64岁。关于隋文帝的死因在史学界一直存在着争论，到底事情的真相是怎么样的呢？

史学界一直存在着两种观点：一种观点认为，隋文帝是被儿子杨广杀害的。另一种观点则是隋文帝是自己病死的。但大多数的观点是偏向于隋文帝是死于自己儿子之手的。那么到底杨广有没有弑父杀兄呢？他为什么要这么做？

按照大部分史书的记载，隋文帝杨坚在建立隋朝后，便封了当时年仅13岁的二儿子杨广为晋王，并让杨广做并州（治所是现在的山西太原市）总管。而太子之位则由自己的长子杨勇担任。后来，隋朝兴兵灭南陈，刚满20岁的杨广便被任命为统帅，在贺若弼和韩擒虎等将领的辅助下成功取下南陈。灭掉陈后，杨广更是屡建战功：在公元590年任扬州总管时，平定了江南高智慧的叛乱；公元600年，击败突厥进犯。众多的军功是其他皇子所不能企及的，尤其是太子杨勇。杨广看到战功远远不及自己的哥哥，只因比自己年长便能轻而易举地居于高于自己的位置，今后父亲驾崩后还得听从一个能力不及自己的人的命令，他渐渐心生不满，产生了想取代哥哥的欲望。那么杨广有没有杀兄呢？

事实上，为了能取哥哥而代之，杨广可谓是费尽了心机。他将自己伪装起来，尽可能地博得父母亲的欢笑，根据父母的喜恶爱好处事。相比杨广的小心谨慎而言，太子杨勇却少这样的心机。他以为自己的地位稳固，他会顺理成章地成为皇帝，并不用尽什么努力。结果，他不仅冷落了母亲精心为他挑选的妻子元氏还奢侈浪费，贪好女色，使得父母都对他颇有怨气。后来杨勇还不知收敛地越俎代庖地接受百官的朝贺，更加引发了隋文帝的不满，这就为杨广的夺位提供了好机会。在杨素的帮助下，隋文帝废杨勇为庶人，立杨广为太子。杨广首战告捷。适时，杨广为了让自己能顺利地登上帝位，并没有对被废为庶人的哥哥赶尽杀绝，他要留给父亲一个亲近兄弟、顾念手足之情的好印象。

不久之后，隋文帝病重难起，杨广则认为这是自己登上九五之尊之位的绝佳时机，便写信给杨素，向他请教该如何处理隋文帝后事。意外的事发生了，送信人竟然误将杨素的回信送至了隋文帝手上。隋文帝当即怒发冲天，他想马上责问杨广居心何在，便宣召杨广入宫。恰逢此时，文帝的爱妃宣华夫人陈氏衣衫不整地跑进来，向杨坚哭诉太子杨广怎么调戏她。文帝顿时明白了这个儿子一直居心叵测，留在身边是个祸害，便马上命人传大臣柳述、元岩草拟诏书，想要废黜杨广，重立杨勇为太子。由于杨广在杨坚身边安插了不少探子，诏书还没草拟好，当晚杨坚便毫无先兆地驾崩了。历史上隋文帝杨坚的死因并没有详细的史料进行说明。史学界猜测，由于是继任者杨广下的毒手，当时的史学家只能为尊者讳，不敢直书杨广的过错。随后由于年月的流逝，真正的史实被历史的长河湮没了，这段历史就变得扑朔迷离了。

《隋书·后妃列传》中对这段历史有如此隐晦的记载："初，上寝疾于仁寿宫也，夫人与皇太子同侍疾，平旦出更衣，为太子所逼，夫人拒之得免，归于上所。上怪其神色有异，问其故。夫人泫然曰：'太子无礼。'上恚曰：'畜生何足付大事，独孤诚误我。'意谓献皇后也。因呼兵部尚书柳述、黄门侍郎元严曰：'召我儿。'述等将呼太子，上曰：'勇也。'述、严出阁为勒书讫，示左仆射杨素。素以其事白太子，太子遣张衡入寝殿，遂令夫人与后宫同侍疾者，并出就别室。俄闻上崩，而未发丧也。"《隋书》此段记载虽未明指文帝被杀，但实际上已给世人留下推猜的余地，即文帝之死具有被谋杀的性质。因此，隋炀帝的皇位来历才一直引起是史学界的猜疑。

由于正史的记载有所顾忌，人们难以一窥其真相。但野史的记载相比正史而言便更直截了当了。最早怀疑并直接指出隋文帝死于被弑的是隋末唐初赵毅，在其《大业略记》中说道，杨广当时得知父亲要废自己的太子之位，并立刻让杨素、张衡等人向仁寿宫里递进毒药，命令身强力壮的宫奴合力，把毒药灌进隋文帝杨坚的嘴里，当时，杨坚的呼救声传到宫外，但无人敢逆杨广而进去救当时命悬一线的杨坚。不久，里面的人便对外宣称隋文帝杨坚驾崩。正因为有诸多野史记载，因此自隋文帝死至今，民间一直盛传炀帝弑父夺权一说。

各小说笔记均载此事，史学界也大多持此观点。而持此说者不仅引《大业略记》《隋书后妃列传》《通历》等书为直接证据，还考察了杨广的一贯品行。如杨坚死后，杨广便开始了秋后算账，他假传文帝遗嘱，要杨勇自尽。杨勇还未接旨，派去的人就将杨勇拖出并杀死。随后把文帝后宫中的美妇收为己用，丝毫不觉得自己淫母妃是乱伦的行为。史学家认为，杨广在父亲没死时就敢公然挑逗母妃，在父亲死后把父亲的妃子充盈后宫，还借父亲之名杀害兄长，难道他还会顾及纲理伦常，如此禽兽的人怎么不可能弑父杀君呢？而且此能从案件的参与者杨素、张衡的态度可以看出些端倪。当杨素死后，炀帝曾说："使秦不死，终当夷族。"意思是，如果当时杨素没死的话，迟早有一天会被隋炀帝灭掉全族。杨素是帮他夺取储君之位的首要人物，为何隋炀帝所要夷他全族？而不久之后便赐死张衡，张衡临死时喊道："我为尔做灭口等事，而望久活！"监刑者吓得捂住耳朵，赶紧将他弄死。这仿佛是隋炀帝谋害父亲的佐证。 在种种证据的显示下，隋文帝杨坚暴死，杨广是难逃干系的！

◎历史话外音◎

隋朝的两代君主都是以弑君的方式来夺得帝位的，让自己登上九五之尊的皇位，隋文帝的遭遇不能不说是他自食其果的报应。封建社会，一个帝位到底引发了多少兄弟阋墙、父子翻脸无情？数也数不清，这是那个时代无法避免、也难以挽回的悲剧。

元英宗硕德八剌：南坡弑君玄机重重

南坡弑君案，也叫"南坡之变"，指的是元英宗硕德八剌在南坡被杀的大案。元英宗，元朝历史上的第九位皇帝，是一个崇尚儒学、接受汉化、比较英明的皇帝。至治三年（1323年）八月五日，元英宗与拜住自上都（今内蒙古正蓝旗东）南返大都（今北京），途经南坡店（距离上都西南三十里）驻营。当夜，元英宗被杀。随后晋王也孙铁木耳（泰定帝）即位。到底是哪些人胆大妄为，敢杀害皇帝？这件大案的背后又隐藏着怎样的玄机呢？

这事得从元英宗的先祖说起。元武宗海山登基后，便封了自己的弟弟爱育黎拔力八达为"皇太子"。二人约定，实行兄终弟及、叔侄相传，两家轮流坐庄的皇位继承方式，也就是说海山之后，由爱育黎拔力八达继承皇位，爱育黎拔力八达之后，由海山的儿子继承皇位。正是海山兄弟的这个约定，为以后元朝皇位的争夺埋下了祸根，也为元英宗在南坡被杀埋下了祸根，导致了元朝的政局动荡不安和短命。

按照原先的约定，元仁宗爱育黎拔力八达死后，皇位应该传给元武宗海山的儿子。当时元武宗有两个儿子，长子叫和世王束（là），次子叫图贴睦尔，按照元朝的传统，传位先传长后传贤，则皇位理应传给长子和世王束。但是，元仁宗爱育黎拔力八达也有两个儿子，长子就是硕德八剌，次子叫兀都思不花，都比武宗的儿子年幼。为了使自己这一脉能永远坐在至高无上的皇位上，元仁宗就想毁掉原先的约定，立长子硕德八剌为太子，封兀都思不花为安王，但在仁宗死后，兀都思不花作为政治斗争的牺牲品，先是被降为顺阳王，而后又被杀死。这样，元仁宗就只剩下长子硕德八剌了。当仁宗表示出要硕德八剌继承皇位时便遭到群臣的反对，他们认为作为皇帝怎么能言而无信呢。不久仁宗驾崩，仁宗之母答吉太后便和权臣铁木迭儿联合，立年仅18岁的硕德八剌为帝，以便把持政权。然而这个看似年幼无知的孩子却是一个有主见的皇帝，不愿意受人摆布，这着实让答吉后悔捧他为帝，因为他不仅不听从祖母的调度，还和祖母持相反意见。这是元朝建朝以来的传统，后妃干政、权臣用事时有发生而且屡禁不止。

为了改变这种情况，元英宗即位后，决意改革朝政，因朝政被权相铁木迭儿及其党羽把持，难以推行。至治二年（1322年），铁木迭儿死，元英宗起用太常礼仪院使拜住为中书右丞相，开始推行新政。英宗新政的主要内容包括了减轻赋役，重农抑商，裁减冗官，启用儒臣等。例如十一月，英宗诏示天下，凡流民重操旧业者，豁免三年赋税。驿站户因贫苦而典卖妻子者，官府出钱为之赎还。凡有劳役先征发商贾富贵之家，以扶植农业。豁免陕甘明年差税的十分之三和各处官田田租的十分之二，而江淮地区的创科包银则全部免除。同月，还下令裁减世祖以后设置的冗官。随后启用了一批有德老儒，改变元朝有史以来对汉族儒生的轻视态度，并加强法制建设，推行汉法。同时处死铁木迭儿之子八思吉思，但却没有很好地处理铁木迭儿的党羽。以御史大夫铁失为首的余党很震恐，于是密谋政变。

按照今人的观点来看，元英宗的新法对当时腐败不堪的元朝廷而言是一剂强心剂。罢汰冗官，精简机构，不仅节省了行政费用，还为国家增加库银；推行"助役法"，减轻了加在对汉族民众身上的沉重的徭役负担，缓和了民族矛盾，按理说能得到朝廷上下的支持。但事实并不是如此。

元英宗的改革动及了蒙古族的利益。虽然新政的举措利于汉族民众，但却对蒙古族人没有丝毫的好处，元英宗渐渐失去了本族人的支持。其次，他一边淘汰冗员，一边启用汉儒，并提升儒臣的地位。这边动摇了蒙古大臣、蒙古贵族的利益。本来英宗的继位就是不合法，他本该立足于如何让自己得到民众、贵族、地主等等的支持，这样才能让自己的帝位保持稳固。但他没有，他还学习之前的朝代，推行中央集权，剥夺女人的参政权，这让他彻底地失去了皇族、臣子、民众的支持。因此，政变还处在策划期便吸引了许多人参与。

1323年9月4日，英宗一行从上都返回大都，在上都南面30里的南坡驻扎。这时，蓄谋已久的铁失突然发动了政变，英宗被铁失一刀杀死。在刺杀皇帝之后，反叛者迅速赶到大都，控制了政府机构。同时，派遣使者前往漠北去请晋王也孙铁木儿即位，结束了英宗的改革之路。

出乎人的意料，这场"南坡之变"的直接谋反者居然是王太后、贵族官员和宗王，并在蒙古、色目贵族和官员中得到了广泛的支持。实事求是地说，元英宗登基时，元朝已是百病缠身但并未走进死胡同，因此他采取一系列的措施来挽救尚未病入膏肓的朝廷非常重要，也很有必要。他解除了民族高压和减轻了农民负担的政策，这些都是利民的。虽然在改革的过程中牺牲少数人的利益也是无法避免的。但英宗忽略了群众的力量，没能从群众中得到支持，放弃了大多数可以团结的力量，比如女人、商人等，以致使自己陷入孤立无援的地步，经受不住反叛者的背叛。

◎历史话外音◎

元英宗硕德八剌失败的原因，是元朝特殊的历史使然，也是个人因素所导致。如果他能足够游刃于皇族与朝廷、民众之间，那可能新政的推行会事半功倍。他的失败，缘于他的步伐比历史的进程快，以至于难以为人所接受，而以失败告终。

"壬寅宫变"：谁是"红丸案"的幕后主谋

"壬寅宫变"，是指明朝嘉靖年间宫婢谋害明世宗之事件。这是一起罕见的宫女"起义"事件。当时明世宗嘉靖皇帝朱厚熜为求长生不老药，大量征召十三四岁宫女，命方士利用她们的处女月经来制炼丹药。为保持宫女的洁净，宫女们只能服食桑叶，喝新鲜的露水。因此，被征召的宫女都不堪苦痛。结果，当世宗夜宿曹氏宫时，以杨金英为首的宫女们决定趁嘉靖帝熟睡，起义杀死世宗。她们本想用麻绳勒毙世宗。谁知在慌乱之下，宫女们将麻绳打成死结，结果没杀死嘉靖帝，只是令嘉靖帝吓昏了过去。事变后，杨金英等16名宫女以及宁嫔王氏和端妃都被处死。由于此事涉宫闱隐私，事后统治者极力包掩此事，史籍资料也很少记载，因此，很少人知道事情的真相。但在民间各路说法不胫而走，以致成为明代宫廷史上的一桩疑案。

那么为什么会发生"壬寅宫变"呢？谁是发动"壬寅宫变"的幕后黑手呢？他有什么目的？史学家们经过研究后发现，对于宫女弑君发生的原因，存在四种不同的解释。

第一种观点认为，"壬寅宫变"是由于嘉靖帝为炼制长生不老的丹药，酷虐宫女，导致宫女愤而起义。这可从当时司礼监审问宫女的口供记录中发现端倪，记录中有"咱们下于了罢！强如死在他手里"之类的话。专家们分析后据此推断，这时的宫女们一定处于危险的境地，才置之死地而求后生。反正生活在宫中，死是迟早的事。与其被嘉靖帝蹂躏致死，还不如自己先下手为强，拼死一搏，杀死嘉靖皇帝，或许还能侥幸地得到生存的机会。而各种资料表明，事件发生前，宫女们并没有犯下滔天大罪，也没有产生谋逆之心。既然没有大错，怎么会面临危险呢？专家们探侦后发现，这件事极有可能是和世宗炼制长生不老丹药有着不可分割的关系。此时的嘉靖帝由于纵欲无度早已耗尽了自己的精力，导致自己的身体每况愈下。但是越是如此，他又越是迷恋道教仙术，一求长生不老，二求房中秘事长盛不衰。当时有很多方士、佞臣，都是以进献房中秘方或炼丹药而得到皇帝的赏识，获得皇帝的宠信。如陶仲文便是其中之一。

当时由于进献的秘方和炼丹药的来源极广，其提炼的方法可谓五花八门。其中以"红铅"为最流行的炼丹制药之法。什么是"红铅"呢？那便是将处女月经和药粉经过拌和、焙炼而成，形如辰砂。据说这些药物能够起到强身健体和增强性欲的作用。

在发生"壬寅宫变"的两年前，宫内这种炼丹之风达到了极点。嘉靖帝不惜从全国搜集大量处女，作为取经的原材料。为了采得足够的炼丹原料练成丹药，皇帝不惜强迫宫女们服食催经下血的药物。这些药物轻则极大损伤宫女身心，重则因失血过多而晕死，甚至因血崩丧命。此外，为了防止丹药的提炼秘密被泄露，皇帝不惜通过杀死取过血的宫女灭口。专家推测，当时部分宫女亲眼目睹饱经残害的姐妹死前的惨状，自知这种灾难早晚会降临到自己头上，因而才决定拼死一搏，宁愿同归于尽，也不愿苟延残喘。

第二种观点认为，宫变的主谋者是宁嫔王氏。为什么王氏要指使宫女们杀死嘉靖帝呢？据说是这样的：嘉靖帝自幼身体很虚弱，加上纵欲过度，精子存活率低，一直没能让宫嫔怀上孩子。

嘉靖十年（1531年），世宗在宫中钦安殿建坛求嗣，以求得到一个儿子。说也奇巧，当年后宫妃嫔陆陆续续地生下了几个孩子。宁嫔王氏也在这一年为嘉靖帝生了一个儿子。按册封妃嫔的惯例，宁嫔应该由嫔晋为妃，可是世宗却没有晋封她。因此宁嫔王氏心存不满，便指使杨金英等宫女在嘉靖帝夜宿于宠妃曹氏宫中时，将皇帝勒死以作为报复，同时也可把责任推到曹氏身上。但是这种说法并不符合常理。因为一个育有皇子的妃嫔根本没必要为了争宠而冒杀头的危险，而且就算皇帝死了，他还有其他孩子，不见得宁嫔就能稳坐太后之位。而十几位宫女为给主人争宠而不顾生死谋害皇帝，而且如此一致的态度，世间少见，可能性极小。

第三种观点认为，是世宗喜怒无常，任意残害宫女而导致了这次宫变。据史料记载，嘉靖帝性格残暴，喜怒无常。在他的统治下笼罩着白色恐怖。孝洁皇后陈氏仅仅因为惹他不高兴，他便踢得陈氏流产血崩致死。嘉靖帝在位期间，立了4位皇后，其中或死或废，遭遇极为凄凉。

对皇后都是如此，更何况其他小宫女。在嘉靖朝，只要宫人犯了一点小小的错误，便痛加责打，又一次竟多达二百多位宫女被打死。这种非人的待遇，使宫女们担惊受怕，蓄谋拼死斗争。而这起宫变也正是因为这种原因，宫女才发出"咱们下手了罢，强如死在他手里"的呼声。

第四种观点，依正史所载，此次宫变，很可能是一场政治斗争。也因纵欲过度而死的明武宗死时没有留下子嗣。死后便由太后与朝臣商议酌定立嗣之事。经慈寿皇太后与朝臣商议，决定立兴献王之子朱厚熜即明世宗嘉靖帝。当时明廷上下围绕嘉靖帝生父的称呼这一问题展开了一场关于"大礼仪"的激烈争论。因为无论是按辈分还是按继承皇位的要求，嘉靖帝都应该按照皇家的传统，称武宗为父，称自己的生父为叔父。但是嘉靖帝非但不是这么称呼，还要尊自己的生父为皇帝。尤其是最后的争论结果以嘉靖帝的胜利告终，这更引起了群臣的不满。

而"壬寅宫变"便发生在"大礼仪"的争议结束之后，这不得不让人怀疑这是场政治变故，欲借嫔妃之手除掉不听话的皇帝。

总之，这次宫变因何而起，正史没有能够给出明确的解释，人们对此只能做出种种估计，但证据都不够充分，无法使各家看法统一起来。"壬寅宫变"还是一个解不开的谜案。

◎历史话外音◎

皇帝的所作所为激怒了宫嫔，导致宫嫔的起义反抗，可见皇帝的荒淫程度。明朝正因经历了几代荒淫无度的君主，才把朝廷的底子耗费尽，不仅使人民备受苦楚，也让明在与外族斗争中处于劣势，或许这是每个朝代的必经之路——盛极必衰的规律。

刺马案：真相是什么

130多年前，光天化日之下，两江总督马新贻突然遇刺身亡，朝野为之震荡，疆臣人人自危，举国侧目。慈禧太后惊奇地问道："马新贻这事岂不甚奇？"曾国藩诚惶诚恐地回答："此事甚奇。"李鸿章也曾表示："谷山近事奇绝，亦向来所无。"由于案犯供词闪烁，主审大员含糊其辞，清廷曾一天连下四道谕旨，前后审案官员多达五十余人，长达半年之久不能结案。

于是各种传言风闻迭起，飞短流长，更使得案情扑朔迷离，后人将之列为"清末四大奇案"之一。

这个案子发生后，刺客一反其他刺杀案竟不逃走，还高喊："刺客是我张汶详！"然后让那班怕死的卫士捉拿。

清廷对此十分惊恐，他们深知此案涉及封疆大臣的内幕亵闻，于脸面上大不光彩。因此，只能掩盖矛盾，粉饰门面。慈禧太后为了维系她摇摇欲坠的统治，亲自出面处理此案。把正在天津处理教案的大员曾国藩，调来审理这个案件。又在曾国藩出发前夕，召见了他，面授机宜，说"马新贻办事很好"，为此案定了调子。这还不放心，一周之内，又连连派出大员参与审案。

刑部尚书郑敦谨，也奉旨与曾国藩同审。经过一番紧锣密鼓，终于为张汶详定了一个"漏网发逆"和"复通海盗"的罪名，将张汶详处决，剜了张汶详的心，去祭奠这位马新贻，又厚厚地予以抚恤。

一句话，马新贻是一个好官，张汶详是一个逆反。

那么张汶详为何"刺马"？马新贻若真是好官，为何会遭刺杀？

从案发现场来看，张汶详的不逃跑态度，透露出刺杀是早有预谋，且有私仇深怨的行为，故在张被捕后，民间随即出现对张、马的种种神奇的传闻，"渔色负友"便是百姓口口相传的刺杀原因。

它讲的是：马新贻在尚未发迹时，曾和张汶详以及另一个人结为兄弟，马新贻为老大，另一个人为老二，张汶详排行老三。原来老二和老三皆为绿林中人。马新贻的军功，颇得力于老二、老三。但马新贻对这两个人的进官入仕，并不出力，故而两兄弟对马早已不满于怀。又因老二之妻貌美，久为马新贻所占。马新贻为剪除后患，蓄意加害兄弟，每每以传递军书之类的疲劳任务，交与兄弟执行，最终使得老二抱病而卒。

张汶详为替二哥报仇，动了杀机。案发以后，张汶详被凌迟处死，并被剖心，其死极为惨烈。故而一般舆论均同情于张汶详，对于马新贻背信弃义、强占人妻、因奸逼命的行为，众声愤恨，并宣扬张汶详为友复仇的义勇行为。

但这种说法却是破绽多多。如果说张汶详与马新贻有这等兄弟关系，则随时随地都有机会刺杀，何必非要在校场动手呢？当时马新贻的扈从众多，下手未必能得，并且自身不能逃脱。

再说马新贻的四弟马新祐自幼跟在马新贻的身边，直到马新贻被刺身亡。马新贻的事情他最清楚不过，如果马新贻因为"渔色负友"遭刺，那么他也应该接受最后的朝廷结案，而为何却终觉疑案未明，悠悠苍天抱恨终古。

除此之外还有颇多说法：如说马新贻因审理江苏巡抚丁日昌之子丁慧衡致死人命一案，造成督抚不和，从而招致杀身之祸；也有说因为马新贻力剿海盗，张汶详为友出头，刺杀马新贻；还有的说法是由于政治原因，马新贻被湘军集团设谋而杀。

1871年4月4日，曾国藩奉旨监斩，将张汶详凌迟处死，并摘心致祭。轰动一时的张汶详刺马案，随着张汶详的人头落地，终于落下了帷幕。而关于刺马案的种种更多的传说，却随着时间的流逝，不断地延展开来。

◎历史话外音◎

刺马案中，马新贻生活在清朝末期，此时的清廷更加腐败，面临着内忧外患，统治已是江河日下。清廷与封疆大吏之间互相猜疑，互不信任；封疆大吏之间尔虞我诈。在这样的在大背景下，推断判定刺马案的原因，甚至需要探寻马新贻从少年科第、坎坷仕途，一直到江宁被刺的一生经历。

尤其是任职后期，兴修水利，开荒种地，使人民休养生息；减浮漕，除陋习，以纾民困；奖廉能，惩贪墨；体恤寒儒，兴办实学，刊刻书籍等等，尊重史实，全方位地了解了马新贻的一生之后，站不住脚的原因自然不攻自破，同时也才具有思考的余地，才能合理推断，有力评判刺马的真相。

第十一章

战争密码谲案

——将军角弓沙场冷，杀戮白骨迷计凶

将领庞涓：是否指挥马陵之战

马陵之战，是战国时期著名的战争之一。这一战与桂陵之战的胜利使到齐国的威望得到上升而且力量迅速发展，成为当时的强国，称霸东方。而魏国在这两场战争遭受重创后，实力被削弱，又被秦国乘虚而入，从此丧失了与齐秦两国争霸的能力。马陵之战这场重要的战争在《史记》《战国策》《竹书纪年》中都有明确记载，所以史学界对马陵之战的历史真实性并没有争议。而备受争议的是庞涓是不是马陵之战魏国的统帅，庞涓到底有没有可能指挥这场战争？

庞涓，战国初期魏国名将，曾率领魏军横行天下。关于他是否指挥了马陵之战，有人认为庞涓在桂陵之战中被擒，既然被擒，应该死在或被困在齐国，不可能去指挥马陵一战；有人认为，齐国在桂陵之战生擒庞涓后，可能不久就将其释放，因此到马陵之战时庞涓能又任魏将，与孙膑再次交锋。那么庞涓到底有没有可能指挥马陵之战呢？

据1972年在山东临沂出土的《孙膑兵法》，庞涓早在马陵一战的多年前的桂陵之战中，被齐军生擒。公元前354年，魏国派庞涓率8万精兵进攻赵国，赵国最后没办法向齐国求救。而齐国派出了田忌与孙膑这对组合。孙膑建议田忌采取"围魏救赵"的方式，而后在桂陵截杀赶回救国的庞涓。在《孙膑兵法》的《擒庞涓》篇记载着："孙子（膑）弗息而击之桂陵（今河南长垣县西南），而擒庞涓。"在《擒庞涓》这篇文章的记载清清楚楚地表明，在公元前353年，庞涓即被齐国擒获。那么这位魏国名将被擒之后又如何能在多年之后指挥马陵之战呢？而且《战国策》《竹书纪年》中关于马陵之战的记载都未提到庞涓这个人，而只是说太子申为魏军统帅，所以更加让人怀疑庞涓到底有没有指挥该战争。

有人说庞涓不是马陵之战的统帅。像台湾学者徐培根与魏汝霖在《孙膑兵法注释》中表示："马陵之战指挥魏军的当为太子申，而不是庞涓。"他们是根据《战国策·魏二·齐魏战于马陵》记载："今战胜魏，覆十万之军，而禽（擒）太子申。"（现在战胜了魏军，消灭了10万大军，并且生擒了太子申。）和《战国策·宋卫·魏太子自将过宋外黄》记载："魏太子自将，过宋外黄……今太子自将攻齐，大胜并莒，则富不过有魏，而贵不益为王；若战不胜，则万世无魏……与齐人战而死，卒不得魏。"（魏国大将太子申，进过宋国的外黄……现在太子申攻打齐国，打败齐军并进而将莒地兼并，也只不过拥有魏国，富贵不过是为王，但若是失败了，就永远失去魏国……与齐国大战而死，所以不能得到魏国。）这两段有关马陵之战的记载，都没有提到魏国以庞涓为将，所以他们认为太子申才是马陵之战的统帅，庞涓并没有指挥该战。

但有人则说庞涓有指挥。因为他之前虽然被擒，但很快就被放回魏国，所以可能指挥马陵之战。并且指出被放回的时间有可能是在桂陵之战的次年，魏惠王调用韩国军队在襄陵击败齐、宋、卫的联军，齐国不得已向魏求和，求和的条件有可能包含放回庞涓。也有可能是桂陵一战后两年，"魏人归赵邯郸，与赵盟漳水上"。（《资治通鉴》）魏国归还邯郸的要求可能包括了放回他们的将领庞涓。而且《史记》多次关于马陵之战的记载都提及庞涓。如《魏世家》记载"使庞涓将，而令太子申为上将军"，点明了马陵之战的将领。还有"败于马凌，齐虏魏太子申，杀将庞涓"表明战果。《田敬仲完世家》（救韩、赵以击魏，大败之马陵，杀其将庞涓，虏魏太子申），与《六国年表·魏》（齐虏我太子申，杀将军庞涓），也明确表明庞涓是指挥了马陵之战。《资治通鉴·卷第二》中也提到了庞涓在马陵之战被孙膑"戏弄"并且最后战败自刎了。所以可以说庞涓指挥了马陵之战。

各说法都有史籍的证明，那到底谁对谁错？公说公有理，婆说婆有理。又如何断定哪些证据是真实的，哪些是虚假的？这些都是大家的猜测而已，现在，我们只能说此刻只有一些书籍记载，但是文字的可变性太强了，所以，到如今的证据还不是很确切。

◎历史话外音◎

对于史籍的解释有时不能太拘泥，因为这些有可能只是我们后来人强加上去的。谁也不能肯定这些解释跟原作者是一致的。所以不能单从这些就下结论庞涓是否指挥了马陵之战。

坑杀大军：项羽是否坑杀了20万秦军

相传在两千多年前的义马二十里铺一带，有20万秦军降卒一夜之间被项羽的军队坑杀殆尽。如今这个所谓的遗址是一个东西长400米、南北宽250米的土坑。1912年，修建陇海铁路的工人曾在此挖掘出累累白骨。土坑如今遭受了风蚀雨淋，渐渐颓败，然而在河南文物分布地图上，并没有对这个遗址的官方记载。在两千多年以前，这块土地真的发生过惨绝人寰的大屠杀吗？

关于这件事，史书的记载极为粗略，如《洛阳市大事记》中简要记载："公元前206年十一月，楚项羽杀秦降卒20万于新安。"《洛阳大典》中的《军事典》这样记载："项羽以为秦降卒入关，必然哗变，于是，除留章邯、长史欣、都尉翳3人外，20万秦军将士尽数坑杀。至此，强大的秦国军队不复存在，新安城南的荒野埋有秦军将士的累累白骨。"事实真的是如此吗？既然20万秦军已经投降了，项羽为啥还要坑杀他们呢？

原来，在公元前207年，秦王朝早已处于风雨飘摇之中的，陆续爆发的农民起义给秦王朝带来极大的冲击。秦大将章邯在战斗失利的情况下，率领余下的20万秦兵向项羽投降。项羽则立章邯为雍王，让他率领降兵作为先锋队，作为大军向西挺进咸阳的先导。公元前206年农历十一月，项羽大军经过洛阳，驻扎在新安城南。

由于项羽大军的士兵多年来经受残暴的秦军的压迫、折磨，对秦军的仇恨之感由来已久。因此趁着秦军投降这个绝佳时机，他们迫不及待地在路上虐待这些秦军降卒。而为了保命的秦军降卒，只有忍辱负重了。然而，当秦军队伍来到函谷关前的时候，心情变得无比复杂。司马迁的《史记》对当时的情境是这么描述的："秦吏卒多窃言曰：'章将军（章邯）等诈吾属降诸侯，今能入关破秦，大善；即不能，诸侯虏吾属而东，秦必尽诛吾父母妻子。'"意思是说："章邯等首领哄骗我们投降项羽，如果我们能成功地攻进函谷关，推翻秦朝的统治，当然是最好的；如果不能成功，项羽肯定会把我们掳往东方，我们留在秦地的父母妻儿可就必死无疑，在劫难逃了。"

其实士卒会产生这种心理是很正常的，因为他们不敢相信，一支起义军能敌得过秦帝国的正规军，他们投降是无奈，但他们不想连累自己的亲人。然而不幸的是，这种种议论传到了项羽的耳朵里，让项羽深感事态的严重。他想：如今接受了20万的秦军降兵，让军队里秦兵的数目比自己的亲兵多了许多。如果入关后他们不服从指挥，甚至临阵倒戈的话，那自己之前付出的心血可就白费了，以后要想翻身就很难。还不如趁早解决了这帮心腹大患，让自己攻打秦都城能没有后顾之忧。因此，20万降卒就这么在一夜间消失在人世间。

然而后世之人对司马迁的这段描述提出了质疑。

首先是对坑杀人数的质疑。《史记·秦楚之际月表第四》记载：十一月，"羽诈坑杀秦降卒二十万人于新安"。按照史书的说法，20万秦军降卒在新安古城被杀似乎是确凿的事实，但研究历史的人认为，这个数字是值得怀疑的。既然项羽让长史欣统领秦兵降卒作为先锋队伍，就证明秦军已经接受了改编，并变成项军的组成部分，是不可能被收缴了武器，更不可能"被裹挟前行"。按照这种说法可以推断，手持有力武器的20万士兵在一夜之间毫无征兆、毫无痕迹地消失是一件极不可能的事。

专门研究秦汉嗜血的河南大学历史系教授朱绍豪分析说：被杀的秦军降卒可能只是一部分。这一部分是跟随章邯投降，但中途却又反悔想反叛作乱的秦军士兵。这种士卒项羽是决不能容于眼下的。加上降军往往士气低落，常有一种胆怯的心理。因此，有着朝秦暮楚之心也是很正常的事。如果项羽凭自己一时的喜好便随意地处置降将，不仅会让自己的部队背负不义的骂名，也会破坏自己军队的编制。项羽作为一个统帅，不可能没有意识到这一点。因此，戮杀20万秦军的说法是不可信的。

再加上古代评判兵功的一个重要标准是杀敌的数量。因此，项羽的军队对外宣传自己坑敌20万，是为了处于邀功的需要，也是出于树立军队权威的需要。

但是，关于这一场残暴的杀戮，史书没有详细记载。不过设身处地地想一下，一群乌合之众要杀数十万手持武器的经过正规训练的兵士，其难度可想而知。而且项羽还要事先准备好一个可以活埋数十万人的大坑，这对于行军打仗的项羽而言是极不可能。因此，要想把那部分有反逆之心的士兵除掉，项羽就必须密谋一个方法，让这件事能够神不知鬼不觉地进行，因此，他驱赶秦兵降卒集体挖坑。此时的秦兵并没有意识到危险的来临，被胜利之军欺负惯了而逆来顺受的秦军降兵，忍气吞声地按照楚军的吩咐，开挖大坑。谁知道，他们辛苦挖的就是自己的葬身之坑。当坑挖到士兵以个人力量难以爬上来的时候，原本监督他们干活的项兵便拿起无数的长矛铁枪对准坑内的躯体，疯狂地刺杀。一场充满着血腥味和哀嚎声的无形战斗就这么开始，就这么落幕。暴戾的项军也因此付出沉重的代价，他们遭到秦地子民的仇恨，此后再难往函谷关再踏进半步，最终在争夺天下的斗争中，败于刘邦。

◎历史话外音

杀人如麻的项羽，骨子里始终燃烧着征服的欲望，面对不服气的降兵，他想到的是让他们彻底灭亡。可他万万没想到，这所谓的"20万大军"的灭亡正是他争夺天下的转折点。原本最有可能先入函谷关，推翻秦朝统治的他，被刘邦抢了先机。历史就是这么奇妙，一步错，满盘皆错。

不得军师心：多谋魏延被取代

熟读《三国演义》的人都知道，蜀国名将魏延一出场就带着浓厚的悲剧色彩。他足智多谋、作战英勇、屡立战功、深受刘备的信任。他向诸葛亮提出了著名的"子午谷奇谋"，也就是由魏延亲自率领精兵从子午谷快速赶到长安，一举拿下长安和潼关，而诸葛亮则负责率领大军出斜谷进兵长安、潼关，两军会师于潼关。但向来谨慎的诸葛亮觉得此计太险而被弃用。而他最可悲的是一直被诸葛亮认为"天生长有反骨，日后必然造反"。自刘备逝世后，魏延就失去了他的伯乐，从一直备受重用沦为被弃置，最后甚至被战绩平平的王平所取代。这是什么缘故呢？

这与诸葛亮有着莫大的关系。有些人会感到奇怪，诸葛亮不仅用兵如神，更有识人的眼光，能在隆中时便预见刘备后来的作为。可是，怎么会弃用足智多谋的魏延而提用资质平平的王平，这无论如何也难以说得过去，更玷污了诸葛亮能慧眼识人的名声。但是事实上，魏延的不被重用很大一部分原因就是诸葛亮的缘故。

诸葛亮的用人风格有一个很大的特色，那便是注重一个人的德行。这一点无疑是受汉朝"举孝廉"遗风的影响。在诸葛亮看来，好德胜于好才，宁用有德无才者，不可用有才无德者。而魏延在诸葛亮的眼中便是一个随时可能造反的有才无德者，是绝对不能重用的。然而，诸葛亮的这种用人标准，往往容易被一些别有用心的人加以利用，变成虚伪无能者表演的舞台。

奉行德治至上的诸葛亮，在用人方面极为苛刻。他要求群臣都要忠心不二，绝对服从。但是偏偏魏延就是一个特立独行、桀骜不驯的人，这一点特别不招诸葛亮喜欢，因此他才会认为魏延是个不安分的主儿，以后会造反。因此，就算在蜀汉的君子大营里，魏延被视为"韩信再世"，被公认为继诸葛亮后的军事奇才，他依然难以在刘禅朝获得重用的机会。而在诸葛亮的眼中，中规中矩、四平八稳的王平倒是一个德行兼备的人，因此对王平多加提拔，甚至把他置于魏延之上。在这个问题上，诸葛亮也有这样一个角度的考虑，他知道自己在世的时候，还是有能力掌控调度这些桀骜不驯的人，但一旦自己归西后，主弱的局面并不会改变。像魏延这样有才华的人，能够像自己一样，鞠躬尽瘁、死而后已倒好，如果不行，过度提拔他只怕给蜀汉带来极大的危害。

而王平，他的一生主要参加了三次战役。分别是街亭之战、祁山之战和汉中保卫战。在街亭之战中，王平只是充当了一个副手的角色，他只是劝马谡不能执意上山，但人微言轻，加上自身能力不足，说的话不足以让人深信服从。最终在马谡的错误领导下，蜀军一败涂地，损兵折将。但王平却在这一战中得到了提升，他接替了马谡的职位，终于摆脱副手的身份，成为参军，有了一定的话事权。

在诸葛亮死后，蜀军内讧中，王平则坚定不移地站在杨仪一边，在杨仪与魏延之斗时表现得十分积极。然而当杨仪命他追击魏延时，王平自知武功比魏延差了一大截，便磨磨蹭蹭不敢追。当魏延被马岱斩杀后，他又捡了个大便宜，接替魏延成为"汉中太守"，成了汉中地区的一把手，掌握了汉中地区的话事权。无奈王平资质过于平庸，在职期间难有突破，就连在最后的汉中保卫战中，只会效仿"魏延战法"，采取守兴势围、拒敌待援之策。可见，此将除了免战消耗，实无过人之处。

王平能被重用与他有四平八稳的性格有着密切的联系。中规中矩的他和诸葛亮谨慎的性格是不谋而合的。由于个性相近，诸葛亮更容易接受一个与自己相近的人，更容易相信他不会心生谋逆之心。因此，诸葛亮情愿重用资质平庸的王平。但诸葛亮也明白，作为一军主将，王平是远远不够格的，无论在军队的调度还是行军谋划上，王平都缺乏这样的才能，就算诸葛亮花尽心思教，王平也缺乏这样的天赋可以吸收，因此诸葛亮一直在用魏延还是用王平的矛盾心理挣扎着。不过在诸葛亮心里，肯定是听话的王平用起来顺手、放心些。而从诸葛亮《出师表》中推荐的人来看，都是一些性格大体和王平差不多的人，如郭攸之、费祎、蒋琬、董允等，循规蹈矩、对领导的话绝对服从的"小绵羊式"的人物。像魏延这样有个性的人，刘禅驾驭不了，诸葛亮也不放心把自己打下的基业交到魏延手上。而为了保障自己的政策、思想能够在自己归西后还延续下去，诸葛亮就必须为皇室的接班人扫清道路，去除绊脚石。所以，魏延被排斥出统治中心也是很正常的。

但由于诸葛亮的偏见，由于不得掌握话事权的人的欢心，多谋多智的魏延最终没有得到重用。魏延因个性出局，王平则因平庸胜。可见政治军事乃多变！

◎历史话外音◎

诸葛亮的偏见，让他错失了一个好人才。蜀汉后期的人才匮乏与诸葛亮的用人原则、用人制度有着很大的关系。或许在行军打仗上，诸葛亮是天才，但在用人上，他就远不及刘备和曹操了。说到底，诸葛亮太过于固执，而缺乏一种包容心，以致在用人上不能物尽其用、人尽其才。

鼠疫案：李自成的百万大军如何瓦解

"吃闯王，穿闯王，迎闯王，不纳粮……"，穿越时空，在北京城里，我们仿佛看见一位英雄人物引领着他的百万大军，在老百姓的欢呼雀跃声中浩浩荡荡地走来。他，明末农民起义军领袖李自成，最终推翻了大明皇朝，攻占了北京城。然而，为何进京四十天后，李自成的军队好像突然间失去了战斗力，清军一触即溃，且从此一蹶不振？

"闯王"李自成的功败垂成让千万人扼腕叹息，同时，也为其速败的原因绞尽脑汁，苦苦追寻，上下求索。

有的人认为李自成是败于骄傲自满、腐化堕落。攻占北京城后，流寇出生的李自成以为大业已成，是时候高枕无忧了，于是贪图享乐，荒淫腐化，最后招致失败。

有的人认为李自成失败的原因在于军纪涣散，战斗力严重下降，遇到八旗铁骑的清军时，不堪一击，兵败如山倒。

有的人认为李自成败于"马上得天下，不能马上治天下"。李自成拥有大批的能征惯战的将士是没错，但缺乏一支完成统治治理工作的文官队伍。在攻下大片领土后，治理人才奇缺的弊端就逐渐显现出来，致使李自成后来损失惨重。

有的人认为战略上的巨大失误导致了李自成的失败。李自成战略的巨大失误表现在没有把清朝这个一直想入主中原的强大集团包括在战略形势判断里。正因为如此，李自成才采取了直取北京的战略。如果没有清朝的干预，以李自成的实力，是可以勉强对付张献忠集团、南明集团和吴三桂集团的，可是一旦加上清政府集团的实力，李自成自然难以抵挡，失败近在眼前。

还有人认为李自成的失败并非在于人祸，而在于天灾——鼠疫。鼠疫，俗称"黑死病"，是一种以老鼠和跳蚤为传播媒介、传播速度极快、死亡率很高且难以控制的可怕传染病。患鼠疫的人一般会出现淋巴腺脓肿或皮肤出现黑斑，三五天就会去世。据有关文献记载，李自成3月进京，当时鼠疫已出现在北京一带。尤其春季的到来，跳蚤、老鼠开始趋向活跃，大规模的鼠疫肆掠整个京城，李自成的军队也难逃此劫。鼠疫在军营蔓延，大量将士被感染，长时间无法摆脱，战斗力每况愈下，最后与清军交战时一触即溃。与此相反，因为跳蚤讨厌马匹的气味，所以清军的骑兵没有被鼠疫传染，战斗力丝毫没有受到影响。对此，就算李自成再有能耐，也只有"无可奈何花落去"，感叹"天亡我也"。

以上说法似乎有各自的合理性，但并不代表就是历史的真相。李自成熊熊百万大军究竟惨败于何？仍然是一个历史之谜。

历史话外音

究竟是鼠疫还是其他原因，闯王李自成的惨败已经成为历史之谜，如何去解，只能交还于历史。无论结果如何，能在史书留下一笔的是那些惨烈的战争和或伟大或悲剧的人物。

李秀成：投降书真假疑云

李秀成，出身贫寒，起初只是太平天国一个普通的士兵，但是他智勇过人，战功显著，曾攻破清军的江北、江南大营，三次进军上海，打败华尔洋枪队，逐渐成长为太平天国后期最重要的领导人物。

太平天国这一场浩浩荡荡的农民运动，将李秀成推上了历史潮流。太平天国后期，由于太平天国内部存在的弊端，逐渐衰退。太平天国被清军攻破之后，李秀成也不幸被湘军俘虏。李秀成在湘军天牢里写下了一篇长达五六万字的《亲供》，即《李秀成自述》。这篇《自述》成为李秀成戎马一生的最大污点，晚节不保。那么这封类似于投降书的自述是否真是出自于李秀成之手？现代很多学者对李秀成投降书的真伪提出了质疑。

《李秀成自述》最先见于清政府宣布的投降书。这份投降书是由曾国藩从李秀成完成的自述之中删改誊抄的一部，而上交军机处。并由九如堂刊刻行世，即"九如堂本"。《李秀成自述》的原本被曾国藩保留下来，从不肯公开示人。但是，人们对曾国藩手中的《李秀成自述》的真伪也有所怀疑。

许多人认为，不论是清政府公布的投降书，还是曾国藩所保留的原本，都并非出自李秀成之手。在清代，作伪弄假之风盛行，清政府极有可能捏造了一篇所谓的《李秀成自述》，伪托是叛军领袖的供状，谎称他们俘获了这个领袖。这篇《李秀成自述》也极有可能是某个著名的俘虏所伪造，或者是曾国藩的狡猾幕僚所伪造。但是又有人提出，如果《李秀成自述》是伪本，那么曾国藩又何必把这么一份显然是假造的文书藏于家中呢？

《李秀成自述》一共分为9天写成，每天写成一部上交，那么全书中间应该就有8个间隔。每天随写随交，正品应该分为9个部分。但是现在所见的《李秀成自述》"原稿"的影印本文字相连，每天都写到最后一页纸的最后一行字，看不出天与天的间隔。因此，这份如此一气呵成的"原稿"极有可能是曾国藩派人将李秀成每天所写的真迹抄在一起而得来的。另外，从字数上看也存在疑问。据说原稿一共有5万多字，然而影印本却只有36000多字，剩下的14000字去哪儿了呢？显然极有可能是被曾国藩删改掉了。从书写形式来看，曾国藩所呈的自述书中对于太平军与湘军的交战情况十分简略，很明显也是被人动过手脚。而且这份自述中出现"上帝""天王"并不多，许多避讳也有问题，例如把该避讳的"清"没有避讳，而不该避讳的"青"却写成了"菁"，这并不符合太平天国的书写规范。从李秀成被捕时间来看，正是酷暑难耐的夏天，严刑拷打、被关囚笼之中李秀成又如何写下这洋洋洒洒的数万言自述。

相反，有许多人认为《李秀成自述》的确是出自李秀成之手。广西通志馆的吕集义来到湖南湘乡曾国藩的老家，有幸见到了《李秀成自述》原稿，并据此而写成了《忠王李秀成自述原稿笺证》。后来罗尔纲先生把《忠王李秀成自述原稿笺证》与李秀成其他书信进行比较，从笔迹、语汇、用词、语气、内容等多方面进行鉴定，他认为这份"原稿"是真品。

对于原稿首尾相连甚好，一气呵成的问题，陈麓先生认为这与个人的书写习惯有关。李秀成作为一个成年人，早已形成了通行书写的习惯。

对于字数缺失的问题，有人认为极有可能是李秀成的夸大的说法，因为不论是曾国藩，还是李秀成本人都不可能去数字数。所谓的五万字是他们估计过高的结果。而曾国藩在誊抄过程中就发现了这个问题，所以在他给不同人的信件之中对于这份自述书的描述也各不相同。

对于曾国藩上呈清廷的文件之中，鲜少提到湘军与太平军交战的问题，也可能是由于曾国藩为了炫耀自己镇压太平天国的功劳，而对原本进行了删减。

钱远熔先生也认为这个"原稿"是李秀成的真迹，甚至还是完整无缺的。曾国藩只对它进行了删改，并没有撕毁或是偷换。

《自述》的真伪可以说是辨别李秀成是否变节投降的有效证据。有些相信《自述》为真的学者认为李秀成投降曾国藩是效法三国时的蜀将姜维投降钟会。他们认为李秀成投降既不是为了荣华富贵，也不是为了苟且偷生。有史料记载，有人问李秀成"你现在准备怎么办"时，李秀成就回答道："死而已啊。"曾由此可见，李秀成不惧怕死。他们经过对清末的历史研究后发现，李秀成投降是希望利用投降这条苦肉缓兵计为太平天国的军队争取喘息的时间，以及保证幼天王的安全。因为当时天京失陷时，守军不过一万多人，而苏、浙、皖、赣四省的交通要道都把握在太平军手中，所以，李秀成被俘后问了一句"天下遂无事耶"的话，正反映出了他的心中有数。而此时被俘的李秀成所要做的首要任务是稳定人心，使各地军队集中起来，得到统一的指挥。要稳定人心，就首先要掩护幼天王。要使各地军队集中，首先要掩护广德、湖州军队的安全撤入江西，进一步还要使清兵暂时停止攻击，然后长江两岸军队才得乘机迅速完成会帅的任务。所以，李秀成才用了投降这条苦肉缓兵计。

这种猜想不无道理，毕竟李秀成生前在战场上英勇善战，对后期的太平天国的政治、经济、军事都产生了重大的影响。也许只有真正地解开《自述》真伪之谜，这个被后世争论了半个世纪之久的论题才能画上句号，才能更合理地论断他的功过。

◎历史话外音

戈登曾经这样评价过李秀成：如果你能有幸目睹忠王的风采，你就会相信，像他那样的人，注定会成功。不论抚台（李鸿章）、恭亲王还是别的王公贵族，在他面前都相形见绌。他是太平军拥有的最勇敢的、最有才能的、最有创业精神的领袖。他比其他任何太平军首领打过更多的仗，而且常常是打得很卓越的……他是唯一的一位死了值得惋惜的太平军领袖。

甲午冤案：方伯谦是临阵脱逃还是勇敢抗战

中国史学在近十几年来相比之前而言，有了一个很明显的变化，那便是把历史学与政治拉开，能尽量摆脱从政治因素考虑史学问题。由于有了这样的变化，历史研究中的种种非历史倾向则呈现出更加复杂的面貌。如耐人寻味的甲午海战中方伯谦被杀的"冤案"问题，就是其中一个在这种大环境影响下引发出的讨论。

方伯谦，中日甲午海战中，中方北洋水师"济远"号装甲巡洋舰管带（舰长），是当时中国唯一一位参加过两次甲午海战的管带。光绪二十年（1894年）的丰岛海战，济远舰以一敌三，获得意外的胜利，管带方伯谦也因此得到清廷的嘉奖重视。但是，同年黄海海战（大东沟海战）后，济远舰管带方伯谦却以逃军罪被诛杀。200多年来，大部分史书都沿袭当年清廷的说法，把方伯谦定位为贪生怕死、临阵脱逃的国家败类，甚至把他说成是导致北洋水师在黄海海战中战败的罪魁祸首。然而200多年后，后人对方伯谦案再研究后发现，事情并不是这么简单。他很有可能在某些有权势的人的舆论造势下，担负了几百年的"罪人"虚名。

据说方伯谦被清政府处斩之后，方妻曾经进京告过御状。后来，方家后人又为他大鸣不平。但这并没有引起当时史学界的关注，因为他们坚信清廷的说法——方伯谦是临阵脱逃，这是一段毋庸置疑的早有定论的历史。然而在近几十年来，方伯谦的后人多方奔走，为方伯谦鸣冤伸屈。出乎人意料，他们的努力竟有了结果。

顿时为方伯谦翻案的声音四起，难道方伯谦果真是被冤杀的吗？其实方伯谦是否冤杀的问题关键在于他是否临阵脱逃。为他翻案的人说他不是"逃跑"，而是"退却"。甚至还说方伯谦的主动退却为北洋水师保留了一艘军舰，不但无罪，反而有功。然而明眼人一看就会觉得这种论调荒唐至极。

为方伯谦翻案的人还提出，战争的失败不应该由方伯谦这一个小小的管带承担责任，当时的方伯谦的直属领导丁汝昌、李鸿章等也是罪责难逃。因此，方伯谦案实属冤案。然而根据《中倭战守始末记》的记载，甲午海战中幸存的洋员反映，中日两军交战之时，方伯谦一早就挂上了本船已受重伤之旗告水师提督，之后就想要逃出战场，但是无奈被日军军船阻断去路。而此时致远、经远两艘军舰正与日船进入殊死苦战。方伯谦非但没出手帮忙，甚至还置而不顾。驾驶济远舰像丧家之犬般地仓皇逃出，谁知道撞上了搁浅的扬威船，使得扬威船破了一个大口，不久就沉没了。而方伯谦更惊骇欲绝，飞一般地遁入旅顺口。加上当时日方的军事记录，可见方伯谦的出逃是有证据可循的，并非冤假错案。那么日方当时对这件事是怎么记录的呢？

日舰第一游击队第二舰高千穗某尉官有一份亲笔记述，称："敌终于不支，四分五裂，全面溃败。济远、广甲首先向西南败走。"第一游击队旗舰吉野号作为首舰，其司令官坪井航三少将的报告说得更为具体详细：3时30分，致远右舷倾斜沉没。经远仍在大火中挣扎，而且遭受破损，进退不得。最后敌阵终于全面溃散，各自逃遁……济远则先于他舰逃遁。（《中国近代史资料丛刊续编·中日战争》七，第238页）船员的证词、日方的记录都指证了方伯谦是驾济远舰先逃离战场，临阵脱逃的。那么事实真的是如此，还是如方伯谦自己所言，济远伤重，不得已而逃呢？

据方伯谦自称，济远是因"伤处甚多，船头裂漏水，炮均不能放"。作为管带的他不得已才下令让济远脱离战场，速回旅顺修理的。当时方伯谦一说出这个原因，李鸿章马上认为方伯谦所说"情有可疑"，而丁汝昌也证方伯谦所言存在不实的地方。据当时的船员哈富门所言，人们可见当时的济远舰仅有两门大炮受损，不能运动，并不是所有的"炮均不能施放"。而且当时的船头并没有破裂漏水，也不至于伤重到不能继续作战的地步。所以，济远提前回岸的理由是不能成立的。而方伯谦所言只是为了给自己临阵脱逃的罪责进行开脱。

为方伯谦翻案的人还提出了"西战场"说的论点。何谓"西战场"？据论者说，致远沉没后，济远非但没有马上逃走，反而独自开辟了一个"西战场"，与日军进行了殊死搏斗。当时的"西战场"说一出台，就引起了学术界的震惊。当时的论者对这一说法进行了详细描述以求证明方伯谦的无辜。他说：济远是当时唯一留在西战场死战不退的军舰，苦战4小时，到下午5：30才由于"无可战"而退出战场……日舰怕济远后炮，不敢猛追。直言当时济远舰英勇无比，打得连日本人都着于把这段历史明写。然而史学家经过实地考察、史料分析后发现，所谓的"西战场"说，完全是靠思维创造的"历史"，乃子虚乌有，与真实的历史无涉，无须加以驳辩。

历史的证据能擦亮人们辨别是非的双眼，方伯谦其案实难说冤。

◎历史话外音◎

有时候，世人为前人翻案是为了满足自身需要而进行的行为，其后人为了挽回家族的名声不断进行努力这无可厚非。但是历史既然已成为历史，那便让它悄然沉淀，只要能吸取教训，这样的历史才是有益的历史。为了一己所私，而执意对一些早已成定案的案子反复探讨，这样并不利于社会的进步。

甲午战争日军登陆案：具体登陆点在何处

1898年，朝鲜爆发东学党起义，中日同时对朝鲜驻兵以平息起义事件。事件平息之后，日军继续增兵朝鲜，并且突袭了已经撤退的中国运兵船"高升"号，日本陆军也同时向驻牙山中国军队发起进攻，蓄意挑起双方矛盾，清政府被迫向日本宣战，甲午中日战争爆发。

从1894年8月战争爆发到1895年4月结束，甲午中日战争共分为三个阶段。第一阶段1894年7月25日至9月17日，在此阶段中，战争场地主要在朝鲜半岛及海上，陆战主要是平壤之战，海战主要是黄海海战。战役中国损失严重，北洋舰队损失了"致远""经远"等五艘船舰，死伤官兵千余人。第二阶段从1894年9月17日到11月22日，在此阶段中，战争在辽东半岛进行，有鸭绿江防之战和金旅之战。但是不到三天，清军驻兵三万的鸭绿江全线崩溃，日本在旅顺展开旅顺大屠杀，中国军民死伤无数。第三阶段从1894年11月22日到1895年4月17日，在此阶段中，战争在山东半岛和辽东两个战场进行，有威海卫之战和辽东之战。威海卫战役中北洋舰队全军覆没，辽东战役中清军六万多大军从辽河东岸全线溃退。

可以说，历时6个月的甲午中日战争，是中国近代史上的重要事件，也是清政府的耻辱。战争失败之后，中日之间签订了不平等条约《马关条约》，使"亚洲现在是在三大强国的手中——俄国、英国和中国"之中的中国丧失大量领土和白银，从此清政府的独立自主权逐渐破坏。

日本在辽东半岛登陆中国之后，甲午中日战争就由一场海上战争演变为陆地战争。可以确定的是，日本首先在山东登陆，然而具体位置又是哪里？关于具体登陆点，一直都是众说纷纭，莫衷一是，历来有四种说法。

第一，山东荣城。持这种说法的是亲身经历过甲午中日战争的陈兆锵，陈兆锵在北洋舰队"定远号"上任职。据他所说，日军登陆的具体位置就在今荣城县城崖头东北80多里的龙须岛西部。

第二，龙须岛。这种说法主要来自《会陈海军覆亡禀》的记载："至十二月二十五日（即公元1895年1月20日），倭以水陆劲旅自龙须岛登岸，破荣城县城，攻桥头等隘。"另外，海军提督丁汝昌致李鸿章的电报里也说："两船向龙须岛驶，二十二船在灯塔处或二英里处或八英里游弋，必是倭船有登岸之举。"由此，大多数人都比较信服此种观点。

第三，落凤港。此种说法主要来自于日军登陆的第二天，山东巡抚李秉衡致清政府的电报："昨调倭岛、里岛防营折赴龙须岛，尚未赶到，而倭人于落凤港登陆，径赴荣成县。"另外，《盾墨拾余》也记载了曾一度在战争期的上书："二十五日，倭以运船四十艘，载陆兵由落凤港登岸，扑荣城县。"这种说法虽然得到了一部分人的认同，但是从当代史著却并不认同这种观点。

第四，金山嘴。这种说法也来自于清兵总兵刘超佩致李鸿章的电报，在日军登陆第二天刘超佩致电李鸿章说："二十五日早四点钟，倭船三四十只在龙须岛、倭岛、里岛游弋，嗣于龙须岛、倭岛交界之金山嘴水深处下兵……贼兵蜂拥而上，枪队不能存身，退回荣城。"

○历史话外音○

甲午一战，日本获得巨额战争赔款，舰艇等战利品的价值也有一亿多日元。而当时日本政府的年度财政收入只有八千万日元。甲午战争后，日本在战略上对中国东北、华东构成了直接威胁，成为侵略中国的跳板。

第十二章

古墓探秘绝案

—— 看古墓玄机，听惊天秘闻

孤竹国：遗址之谜

"夷齐让国""老马识途""耻食周粟""首阳采薇"等人们耳熟能详的成语典故，让后人知道了许多源自"孤竹国"的美德故事。然而，这个滥觞于商初，衰于西周，亡于春秋，存续近千年的"孤竹国"究竟都城在哪，却一直是个谜。

文献记载，孤竹（亦作"觚竹"）最早见于殷墟甲骨文和商代金文，在今河北卢龙、迁安一带和辽宁西部出土的商代青铜器上，有的铸有"孤竹"铭文。孤竹古国则建于夏末，兴于殷商，从立国到灭亡存在940多年（约公元前1600~前660年），历经商、周、春秋三个历史时期，是青铜时代中国北方年代最久远、辖地最广阔的奴隶制诸侯国之一，也是今冀东地区文明史的开端。然而，孤竹千年国都究竟在哪，一直没有确切的答案，有说在辽宁朝阳，有说在河北迁安，也有说在河北滦县，还有说在河北卢龙。

孤竹国的管辖范围，一直是一个谜，那么，孤竹国到底名归何处？在商时期孤竹国分封以后至西周以前，孤竹国的辖区应该是辽宁省的朝阳、锦州，河北省的承德、唐山、秦皇岛以及所辖的大部分县区。到了东周时期，孤竹国的辖区仅剩现在的卢龙、昌黎、抚宁、青龙以及秦皇岛的范围了。"在喀左、卢龙、蓟县等地的考古结论表明，商朝时的孤竹国坐落在横跨冀东长城内外的一大片区域上。"有史学家认为，其管辖及势力范围，不仅包括今秦皇岛、承德、唐山和辽宁省的部分地区，还可能包括天津、北京两市东部的部分地区。而秦皇岛民间文化学者对于孤竹国的管辖范围另有新说，其认为，孤竹国并不太大，只是在从最初的50公里到后来又不足50公里的地方，而并不是一个拥有上千里地域的国家。而燕国在齐桓公的帮助下所到达的孤竹国，也只不过是到达了今卢龙和迁西、迁安一带。

近年，越来越多的"证据"将孤竹国都指向卢龙。河北卢龙蔡家坟引起专家和媒体的持久关注。这个位于滦河东岸、青龙河以南、县城西南6公里，只有四五百人的小山村，因清朝兵部尚书蔡士英的墓地建造于此而得名。现在，它正离传说中的"孤竹国都"越来越近。据《史记·伯夷列传》注引《括地志》所记，"孤竹古城在卢龙县南十二里。"从汉代《史记》和后代文献记载的方位来看，孤竹城在今河北省卢龙县境无疑。在今卢龙一带，有许多关于伯夷、叔齐的传说与遗迹，如"夷齐故里""夷齐井""夷齐庙""清风台""夷齐读书处"等。这里长期流传的民谣中有"滦水之北夷齐里，滦水之东孤竹城"这样的句子。这些都可以印证孤竹古城在卢龙。

关于孤竹古城遗址也有一些不同的记载和说法，如《汉书》记"辽西郡令支县有孤竹城"，令支县在今迁安东。迁安与卢龙两地相邻，距离很近。迁安学者根据清代史籍《滦河濡水源考证注》提供的方位，明确提出：孤竹古城处于滦河北岸的迁安坨上村和处于滦河南岸的滦县孙薛营村及其附近。对于这些歧异的观点，可以认为孤竹国存在近千年，政治中心城可能因当时需要有过近距离的迁徙，并不为怪。孤竹国的统治区域并不大，这是商周时期分封各地的诸侯国共同的情况。但是近年有许多学者著文说：历史上常把孤竹国说成是屈居一隅的小诸侯国是不当的，孤竹国是一个地域辽阔的北方大国。关于孤竹国地域辽阔的说法并没有为史学界所公认。有些学者著文指出，孤竹国不是商朝在北方的弱小诸侯国，但也不是一个地域广大的侯国。

1956年以来，河北省文物考古队先后在该县发现细石器、陶器、青铜器等商时期文物。2009年，卢龙"玄鸟生商的传说"被省政府批准为第三批非物质文化遗产。同年6月，卢龙被中国文联、中国民协授予"中国孤竹文化之乡"。2010年，该省第三次文物普查将蔡家坟村的北岭确定为商遗址。此后，经过当地多方考证，发现北岭还曾被称为"孤子城"，并曾出土过大量的青铜器、陶器、石器等。加之蔡家坟位于今县城南6公里处，且靠近玄水（青龙河）和濡水（滦河）两河交汇河道，地理位置与文献记载相吻合，专家学者初步判断这里或是存续千年的孤竹国国都所在地。然而，河北省文物局文物保护处有关负责人在接受记者采访时曾表示，对于这种推断是否正确目前尚缺乏直接证据。如确是孤竹国都遗址所在地，经发掘应该存有城墙等建筑基址、祭祀遗迹以及大型贵族墓葬群等。

◎历史话外音◎

事实上，发现和发掘遗址的最大意义更在于孤竹文化、夷齐精神有了载体和依托，有了人们可观可感可具象的真实空间，当然，夷齐也就有了无可辩驳的故里，可以真正地魂归故里了。从这个意义上讲，孤竹国都的发现，其影响不亚于任何一个古代遗址的发现。

探秘中国古代第一位女将军：商代妇好墓之谜

女将军，多数人的第一反应都会想起替父从军的花木兰，或者是杨门女将。将军素来受人敬仰，女将军就更让人钦佩有加。尤其在冷兵器时代，一对一的较量讲究弓马武艺，实打实的蛮力在对抗中占有绝对优势。女子在体质上天生处于弱势，能够踏上战场已属不易，花木兰、穆桂英有此成就自然值得后人大书特书了。

那么，中国古代第一位女将军到底是谁呢？

一个偶然的发现，打开了一扇神秘的大门。一个女人的名字，引出了一段千古传奇。为什么礼器和斧钺与她同在？为什么她死后埋在宫殿之侧？殷商王朝的遥远岁月，三千年前的风云际会，这个女人究竟扮演着什么样的角色？

1976年春季，女考古队长郑振香带领社科院考古所安阳工作站的工作人员在小屯村西北的岗地上挖掘一处建筑基址，在一处房基的下面发现了一座可能是在商代陵墓中唯一没有被盗的一座古墓，也就是说，这很有可能是唯一一座墓主人可以考证的商墓，那么这个墓究竟属于谁呢？为什么会有人被埋葬在国王生活和处理国事的宫殿下呢？

在专家对出土文物进行整理和清洗时，发现其中有铭文的青铜器共210件，其中关于妇好的铭文就有109件。墓中出土的青铜钺做工精细，形式威猛，两面都饰有虎扑人头像，这是军队最高统帅的象征，一般人是绝对没有资格手持这样的铜钺的。另外，一个大鼎引起了专家们的注意。这个大鼎外形厚重，文饰精细，重量仅次于后母戊方鼎，是目前中国出土的第二大鼎。尤其是其上刻着"后母辛"的字样，根据考古科学的研究，"母"代表是儿子奉献的，而"辛"应该就是墓主死去时的庙号，根据商代的习俗，以天干为庙号的人名，只有国王与王后。从这些出土的器物种类，还有器物上的铭文来看，证实了墓主人正是甲骨文中记载的那位英武的女将军、尊贵的王后——妇好。

那么，妇好究竟是一个什么样的人？

首先，目前掌握的历史资料告诉我们，商代中兴之王武丁的妻子妇好除了是尊贵的王后，也是中华巾帼第一将。3000多年前，这位征战四方的王妃披坚执锐，跃马疆场，为商王朝立下了汗马功劳。

据甲骨文记载，妇好曾多次协助武丁运筹帷幄，决胜千里，自己也经常亲率士兵，披甲上阵。"辛巳卜，登妇好三千，登旅万，呼伐羌。"这句话的意思是妇好在领地征召精兵3000，又会合了1万多名普通战士，向西部的羌方进攻。这是甲骨文中记录出动兵员最多的一次战争，最高统帅正是武丁的爱妻妇好。

武丁赏识妻子的指挥才能，封妇好为商王朝的统帅，让她指挥作战。从此以后，妇好率领军队征讨四方，前后击败了北土方、南夷国、南巴方，以及鬼方等20多个小国，为商王朝开疆拓土立下了不朽战功。

妇好墓中出土的两件大型青铜钺，刃宽达30多厘米，重量近9公斤，颇似梁山好汉李逵的板斧。钺上铸有"妇好"铭文，这两件大钺正是她权力的象征。在兵荒马乱、执戈为武的年代，把军国大事都交到一位女性手上，可见妇好在当时的显赫地位。

另外，妇好很有可能是地位显赫的祭司。

妇好的重要性，除却王后和一流的军事将领的尊贵身份外，还体现在她拥有一个特殊的职位，那就是主持祭祀的占卜官。在她那个时代，人们迷信鬼神，崇尚天命，非常盛行祭祀占卜，特别是商王室和奴隶主统治阶级，几乎所有国家大事都要反复占卜、祈问鬼神。因此，祭祀是最重要的国事活动之一。而掌握这项最高神职权力的祭司，要具有广博的学识、崇高的地位，通过与鬼神沟通，成为国家重大国事的实际决策者。

按照商代礼俗，祭祀中奉献的祭祀品上应该出现供奉人的名字。而在妇好墓中发现的大量青铜礼器，包括首次发现的商朝巨型炊器，上面都刻有"妇好"的铭文，可见妇好生前受命主持祭祀的规模之大以及参与祭祀活动的次数之多。

其实在那个年代，能够主持祭祀的人必定非同一般。但妇好崇高的威望，显赫的地位，渊博的学识，帝王的信赖，这些条件使她自然而然地成为地位显赫的祭司。

最后，妇好也有可能是嗜玉如命的女子。

妇好的墓葬中共出土文物1600余件，其中的玉器就占了755件。可见妇好是一个嗜玉如命的人。其中最重要的一件玉器就是一个跪坐的玉人，专业术语叫"踞坐"。关于妇好墓出土的这个玉人，还有一个没有被解开的谜团：那就是有一个不明物体从玉人的左侧插入后背，从侧面看得很清楚，许多专家都不能叫出它名字，暂时只好定一个名叫"柄形器"。人们对这个玉人有诸多的猜测：首先，这个玉人就是妇好自身形象，身后的柄型器应该是一个礼仪用具，但具体的作用就不得而知了。其次，这个玉人也可能是一名巫师的形象，那么柄形器就有可能是一个法器了。但是这些说法都没有足够的证据证明它的真实性，所以只是人们的一种美好猜测罢了。

妇好以及妇好墓留给人们疑惑的地方还有很多，比如为什么妇好的墓会出现在宫殿区，而不是出现在王陵区呢？商代的墓葬上面一般都不会有房子，为什么妇好墓上就有一座同时期的房基呢？诸如此类的历史疑问只能等待日后有更多的考古学家们去为我们揭开谜底了。

◎历史话外音◎

在中国几千年的文明史中，地位能像妇好如此显赫的人屈指可数，一代女皇武则天，奢靡清后慈禧……历史的烟云难掩其功过，尽管对妇好的记载只是存在于寥寥无几的甲骨之中，但这样一位巾帼英雄、尊贵王后，还是随着妇好墓的发现绽放其特有的光芒。

功过难定：秦始皇陵修建地宫之谜

公元前221年，秦始皇统一中国。这位在生前骄横跋扈、性情不定的始皇帝，在死后留下的陵墓依然扑朔迷离，成为中国考古史上最重要、最难破解的谜团之一。

40余年来，关于秦始皇陵的考古工作从未停止过，虽然近来又有重大发现，但陵园最大的秘密———地宫之谜，仍然深藏在地下等待后人发掘。地宫是放置秦始皇棺椁和随葬器物的地方，两千多年来，深藏地下的地宫构成了先秦文化中最大的谜团之一。

秦陵地宫内部结构情况，司马迁在史记中作了详细的记录。

始皇即位后就开始修建陵墓，统一中国后，从各郡县征来70余万人，在骊山挖成既大又深的地宫，令工匠做了防盗的机弩矢，以水银为百川江河大海，用机械相互灌输，上具天文，下具地理，以人鱼膏为烛，让它永久不灭。秦二世胡亥下令后宫有子者从死，一群嫔妃宫女就这样为秦始皇殉葬了，秦始皇尸体下葬和陪葬一切安置之后，所有工匠葬于墓道内，无一幸免。

1981~1982年，中国地质科学院物探所两次测试，发现封土中心部位有汞异常反映。经1988年以来10余年的仔细勘探，发现了地宫周围的地下宫墙，系用未经烧制的砖坯砌成，四面有斜坡门道，东边五个，北边西边各一个，宫墙之内平面近方形的地宫，面积18万平方米。

著名考古学家夏鼐先生生前曾推断，当时在墓室顶部绘画或刻日、月、星象图，可能保存在始皇陵。秦陵地宫顶部可能绘有代表天体的二十八星宿图，地宫中部安排着百宫次位、宫观台阁，下部是以水银做成的百川江河、大海。

地宫的深度是研究者们争议最大的地方。其中最大胆的推断出自于欧洲核子研究中心的研究人员，他们推断地宫的深度在500~1500米。

既然地宫达到了如此的深度，那么，随之而来就会产生一个工程技术上的问题，这就是采用什么方式去处理地下水呢？在始皇陵附近的村民家中，散落着许多五边形的石质材料，大小规格非常精确，经专家检测，这是当年始皇陵地面建筑的排水管道，两千多年前的排水设施依然那样坚固、结实，可见当年工程的严格。

在地宫结构的研究方面，大多数人的意见认为秦始皇陵地宫的结构形式，不可能超越时代，而应当和春秋战国及秦汉时期的大型墓室结构近似，即多层台阶或近似方形的土圹，但其土圹的规模应较目前已知的大型墓室大许多倍。

《史记》记载，地宫内"以水银为百川江河大海"。中国地质调查研究院研究员介绍，通过物探证明，地宫内的确存在着明显的汞异常，而且汞分布为东南、西南强，东北、西北弱。如果以水银的分布代表江海的话，这正好与我国渤海、黄海的分布位置相符。"秦始皇曾亲自到过渤海湾，所以他很可能把渤海勾画进自己的地宫。如果这被证实，说明秦代对中国地理就有了调查和研究，也是个新发现。"研究员说。

地宫中弥漫的汞气体还可使入葬的尸体和随葬品保持长久不腐烂。而且汞是剧毒物质，地宫中的水银还可毒死盗墓者。

近十年来，陕西省秦俑考古队在秦陵封土周围进行了细致的钻探工作，考古人员在秦始皇陵四周找到了若干个通往地宫的甬道，发现甬道中五花土并没有人为扰动迹象。

既然地宫依然保持完好，我们为什么没有发掘呢？

作为古代陵墓遗迹，国家一直主张保护为主，长期以来，出土文物的保护一直没有得到很好的解决，这是限制发掘工作的主要原因，目前在没有完全了解地宫情况的基础上，因为现在我们还没有一种特殊的发掘或探测技术，既能够了解地宫情况而又不毁坏地宫，所以贸然发掘将会出现许多意想不到的情况，到那时再采取措施就来不及了。

◎历史话外音◎

如果有朝一日秦陵被发掘，那么，人们就会发现一座灿烂文化艺术的文物宝库，那将是人类历史上无与伦比的最为壮观的考古发现，到那时，所有关于秦始皇陵的一切谜底或许就会大白于天下。

一醒惊天下：金沙遗址多悬疑

谈起成都，浮现在人们脑海中的三张名片一直是：大熊猫、都江堰、武侯祠。60年后，位于中国西部的"第四城"又添了一张很有分量的城市名片：金沙遗址。

2001年2月8日，四川省成都文物考古研究所所长王毅接到一个让他铭记终生的电话。电话中称：一个房地产项目在位于成都西部的金沙村施工时，挖出了很多像象牙的东西，还有些小玉片，好像与三星堆有关系。就是这么一个的电话，揭开了一个震惊世界的考古发掘序幕。

在接下来的发掘中，金沙遗址出土的文物，无论从数量上还是从质量上，都让见多识广的考古专家们震惊、兴奋、喜悦。目前，金沙遗址已出土各类金器、玉器、象牙器等珍贵文物6000余件。考古专家初步判定，金沙遗址的年代大约是商代晚期到西周早期，即距今大约3000多年前。这些文物再现了商代晚期至西周时期古蜀文化的辉煌。数量惊人、质量上乘的金沙遗址考古发现令人兴奋，专家们的初步结论让人振奋。然而，金沙遗址也宛如疑问丛生的惊悚电影，留给人们太多的悬疑。

首先，金沙遗址真的是三星堆文明迁移、延续、繁衍的地方吗？

在金沙遗址的发掘中，考古专家们对发掘出来的器物有一种似曾相识的感觉。从出土器物的形制上看，很多器物都与距金沙村大约30公里的三星堆祭祀坑出土的器物非常相似。其中，金面具、金冠带和青铜小立人尤其如此。

除了器物相似之外，相距不远的两处古文明遗址之间，究竟还有什么更深的内在联系呢？

当年，在发掘三星堆遗址时，其祭祀坑也曾让人们迷惑不解。大量的象牙、青铜器堆积在一起，似乎是某种特别的仪式。而出土的文物中，很多都有被灼烧过的痕迹，有些则被人为地破坏过。

金沙遗址出土的青铜器也一样，有很多已经碎裂成残片。难道这其中有从三星堆继承来的特殊仪式吗？

如果金沙遗址真的是三星堆文明的继续，那么，为什么三星堆的先民要离开故土来到金沙呢？太多的疑问困扰着人们并挑起人们寻根问底的强烈欲望。

其实，两个遗址出土的大小两个极其相似的青铜立人也略有差异。

三星堆的大铜立人的发髻是别起来的，而金沙的小铜人则梳着辫子。对三星堆的研究显示，凡是头发扎成发髻的，都是身份较高的祭司，可能是宗教权力的掌控者，而梳辫子的可能代表着世俗权力。

这个貌似不起眼的差别，暗示了一个重大的历史信息。专家推测，三星堆王国的覆灭，很可能就是由于这个梳辫子的"世俗派"和扎发髻的"宗教派"在权力分配上发生了问题，从而导致内部争斗。争斗结果使"三星堆王国"分裂，其中获得权力最大的一部分人，可能就是金沙遗址的主人。他们从扎发髻那个人手中夺得宗教权力，并在三星堆遗址南面一点的金沙村建立了新的城市。

金带图案的问题也因此得到一种解释：来到金沙的人只是三星堆先民中的一个种族，所以他们只用了图案的一半。

这一猜想告诉人们：三星堆文明并没有突然毁灭，至少它的一部分百姓转移到了金沙一带，并延续着从前的文明习惯和记忆。

其次，3000年前的金沙何以产生如此之高的文明？

金沙遗址出土的石磬、太阳神鸟、玉璋、玉琮，无不彰显当时社会的高度文明。可是人们仍然不明白，为什么在3000年前的古蜀王国会有如此高的文明？是什么造就了它的发展？

北京大学考古文博学院副院长认为，成都平原属盆地地区，周边较高的地区当时很可能有着很高的文化。成都平原又属于亚热带季风气候，温暖湿润，雨量充沛，而且有很多的河流。当时茂密的丛林很适宜人类生存繁衍。正因如此，四周的居民开始慢慢向这里聚集。来自不同地域的人，带来了不同的技术和艺术。各方文化在这里汇集，这里就形成了中国西南地区最重要的政治、经济和文化中心之一。

最后，如此之高的文明为何没有文字记载？

金沙遗址出土的大量金器、玉器，显示出当时精湛的工艺。金沙先民处于先进的农耕文明，但这种高度的文明到目前为止仍没能找到任何文字记载。难道当时没有文字？

在金沙遗址的发掘中，出土了大量卜甲。但奇怪的是，在这些卜甲上没有留下任何文字。古蜀王国这一段辉煌的文明因为缺乏文字记载，仿佛在3000年前突然神秘消失。

据考古专家说，商代晚期至西周时期，并非没有文字，殷墟甲骨文就是最好的证明。在殷墟甲骨文被发现之前，人们并不知道商周有文字存在。在殷墟出土的龟甲、兽骨上可以发现，商代晚期商王室及其他商人贵族，在龟甲、兽骨等占卜材料上记录了大量的与占卜有关事项的文字，也包括少数刻在甲骨上的记事文字。这个时候人们才恍然大悟，原来商周不但有文字，而且相当成熟。

虽然目前金沙遗址中发现的卜甲上并没有任何文字，但这并不代表古蜀国就没有文字存在。现在发掘的仅是金沙遗址中的冰山一角，更多有价值的金沙文化还有待进一步的发掘。而文字并不一定都刻在卜甲上，它也有可能刻在其他可以刻字的材质上。因此，现在还不能下"古蜀国无文字"的定论。

相信随着对金沙遗址的进一步发掘，金沙文明缘何未留下只字片语的悬疑将获破解。

除此之外，金沙遗址还有许多未解之谜仍然困扰着我们：出土的金箔"太阳神鸟"是何寓意，它是如何被制作出来的？数量众多的象牙来自何方？祭祀区、墓葬区又有着怎样的故事？金沙遗址的发现，带给我们欢喜和诸多的困惑。在未来的时间里，随着对金沙遗址发掘的不断深入以及新的考古发现，人们有理由相信，对金沙遗址的种种悬疑和猜测将得到逐一解答。人类就是在提出疑问、追寻答案的过程中，不断完善对自身的认知的。

◎历史话外音

中国著名古建筑专家杨鸿勋先生来到金沙遗址，对祭祀区这座建筑遗迹进行仔细考察后认为，这是一处神圣的祭祀建筑——社，他称之为"古蜀大社"。"古蜀大社"是有类似亭子顶部构造的建筑，打破了长期以来单纯木构平台、没有顶部的建筑物构想。

银雀山竹简汉墓：究竟是谁人所有

1972年4月，山东临沂县卫生局的工作人员来到了古城城南两座低矮的小山上进行基本建设。这两座山距离很近，景致却有着明显的不同。每到夏季，一座山上开满了金雀花，而另一座山则开满银雀花，因此人们称它们为"金雀山"和"银雀山"。

施工过程中，工人们在银雀山上发现了古代墓葬。经专家勘察证实，这里是一处规模很大的汉代墓葬群。随之，考古工作者发掘了其中的两座墓葬，并将其编为"一号汉墓"和"二号汉墓"。

这两座汉墓中的陪葬物种类很多，有陶器、铜器、漆木器等，其中最重要的就是夹杂在陶器和漆木器中间的大量竹简。由于长年埋在地下，不断被雨水浸泡，再加上器物挤压，编缀竹简的绳子早已腐朽，竹简非常散乱，有些都已经扭曲变形，颜色也变成了深褐色，幸而，上面的字迹大部分还能辨认。最后，经过考古人员的认真清理，两座墓中共出土了竹简近5000片。

出土的竹简分长短两种，竹简长的达27.5厘米，短的也有18厘米，它们的宽度一样，都是0.5厘米。每片竹简上书写了20~40个字，内容相当丰富。

秦始皇的焚书坑儒使先秦文献付之一炬，史学家们每次从民间觅得一些前秦文献的踪迹都倍感珍贵。银雀山墓葬发掘出如此大量的、有价值的竹简，在考古史上具有里程碑式的意义，被誉为中国当代十大考古发现之一。

重大发现让人们欣喜，疑问也随之而来：墓主人究竟是什么人，为什么要使用如此之多的竹简陪葬？

有人根据竹简所记录的内容推测，墓主人很有可能是一位将军。银雀山汉简绝大部分是古代兵书，有《孙子兵法》《孙膑兵法》《六韬》《尉缭子》等20多篇著作，这些著作中还有不少是佚书或是首次被发现的古代书籍。而且,《孙子兵法》和《孙膑兵法》同时出土,说明这两部兵法至少在西汉早期就已经成为独立成篇的军事著作,也证实了司马迁在《史记》中关于孙武是齐国人,他把兵书十三篇献给吴王阖庐;以及孙武死后百余年,又有了孙膑,齐国大将田忌把孙膑推荐给齐威王,齐威王向孙膑问兵法,然后拜他为军师的记载。

银雀山汉墓中出土的《孙子兵法》竹简是中国迄今为止发现的最古老的版本,说明古代的《孙子兵法》是13篇,而不像有些古籍记载的那样共有82篇。竹简的发现也让早已失传的《孙膑兵法》的内容大白于天下。

试问,一个与军事无关的人,怎么会费尽心思收集如此之多、如此珍贵的军事学资料?如果此人仅仅是一位普通军事爱好者,他又何来此财力、此人力完成如此高难度的收集工作?银雀山汉墓出土的竹简,几乎可以陈列一个兵书博物馆,这显然不是普通人能够做到的。

还有一种说法认为,银雀山汉墓的主人应该是一位藏书家。从考古发掘工作来看,墓中除了大量的宝贵竹简,几乎看不到其他的奢华的陪葬物。如果墓主人是一位将军,墓室必然修得高大豪华,陪葬物会非常丰富,银雀山汉墓的实际情况却不是这样,过于寒酸了。墓中也没有发现能证明主人高贵身份的陪葬物、文献等。

银雀山汉墓的竹简字体接近秦末汉初的字体,这个时段中国正是战乱频繁的年代,人们的物质生活都得不到保证,很少会有人去关注文化保护工作。珍贵的文献很有可能在战乱中遗落或者被战火焚毁。因而有专家大胆推断:墓主人很可能继承了家传藏书,为了保护这些珍贵的文物,他将它们藏匿进了墓穴中。也许,早在墓主人进去墓穴安眠之前,这些竹简就已经被埋藏地下了,因而它们逃过了千年来的场场兵灾战火,能将古时代失落的文化重现于我们面前。

◎历史话外音◎

银雀山竹简汉墓博物馆坐落在临沂市兰山区银雀山西南麓,为省级重点文物保护单位。1972年4月在银雀山西汉一、二号墓发掘出土了以《孙子兵法》和《孙膑兵法》竹简为主要内容的先秦古籍,轰动国内外,是建国以来十大考古发现之一。

三星堆:揭开古蜀国的神秘面纱

唐代大诗人李白那首脍炙人口的《蜀道难》不仅描绘了蜀道的险峻巍峨,也道出了古蜀国的历史,扑朔迷离,神秘莫测。

四川广汉甫兴镇上,有一条被称为马牧河的古河道蜿蜒流过,在三星堆村形成一月牙般的湾——月亮湾。河的南岸,三个起伏相连的黄土堆与之相望,此处就是清《嘉庆汉州志》记载的三星伴月堆。这里也就是古蜀先民生息繁衍之地,闻名中外的三星堆遗址。

3200年前,在三星堆因为一个神秘事件的发生,致使几千件王国的宝器,历经损毁埋于地下。由于没有文字记载,那场祭祀仪式的原因和位置从此消失殆尽。1986年,两个商代大型祭祀坑的发现,震惊了中外学术界。上千件稀世珍宝赫然现世,轰动了世界。沉睡地下3000多年的青铜器、玉器、金银器等文物出土,美轮美奂,神秘异常,使人们对人类祖先的生活充满无尽的遐想,也给我们留下了众多难解的谜团:

第一谜:三星堆文化来自何方?

在三星堆发掘的数量庞大的青铜人像、面具不归属于中原青铜器的任何一类。青铜器上没有留下一个文字,简直让人不可思议。

出土的"三星堆人"高鼻深目、颧面突出、阔嘴大耳,耳朵上还有穿孔,造型夸张神秘,看起来不像中国人倒像是"老外"。与商周时期留下的青铜器所讲究的气度稳重庄严不同,三星堆青铜人像讲究的是飘逸、超脱,充满神奇的想象力。四川省文物考古所三星堆工作站站长在接受记者采访时认为，三星堆人有可能来自其他大陆，三星堆文明可能是"杂交文明"。那么，历史上的三星堆究竟是怎么样的？

公元前3000年前后的四川盆地尚是一片荒蛮之地，其时当地居住着两个大的族群：东南部的苗蛮族和西北部的羌人。根据古羌人的传说，他们的祖先来自西北部的高原，他们到达现在的成都平原之后，曾与当地原始部落民族有过一段互相征讨的历史。后来，一个叫蚕丛的羌人首领称王，由于蚕丛有纵目，后来的羌人就铸了大量青铜纵目面具纪念他（《华阳国志·蜀志》："有蜀侯蚕丛，其目纵，始称王。死，作石棺石椁，国人从之，故俗以石棺椁为纵目人冢也。"），这似乎是古蜀人来历的一个较佳解释，但传说毕竟是传说。

第二谜：古蜀国为何突然消失？

古蜀国的繁荣持续了1500多年，然后又像它的出现一样突然地消失了。历史再一次衔接上时，中间已多了2000多年的神秘空白。关于古蜀国的灭亡，人们假想了种种原因，但都因证据不足始终停留在假设上。

水患说。三星堆遗址北临鸭子河，马牧河从城中穿过，因此有学者认为是洪水肆虐的结果。但考古学家并未在遗址中发现洪水留下的沉积层。

战争说。遗址中发现的器具大多被事先破坏或烧焦，似乎印证了这一解释。但后来人们发现，这些器具的年代相差数百年。

迁徙说。这种说法无须太多考证，但它实际上仍没有回答根本问题：人们为什么要迁徙？成都平原物产丰富，土壤肥沃，气候温和，用灾难说解释似乎难以自圆其说。那么，古蜀国消失在历史长河的真正原因究竟是什么呢？

第三谜：神秘的器具从何而来？

三星堆出土的大量青铜器中，基本上没有生活用品，绝大多数是祭祀用品。表明古蜀国的原始宗教体系已比较完整。这些祭祀用品带有不同地域的文化特点，特别是青铜雕像、金杖等，与世界上著名的玛雅文化、古埃及文化非常接近。三星堆博物馆有关负责人认为，大量带有不同地域特征的祭祀用品表明，三星堆曾是世界朝圣中心。

在坑中出土了5000多枚海贝，经鉴定来自印度洋。有人说这些海贝用做交易，是四川最早的外汇，而有的人则说这是朝圣者带来的祭祀品。还有60多根象牙则引起了学者们"土著象牙"与"外来象牙"的争议。"不与秦塞通人烟"的古蜀国，居然已经有了"海外投资"，不可思议。

第四谜：三星堆出土的金杖有何寓意？金杖上的符号是文字，是族徽，是图画，还是某种宗教符号？

被解读为"鱼凫王杖"的金杖，被视为三星堆之主的信物。这支金杖全长142厘米，直径2.3厘米，黄金净重约0.5千克，是目前世界上已发现最长的金杖。金杖下端为两个人头像。上部刻有相同的四组纹样，上下左右对称排列。图案中的每一组纹样，都由鱼、鸟、箭组成。一种观点认为，金杖是蜀王的权杖。一种观点认为，金杖是古蜀神权政治领袖集王权、神权、财富垄断权为一体的标志，象征古蜀王至高无上的权力。还有一种观点认为，金杖与神树同义，均为古蜀人的神树崇拜。但是，当时的四川没有很多的金矿和铜矿，那么这些金器、铜器是从哪里来的，对此也没有一个明确的答案。

在金杖上专家们发现了7个奇怪的"符号"，但究竟代表什么目前尚无人能提出令人信服的解释。从符号形状上看，有点类似于甲骨文，但有关专家经考证后却将甲骨文之说否定。专家们认为三星堆发现的这几个符号可能只是一种图腾，并没有文字的功能，它与甲骨文其实是不同的。专家认为，这7个符号极有可能就是破译三星堆诸多疑团的"密码"，但令人遗憾的是目前这个"密码"还无人能破。

虽经70多年的发掘、研究，三星堆遗址及其出土文物的许多重大学术问题，至今仍是难以破译的千古之谜。由于缺乏文字的记载，专家学者的种种推论终因无确凿证据而成为悬案。但或许正是因为三星堆宝藏的神秘，才赋予了三星堆更加独特的魅力，留给后人更多想象的空间。

随着金沙遗址的发现，三星堆许多谜团得到了解答，但这个神秘的遗址至今仍存在不少未解谜团，人们等待真相大白的那一天。

南越王大墓：揭秘南越国的神秘宝藏

今天的广东，是我国重要的经济文化大省之一，遍地商机、经济发达，这样一个发达繁荣的地方，很难想象在古代，竟被贴上"南蛮之地"的标签。

2000多年前，赵佗在广州建都，建立了南越国，不但大规模地开发了之前尚属闭塞的岭南地区，而且借助沿海之利，进行了广泛的海外贸易，为广州在海上丝绸之路中无可替代的地位奠定了深厚的基础。这样一位充满神奇色彩的人物，他的身后事及墓葬所在撩拨着古往今来无数猎奇者的心。

1983年6月，在广州市繁华市中心的一处建筑工地上，挖掘机把一座叫象岗的小山包刨掉了一半，施工中，几名工人发现了类似屋顶的几块巨石，工地负责人及时把这一情况报告给了广州市文物部门，考古队员来到了施工工地，他们马上意识到这可能是古代的一个墓葬。

考古经验丰富的专家，根据现场的情况判断，大墓采用了大量的石头，而且是深埋在象岗山20米深的山腹中，说明修筑大墓耗费了大量人力，墓主人的地位一定十分显赫。专家从大墓的特点和随葬品判断，这可能是2000多年前的一座汉墓，但考古专家通过对象岗墓室里的器物进行比较分析，确定了这是南越国时代的一个大墓。在岭南南越国时期，最有可能建造大墓的就是国王，那么，这会不会就是踏破铁鞋无觅处的赵佗墓？

这个疑问在一枚金光闪闪的龙纽金印被发现后得到了解答。这枚金印上刻着"文帝行玺"四个刚劲有力的小篆，一个古老重大的历史悬案解开了！原来墓主并非赵佗，而是南越国第二代王赵胡，他曾在历史上自称文帝。

但与此同时，另一个疑团开始困扰考古专家们，在墓室中专家发现了另一枚刻着"赵眜"的金印，史籍上记载的南越国第二位王名叫"赵胡"，指出他是南越国开国皇帝赵佗的孙子，可象岗山上发现的金印上赫然刻着的是"赵眜"，难道是史籍搞错了？这个疑问并不费解：西汉时期，岭南地区的南越国与中原地区的西汉王朝在语言上截然不同，因而对于赵眜的名姓也是根据使臣的口述记载下来的，这中间必然存在对地方方言理解上的出入。令人称奇的是目前粤方言中的一个土音中"眜"的发音仍有几分像"胡"，可见两千年前某位使臣就是依据"胡"的音陈奏的。

墓主人的身份揭开了，人们开始迷惑，这样一座拥有大量珍贵陪葬品的大墓，为何没遭盗墓者"毒手"？这一切要从大墓的位置及结构说起。

南越王墓藏于象岗山腹心深处20余米，秘而不露。它仿阳宅形制建造，坐北朝南、前朝后寝，分前后两部分，分别由石门隔开。墓前部为前室、东首先耳室、西耳室；后部为主棺室、东侧室、西侧室和后藏室。墓的形状有点像个"甲"字。方向是头北脚南。那个"田"字就是墓室，伸出来的一竖是通向墓室的通道，即墓道。墓道是长方形的，填满了黄土和大石块，大概是古人在封墓以后再填进去的，目的是使后来者不容易靠近墓门，防止盗墓。

那么，如此鬼斧神工的地下宫殿是如何建造的呢？

赵眜的墓修在石英岩的地基上，正因为这样，才使得赵眜墓在没有挖槽做地基的情况下能经过2100年基本保持完好。象岗山的石英岩是一种变质岩，虽然风化，却颇有硬度。而且有些地方风化得并不厉害，大块岩石极为坚硬，工人有时甚至要用锤、钎一点一点地凿打。可以想象，在

2100多年前钢铁工具还很不普遍的岭南地区，要在石山里凿一个这样的大坑，该是何等艰巨！更令人叹为观止的是，南越王墓的墓室所用的750多块石头包括砌墙石、挑檐石、柱石、顶盖石板等都经过了不同程度的凿打。人们不禁要问：是不是这些经过凿打的石头都是坚硬无比的石英石呢？事实上，2000年前的工匠们很会就地取材，根据不同的情况选择不同的石料。通过分析整个墓室所用石材的岩性，发现所用石材主要是砂岩，其次是少量玄武岩，还有一两块花岗岩。这是为什么呢？原来砂岩虽然比不上玄武岩和花岗岩这些火成岩坚硬耐久，但却容易凿打加工，在完全靠手工凿石的古代，它自然是首选的材料了。

　　当人们纵览整个墓室的时候，不得不佩服当时人们的智慧是何等超群，如有神助。赵眜墓室的"地基"离山顶将近20米，这就是说，在动工建墓以前，先要从山顶向下挖一个20米深、面积略大于墓室底面的大坑。墓室现有底面积约100平方米。两千多年前南越工匠们要垂直下挖一个20米深的大坑是相当困难的。尤其如象岗山地区这样的石英岩，有些部分已经风化，如果垂直挖20米，塌方是在所难免的。于是，南越国的工匠们发明了一种巧夺天工的挖掘方式，即采用不断扩展坑壁、阶梯式扩方的方法。这个方法不仅解决了深挖可能造成的塌方，而且也有效地减少了建造墓室的阻力，可谓是一举两得。

　　此外，墓室中那些沉重而庞大的石板，在没有起重设备的古代，是怎样吊起来，放到墓顶上去的？翻遍浩如烟海的中国史书都没有找到汉代建筑施工的详细方法。后来，专家在古代鲁班的传说中找到线索：传说中鲁班发明的是"堆土法"，即把土堆到和建筑物一样高，然后把沉重的屋顶构件拖抬到所要的高度，以解决没有起重设备的问题。这方法自然十分费工，但它是可行的。这是揭开南越王墓的大石板被架起来的最为合理的解释了。

　　南越王墓的发现，让我们对中国历史上这个比较神秘的王国有了更深入的认识。虽然历史文献对南越国有一些记载，但却很少有实物来佐证，尤其是来自皇室的物证，而南越王墓正好弥补了这一空白。

○历史话外音

　　赵陀在岭南可是大有名头，他曾是两广及越南一带的"拓荒者"，同时，也是第一代"南越王"。赵陀属于南越堂堂正正的皇帝，尽管出于礼节，不得不对汉朝象征性地隐藏起自己的帝号——"南越武帝"。

龟山汉墓：解开古墓之谜

　　民间有句俗话"先秦看西安，两汉看徐州，明清看北京"。江苏省徐州市之所以因两汉文化闻名于世，是因为从这里走出了中国第一位布衣皇帝刘邦。后来刘邦将徐州交给了自己的弟弟刘交，并封为楚王，所以几代楚王大都葬在徐州四周的群山中。

　　1981年，徐州龟山汉墓被考古学家发现，这一发现引起了海内外众多专家学者的关注。

　　龟山汉墓位于徐州九里山，秉承了徐州汉墓的诸多特点，以山为陵，因山为葬，并在这一基础上别具特色。该墓是两座并列相通的夫妻合葬墓，其中南为楚襄王刘注墓，北为其夫人墓，两墓均为横穴崖洞式墓。该墓东西全长83米，南北最宽处达33米，共有15间墓室，几乎掏空了整个山体，宛如一个浩大的宫殿。

　　龟山汉墓建造雄伟，雕刻精美，为世界所罕见。不仅如此，它还给后世人留下了一堆谜团，至今仍无人能够破解。

　　目前龟山汉墓主要有四大谜团尚未解开：

　　第一，甬道设计施工精度之谜。墓葬有南北两条甬道，甬道各长56米，高1.78米，宽1.06米，沿中线开凿最大偏差仅为5毫米，精度达1/10000；两甬道之间相距19米，夹角为20秒，误差仅为一说刘备墓位于成都市武侯祠内之正殿西侧，史称惠陵。后主从诸葛亮之意，先后将甘、吴两位夫人合葬于此。陵墓建筑，由照壁、栅栏门、神道、寝殿等组成。《三国志》中记载，1700多年前的夏天，刘备死在奉节，随后被运往成都安葬。

现在的惠陵在成都武侯祠内，是全国重点文物保护单位。现在看到的刘备墓封土高12米，周长180米，占地约3亩。有砖墙绕陵一周。陵前有清乾隆五十三年也就是1788年立的"汉昭烈皇帝之陵"石碑一通，另有1688年即康熙七年石刻"汉昭烈之陵"横额一块，嵌于围墙上。据史书记载，惠陵中还葬着刘备先后死去的甘夫人、吴夫人两位皇后，是一座合葬墓。

但是后来，不少人却认为现在所谓惠陵的地方，只是刘备的衣冠冢。所谓衣冠冢，就是墓里没有尸首，只有死者生前的衣冠或生活用品，这种墓主要是寄托人们的哀思。

另一种说法认为刘备墓在四川彭山的莲花坝。持这种观点的人首先驳斥了《三国志》等历史文献关于刘备尸体运回成都的记载。刘备死于夏季，天气炎热，当时交通不便，从奉节到成都几千里，要走三四十天，这么远的路程，这么长的时间，诸葛亮根本不可能拉着刘备尸体，经过长达三个多月的跋涉，把刘备安葬在成都。

彭山古称武阳，素以"忠孝之邦""长寿之乡"著称。彭山到成都只几十公里，据史料记载，刘备手下的文武百官中有4名心腹是彭山人；刘备的养马场也在彭山。更重要的是，在彭山县有个莲花村，说得上是块十全十美的墓葬地：九座小山仿佛是莲花的9片花瓣，围绕着"莲心"，在莲心的地方，有一座很大的坟墓，名皇坟。

当地有一种说法，这9座小山叫做"九龙回头望"。在我国只有北京十三陵是这样的风水宝地，"九龙回头望"只有帝王才能享用。而且，莲花村的百姓百分之八十都姓刘，一代传一代，都说皇坟里面埋的是刘备。

后来，眉山市和彭山县把莲花村刘备墓作为省级重点项目来综合开发，想围绕"刘备墓"打造旅游景点。在实施这个项目过程中，打开了墓门。里面有一座墓碑。从墓志铭中得知，墓主人是明朝的一位官员。彭山的刘备墓真相大白后，就只有成都说和奉节说对立了。

那么，说刘备葬在奉节，有些什么理由呢？

第一，社会上流传的一些刘氏家谱中，有刘备死后葬在奉节的记载。有人曾搜集到10多种来自四川、重庆、湖北等地的《刘氏族谱》。其中有近10种族谱有关于刘备墓葬在奉节的记录。对于这些家谱，有人持怀疑态度，认为大多数家谱存在假说的现象，也有专家呼吁不能对《刘氏族谱》简单化，轻率下结论。要仔细辨别真伪，继续做好搜集、整理和鉴别工作。

第二，奉节县有许多关于刘备墓的传闻，特别是甘夫人墓周围，有许多蛛丝马迹，表明有大墓迹象。

奉节县流传一则民间故事，叫"许尤点灯"。

传说在很久以前，有个名叫许尤的人在奉节为官，此人贪得无厌，对刘备墓更是垂涎三尺。某个风雨大作的夜晚，许尤意外发现了刘备墓，正当欣喜若狂时，却发现了一通石碑，走近细看，吓得面色如土，瘫痪在地，原来碑上写的是几句诗："许尤许尤，无冤无仇，无故盗墓，罚你上油。"落款是诸葛亮。诸葛亮竟然算到许尤要来盗墓，当然把他吓得魂不附体，不停叩头，后来他连滚带爬跑出洞来，忙找人给墓里的长明灯上油。说来也怪，无论多少油倒进灯内，甚至把城里油坊的油全挑来倒了进去，仍然倒不满。他急得像无头苍蝇，夫人见了，说她那里还有点梳头的油，许尤忙拿着倒了进去。说来也怪，夫人梳头的油一倒进去，灯里就满了。这时候，碑上的字也变成"奉公守节"四个大字。许尤谢天谢地，把墓口封了，而且，再也不敢贪赃枉法，从此，人们就把这儿叫奉节。

说这段故事是奉节县名的来历，有些牵强附会，但许尤点灯的故事在奉节流传很久。

1985~1986年，奉节县曾组织人员对传说有刘备墓的地段进行物探。发现在甘夫人墓地下10多米深处有铁金属，这和刘氏家谱中记载，刘备墓有"铁墓志"不谋而合。同时还探测到，附近还有一个长15米、宽4米、高5米和一个长18米、宽2米、高4米的地下空洞。当时，因为这些可疑点周围都有建筑物，不可能发掘。

第三，就是天气原因，炎热的夏天尸体很难保存完好，所以有可能就地安葬。

刘备到底身葬何处？也许只有通过考古发掘才能证实，目前这仍是一个没有确切答案的疑案。

◎历史话外音◎

刘备虽然是汉中山靖王刘胜的后代，但是他父亲早死，家境贫寒，与母亲赖贩草鞋、织草席度日。但他志存高远、以卓越的品质、谦逊的作风招揽了一大批至死不渝的忠志之士，虽然他一生遭遇多次挫折，最后以却坚韧不拔的毅力，终成大事，建立蜀汉，从一个卖草鞋的变成昭烈皇帝，其一生充满传奇色彩。

西晋皇陵：千年迷雾

神秘的西晋皇陵在深山中藏了几千年，直到近年才被发现。

晋武帝司马炎是西晋的第一个皇帝，从公元265年司马炎登上皇位，到公元316年西晋被匈奴所灭，司马氏集团在洛阳的统治只维持了51年。西晋皇陵包括5座墓葬，分别是宣帝高原陵、景帝峻平陵、文帝崇阳陵、武帝峻阳陵、惠帝太阳陵。

按照中国古代惯例，皇帝都非常注重陵墓的修建。一般情况下，皇帝修建陵墓的费用占当时国家财政收入的四分之一。费用如此之大，就是为了使皇陵气派、壮观，显示皇家的威严。许多皇帝一登基就开始修陵，一直到他死去。如果在位30年，就可能修建30年，可以想见皇陵的规模。奇怪的是，西晋皇陵的具体位置一直不为人所知，别说魏巍如山的大冢，就连一个小土堆也未曾被发现。这是为什么呢？

据人推测，由于当年司马懿借曹爽谒陵之机，成功夺取政权，所以他非常担心别人如法炮制，于是就定下了"不封不树不谒陵"的家规。没有陵墓，何谈拜谒？只要"不封不树不谒陵"，就能保证司马氏的江山万年永存，这是司马懿的高明之处。而且，"不封不树"还有两个好处：倡导俭葬，赢得民心；陵墓位置隐蔽，免得盗墓者打扰。

在河南偃师市枕头山与鏊子山下，相距不远有两个村庄，一个名叫坟庄，一个名叫香峪。顾名思义，坟庄应该与坟有关，香峪则是烧香的山谷。古代帝王修建陵墓后，都要派人守护，守墓人的后代就地为家，慢慢繁衍，最后形成村落，这些村落的名字往往与陵、坟等有关。在西晋皇陵被发现以前，这里没有其他皇陵，这些村名当然也没有引起人们的注意。

20世纪初，附近一户农家挖红薯窖时挖到了一座晋代的墓。墓中有一方墓志，上有"北望皇陵"等记载。后来这里陆续有晋代古墓被发现，于是，人们猜想西晋皇陵就在附近，但具体位置仍是一个谜。

20世纪80年代，考古工作者利用先进的探测仪器，对这一带进行勘探，确定了西晋皇陵的具体位置，才解开了这一千年之谜。

西晋皇陵分东西两区，东区在偃师市城关镇潘屯、杜楼两村以北的枕头山下，西区在首阳山镇南蔡庄北的鏊子山下，两区相距数里。

文物工作者在枕头山下共探出5座墓葬，均坐北朝南。其中1号墓规模最大，规格最高，位于墓地东部，居尊位。枕头山下是低平、富庶的伊洛河平原，视野非常开阔。专家认为这就是司马懿、司马师、司马昭等人的寝陵。

在西晋皇陵西边的鏊子山下也有多处墓葬，均坐北朝南，其布局主次分明，排列有序，显示出死者生前的尊卑关系。其中1号墓位于墓地最东端，居于尊位，且在墓地中规模最大。故此墓主人应该是晋武帝司马炎的峻阳陵。晋武帝作为西晋的开国皇帝，在墓地选择上看来是费了一番心思。整子山两端分别向南伸出一道较为平缓的山梁，对墓地形成三面环抱之势，是修建帝王陵墓理想的风水宝地。

●历史话外音●

　　西晋为时仅51年，倘由灭吴始计，则仅37年。265年，晋王司马炎称帝，建立西晋；280年，灭东吴，完成统一；316年，为汉国（前赵）所灭。西晋统一仅37年，是魏晋南北朝长期分裂时期中的短暂统一，所谓"昙花一现"。

关中十八陵：谁是真正的"盗墓者"

　　关中十八陵中有十七陵被盗，至今不能确定是何人所为。

　　著名的"唐十八陵"或"关中十八陵"乃是唐朝18个皇帝的陵墓。唐朝从公元618年建立，至公元907年灭亡，历时289年。共21帝20陵（高宗李治与女皇武则天合葬乾陵），除昭宗李晔和陵和哀帝李柷温陵分别在河南渑池和山东菏泽外，其余18座陵墓集中分布在陕西省乾县、礼泉、泾阳、三原、富平、蒲城6县，东西绵延100余公里。

　　唐代帝陵从唐太宗李世民葬九峻山开始，除唐武宗端陵和唐僖宗靖陵外，都构筑在山上。"依山为陵"一方面是为了显示气势雄伟，另一方面也是为了防盗。令人遗憾的是，"关中十八陵"除乾陵幸免于难外，据史学界和考古学界专家的考证，其他陵墓都遭受过不同程度的盗掘。那么是谁盗掘了"关中十八陵"呢？据历史记载，主要有以下三种观点：

　　观点一：朱泚盗陵说。朱泚本为唐臣，泾原兵变、德宗出走奉天后，即自称为帝。据史料记载，唐德宗在其诏书中曾说过："朱泚反易天常，盗窃名器，暴犯陵寝。"新旧《唐书》《资治通鉴》和专门记录朱泚之乱的《奉天录》也曾记载道，"斩乾陵松柏，以夜继昼"，"据乾陵作乐，下瞰城中，词多侮慢"。

　　据此，有的学者提出了异议：大多数盗陵者皆为财宝而来，而朱泚既踞京师，府库之宝取之不尽，又何必去盗皇陵呢？况且朱泚称帝不久，就率师西进，与唐军交战于奉天，兵败后逃回长安，根本就没有盗陵的时机。据此推断，德宗"盗窃名器"之言是针对朱泚自称皇帝而言的；至于"暴犯陵寝"，也仅仅是指朱泚砍伐乾陵的树木、移帐陵寝的不敬行为而已。所以，朱泚盗陵不可信。

　　观点二：黄巢盗陵说。黄巾军起义一度攻占长安，后来黄巢兵败退出长安。此后，在高骈写给唐僖宗的奏章中曾说到"伞则园陵开毁"。然而在新旧《唐书》僖宗记、黄巢传和《资治通鉴》中都没有记载黄巢盗陵之说。如果黄巢当时真的盗了唐陵，那么唐僖宗在镇压了起义军后，必定要下令予以修复。可事实上僖宗只下了一道《处长奉太庙制》，并没有颁发修复陵寝的诏书。可见，关于黄巢盗陵之事并没有真凭实据。

　　观点三：温韬盗陵说。据史料记载，温韬年轻时聚众为盗，占据华原后改名李彦韬，被任命为义胜军节度使，统耀、鼎二州。后来温韬投降后梁，又降于后唐，而后唐大臣郭崇韬曾指责温韬盗掘皇陵，要求将他处死。《旧五代史·温韬传》记载："唐诸陵在境者悉发。"《资治通鉴》中有"华原贼帅温韬聚众，唐帝诸陵发之殆遍"的记载，而在《新五代史·温韬传》也有"韬在镇七年，唐诸陵在其境内者悉发掘之……惟乾陵风雨不可发"的言论。有的学者从分析温韬的辖地入手分析，如果温韬真的盗掘唐陵，也只是部分而已，并不是全部。据《宋会要》记载，北宋建立后，太祖赵匡胤决定修复前代帝王陵寝。为此，诏令州县检查历代帝王陵寝的存废情况，结果得知"关中十八陵"中的12座曾经被盗掘。又据考证，自从宋太祖大规模修复诸帝陵寝后，保护帝王陵墓的诏书屡著于令典，而盗掘唐陵的只字却不见于史书记载。所以说，迄今为止，"关中十八陵"中献、端、昭、定、建、元、崇、末、章、贞、简、靖12座皇陵已被盗，而乾、庄、桥、泰、景、光6座唐陵未曾被盗。

当然，由于历代古书对"关中十八陵"的被盗记载叙之不详，有的虽有记载却难免有疏漏之处。

◎历史话外音◎

大唐，作为中国历史上的一个黄金时代，创造了高度繁荣的物质、精神财富，在中国建筑史上也写下了浓重的一笔。尤其是皇家建筑，无论是宫殿还是陵寝，规模的宏大、气派、雄伟，均堪与汉代相媲美。

乾陵：史上两位皇帝的合葬之墓

乾陵是中国历史上唯一的两位皇帝——唐高宗李治与女皇武则天的合葬陵，也是目前已知保存最完整、文物储藏最丰富，而且没有被盗的帝王陵墓，被称为埋在地下的"世界第九大奇迹"。

如果问世界上哪个皇帝的陵墓最难挖，那么毫无疑问就是乾陵。时至今日，乾陵依然恪尽职守地保护着主人武则天和丈夫李治的遗体。我们不禁要问，汉武帝的茂陵被搬空了，唐太宗的昭陵被扫荡了，康熙大帝连骨头都凑不齐了，为什么单单武则天的乾陵可以独善其身？

这事得从乾陵的修建说起。乾陵位于陕西省乾县城北6公里的梁山上，距古城西安76公里，修建于公元684年，历经23年时间，工程才基本完工。梁山是一座自然形成的石灰岩质的山峰，三峰耸立，北峰最高，海拔1047.3米，南二峰较低，东西对峙，当时群众称为"奶头山"。从乾陵东边西望，梁山就像一位女性的躯体仰卧大地，北峰为头，南二峰为胸，人们常说它是女皇武则天的绝妙象征。唐时的堪舆家、风水先生认为，梁山大有利于女主。所以女皇武则天便把梁山选为其夫唐高宗和自己百年后的"万年寿域"。唐高宗病逝后，武则天诏令当时朝野闻名的大术士袁天罡和李淳风，要他们为皇上选块风水宝地。二人分别遍游九州，回来后交旨都说选在了好畤县，今乾县的梁山上。武则天便派使臣去察看，到了梁山顶，袁天罡说他在这里埋下一枚铜钱，李淳风说他在这里订下一枚铁钉。刨开土，李的铁钉正好扎在袁所埋的铜方孔中，在场的人无不拍手称奇。于是，武则天便把陵址选在了梁山，即现在的乾陵。单从风水来说，乾陵就超过了唐朝所有帝陵。

在我国历史上，挖乾陵一事，早已有之。长达1200多年的时间中，梁山上，就没有断过盗墓者的身影。历史上有名有姓的盗乾陵者，就有17人之多，比较大的盗掘活动有3次。但是又都因各种原因中途停止而未盗成功。唐末农民起义，黄巢声势浩大。他动用40万起义军在梁山西侧挖山不止。直挖出了一条深40米的"黄巢"沟，挖走了半座大山。因为军中无饱学之士，不懂乾陵坐北朝南的结构特点，结果因为挖错了方向，终没得手。

史载五代耀州刺史温韬，是个有官衔的大盗墓贼。他率领兵丁一股脑儿掘开了十几座唐陵，发了一笔横财。因为手中有了钱，便驱动数万人于光天化日之下挖掘乾陵。不料挖掘过程十分不顺，遇到的天气总是狂风暴雨，温韬受了惊吓，才绝了发掘乾陵的念头。

民国初年，国民党将领孙连仲亲率一团人马，也想学学孙殿英炸慈禧和乾隆墓的样子，在梁山上埋锅造饭安下营寨，用军事演习作幌子，炸开了墓道旁的三层岩石，最后却也没能捞得半点好处。

目前，许多专家认定乾陵是唐十八陵中唯一未被盗掘的陵墓。理由是乾陵墓道完整，而舍弃墓道，从石山腹部另凿新洞入地宫，难度很大，目前尚未发现新的盗洞。至于事实是否像人们希望的那样，只有等到打开地宫的那天才能得知了。

武则天是一个善于用时间打败一切的人。她14岁入宫，先是用18年时间当上了皇后，然后又用35年时间当上了皇帝，死后又用1200年时间证明了自己陵墓的坚固以及其魅力的不朽。就连郭沫若先生去世前，都还念念不忘中央批准发掘乾陵。

◎**历史话外音**◎

可以说武则天是生前征服了天下，死后征服了历史。据乾陵《述圣纪》碑记载，唐高宗临终遗言，要求将他生前所珍爱的书籍、字画等全部埋入陵中。武则天营建乾陵的目的是为了报答唐高宗的知遇之恩，因此，陪葬入乾陵的稀世珍宝一定不少。这是一个满藏无价瑰宝的地宫。

明孝陵：究竟藏了什么

明孝陵是中国古代最大的帝王陵墓，距今已有600年历史。明孝陵中埋葬着明朝开国帝王朱元璋和皇后马氏，因为马氏谥号"孝慈"，故以"孝陵"为名。

明孝陵宏伟壮观，具有很高的美学价值，影响了之后明代清代帝王陵寝的制式。明洪武十四年（1381年）明孝陵正式动工，25年后的明永乐三年（1405年）才正式完成。陵墓内部亭台楼阁无一不备，掩映在苍松翠柏之间。当时明王朝在孝陵驻扎了一万多护陵军，守卫十分严格。古人以鹿为瑞兽，陵园内放养了近千头鹿，每头鹿项下都挂着银牌一枚，上面铭刻着"盗宰者抵死"的字样。

明孝陵在600年的时间里屡遭兵火，现在留存的建筑不多，留存下来的基本都是一些砖石建筑，如下马坊、禁约碑、内红门、碑亭中壁、石像路等。明孝陵的神道很有特色，其最大特点是建筑与地形地势能够完美结合，没有依照前朝旧制修成直线，而是依地形山势建造得蜿蜒曲折。神道两侧安防着狮子、獬豸、骆驼、象等石像，威严肃穆。

明孝陵虽为朱元璋陵寝，但是一直无法确定地宫的位置。朱元璋墓葬疑团重重，据说这位皇帝去世后，在13个城门同时出殡，之后尸骨是埋葬在了北京的万岁山还是南京的朝天宫，也众说纷纭。朱元璋究竟有没有葬在明孝陵？

1998年，南京市文物专家使用精密磁测手段勘测明孝陵。这是一个精细的工作，整整花去了6年时间。专家们得出结论，朱元璋的地宫在明孝陵独龙阜地下数十米处，并且没有发现被盗挖的迹象，基本可以认定，朱元璋就在地宫中沉睡。

朱元璋地宫位置确定了，那么，它的入口在哪里？通过专家们的勘测数据可以发现，地宫有隧道状建筑物，长120米，宽5~6米，有多个入口，其中一个在明楼东侧宝城城墙下。从外部看这段城墙，有明显的裂口和下沉痕迹，显然，这里曾建有地宫入口的地面建筑，由于某种原因坍塌消失了。

其他朝代的帝王陵墓的墓道多是笔直的，但是明孝陵的墓道却是弯曲的。专家认为，这是当地地理原因造成的。明孝陵地下由两种不同种类的岩石组成，一种是侏罗纪砾岩，一种是长石石英岩。两种岩石磁性不同，软硬不同。砾岩特别坚硬，不好开凿。很有可能，当年的设计者预先设计好的是笔直的墓道，施工过程中发现了问题，临时调整了施工方案。

明孝陵还有一处让人不解的地方，就是独龙阜山体上的巨型卵石。独龙阜山体至少有六成是被人工修补过的，其上规则排布着很多巨大的卵石。当年修建陵寝的工匠花费巨大精力将这些石块运上山，是出于什么目的？为了防止盗挖，还是为了减少雨水对陵墓的冲刷，抑或只是单纯出于美观考虑？答案至今没能揭晓。

◎**历史话外音**◎

明孝陵修建工程从洪武十四年（1381年）动工，于洪武十六年（1383年）完成了陵墓的享殿等主体工程，先后调用军工10万，至永乐三年（1405年）建成，历时25年。明孝陵地面木结构建筑大多毁于1853年清军与太平军之战，现仅存下马坊、禁约碑、内红门、碑亭中壁、石像路、方城明楼下部等砖石建筑。明孝陵布局宏雄，规制严谨，陵神道开了弯而且长的先例并影响了明清两代。陵园纵深2.62公里，当年围绕的红墙周长22.5公里。

康熙陵墓：为何葬了四十八后妃

清圣祖康熙皇帝，名爱新觉罗·玄烨，是清朝入关后的第二代皇帝，也是中国历史上在位时间最长的一位皇帝。

康熙皇帝在位61年，死后葬于河北省遵化县的清东陵。清东陵内有顺治帝孝陵、孝庄昭西陵、乾隆帝裕陵、咸丰帝定陵、同治帝惠陵，康熙帝的陵墓为景陵。然而令人惊奇的是，景陵中除了埋葬有康熙皇帝外，还埋葬有康熙的四后、四十八妃和一皇子。一座陵墓，埋葬了如此多的人，这样的埋葬规格在中国历史上是绝无仅有的。

那么，为什么康熙的景陵中埋葬了48个后妃？

有人说那是因为康熙后妃众多。从空中俯瞰景陵，整体上呈半圆形，地位高者列前居中，地位低者居后。景陵地宫内，除了葬有康熙皇帝，还有孝成仁皇后、孝昭仁皇后、孝懿仁皇后、孝恭仁皇后和敬敏皇贵妃。景陵妃园寝内葬有48位妃嫔和康熙的皇十八子胤祄。48位妃嫔中，包括贵妃一人，即温僖贵妃，居妃园寝正中；妃11人，即慧妃、惠妃、宜妃、荣妃、平妃、良妃、宣妃、成妃、顺懿密妃、纯裕勤妃、定妃；嫔8人，贵人10人，常在9人，答应9人。敬敏皇贵妃（因其子十三皇子助雍正帝登基有功）原本和妃嫔们葬在一起，后来移葬在景陵地宫内。景陵双妃园寝埋葬抚育过乾隆的康熙妃嫔悫惠皇贵妃和敦怡皇贵妃。康熙的后妃并没有全部埋葬在景陵中，但就上面所提到的，不可否认，康熙的后妃很多。

其实，清朝皇帝的皇后多是蒙古公主，这是政治联姻的需要。但在康熙的时候，政治形势发生了变化，鳌拜结党营私，专横跋扈，而丞相索尼历经三朝，掌握着一定的政治势力。于是在孝庄太皇太后的主持下，将索尼的孙女赫舍里氏指给康熙当了皇后。

1665年，12岁的康熙皇帝和13岁的赫舍里氏举行了隆重的结婚大典。虽然是一场政治婚姻，但是由于皇帝和皇后年岁相仿，有加之鳌拜把持朝政对皇帝多有不敬，于是压抑的环境促成了皇帝和皇后的恩爱感情。但是当康熙铲除鳌拜、亲理朝政，不再需要皇后家族势力的扶持之后，皇帝和皇后的关系自然也就不会那么亲密了。

皇帝的感情从来就不是给一个人的，康熙也不例外。于是之后，康熙后宫的女人逐渐多了起来，钮祜禄氏、佟佳氏、乌雅氏……一个接一个地进宫。康熙陆续迎娶的后妃中，年龄小者只十一二岁，最大者也不过十五六岁，有的在二十几岁就去世了。从康熙九年（1670年）最早去世的赠慧妃博尔济吉特氏算起，到乾隆三十三年（1768年）最后去世的醇怡皇贵妃止，康熙帝的后妃们历经了康雍乾三朝，前后延续了99年。在康熙帝的后妃中，还有四对亲姐妹。其中，孝懿仁皇后佟氏及其妹妹佟氏贵妃又是康熙帝的亲表妹，这在中国古代帝王中是很少见的。

康熙帝共有多少后妃，史学家没有给出统一的说法。《康熙全传》记载，康熙帝后妃中贵人以上者有49人，册封在册的后妃有67人，而那些身份低微的答应、常在等据说共有200余人。

虽然康熙妻妾众多，但是对于自己的妃子们他还是有真情的。康熙外出期间，经常写信或把土特产等派人送回宫中，甚至会写信给深居宫中的嫔妃们，讲一些途中趣事，解解她们的闷气。

虽然身边的女人日益增多，与结发妻子又是政治婚姻，但是康熙对赫舍里氏还是很有感情的。平三藩的时候，皇后赫舍里氏难产，生完皇子后就去世了。康熙顶着巨大的压力，不顾前方战事吃紧，辍朝五日为大行皇后举办隆重的丧事。在赫舍里氏的梓宫停灵的25天中，康熙皇帝竟然有20天亲自去举哀，足见感情之深。

赫舍里氏以生命为代价生下来的皇子，不满两岁便被康熙皇帝册立为皇太子。后来，太子不成器，最终被康熙废掉。废太子时，康熙哭骂他"生而克母"，仍念念不忘发妻。

康熙帝为他的后妃们做的最重要的事情，就是在自己的晚年为嫔妃们的生活进行了安排。他下令，有儿子的嫔妃，年老后到儿子的府邸居住，这一安排打破了皇帝驾崩后后妃独居宫中到死的定例。

康熙去世之前，他的两位皇后已经安葬在景陵地宫。康熙帝安葬之后，他的嫔妃们也就陆陆续续地安葬过来。因此，一座帝陵就安葬了如此多的嫔妃。

◎历史话外音◎

康熙皇帝是清朝入关后第一个用棺椁土葬的皇帝。通过清理景陵地宫，对于棺椁的形制、摆放的位置以及自来石、龙山石、香册香宝的摆放位置等等一系列问题都可以找到答案。同时对于了解孝、泰二陵的地宫规制，具有重要的意义。

乾隆陵墓：裕陵四大谜团

裕陵是清入关后第四帝清高宗爱新觉罗·弘历即乾隆皇帝的陵寝，位于孝陵以西的胜水峪，始建于乾隆八年（1743年），乾隆十七年（1752年）告竣，耗银170多万两。虽然关于清皇陵有着许许多多的传说，但是以下是其中裕陵在发掘过程中一些让人格外惊讶的谜团。

1.女尸之谜

东陵盗案发生后，溥仪派载泽、耆龄等人进行善后处理。他们在清理裕陵地宫时，发现了一具完整的女尸。参与清理重殓的清室遗臣在东陵期间所写的日记中，都曾提到此事。据这些宗室遗臣判断，此具女尸就是嘉庆皇帝的生母孝仪皇后，卒年49岁。裕陵地宫中的6位墓主人，有比她先死先入葬的，也有比她晚死晚入葬的；有比她年龄小的，也有比她岁数大的。同处一个地宫，为何唯独她的尸骨保持如此完好？

有人可能想：是不是她的尸体进行了特殊防腐处理？如果她的尸体进行了防腐处理，那么皇帝和孝贤皇后的尸体更应该做防腐处理。慧贤和哲敏两位皇贵妃也应该做防腐处理。再者说，清朝不刻意追求尸体的防腐。孝仪皇后死时是一名皇贵妃，不会专对她的尸体做防腐处理的。那究竟为什么153年尸体不腐，至今谁也解释不了。

2.棺椁漂起之谜

裕陵地宫里的每具棺椁的四角，各有一块重达数百斤的龙山石，将棺椁牢牢地固定在棺床上。龙山石下部伸出的四棱形榫，根部细，头部粗。榫插入石制棺床上的长方形眼中，向旁边相通的方眼一推，由于这个方眼口小下大，龙山石便被牢牢地固定在棺床上。龙山石上面凿有纵向和横向的通槽。椁的竖向边棱被卡在龙山石的纵向槽内，椁底部伸出的横向边棱被龙山石横向的槽卡压，这样棺椁既不能升起，又不能前后、左右移动。

1928年，孙殿英匪军在盗掘裕陵地宫时，曾顺利地打开了前三道石门。但第四道石门却无论如何也不能打开，最后一道门怎么也打不开，用粗树丁撞门也无济于事，便气急败坏地用炸药炸开了石门。进去后，惊讶地发现了一个天大的奇事，裕陵内葬有乾隆和孝贤纯皇后、哲敏皇贵妃等6人，其他五个棺椁都在石床上，唯独乾隆的"走"了下来，将石门死死地顶住，以致士兵无法将门打开。溥仪派善后大臣重殓裕陵遗骨时，将乾隆帝的内棺重新摆放在正面棺床上的正中之位，并将一帝一后三妃的遗骨殓入棺内。可是到了1975年，清东陵文物保管所开启地宫时，又是乾隆帝的内棺顶住了石门。

为什么两次都是乾隆帝的棺木顶住石门？地宫内的积水主要是从地面的石缝中渗出。平缓上升的水面，不会产生波浪水流，更不会有冲击的力量。所以地宫内积水不会将乾隆帝的棺椁冲下

1/16000，如将其向西无限延伸，其交点将位于1000公里外的西安，这是迄今世界上打凿精度最高的甬道。甬道由26块重达6～7吨的塞石分上下两层封堵，塞石间排列十分紧密，连一枚硬币也无法塞进，且甬道两壁都磨如平镜。按当时的技术水平，工匠们是如何修建这样的墓道的？

第二，崖洞墓开凿之谜。龟山汉墓为典型的崖洞墓，其15间墓室和两条墓道总面积达700多平方米，容积达2600多立方米，几乎掏空了整个山体。在半山腰挖石修墓，其神奇堪与埃及金字塔垒石成墓相媲美，当时的汉代工匠是如何掌握山体的石质和结构，使得施工顺利进行？

第三，星宿分布图之谜。刘注夫人墓室的前厅、棺室和石柱上发现了22个乳头状石包（乳钉）。这些乳钉呈不规则排列，不是工艺性的几何式点缀，更不是施工中留下的疵点。那这些乳钉究竟有什么含义？有人说它象征着照明的灯盏，也有人说是上天星宿分布。若是星宿分布，为什么襄王刘注的墓室中却没有？

第四，崖壁画之谜。在楚王棺室第六墓室北面墙上，非常清晰地显示着一个真人般大小的阴影，酷似一位老者，身着汉服，峨冠博带，面东而立，正欲趋步而西，作揖手迎客之状。这一现象称人们为"楚王迎宾"。这一现象在发掘清理时并不存在，待墓室正式开放后逐渐形成。那么"楚王迎宾"到底是谁的杰作？有人认为是长期渗水所致，但影子外却没有任何渗水痕迹；还有人认为是由于岩石石质不同而形成，但它为什么偏偏出现在楚王棺室呢？这也成为龟山汉墓的最大一谜。

龟山汉墓作为全国已知汉墓中极具科学文化价值和汉代特色的崖洞墓，它的建筑凝聚了汉代工匠的高超智慧和精湛技艺，令人惊叹。龟山汉墓留下的谜团引起了不少专家和学者的兴趣，徐州龟山汉墓管理处也向社会公开寻求有识之士来探谜、破谜。

徐州四位高中学生大胆"破解"龟山汉墓四大"谜团"。他们认为，利用阳光定位及墓道开凿车、打磨车精确打造甬道；利用相似三角形定理进行山体结构勘测和开掘；以庄子的"相濡以沫"解释"乳钉"之谜；利用生化原理解释"楚王迎宾图"的影子成形。学生们的"设想"虽然有一定道理，但是没有相关的依据支撑，所以关于龟山汉墓的谜团答案依旧没有一个权威的论断，只能等待进一步的考古发现提供新的佐证。

◎历史话外音◎

龟山汉墓出土文物相对较少，但其中仍不乏精品，特别是位于南甬道最外侧塞石上的刻铭价值极高。此刻铭除有塞石编号外，正文为9行44字，内容为楚王"薄葬"遗训，是目前经科学发掘出土时代最早以薄葬为主题的刻石文字，对研究汉代薄葬思想，西汉楚国中期以后墓葬葬制等具有重要意义。同时该墓刻石及朱书文字正处于篆书向隶书过渡时期，或称之为"古隶"，为研究汉字书体的发展提供了较珍贵的实物资料。

探访刘备墓：蜀汉帝王葬身之处成悬案

一部《三国演义》，把我们带到了战祸连绵、三国鼎立的战争时代，书中一个个形象鲜明的人物给我们留下了难以磨灭的印象——曹操、诸葛亮、周瑜、关羽、张飞……当然还有那个知人善任、礼贤下士的刘备。

公元221年四月六日，汉中王刘备在成都正式当了皇帝，改年号为章武。刘备建立的政权，仍称汉王朝，为了区别过去的西汉和东汉，他称帝的地点在成都，史称蜀汉。从这一年起，中国正式进入了三国时代。

公元223年，刘备逝世。刘备死后，关于他的遗体何去何从，墓葬何处有众多传闻。近两千年后，神秘的刘备墓至今没有被发现，刘备墓便成了一个谜团。

关于刘备最后身葬何处，主要有三种观点：成都说，彭山说，奉节说。

棺床。乾隆棺椁顶门，实在令人匪夷所思。

3.石柱之谜

现在裕陵地宫的前三道石门，每道都用4根巨大的四棱形石柱支顶，共有石柱12根。人们一看便知，这些石柱并非原来就存在，而是后来增加的。

如果原来就有石柱，巨大的棺椁是根本无法进入地宫的。

为什么要支顶这些石柱，它们又是什么时候支顶的？

前三道石门的上门槛及以上的枋子，带门簪皆出现了程度不同的裂璺，其中第一道石门尤为严重。如果不采取必要措施，后果会不堪设想。这12根石柱中，8根是1989年由清东陵文物管理处古建队支顶的。而第一道石门外侧的两根石柱，支顶日期至今不明。

1928年孙殿英匪军盗陵时，是不会支顶石柱的。应该不是溥仪派出的东陵善后大臣所为。因为他们在东陵善后期间，每一位都做了详细的记载，就连一些琐碎小事都有记录，但对支顶石柱之事却只字未提。1975年开启裕陵地宫时，这两根石柱就已存在，更不是清东陵文物保管所支顶。

这样看来，两根石柱只能是清朝遗物，而且只能是在乾隆入葬地宫后、隧道填堵前那几天支顶的。因为乾隆入葬前的嘉庆四年（1799年），在修筑裕陵地宫隧道内的斜坡地面时，曾计划筑打夯土，但负责工程的大臣绵课发现"头层石门之上横安石槛已见有裂缝斜纹两道"。为了避免震动，遂奏请皇帝，将筑打夯土改为用砖铺砌，这就形成了我们今天看到的隧道砖铺地面。

石门上槛出现裂缝，嘉庆皇帝是不会置之不理的。可是，在乾隆帝入葬后，绵亿、弘谦、特清额、成林在向嘉庆皇帝奏报"敬修填砌裕陵元宫门隧道等并成砌琉璃影壁等工"的奏折中，并未提及支顶石柱之事。

这两根石柱到底是什么时候支顶的，至今还是一个谜。

4.残破的龙山石

龙山石是位于棺椁四角的特制的固定棺椁的石构件。皇家设龙山石的目的就是固定棺椁，不让移动。这说明皇家当时就想到了入葬多少年后地宫有可能出现渗水，浸泡棺椁，所以设龙山石防止棺椁浮起。

令人意想不到的是孝贤皇后梓宫东南角的龙山石是残破的，龙山石上有一道斜着的裂缝，将龙山裂为两块，竟用三个铁锯子连在了一起，裂缝和锯处抹上了石灰和石粉做假，使人看不出来。孝贤皇后是在翰隆十七年（1752年）入葬地宫的，当时石匠，也可能是工头，用这种方法蒙骗了皇帝。到裕陵开放时，每到雨季地宫里就有一人多深的积水，龙山石长年累月在水中浸泡着，这种水中又含有大量石灰，具有很强的腐蚀性，所以抹饰的石灰和石粉脱落了，露出了石缝和铁锯子，才发现了这一作弊现象。

◎历史话外音◎

"圣天子孝先天下，首重山陵。"在封建帝王的心目中，山陵关系到帝运之盛衰，国祚之长短。因此，陵寝至高无上、神圣不可侵犯。为保护陵寝安全，建围墙，树界桩，开火道，悬禁牌，加之封建帝王故弄玄虚，堪舆家大肆渲染，皇家陵园被罩上了神秘的光环。

第十三章

宝藏传奇神案

——探索宝藏踪迹及背后不可思议的历史真相

神秘黄金洞：瞿塘峡夔门的传奇

瞿塘峡又名夔峡，与巫峡、西陵峡并称长江三峡，是三峡中最短、最窄的峡谷。既有"西控巴渝收万壑，东连荆楚压群山。高江急峡雷霆斗，古木苍藤日月昏"的险峻磅礴，又有深厚的人文内涵。张问陶在《瞿塘峡》中写道："便将万管玲珑笔，难写瞿塘两岸山。"当代诗人郭沫若也写有"若言风景异，三峡此为魁"的诗句。瞿塘峡两端入口处，两岸断崖壁立，相距不足百米，形如门户，名夔门，也称瞿塘峡峡关。夔门山势雄奇，堪称天下雄关，因而有"夔门天下雄"五字刻于崖壁。

传说中的黄金洞，就位于夔门南侧的白盐山的绝壁上，其上是70余米的悬崖，其下是200多米的深谷。黄金洞的下端，有一串Z形的石孔，据说是寻宝者留下的遗迹，也有人说是盗宝者开掘的天梯。多年来，民间一直流传着黄金洞内遍地黄金的神奇传说：据传，西汉公孙述兵败夔门，将大量的黄金珠宝藏于洞内，黄金洞因此得名。近年又有一种说法，认为黄金洞是远古时代巴人的黄金宝库……那么，历史的真相到底是什么呢？

在瞿塘峡黄金洞宝藏的传说里，以公孙述藏宝于此的说法流传最广。公孙述的名字可能对许多人来说有些陌生，但他却是为世人所熟知的白帝城的建造者。

白帝城以它深厚的历史文化内涵、壮丽的自然风光、独特的地理位置而声名远播。它是西汉末年公孙述所建，公孙述，字子阳，所以白帝城也叫子阳城。

公孙述在王莽当政后任西汉蜀郡太守。王莽篡位后没当多久皇帝就死去了，此时各地诸侯割据一方，群雄四起，公孙述趁机自立为王，于公元25年在成都称帝，自称白帝，建都成都，因为保境安民，一时很受当时境内百姓的拥戴。

东汉皇帝刘秀多次派兵围剿，公元35年，刘秀大军攻占了白帝城，公孙述战死。公孙述死后，后人认为他是"战死不投降"的英雄，在白帝庙塑了他的像，白帝城成了祭祀他的地方。

蜀地自古以来就是天府之国，地饶物丰，公孙述在这里盘踞了十几年的时间，大部分时间都在做"一国之君"，其财产数量不容小觑。据传，东汉兵临成都时，公孙述为了保存实力，秘密将数年积蓄的金银珠宝藏在夔门的一个洞穴里，即今天说的"黄金洞"，以备来日东山再起。公孙述战死后，其黄金洞藏宝的说法在蜀地一直流传着，也诱惑着一批又一批的探险者。

1998年，在奉节探险的中国、英国、爱尔兰三国联合探险队，登上夔门绝壁，准备揭开千百年来罩在黄金洞上的神秘面纱。

队员们先探了黄金洞周围的3个小洞，然后爬进黄金洞。探险队在洞中发现了一堆相互枕藉的尸骨，并发现有棺木碎片和四根完好的木棒，在洞壁上发现涂画物，疑似象形文字，图像、线条清晰可见。洞内到处都是杂乱无章的古代兵器、家用器皿。然而，最终结果却令人大失所望，探险队员并没有在洞中发现传说中的金银珠宝，也没有找到任何能够证明传说中的种种事物存在的可靠依据，他们只好将发现的所有东西拍下照片以便研究。

洞内物品是何年、何人所留？洞壁上留下的"巴蜀图语"说的是什么？是否就是巴文？图画与巴文是否记载着巴人灭国之祸的秘密呢？

专家经过分析，认为黄金洞是最后一支巴人的灭绝之地。

巴人，是东夷部落首领太皋氏的后代，先秦时期一直生活在川东鄂西一带。古代巴人不但作战勇猛顽强，被称为"神兵"，而且能歌善舞，极其乐观。他们曾在商、周、楚、秦等强大部族的包围中不断征战；在荒莽的大巴山、秦岭中，在极为艰难困苦的生活条件下，自强不息，世代繁衍；在长江流域创造了可与中原文化相媲美的古老文明，对川东地区经济文化的开发和发展起到了积极的推动作用。

秦灭巴后，巴人相对独立的"民族国家史"结束了，多支部族分散迁徙。但秦以后，最初的巴人却在历史上消失了，只剩下史书上的点点遗迹。

巴人失踪是我国史学界的一大悬案，考古工作者苦苦追寻他们的踪影，却寻不到任何相关的蛛丝马迹。就在巴人失踪千年以后，神秘的夔门黄金洞为解开巴人失踪之谜带来了一丝希望。

据那些岩壁上的象形文字记载，巴人在一次战争失败后，扶老携幼全族逃入洞中，走到江边洞口，发现是一条绝路，便用赭石写下了他们的不幸，以传后人。最后全体在洞中殉难，黄金洞就成了巴国的坟墓。

那么，巴人是从哪里进入黄金洞的呢？

后来，人们从奉节县水桶岭找到了黄金洞的另一个出口，这个洞口就是千年以前巴人的入洞口。公元前221年，秦国大将司马错灭掉了川西的蜀国后挥师剑门关，直取长江中游的巴国。古代巴人在湖北巴东县遭到灭楚秦兵的追杀，落荒逃进黄金洞，秦兵立即将洞口封死。巴人只得不断往里钻，走了7天7夜，终于看见一线曙光，当他们欢呼着跑到洞口时，却惊呆了：黄金洞下面竟然是万丈深谷，巴人进退不得，便用赭石在壁上记下自己的不幸以示后人，然后全体在洞中殉难。

这支最后的巴人队伍带着他们全族的家当躲进了黄金洞，但考古工作者只在其中发现了兵器、家用器皿、骨骸及棺木碎片，并未发现传说中的金银珠宝，但是如果是逃亡，洞内又怎么会有棺材呢？有带着棺材逃亡的民族吗？传说中的宝藏是否真的存在，又去了哪里？

黄金洞悬案，何日才能有定论？

◎历史话外音◎

黄金洞主洞已探明的总长度为8000米，共有7层，主要有水龙洞、龙马洞、泉洞、神佛洞、玉龙洞、飞燕洞、迷魂洞，主洞套岔洞不计其数。大大小小的洞内，石笋林立，如神似仙，千姿百态，琼楼玉宇，别有洞天。

西楚霸王奇案：怪字藏宝之谜

浙江绍兴历史悠久，名人荟萃，景色秀丽，素有水乡、桥乡、酒乡、书法之乡、名士之乡的美誉，更因鲁迅先生而广为人知。但是，绍兴一个叫项里村的小村庄，却因为流传着一个传说，引来了更多猎奇者的目光。

相传楚汉相争时，西楚霸王项羽失败，在乌江自刎而死，还留下所谓的"霸王宝藏"。据说项羽曾在浙江绍兴的草湾山秘密练兵，在离开前，项羽因为感念村民的帮忙，想留下12面金锣作为礼物，但大批宝藏又不知道该给谁，最后只得将这些宝物埋藏起来，并留下了"藏宝图"——当时项羽在石碑上，留下几个神秘的字符，据说，谁能破译这个字符，就能找到当年项羽埋下的藏有12面金锣的宝藏。但一直以来没有人能破译神秘字符，关于宝藏和字符的传说，成了一大谜团，至今无人能解。

所谓的"项羽藏宝图"，就是刻在草湾山一侧大石上的印记，是用锋利的锐器所刻，深7～8厘米，宽约5厘米，所刻的笔画都是横和竖，方方正正，有的组成几个大小不等的矩形。字符样式古朴，不似篆文，也不似金文，整个图形不像是写的什么字，酷似房屋的平面图。随着时光的流逝，整个字符的表面已很粗糙，各个笔画的边角已变得光滑。

两千余年来，时时有人在山上发现该字符，但至今没有人能解开字符的含义。还有传说，明末清初的绍兴著名学者张岱曾在草湾山住了数月，意图解开字符之谜，但终究未能如愿。乾隆游会稽时听闻该传说，曾特意到项里村附近查访，但最后却是失望而归。

这藏宝图存在了2000多年，为什么就没有人能揭开谜底呢？据当地村民介绍，草湾山上的神秘字符只是项羽所留"藏宝图"的一部分，当年项羽将"藏宝图"分开刻到了几块石头上，而想要真正破解这个"藏宝图"必须找到其他的"藏宝图"。然后将它们拼在一起，这样就能解开"藏宝图"的秘密了。如果真是这样，"藏宝图"到底是由几块组成的呢？项里村的村民无人知道。

据称，村里也有好事者曾去寻找过"藏宝图"的其他部分，但最终没有结果。目前唯一被发现的就只有草湾山上那一块。

那么，12面金锣是怎么回事呢？

据《史记·项羽本纪》上记载，项羽因叔父项梁犯命案，两人一同避难吴中，并曾有一段时间生活在会稽一带（即绍兴）。在绍兴当地新近出版的一套鉴湖系列丛书中，对项羽和项羽宝藏的传说更有详细记录，书中写道：项羽为避难，在项里村一带隐居，得当地村民庇护。此后项羽募集8000江东子弟在附近练兵，铸12面金锣日夜操练，金锣质地80%为金，20%为铜，价值不菲。起兵前夜，项羽为报答村人，命士兵在附近连夜埋下12金锣，并在草湾山上刻下指引找到那12金锣的字符。

在绍兴县越国文化博物馆，《康熙会稽县志》上有一段文字记载："项梁、项籍杀会稽首殷通，举兵于会稽。"这里所说的会稽就在绍兴附近，而项籍就是项羽本人。两千年前项羽和他叔叔项梁杀了会稽县首领殷通，起义造反。

项里村几位老者说"项里村"的村名也是根据项羽而起的，不仅如此，项里村内还修建了一座项羽庙，当地百姓尊称他为项羽菩萨。据说这一习俗已延续了几百年。为项羽修庙，这在全国各地也是屈指可数的。种种迹象表明，项里村与西楚霸王项羽有着千丝万缕的历史联系。

如果以上这些都是事实，那大若车轮的12面金锣到底有多大的价值呢？

1973年以来在陕西秦始皇兵马俑坑中出土了大量的战车，相当一部分战车车轮的直径在1.4米左右，如果说锣大如轮，那么项羽当年埋藏的12面金锣，每一面金锣的直径也应该在1.4米左右，这么大尺寸的锣即使是在今天也是比较少见的。专家认为以当时的工艺水平，加工出这么大的锣可能性不大。

项羽埋藏12面金锣这个传说最让现代专家怀疑的除了制作工艺，还有就是锣的含金量。早在春秋战国时期，我们的祖先就发现如果将红铜和锡按一定配方熔炼，就会得到响铜。铜锣之所以能敲响，也是因为它是用铜和锡的合金加工而成的。祖传的铜锣的配方是铜占77.5%，锡占22.5%，这个配方一直延续至今。由于黄金的硬度很低，含金量达到80%，这个锣就不会响了，而且会特别软，它也就失去了练兵传递信号的作用。难道西楚霸王当年给项里村百姓留下的不是金锣，而是12面直径不到1米的铜锣吗？我们不得而知。

如果不是锣，那当年项羽用什么指挥部队传递信号呢？中国古代有一个词，叫作击鼓鸣金。指挥部队作战有两件信号型乐器：部队向前冲锋的时候是用鼓，撤退的时候是用金。根据现在掌握的资料和考古发现，金指的是镈于。

在湖南省张家界博物馆，其镇馆之宝就是国家一级文物虎钮镈于。虎钮镈于的壁比较厚，敲击它时发出低沉的声音，能传出很远的距离，所以项羽鸣金收兵敲击的有可能就是镈于。

但是镈于和金锣两者之间相差十万八千里，为什么传说中项羽的藏宝是12面金锣，而不是镈于呢？音乐研究所专家的一席话点破了其中的奥秘。

试想一下，当地老百姓没有考古知识，完全想象不到镈于会是什么东西，如果要让这个故事口口相传代代流传下去，就要有一个通俗易懂的说法，于是，讲故事的人就用另一个响器的名字代替了镈于，也就是锣。所以，传说中的锣指的是相当于锣的响器——镈于，而不是我们今天的锣。但这只是一个假设。

奇特的符号，究竟是经文还是蝌蚪文？到今天没有人能破解。宝藏还在不在？已经成为千古之谜！

◎历史话外音◎

在中国历史上，有无数的英雄人物。但如项羽这样铁血柔情的汉子却很少。万军包围，四面楚歌也打不倒这个铁骨铮铮的汉子。可虞姬的离去，却让他选择了死。战场上的纵横吟啸，面对伊人却柔情刻骨，像项羽这样的英雄，当之无愧地受后人景仰。

西汉大量黄金：究竟消失在何处

价值千万的黄金，在朝代交替之时，突然消失，原因何在呢？

楚汉战争时期，陈平携黄金4万斤，到楚国行反间之计；刘邦平定天下后，叔孙通定朝仪，得赐黄金500斤；吕后死后，遗诏赐诸侯王黄金各千斤；梁孝王死后，库存黄金40万斤；卫青出击匈奴有功，受赐黄金20万斤；王莽末年，府藏黄金以万斤为一匮，尚有60匮，他处还有十数匮。秦汉黄金之多令后世惊奇，但到东汉年间黄金突然消失，退出流通领域，不仅在商品交换中以物换物，而且以黄金赏赐也极少见。那么，西汉时的大量黄金到哪里去了呢？

学者们根据历史，作出了种种推测和考证。

1.黄金实际上都是黄铜

从历史上看，从秦汉黄金开采量上和对外贸易看，西汉不可能冒出那么多黄金。人们惯以"金"称号钱财，有可能把当时流通的铜称作"黄金"。

有人反对这种看法。因为汉代时金、铜区分极明显，金的开采由金官管理，铜的开采由铜官管理；黄金、铜钱都是当时流通的货币，黄金为上币，铜钱为下币，黄金的计量单位为斤，铜钱的计量单位为铢；黄金主要用于赏赐、馈赠；铜主要用于铸钱和铸造一些器物。黄铜和黄金泾渭分明，根本不可能混淆。

2.黄金造佛像

自佛教传入中国以后，到处建寺，到处塑像，大到通都大邑，小到穷乡僻壤，无不有佛寺，无不用金涂。加之风俗侈靡，用泥金写经贴金作榜，积少成多，日消月耗，就把西仅时期大量的黄金消失殆尽。

但是史书明确记载，佛教传入中国是在东汉初年，当时的佛教在中国并未站稳脚跟，只能依附于中国传统的道教，根本不可能大张旗鼓地修寺庙、塑神像，所以也很少用金涂塑像，即使有一些使用黄金，量也微乎其微，不至于大量黄金突然消失。而且西汉大量黄金退出流通领域是在东汉开国时期就发生了，当时的佛教还设有传入中国。

3.对外贸易的大量输出

西汉黄金突然消失是因为对外贸易，大量输出国外造成的。

但是西汉时期，中国是世界上少有的经济和文化都很发达的国家，是商品输出国，只有少量的黄金流到西域、南海各国购买奇珍异宝，且并不常见，而且许多还是邻国称臣纳贡而得，加上和汉朝有贸易往来的国家经济相对落后，对黄金的需求量也很有限。相反，西汉时期丝绸之路的开通，中国向西方国家输入了大量的丝绸和布帛，换来了大量的黄金。如当时的罗马帝国，为了获得中国的丝绸产品用大量的黄金作为交换。

4.窖藏地下

科学家推测，有史以来人类在地球上共开采了9万吨以上的黄金，而现在留在世上的只有6万吨，其余3万多吨窖藏在地下。而且考古工作者也不断发现地下窖藏的西汉黄金。以此说明西汉大量黄金突然消失，只能是公私窖藏于地下后因战乱或人祸，藏主或亡或逃而使藏金失传。这种说法似乎很科学，而且还有考古发掘实物为证，西汉黄金消失之谜仿佛可以解开了。

但是无论是私人还是国家储存大量黄金的金库总是留有线索的。绝不会一场战争或一场天灾人祸后所有的黄金拥有者都死去或忘记自己的财宝所在。如果说一部分因窖藏而消失还可以理解，而绝大多数黄金都因窖藏而不知所终则难以理解。

5.黄金被作为随葬品

西汉时期朝廷规定天下贡赋的三分之一供宗庙，三分之一用以赏赐、馈赠那些忠于汉王朝的文臣武将和敬待外国来宾，剩下的三分之一则用以营造陵墓，构建再生世界。而黄金作为当时的上等货币，是财富的象征，其三分之一用于随葬是完全可能的，而且这个推理和今日科学家的预测不谋而合。

但事实上，许多汉代的厚葬墓自埋葬日起就已成了盗墓者的目标，因为汉代有用玉衣随葬的习俗，所以汉墓是盗墓者首选的对象，更何况是随葬大量的黄金。埋葬在地下的并不限于黄金，还有银、铜等种种奇珍异宝，为什么唯独黄金奇迹般地消失了呢？

以上几种说法看似很合理，但是都经不起推敲。西汉大量黄金失踪之谜仍在困扰着人们。

◎**历史话外音**◎

据《魏晋南北朝史》记载："西汉初期，黄金的应用总数量在百万斤以上。"按照《中国历代度量衡考》中考据的西汉时1斤折合今日248克来计算，西汉的百万斤即今日的248吨。而2003年中国的黄金储备为600吨，也就是说，西汉时期的黄金储备已经达到我国2003年黄金储备的41.3%。

敦煌藏经洞：无价的经卷

在莽莽大漠之中，藏着一批经卷，在世界上掀起了一片狂澜。这批经卷究竟价值多少？

敦煌藏经洞原为敦煌高僧洪辨的影窟，可以利用的空间仅为19立方米，但其中却藏有5万余卷古代文书和其他一批精美的文物，其中有佛教经卷、社会文书、刺绣、绢画、法器等，还包括于阗文、突厥文、回鹘文、梵文、粟特文、希伯来文等多种文字写本以及多项世界最早的创造。敦煌藏经洞是在1900年6月由道士王圆禄发现的，见证了5～11世纪敦煌的繁荣历史，也导致了一门新兴国际显学——敦煌学的诞生。但是，数量如此众多的文书、珍品为什么会聚集在敦煌的洞窟里面呢？当时的人是出于什么原因将这些资料藏在这里呢？关于这个问题，自藏经洞被发现后，学者们就一直在争论，至今大致可以归纳为以下几种说法：

"藏经洞为供养佛教法物之地"。提出此说的是一位僧人，他结合佛理论与实际指出：寺院都有多处藏经之地，一类珍藏供僧人自己诵读的佛经，另一类珍藏在佛前供养的佛教内外人士发愿书写的经卷，两者虽都是寺院藏书，但却有着本质上的区别。前者多典藏于寺院的藏经楼，而后者则供养或密藏在石龛、石窟等特殊的地方。根据敦煌藏经洞中经书保存时间长、经卷没有系统、有无坏经文的特点，推断藏经洞应为寺院供养经的藏经地。同时，莫高窟是佛教圣地，17窟是洪生前的禅堂，又是其死后的影堂所在，是一处十分庄严的地方，这也完全符合寺院供养法物存放地的环境要求。另外，敦煌藏经洞内经藏的包裹方式，以及堆放的层次关系，都完全符合佛教装藏或供养法物入藏的仪轨。而藏经洞之所以封闭则是一种极为虔诚的宗教行为。由于此说提出者为佛教界内人士，所以该观点非常具有说服力。

"藏经洞是三界寺的经藏室"。三界寺是敦煌的一座小寺，寺址就在莫高窟，藏经洞中的文献即为三界寺的经藏扩充。持这种说法的学者认为藏经洞中文物的最初摆放相当工整，且都标有佛经分类题名和千字文编号，布局非常规整。同时，藏经洞中的资料基本为完好之作，也有很多是从佛经等上面摘取下来，作修补佛经之用的，不应视为废弃物。另据研究，在藏经洞大量的佛经写本中，引首为三界寺的题名或印记者最多，这说明大多写经是与三界寺有关的，属于三界寺的所有财产。更为重要的是，这些写经、题记中还有大量的三界寺僧人道真的题名，以及有关道真为三界寺修补佛经的记载。这更为藏经洞是三界寺的经藏室提供了有力证据。

不过，也有人认为敦煌藏经洞并不具有什么特殊的性质，它的作用只相当于今天每家都有的旧物储藏室，藏经洞内的物品，也就相当于放在阳台上或储藏室中的杂物。此说应和者不多，可视为一家之言。

目前，对于藏经洞的性质普遍认同的说法却是"战争说"，即在公元1035年，敦煌被西夏人占领，在破城之前，僧人将不便带走的经卷、文书、法器等物进行了一次大规模的整理，然后将其码放在洞窟之中，封闭了洞口。这只是在战乱中力图保护佛教资产的偶然行为，并没有经过长时间的酝酿和准备，所以藏经洞并没有明确的性质。

与敦煌藏经洞的性质相对应，其封闭原因以及时间一般有两种推测：

"废弃说"。该观点的代表人物是匈牙利人斯坦因。1907年，斯坦因来到敦煌，买通了王道士，进入藏经洞。他从大量经卷中挑选了许多好的写本、绢画等，装了29箱，于1909年运到了英国伦敦，入藏伦敦大英博物馆。这是进入敦煌藏经洞的第一个外国人。他根据在藏经洞中发现的一些汉文残页、残经卷、木轴、丝带、布包皮、绢画残片等，推测藏经洞就是存放敦煌各寺院废弃物的处所，他还依据所见写本和绢画题记最晚为10世纪末的情况，认为藏经洞的封闭时间是在11世纪初叶。

中国社会科学院教授也持此观点，其认为藏经洞中的经卷是失去了使用价值的废弃物。因为，经过长期使用的佛经会有破损，又不许抛弃，只能另行收藏；敦煌寺庙也经常清点寺内的佛典及各类藏书，对于失去价值的就会进行汰旧更新。于是，那些破残无用的经卷、文书与废纸以及旧画佛像就被封存在第17窟。日本学者藤枝晃则认为，1000多年前，"屏风式"佛经印本从中原传到了敦煌，"卷子式"手抄本被取消后封存在石窟中。

但大部分学者认为藏经洞的封闭是莫高窟僧人为躲避战乱，而将不便携带又不忍丢失的经籍文书、铜佛法器等藏在了洞窟。这种说法又各有不同，分为：

"避西夏之难说"。1036年，西夏占领了敦煌以及整个河西走廊。而藏经洞中的卷本所题年号，最晚为1002年，故推测藏经洞的封闭应在1036年以前，即西夏占领敦煌之前，莫高窟僧人为保护经卷，将大批的写经和文物封藏于洞中，并在洞壁外以佛像伪装。

"避道教之难说"。成吉思汗西征时，其军师丘处机道士与佛教为仇，每到一处必毁坏佛物。而敦煌石窟在元朝以前为大佛寺，宝藏甚丰。为免遭浩劫，故敦煌僧人在蒙古军队到来前将佛教文物秘藏石洞。

◎历史话外音◎

敦煌藏经洞这一发现为研究中国及中亚古代历史、地理、宗教、经济、政治、民族、语言、文学、艺术、科技提供了数量极其巨大、内容极为丰富的珍贵资料。后经英、法、日、美、俄等国探险家的盗窃掠夺，藏经洞绝大部分文物不幸流散到世界各地，仅剩下少部分留存于国内，造成中国文化史上的空前浩劫。

扑朔迷离：乐山大佛藏宝洞

著名的乐山大佛，又名凌云大佛，坐落在四川省乐山市峨眉山东麓的栖鸾峰，为弥勒倚坐像，面相端庄，坐东向西，雕刻细致，线条流畅，身躯比例匀称，气势恢弘，通高71米，是世界最高的大佛。佛像开凿于唐玄宗开元初年（713年），完成于唐德宗贞元十九年（803年），历时九十年。一千多年过去了，岁月流逝，斗转星移，阅尽人间春色的乐山大佛依旧肃穆慈祥，心旌不摇。

乐山大佛因其高大雄伟，开凿不易，自诞生之日起就笼罩着一层神秘的色彩，其中大佛身上有"藏宝洞"就是千古民间神秘传说之一。历代文人根据这个传说编写了许多关于大佛寻宝的故事，由刘晓庆主演的电影《神秘的大佛》就是以这一民间传说为素材，围绕到凌云大佛身上去寻宝、夺宝的情节展开的，文艺作品的介入使这个民间传说被渲染得更加神乎其神。

那么，在历史上乐山大佛到底有没有藏宝洞？

1962年，乐山县政府组织建国以后第一次较大规模地维修大佛，修补前胸时，工人发现佛肚前有一个封闭的"藏脏洞"，它的发现似乎印证了大佛身上有"藏宝洞"的千古传说。这个"藏脏洞"因位于大佛胸前的心脏部位而得名，是一个高3.3米、宽1米、深2米的长方形人工开凿的暗室。洞穴的封门石在两位见证人的注视下被打开，室内情形令所有人大失所望，仅散乱地堆放着一些破旧的废铁和铅皮。现场的两个见证人，一人认为暗室堆放的东西应该不是原洞穴堆放的，而是被盗后的人为遗留物，且时间不会太远，应该在清末民初；另一个则认为暗室里的"废铁"应是"鎏金铜壶"，"铅皮"似乎是破损的"铅皮经卷"。

在开启现场唯一有价值的就是封门石，封门石是宋代重建天宁阁的记事残碑，此碑有可能原来是嵌在大佛胸前的。据有限的资料记载："天宁阁"是后来人维修"大像阁"后为"大像阁"重新起的名字。那么，"天宁阁记事残碑"上的文字是什么？为什么要用此碑来封"藏洞"？至今仍是个谜。而最大的谜团就是大佛胸前的暗室，到底是何时所凿？凿洞的目的是什么？原洞中究竟装藏了些什么？

专家分析，在佛身上凿洞多见于泥塑、铜铸的作品中，是佛经教义上允许的。藏洞内所装东西一般是粮食、"五谷"及"五金"（金、银、铜、铁、锡）。"五谷"象征菩萨保佑"五谷丰登"，"五金"象征菩萨保佑"招财进宝"。还有的佛身藏洞内装的是仿制五脏六腑的器皿或经书帛卷，以此象征"肝胆相照"或"真经永驻"。关键是这些藏洞大都开凿在佛体背部隐蔽处，而乐山大佛开凿的位置在佛心部位，这是前所未闻的。从开凿此洞的长、宽、高规模来看，工程量较大，应是唐代同期工程，是造佛时的配套工程，也就是说施工者在设计时就考虑到了这个藏洞功能。

那么这个藏洞究竟要藏什么东西呢？

一种观点认为很可能是财宝。大佛建成前后募集金银不少，如此大的工程，建成后的佛事活动肯定很多。香火旺盛、八方朝拜，大佛寺庙收到的捐赠善款、奇珍异宝肯定也有很多。虽然利用佛身藏宝，况且是在"佛心"藏宝，跟佛经教义相违背，但若是前人考虑长远，佛财归佛，善款专用，将募集来的剩余资金封藏好，在紧要时开启用于维修，这种可能性应该是存在的。

也有人认为"佛中有佛"。据一些文字记载，大佛是以寺庙"能仁院"中的米勒石佛作为"小样"进行凿刻的。那么大佛修成后，大佛的"小样"应该怎么措置呢？建造者肯定不能让如此重要的"小样"，即大佛的"前身"和"母本"失散了。据此推断，大佛藏洞是在大佛修造后期考虑设计的，主要目的就是为了收藏"小样"，也符合"心中有佛，佛在心中"的佛经教义。

不管最后的答案是什么，有一点是不可否认的，那就是"藏洞"在历史上曾被多次开启，以致洞内的贵重物品早已荡然无存。也许是在唐晚期会昌五年唐武宗的全国范围内的灭佛行动中，"小样"被掘出顶替大佛而惨遭捣毁；也许在唐末宋初就被盗宝者劫走；也许19世纪初四川军阀陈洪范组织对大佛维修时就发现了大佛胸前这个藏宝洞，掠宝后再将大佛脚下的"天宁阁记事残碑"移作封门石……

无论今人作何推断，洞穴内毕竟没有发现过金银财物和"小样"，神秘的大佛，神秘的宝藏，这团笼罩着乐山大佛的疑云何日才能被拨开？

乐山大佛的神秘吸引着许多人的眼球，但是，不管大佛的藏宝洞里是否曾经收藏过什么宝藏，我们都无法忽略其在文化艺术上的价值，乐山大佛是古代劳动人民辛勤与智慧的又一结晶。

　　乐山大佛是一尊弥勒佛。唐代崇拜弥勒佛。佛经说弥勒出世就会"天下太平"，武周时期，武则天曾下令编造了一部《大云经疏》，证明她是弥勒转世，百姓对弥勒的崇拜帮助她在男尊女卑的封建时代登上帝位。由于武则天的大力提倡，使全国塑凿弥勒之风大行。乐山大佛的修造距武则天时代仅20余年，所以当海通修造乐山大佛时，自然选择了弥勒佛，而且弥勒佛是能带来光明和幸福的未来佛，这同平息水患的镇江之佛要求是一致的。

天王府：太平天国的窖金悬案

　　鸦片战争后，清政府将大笔军费和各个不平等条约中的巨额赔款都转嫁到了广大劳动人民的身上，使农民不堪重负，清朝国内阶级矛盾空前激化，农民起义风起云涌。1851年，农民起义领导人洪秀全发动了金田起义，并建立了与清王朝相对峙的农民革命政权——太平天国政权。

　　洪秀全建天朝宫殿时，是倾"全国"所有，掠各地宝物于宫内，其他王府也都藏金。太平天国兵败南京之后，清朝政府曾下令追缴国库里的财宝，但曾国藩以"城内并无贼库"的回复，否认了天王府存在财宝的推断。

　　近年来有一则新闻报道称，广东韶关始兴有个"曾氏银库"，当年曾国藩之弟曾国荃率湘军主力进攻天京，掠夺来的太平天国财宝，有一部分就藏在了这里。这条新闻在网络上迅速传播，让早就众说纷纭的太平天国藏金之谜更是云遮雾绕。而曾是太平天国首都的南京（天京），天国藏金的问题再次成为关注的焦点。太平天国起义失败后，到底有没有留藏大量金银财宝？如确有秘密的藏金库，它又在哪儿？有没有被人挖掘出来？这一直都是众说纷纭、扑朔迷离的悬案。

　　在太平天国创建之初，就颁布实施了"圣库"制度。这种制度规定，一般的太平军身上除了极少量的钱财之外，不能多带。凡是战斗当中缴获的所有钱财，全部要上缴到圣库。人们生活的必需品由圣库统一配给，百姓若有藏金1两或银5两以上的都要问斩。

　　1853年，太平天国定都天京后，更是颁布了《天朝田亩制度》，进一步明确了"圣库"制度。作为供给全城居民和军队的"圣库"，其财物之多，可想而知。

　　圣库制度使得太平天国的财富高度集中，为窖藏提供了可能。而洪秀全进入天京后便脱离了群众，避居深宫。如果没有其亲许，任何人都不能进入天王府，天王府是他唯一信赖和感到安全的地方，如果要窖藏的话，最有可能就在天朝宫殿地下。

　　1864年，湘军进入天京后，烧杀抢掠，洗掠全城三天，可称得上是捞尽了地上浮财。因为民间一直流传太平天国非常富裕，"金银如海，百货充盈"，湘军们怀疑还有更多财宝窖藏在地下深处。

　　为了查出太平天国究竟有没有藏宝，曾国荃严审李秀成，曾国藩也派幕僚讯问李秀成，其中有一条问："城中窖内金银能指出数处否？"李秀成在自述里十分巧妙地作了委婉叙述，分别引出"国库无存银米""家内无存金银"的结论，搪塞了曾国藩。

　　但是，曾国荃知道，天京城陷时，太平军的口号就是"弗留半片烂布与清妖享用"。于是，曾国藩、曾国荃相信，天京一定很富有，城陷之后，湘军到处掘窖，就连曾国藩在给朝廷的奏报里也公然提出"掘窖金"。

　　不过，曾国藩后来在对朝廷的奏折中却称："伪宫贼馆，一炬成灰，并无所谓赋库者，然克复老巢而全无货物，实出微臣意料之外，亦为罕见之事。"并说除了二方"伪玉玺"和一方"金印"，别无所获。

　　然而，这并不能说明曾氏兄弟没有得到窖金，有的认为曾国藩在李秀成口供一毕，立即处死，是杀人灭口。

左宗棠、沈葆桢也上奏弹劾曾国藩兄弟吞没财宝。《能静居士日记》中说湘军"在伪天王府取出金银不资，即纵火烧屋以灭迹"。1866年5月19日的《上海新报》上记载说，曾国藩的夫人由金陵回湖南，护送的船只有200多艘。有什么珍贵的东西需要这么多的船来护送呢？答案是可想而知的。

另外，清人有笔记记载，洪秀全的窖金中有一个翡翠西瓜是圆明园中传出来的，上有一裂缝，黑斑如子，红质如瓤，朗润鲜明，皆是浑然天成。这件宝贝后来居然在曾国荃手中！可见，天京之战曾氏兄弟获"益"匪浅啊！

湘军是否把所有的财宝都运走了？抑或根本没有发掘完？专家认为，当时曾家两兄弟运金银时比较仓促，很有可能没运完，因为如果这笔财富过多，肯定会惊动清政府，所以他们暗度陈仓，取走其中一部分。而且，后来曾国藩再次来到天王府修缮，也没有深挖，天朝宫殿下或许还有窖藏。

民间还流传着别的说法：在南京，从前有个富丽堂皇的大花园"蒋园"，园主蒋某，绰号蒋驴子，据说他原来只是一个行商，靠毛驴贩运货物。因为有次运军粮，得到太平天国忠王李秀成垂青，被任命为"驴马车三行总管"。

天京被围，内宫后妃及朝贵多用金银请人办事，"宫中倾有急信至，诸王妃等亦聚金银数千箱令载，为之埋藏其物"。《红羊佚闻·蒋驴子轶事》则说："有金银数千箱，命驴往，埋于石头山某所。"蒋氏后来因此发财起家，成为近代金陵巨富。

《红羊佚闻·蒋驴子轶事》中还说，民国初年，也有南京士绅向革命军都督和民政长官报告"洪氏有藏在某处，彼亲与埋藏事"，由此引起一些辛亥元老国勋的野心，"皆以旦夕可以财为期"，雇人四处寻找、挖掘，却毫无收获。

南京当年天王府遗址，今西花园一角还隐约可以看出旧时面貌。南京解放时期，有人听说窖金的事，甚至将西花园中湖水放干，但却一无所获。天朝宫殿内的许多重要建筑，如金龙殿、暖阁、穿堂及左右附属建筑也没有被完全烧毁，至少旧址还在。

那么，窖金的下落究竟如何？如今，我们只能在历史的碎片以及民间的传说中窥探到一些蛛丝马迹，却始终无法得到令人信服的答案。

◎历史话外音◎

轰轰烈烈的太平天国运动在领导阶层自身的局限性以及清朝和八国联军的围剿下以失败告终，被权力与金钱冲昏头脑的领导人，最终没能冲破封建思想的束缚，成为历史大潮中汹涌涨起，却又黯然消失的浪花。

第十四章

古新知隐案

—— 今夕再看，千百年前生活起居

闽西发现"山顶洞人"：揭秘洞穴人的生存方式

20世纪40年代，周口店发现的北京人头盖骨神秘失踪，成为历史上的一大悬案。至今官方和民间都在不停寻找这失踪的五个头盖骨。那么，为什么头盖骨会引发如此多的关注？在已知的许多远古人类遗址中，很多都是洞穴文明遗址，这些遗址比较完整地保存了文明的遗迹。那么，还可以找到像北京人头盖骨一样的化石吗？下面，我们将到偏僻的闽西寻找这未解之谜的线索。

在福建省龙岩漳平市有一个神秘的溶洞，名叫奇和洞，是一个典型的石灰岩溶洞。2008年，福建省文物部门注意到，奇和洞内有着丰富的化石层。直到2009年，由于当地开采矿山，这个洞随时可能被炸毁的现实，当地文物部门决定邀请国内考古专家和古人类研究专家，进行抢救性试探挖掘。

专家们在这个洞中进行了第一次发掘，在洞穴地表的钙板层下，发现了数百件哺乳动物的牙齿化石，包括东方剑齿象、华南巨貘、中国犀等已经消失的动物。这些古生物化石揭示这一地区在冰河时代晚期植被茂盛、气候适宜，可以说是动物生活的乐园。在这一次发掘中，更引人瞩目的是发现了大量的人类遗迹，比如远古人类使用的石器、陶器和骨器，其中还有制作精良的骨制鱼钩和石制鱼形陶饰件。人们不由得产生疑问：这是一群什么样的人类，他们处于人类的什么阶段？我们是否还可以找到更直接的人类线索，比如人类骨骼化石？这一切的疑问都有待于更进一步的发掘。

2011年1月，由福建省组织的联合考古队，在队长范雪春的带领下，来到龙岩市漳平奇和洞进行第二次发掘。

这一天，他们像往常一样小心翼翼地发掘每一地层，辨别每一块化石。"头盖骨！"队员赵兰玉的惊叫声震惊了在场所有的人。这个来自远古人类的头盖骨将会带来怎样的惊人发现？

奇和洞发现了远古人类的头盖骨，迅速引起了中科院和社科院专家们的关注。当时虽已临近春节，天气特别冷，但北京的专家们接到报告后，意识到这将有可能是他们一直苦苦寻找的"宝贝"，有可能是一个震惊中外考古界的重大发现，甚至不亚于已经失踪的北京人头盖骨。他们纷纷放下手头工作，匆匆来到奇和洞，共同见证这一重大发现。

经过研究分析，令专家们惊喜不已的是，这是一个成年男子完整的头盖骨。它孤独地深埋在洞穴地下已经一万多年。这个头盖骨为晚期智人，属旧石器时代晚期，距今已一万多年。这和北京周口店的山顶洞人相近，山顶洞人距今约一万八千年，也属于晚期智人的行列。福建发现的这颗头骨也属于晚期智人，这两者处于一南一北，可以相互对照研究。

这一考古发现震惊中外，随之也出现了许多谜一样的疑问：他从哪里来？他是否是福建人的祖先？他是否和洞穴里的文明遗迹有关系？专家称，通过现在的技术，我们最先可以解开的谜题是：这个人属于哪一人种，脑容量是多少？这脑容量也代表着他是否"聪明"；还可以通过电脑复原，看他长得怎么样。

其实，福建省曾发现距今六七万年前的人类牙齿，但它的意义，远远比不上发现整个头盖骨。

人类进化史上有几个重大转变，或者说未解之谜，其中之一就是：人类如何从旧石器时代晚期过渡到新石器时代早期？这一时间跨度是从一万五千年前至一万年前，也就是人类畜牧业、陶器出现之前，全世界都在寻找这类线索。奇和洞中完整的各个时代地层和人类遗迹，特别是头盖骨就提供了这一条线索。

随着进一步的发掘，专家们发现奇和洞遗址的内容很丰富。这里是一个上古人类生活的文明遗址。遗址内容丰富，有烧火的痕迹，也有大量打制石器，还有很多制作精美的陶片。从出土器物来判断，这一遗址从旧石器时代末期一直延续到新石器。专家们十分兴奋地说，奇和洞要告诉人们的故事，将远远超出人们的预想。

首先，让我们看看，这些定居在山洞里的远古人怎么生活。在很早以前狗就是人类最好的朋友。在奇和洞中大量的动物化石中，有很多家犬和猪的骨骼和牙齿。考古队队长范雪春说，这已表明当时居住在奇和洞的先民或已开始了驯养，他们主要驯养猪和家犬。他们已经适应当时的自然环境，并开始在奇和洞内定居生活，所以遗留下来大量烧石、烧土、烧骨、灰烬和被遗弃的各种食物残迹。

山洞里发现了大量的人类生活遗物，有动物化石、石器、陶片、骨器，还有大量人类用火等活动痕迹。发掘过程中，发现很多被火烧过的土块，一些动物化石也有烧烤、烹煮的痕迹。这说明当时的晚期智人已能够很熟练地使用、控制火了。

当时的环境恶劣，人们的寿命都不长，这次还出土了小孩的骨骼，虽然还没有测定出是什么年龄死去，但可以肯定地说，在当时的环境中，死亡率很高，人们对自然的依赖性很高。

在洞内发现的石器中有石锛、石斧、石锤、石网坠、砍砸器和磨制石器等生产工具。这些打制石器与台湾长滨旧石器时代文化中的石制品，在制作水平、制作风格以及年代上，具有更多的可比性。这甚至预示着曾经在福建以及台湾等沿海地区，生存着相近文明的人类，他们可能是来自同一个族群，然后不断在东南地区迁徙、繁衍。这让我们甚至联想到1992年发现的海南三亚落笔洞人类遗址，那里也是一个旧石器向新时期文明过渡的人类遗址。这是否说明远古的中国南方，也生存着和黄河文明、长江文明一样的远古人类呢？这一切，还需要更多的考古发现来证实。

○历史话外音

从距今170万年的云南元谋人、距今50万年的北京人，一直到距今1万多年的北京山顶洞人、福建奇和洞人，中国的南北大地上，同时进行着从直立人到晚期智人的演进过程，这为人类的起源之谜提供了更多的线索。

古代的人口普查：看身高、长相选美，查人头、财产征税

人口普查是现代国家掌握国情国力的一种最基本的调查。那么，中国最早的人口普查究竟从何时开始？现在的人口统计中都难免会出现误差，在技术条件落后的过去，人们又是如何进行大范围的人口普查呢？

据《史记》载："禹平水土，定九州，计民数。"说明大禹治水后就进行过人口调查，《帝王世纪》中甚至记录了大禹统计人口的数据：13503923。这一人口统计，竟然精确到了个位。但专家认为，这个数据肯定不准确，仅仅是后代文献的记载。如果《史记》中的记载属实，那么，中国最早的人口普查就出现在三千多年前的大禹时期。

那么，在古代统计人口数量有什么作用呢？其实当时人们不仅统计人口数量，甚至还考虑人口比例，可以说这是科学的人口观的萌芽。比如春秋时期的管仲就曾经提出实行士农工商行业分开定居，并且按照定居的社来登记户口，他强调城乡人口、军民人口的适当比例才能富国强民。

正因如此，了解人口数量，可以说是实施相应人口措施的依据。大禹统计人口的历史似乎太遥远了，那么，通过文献记载，我们能找到更为确切的人口普查历史吗？

其实，《汉书·萧何传》中记录了这样一个事实：刘邦的军队进入秦都咸阳时，萧何就先把秦朝收藏的图书收缴上来了，这里面有秦朝的人口统计情况。所以刘邦知道当时的人口已由原

3000万降到1300万左右。

西汉末年，战乱和天灾使人口从6000万降至2100万。这2100万的数字是怎么得来的呢？其实这都得益于东汉的人口普查。东汉可以说是最早对人口统计建立严格的制度。东汉朝廷还借着调查户口的名义，为皇宫挑选美女，这在当时称为"算人"，就是朝廷派人挑选少女入宫，凡是姿色端丽的就可以入宫选妃子。

东汉人口统计的规模大，而且都连长相、身高都不会放过。每年从县到乡，上至80岁老人，下到6岁孩童，都要进行登记。在汉代的《居延新简》上就写有："戌卒南阳武当县龙里张贺，年卅，长七尺二寸，黑色。"这就是说这个叫张贺的人出生在南阳郡武当县龙里，30岁，身高七尺二寸，肤色黑。因为东汉重视人口管理，所以人口数量比之前增长不少。据《晋书·地理志》记载，桓帝永寿三年有口56486856，是史籍记载的东汉最高人口记录。

隋朝建立后，对户口管理很严格，多次进行全国规模的户口大检查，并且实行"貌阅"，就是对每户的家庭成员都要当面验视，看性别、年龄是否符合，防止有成年人口脱漏。并发动检举，凡是户口不实的，不仅户主要受罚，乡长里正也要发配服苦役。所以史学家一般都认为隋朝户口统计比较近于实际。据隋朝大业五年，即606年的统计，当时人口总数是46019956人。但是，隋炀帝暴政伤民，他诏发天下役夫达543万余人，昼夜开掘大运河，男人不足，女人充数，死者过半。他还三次率军进攻高句丽，伤亡无数。到了隋末的639年，人口锐减到1235万，人口损失率高达73%。

盛唐时期是中国古代社会发展的高峰，因为社会稳定，经济繁荣，人口急剧增长。唐玄宗天宝十四载，即755年有5292万人口，但是在安史之乱将要结束前的760年，人口仅有1699万。可见战争对人口的损耗是多么的残酷。

最奇怪的人口统计出现在宋朝，这就是北宋建立的丁籍制度。这是专门用于征役催税的簿籍，也是宋代使用时间最长，也最为重要的人口统计方法。但是，丁籍制度和现代人口普查不一样，丁籍制度只调查每户家中的壮丁，"男夫二十为丁，六十为老，女口不须通勘"。就是说这个调查只统计壮年男子，对老人、小孩和女子都是不统计的。因此，宋朝并没有准确的人口统计数据流传下来。

最全面的人口普查应该出现在明朝。明朝的人口普查比现在的普查还要更为严格、仔细。洪武三年，即1370年，朱元璋为了整顿元末的混乱局面，在全国范围内推行户帖制度。由政府发给每户户帖，要求各户详细填写家人的详细信息和拥有的产业。登记完成后调派军队协助地方政府去核实，对隐瞒或做假的，进行严惩。这种统计涵盖了所有年龄、性别的人口，而且还记录了财产、经济情况，可以说是最早的财产普查。"户帖"被称为世界上最早的"户口本"。这比美国（1790年）和英国（1801年）的"国情普查"早400多年。英国学者卡尔津曾著文感叹："此为全世界最早奉行全国人口普查的明证和榜样！"

到了洪武十四年（1381年），朱元璋实行更为详细、严苛的黄册制度。黄册把户口、田产和赋税三者合一，是明代主要的户口册籍，十年登记一次，上面登记的有丁口、田地、房屋、牲畜、赋役等情况。洪武十四年统计的人口总数是59783305，这算是比较精确的数字。

清朝是中国人口激增的时期，为什么会出现这种情况呢？清初，全国人口大概仅有4200多万，但是随着清朝的一项税务改革，人口一跃闯过上亿人口大关。这是因为康熙时开始实行的摊丁入亩制度，摊丁入亩改变了千百年来按照人头收税的政策，而是根据田产来收税。这样带来一个后果，清朝人口激增。于是从乾隆开始，中国人口数字首次突破了1亿，接着突破2亿、3亿。

在民国时期，人们常常号召"四万万同胞"抵御外辱。这"四万万同胞"是否准确呢？在民国时期，由当时的警察担当人口统计员统计人口，但并不是挨家挨户地上门调查，而是要各地的人自己到指定地点进行登记。当时就调查出中国人口达到4亿7千多万，当然，这样的数据肯定不精确，但是"四万万同胞"之说因此开始。

直到中华人民共和国成立后，从1953年，开始了第一次全国范围的人口普查，这是现代意义的人口普查开始，这个传统一直延续到今天。

　　人口普查不是简单的数人头，中国早就出现了人口普查，而且还顾及到人口比例、家庭财产甚至长相、身高等问题。我们也清晰地看到，每一次朝代的更替和战争的肆虐，也是人口大量减少的时候。人口普查的数字变化，不仅仅是数字的变化，也是历史的演进。

古代的火锅：可追溯至商周

　　火锅在我们的生活中很常见，各地都有各种不同的火锅。四川、重庆的麻辣火锅、北方的涮肉火锅、广式的海鲜火锅等等，可以说是百千滋味、各具特色。那火锅是什么时候出现的呢？不少人认为火锅是近代人的创举。其实，火锅的历史比这更为遥远，那火锅到底是什么时候出现的呢？

　　通过历史的遗迹和记载，我们发现，早在3000年前的商周时就已经开始有火锅的雏形了，不过那时它不叫火锅，而是叫温鼎。我们在博物馆都能看到鼎，鼎是商周时的一种炊器。圆鼎三足，方鼎四足，下面足间的空间是填柴烧火的地方。那么温鼎和常见的鼎有什么不同呢？

　　在已发现的商周铜鼎中有一种与众不同的鼎，这种鼎的鼎足中部多了一个托盘，有的在鼎腹下面多了一个围起来的炉膛，还有可以开合的炉门，做得非常精巧。这种鼎已经发现16件之多。它的特殊结构显然不适宜烧柴，却适宜在托盘或炉膛里放置木炭，一边加热、一边煮食物，所以被叫作温鼎。它们均属于小型鼎，有着使用方便、易于移动、边煮边食、可涮可食的优点。这可以说是最早的火锅雏形。

　　1989年在江西新干县大洋洲镇出土了一批商代青铜器。其中一种青铜鼎，腹部各面饰有上下两层环柱角展体兽面纹，一侧宽面横开一口，口前置门，门可上下转动启合，还设置了用来固定闭门的插销。外底之上的腹腔设有内底，内外底间形成夹层，起着炉灶的作用，在夹层里放上炭火。这样可以文火煮食物，也可以保持所盛食物常温不冷，美味飘香。据专家说，这是中国的火锅鼻祖。

　　湖北随州曾侯乙墓中出土了一件战国青铜器，这是被叫作煎盘的特殊铜器，它由四根立柱连接上下两个圆盘组成，上盘深，盘边有铜环提链；下盘浅，盘底有长方形镂孔，出土时上盘里残存有鱼骨和梅核，下盘内放着木炭。其实，这也是一种温鼎一样的火锅器具。

　　那么，这种温鼎是用来煮什么的火锅呢？

　　羹，这是商周时期贵族的主要食物，羹就是肉粥，确切说就是汤煮肉。那时羹的名目很多，几乎所有可以入口的动物肉都可以做羹，其名称随着肉的不同而异。见于文献中的羹名有羊羹、豕羹、犬羹等，这些羹除用肉外，还要加上一些碾碎的谷物。这是羹的传统做法，古人的羹其实也是一种简单的火锅。所以说，火锅最早在商周时期就存在了，而且这还是当时贵族的奢侈享受。

　　在古代典籍中经常出现一种叫"古董羹"的饮食名称，其实这就是火锅。因投料入沸水时发出的"咕咚"声而得名。据考证，20世纪中叶出土的东汉文物"镬斗"，就是一种高脚式的火锅。三国时代，魏文帝所提到的"五熟釜"，就是分有几格的锅，可以同时煮各种不同的食物，相当于现今的"多味火锅"。

　　到了唐代，更多的达官贵人也开始吃起了小火锅，比如诗人白居易的《问刘十九》诗："绿蚁新醅酒，红泥小火炉。晚来天欲雪，能饮一杯无？"就惟妙惟肖地描述了当时食火锅的情景。唐代火锅还传到日本，于是涮肉食俗又风靡了东瀛。

到宋代，火锅已是在民间很常见的食法了，南宋林洪在《山家清供》中提到吃火锅之事，说的是他游武夷山时，访隐士止止师，在雪地里捕获了一只野兔，但无厨师烹制。隐士告诉他在桌上放个生炭的火炉，炉上架个汤锅，把兔肉切成薄片，用酒、酱、椒、桂等做成调味汁，等汤开了夹着片在汤中涮熟，蘸着调味料吃。林洪看着火锅中翻滚的肉片，想起了"浪涌晴江雪，风翻晚照霞"的诗句，于是将此种吃法取了一个雅名："拨霞供"。

不仅在中原地区和南方，在北方大草原上，也出现了因地制宜的涮肉火锅。在内蒙古昭乌达蒙敖汉旗一座墓出土的壁画里，有一个奇特的饮食场景。据考证，这是辽代初期的涮肉火锅。壁画中三个契丹人于穹庐之中，围着火锅，席地而坐，有的用筷子在锅中涮食羊肉。火锅的前面放着一张方桌，上面陈放着盛配料的两个笸（盘子），还有两盏酒杯，桌的右侧备有大酒瓶，左侧用特制的铁筒，盛着满满的羊肉块。这幅壁画中的火锅场景形象逼真，栩栩如生，是极为珍贵的历史佐证。它为火锅的起源提供了最形象的依据。它说明在一千多年以前的辽代民间，已有吃火锅的饮食习俗了。到了元代，火锅更是在北方流行，经常用来煮牛羊肉火锅。

到了清朝，火锅在民间更为盛行，如涮羊肉火锅在当时就大行其道。当然，清朝时吃火锅最为豪华气派的还要数帝王家，而且火锅成了一道著名的"宫廷菜"。清宫御膳食谱上有"野味火锅"，用料是山雉等野味，袁枚在《随园食单》中特意做了很详细的记载。

清宫中的火锅常常以场面盛大、风味独特著称。乾隆四十八年，也就是1783年的正月初十，乾隆皇帝在乾清宫筵宴宗室，就办了530桌火锅宴，其盛况可谓壮观。1796年，嘉庆帝登基时，也曾大摆火锅宴，号为"千叟宴"，所用火锅达1550个，比乾隆当时的1300多个还要多。到了慈禧太后的时代，宫中盛行"菊花火锅"。每当深秋菊花盛开，慈禧太后就喜欢采摘菊花瓣制菜食用。御膳房将火锅内兑入鸡汤，煮沸，再取白菊花瓣净洗，撕成丝撒入锅中，待菊花清香渗入汤内，将生肉片、生鸡片等入锅烫熟，蘸汁食用。鲜鱼和鲜肉片本来已够鲜美，再加上菊花所透出的那股清香，便分外可口。

在今天，火锅更是风行各地，各地都依照本地的食材和口味，对火锅进行了改造。2006年起，重庆都会举行声势浩大的火锅节，其重头戏就是万人同吃火锅，曾创造了10万人同吃火锅的盛大场面，这比嘉庆时的千人火锅宴更为壮观。

历史话外音

夏丏尊曾经在《谈吃》中说，中国人是世界上善于吃的民族，而且还有着悠久的饮食文化。一口火锅，就煮出了几千年的历史，从商周时期的天子王公到现在的平民老百姓，火锅竟然几乎贯穿了我们的文明史。

秦直道：如利剑般的古代高速公路

我们都知道秦始皇为阻止匈奴入侵修建了万里长城，而且这还只是一个被动的防御体系。历史上不少人都质疑其是否能够真正抵挡匈奴铁骑南下。其实，在秦始皇暴亡之前，秦始皇一直在建造一个攻击性的防御工程。这到底是怎样的一个工程？可惜它的身影一直被湮没在历史的烟尘里，掩藏在万里长城的光环后。

欧洲有句流传甚广的谚语"条条大道通罗马"，仅宽5米左右的罗马大道让欧洲人自豪了1000多年。而早在罗马帝国兴盛之前200年，中国的秦始皇就修建了一条宽30~60米、全长700多公里的"古代高速公路"。这就是秦直道，它南起咸阳，北至包头，像一把利剑一样直插匈奴所居住的北方。在自然条件极其恶劣的北方，这样一个浩大的工程如何修建、耗时多长？这在今天仍然是一个难以想象的问题。

那么修筑秦直道面临的自然条件有哪些呢？从地形图上看，秦直道经由关中平原、走过丘陵、穿过黄土高坡、跨过茫茫戈壁抵达蒙古大草原，这是一个不可思议的阶梯组合。秦直道也是穿越地区地形最为复杂的古代工程。

在公元前212年至前210年，秦始皇命大将蒙恬率师督军，役使百万军工，一面镇守边关，一面修筑军事要道。仅仅用了两年，一个可与长城、兵马俑相媲美的世界奇迹诞生了。司马迁走过秦直道后，在《史记·蒙恬传》中写道："吾适北边，自直道归，行观蒙恬所为秦筑长城亭障，堑山堙谷通直道。"《资治通鉴》中记载："（秦始皇）三十五年使蒙恬除直道，达九原，抵云阳，堑山堙谷千八百里……"这里，历史记载都用了"堑山堙谷"来形容修建这条路的艰难，"堑山堙谷"就是指开凿高山、填平沟谷。这项工程的难度甚至超过了万里长城。

这么一项浩大艰难的工程竟能在两年之内完成，这让很多人不敢相信。于是有人通过历史发现，直到秦二世三年，也就是公元前207年，这条直道才修建拓宽完成。历时五年，修建这样一条大道，这在当时的技术条件下，确实难以想象。然而秦直道还有着更为震惊的发现。

2011年新年伊始，陕西省考古学者在秦直道进行考察。从地理上看，秦直道北上必须通过洛河，而很多人都认为秦直道要过洛河应当是间接架桥而过，而且河岸的圣马桥处留存有秦时的引桥桥墩。如果秦直道是直线过河而去，似乎也符合常理。但是考古证实秦直道是围绕圣马桥墩台下坡并转弯180度后从下游过河。这是中国考古史上发现最早的交通环岛。交通环岛是现代高速公路用于疏导交通的圆形工程。为什么当时的人们就已经很熟练地运用交通环岛？为什么秦直道会选择这样的方式迂回过河，而不是直接过河？这一连串的疑问，更让人觉得，秦直道明显不同于长城，这是一个设计超前的巨型工程。

秦直道——这一中华文明遗产，跟长城、兵马俑、阿房宫同为大秦帝国产物，秦直道是一把利剑，长城是盾，兵马俑则是兵卒，阿房宫象征着中央的王权，四者是密不可分的代表一个强盛王朝。凭借这一通道，秦始皇的铁甲骑兵，从咸阳附近的林光宫屯兵地出发，粮食和军辎可以源源不断地北运，三天三夜就可抵达阴山脚下，摧城拔地所向披靡，从此匈奴"不敢南下牧马，士不敢弯弓报怨"，只能远遁大漠戈壁深处，数十年不敢露头。

但是这样一条利剑一样的道路，为何在后来渐渐湮没无闻？其实，秦直道在后来的历史中也渐渐地隐现，甚至发挥着惊人的作用，只是没有被人注意。

秦始皇修建秦直道，除了用以突击匈奴以外，他还想完成巡游国土疆域的宏愿。然而他却在南巡途中的沙丘暴亡，只有他的尸首循着部分秦直道运回咸阳。之所以要迂回地从秦直道回咸阳，也是为了欺瞒始皇暴亡的消息，以稳固人心。

西汉初年，匈奴贵族势力曾两度试图进犯关中。其中一次是汉文帝三年（公元前177年），曾经被蒙恬赶到阴山以北的匈奴又杀回到河套区域。汉文帝从林光宫到延安前去慰问前线军队，他走的便是秦直道。虽然匈奴暂时控制了河套地区，却不敢长期盘踞，不久又撤走，就是惧怕汉朝军队从秦直道直指其老巢。

"但使龙城飞将在，不教胡马度阴山。"有名的飞将军李广就曾从直道进军，让匈奴人闻风丧胆。可以说正是因为秦直道的护卫，才让汉朝暂时稳固了江山。元封元年（公元前110年），汉武帝曾经北巡疆土，从辽西一直到现在的内蒙古，就走经了北方的秦直道。史学家司马迁就跟随着汉武帝，沿着秦直道来到现在的内蒙古地区，见到了秦筑长城和鄂尔多斯的草原，他在《史记》中对于秦朝开辟秦直道的利弊也有总结。

秦直道与军事、战争相联系，但也曾有红颜在此洒泪。最名的便是昭君出塞，汉元帝竟宁元年（公元前33年），匈奴呼韩邪单于入朝求亲，昭君远嫁匈奴，从长安解缆，就是经行秦直道北上。至今在秦直道沿线的内蒙古境内还有昭君墓，也有很多关于王昭君的传说。

另一位在秦直道上洒下血泪的是蔡文姬。东汉末年，蔡文姬在战乱中被南匈奴所俘，后嫁匈奴右贤王为阏氏，走的便是秦直道。后来曹操率五十万雄师沿秦直道前往匈奴鸿沟，欲强迎文姬归汉，单于迫于压力，只得赞同文姬归汉。蔡文姬被俘12年后，再次沿秦直道回到故土。

一条秦直道真的能够威慑北方的入侵者吗？其实不一定，唐朝建都于长安不久，强大的突厥就雄峙漠北，频繁南侵关中。这逼得刚刚建立的唐朝，转守为攻，再夺黄河南部，设置三座军事要塞，以秦直道连接阴山防线，这样就让突厥不敢轻易冒犯。

但是唐代以后，秦直道逐渐没落，也渐渐消失在人们的视线中。由于秦直道的逐渐废弃，再加上后来朝廷的政治中心转移，这条路至今已经只剩下荒凉的遗迹。

○历史话外音○

明代也曾修缮长城，建立了阻止北方瓦剌入侵的盾牌，但是仍然没有阻止瓦剌入侵，甚至一国之主的明英宗也被掳去。也许，就是失去了秦直道这把利剑才导致的失败。

淮扬名菜"贵妃鸡"：唐明皇钦点，杨贵妃命名

"贵妃鸡"是姑苏名菜。如果到了江淮地区，这是一道必点的淮扬名菜。说它有名，不仅是菜美味可口，而且"贵妃鸡"有着和名字一样的宫廷故事。到底这和历史上哪一位贵妃有关呢？

原来，这位贵妃不是别人，正是那位"回眸一笑百媚生，六宫粉黛无颜色"的杨贵妃。这样一位和荔枝、牡丹等尤物相关联的贵妃，竟然和一道以鸡肉为主的菜有关。这之间的渊源到底是如何产生的呢？

在盛唐时期，正是唐玄宗李隆基在位期间。李隆基任用姚崇、宋璟治理国家，使唐朝社会经济发展到最高峰，开创了"开元盛世"。这时候，他就开始沉迷酒色，特别是宠幸杨玉环，甚至不断地赏赐杨氏家族。杨玉环本是玄宗儿子寿王的妃子，可是玄宗李隆基看中了她，就想方设法娶了过来，封为贵妃。有了杨贵妃之后，唐明皇整日整夜与她寻欢作乐，把国家大事交给了李林甫、杨国忠等一帮奸人。

有一天，唐明皇又与杨贵妃饮酒对歌，两人醉得神魂颠倒。唐明皇喝醉之后，就连呼"好酒呀，好酒！吃得痛快！"杨贵妃也迷糊地叫道："我要飞上天！"唐明皇因酒醉听错了，以为贵妃要吃"飞上天"，便马上命令御膳房做出"飞上天"这道菜来。听了皇帝的圣谕，御厨们面面相觑：因为他们就从未听说过"飞上天"这道菜。但皇帝金口玉言，他能说出来，你就得做出来，你不能回复没有这道菜。众御厨们开始苦思冥想，有个厨师说，老鹰飞得高，大约就是"飞上天"吧！大家一听，赶紧做了两只红烧老鹰。可是厨师们一尝才发现，鹰肉是酸的！幸好没有让皇帝吃这酸肉，不然御厨们的脑袋就得搬家了。厨子们不得不重新开动脑筋。在厨师中有位姑苏的名厨，叫苏空头，他想到鸡的肌脯肉最鲜嫩，把它拿来做"飞上天"肯定好吃。他把自己的想法对大家一说，众人一听，只好用这试一试。他们手忙脚乱地找来几只童子鸡，斩下它们的翅膀，与香菇、淡菜、笋片、青椒一起焖烧，"飞上天"就算做成了。大家一看此菜，色鲜味香，才放心地传到皇帝宴席上。

太监将"飞上天"端到贵妃面前，酒已醒的贵妃顿时眼亮起来。唐明皇也尝了尝，连声赞叹，忙问太监是什么菜。太监赶忙说，这就是陛下刚才点的"飞上天"。唐明皇此时才想起酒醉时下过的圣旨，不免有点尴尬。这时，正津津有味地在品尝"飞上天"的杨贵妃说："此菜色艳、肉嫩、味香，这就像我贵妃一样，'飞上天'太俗了，它应该有一个和我相称的名字，干脆就叫它'贵妃鸡'吧！"唐明皇一听，连声称好。

后来，苏空头告老还乡，就把"贵妃鸡"的烹饪方法带回姑苏，这道菜也就在姑苏地区世代流传了。

但这只是一种传说，并没有确切的证据说这来自杨贵妃。那为什么这样一道姑苏名菜会借名杨贵妃呢？据说贵妃鸡最早由20世纪20年代的上海名厨颜承麟等创制。因为当时的上海等地方，正是京剧《贵妃醉酒》最为风行的时候。于是他们就打出贵妃鸡的名号，此举一出，再加上贵妃

鸡的确美味滋补，所以在当时很受欢迎。但是，当时的贵妃鸡还只是童子鸡的鸡翅和几种蔬菜焖烧的菜，而且是适于冬天吃的砂锅炖品。

后来，上海名厨沈子芳师傅运用"半汤半菜"自成一格的烹调技术，将该菜改进提高。这时候的"贵妃鸡"，更加清爽可口，遂成为四季皆宜的品种。此菜制成后装入盖碗内上席，揭开盖后，满室香气，酒香扑鼻，鸡翅肥嫩。这就是今天在上海或者江浙地区常见到的贵妃鸡菜了。这样说来，贵妃鸡与杨贵妃还是有着渊源关系。

因为贵妃鸡的盛名，一种原产于英国的贵妇鸡，也称为贵妃鸡。当然，这不是一道菜，而是一种头戴凤冠、身披黑白花羽、天生丽质的鸡。这种鸡被英国皇室定名为"贵妇鸡"，专供宫廷玩赏和御用，并禁止民间饲养。这种鸡野味浓，营养丰富，肉质细嫩，美味可口，现在也被大量引入国内饲养。现在用贵妃鸡做出来的贵妃鸡菜，更是成为名菜中的珍品。

◎历史话外音◎

历史名人与菜肴相联系，就会发生许多故事。除了杨贵妃和贵妃鸡，还有苏东坡和东坡肉。同样在江浙菜系中，还有一道名菜：叫花鸡，却是和讨饭吃的叫花子有关联。名字虽有雅俗之别，但是这丝毫不影响菜肴本身的美味，甚至还能增加菜的趣味。

财政很严苛：明人巧妙规避房产税

财政就是政府的账本，但是中国正史历来重视政治而轻财政，所以，正史里的财政资料都有些语焉不详。但是明代一位知县著的一本杂记，却为我们揭秘了明代严苛的财政。那么，明代的财政有多细致、严苛呢？还有，明代的征税也很重，那么当时的人如何利用法律避税呢？通过明代北京宛平知县沈榜所著的《宛署杂记》，我们会发现，现在的生活与四百多年前的明代也有相似的地方。

沈榜是个有心人，于万历十八年（1590年）任宛平知县，在为政的三年中，沈榜感慨作为附属皇城北京的宛平县历来没有地方志。他说自己在地方上干县官的时候，还能够看到一些文字资料，而到了京城的宛平则看不到像样的志书。因为没有志书，查阅起资料来，就感到无从下手，"茫然无可备咨询"。于是他凡遇上事情，一一记录下来，从宣谕、政令到断片残简，民间掌故，都在他的收集范围之内，最后完成了此书。它既是宛平的县志，又是北京最早的史志书之一。这就是《宛署杂记》，尤其是第十四、十五两卷，题为《经费》上、下，把宛平县每年的例行财政支出分门别类地记录下来，成为详细而透明的财政"流水账"。这么详细的财政账单，是现在很多政府都难以做到的。那么，这个账本详细到什么地步了呢？

首先我们要说说沈榜所在的宛平县的独特地位。明代北京地区称为顺天府，辖区多达20多个州县，其中宛平、大兴二县为附郭县，又称为京县，以北京城的中轴线为界，城西部及郊区属宛平，城东部及郊区属大兴。所以宛平知县不同于一般的九品芝麻官，沈榜是正七品知县，官不大不小。由于宛平是附郭县，处于天子脚下，每年京城名坛庙及皇陵的祭祀费用、中央各衙门的办公用品，还有在北京举行的各级科举考试的组织经费等，都要由宛平、大兴两县共同承担。所以，这个小小的知县却担负着半个京城的财政开支。

沈榜将大小支出项目都详细地记录了下来。小项目有时候只需十几两银子，如天坛的"冬至祭"，宛平县只需预备50束"苇把"、200斤"烧香木炭"、15两灯油以及100斤木炭，连同运送的"脚钱"，一共才十七两四分五厘银子。但是大宗开支则要几百两，甚至上千两。比如宛平每年都要与大兴县分担宗庙的祭祀开支，12个月的费用加起来，宛平的支出是白银450两（折合人民币11万元）。至于三年一届的"会试"，宛平要担负将近1000两银子（折合人民币近24万元）的费用！为中央各衙门提供办公费用，负担就更沉重。服务对象包括翰林院、六部、都察院……总共30多个衙门。这对于一个知县来说，其账目是多么严苛而细致。然而这还不是最细致的支出，还有更令人惊讶的财政支出记录。

每年到了大年初一，宛平县负责的各个衙门、城门，乃至土地庙都要贴门神、对联还有桃符。这些琐碎的支出都必须详细地记录下来。《宛署杂记》中就记载："太仆寺正堂、大门、二门、东西角门、土地祠、后宅门，大小门神、桃符各二十副，共价一两四钱三分二厘。"由此可见，明代财政管理已经精细到了春节贴的每一张门神。这样的记录可谓是有章可循、有据可查的，如果一个官员想在财政上巧立名目、借机敛财，并非易事。

一个小庙要供养这么多大神，这对于一个知县来说任务非常艰巨。沈榜刚上任的时候，宛平县财政仅有50余两存银，而每年财政支出却需要6000多两。这么大的收支差距，真是巧妇难为无米之炊。面对这样的财政困境，对于一介书生来说，第一个反应就是没法干，沈榜首先想到的就是辞职。可是他却没有辞职，他是一个善于在地方上摸爬滚打的能吏。他接下来一干就是三年，经过他任职三年开源节流的努力，宛平县的财政收入不仅能够满足开支之需，而且还有1000多两银子的积累。

那么，沈榜的财政收入主要来自哪里呢？其中之一就是契税，也就是房产税。我们知道，明代有严苛的《大明律》，《大明律》中有不少征收重税的规定，房产税也不例外。那么我们来看看当时的房产税调控有多严格，以及人们如何来避税？

《大明律》有规定：明朝人买房，要缴契税，每银一两，税契三分，3%的税率。如果不缴，被人告发，重打五十，外加罚款，罚款金额是房款的一半。这可以说是重税重刑了，后来，执政者根据实际情况也调低了税率，比如嘉靖四十一年户部印发的《攒造黄册事例》，要求购房者"印刷契尾，每银仍旧纳银二分"，说明在嘉靖四十一年（1562年）前后，契税税率曾经降到2%。

但是曾经在张居正主持万历新政期间，还有不让缴契税的时候。沈榜在《宛署杂记》中就记载："如典买房税，虽明载律令，莫掌行者。"他回顾的却是万历五年以前的旧事，那时候正是张居正任万历首辅时。虽然不知道是否全国都如此，但至少在北京宛平一县，当时的人们在北京买房是无需缴契税的。

但是张居正病逝，万历新政也被反拨。万历十一年（公元1583年），也就是张居正逝世的第二年，顺天府府尹张国彦提议，但凡北京辖区居民买房，房价在20两以下，不用缴契税；超过20两，仍然按3%的税率缴纳。他的理由是，能够买得起20两以上房子的人，肯定是富人，富人应该为国家做点儿贡献；买不起20两房子的人，应该属于穷人，穷人就不用掏腰包了。这个提议报到皇帝那里，皇帝批复道：近两年国内形势大好，国民收入倍增，买20两以上房子只能算工薪阶层，买40两以上房子才算富人，为了照顾广大低收入者，可以把起征点调高，同时把税率调低，买40两以上的房子，一律按1.5%缴纳契税，买40两以下的房子，一分钱也不用缴。

万历皇帝调高契税起征点，初衷当然是好的，可是自打这个政策实施以后，朝廷就再也收不到多少契税了。这是为什么呢？原来当时的人们钻了法律的空子，规避了房产税。沈榜《宛署杂记》里就有详细的记载，简单说就是"价多而分为数契，减之使少"。譬如买一套2000两银子的房，该缴30两银子的契税，那买房的就分6次过户，每次登记一间，哪一间都不超过40两，这样就一分钱都不需要缴了。

●历史话外音●

虽然沈榜的记录仅仅是一个案，但是书中所反映的却是明朝京城附属县城的财政账单。这种严苛的财政是我们现在都难以达到的细致与透明。也许现在很多掌管地方财政的官员，也该学习这位明代知县，做一本详细到贴门神的透明账本。

职业世袭奇案：女户需按时上缴女儿，搜罗寡妇随机配对军人

　　在古代，帝王世家以及王公贵族都世袭。但是，当时不少职业也是世袭的。其实职业的世袭在20世纪八九十年代都还存在。比如人们常常说接班，不过这接班的工作一般都是令人羡慕的铁饭碗，而且只能有一个子女去接班。而古代的职业世袭则不同，到底这是怎么回事呢？

　　中国人的职业继承制度长盛不衰，这种制度，一般都要把一些比较特殊的人群划成另册，严加管理，好让他们世世代代干自己的本行，不能和其他群众混为一谈。比如在周朝一直到汉代的史学家，他们就是世袭的职业。史学家司马迁的父亲司马谈就是太史令，班固是史学家班彪的儿子，他继承父亲的遗愿继续写《汉书》，后来他的妹妹班昭将这部史学巨著续写完成。给皇帝当太史令，记载历史，这算是体面的职业。但是在古代，却有很多离奇的职业世袭规定。这离奇已经到了什么程度呢？

　　比方当兵的、唱戏的、运粮的，往往都被划入另册，让他们成为世世代代的兵卒、戏子、运粮人。到了明朝，这种制度制定得就更加死板了。这里面严苛的规定，让人匪夷所思。例如当时有一种职业叫"女户"，这些女户就是世代给皇宫提供女奴婢。他们不用交粮纳税，只要按时上缴一个自家的闺女就行了。如果生的是儿子或者没生，那也必须去买一个来缴纳。否则这跟拒交皇粮是一个罪名。而且这种职业世家都离皇宫比较近，为什么？方便管理，而且还方便使唤。比如你是砖瓦匠后代，那么户部就会把你统计到砖瓦匠的名册下。到时候，皇宫内苑有个什么砖瓦活，上面就会派人来召集你去。即便这时候的你不会做砖瓦，那也不行，你必须以砖瓦匠的身份去做砖瓦活。

　　并非只有中国有此习惯，古代的许多帝国都曾经实行这种制度，像古埃及，职业也是世袭的，而且划分的精细程度不亚于中国。

　　当然，中国历史上最悠久的是军户制度。什么是军户制度呢？如果你是军户，你就被编入军籍，你们家世世代代都要当兵打仗。如果你生的是女儿，那是不是就意味着不用继续当兵了呢？按照军户的制度，女儿只能嫁给军户的后代，如果要嫁给非军户，那么那个非军户就必须加入军籍成为当兵的。反正一句话，进了这个行当，就是无法逃脱的世代职业了。

　　自三国时代，中国就开始实行严格的军户制度。在此之前，军队都是临时召集的。当然，这些召集的人并非是什么都不会的老百姓。平时这些壮丁们都会被召集起来训练。比如西汉，当时当兵打仗的，除了要每个月参加操练之外，平时就是普通老百姓，该服兵役时就到军营报到，服役完了就接着回家种地。这和我们现在的服兵役是差不多的。

　　到了三国，军人是很宝贵的资源，尤其是那些久经沙场的老兵，绝不能让他们轻易脱出朝廷的掌控。所以，政府在他们打完仗后就编入了特殊的户口。他们的功能就是打仗，不打仗的话，就生孩子为今后打仗作准备。这似乎是历史上最早的军人职业化。

　　军人职业化猛一听好像是个好主意，因为职业军人总比那些临时拼凑的乌合之众更有作战能力吧。初期似乎也的确如此，曹操手下军队的作战能力就高于东汉的军队，但是到后来就发生了很大的变化。

　　为什么会出现这种衰变呢？魏晋伊始，军户的待遇还算过得去，如果没有战争，平时他们除了操练什么都不干，每天走走正步就领薪水。但是后来财政无法供给，那么这些军户们必须要做点别的事，比如要努力种地，还可以搞点副业，比如养猪、放羊，假如在南方，你可能还要打鱼。因为是领工资的军户，所以这些人的收成大部分都是上缴，留点够自己吃就算不错了。农闲的时候军户们还会被叫去参加训练。如果碰上很坏的上级将领，他可能就会安排你抬轿子、盖房子、看大门。等到要打仗了，军户们就必须去战场冲锋陷阵，如果有人光荣战死沙场，他的老婆将被随机许配给军队中的光棍。

变态的制度只会产生变态的人。没有自由的军户们其实跟国家奴隶差不多，但是军户系统就一直能够维持着吗？比如出现男人太多，女人不够的情况。当然这种失衡的情况也出现过，那怎么办？

考虑到保证军户的繁衍，以及军人也是男人的现实，必须为这些军人们解决问题。例如在曹魏时期，朝廷甚至一度在全国搜罗寡妇，把她们集中起来分配给军户当老婆，这些女人没有选择权，一切都是朝廷的随机分配。

◎历史话外音◎

不管是女户，还是军户，朝廷都将他们作为能够自我生产的工具来利用。所以在明清还出现了令人更为愕然的奶子府。皇宫里养一群哺乳期的健康端正的女性，专门为权贵们挤人奶喝。当然，这和皇宫里的太监一样，是不需要世袭的职业。

第十五章

域内外交流史案

——目睹昔日中华内外谜案，还原最真实的历史内幕

古羌族之谜：炎帝、大禹都是古羌人

2008年汶川大地震重创北川、汶川等地区，这是羌族的聚居区，现在羌族的总人口仅有30多万，在55个少数民族中更是少数人口。这似乎是一个默默无闻的民族，然而，这个民族的历史悠久，甚至可以说他们的历史和华夏文明同步。他们在历史上扮演着神秘而重要的角色，然而没有留下什么详细的记录，所以这个古老民族就成为了一个谜。那么，这个民族到底有着什么神秘故事呢？

在商代遗址殷墟中发现的甲骨文残片中，仅有一个字是关于民族部落的称号。这个字不是汉、华或者夏，甚至也不是炎、黄，而是"羌"。为什么羌族的名字符号会出现在商代的遗迹中？

其实，羌族不仅在商代就进入了中原文明，在华夏文明的萌芽期，他们就是重要的一支力量。《国语·晋语》中记载云："昔少典取于有蟜氏，生黄帝、炎帝。黄帝以姬水成，炎帝以羌水成，成而异德，故黄帝为姬，炎帝为姜。"这里说炎、黄出于同源，由于居住的地方不同，从而产生不同的部族，比如黄帝来自姬姓部族，而炎帝来自姜姓部族。其实在古文字中，姜和羌是同一个字，所以炎帝来自古羌族。还有与黄帝在涿鹿大战的共工氏也可能是古羌族部落，贾逵《周语》注中就说："共工氏姜姓。"在后来的战争与兼并中，炎、黄部落组成了华夏文明的起源，所以，最早的华夏族人有很大一部分来自古老的羌族。然而，古羌族人并没因此消失，他们分布在中国的北方和西南地区，继续在历史中留下自己的足迹。

中国第一个王朝——夏朝，可能就是一个由古羌族建立的王朝。这几乎是推翻华夏历史的说法，这里有什么证据呢？据《史记·六国年表》："禹生于西羌。"《太平御览》也说："伯禹夏后氏，姒姓也，生于石纽……长于西羌，西羌夷也。"这就是说夏朝的开创者大禹是古羌人，而且是西羌人。在现在的北川县还有很多传说是大禹的遗迹，据谯周《蜀本纪》说："禹本汶山广柔县人也，生于石纽。"石纽就在现在的北川县禹里乡。学术界很多专家也认为，北川禹穴当为禹所生地。著名历史学家徐中舒说："夏王朝的主要部族是羌，根据由汉至晋五百年间长期流传的羌族传说，我们没有理由再说夏不是羌。"

在殷商时期，也可以看到羌族人的影子，比如他们在商朝的政治体系中担任官职，武丁时期就有祭祀官羌可、羌立。但殷商与羌人更多的关系是战争，因为羌人与被商朝取代的夏朝同源，所以他们经常和殷商发生战争。这就是为什么在殷墟中会发现刻有"羌"字的甲骨，这些甲骨中多是记录羌人被俘虏成为奴隶，甚至成为活人祭。

周人与羌人关系更加密切。周代的建立者是姬姓，而他们的母系是姜姓，比如周的始祖"弃"的母亲姜源就来自羌族部落。据专家研究，羌族部落曾经参与了周武王攻打商纣王的战争，所以姬姓周人和羌族姜姓成为互为婚姻的两大集团。

从炎黄时期到夏商周时期，聚居在中国的西北和西南地区的羌族在不断南下，与当地的部族逐渐融合，形成了汉族的起源，甚至建立了夏朝。那么，为什么这些羌族部落会选择南下呢？有一种可信的说法是他们本是聚居西部的游牧民族，他们需要逐水草而居，所以要不断沿着黄河南下，就渐渐地形成了华夏文明的重要来源。羌族是否因为这种融合就彻底消失了呢？

没有，他们还有一群人继续生活在西北地区，或者沿着西南地区的山脉继续纵深迁徙。生活在西北的这群古羌族人，他们其中的一支即党项部落，唐朝时就在西北地区建立了归附李唐王朝的地方政权。这一政权直到公元1038年，李元昊称帝，建立了震慑宋朝的西夏。虽然李元昊自称鲜卑后裔，但是党项人最早生活在现在的松潘高原一带，属于西羌部落。而且他们的政权命名都是企图恢复那个羌族最早建立的夏朝。而且元昊的祖父李继迁是唐末北方的风云人物，后来明末农民起义领袖李自成就自称是李继迁的后代，也就是说他自认为是党项后裔，当然也就是古羌人。

其实古羌族不仅融入了汉族，他们还形成了其他少数民族。有不少古羌人沿着横断山脉的河流走廊不断南迁，到了现在的云南、贵州等地区，与当地土著居民融合，逐渐形成了现在的彝族、藏族、纳西族、哈尼族等西南少数民族。

还有一群古羌族人一直生活在西南聚居地，他们的生活地域沿着横断山脉走向划分，主要聚居在现在的四川、陕西、宁夏交界的山区。这一群人就是现在的羌族，他们习惯生活在石头建筑的碉堡里，曾过着一种近乎与世隔绝的生活。这群留居的羌族人有着自己的独特之处，比如他们的信仰。他们的信仰带着原始民族的特点，他们信仰原始、大自然还有祖先，没有如佛教、基督教、道教等形成了自己的神权体系。对于他们来说最重要的神就是天神、山神。他们崇拜大自然，比如他们最喜欢白莹莹的卵石，所以在他们的石头碉堡上供奉着5颗白石。

但是现在羌族人像其他很多少数民族一样，正在不断地被汉化，而且羌族是一个更容易被汉化的民族。为什么这个民族难以保持自己的民族形态，不断地融入或者分裂呢？

其实最主要的原因是这个民族一直处于一种松散的生存状态之中，所以很容易与别的民族或者部族凝结在一起。他们拥有自己的羌族语言，但是没有文字，除了口头传承，无法大量传承文明。所以有人形容羌族很像中国历史中的巨大浮冰，在历史的飘荡中不断破碎融化，补充了江河的水源却慢慢消失了自身。

◎历史话外音◎

我们现在所说的汉族，其实是一个在历史中不断融合各个民族的共同体。曾经的古羌族、鲜卑族等民族都融入形成了现在的汉族。所以说历史、文明以及民族都可以用河流来表示，不同的河流汇集、分流形成了多样化的世界。

徐福：出海远航的真正目的

秦始皇二十八年（前219年），始皇帝派徐福出海远航，去蓬莱仙岛为他寻求长生不老丹。但令秦始皇没有想到的是，徐福一去不回，杳无信息，令他至死也未能探知这世上是否有不老药的真相。

徐福出身贫民，是战国时期齐国的方士，他会一些炼丹术、医药术、占星术、航海术。尤其是航海术最为精湛，因为齐国濒临大海，航海技术十分发达，所以，徐福的航海技术与其他国的方士比起来，要算是强中之强。

司马迁在《史记》中写道："燕、齐海上之方士，传其术不能……"燕国和齐国的方士将航海技术通通垄断，这样令秦始皇只能找他们去进行航海活动，也正是因为如此，徐福才有了机会。

根据史书上的记载，秦始皇首次东巡至琅玡山时，徐福便前去拜见，他告诉秦始皇在海外有三座神山，分别是"蓬莱，方丈，瀛洲"，在这三座山上住着神仙，如果能找到他们，便可以得到长生不老丹。

此言正中秦始皇下怀，一心想要长生不老的他，便派徐福去为他寻找这三座神山，于是徐福便带了数千名童男童女出海远航。徐福说要去寻找神山也是有着一定根据的，在《史记·封禅书》中说："天下名山八，而五在中国，三在夷蛮。"所以，秦始皇才会对他的话颇为信任。

但徐福一去之后便杳无音信，一直到秦始皇三十七年（前210年），他才两手空空地回来，面对震怒的秦始皇，徐福称自己已经到了蓬莱，不过神仙嫌弃秦始皇带去的礼物太少，不肯给药，秦始皇便又给了徐福三千童男童女，还有五谷的种子，数百名精通各种技艺的能工巧匠。于是，徐福再次出海，这一次徐福便再也没有回来。

得不到长生不老丹的秦始皇于同年七月病逝，但徐福却并不是如同史册中说记载的那样，真的是为秦始皇寻药，而是为了替秦始皇开疆拓土进行的一次冒险行动，理由有三。

第一，秦始皇并不相信鬼神之所，在琅玡所立的碑文中，秦始皇写道自己渴望拓展疆土，但却并不相信鬼神之说，所以，祈求长生不老，应当是后人杜撰出来的。

第二，所谓三座神山其实就是今天韩国南海中的济州岛、中国的台湾地区和日本。那时候认为是神山，不过是地理知识有限。

第三，徐福一去多年，带走的人和物都不见下落，秦始皇居然没有怪罪他，还第二次给他带去更多的人和物，可见秦始皇并不单单是为了要寻药这么简单。从这三点上，就可以看出，徐福出海寻药，不过是一个幌子，其实他真正的目的是奉秦始皇之命开拓海疆的，是一次大规模的探险活动。

但至于徐福出海后，到底去了哪里，那些童男童女又被安置在了哪里，在《秦始皇本纪》中没有说明，不过在《史记·淮南衡山列传》中有写道："徐福得平原广泽，止王不来。"这所谓的平原广泽是什么地方，历史上的说法不一，但透过历史的层层迷雾，可以得知，这地方正是如今的日本。

在中国的战国时期，日本海处在新石器时代的绳纹文化之中，处于原始氏族社会时期，但到了秦朝中期的时候，日本便开始有了青铜和铁的生产工具，开始了农业生产，尤其是一些水稻等农业生产技术，忽然出现，毫无征兆，这不得不让人产生怀疑。

日本在很短的时间内，便完成了一次大的文化跨度，这飞速的发展毫无过渡，十分突然。还有这段时间正好与徐福出海的时间十分吻合，不能不让人怀疑，正是因为徐福东渡，抵达日本，才令那片蛮荒的小岛飞跃进了文明社会。而且在日本境内也发现了一些秦朝的文物，还发现徐福遗迹不下50处。由此，后人推断徐福是到了日本。

◎历史话外音◎

史籍中最早记载徐福史事的是司马迁。在司马迁的《史记·秦始皇本纪》中有这样一段记载：始皇二十八年（前219年），"齐人徐（徐福）等上书，言海中有三神山，名曰蓬莱、方丈、瀛洲，仙人居之。请得斋戒，与童男女求之。于是遣徐福发童男女数千人，入海求仙人。"

神秘的"东方金字塔"：揭秘高句丽国

在20世纪90年代，考古工作者在东北的鸭绿江北岸发现了许多神秘的建筑遗址。其中有的建筑是山一样的庞然大物，屹立在鸭绿江岸边，不知道经过了多少岁月。这些巨石构造的建筑，呈方坛基座的截尖锥形，竟有几分像玛雅文明的金字塔。难道这也是一个神秘文明的神庙吗？

专家根据历史文献和考古遗址推断，这里应该是高句丽的早期都城所在地。那么，这巨石建造的金字塔形建筑是都城吗？显然不是，这里有700多座这样的建筑，它们大小不一，肯定没有这么多的都城。后来的考古证明，这里是高句丽国的古墓群。这么庞大的墓群，而且多是用巨石封墓，这不同于中原的封土陵墓，这种巨石堆积需要更加巨大的人力。到底这神秘的高句丽是怎样的一个国家？

说起高句丽，我们可能还记得，就是这个国家，曾经让隋唐两朝的远征军铩羽而归。那么这个偏居朝鲜半岛北部的小国为何有这么强大的力量？

带着这一系列的疑问，我们首先来看看高句丽的建立过程。在遥远的古代，我国的东部就生活着被称为东夷的部落，这些古老民族的一支后来到了东北地区，建立了许多拥有弹丸之地的政权。高句丽就从这些政权中萌芽，逐渐强大。

据历史记载，高句丽的创建者来自夫余国。他是被迫逃离出来的。关于他的出逃，有许多神秘的传说。据说夫余国王在外出狩猎时，他的妃子在家有孕。国王回来后就怀疑妃子不忠，妃子却说一个鸡蛋一样的东西钻进了肚子，就怀孕了。后来，妃子生一儿子，这就是朱蒙。朱蒙出生后，国王下令将其扔掉。扔在猪圈里，猪用嘴呼气温暖他；扔在马圈里，马用身体温暖他；扔在道路上，鸟用翅膀羽护他。国王无奈，只能抱回来让他母亲抚养。长大后，朱蒙勇武有力，很多人和他关系友好。国王害怕朱蒙夺王位，便想杀掉朱蒙。有人密告朱蒙，朱蒙于是沿着鸭绿江向南逃离，最后来到了今天的辽宁省桓仁县五女山地区，看到这里土壤肥美，人民淳朴，山河险固，遂决定在此安家。很快，他就在这里建立了高句丽王权。

朱蒙建立政权的时候，大概是西汉的汉元帝时，高句丽国也是汉朝的附属地，遵从西汉的管理。朱蒙在这里修建了五女山城，这就是高句丽最早的都城，后来还修建了平原城。高句丽早期的都城就是即山城和平原城互为依托。现在，这些巨大的石城都还存在，和上面提到的700多座陵墓一起，构成了神秘的高句丽古国。

朱蒙卒后，由其子高类利继位，史称琉璃王或琉璃明王。此后，高句丽也一直在扩张自己的势力，比如在他们一直在争夺辽东的土地。我们知道后来的高句丽有着强大的军事作战能力，那么这时候的他们军事能力如何呢？

强大的野心也不能掩饰他们的势力单薄，高句丽在汉魏时竟然两次被汉族军队摧城拔地。在东汉汉献帝建安十四年（公元209年），同样处于东北的公孙康就"破其国，焚烧邑落"，这是高句丽历史上第一次被汉军攻破。当时的国王高延优不得不重新修造国都。

曹魏时期，高句丽屡次进犯辽东，杀掠边民，抢夺财物。魏文帝正始五年（244年），幽州刺史毋丘俭率步骑万余人，讨伐高句丽。高句丽王高位宫率领两万军队迎战。最后高句丽军大败，曹魏大军乘胜追击，攻战了高句丽国都，并烧毁了都城。后来毋丘俭追击高句丽王及其余部，一直追到现在的日本海西岸。

那么，高句丽是否就因此而灭亡了呢？然而，这支逃亡的政权并没有消失，他们向南边的朝鲜半岛发展了。高句丽后来发展得更加强大，在北魏始光四年（427年），高句丽将都城南迁至平壤，也就是现在的朝鲜首都。从此，就进入了朝鲜半岛的三国时代，高句丽、新罗、百济并立，而且高句丽是其中最为强大的政权。

对于这个隐患，隋朝曾四次远征高句丽，最终并没有占到任何便宜。特别是隋炀帝在公元610年率领百万军队远征高句丽，虽然打到了平壤，然而由于战线太长，策略失误，导致腹背受敌，最后不得不惨淡撤回。远征高句丽对于隋朝也是巨大的打击，损失了大量军力，导致国内民变。后来的唐朝更是力图踏平高句丽，收复辽东地区。唐太宗曾亲自带兵远征，却也没什么收效。后来的唐高宗李治继承父志，继续攻打高句丽。直到公元666年，高句丽发生内乱，唐朝借机与新罗联合，派出薛仁贵等大将消灭了高句丽，并建立了安东都护府，统治该地区。

高句丽的历史就此结束，现在只有那些巨石建造的都城和王陵群守护着逝去的高句丽。但是高句丽独特的王城和陵墓构造却引起了我们的注意。根据文献和考古发现，中国吉林的集安有12座王陵，朝鲜平壤有7座王陵。那么这些陵墓有什么特别之处吗？

高句丽王室讲求厚葬，历史上记载："金银财币，尽于送死，积石为封，列种松柏。"现在所看到的高句丽陵墓几乎都是用巨石封墓，而且有的墓中还有壁画。同样，朝鲜考古学家在平壤也发现了相似的壁画。特别是在集安的一座陵墓中，还发现了世界上现存最早的八卦图，有专家认为这和中原文化有很大关联。

高句丽最为奇特的陵墓是在集安的好太王墓与称为"东方金字塔"的将军坟。将军坟是方坛阶梯石室墓的典型。它用精琢的1100余块花岗岩条砌成，墓高12.4米，底边长31.58米。墓底用大石条铺垫的基础与地表齐平，上面有七级阶坛。整个陵墓结构严谨，虽历经沧桑，仍巍然耸立。至今我们仍难以想象，当初修建陵墓的人们如何将这些巨石拼接起来。

◎历史话外音◎

2004年7月，中国申报的"高句丽王城、王陵及贵族墓葬"项目列入世界文化遗产名录，这些都是高句丽早期文明的遗址；同年，朝鲜境内的63座高句丽古墓也被列为世界文化遗产，而其代表的就是高句丽后期文明。这两大文化遗产至今就连绵在中国东北至朝鲜半岛间。

不朽的文明：楼兰古国消失之谜

楼兰，西域古国名，属西域三十六国之一，与敦煌邻接，位于新疆塔克拉玛干大沙漠东部，罗布泊西缘。据考古发现，古城楼兰为方城，边长约330米，面积108900平方米，四周城墙高约4米，宽约8米。城中有3间大厅屋，坐北朝南，每厅足有90~100平方米，全是木结构，木材多为胡杨，还有很多芦苇，木材上还残留着朱漆，可见当年的显赫。它曾经作为闻名于世的"丝绸之路"的要塞和中转枢纽而闻名。楼兰古国的传说令多少人向往，楼兰美女曾经将多少人迷醉，这个西域古国繁荣昌盛了几个世纪之后，便神秘地从地球上消失了。曾经辉煌千古，在中国古代历史上十分显赫的西域楼兰古国为何神秘消失？这成为垂悬中国乃至世界历史的不解之谜。

张骞通西域后，楼兰成为东西方交通的重要孔道。魏晋之时，西域长史驻楼兰城，使之成为西域政治、军事、经济、文化中心。古丝绸之路南、北两道早些时候就从楼兰分道。楼兰城作为亚洲腹部的交通枢纽城镇，在东西方文化交流中曾起过重要作用。汉朝、匈奴和周围一些游牧民族经常为争夺楼兰进行大规模战争。楼兰被人们称为"一块紧张的世界史的纪念碑"。曾盛极一时的西域重镇在公元3世纪后迅速地悄然退出历史舞台，直到1700年后的今天，还保持着她"谢幕"时的姿态，令人恍惚觉得历史就发生在昨天，这一切至今还是个没有真正揭开的谜底。

楼兰王国的历史还远不是一个楼兰古城所能揭开的。孔雀河故道下游太阳墓地和小河5号墓地出土的干尸，向人们揭示了楼兰的历史：上溯4000年左右的一段时期，楼兰地区生活着一支以游牧为生的金发碧眼的原始欧洲人种，他们留下几具干尸，就神秘地走了。其后的2000多年，楼兰找不到一丝痕迹，史书中也没有半点墨迹。汉晋时期，楼兰地区出现了蒙古族人。这时的楼兰演绎出农业文明，并以其在丝绸之路上的重要地理位置，传递着东西方文明。然而在晋代之后的1500年，为什么楼兰再次消失得无影无踪？这令人百思不得其解。

直到1900年3月，瑞典探险家斯文·赫定沿塔里木河向东，到达孔雀河下游，想寻找行踪不定的罗布泊。3月27日，探险队到达了一个土岗。这时，糟糕的事情发生了，斯文·赫定发现他们带来的水泄漏了许多。在干旱的沙漠中，没有水就等于死亡。他们于是去寻找水源，令人难以置信的一幕发生了，一座古城出现在他们的眼前：有城墙，有街道，有房屋，甚至还有烽火台。

2003年3月19日新疆文物考古研究所楼兰考古队在对楼兰被盗墓葬进行清理时，发现了墓室中的壁画。这座墓葬距方城约4公里，距离楼兰古城24公里。墓室规模较大，前后室均绘壁画，前室东壁所绘身着华丽服装的男女人物形象，是墓主人高贵身份的显示。专家否定了这是楼兰"王陵"的说法，推测其为3世纪前后城内一个贵族家族的合葬墓。

楼兰古国消失之谜：

说法一：楼兰消失于战争。公元5世纪后，楼兰王国开始衰弱，北方强国入侵，楼兰城破，后被遗弃。

说法二：楼兰的消失跟人们破坏大自然的生态平衡也有关系。楼兰地处丝绸之路的要冲，汉、匈奴及其他游牧民族，经常在楼兰国土上挑起战争；为了本国的利益过度垦种，使水利设施、良好的植被受到严重破坏："公元3世纪后，流入罗布泊的塔里木河下游河床被风沙淤塞，在今尉犁东南改道南流"，致使楼兰"城郭岿然，人烟断绝"、"国久空旷，城皆荒芜"。楼兰曾颁布过迄今为止发现的世界上最早的环境保护法律。

说法三： 楼兰的消失与罗布泊的南北游移有关。 斯文·赫定认为，罗布泊南北游移的周期是1500年左右。3000多年前有一支欧洲人种部落生活在楼兰地区，1500多年前楼兰再次进入繁荣时代，这都和罗布泊游移有直接关系。

说法四：楼兰消失与丝绸之路北道的开辟有关。经过哈密（伊吾）、吐鲁番的丝绸之路北道开通后，经过楼兰的丝绸之路沙漠古道被废弃，楼兰也随之失去了往日的光辉。

说法五：楼兰被瘟疫疾病毁灭。一场从外地传来的瘟疫，夺去了楼兰城内十之八九居民的生命，侥幸存活的人纷纷逃离楼兰，远避他乡。

说法六：楼兰被生物入侵打败。一种从两河流域传入的蝼蛄昆虫，在楼兰没有天敌，生活在土中，能以楼兰地区的白膏泥土为生，成群结队地进入居民屋中，人们无法消灭它们，只得弃城而去。

◎历史话外音◎

楼兰曾有积粟百万、威服外国的壮举，曾有挟制丝路、左右西域的辉煌，然而人类活动的加剧以及水系的变化和战争的破坏，使原本脆弱的生态环境进一步恶化，最终导致楼兰地区由绿洲变成了荒漠。成败兴衰之间的落差只能给后人留下未尽的思考，凭吊远去的文明。

神秘的鲜卑族：昙花一现的历史，奠定隋唐盛世的基础

一个发源于大兴安岭的神秘民族，当时北方最为剽悍的民族，百年内两次大迁徙，实行彻底汉化政策，开建了云冈、龙门两大石窟，统一了中国北方，为隋唐的大统一打下基础，他们甚至是隋唐王朝的重要血脉。这样一个伟大而神秘的民族，仅在历史上短暂停留，就留下了让世人惊叹的成就。那么，这究竟是哪一个民族呢？

其实这是一个消逝的民族，他们不是灭绝，而是绝大部分融入了汉族。可以说，他们成为了我们现在汉族人的祖先。这个神秘的民族，就是鲜卑族。

鲜卑是一支来自大兴安岭鲜卑山的游牧民族。匈奴被汉王朝击败远遁大漠后，鲜卑民族开始向匈奴故地迁徙，向南进入了天苍苍野茫茫的内蒙古呼伦贝尔大草原。这可以说是鲜卑族的第一次迁徙。当他们真正进入历史的大视野时，是在西晋短暂的统一之后。也就是历史上有名的"五胡乱华"时期。所谓的"五胡"，指五个少数民族：匈奴、鲜卑、羯、氐、羌。公元291~306年发生西晋"八王之乱"，此后，中央政权迅速崩溃，原先的统治力量陆续南迁，建立了偏安一隅的东晋。而北方的广袤大地上是五个少数民族组成的各种政权相互厮杀。

鲜卑族中的拓跋氏最为强大。拓跋部极为勇猛，他们有蒙古草原狼一样猛的性格和智慧的头脑，具有超凡的军事才能，是五胡中最卓绝的一支。拓跋部的首领拓跋珪自16岁复国，积极扩张疆土，戎马一生。高柳城败窟咄，弥泽湖大破刘显，千里袭柔然，渡河灭匈奴，北攻高车，饮马北海，虎步中原，大破后燕。公元386年，从蒙古大草原向南迁徙的拓跋部建立北魏，年仅25岁的首领拓跋珪称帝。公元398年7月，拓跋珪带领着浩浩荡荡的拓跋部族车队进入平城，也就是今天的山西大同市。在这位年轻皇帝的带领下，这个新生的少数民族政权，逐渐拉开了统一整个中国北方的序幕。

拓跋珪这位奠定北魏基础的皇帝，其最为卓越的成就并不是攻城拔地，而是找到了建立先进政权最好的途径。当时的五胡都具有草原民族的特性，然而他们的政权却如走马灯一样转换，难以在中原长久立足。那么拓跋珪的成功之处是什么呢？

他没有民族的排斥心理，主动南下，并且运用中原政权的政治制度，改变了游牧民族简单的

制度。他还主动采用汉族官吏，虽然重要的职位如公、侯、将军、刺史、太守、尚书郎绝大部分是鲜卑族人，但是在其他的职位几乎全用汉族名门豪族。可以说，从开国之君拓跋珪开始，北魏就致力于建立一个拓跋贵族与汉人世家豪族的联合政权。这样，可以动员一切人口和军备资源投入战场。

到439年，北魏的第三任皇帝，太武帝拓跋焘统一了分裂达130多年的黄河流域。他简直就像头狼王，神武异常。他居然用了不到十年时间，依靠勇猛的鲜卑骑兵，扫平其他部族，统一了中国北方。这是自西周以后，第一个由草原民族建立的朝代。

在现在的大同西郊的武周山，依着山势有一公里长的佛像洞窟，共有5万多尊佛像，大的有十几米高，小的则只有十几厘米。这么浩大的工程，竟然来自一个草原民族，在这之前他们的信仰是草原血腥的厮杀。为什么他们要开凿这么大的佛窟工程？而且这还是一个初建统一政权举全国之力修建的工程。

在南北朝时期，佛教盛行，鲜卑人率先全力支持佛教，而且当时的佛教领袖也领会到了拓跋部落的扩张野心。于是北魏佛教领袖法果提出皇权和神权合一的主张，而且北魏也的确是这样做的。公元453年，高僧昙曜在武周山开凿石窟，为北魏自拓跋珪以后的五位皇帝各造大像一座，云冈石窟就此破题。这也是中国历史上第一次将皇帝和佛祖等同对待，出现君权和神权统一的现象。

到公元490年，北魏孝文帝登基时，当时处于大同的都城已经达到了150万人口，这在当时世界上都是数一数二的大都会了。然而，对于孝文帝来说，大同太靠北，难以镇住中原。于是他开始推动鲜卑人的第三次迁徙，从大同迁往洛阳，然而这次迁徙面临着巨大的反对浪潮。但是孝文帝决心已定，为了迁都，他甚至杀掉自己心爱的儿子。

公元494年，鲜卑族从大同迁往洛阳。定都洛阳后，孝文帝为了尽快融入汉族文化，统一中原的汉族人，他开始实行了彻底的汉化政策。他恢复孔子的"素王"地位，禁穿鲜卑服，禁止30岁以下官员说鲜卑话，他自己带头改姓，将拓跋改为"元"，并鼓励鲜卑人和汉人通婚。他甚至规定鲜卑贵族不准归葬大同，必须葬在洛阳。这看似是一个数典忘祖的背叛行为，这能够给北魏带来什么影响呢？

历史学家樊树志在《国史十六讲》中评价北魏的改革说："孝文帝改革的最大特点在于，把胡人的汉化过程纳入政治体制，使之法制化、常规化，使北方地区的胡人与汉人的差别日趋缩小，以至于融为一体。这是北魏改革最为了不起的成就。"

刚刚迁都洛阳，孝文帝又开始用全国赋税一半的财力开建另一项伟大工程。在今天的洛阳的伊河两岸，佛像窟、碑林绵延成了中国最大的石窟。这就是龙门石窟，开建于北魏孝文帝时期。

后来强大的鲜卑族北魏政权分裂，形成元氏（拓跋氏）的东、西魏，高氏的北齐，宇文氏的北周。公元581年，北周大丞相杨坚废掉北周静帝，篡夺鲜卑王朝建立隋朝，他便是隋文帝。所以，隋朝实际上是建立在鲜卑政权的基础之上的。当时的中原民族实际上是由鲜卑民族等游牧民族和汉族所组成的混合民族。隋朝的统治力量中，鲜卑族人也占据着重要地位。隋朝朝廷充满鲜卑族官员，连隋文帝的独孤皇后也是鲜卑族人。

到了唐代，仍旧是深受鲜卑族的影响。从血统上，李唐王朝的开国皇帝和初期君主都是胡化了的汉人和鲜卑贵族女性的混血儿。唐高祖李渊的生母、妻子都是鲜卑族人，他的母亲就是隋文帝独孤皇后的姐妹。唐太宗李世民的生母、妻子也是鲜卑族，这也就是为什么李世民有着骁勇善战的一个原因。所以唐朝能够这么霸气地开拓疆域，以及出现一些不同于汉族的伦理倾向，这都是由于李唐家族中的草原民族血统和及其影响极重极深。

那么，鲜卑族就这样渐渐在历史中消失了吗？确切说，他们大部分都融入了汉族的血脉中。在唐朝很多有名的氏族，独孤、宇文、尉迟、元、白等都是鲜卑族人。

　　唐代的确开创了迥异于传统汉族的时代，他们浪漫大气、骁勇傲气。这不得不说，来自鲜卑这个草原民族的影响。唐朝也是继北魏后建造佛教石窟最为积极的朝廷，他们以胖为美的审美观，甚至也是来自鲜卑族人以丰满为美的传统。

匈奴归依何处：匈奴败北之后去向何方

　　匈奴曾是活跃在我国北方的一个具有强大影响力的民族。近些年大量关于西汉的历史剧的拍摄使得这个民族重新引起世人的关注。人们不禁感慨他们的豪迈、桀骜不驯以及那种草原民族的霸气。而在2004年末，2500多名匈牙利公民向政府提出申请，要求政府承认他们是"匈奴族"。尽管这一要求被匈牙利政府驳回，但关于匈奴民族是否在欧洲还有后裔存在的话题再一次把人们的视线拉扯回1500多年前。

　　公元460年，是匈奴族人的噩梦，这是他们民族存在的最后一年，他们的帝国被柔然所灭，他们的单于沮渠安国也在保护帝国的战争中阵亡。从此以后，这个曾经叱咤蒙古草原700多年所向披靡的民族在历史上消失了，成为文献中的一个符号。人们不禁会问，他们哪去了？真的是完全和汉民族融为一体了吗？还是另外又找到了一块乐土，欢乐逍遥呢？

　　古代典籍记载，匈奴人的先祖便是殷周时期的鬼方、猃狁。而匈奴最初活动中心地区，在漠南阴山及河套一带。按照史料的文献，匈奴对中原的侵扰始于战国末叶，而秦始皇修筑万里长城就是为了抵御这班草原铁骑横行无阻地践踏中原文明。

　　公元前209年，冒顿杀了自己的父亲头曼，废除单于推举制度，自立为单于。随后率兵南征北战，基本确立匈奴的统治版图：东至辽河，西至葱岭，北抵贝加尔湖，南达长城。这是在中国历史上，第一次在北部草原游牧各部中出现了统一的游牧军事政权。

　　匈奴一族与中原汉族一直存在着不可调和的矛盾，匈奴人羡慕中原地区肥沃的水草、丰富的地产、华丽的服饰、先进的文明等等。在他们看来，中原便是一块美味的大蛋糕，恨不得把它吞进肚子里。因此多次爆发侵扰中原的战争。但是不善骑射的中原人一直难以抵挡骑兵的长驱直入，直到汉武帝时期派出李广、卫青、霍去病等名将征战草原，才改变中原一直挨打受侵挠的现状。

　　公元前119年，汉武帝发动了汉朝有史以来最大规模的一次对匈奴追击。匈奴大败，从此以后，匈奴撤退到大沙漠以北，沙漠南面就没有匈奴的王庭了。公元前57年，匈奴统治集团内部发生分裂和内讧。后来由于匈奴首领呼韩邪单于向汉朝称臣，汉朝待以殊礼，于是汉匈结为一家，关市大开，直至王莽篡权前，60余年和平发展，汉、匈人民都得以安定，出现了民众富庶、牛马布野的局面。匈奴单于也巩固了自己的地位。

　　到了东汉时期，匈奴分裂为南北两部，北匈奴不仅常攻扰南单于，还多次对汉朝边境进行骚扰性进攻，侵迫西域诸国，严重阻塞中西交通。汉和帝利用北匈奴内部阶级矛盾、民族矛盾和统治阶级之间的矛盾所造成的混乱，在社会危机十分深刻的时机，联合南单于，对北单于发动了一次规模巨大的军事出击。连年大破北匈奴于大漠南北及今新疆东部，北单于受创遁逃，是年，匈奴政权全部瓦解。随后匈奴的政权不断被分割、瓦解，随着各个政权先后被消灭，匈奴这个部族成为历史。

　　那么匈奴政权被完全灭掉后，其族人到底迁往哪里了呢？他们不可能在一夜间随着政权的瓦解而消失不见。他们到底去哪里寻找他们自己的归属了呢？

　　按照史学家的观点，败北后的匈奴族人的归依分为两种，一种是往南迁入中原，与汉族人杂居，婚恋，生子，接受汉族文化，臣服汉族文明，最后完全地融入汉族生活，他们的血脉仍在当今的部分汉族人身上流淌着。

　　另一种则往西迁入欧洲，往北迁入蒙古、俄罗斯。据史料记载，大约在160年左右，北匈奴的一部分又开始了西迁，来到了锡尔河流域的康居国。公元290年左右，北匈奴出现在顿河以东的阿兰国。公元374年，匈奴人一举歼灭了顿河之滨的阿兰国，并在大单于巴兰姆伯尔的率领下，渡过了顿河，向东、西哥特人发动了进攻，最终占领了哥特人的领土。并由于哥特人的原因与罗马帝国发生征战，结果罗马帝国在阿德里雅堡大败，匈奴人动摇了罗马的根基，使得罗马再也没法控制管辖下的诸侯和领土。之后，匈奴人继续向西北征战，征服了日耳曼部落，夺取了匈牙利平原。由此，自黑海至多瑙河以北的大片地土，尽入匈奴人之手。之后，匈奴人便在匈牙利平原定居，这也是为什么上文提到有匈牙利人自请政府批准他们是"匈奴族"的缘故。

　　在欧洲大陆上，匈奴人可谓是所向披靡，443年，匈奴军队长驱直入到东罗马首都君士坦丁堡城外，东罗马全军覆没，不得不和匈奴军签城下之盟，订立和约。此时的匈奴帝国再次达到它的鼎盛时期，其版图可谓盛极一时：东起咸海，西至大西洋海岸；南起多瑙河，北至波罗的海。这广大区域的一带附属国，都有自己的国王和部落酋长，平日向匈奴单于称臣纳贡，战时出兵参战。

　　历史的发展总是那么相似，盛极必衰，否极泰来。450年，匈奴单于阿提拉在查隆丕尼的大决战中被打败。尽管匈奴人的战力没有被完全毁灭，但这场战役被认为是匈奴由盛转衰的转折点。453年，阿提拉在迎娶日耳曼公主的第二天被发现死于动脉破裂。在失去了强有力的领导人之后，曾经称雄一时的匈奴帝国面临着崩溃的边缘。外族的奴隶纷纷起来反抗，不同的派系为了争夺统治权而激战不休。匈奴帝国最终由于汪达尔部落等的入侵而灭亡，从历史的长河中消逝不见了，而其子民则融入了欧洲其他各个部族之中，相互交融，再难分辨出纯种匈奴人了。

◎历史话外音◎

　　无论是战争还是文化交流，都能从某一程度上促进民族的融合。驰骋欧亚大陆所向披靡的匈奴帝国还是没能阻止得了民族融合的趋势，也无法逃离盛极必衰的怪圈，在强盛的尽头毁灭了自己。然而，毁灭的是政权，灭不掉的是民族。

第十六章

朝代风气大案

——解密中国历朝历代变迁，发掘历史背后的史实真相

文景之治：在危机中寻找转机

汉文帝刘恒于公元前180年以藩王身份继承大统，与其说他撞了大运碰上千年等一回的喜事，不如说他接手了一份苦命的差事，因为此时的汉帝国，与身心疲倦、重病缠身之人毫无区别。那么，在这样内忧外患、充满危机的情况下，汉朝又是怎样在短短的时间里情况好转甚至逐渐走向繁盛，最终出现了"文景之治"呢？

自高祖登位，到太尉周勃、丞相陈平等人荡灭吕氏，近23年的时光，刘邦与吕后总以巩固新朝代为前提，甚至屠杀功臣，不择手段。吕后以女主专政，以吕产为相国，吕禄为上将军。吕氏封有三王，引起朝内大臣和朝外诸王嫉妒，酿成"诸吕之乱"。

帝国动荡飘摇，物价飞涨。刘邦时期，1石米的价格是万钱，120斤大米需要2000元人民币，购买1匹马则需要100两黄金，其价值比现在的旗舰级斯巴鲁轿车还要贵上几倍，同时，商人投机倒把行为也十分严重。工商秩序混乱是汉初的顽疾。

同样在刘邦时期，"人相食，死者过半"，多数百姓居者无其屋，耕者无其田，失业又失家，领不到政府救济金，只得成群结伙地四处流浪，造成了最令帝国头疼的社会问题——流民。流民众多，纳税户少，国库空虚，国家疲敝，这一状况到吕雉时代并没有发生根本转变，当然，造成这个问题的还另有原因。

分封异姓功臣为王者七国，同姓子弟为王者九国，又有侯国一百余。封侯只食邑，不理民政。王国则俨然独立。这些大大小小的诸侯国，皆被封王视作私有财产，故而尽心经营，千方百计地壮大国力，而对中央政府，只是每年象征性地交点"保护费"。

当时王侯间富者，以吴王刘濞为最。他左有铜山之便，可以肆意铸钱，右有东海之利，可以煮水为盐，依靠着如此雄厚的国力，刘濞的内心势必每天都在发生着微妙的变化。

侯国经济发达，中央财政见肘，也就是说部门经理比董事长拿的年薪还要多。刘邦、惠帝、吕后及中央高官厉行节俭，粗衣淡饭，实则是国家没钱，不得已而为之。身体羸弱，肌肉不显，无怪乎强人要来欺凌。以下这封匈奴冒顿单于送来的"情书"，吕雉怕是终生难忘：

孤偾之君，生于沮泽之中，长于平野牛马之域，数至边境，愿游中国。陛下独立，孤偾独居。两主不乐，无以自虞，愿以所有，易其所无。

如此戏弄羞辱，吕雉纵有百般怒火，也只能一笑了之，继续奉行自高祖以来的和亲政策。

内不稳，外不安，汉帝国犹如走在钢丝上，一旦掌握不好平衡，就有性命之虞。对此时的帝国来说，稳定才是一切，发展更是硬道理。时艰出明主，这往往是不破的真理。刘恒是否能不负众人所望，将帝国带上一个正常的轨道，事实上，在其登位之初，即便是拥立他的大臣，心中也没底。

以外藩身份而入大内，刘恒的内心最初肯定是有一丝惶恐的。以"仁孝宽厚"著称古今的他，由于儿时不受刘邦待见，一段时间内对自己的执政能力并不抱有多大的信心。作为金字塔顶端的人物，他只能在承认现有局面的前提下，舒缓矛盾双方的情绪，力求一个相对平缓的态势。

"轻刑法，减赋税，亲儒臣，求贤良，年岁收成不好就下诏责己，又不大更张，一意与民休息"正是他这种指导方针的体现。任重而道远，内忧而外患，若想撑起这个庞大帝国的架势，需要的是"戒急用忍"。在"天子不能具醇驷，而将相或乘牛车"的现实下，大刀阔斧恐怕只能适得其反。百姓有饭吃，不至成乞丐；有房住，不至成房奴；有地种，不至成草寇，才是最紧要的民生工程，而对那些日益坐大、越来越不懂规矩的诸侯王，暂且姑息时日。

公元前178年，刘恒下诏，"除田租税之半"，也就是将耕地的租金从15税1改为30税1，这个政策在公元前168年又实施了一次，也许觉得这样的力度还远远不能给百姓带来实惠，第二年，刘恒干脆下诏，将田租全部免去。虽然不久又恢复30税1的租金，但显然，刘恒和他的帝国已经向天下昭示了一种决心，这种决心在他登基3个月后成为一种不可动摇的治国理念。

帝王时代，正规化不仅是民生安定，更是神圣君权的凸显。鸽子的羽翼丰满了，也要向秃鹰展示自己的强硬。公元前164年，齐王刘则死，无子继位，刘恒以齐国开刀，将其分为六国。同年，封淮南王刘长的三子刘安、刘勃、刘赐为淮南王、衡山王、庐江王，实际上将淮南国一分为三，削弱了侯国的实力。虽然诸侯坐大的局面未有根本的改变，但至少在一定层面上创出了安定与发展的模样。

据《汉书·食货志》记载："京师之钱累巨万，贯朽而不可校。太仓之粟陈陈相因，充溢露积于外，至腐败不可食。"国库里的钱多得数以万计，用来串起铜钱的绳子已经断了；国家粮仓里的粮食多得连粮库都存不住了，新粮下面压着旧粮，有些粮食已经腐败得无法食用。

若将帝国形容为企业，那么在刘恒之前，刘氏企业无疑即将破产，很多大企业正摩拳擦掌地准备清算。他们的眼睛早已盯上了电脑桌、文件柜、空调、沙发，还有那些无形的资产。还好，在经过一番董事会的震荡后，刘董上台，在"破产保护"后凤凰涅槃。刘恒抓住了所能利用了全部机会，随着帝国的蒸蒸日上，他也成长为一个成熟的政治领袖。

生于忧患，死于安乐。作为帝国的接班人，这句话刘启可能不止一次地从父亲刘恒的口中听到过。实际上，自他继位，始终兢兢业业，如履薄冰。因为帝国的好梦才刚刚开始，远未到弹冠相庆的地步。令他最担忧的，不在内廷而在外藩。他要承先帝之业，让帝国更上一层楼，成为真正意义上的"老大"，就必须对各地藩王做彻底的清除。

御史大夫（相当于现在的第一副总理）晁错的一句"今削之亦反，不削亦反。削之，其反亟，祸小；不削之，其反迟，祸大"，更让刘启意识到，对诸侯王开刀是必然而迟早的事。只是，令他没有想到的是，自己只是割了对方几块肉，他们就哇哇乱叫地反抗起来。这就是发生于公元前154年的"七王之乱"。

这起事件是文景之治阶段里，最重要的一个变动。刘启虽然在前期犯了一些低级错误，但很快就"圣明"起来。事件的结果，先朝宿将周亚夫的指挥得当，不出三月而事平，七王皆死，首事者妻子入宫为奴。这时汉朝同姓子弟的王国，或国除改为郡县，或被分裂为小王国，其官僚亦由朝廷派遣，一到汉武帝初年，残存的王国更有名无实，汉朝实际已恢复秦朝全面郡县的体制。

汉景帝刘启不仅为自己扫除了执政的障碍，也为自己儿子扫除了御宇天下的障碍，武帝的成功，很大程度上是祖父与父亲给他接手的帝国打下了良好的基础。比起刘恒当初的境遇，刘彻无疑是个幸运儿。

◎历史话外音◎

文帝与景帝，父子两代，既要面对老一辈留下来的顽疾，又要处理时下的难题，然而终究以39年的努力，将刘氏"企业"带出困境，迎来希望。这不免让人想起一句话，即所有的成功都不是偶然。

大汉史实：什么原因导致汉代屡现外戚干政

外戚又称"外家""戚畹"，乃帝王的母族、妻族一脉。若是外戚安分守己，作为帝王的亲戚，自然享尽荣华富贵。

可惜历数千年中华历史，偏偏是外戚的野心最为膨胀，甚至远远超过乱臣贼子，其干政乃至篡权的现象屡禁不止，让帝王之家头痛不已。

外戚干政事件，尤以汉代为甚，确切地说是东汉。大多数史学家都认为，东汉外戚干政颇多有两个原因，一个是小皇帝过多，一个是尚书台的设置。

幼帝登基，难以从政，似乎是历史的惯例，当然不乏康熙皇帝这样的异类，因为他碰上了没有强烈野心的外戚，加之自身心性过早的成熟，且拥有治世的莫大勇气。但东汉就不一样了。

东汉的幼帝之所以繁多的历史根源，应当从秦始皇算起。秦王嬴政确立皇位继承制之后，希望自己的子孙统治万世，虽然秦国未能昌盛千年，但嫡系继承帝位的规矩确被汉代完全吸收。

因此，一旦遭逢皇帝英年早逝，其子嗣不管多么年幼，都要继承皇位。虽然西汉时期的帝王大多中年以后方才死亡，但到了东汉却连续遭遇几代皇帝三十余岁便"夭折"的情况，幼帝频繁出现，后宫的势力便不可遏止地膨胀起来。

后宫女性不能直接干政，自然是通过扶持本家的势力来掌握政权。外戚的力量就是如此飞速蹿升。然而在汉代，外戚不只是有后宫势力可以依靠，他们还有一个杰出的优势，便是大多为对朝廷有贡献的功臣。

东汉的外戚，主要有"马、窦、邓、梁"四大家族。东汉明帝的马皇后，是功臣马援的女儿；章帝的窦皇后，是功臣窦融的曾孙女；和帝的邓皇后，是功臣邓禹的孙女；顺帝的梁皇后，是功臣梁统的后代。四大家族既是功臣又是外戚，封地广大，势力雄厚，直如豪强慢慢地蚕食东汉的江山。

幼帝繁多只是导致外戚干政的原因之一，另有一个重要的因素便是光武帝刘秀遗留的历史问题——尚书台的设立。光武帝刘秀在南方建立政权之后，为了稳固皇权，遏制相权，虽然保留了过去的宰相"三公"之职，即司徒（丞相）、太尉、司空（御史大夫），但却将三公的实权抽走，徒留地位和俸禄。而刘秀自行设置了名为"台阁"的尚书台，将实权完全交由尚书台管理，由自己直接指挥。

最早尚书是相对外部朝廷的内部朝阁，由皇帝统管，相当于机要秘书，通常工作者为下级官吏。汉武帝刘彻在位时期，尚书被私下称为"内朝"，与三公九卿的"外朝"相对应，基本上没有什么实质的执政权。但是光武帝却将尚书机构的地位抬高至超过"外朝"的地步，虽然尚书台内的官员品阶不高，反而比"外朝"中人更有权力。但是很快这样的弊端就凸现出来。

一旦皇帝早夭，幼帝登基，如何有能耐管理尚书台呢？自然掌管尚书台的"重任"就落到了后宫、外戚的手里。

光武帝聪明一世、糊涂一时的做法，就这样令东汉江山一点点划入他人囊中。而外戚专权的直接后果，招来的便是宦官权力的膨胀。

因为幼帝长大之后，唯有后宫宦官近侍可以依靠，宦官在帮助皇帝重夺皇权之后，受到土地、俸禄上的巨额封赏，势力便迅速增长，俨然有超过外戚的威势。东汉末年的"十常侍之乱"，便是由此引起。

○历史话外音○

自东汉以后的朝代，均有外戚干政现象，至清朝才完全杜绝，但与东汉这没落年代相比，实在是望尘莫及。

风流名士：为什么魏晋名士多自狂

人们对名士的印象历来与那些追求自身解放与实现人生价值的知识分子联系在一起，因为他们掌握着普通人没有掌握的文化知识，他们是精英阶层，也是推动社会改革的中坚力量。他们有着高尚的情操和远大的理想，他们本着"达则兼济天下，贫则独善其身"的儒家经典立于世。但是在中国古代有这么一群名士，他们却避谈政治和民生，给人们的印象是其放浪形骸的举止和饮酒无为的兴致。

他们为什么会这样，这其中有着怎样的社会背景呢？

这其中缘由还得从"党锢之祸"讲起，东汉中期以后宦官乱政，其党羽横行乡里，祸害百姓、民不聊生，大批名士齐聚洛阳，讨论朝政得失，关心政治和民生，这就是历史上的"太学清议"，但是宦官当道，这起由太学生自发组织的运动就在诛杀中灭亡。学生们的心就这样被深深地伤害了，他们从没有意识到关心国计民生会遭到杀头厄运。他们纷纷返乡，多年的儒学教育使他们在面对横加的伤害时决不束手待毙。他们转而选择了追求自身精神世界的解脱，开始信奉道家无为的黄老思想。在自然的呵护下抚平内心的愤懑和不满。玄学成为盛极一时的学问，现实既然不容谈论，那么他们只有看着海市蜃楼聊以自慰。他们不断地用酒精麻醉自己的神经，只有这样才能得到片刻的安宁。

加之当时社会动荡不安，大家都生活在集体恐惧当中，这些名士们在追求精神世界解脱的同时开始思考人生和生命。生命原来很脆弱、很短暂，他们试图通过某些手段使得生命可以延长。他们服用一些化学药丸，这些药丸吃下去以后会全身发热以至于连衣服有时候都不敢穿，而且这些药服用以后必须通过行走来散发，不然淤积会使服用者中毒。

这样，常常会看到一些人赤膊地行走在乡间小道上。魏晋时候这些知识分子怪异的举动后来人觉得很潇洒，其实这些都是表象，其实他们内心何尝不想过正常人的日子。

当时饮酒也是这些知识分子摆脱内心苦闷的方法之一。常有这样的情景：一个人坐在车子上，上面还摆着一缸酒，他坐在车子上喝酒，并告诉仆人：你们这样拉着我走，我什么时候喝酒喝死了，你们就把我就地埋了就行了。"竹林七贤"之一的阮咸，有一次，他的亲友在一起喝酒，他也来参加，不用酒杯，而是用大盆盛酒，喝得醉醺醺的。当时有一大群猪走来饮酒，阮咸就和猪一起喝酒。他一面饮酒，一面鼓琴，真是不亦乐乎。于是"与豕同饮"就传为笑话。

这足见当时苦难的知识分子其不拘一格的兴致，同时也反映了人们在苦难的边缘真的不会在乎所谓的礼仪和形象，他们常常会当着客人的面捉虱子，而且常常赤身裸体，他们过着放纵的生活，这种放荡不羁的背后隐藏的却是忍辱偷生。

◎历史话外音

魏正始年间（240~249年），嵇康、阮籍、山涛、向秀、刘伶、王戎及阮咸七人常聚在当时的山阳县（今河南辉县、修武一带）竹林之下，肆意酣畅，世谓竹林七贤。纵观魏晋的知识分子，他们过得其实很痛苦，他们从来没有得到过当局者的尊重，他们心中的苦痛只有通过这种生活来发泄、来掩饰。

唐太宗的贞观之治：到底到达了怎样一个高度

在中国历史上230多个皇帝中，有一些人始终无法被我们的记忆抹去，唐太宗李世民就是其中一个。都说一将功成万骨枯，但无论时人抑或后人，都以最大的善意认为，为了开创一个美好而幸福的时代，一切的牺牲都是值得的；虽说权力之路由罪恶的鲜血染成，但人们也不因玄武门弑太子杀四弟、逼父亲李渊退位而登大宝之位，就将他一生的功绩全部抹杀。李世民确实创出了不世功业——贞观之治。

那些伟大的、后人难以企及的功业让这位英雄在年老之时，都不能抛却心头的热血，就连唐朝的天空，也因这份热血，而渲染出夺目的光彩。那时的帝国，可算得上中国历史上令人振奋的一段时期。

公元649年，53岁的李世民病入膏肓，廉颇老矣，尚能饭否？不得而知，但病卧床榻，由身体羸弱、胸无大志的太子李治端茶递水照料下的太宗，或许还会想起公元630年的那场彻底消除北部边患的战争。

那一年，李世民命华州刺史柴绍为金河道行军总管，任城王李道宗为大同道行军总管，检校幽州都督卫孝杰为恒安道行军总管，灵州大都督薛万彻为畅武道行军总管，统兵10余万，以兵部尚书定襄道行军总管李靖为元帅，分兵6路向东突厥发起进攻，大败颉利可汗于阴山，将其生擒，东突厥就此灭亡。

由此大胜，李世民被四方首领尊为"天可汗"，在万邦来贺的大殿上，唐朝的太上皇弹起了心爱的琵琶，唐朝的皇帝则旁若无人地跳起了流行的舞蹈，一国的最高领袖在"四夷君长"面前表现得如此洒脱自如，实在是古今未有。

古代中国，领袖人物的性格往往就是帝国的性格，所谓上行下效。汉武雄浑，气吞万里如虎，太宗亦如是，而到了宋徽宗时期，皇帝舞文弄墨，丹青画笔，整个社会当然不脱迷离莺燕之气。我们很难想象，明朝和清朝的皇帝会由于情绪的激昂与兴奋，在一场艰难的大胜后，脱去平日的严肃与谨慎，将故作的威严化作轻快与喜悦。

做木匠或打猎是他们所擅长，但热情奔放地驰骋于大江南北，甚或突破传统，建立新的规范，却实在为难了他们，因此自宋以来，帝国成了包子馅，用一层皮将自己紧紧包裹，而唐帝国，在中国的历史上，最为外向。朝廷信心也坚定。这种坚定让帝国的朝阳从长安一直照到了葱岭以西。

一国之强盛，单靠武力强权，难免落得一个穷兵黩武的贬评，太宗的唐朝令人高山仰止，呼为不世奇功，使得贞观之治成为中国历史上少有的治世之一，更多的来自"武功之外，继以文治"。

从旧唐书提供的一份数据中，我们能够一窥文治所带来的效果。公元630年，一斗米只卖四五钱，帝国的百姓再也不用为买不起粮食而发愁了，房子不用安防盗门，出门月余也不用锁门，乡道村舍间到处可见成群的牛马；633年，帝国的百姓全体过上了小康生活，有远行的路人，或是出差，不必担心身上的钞票带的太少，也不必忧虑零食被贪嘴吞光，只要走进沿途的农家，对方都热情款待而不收钱，在客人酒足饭饱后，还会免费赠送路上所需的饮食（只要你拿得动），唐史将其形容为"此皆古昔未有也"。

天下安定，丰衣足食，使得贞观时期，帝国的户数以每年平均7万户的数量增加，是唐代人口增长最快的时期。苏东坡说："古者以民之多寡，为国之贫富。"有这样可观的户数增长，贞观之治的成果也是可想而知的。百姓笑哈哈，官员美滋滋。帝国以不可阻挡的姿势向上攀升，对官员最大的好处就是工资有了大幅度提高。让我们来看看贞观时期的官员工资表：

1贯就是1000个铜钱，折合成白银为1两。在贞观年间，1贯钱能买2400斤米，如果以现在每斤米2元来算，1贯钱相当于4800元人民币的购买力。以一品官来算，他的月工资将近33000元人民币。这个数字很诱人，从另一侧面告诉我们，贞观年间，为何有那么多读书人参加科举考试。

唐朝不同品级官员的月俸

品级	一品	二品	三品	四品	五品	六品	七品	八品	九品
月俸	6.8贯	6贯	5.1贯	4.2贯	3.6贯	2.4贯	2.1贯	1.6贯	1.3贯

当中国皇帝威望最高的时候，恒河边上的印度王子接受了他的宗主权；使节来自高丽和日本；中国的都城有叙利亚人、阿拉伯人、波斯人、吐蕃人与安南人来定居。他们中有商人、留学生、传教士，人数总和超过5万人，这还不包括常来常往的那部分人士。李世民和他的帝国对这些人一视同仁，不管什么教派的僧侣，都授予五品和七品的文职。这在后世是无法想象。

帝国的都城长安，是当时世界上人口首个超过百万的城市。这座无所不包的黄金城市，周长达35.56公里，面积约84平方公里。这样的表述方式恐怕不够直观，很难看清在李世民统治期间这个大都会的伟大，那么就让我们来做个简单的比较。帝国的都城面积——

比现在西安城墙内面积大9.7倍；

比汉时的长安城大2.4倍；

比隋朝的洛阳城大1.8倍；

比元代都城大都大1.7倍；

比朱元璋的南京城大1.9倍；

比明清北京城大1.4倍；

比当时的罗马城大7倍。

这是一组令人震撼的数字，将其规模比今日的纽约、伦敦或是东京，都过之而无不及。李世民的长安城无疑是独一无二的，它巨大的棋盘状的空间布局正象征着皇帝与他的帝国包容宽广的雄心。而彼时的欧洲，正处于历史学家所称的"黑暗时代"。科技停滞、宗教迫害、人种争斗是当时的主题。生存尚且不易，又有什么精力去用心经营一个国家，当然更没有国力与雄心去建造如长安城般雄伟壮阔的都市。因此，在欧洲历史上，除了古罗马帝国时期的"五贤帝"算得上治世之外，没有其他可供赞誉的盛世。

长安城或许只是开始，至少对李世民来说是这样。贞观八年，即公元634年兴建的大明宫才是他一览众山、俯视天下的帝王居所。大明宫周长7.6多平方公里，面积约3.2平方公里，为紫禁城的4倍。国盛而民强，民强而信足，信足而具有强烈的安全感与容纳性。依靠着李世民的功业，帝国的皇宫在安全感与容纳性上，同样呈现出空前绝后的姿态。

18岁时，李世民助父亲李渊起兵，大小战役，皆身先士卒，指挥10万以上军队，驾驭府中的参谋，全不在话下，与将领亦感情深厚，可见他精力充沛，性情也属外向，天生具有优秀领导者的素质。

李世民的成功，肯定其自身努力的同时，也有其恰逢其时的好运。既有北魏以来之均田、租庸调、府兵，又有隋朝开设的南北大运河和考试制度。很大程度上，李世民是站在巨人的肩膀上才得以享受温暖的光照。

◎历史话外音◎

在君臣的共同努力之下，"贞观之治"出现了一个政治清明、经济发展、社会安定、武功兴盛的太平盛世。贞观王朝的社会秩序好得令人难以置信，全国判处死刑的囚犯只有29人。632年，死刑犯增至290人。这一年的岁末，李世民准许他们回家办理后事，第二年秋天再回来就死（古时秋天行刑）。次年九月，290个囚犯全部回还，无一逃亡。

唐代婚姻制度："离婚协议书"最早出现在什么时候

随着法律制度的健全，离婚协议书逐渐成为一种常见的法律公文，很多人以为离婚协议书是近代才出现的新生物，更不会想到在倡导一女不侍二夫的封建制度下居然也会有离婚协议书。实际上，在我国唐朝时就已经出现了"离婚协议书"。

在敦煌出土的唐朝"离婚协议"的内容是："凡为夫妇之因，前世三生结缘，始配今生之夫妇。若结缘不合，比是冤家，故来相对……既以二心不同，难归一意，快会及诸亲，各还本道。愿妻娘子相离之后，重梳婵鬓，美妇娥眉，巧逞窈窕之姿，选聘高官之主。解怨释结，更莫相憎。一别两宽，各生欢喜。"

译文大意是：如果我们结合在一起是错误，不如痛快地分手来得超脱，希望你重整山河再攀高枝，也胜过两人看不顺眼互相挤对。离了之后，希望你打扮得漂漂亮亮的，再找个好人家……

从这份协议书中我们不难看出，这是一份类似于我们今天的离婚协议，夫妻因感情不和离婚，于是请来双亲父母和亲戚朋友，做此见证，好聚好散，最后，男方还不忘给妻子一些美好的祝愿。

唐朝的婚姻法《唐律户婚》对离婚有三条规定：

一、协议离婚。指男女双方自愿离婚的所谓"和离"，"若夫妻不相安谐而和离者，不坐"。

二、仲裁离婚。指由夫方提出的强制离婚，即所谓"出妻"。

三、强制离婚。夫妻凡发现有"义绝"和"违律结婚"者，必须强制离婚。

从史实来看，提出离婚者也不只是夫方，妻方提出离婚的也不在少数。虽然在中国历史的多数时期，女子一直是处于被压迫地位，很多朝代妇女没有离婚自由，男子可以任意"休妻""出妻"，女子却只能忍受。

但是这份唐朝的"放妻协议"却告诉我们：并不是古代所有朝代女子的地位都是那么低下的，这也凸显了唐代的婚姻制度。

唐史研究专家孟宪实说："古代曾有女子觉得丈夫没有出息，闹到官堂要求离婚，当官者训斥该女子不应如此，但该女子仍然坚持离婚，最后当官者只得判离，可见在古代女子离婚并不如我们想象中困难。古代放妻书的存在，说明古代人比较重视感情在婚姻中的作用，在放妻书中多以感情不合为理由，有时还会出现'今后将孤燕单飞'等表达悲伤的句子。当然如果真的悲伤就不会离婚了，这或许只是表面文章，所以说有时放妻书只是范文作用，在休妻的时候使用。"

事实上古代离婚的事情在各个朝代都有，只不过唐朝的婚姻制度给人感觉更自由一些，高层离婚就更容易实现，比如太平公主就轻易成功了。虽然不能确定协议书的具体年代，但它的存在却证明唐末五代宋初时，男女在婚姻问题上是相对自由的。虽然家中掌事仍然是男性，但妇女地位也没有我们想象的那样低。

◎历史话外音◎

唐代的婚姻观念已经涉及到自由的高度，很有时代感。再往前推到远古时期，曾经有学者推测说：原始群婚之早期阶段，兄弟姐妹、上下辈之间的婚配是毫无限制的。正如《淮南子·本经训》有记："男女群居杂处无二别。"《列子·汤问》曰："男女杂游，不聘不媒。"游，乃是男女两性间的自由结合，媒，乃是婚姻的中介人角色，聘，则是两性结合所经过的社会程序。

唐代"楼市崩盘"：为何朝廷不救

在我国历史上鼎盛的唐朝时期，楼市就曾出现了崩盘，按现在的收入算，唐朝的房子就曾经从每平方米几百、上千元，跌至每平方米几十元。而此时，唐朝政府却没采取任何措施救"楼市"。

唐宣宗大中十年（856年），敦煌居民沈都和因为急等钱用，卖掉了自家的房子。按照惯例，他跟买方签了一份房屋转让合同，合同上写道："慈惠乡百姓沈都和，断作舍物，每尺两硕五升，准地皮尺数。算着舍椟物二十九硕五斗陆升九合五圭干湿谷米。其舍及地当日交相分付讫。"意思是说沈都和这套房子按面积计价，每尺价值小麦两硕五升。

另外房子里所有家具陈设也随房子一块儿出让，价值小麦二十九硕五斗六升有余。合同上写的"一尺"是指一平方尺，为现在的0.09平方米；"硕"是容量单位，跟"石"通用。"两硕五升"小麦重约180斤，按今天麦价去买，至少需要140元。"每尺两硕五升"，说明每0.09平方米能卖140元，也就是每平方米能卖1555元。放在一千多年以前的敦煌，这房价是很高的。

唐僖宗乾符二年（875年），同样住在慈惠乡的另一位敦煌居民陈都知卖掉了自家"东西宽三丈九尺，南北长五丈七尺"，其面积约是现在的203平方米的宅基，换来小麦"八百五硕五斗"。拿宅基总价除以宅基面积，可以得出这块宅基的单价：每平方米556元。考古报告显示，唐代敦煌民宅全是单层，容积率很低，所以当地价高达五六百元一平方米的时候，房价在千元以上是完全合乎逻辑的。

那么，唐朝人的工资水平如何呢？据《敦煌资料》等文献记载，在公元9世纪后期，不管是帮人牧马放羊，还是给人运送货物，甚至包括替人当兵在内，敦煌平民每月的收入一般都不会超过两石小麦。换言之，工薪阶层的月薪大多在300元以下。像这样的收入水平，就是一年不吃不喝，也只能挣够两三个平方米，倘若想买一套像模像样的房子，恐怕得忙活几十年。

值得庆幸的是，这样的状态并没维持多久，敦煌房价在每平方米1555元这个万恶的制高点上盘旋了一会儿，很快就急转直下——敦煌楼市崩盘了。

唐昭宗乾宁四年（897年），敦煌居民张义全卖房，"东西一丈三尺五寸，南北二丈二尺五寸"，只卖了小麦"五十硕"，每平方米才卖250元。唐昭宗天复二年（902年），敦煌居民曹大行跟人换房，"东西三丈五尺，南北一丈二尺"的房子，仅估价"斛斗九石"，房价已经降到了每平方米33元。

关于敦煌房价，目前能找到的文献非常之少，暂时还弄不清刚开始房价为什么高，后来又为什么暴跌。

另外，鉴于中原和江南地区出土的唐代经济文献更加稀少，研究者也不敢确定在敦煌之外的其他区域是不是同时出现了房价暴跌的现象。

不过可以肯定的一点是：在敦煌房价暴跌之后，大唐朝廷和敦煌政府都没有出手救市。因为《新唐书》《旧唐书》《册府元龟》《唐六典》等史书和现代的敦煌石室藏书释文汇编《敦煌资料》中均未曾出现相关内容。

因此，可以断定，唐朝中央政府从未降低房贷利率和首付，也没有找到敦煌地方政府为购房者提供补贴。那么，唐朝政府为什么不救市呢？

第一，当时没有专门的"房地产开发商"，所谓房地产交易只是在业主之间进行的二手房买卖，而业主们一盘散沙，是没有能力游说政府作出救市决策的。第二，当时房地产行业在整个国民经济领域所占的比重非常小，无论这个行业是否兴旺，都不会导致GDP下滑。第三，当时的财政收入主要来自于田赋和人头税，政府从来没有想过卖地生财，房价暴涨也好，暴跌也罢，只能影响地价。

⚪历史话外音⚪

唐朝政府之所以不救市，未必是替广大购房者着想，才容许房价不断下滑的，而是因为没有真正损害到当时朝廷自身的利益。

澶渊之盟：金元乱世中的百年安静

澶渊，即今日的河南濮阳，它在北宋时和今日距黄河北岸都只有一日行程，去宋都开封，也不过200多里。它对宋朝的重要性不言而喻，其地位，一如现在的天津对北京。

澶渊之盟是北宋与辽经过多次战争后所缔结的一次盟约。这次澶渊之盟在历史上被当作是一种耻辱。但是，事情的真相到底如何呢？它到底是对宋朝的侮辱，还是乱世中难得的休养生息呢？

200多里的距离，以死对头契丹轻骑兵平均日行180里的速度，一天半左右即可兵临城下，扼住宋朝的要害，犹如打蛇打七寸。长于妇人之手、喜好读书、乐进士人的宋真宗赵恒当然不希望这样的事情发生，事实上，父亲赵光义三征契丹三次大败留下的对契丹的恐惧，已经对皇帝的心理健康造成了相当程度的影响。

尤其是第二次征契丹，宋军崩溃，他引《辽史》的记载，称"宋主仅以身免，至涿州窃乘驴车遁去"。

英雄老子都打不过契丹人，后一辈又如何能展国威于塞外？30岁继位的宋朝第三位皇帝不会做"非分之想"。

除了内心的恐畏，另一个原因也使得他没有必胜的勇气。自979年宋与契丹正式交战以来，宋朝军费开支连年递增。中央军禁军至宋真宗时已达43万多人，地方军也近50万，光是养这些兵，每年就要支出5千万缗，相当于人民币150亿。

赵恒御宇初期，中央财政收入还能勉强应付这些开支，但到了皇帝的后期，也就是赵恒"龙驭上宾"的前两年，中央财政收入为15亿缗，相当于人民币450亿，而当年支出则为1.2亿缗，国库里的钱已所剩无几。国家财政出现危机，为了增加收入，不得不向百姓增税，导致民怨沸腾，社会矛盾凸显。赵恒的日子很不好过。

赵恒发自肺腑地想要做一个安稳天子，不要给自己添麻烦，也不想给百姓制造不安。国家疲敝的现实加深了他的懦弱。还未交手，赵恒已经自我投降了。不过事情往往就是这样：马善被人骑，人善被人欺。赵恒想要做沙子里的鸵鸟，但契丹人却不给他这个机会。

契丹，由于实行"全民皆兵"的制度，"凡民年十五以上，五十以下，隶兵籍"，至契丹第二个皇帝耶律德光，其兵力已达50万之多，且多为骑兵。耶律德光死后60多年，赵恒的宋朝所养的军马也才20万匹左右。北宋时期优良战马的产地，一是燕云北地，一是甘凉河套，前者已为契丹所夺，而后者则在1002年，被党项人攻占。时人普遍认为"军事之先，莫如马政"。失去宝马之所，现有的战马又比不了敌手，这让赵恒根本没有强硬的资格。

此时掌握契丹实权的是太后萧绰，后世对她的评价是能驾驭契丹皇族将领，也能重用降人。应该是个果敢有决断的人物。宋朝在太宗时期的节节失败，以及真宗败于党项，让她看到了赵恒的可欺。加之因为重用降人，对宋朝内部的形势必然知晓甚多。1004年秋天，萧太后与契丹国主耶律隆绪亲提20万大军南下，其势深入宋境700里，在攻占了现在的河南清丰以后，将澶渊城三面包围。

听到契丹围困澶州、进逼开封的消息，赵恒彻底慌了神。他想到了逃命，逃到哪里去呢？近臣有的说像唐玄宗一样去四川，有的说去金陵，赵恒斟酌再三，觉得金陵山水佳景，姿态婀娜，是个好去处，便收拾细软准备动身。同中书门下平章事、集贤殿大学士寇准阻止了皇帝的行动。

在他看来，迁都的举动无疑会将国家带入万劫不复的境地，而契丹兵锋虽劲，但如果皇帝御驾亲征，必能鼓舞士气，鹿死谁手还不一定。赵恒勉强答应，可是当车驾来到现在的河南滑县时，赵恒又打起了退堂鼓，因为近侍告诉他，契丹人又往前线增兵了，寇准又是一番苦口婆心，赵恒这才万分不情愿地来到了澶渊城。当宋军看到城头晃动黄龙旗后，果然如寇准所言，"诸军皆呼万岁，声闻数十里，气势百倍"，这时候似乎老天也来帮忙，契丹总令官萧挞凛被宋将射杀。主将一死，诸军心乱，斗志全无。萧太后也因痛失大将而心灰意冷，决定罢兵而去。

萧太后心情沉痛，但脑子却一点也不糊涂。她要求与宋朝皇帝订立盟约，获得一些实在的好处，否则回去不好交代。赵恒自然求之不得，便出现了"与契丹之辽议和，辽兵北撤，恢复战前状态"的情形。让奉行大棒政策的契丹兵撤离，宋朝付出了每年给契丹10万两白银，20万匹绢的代价。当然，为了颜面上的好看，赵恒在盟约上将这笔钱称作"以风土之宜，助军旅之费"。此外，两国还互开边境贸易，互通有无。战前契丹不让匹马入宋，盟约签订后，马匹也成了边境贸易的重要组成部分。

盟约签订后，契丹与宋之间不加兵者121年，最重要的一段收获则是没有割地，在和约的交涉中，南朝并不是毫无所得。

两个原本相互视若仇寇的国家，彼此能保持121年的和平局面，是很难得的。正是有了这段不见兵戎的日子，契丹才出现胜景之期，宋更是了不得。121年，在宋为宋真宗至宋徽宗，虽时有西夏寇边，但终究向宋称臣，金人袭扰，以致靖康之耻，已是后话。这段岁月，宋朝基本处于国稳民富的状态，最盛时当属宋仁宗赵祯柄国时期。

人口户数是衡量国家富强的一个重要方面。1029年，全国户数为10162689；1042年，达到10377640户；1048年，增至10904434户；1060年，增加到12460000户。"仁宗盛世"的另一个表现在于，商品经济的迅猛发展，宋仁宗庆历年间，朝廷每年能征收2.2亿贯的商业税，相当于人民币66亿元。这是对内，而对外的海关收入，在宋仁宗嘉祐年间（1056年～1063年），每年达到53万贯，相当于1.5亿元人民币。

商品经济的繁荣，加大了对重金属的需求量，同时，科技的发展，也使采矿量大幅提升。宋仁宗皇祐年间（1049年～1053年），朝廷年得铁量为7124万斤；年得黄金15095两，白银219829两，黄铜5100834斤；铅98151斤，锡330695斤。

宋仁宗时，中国还出现了世界上最早的纸币交子，交子以铁钱作为本位，每两年发行一次，每次发行额为1256340贯，为了保证交子随时兑换，朝廷还另外储备了36万贯铜钱。

北宋中期如婴孩般地迅猛成长，有其自身努力的因素，也是时代进步所致，但客观地说，如果没有一个和平发展的外部环境，很难拥有这样巨大的成就。每天打打杀杀，如何能一门心思搞建设？

宋真宗时的国民经济虽没有仁宗时那么发达，但是10万两白银，20万匹绢，"只占宋朝政府收入之一小部分"。用这小小的付出，换来百年的宁静，"无疑要比战费来得便宜"。对宋朝来说，显然是笔划算的买卖。

◎历史话外音◎

兴，百姓苦；亡，百姓苦。乱世中难得的安静的确让人倍感欣慰。宋辽澶渊之盟"影响了中国思想界及中国整个历史"，"所以澶渊之盟是一种地缘政治的产物，表示这两种带竞争性的体制在地域上一度保持到力量的平衡"。

"靖康之耻"：为何腰斩了大宋繁华

"靖康之耻"是指中国历史上的一次著名事件，发生于北宋皇帝宋钦宗靖康年间（1126~1127年）。靖康二年（1127年）四月金军攻破东京（今河南开封），在城内搜刮数日，掳徽宗、钦宗二帝和后妃、皇子、宗室、贵卿等数千人后北撤，东京城中公私积蓄为之一空。北宋灭亡。

北宋时期城市生活的繁华，从张择端的《清明上河图》中可见一斑。唐朝虽盛，却有坊市、夜禁制度，一入宋朝，已无特别管制，在主要城市，夜生活已经成为人们主要的消费方式，勾栏瓦肆，也就是表演各种娱乐节目的综合性戏院，以及饮食、旅店、医药、茶楼、浴室、仓储租赁、字画装裱等服务业也大为勃兴。伴随着这些异常活跃的经济活动，还出现了中国最早的灯箱广告。

尤其值得注意的是，东京汴梁城水路运输的发达，在当时世界上，也是处于领先地位。我们可以来看一组数字：

981年，宋太宗太平兴国六年，汴梁城的汴水运输量为400万石；

995年，宋太宗至道初年，为580万石；

宋仁宗时，汴水每年的运输量为800万石。

水路运输的发达，显示着北宋内贸的来往频繁。关键一点是，北宋并非一城（汴梁）独大，而是均衡发展，除首都之外，洛阳、杭州、扬州、大名、商丘、苏州、荆州、广州、成都、福州、长沙、泉州都是著名的繁华都市。

与内贸繁荣相比对的还有外贸的勃兴，北宋政府在广州、杭州、明州、泉州、密州、秀州五地设市舶司，使外贸规模成倍扩大。至北宋中期，每年的外贸收入达63万贯，相当于近3亿人民币。

城市效应的集聚，使得大量农村劳动力涌向城市，寻找工作机会，进而间接地促进了城乡一体化。这在如今看来，也是相当了得的。事实上，将北宋冠之以"现代化国家"毫不为过。在物质生活上，12世纪的中国无疑已领先世界各国。

日子好过了，闲暇之余才能做些其他事情，比如生孩子。口袋有钱，手中有粮，自然无须担心孩子生下来后没能力抚养。于是，北宋也成为我国人口增加最快的时期之一。1006年，北宋有741万户，男丁为1628万余口，1066年，增为1291万户，男丁2909万余口。到了宋徽宗大观年间，户数又增为208万，男丁达到4673万。与庞大的人口基数一同被宋徽宗继承的当然也包括上述所叙的全部内容，当然，时间跨入到1100年，也就是宋徽宗赵佶坐上龙椅的这一年，上述的数字已经发生了倍数的增长。

但是，终究这样的钟鸣鼎食之家，这样的繁华美世，究竟发生了什么，突然在1127年呼啦啦大厦倾覆呢？

这种"突然"是站在宋徽宗儿子宋钦宗赵桓的立场来说的——他原本以为上一辈把皇位交给自己，就万事大吉，坐享快活，帝国的似锦繁华允许他生出这样的愿望。但结果却是这位苦命的皇帝，做皇帝只一年多，就被金人掳去，终身监禁达30年之久。

苦命的当然不止赵桓，他的父皇赵佶恐怕更为自己的命运"伤悼不已"。1125年之前，他或许从没有为帝国的命运，或说自己的命运操过心，琴棋书画的艺术家生活足以让他对一个人的精神世界感到满足，加上宠臣从全国各地搜刮来的奇珍异宝，毫无疑问，关起门来，赵佶就是自己艺术世界的国王，对他来说，这个头衔是他全部的生命。但当金人的铁蹄叩响汴梁的城门时，这个"古今独此一人"的天才艺术家才恍如梦醒——原来，世界并不是全由红粉丹青组成的。

面对纷扰的局势，赵佶显得非常的无辜，他不明白，就在5年前，金人还和自己订立盟约，共伐辽国，如今却不顾国际惯例，竟然打起了盟友。赵佶能怎么做，手无缚鸡之力，京城眼看要破，干脆将烫手的皇位丢给儿子，一路向南奔逃，先是安徽的亳州，后又是江苏的镇江。一时间已无风雅模样，只剩狼狈不堪。

到了靖康元年（1126年），宋钦宗赵桓以金钱外交换取了极为短暂的形势缓和，赵佶以为大难已去，便前呼后拥地回到东京汴梁，准备以无限的丹青笔墨度过他的太上皇生活。但金人没有给他这样的机会，皇帝被掳去了，太上皇也被掳去了，后妃、皇子、公主等3000多人也被掳去。

当时被掳人口，加上百姓、宫女自不在这个数字之内，两位宋朝的最高领导人及其家眷在往北押解途中及到达押所之后所受的凌辱自然也让时人和后世难以正视——宗室3000多人，到达金人国都燕京后，只剩下1000多人，而且有19人病倒。

宋人骂金人为狗辈，金人当然会以"狗辈"的行为对待他们。因此，烧寺庙、夺妇人、抢珍宝、杀无辜，几万间房舍被毁，数十万军民死难，将鲜花一样的汴梁城糟蹋得不堪入目，就完全是在料想之中的事了。这时的景象可谓"国破山河在，城春草木深"，也许连草木都无存，只是"白茫茫一片真干净"，堂堂的东京汴梁，已彻底告别繁华往昔，从阔小姐沦落为乞儿。

这是一座都市的悲剧，作为首善之地，也是一个国家的悲剧。这出悲剧原本不应该发生，然而不该发生的却发生了，当然只能是"耻"了。当日金军攻宋之汴梁，不过6万之众，而北宋政府从各地招来的勤王之师至少也有20万，却终究造成文臣遗子的千古惆怅，其原因，无非是和战之际仓皇未决，以致人心瓦解。

这一论断实际上也适用于南宋末年的悲剧事迹。直至走完它319年的岁月。就算1050年之后，常备军数量常在百万之上，就算直到南宋末年，国土丧失殆尽，抽调江南之兵，仍可得60万，但时已至此，沉疴已久，有心杀敌，无力回天。

◎历史话外音◎

　　北宋是一个"无法争取主动"的王朝，这是就其政治面貌、对外关系而言，也是对其国家性格的概括。外事不能强，则内事不能长。繁花胜景也不过是昙花一现。"商品化进程"虽然已超越了其所在的时代，但滚滚的狼烟并没有因此而停下吞噬的毒口。

元朝：陵墓成谜的王朝

　　元朝是一个少数民族执政的政权，在元朝以前的宋代盗墓现象十分严重，元朝统治者为了死后不被盗墓者抛尸荒野，所以有关皇陵的事情统统不予写进记录，为的是不让外界了解皇陵的任何信息。由于其特殊的防盗功能，使得后世考古学家也不明白其原理。那么，元代陵墓究竟采取了什么特别的防盗措施呢？

　　南宋文人的笔记记载，成吉思汗在宁夏病逝后，其遗体被运往漠北肯特山下某处，在地表挖深坑秘葬。其遗体存放在一个将大树中间掏空做成的独木棺里。

　　独木棺下葬后，土回填，然后"万马踏平"。为了不让外人看出曾经动土的痕迹，"万马踏平"后，还要用帐篷将周围地区全部围起来，待到墓葬地面上的青草长出，与周围的青草无异，才将帐篷撤走，这样墓葬的地点就不会泄露了。

　　全套工作完成后，在墓葬地表杀死一头小骆驼，这时，陪伴这头小骆驼前来的母骆驼就会十分悲痛地号叫，并且记住这个地点。第二年来祭祀的时候，把这头母骆驼牵来，在杀死小骆驼的地点，母骆驼就会悲痛地流泪。这样，前来祭祀的人就能找到墓葬的确切地点。

　　蒙古民族是一个智慧的民族，他们建立当时世界上最大的国家绝对不是光靠武力，也同样依靠着很高的智慧。依靠骆驼寻找祖宗坟墓的说法，是建立在封建时代汉族统治者对蒙古民族的歧视和排斥的基础上的荒谬论调。骆驼是一种牲畜，它的寿命不会比人的寿命更长，依靠骆驼寻找坟墓的说法并不可信。

　　元朝建立以前，蒙古族人有自己独特的丧葬习俗，其特点是薄葬简丧。蒙古族人是生活在草原上的游牧民族，他们没有固定的居所，生活方式比较简单。特别是在蒙古族人大举扩张的战争年代，丧葬仪式尤其简单。下葬时，他们让死者坐在一顶生前用的帐幕中央，边上围着祭祀的人进行祷告，随葬的有马匹、弓箭和摆放着肉乳的桌子，最后放入土中，目的是死者到另一个世界生活时，有帐幕住，有马骑，有肉乳吃。

　　忽必烈建立元朝以后，把中国人分成了四类：蒙古人，色目人，汉人，南人。实行等级管理制度。文化、风俗，在一开始都互相区别，但是随着社会的发展，蒙古族人和汉族人的文化开始互相融合，渐渐受到汉人丧葬习俗的熏染，开始用棺木入葬，但所用棺木与汉族人不同。死者入殓后，两块棺木合在一起，又成为一棵圆木，然后"以铁条钉合之"。尽管入主中原，蒙古族人入殓仍然俭朴如初，寿衣大多就是平时穿的衣服，随葬的器物也会比较少，大部分是死者生前喜好的武器，如弓箭、刀剑一类的东西。

　　而元朝皇族，特别是皇帝死后和一般的皇族及贵族稍有不同，皇帝死后首先是要有一个下葬的仪式，随葬品也要多一些，只是在皇帝下葬时不得有汉族官员参加，也不会在地面上建设大规模的建筑物，不设功德牌坊和墓碑，一切看起来都很简单。另外，为了不留下可以让盗墓贼发现的线索和痕迹，有关元朝皇帝下葬地点，史书记载也少得可怜，以至于让人感到元朝不存在皇帝陵墓。

　　元朝皇帝忽必烈在位期间，为自己也为后代子孙找出了陵墓不被盗掘的方法，为此他对元朝皇帝陵墓作出了周密的安排：选择一个人口稀少的风水宝地作为陵寝的埋葬地，然后将当地的所有人口进行迁移，让这个地方变成无人知晓的空白地。下葬时，不允许汉族官员参加元朝皇帝的送葬仪式和到达下葬地点；皇帝去世后，对外宣称皇帝遗体运回漠北进行安葬，并且在历史的记录中加以记载，达到以假乱真的目的，让盗墓贼无法下手；陵墓不做过多的建筑，不设置过多的随葬品，不设置墓碑，使得皇陵外表看起来和普通的墓葬没有区别；在记录皇陵时只记录蒙古族贵族和皇族清楚的地名，让外人很难察觉一切都是精心策划的骗局。

记录的不完整和有意编造使得元朝这个汉族以外的朝代越来越蒙上了神秘的面纱，加上蒙古族特有的文化习俗、生活习性还有很多不为外界所了解，这就使后代很难了解历史的真相。

元朝这种隐迹的丧葬习俗确实在反盗墓方面发挥了重要作用，毕竟陵墓所在地都找不到就更不用说盗墓了。

◎历史话外音◎

元朝——中国历史上面积最大的皇朝。蒙古族人聪明的防盗墓技术，使得人们遍寻这广大的国土，也没找到元朝君王们的陵墓。相信，有朝一日，人们终会寻到元朝君王的陵墓，无论它们是豪华或是简单。

第十七章

文化谜团悖案

——尽信书则不如无书，岂知历史也有真假

孔子出生案："梦生"还是"野合"

作为中华文化符号式代表的孔子，其出生一直是千古之谜。千百年来，关心这个问题的人并不少，典籍也留下了一些记载。比如《孔子家语》《阙里记》《拾遗记》和《史记》，都保留了一些关于孔子出生的资料。这些资料总体而言可分三类：一是美化粉饰之词，二是神化了的传说，三是大体可信但语焉不详，但为我们留下了珍贵的线索，是我们破解孔子出生之谜的主要依据。

关于孔子的出生情况，现在的史书多是一笔带过，模糊不清。记载的最为详细的是涉嫌王肃伪造的《孔子家语》，该书不仅详细记载了孔子的父亲叔梁纥的家世，还对他如何向颜氏求婚，如何与颜徵在结合做了绘声绘色的描述。这显然属于美化粉饰之词。据《孔子家语》载：叔梁纥本为宋国贵族孔父嘉的后代，只因妻子长得太美丽了，被宋国权臣太宰华督看上，发动政变将孔父嘉和宋殇公杀死，强娶其妻。孔父嘉的儿子木金父为躲避华督家族的迫害，带领全家逃亡到鲁国，所以孔子才成为鲁国人。孔子的父亲叔梁纥先娶施氏女，只生了九个女儿。有一位小妾倒是生了个儿子，名曰孟皮，字伯尼，但是跛足。为了能有个健康的儿子继承香火，又向颜氏求婚。叔梁纥向颜氏求婚，目标是很明确的，就是为了生个健康的儿子。婚后不久，颜徵在即怀孕了，由于求子心切，她还到曲阜郊外的尼丘山去祈祷山川神灵的保佑，保佑她顺利生个男孩。果然，十月之后，颜徵在生下了孔子。为纪念这次祈祷，就给孔子取名为丘，字仲尼。这些记载详细得可怕，伪造的痕迹比较明显。举例来说，文中说孔子的哥哥孔孟皮字伯尼，则几乎可以断定孔子字仲尼与此有关，是排着叫的。而后文有云是为了纪念祷于尼丘山，显系不同的资料杂糅而成。不过，据出土文献和今人考证，《孔子家语》也是自有渊源，也不能说是全由王肃伪造。即使《家语》真的是传自先秦的旧典，也改变不了其在孔子出生问题上美化粉饰的事实。综览各种史料，目前关于孔子出生的情况，学术界有以下观点：

第一，麒麟送子。记载"麒麟送子"传说的是《拾遗记》："夫子未生时，有麟吐玉书于阙里人家，文云：'水精之子，系衰周而素王。'"这一传说很可能采自汉代的纬书。所谓孔子是"素王"的说法，就是源自汉代。

第二，祈祷而生。这种观点的神话色彩浓厚，说孔子的母亲在尼丘山和他父亲一起祈祷，感动黑龙的精灵而怀上孔子。东汉郑玄《礼记·檀弓正义》引《论语撰考谶》说："叔梁纥与徵在祷尼丘山，感黑龙之精以生仲尼。"显然，这种说法非常荒谬，无非是儒学的后继者们为了神化孔子所作的附会之辞，不足为据。

第三，"野合"而生。司马迁《史记·孔子世家》记载说："孔子生鲁昌平乡陬邑……伯夏生叔梁纥。纥与颜氏女野合而生孔子。"在诸多的记载中，比较可信的还是司马迁在《史记》中的说法："纥与颜氏女野合而生孔子，祷于尼丘得孔子。鲁襄公二十二年而孔子生。生而首上圩顶，故因名曰丘云。字仲尼，姓孔氏。""野合"一说是在野地里苟合，而唐朝人认为，"野合"之所以成立，是因为孔子之父叔梁纥年老而母亲颜徵年少，故两人结合不合礼仪。

第四，"凤生虎养鹰打扇"。这一说流传更广，《阙里记》等书都有记载。传说孔子出生时，头顶塌陷，面部有"七露"：眼露筋、耳露轮、鼻露孔、嘴露齿，丑得不像样子。叔梁纥夫妇很是伤心，就把这孩子扔到了野地里。过了几天，颜徵在忍不住去看，却见孔子被一只老虎衔到了尼山脚下的一个山洞里喂奶呢，旁边还有一只苍鹰用翅膀在为他扇凉。这就是所谓的"凤生虎养鹰打扇"的传说。今天，尼山脚下的一处名为"夫子洞"的小山洞，据说就是当年老虎喂养孔子处，又称"坤灵洞"。当然，这些传说都是荒诞不经的齐东野语，不足为信。如果孔子出生时头上就顶了那么多光环，肯定会轰动一时，从而引起大人物的关注。而事实上孔子幼年很是艰苦，青年时期也不被人重视，以至在赴季孙氏宴请士人的宴会时很没面子地被拒。

第五，梦生。这与上一种说法一样出于谶纬书中，带有明显荒诞的迷信色彩。因为如果不在出生问题上故弄玄虚，使之与凡人不同，以尊其为神，孔子就不能成为"圣人"，他的观点主张又怎能为世人信奉呢？

在这几种说法中，"祈祷而生"与"梦生"这两种说法固然不足为信，就"野合"这种说法而言，究竟该如何解释，也还没有定论，但不论怎样，尽管孔子主张"非礼勿视"、"非礼勿动"，但是极有可能孔子自己就是个"非礼"的产物。从汉武帝确立儒家思想为唯一正统的思想后，孔子成了圣人。那么圣人是个私生子，就有点滑稽。因此，统治阶级就编出来另一个身世，说孔子母亲是他父亲的另一个妻子。再后来就对孔子身世避而不谈。从而形成一种观点，就是孔子说的，为亲者讳，为尊者讳。所以，在正史中很难看到关于那些大人物不规的记载。也就出现了历史记载的缺憾。

◎历史话外音◎

晚年，孔子的最得意弟子颜回不幸早逝，得意门生子路死于卫国内乱，儿子孔鲤亦早逝，孔子在"道不行"和这一连串的打击之下，于公元前479年农历二月十一日73岁时（72周岁）与世长辞。

钟馗：真面目到底为何

钟馗，是中国民间传说中驱鬼逐邪之神，是中国传统文化中的"赐福镇宅圣君"。民间传说他系唐初终南山人，生得豹头环眼，铁面虬鬓，相貌奇丑；但很有才华，满腹的经纶，且为人刚直，不惧邪祟。民间悬挂钟馗图，原来都在除夕，然而如今，却是在端午节画钟馗，或赠人、或自挂。这种改变源于乾隆二十二年（1757年），那年因瘟疫死了不少人，在无可奈何的情况下，只好将钟馗请出来施威捉鬼，此后逐年相沿成俗。

有关钟馗的神话和故事历代不衰，钟馗的身世也被演绎得丰富多彩，让人难以下定论。传说中的钟馗到底是谁？

钟馗一名最早见于《唐逸史》。话说唐明皇（玄宗）病中梦见小鬼去偷玉笛和杨贵妃的绣番囊，正当值怒时见一满面虬髯大鬼，挖下小鬼的眼珠吞掉。此鬼自称南山钟馗，高祖年间应考武举人，但因其貌不扬落第，羞愤得撞殿前石阶而死。蒙高祖赐缘袍陪葬，钟馗物化后发誓要为大唐斩妖除魔。唐明皇醒后，病不药而愈，遂向吴道子回忆梦中所见，并命其绘出钟馗像，颁布天下。民间亦挂其画像驱鬼辟邪。

唐朝时，这个故事是否就已流传，并无依据可考。至于钟馗其人，在唐代所有的官方文献中也无法寻见，类似上文中的考场冤案更是无一字一句的记载。

另一说则是唐朝德宗年间，有个叫钟馗的士子，面貌凶恶惊人。这钟馗外貌虽丑，可内心善良，才华出众，武艺超群。恰逢秋季科举考试，钟馗告别了亲友，进京赶考，点为第一名。德宗皇帝在金殿上召见钟馗。天子一看他相貌丑陋，顿时心中不悦。宰相卢杞为人心胸狭窄，妒贤嫉能，奏道："金榜状元须内外兼修，今科考生三百人之众，岂少其人？何不另选一个？"钟馗不由怒发冲冠，指着卢杞大骂道："如此昏官在朝，岂不误国？"说罢，挥拳向卢杞打去。钟馗盛怒之下，顺手拔出站殿将军腰间的宝剑，高声叹道："失意猫儿难学虎，败翎鹦鹉不如鸡。"说罢，自刎而死。德宗见钟馗一怒之下竟自刎而死，大出意外，为了笼络人心，他下旨将钟馗以状元官职殡葬，又封钟馗为"驱魔真君"，以驱人间邪魔。

有学者考证，在殷商时期，也就是三四千年前，传说出过一位叫仲虺的著名巫师。他最擅长的法术是求雨，每每他出面主持的求雨仪式，最为灵验，所以人们用他的名字来代指巫师这个职务。而仲虺、钟馗两词发音相近，在流传过程中被误记为"钟馗"二字。这便成了钟馗的来历的说法之一。

有人根据跳钟馗面具与商周时期面具在仪式中的作用相似，因此有人推测：早在商周时期，钟馗就已出现。而钟馗的名字，有可能源自当时的一位巫师。钟馗信仰在民间的影响既深且广。人们还在敦煌遗书中发现了唐写本《除夕钟馗驱傩文》，是为钟馗已在大傩仪中扮演主角的实证。凡此，可见钟馗信仰至晚从盛唐起已成为全社会的风尚。

今人常任侠、马雍均写有钟馗考，各抒己见，但立论大致不脱明清人士的窠臼。唯何新、王正书两人别开新说。何新认为钟馗本来就是人名，与所谓"椎"或"终葵"了不相关。钟馗的原型，是商汤时的巫相仲傀，其名在《尚书》《左传》《荀子》中又作"仲虺""中归""中垒"。商人事鬼，凡政官都兼驱祝，仲傀为巫相而兼驱鬼之方相。

王正书认为，钟馗其人及历代驱鬼辟邪的观念，实起源于上古巫术，他是由先代位居祝融之号的重黎衍生而来。重黎在上古史中有重黎、重回、句芒等称呼，句芒在传说中又被描绘成介于天地、神人之间的负有特殊使命、生有特殊形貌的人物，其使命之一便是居巫职，有《史记·天官书》记载可证。此说与何新的见解有一致之处，只是将钟馗的来源更往上溯自重黎。

人们把钟馗看作是赐福镇宅的神君，更把他看作是降妖除魔的神君。钟馗在民间、在人们的心里已经根深蒂固，已经成了人们的信仰，已经成了人们生活中必不可少的因素。在中国人们都认为钟馗是"赐福镇宅圣君"和"降妖除魔的驱魔大神"。显然在不同的国家有关钟馗的信仰也是仁者见仁，智者见智。钟馗的故事就这样在人们的信仰中存在下来了，流传下来了，也就这样代代不息。

岁月悠悠，钟馗这个"驱魔大神"绵延至今，经久不衰。对于钟馗究竟是谁这个问题，诸说并立，仍是中国民俗文化史上的一个谜。启功先生的《题钟馗骑驴小景》，写得风趣而富有时代感。漫画家方成画过一幅钟馗图：钟馗靴帽整齐，双手袖于袍内，以石为枕，卧眠于地，并题五言诗道："春眠不觉晓，鼾声惊飞鸟。人间鬼太多，钟馗累坏了。"讽喻极为深邃。北京的青年画家周旭画了钟馗专辑。画集内的钟馗极为传神并得到不少开国元勋的共鸣——"此公不可少"。

历史话外音

端午节前和春节前，人们将真钟馗（陕西户县西安钟馗故里欢乐谷有"钟馗故里"商标的开光钟馗称真钟馗）请进家中，或将真钟馗玉佩系于胸前，"赐福镇宅，唯真钟馗""拜请钟馗，中榜得魁""钟馗真神显，送咱福禄寿禧安"。

书法大家：王羲之身归何处

中国的书法艺术享誉世界，历史上大书法家层出不穷，照亮了中华文明的前行之路，其中有一位极富传奇性的人物王羲之，别号王右军。他文武双全，个性鲜明，作为中国书法发展史上一位承前启后的大书法家，他集各家之所长，自创平和自然，笔势委婉含蓄、遒逸劲健的书法特色，以此有"书圣"之称，而他的传世之作《兰亭集序》，成为我国书法史不可或缺的艺术瑰宝。但是兰亭一会两年之后，王羲之因失意于政治，遂称病辞官，至此杳无音讯，关于王羲之到底终老于什么地方，史学家各持一言，莫衷一是。

一种观点认为，王羲之称病离去后南徙至山阴（今浙江省绍兴县）时，当时的绍兴因得益于发达的农田水利工程，这里山清水秀，人物风流，王羲之深深地被这里所吸引，曾吟出"山阴道上行，如在镜中游"的千古名句。后来王羲之又在这里做官数年，因此人们认为王羲之终老于斯盛和情理。从《绍兴县志》中有这样的记述，说当时王羲之的后人，隋代高僧智永就在绍兴云门山为其先祖扫墓。但是反对这种说法的人就说，王羲之向往绍兴的风土人情终老于此，本身就是一个猜测。另外王羲之所赏叹的地域范围不仅限于山阴，还包括今日的嵊县、新昌等地。智永所谓之"先祖"，虽则是可能包括王羲之在内的智永父辈以上的祖父、曾祖等，但因未言明为谁，绍兴之墓就是其先祖王羲之。

王羲之的终老之地在诸暨苎萝。据《嘉泰会稽志》记载，王羲之"墓在（苎萝）山足，有碑。孙兴公为文，王子敬所书也"，亦有《晋书·孙楚传附绰》载："温、王、郗、庾诸公之薨，必须绰为碑文，然后刊石焉。"孙绰是王羲之的好友，既然提到其为王羲之作碑文，又有"会稽志"的证实，这个说法应该比较可信。但是人们持怀疑态度的是，《晋书》中的"王"是否是指王羲之？有待考证。

嵊县金庭——王羲之的终老之地。随着对王羲之终老之地的考究，赞成这一观点的学者日益增多，因为支持这个观点的史料很多。

《浙江通志·名胜》载：王羲之的好友许询在得知友人隐居金庭后，就搬来和王羲之做邻居，于是王羲就葬在金陵的孝嘉乡济庆寺。李白有诗云："此中久延伫，入剡（嵊县古称）寻王许。"（《送王屋山人魏万还王屋》）这里面的"王""许"就应该是王羲之和许询。另外还有宋人高似孙撰《剡录》卷四载："金庭洞天，晋右军王羲之居焉"。又云："王右军墓，在县东孝嘉乡五十里"。此后历代县志均有类似记载。王羲之后人主修的《金庭王氏族谱》中有明确的记载，王羲之病逝后，他的子孙因为其喜欢金庭的风土，就把他埋在了后世子孙王鉴的宅第附近。

还有一个原因就是，金庭是当时很多崇尚隐居的人喜欢去的地方，有道家"七十二洞天"之称。王羲之辞官后在金陵隐居终老也是极合情理的。

◎历史话外音◎

北京时间2010年11月20日20时57分，王羲之高古摹本《草书平安帖》在北京嘉德秋拍夜场以2.75亿元为3391号买家竞得，加上12%的佣金，总成交价3.08亿元。这件拍品是这一年嘉德秋拍最为重要的一件拍品。

王羲之作品《兰亭序》：是天下第一行书吗

王羲之出身贵族，官至右军将军、会稽内史，人称"王右军"，但是他的官位远不及他的书法名气大。东晋永和九年（353年）的一日，王羲之和当时的名士谢安、孙统、孙绰、支遁等41人，宴聚于绍兴市郊会稽山阴的兰亭溪畔。正在众人沉醉在酒香诗美之味时，有人提议不如将当日所做的37首诗，汇编成集，这便是《兰亭集》。这时众家又推王羲之写一篇《兰亭集序》。王羲之酒意正浓，提笔在蚕纸上畅意挥毫，一气呵成。这就是名噪天下的《兰亭序》。通篇遒媚飘逸，字字精妙，有如神助。如其中的20个"之"字，竟无一雷同，成为书法史上的一绝。以后他多次重写，皆不如此次酒酣之作，成为中国书法史上影响最大、流传最广的作品之一。

然而就是这一千古杰作，却给世世代代的后人，留下了无尽的遗憾。直到如今，《兰亭序》的下落仍然是一个谜。

王羲之将《兰亭序》视为传家宝，并代代相传，一直到王家的七世孙智永手中。可是，智永不知何故出家为僧，身后自然没有子嗣，就将祖传真本传给了弟子——辩才和尚。到了唐朝初年，李世民大量搜集王羲之书法珍宝，经常临习，对《兰亭序》这一真迹更是仰慕，多次重金悬赏索求，但一直没有结果。后查出《兰亭序》真迹在会稽一个名叫辩才的和尚手中，从此引出一段唐太宗骗取《兰亭序》，原迹随唐太宗陪葬昭陵的故事。这一段故事，更增添了《兰亭序》的传奇色彩和神秘气氛。

唐人记载兰亭故事有两种版本。

刘悚《隋唐嘉话》记："王右军《兰亭序》，梁乱，出在外。陈天嘉中，为僧众所得……果师死后，弟子僧辩才得之。太宗为秦王后，见拓本惊喜，乃贵价市大王书，《兰亭》终不至焉。及知在辩才处，使萧翼就越州求得之，以武德四年入秦府。贞观十年，乃拓十本以赐近臣。帝崩，中书令褚遂良奏：'《兰亭》，先帝所重，不可留。'遂秘于昭陵。"

《太平广记》收何延之《兰亭记》记载大有不同。何文称，至贞观中，太宗锐意学二王书，仿摹真迹备尽，唯《兰亭》未获。后访知在辩才处，三次召见，辩才诡称经乱散失不知所在。房玄龄荐监察御史萧翼以智取之。萧翼隐匿身份，乔装潦倒书生，投其所好，弈棋吟咏，论书作画成忘年交，后辩才夸耀所藏，出示其悬于屋梁之《兰亭》真迹，《兰亭》遂为萧翼乘隙私取此帖长安复命。太宗命拓数本赐太子诸王近臣，临终，语李治："吾欲从汝求一物，汝诚孝也，岂能违吾心也？汝意如何？"于是，《兰亭》真迹葬入昭陵。何延之自云，以上故事系闻辩才弟子元素于永兴寺智永禅师故房亲口述说。

刘、何二说，情节悬异。一般以为，何说漂浮失实，刘说翔实可信，骗取与耳语没有了。两者情节虽异，但《兰亭序》真迹埋入昭陵，说法却一致。另外宋代蔡挺在跋文中说，《兰亭序》偕葬时，为李世民的姐妹用伪本掉换，真迹留存人间。然此后《兰亭序》真迹消息便杳如黄鹤，其下落如何，更是谜中之谜了。

比较公认的说法是：《兰亭序》藏于陕西昭陵唐太宗的棺材里。唐太宗临死前，他嘱咐儿子李治，也就是后来的唐高宗，把《兰亭序》放进他的棺材。李治遵命，用玉匣装着《兰亭序》藏在了唐太宗的坟墓昭陵里。

有些人认为，史书虽然记载温韬盗掘了昭陵，发现了王羲之的书法，但是并没有指明其中包括《兰亭序》，而且此后亦从未见真迹流传和收录的任何记载。温韬盗掘匆忙草率，未作全面、仔细清理，故真迹很可能仍藏于昭陵墓室某个更隐秘的地方。但是，与之相反，也有另一种说法，就是《兰亭序》没有埋藏到昭陵之中，而是埋在了唐高宗李治的陵墓乾陵之中。持这种观点的人认为：唐太宗死时，并没有提出要将《兰亭序》随葬，而是将《兰亭序》交给了同样喜爱笔墨丹青的李治。李治多病，不久病亡。临终前，他在病榻上遗诏，把生前喜欢的字画随葬。因此，在《兰亭序》失传之后，就有人怀疑《兰亭序》并非随葬昭陵，而是被藏在乾陵。

1965年5月22日起，《光明日报》连载了郭沫若写的长文《由王谢墓志的出土论到兰亭的真伪》，他推断当时还没有成熟的楷书、行草，并经多方考证，认为《兰亭序》后半部分有悲观论调，不符合当时的思想，从而确认《兰亭序》既不是王羲之的原文，更不是王羲之的笔迹，而是王羲之第七代孙永兴寺和尚智永所"依托"，即冒名王羲之的伪作。他还进一步提出，"现存王羲之的草书，是否都是王羲之的真迹，还值得进一步研究"。

在唐之后，再没有人见过《兰亭序》的真迹，这也使更多人相信《兰亭序》随葬乾陵的说法。总之，围绕《兰亭序》真迹的下落问题，成为长期以来众说纷纭、争论不休的一个历史文化之谜。

◎历史话外音◎

《兰亭序》，又名《兰亭集序》《兰亭宴集序》《临河序》《禊序》《禊帖》。晋代书法家王羲之在绍兴撰写。其文书法具有极高的艺术价值，与颜真卿《祭侄季明文稿》、苏轼《寒食帖》并称三大行书书法帖。

"八仙过海"：是否是社会映射

八仙是民间所喜爱的仙人。"八仙过海，各显神通"这个成语，在中国几乎家喻户晓。那么，八仙在历史上是否实有其人，八仙的神话传说又是怎样演变的呢？

其实，有关八仙这个问题，已有不少研究，且基本一致认定今人观念中的"八仙"群体大致形成于金元时期。虽然与秦皇汉武寻仙访药的那些年头儿已是相隔千年，但八仙跟发轫于先秦时期的神仙观念和神话传说，尤其是汉末以来逐渐形成并不断衍变的道教文化却是一脉相承的。因此，要弄明白"八仙"而不先了解早期神仙观念及道教文化的发展演变，也许不大容易说明白。

据研究，"八仙"一词，比铁拐李等八仙的出现要早得多，他们认为汉、六朝时已有"八仙"一词，原指汉晋以来神仙家所幻想的一组仙人。在汉唐时代，"八仙"只是一个空泛的名词，与铁拐李、钟离权等有名有姓的八仙还没有直接的关系。盛唐时有"饮中八仙"。现在公认的铁拐李、汉钟离、蓝采和、张果老、何仙姑、吕洞宾、韩湘子、曹国舅这八仙，似乎到明中叶才确定下来。

八仙原型大多是些道教人物，不管怎么说都不能摆脱道教的关系。如果更直接一点说，那就是金元以来修炼内丹的全真教的原因。在全真教形成之前，汉钟离、吕洞宾等修炼内丹得道成仙的高人在民间的传闻已是不少，而后来全真教的成员正是钟、吕的徒子徒孙，全真教因得天独厚的师承关系而尊奉汉钟离、吕洞宾等为祖师爷，又加上元朝当政者的支持，使得全真教对当时社会影响极大，以至于后世"八仙"基本都是这个道派圈儿内道行高深的道士。可以说，唐末以来道教修炼内丹的钟吕一系的几个道士——汉钟离、吕洞宾、曹国舅、李铁拐、刘海蟾、张侍郎、徐神翁等，构造起了后世八仙群体大致的原型框架。

据赵景深《八仙传说》指出，在元代，甚至在明代前期，八仙究竟是哪几位，尚无定论。实际上，今天熟知的"八仙"七男一女群体最终是被明代吴元泰的小说《东游记》（一名《上洞八仙传》，又名《八仙出处东游记》）确定下来的。在这之前，还曾出现多种说法。如，元代马致远杂剧《吕洞宾三醉岳阳楼》中的八仙有徐神翁而无何仙姑，岳伯川杂剧《吕洞宾度铁拐李》无何仙姑有张四郎，范子安《陈季卿误上竹叶舟》有徐神翁无曹国舅，明代小说《三宝太监西洋记演义》有风僧寿、玄虚子无张果老、何仙姑，《列仙全传》有刘海蟾无张果老。另外，山西永乐宫纯阳殿《八仙过海》壁画中有徐神翁无何仙姑，山东长清五峰山庙中一方刻有八仙名字的石碑上，也是无何仙姑有徐神翁……但不管怎么说，像道教的《混元仙派图》里列的那样，似乎原本实有其人的吕洞宾以及他的师父汉钟离、他的徒弟曹国舅和李铁拐这四位老道是没有变化的了，其余那几位模棱两可的，无非是与道教钟吕一系关系不大的张果老、何仙姑等等常会被高道吕洞宾的另外几个徒弟徐神翁、张侍郎（张四郎）、刘海蟾等挤出八仙队伍而已。究其原委始末，似乎还能隐约看出全真教的宣传在起作用。

八仙的来历，在清代已引起了不少学者的注意和考证。"八仙"原型除了前述汉钟离、吕洞宾、曹国舅、李铁拐几位道教人物之外，还得看看张果老等另外四位的身份。追寻"八仙"个体渊源，现存最早关于张果老的记载是唐朝李德裕的《次柳氏旧闻》一书，记载了张果老见唐玄宗的事，该书写成于唐文宗大和八年左右。也就在这年，一个名叫郑处海的人中了进士，随后当了校书郎。在当校书郎期间，他写成了《明皇杂录》一书，其中记载的张果老的故事带有更多的传奇色彩，后世八仙中张果老的形象在这本书中基本定型了。韩湘子，历史上实有其人。名韩湘，字北渚，又字清夫，韩老成之子，韩愈的侄子。韩湘于唐穆宗长庆三年中了进士，后来韩愈流放潮州时韩湘随行。韩湘一生无学道成仙事迹，他之所以能成仙，完全是民间传闻附会而成。何仙姑是一个众说纷纭的人物：元代赵道一《历代真仙佛道通鉴后集》说是唐朝武则天时广州增城县何泰的闺女；北宋魏泰的《东轩笔录》、曾达臣《独醒杂志》、刘斧《青琐高议》、张舜民《画墁集》以及明代王世贞《四部续稿》和《题八仙像后》等都说是永州的民女；宋代《云麓漫钞》记述了北宋元祐年间扬州的何仙姑，且与汉钟离、吕洞宾有来往，但并非师徒关系……直到明清时期，何仙姑的传闻仍有较大变化。蓝采和事迹最早出现在五代十国时期南唐沈汾《续仙传》里，这本书是沈汾据自己的见闻写成的，可见在这之前民间已有蓝采和的传闻了，但沈汾对蓝采和也是"不知何许人也"，后来人更是闹不清楚，成了一笔糊涂账。

其实，八仙的演变过程，也很有意思。我们可以从中发现，八仙的交椅坐得很不安稳，时常有别的仙翁来凑热闹，企图把当选者拉下马来，取而代之。看来，他们捧的也不是铁饭碗，幸亏他们事迹卓著，又颇得民众喜爱，才得以存名于史册并流传了下来。

鲁迅在《中国小说史略》中，对八仙的故事作过评价，认为这些故事最初是由流传在人民口头上的一些民间故事结集起来的，但在社会上影响很大。乾嘉学派的赵翼《陔余丛考》中指出韩湘"初不言其有异术"，是一种附会，曹国舅成仙的传说，与《宋史》中曹佾的记载不符等等。当今，又有说"八仙"精神与建设和谐社会的理念相合，原因是八仙群体中有男有女，有老有少，有贵有贱，有美有丑……而他们凑在一起却从没有矛盾冲突，能和谐共处。

◎历史话外音◎

八仙之所以从蓬莱过海，很可能与历史上蓬莱的对外开放有关。或许是八仙的神通，激发了蓬莱人的胆识；或许，是蓬莱人的成功，吸引了八仙的目光。于是，八仙与蓬莱，便结下了不解之缘。

花木兰：千古巾帼英雄的原籍

"唧唧复唧唧，木兰当户织。不闻机杼声，惟闻女叹息。"近几年，以花木兰为题材的影视作品频频出现于屏幕。花木兰（有学者考证，其生于412年，死于502年，享年90岁。一说生于412年，在从军12年后返乡，因不愿做魏主之妃，自杀。）的故事流传广远，一千多年以来有口皆碑，但对于她的姓氏、里居、出生年代，仍然众说纷纭，莫衷一是。

作为一女子，木兰扮男代父从军、不受朝禄、尽忠尽孝、持勇守节的故事在我国流传千古，有口皆碑。《河南通志》："隋木兰，宋州人，姓魏氏。恭帝时发兵御戎，木兰有智勇，代父出征，有功而还。乡人为之立庙。"只因木兰名不见正史，只有《木兰辞》这一民歌留传以及地方志记载，所以一些人认为历史上没有木兰其人。

神州大地有关木兰的身世、故里、生卒年代等，多少年来一直是个未解之谜团。人们长期争执不休，各陈己见。迄今仍至少有四个地方把木兰说成是自己家乡的英雄，且各有方志记载、遗迹所存。

说法一：木兰故里在黄陂。有学者通过钩沉史迹与实地探查后，更倾向于"武汉黄陂说"：木兰本姓朱，黄陂人氏，木兰山下是其家。甚至有人明确提出，木兰出生于武汉黄陂木兰山北麓之古双龙镇（今姚集大城潭村）。若以此推断，至迟在南北朝时，就已认定黄陂北部是木兰将军故里了。古籍中的《木兰奇女传》云："木兰，姓朱，为湖广黄州府西陵县（今黄陂）双龙镇人。"而在木兰山北坡立新店又有将军坟，并发现文字依稀可辨的"敕建木兰将军墓碑序"。凡此都证明黄陂为木兰故里。首先收入《木兰歌》（即《木兰辞》），意即表明木兰辞所叙述的木兰故事发生在黄州之黄陂。《古今图书集成》编纂体例严谨，汇罗资料精当，其对黄陂木兰史事言之凿凿，诚木兰故里在黄陂之有力证明。

说法二：木兰是延安人。木兰葬于延安，圣地有胜迹。木兰家住延安城南花山乡花塬头村，为花姓，北魏人。死后葬于村旁山上，称"花家陵"。皇帝还派人送葬，墓下有石阶，两旁分列石人、石马、石狮、石羊。1984年，在延安万花山修复了木兰陵园。该园雕梁画栋，典雅壮观，依山建有墓冢，石碑上刻有舒同所书的"木兰诗""花将军墓"，以及白居易、杜牧等著名诗人歌颂花木兰的诗词。园内遍植木兰喜爱的牡丹，塑有木兰戎装石像，跃马横剑，逼真再现了木兰当年的飒爽英姿。如果说北魏人跟木兰辞中的"可汗大点兵"有一定关系，那么花木兰有可能是少数民族，也可能是被族统治的汉人。如果是北魏的话，那么她的对手是柔然，而不是匈奴或者突厥。延安说既没有实物证据也没有文献证据，主要依据是80年代后的舒同书法，可信度几乎等于零。

　　说法三：安徽亳州。至今墓冢遗址尚存。《亳州志烈女志》载：木兰，魏姓，西汉谯城东魏村人（今亳州魏园村）。魏园村为淮北一普通村落，高约5米的木兰出征塑像，为故里平添无限光彩。村民指其村后即木兰故居，墓冢犹存。墓周苍松环护，翠竹成林，春来芍花飘香，蔚为壮观。《光绪亳州志》载：木兰祠在关外，相传祠左右即木兰之家。今祠已毁，遗址尚在。怎么解释亳州花木兰本姓魏，却叫花木兰呢？花木兰家住亳州市东南五里的魏园村，她自幼聪明美丽，人们称之为花姑、花木兰。其父是个猎户，花木兰自小就跟随其父习枪舞棒，骑马射箭，练就一身好武艺。因为漂亮就被称为花姑、花木兰，有点类似绰号，这个解释有点勉强，不过可以接受。力挺亳州说的李绍义在《亳州报》发表了三篇文章，考证有较强的说服力。

　　说法四：花木兰是河南虞城人。花木兰：隋代人，是河南省商丘市虞城营郭镇周庄村人。隋恭帝义宁年间，突厥犯边，木兰女扮男装，代父从军，征战疆场一十二载，屡建功勋，无人发现她是女子，回朝后，封为尚书。唐代追封为"孝烈将军"，设祠纪念。木兰祠始建于唐代，金代泰和年间（1201~1208年），敦武校尉归德府谷熟县营郭镇酒都监乌林答撒忽剌又重修大殿、献殿各三间，并创塑了花木兰像。现幸存祠碑两通。一是元代《孝烈将军像辨正记》碑，立于该祠大门内东侧。另一通是清朝《孝烈将军辨误正名记》碑，立于该祠大门外西侧。我国著名的历史学家聚集在商丘，一起分析了《木兰辞》内容和尚存的元碑记载。一致认为，花木兰的故乡在虞城，已确凿无疑。

　　此外，关于木兰姓氏，也有姓朱、姓木、姓花、姓魏等之争。但为何木兰姓花能为大多数人接受呢？有一种可能是"花木兰"是"花孤""花姑"之俗称转传或误传而来。其实，关于木兰其人、故里、生卒年代等之争并不是一件坏事，而是一种正常的文化现象。这与隆中南阳卧龙之争、九宫山石门闯王之争一样，损毁不了诸葛亮、李自成的智慧英雄形象，且更有利于我们开发利用木兰这一珍贵的历史文化资源，如何充分利用这一资源，倒是大有文章可作。

◎历史话外音◎

　　安徽省社会学家王开玉认为，"花木兰"形象是由许多人物原型组成的，存在学术争议很正常，对他人新的发现和新的观点不应过分批判。但是，这也从一个侧面说明，我们应该提高对历史的研究和挖掘的意识，只有拿出更有分量的考证，才有利于澄清史实。此外，还要加强对历史遗址等的保护，"实物是最好的证明"。

梁山伯与祝英台葬处案：两人合葬于何处

　　梁山伯、祝英台的故事，除了口口相传以外，舞台艺术传播也相当多，梁祝双双化蝶的故事家喻户晓，妇孺皆知。京剧有《英台抗婚》、山东琴书亦有"梁祝"的剧目，影响最大的则首推越剧。旧时流行于浙东农村的草台班就有《梁祝哀史》的演出，后来传到上海，此剧曾一时风靡大上海。后来，慢慢地传遍全世界，被国际友人誉之为"中国的罗密欧与朱丽叶"。但是，历史上是否真有其人其事？如果有，他们是哪个时代、什么地方的人？或者根本就是"街谈巷议"的"小说家"所造？这是个众说纷纭、饶有兴味的"谜"。

　　清代乾嘉时著名经学家焦循就是其中的一位代表。他在《剧说》卷二中引宋元之际刘一清的

《钱塘遗事》以及自己亲身见闻，说全国至少有四座所谓"梁祝墓"。其实研究梁祝是否确有其人其事不是从今日才开始的。历史上有些严肃的学者也进行过研究和探索。

第一处墓在山东嘉祥县，焦循曾经亲眼见到祝英台墓的碣石拓片。他在《剧说》中说："乾隆乙卯（1795年），余在山左，学使阮公（即阮元）修山左《金石志》，州县各以碑本来。嘉祥县有祝英台墓，碣文为明人刻石。"

第二处墓葬在河北林镇，见刘一清的《钱塘遗事》。

第三处墓在扬州，为祝英台墓。焦循对此墓基本持否定态度："及吾郡城北槐子河旁，有高土，俗亦呼为祝英台坟。余入城必经此。或曰，此隋炀帝墓，谬为英台也。"清代另一位著名学者毛先舒在《填词名解》卷二引《宁波府志》，和焦循记鄞城（今鄞县）梁祝墓大同小异，只多了"今吴中花蝴蝶，盖橘蠹所化，童儿亦呼梁山伯、祝英台云"。

第四处墓在浙江宁波，这一说法是嘉庆元年（1796年）焦循到宁波，"闻其地亦有祝英台墓，载于志书者，详者事云：'梁山伯、祝英台墓，在鄞西十里接待寺后，旧称义妇冢'"。其实，"梁祝"的故事在宁波与汝南有着不同的版本。汝南传说：在晋代，梁山伯与祝英台同窗3年，却未能看出祝英台是女儿身，后来祝英台被许配马家。梁山伯求婚不成，一病不起，临死前，要求家人把自己葬在祝英台婚轿经过的路边，让自己看到祝英台出嫁，祝英台得知后，身穿孝服出嫁，轿子经过梁山伯坟时，下轿拜祭撞死在柳树前。宁波传说：梁山伯是晋代鄞州县令，是个清廉的好官，由于得罪了权贵，被残害致死，老百姓为他修了一座大墓。而祝英台是明代来自上虞的侠女，劫富济贫，后来被权贵杀害。当地老百姓为了纪念他们，就把两个人合葬在一起，结"阴婚"。两个传说分别在两地找到了考古证据。在汝南县，至今留有梁山伯与祝英台墓，分列于马庄乡古官道两侧，出土的墓墙证明两座均为晋代墓。梁山伯与祝英台并没有订婚，二人不可能合葬，这种分葬墓符合当时的风俗习惯。而在宁波，至今留有梁祝二人合葬墓。焦循在记载中虽然没有说曾经亲眼看见这座墓，但据浙江一位老新闻工作者说，解放前这个地方除有梁祝墓之外，还有梁山伯庙。鄞县乡间还流传有"若要夫妻同到老，梁山伯庙里到一到"的俗语，庙中香火还很盛。1997年7月，宁波的梁山伯庙出土了一座晋代墓葬，墓的位置、规格和随葬器物与志书记载的梁山伯鄞县县令身份和埋葬地相吻合，被认为是可信的实物资料。

20世纪50年代，著名作家张恨水在创作长篇小说《梁山伯与祝英台》时，曾根据民间传说，考证出10处起源地：浙江宁波、江苏宜兴、山东曲阜、甘肃清水、安徽舒城、河北河间、山东嘉祥、江苏江都、山西蒲州、江苏苏州。有关梁祝的古迹，目前已发现17处包括读书处6个、坟墓10处、庙1座。专家普遍认为，梁祝读书处是受梁祝传说的影响后形成的，不能反证其源头。

如果大胆假设、揣想，梁祝故事会不会本是编撰，但由于这一悲剧感人至深、代代相传，后人才信以为真而写入志书呢？如果说，梁祝婚姻被残酷葬送具有强烈的悲剧意义，那么它的"化蝶"结尾便富有积极意义。活着追求不到的东西，在死后继续"追求"，终于得到。"化蝶"的结局，正是日益厚积的冲击封建礼教的强烈社会心理的生动反映。千百年来，这种结局鼓舞着人们向一切顽固封建势力作顽强的抗争。总之，梁祝故事传说中还有一些谜，需要后来的学者去破解。但无论如何梁祝故事早已深入人心，成为坚贞不屈、为爱而献身的光辉典范。这一感人故事必将永远流传下去！

◎历史话外音◎

传说英台被迫出嫁时，绕道去梁山伯墓前祭奠，在祝英台哀恸感应下，风雨雷电大作，坟墓爆裂，英台翩然跃入坟中，墓复合拢，风停雨霁，彩虹高悬，梁祝化为蝴蝶，在人间蹁跹飞舞。

"精忠报国"：岳母刺字是真的吗

"岳母刺字"是在民间流传已久，且极富教育意义的故事。"岳母刺字"最早见于清乾隆年间，杭州钱彩评《精忠说岳》，该书第22回，回目《结义盟王佐假名，刺精忠岳母训子》。内容为，岳飞不受杨幺的使者王佐之聘，其母恐日后还有不肖之徒前来勾引岳飞，倘若一时失察受惑，做出不忠之事，英名就会毁于一旦。于是祷告上苍神灵和祖宗，在岳飞背上刺了"精忠报国"四字。该书叙述岳母刺字时，先在飞脊背上，用毛笔书写，再用绣花针刺就，然后涂以醋墨，使永不褪色。描述得具体而详细。

但是岳母刺字的故事，历史上却查无依据。宋人的笔记和野史均无记载，包括岳飞的曾孙岳珂所著的《金陀草编》也没有记录。

岳母刺字始见于元人所编的《宋史本传》，书云："初命何铸鞫之，飞裂裳，以背示铸，有'尽忠报国'四大字，深入肤理。"但书中未注明此四字出自岳母之手。无奈的是岳飞孙岳珂所著的《鄂王行实编年》中就根本没有记述此事。至明代中叶，岳飞的故事开始广为流传。成化年间创作的《精忠记》，也仅提及岳飞背脊有"赤心救国"字样。在嘉靖三十一年（1552年）熊大本的《武穆精忠传》记有岳飞见汤阴家乡有人因生活所迫，聚啸山林，为自勉和勉人，乃出钱请工匠在背上深刺"尽忠报国"四字。明末，由李梅草创，冯梦龙改定的《精忠旗传奇》，内称："史言飞背有'精忠报国'四大字，系飞令张宪所刺"。如若这样，"精忠报国"是岳飞成为大将后，命部将张宪刺的。

岳母虽是位普通农妇，却是深明大义，仅就此段记事而论，也足以令人崇敬。关于岳飞背刺"尽忠报国"四大字的原始记录，则见于《宋史》卷380《何铸传》，乃是在审问岳飞之际："飞裸而示之背，背有旧涅'尽忠报国'四大字，深入肤理。"

但是，岳飞出身普通的农民之家，他的母亲姚氏只是一个普通的家庭妇女。在宋代，普通的家庭妇女是没有受教育机会的，而且文身刺字是一门很专业的特技，是有严格的操作程序和技巧的，绝非一般常人所能。岳母乃一家庭妇女，不可能具有这种技艺，因此有人推测，这"尽忠报国"四个字绝非是岳飞的母亲姚氏所刺，而是另有其人。

即使以古代演义小说或戏曲而论，被编入《全元戏曲》卷11的《岳飞破虏东窗记》，据编者分析，其中有明人修改的痕迹。明嘉靖刊本的《大宋中兴演义》中也还是没有岳母刺字的故事，以上数例反映在元明时代，大致还没有岳母刺字的故事流传。

岳母刺字的传说大致流传了约四百年，在此之前，并无此种传说。

史学研究的特点，无非是其实证性，只有实证，才能客观，在客观的基础上，才能公正。史实本身是客观的存在，但成文的历史、文物之类却不可避免地出现各种各样背景的篡改和伪托。

○**历史话外音**

"岳母刺字"的价值、寓意已在老百姓心中竖起了一座丰碑，已经成为我们民族精神财富的一部分，不容舍弃，不容抹杀，不容玷污。"岳母刺字"已成为中华民族母教的经典。

杭州"八卦田"：是南宋籍田还是郊坛

八卦田位于杭州西湖风景区东南侧的玉皇山南麓，又称"八丘田"，上面种着八种不同的庄稼，一年四季，八种庄稼呈现出不同的颜色。在八卦田中心，有个圆圆的土墩，那就是半阴半阳的太极图。

据考证，古时杭州八卦田种植的共有九种农作物：大豆、小豆、大麦、小麦、稻、粟（小米）、糯（糯稻）、黍和稷，前七种现在都能找到，可历史上关于黍和稷两种农作物的争论非常多，有的记载称黍和稷是同一品种，有的称稷可能是红高粱，也可能是小米。

八卦田的种植区域主要分为环核心区、中心区和外围区三块。核心是八卦中心的阴阳太极图，以保留遗址为主，补种一些植物，如四季桂、石楠和红叶李等。

传说，这八卦田是南宋年间开辟的"籍田"。当初南宋皇帝丢了京城来到杭州时，为了给杭州的老百姓留个好印象，特地用牛皮帐篷围了一块八卦形的地，说是皇帝亲自耕种，与庶民共尝甘苦。过不几天，在玉皇山下，果然开出一块籍田。旁边，整整齐齐地打下八个大桩，竖起八根粗柱子，柱子与柱子之间，张起厚厚的牛皮帷幕——因为皇帝在里面耕田种地，平民百姓是不许偷看的。过了一些日子，牛皮帷幕揭开了。里面共有八丘田地，种着稻、麦、黍、稷、豆……八种庄稼。其实，这锦衣玉食的皇帝怎么会自己动手？都是让小太监种地，他和妃子在一旁乘凉。

哪晓得这种情形被一个种庄稼的老汉偷偷看到了，坊间纷纷传开，那皇帝见把戏被戳穿了，也就不再耕作。据《西湖游览志》记载："南山胜迹中有宋藉田，在天龙寺下，中阜规圆，环以沟塍，作八卦状，俗称九宫八卦田，至今不紊"。南宋绍兴十三年（1143年）正月，宋高宗赵构为表示对农事的尊重和对丰收的祈祷，采纳了礼部官员的提议，开辟籍田于国都南郊（即目前的八卦田遗址处），在每年春耕开犁时，皇亲率文武百官到此行"籍礼"，执犁三推一拨，以祭先农。

那么杭州八卦田的遗址究竟在哪儿呢？

解放后出版的一些辞书，如《中国名胜词典》《中国历史文化名城词典》和《中国历史文化名城旅游大全》等，均认为八卦田为南宋"籍田"，其中《中国历史文化名城旅游大全》一书所说最为详备，文云：

八卦田，现存罕见的古代帝王籍田。位于杭州玉皇山南麓。田分八角，状如八卦。俗称九宫八卦田，相传是南宋籍田的遗迹。籍田，亦称藉田，是中国古代天子、诸侯征用民力所耕之地，相传天子籍田千亩，诸侯百亩。每逢春耕前，天子率文武百官到籍田上行籍礼，执耒耜三推或一拨，这是古代封建统治者重视农业生产的一种表示。南宋历朝君臣均在这里举行籍礼。

明朝高濂《四时幽赏录·八卦田看菜花》云："宋之籍田，以八卦爻画沟塍圜布成象，迄今犹然。春时，菜花丛开，自天真高岭（玉皇山分支）遥望，黄金作埒，碧玉为畴，江波摇动，恍自河洛图中分布阴阳爻象，海天空阔，极目杳然，更多象外意念。"因此，八卦田就是南宋"籍田"之说，似乎已成定论。

然而，八卦田是否是南宋的"籍田"，却大可怀疑，据《咸淳临安志》卷三《行在所录》：

郊丘，在喜会门外南四里龙华寺，西大殿曰"端诚"，寝殿曰"熙成"。其外为泰禋门。隆兴三年（1165年），以寝殿在净明寺，去青城稍远，仍徙旧熙成殿于端诚殿后。

宋籍田，在嘉会门外玉津园之南。绍兴七年（1137年），因太常博士黄积厚言，建坛享先农神农氏，以后稷氏配。绍兴十六年（1146年）正月，亲飨先农坛，礼毕，行躬籍。自是岁礼于此。有思文殿、御耕位、亲耕耜。

《梦粱录》卷十四《祠祭》云："郊祀在嘉会门外三里净明院左右，春首上辛祈谷，四月夏雩、冬至冬极，皆郊坛行郊，惟九月秋飨，不坛而屋，设位于净明斋宫。"

藉田先农坛，在玉津园角，祀神农氏，配以后稷氏，以岁时祀之。

从宋人的经典书籍中，并没有关于"八卦田"名称的记载。只有"郊丘"和"籍田"的记载。

郊丘，即郊坛，是皇帝祭天的地方，因其形状呈圆形，"丘圆而高，以象天也"，故天称圆丘、圆坛。郊祭之礼，约起于秦汉或更早，是祭祀天地、祖宗和一切神灵的总祭祀，为求国运昌隆，皇权永固。重阳佳节，秋高气爽，是我国人民的传统节日，三年一次的皇帝郊祭就在这一天举行。

籍田，是皇帝的御田，宋时置令一员，"徙先农坛于中，神仓于东南，取卒之知田者为籍田兵"（《宋史》）。考籍田，其原意在于"为籍千亩，以教导民"。祭祀时，皇帝执耒，在籍田上三推或一拔，称为"籍礼"，意为皇帝亲自耕作"为天下先"，以示对农业的重视。

因此，"郊坛"和"籍田"，是两个不同含义的祭祀场所。

我们从宋人的记载中得知，南宋时"郊坛"和"籍田"是在临安两个不同的地方。"郊坛"在嘉会门外四里龙华寺；而"籍田"却在"嘉会门外玉津园之南"。

对照《咸淳临安志》的南宋《皇城图》，"郊坛"和"籍田"的地理位置一目了然。宋郊坛在临安西南，沿城西过包家山、龙华寺，则为郊台，即今"八卦田"所在处；宋籍田在临安东南，出嘉会门直南，过教骏营、车辂院、玉津园，在今洋泮桥和海月桥之间。

我们从南宋《皇城图》中见"郊坛"图示旁有慈云岭、净明寺、天华寺等地名，说明郊坛在玉皇山南麓之八卦田处。而"藉田园"三字地名，位于鸿雁池和玉津园之间。"郊坛""籍田"，昭然明白，即八卦田为宋郊坛，而宋籍田则在今洋泮桥侧。

◎历史话外音◎

不管杭州的"八卦田"是南宋郊坛还是籍田，它都是中华历史遗迹的一部分，十分宝贵，具有重要的历史研究价值，值得好好保护。经过专家的反复论证和农科部门的实地勘查，八卦田农作物种植和绿化配置方案已经出炉，改变复种"九谷"的方案，打算保留"七谷"，并加入其他品种的农作物和经济作物，换季轮作。

纸币"会子"：始于南宋还是北宋

临安，即今之杭州；会子库即原会子务，是主管会子的机构。该版现藏中国历史博物馆，为铜质版材，竖长方形版面，长17.4厘米，宽11.8厘米。版面正中横书"行在会子库"五个大字。上部左边刻"大壹贯文省"，右边刻"第壹佰拾料"，中间方框内刻有"敕伪造会子犯人处斩，赏钱壹阡贯。如不原支赏，与补进义校尉。若徒中及窝藏之家能自告首，特与免罪，亦支上件赏钱，或愿补前项名目者听"56个字。印版下方为山泉花纹图案。

中国的纸币始于北宋，宋朝的统一，消除了封建割据，为商业交通的进一步发展，提供了条件。随着经济的发达，商业的繁荣，需要大量的货币流通。北宋每年铸造大量的铜、铁钱，仍不能满足社会日益增长的需要。起初，在川陕一带使用铁钱，但铁钱分量重而价值贱，小钱每十贯，重5斤，折大钱一贯，重12斤，街市买卖，至三五贯文，即难以携带。商贩，尤其是大商人，甚感不便，客观上需要一种容易携带的轻便的货币。于是就产生了"交子"。宋仁宗天圣二年（1024年）设交子务于益州，由朝廷发行交子，这是世界上最早的纸币。规定每界（期）发行额为12557340贯，准备金为37万贯。交子以三年为一界，当界满时，制造新交子，调换旧交子，而不换的旧交子，就成为一文不值的废纸。交子的发行数额不大，因此，在北宋时期并未产生较大的通货膨胀现象，市场物价亦相对稳定。

到南宋时，纸币发展进入了一个新的阶段。由于铜料不足，铸钱大量减少。同时，由于大量铜钱被富商销毁，铸成铜器，获取厚利。而许多豪富之家，也皆"以积钱相尚，多者至累百万，而少者亦不下数十万缗"。有的铜钱被偷运到北方金朝统治地区，更有许多铜钱被偷运到高丽、日本及东南亚国家。于是社会上铜钱缺少，发生钱荒。纸币就应运而生，会子在各地广泛流通。

所以，当代出版的历史著作，如郭沫若、范文澜主编的中国通史，以及断代史，中国货币史、辞书等等，都认为我国最早的纸币是北宋发行的"交子"，到南宋时流通的纸才是"会子"。有代表性的历史著作，都持这种观点。如中国历史研究会编的《中国通史简编》、蔡美彪等著的《中国通史》、中国史稿编写组的《中国史稿》、尚钺主编的《中国历史纲要》、浙江省高等师范院校协作编写组编的《中国通史讲义》、刘泽华等编的《中国古代史》以及《辞海》会子条目、《中国历史大辞典·宋史》会子条目，还有记叙颇详的彭信威著的《中国货币史》等等。他们都认为"北宋时交子只在部分地区行使，南宋的纸币交子和会子在各地广泛流通"。他们指出会子产生的原因是："南宁境内发生严重的钱荒"。于是杭州的豪右便"私置便钱符子"，作为轻货币在市场上流通，以弥补铜钱流通量的不足，名称叫作便钱会子。"后来钱处和主持临安府，才收回官营。其后钱处和调为户部侍郎，于是由户部接办"。时间是宋高宗绍兴三十年（1170年）。"起初只通行于两浙，后来通行到淮浙湖北京西等区，纳税和交易，多可使用。几乎成了一种法币"。由此可见，纸币会子，在南宋的统治区，成了与铜钱并行流通一种轻货币。会子的面额分为四种，最初以一贯为一会，后来增发二百文、三百文及五百文三种，以在三年为一界。从以上所引各种著作来看，我国的纸币最早是北宋的交子与南宋的会子，是我国最早的货币，似乎已成定论。

但是，嵩撰文《北宋的会子》一文提出新的论点。认为"会子在北宋末年已经出现并使用，行用的地点主要在首都东京（开封），也包括东京以外的一些地方"。据《宋会要辑稿·刑法·禁法》记载："（政和三年）十月一日，尚书省言，访闻诸色人多将京城内私下寄附钱、物、会子之类，出城及于诸处行使，有害钞法，诏：寄附钱，会子辄出新城外行用者，徒二年，许人告，赏钱以会子所会钱赏之。"作者认为这段重要的经济史料，应用法律禁约的形式，记入刑法类，而为治经济史者所难见，故往往被忽略过去。作者认为当时东京已首先出现了会子所及会子。这些会子在东京新城以内是政府允许行用的。而"诸色人"将会子带到城外甚至"诸处"使用，有损于官钞法的利益，因而受到禁止。

一石激起千层浪。由于这段史料被发现，传统的看法受到了冲击。因而会子的出现究竟是始于南宋还是源于北宋，有待于研究中国古代和中国货币史的学者、专家，做进一步的探讨。

◎历史话外音◎

按照货币流量学说，物价过于低落，百姓的购买力不高，经济萧条将引发经济危机。而在适当的时候，政府采取轻微的通货膨胀政策，物价上涨并不是一件坏事。但是，当通货膨胀呈现恶性化，纸币贬值，物价急剧飞涨以后，货币制度紊乱甚至破坏，最终将导致经济崩溃。南宋政权灭亡的原因之一，就在于此。

梦在落英缤纷处："桃花源"在何处

"桃花源"一词，成了诗人们理想的世界，如同世外仙境，不可企及。而给了天下人"桃源"梦想的，正是东晋大诗人陶渊明，他的一篇千古名文《桃花源记》（为其诗《桃花源》之序），叫世人对"桃花源"念念不忘。

陶渊明的笔下，桃花源在武陵（今湖南常德）溪水尽头的一处山石另一边，穿过石缝，世外桃源映入眼帘。这里土地平旷，房屋整齐，黄发垂髫，怡然自乐，好不快活。居住在此处的人不知道秦以后有过汉朝，汉朝以后又有晋朝，误闯入的渔人在这里住了几天，不得不回家。等到再找桃花源时，就再也找不到了。

根据陶渊明所说，桃花源应是在武陵的某处，并且不止他一人这样说。南朝萧齐武陵人黄闵、萧梁时的武陵人伍安贫都曾写过文章讲述武陵的确曾出现过一个渔人，发现了一处桃花源。那么，依照以上说法，桃花源就坐落在武陵，并且晋代就有。可是，根据北朝地理学家郦道元的《水经注》记载，沅水流经沅南县没有桃花源这样的流经地，所以桃花源在晋代并不存在，因而黄闵和伍安贫讲述的武陵桃花源，并非陶渊明口中的桃花源。

那么，陶渊明的"桃花源"究竟在哪里呢？

有人认为，陶渊明家乡庐山有一处山谷，地势平坦，风景宜人，颇像《桃花源记》里的桃花源。此处还有姓陶的人家，其祖先确实是陶渊明。或许是陶渊明借此处的风光杜撰了武陵的桃源仙境。该说法虽然有实据，却没有史料能确认，所以只能作为一种推测。

另有人认为，陶渊明笔下的"桃花源"在湖北十堰市竹山县。竹山县地处鄂西北山区，境内森林茂盛，地势险峻。根据古书记载，只有竹山县在千年以前名为武陵，在晋代时有过桃源村。从官渡镇桃园村波渔沟乘小木船沿堵河（古称武陵河）逆流而上，可见一座孤山，山背就是不足两米宽的武陵峡口，两边是数百米高的绝壁，有一线之天。如同陶渊明所描写的"山有小口，仿佛若有光"。顺水而行，可到小武陵峡，这里风景奇幽，有一个自然村落，即为桃源村。若按照景色的相似性，竹山县的确像"桃花源"。那么，竹山县就是桃源的正确地址了吗？也不尽然。

苏东坡也对桃花源在武陵表示质疑。苏氏认为，如果桃花源真在武陵，早成了人们生死争夺的场地，也便不会这么多年来都一直有人探寻而不得结果。

有一种说法是历史学家陈寅恪提出的，他说，较早记载入史册的"桃花源"是古桃林，在古代北方的弘农或洛水上游一带，《山海经·中山经》也有类似记载，相传此处是周武王攻打殷商养牛的地方。他认为，陶渊明描述的世外桃源，生活环境与坞堡建筑环境非常相似，其描述内容很像"檀山坞"。

"檀山坞"为宋武帝刘裕的大将戴延之占据之地，位于洛水附近的檀山，此处有一个地方叫皇天原，皇天原附近有"桃林"，此处就是桃花源的原型。陈先生说，东晋的陶渊明《桃花源记》是虚构而来，其描述内容的原型应当是指洛水桃花坞，而桃园里生存的人躲避的该是前秦之患，而非秦朝暴政——西晋末年，"戎狄""盗贼"等"恐怖组织"到处流窜，烧杀抢掠，为躲避前秦苻坚戎狄之患，人们不是依靠各路军阀，就是躲避到山林之间，建造堡坞来据险自守。

据典籍上锁记载，当时的坞堡多由"堆石布土"依险而筑，古已有之。建立坞堡的条件必须是有山顶平原和溪谷水源。

如今在全国各地，有三十多处景点都自诩为桃花源，各有各的说法，但没有一处能拿出真凭实据来证明自身就是陶渊明笔下的"桃花源"。

历史话外音

事实上，无论桃花源在何处，它的意义已经不只停留在物质层面上，而是进入到人们的内心。陶渊明真正塑造的，是人们心中的一块自由、快乐、清净之地。

古代棉纺车之谜：究竟有无五锭棉纺车

中国人于约在战国时期发明了纺车，而西方到1280年才用纺车，比中国晚了一千一百多年。

很难想象，在工业革命已发生了二三百年后的中国，有数千年历史的纺车直到改革开放前夕依然活跃在许多农村。它就像发生在昨天的一件往事，还存留在许多人的记忆中，尽管它早已完成自己的历史使命，退出了历史的舞台，再难见踪迹。

作为古代采用纤维材料如毛、棉、麻、丝等生产线或纱的主要设备，纺车具体出现在什么时代，目前还无法确定。关于纺车的文献记载最早见于西汉扬雄（公元前53年~公元18年）的《方言》一文中，扬雄称其为"维车"和"道轨"。最早的单锭纺车的图像出现在汉代的石画中。据考古发现，这样的石画不少于8块。1956年出土的一幅汉代石画，曾形象生动地刻画了人们织布、纺纱和调丝的情景。这说明纺车已是那时相当普及的纺织工具，而纺车的出现应远早于汉代。

据有关专家推测，最早的纺车——手摇单锭纺车出现在战国时期，称为轩车、纬车和维车，由木架、锭子、绳轮和手柄4部分组成。不久就出现了手摇多锭纺车以及脚踏纺车。

脚踏纺车相对于手摇纺车，只多了一个脚踏装置，它发明的最早时间还没有确定，现在能见到的是4世纪我国东晋著名画家顾恺之（约345~406年）一幅画上的脚踏三锭纺车。后来在1313年，元代著名的农学家王帧在他所著的《农书》上也出现了三锭脚踏棉纺车和三锭、五锭脚踏麻纺车，证明了脚踏纺车从东晋以后一直都在使用。

我国大约在宋元之际已经出现了五锭的脚踏纺车。这是科技史学者较为一致的看法。但是，中国古代纺车可以分为丝麻纺车和棉纺车两种。丝麻纺车实际上只是将长丝或绩接成长条的麻缕加拈合股，所以还称不上是真正的纺纱。

棉花是短纤维，要纺成纱必须经过一个"牵引渐长"的过程，现代纺织工程学称之为牵伸。牵伸过程可以用指缝夹持棉条来控制。由于一只手有四个指缝，因此只能控制四个锭子。四锭以下的丝麻纺车，稍加变更就可用于棉纺；但是，五锭丝麻纺车要改为棉纺车就成为一个难题。

中国古代到底有没有五锭棉纺车呢？

最早涉及这个问题的是明代的徐光启。他在《农政全书》中记述说："（棉）纺车容三维（即锭），今吴下犹用之。间有容四维者。江西乐安至容五维。往见乐安人于冯可大所道之。因托可转索其器，未得。不知五维向一手间何处安置也。"徐光启没有亲眼看到乐安的五锭绵纺车，搞不清楚这种纺车的牵伸过程是如何完成的，因而托冯可大去索取一台，但是没有成功。

徐光启治学严谨，冯可大也是一位有名的学者，上面那段记载是可信的，但留下一个难以解开的谜。

清人褚华在《木棉谱》中重新提出这个疑问："善纺者能四维三维为常，两维为下，江西乐安人间能五维。往见四维者已将棉条并执食指中，不知五维又用何法？"不少近、现代学者甚至据此判断中国古代根本没有五锭棉纺车。例如，严中平先生在《中国绵纺织史稿》中提出："单人纺车的改良，始终没有将棉纱的牵伸工艺由人手转到机械上去，棉条既需人手来挟持，则一手绝不能挟持五线，足踏多锭纺车循这样的途径进步到四锭之多，可算已到了手工技术的绝顶了。"

他认为："终明之世，这种纺车的装置，似未超过三锭。"《中国纺织科学技术史（古代部分）》一书也认为："江西乐安的五锭脚踏纺车是用来加拈麻缕等纤维的合线车，似不能用来纺棉纱。"

包铭新在《中国纺织科技史资料》第19集（1984年12月）上撰文提出了相反的意见。他认为，否认中国古代五锭棉纺车存在者，都忽略了手工棉纺车上使用工具代替人手进行牵伸的可能。

文章从某种较晚本子的《天工开物》上的一张五锭纺车插图出发，结合王帧《农书》等其他文献资料，作以下推断：

中国古代确实存在一种五锭棉纺车；这种棉纺车使用作出一种梳状牵伸器代替人手；这种牵伸器是从宋元五锭麻纺车上的导纱器发展变化而来的。他曾做过简化的模拟试验。结果表明用梳状齿和左手配合对棉条进行牵伸是可行的。

这个观点得到了部分同行的赞成，其中包括《中国纺织科学技术史（古代部分）》的主要编写者周启澄。但是，由于资料的缺乏，文章对五锭绵纺车牵伸机构及工艺的描述带有很大的假设成分。

中国古代五锭棉纺车的存在与否，也引起国外学者的关注。例如，德国的库恩博士和美国的华裔学者康超都对此表示过极大的兴趣。这个问题的真相，将有待于新的有关文献和实物的发现以及更深入的研究。

◎历史话外音◎

纺车是从我国用来加工丝绸纤维的机械派生出来的。一根丝线有几百米长，其抗拉强度为每平方厘米4570千克，这比我们已知的任何一种植物纤维的强度都高，并接近某些工程材料的强度。在我国最迟不晚于公元前14世纪，蚕已被驯化，丝绸工业已经发展起来。这种机器在121年刊印的《说文解字》里提到过，在230年刊印的《广雅》中又一次提及。而于1237年刊印的《耕织图》丛书，第一次将此机器描绘出来了。

中国古玻璃"身世"之谜：是否船来品

世界上关于玻璃的起源，有个美丽传说：

3000多年以前，地中海沿岸的贝鲁斯河口旁，有一块美丽的沙洲。一天，一艘大商船满载着大块的天然苏打（碳酸钠）经过这里，由于海水落潮，大商船在河口沙滩上搁浅了。没办法，船员们只好等着海水涨潮以后再启程。船上的腓尼基人，一见眼前美丽的沙洲，都纷纷走下船来，兴致勃勃地观赏着地中海岸的风光。

中午，有个船员提议在河滩上做饭，举行一次野餐。于是大家从船上搬来做饭的大锅，又扛了几块天然苏打，用苏打支着锅做起饭来。吃过饭，他们收拾好东西，准备回船了，一个船员突然惊讶地喊："你们快看，这是什么东西？闪闪发光，多好看！"

大家围上来仔细看，只见那东西玲珑剔透，晶莹明亮，真是谁都没见过。原来，这沙滩上都是石英砂，在船员们烧火做饭的时候，支着锅的天然苏打在高温下和石英砂发生了化学反应，变成了"玻璃"。

聪明的腓尼基人在无意中发现了这个秘密，就开始了玻璃的生产。腓尼基人用特制的炉子，把石英砂和苏打一起熔化，炼出玻璃液。最初，他们把玻璃液制成大大小小的玻璃球、玻璃珠子，运往世界各地。由于人们从来没见过这样圆溜溜、光闪闪的透亮珠子，都把这些玻璃珠看成宝贝，用黄金或珠宝来换，腓尼基人发了大财。

不久，腓尼基人制造玻璃的秘密被人泄露出去了。埃及人首先用同样的方法制出了玻璃，许多地方也都相继制造成功。从此，玻璃生产得到了普遍的发展，玻璃的用途也越来越广泛。

腓尼基人发明了玻璃只是一个美丽的传说。现实中，人工制造玻璃，据考古学家证实，最早是在古代埃及，时间为公元前3000~4000年。

那么，中国玻璃是自制还是国外传入的呢？

晋时著名制丹家葛洪《抱朴子》说："外国作水精碗，实是合五种灰以作之。"晋书《玄中记》也记："大秦国有五色颇黎，红色最贵。"琉璃、水精、颇黎实是玻璃代称。魏太武时，大月氏商人到山西大同来传授烧制玻璃的技术，这是外国人来华传授玻璃技术的最早记载。隋唐以前，中国人常将玻璃视为珍宝。《汉武故事》《梁四公子记》等都记录了上自帝王下至平民把玻璃看作奇珍异宝的情况。在我国古代的一些墓葬里，时有玻璃制品出土，这无疑是作为宝物而随葬的。据此，中外一些学者始终坚持中国玻璃外来说。

事实果真如此吗？记西周穆王西游的《穆天子传》，有"铸石"的记事，可能是制玻璃之类。《淮南子》中说，"譬若中山之玉炊以炉炭，三日三夜，而色泽不变。"依常识可知，玉石不能烧，烧了不仅颜色要变，而且还要烧坏。只有颜色玻璃是可以烧了不退色的。"中山之玉"当为玻璃无疑，可见，我国通西域以前，就会制造颜色玻璃了。东汉王充的《论衡》中记载："阳燧取火于天。五月丙午日中之时，烧炼五石，铸以为器，磨砺生光，仰以向日，则火来至……"意即取五种天然产品混合起来烧炼做成器具，经琢磨后就可用以向日取火。这器具便是玻璃凸透镜，否则就不能在太阳光下取出火来。但中国制造玻璃究竟从何开始，目前尚有争议。

根据考古发掘材料证实，我国最迟在3000多年前的西周时代已掌握了玻璃制造技术。1974年在河南洛阳一座西周早期墓葬中发现的白色料珠和1975年在陕西宝鸡茹家弓鱼夫墓中出土的上千件西周早中期的玻璃管、珠，经专家鉴定，它们是一种铅钡玻璃，这与西方的钠钙玻璃分属两个不同的玻璃系统。这一事实证明，我国古代的玻璃是利用一种特有的原料，独立制造出来的，这有力地否定了以前流行的中国琉璃外来的说法。

许多学者则对以上推断有异议，主张我国制造玻璃自战国始。从对越王勾践剑上镶嵌的玻璃饰物和随县曾侯乙墓出土的玻璃珠分析看，这些玻璃品在时间上不会晚于战国初期。在化学成分上曾侯乙墓等处出土的玻璃珠氧化钾含量较高，这在同期的西方玻璃中是十分少见的。从工艺上看，像越王剑上的玻璃饰物不可能是国外传入的。曾侯乙墓出土了多达百余颗的玻璃珠，另外在河南固始、山东临淄、湖南长沙等地也都有此类玻璃出土。若是进口，这样广泛的使用范围在古文献中却毫无记述，结论就很清楚了。我国近代对考古的发掘，在殷墟陶器上就发现有"釉"。"釉"似玻璃而实非玻璃，其主要原料为正长石、钠长石、硼砂、白云石、黏土等。在世界上我国被誉为"瓷之王国"，早在1700年前的魏晋时代已能制出胎质坚硬和釉面光润的瓷器。在陶器上上釉时所用的天然原料，都与做玻璃的原料相同；而瓷器上的瓷釉装饰，釉上彩或釉下彩，就是玻璃态的物质。当先民们上釉时涂得太厚时，便会偶然得到一些像玻璃的小块。久而久之，他们就从这里改进而得到了玻璃。按照科学发展的规律看来，这也是很自然的。王充《论衡·率性篇》上所说："随侯以药作珠，精耀如真。"目前我国公认的最古的玻璃是长少楚墓出土的玻璃璧、玻璃印章等，它们是战国时代的遗物。因此，说我国在战国时代就能制造玻璃，不但有书本上的证据，同时还确有实物的证据，也较符合客观实际。

专家同时认为，中国古代玻璃虽为中国人的独立发明，但其发展缓慢，因为它的主要成分是铅钡，烧成温度较低，虽具有绚丽多彩、晶莹璀璨的优点，但易碎、不耐高温、透明度差、不适应骤冷骤热，只适合加工成各种装饰品、礼器和随葬品等，因此，在古代中国比起陶瓷、青铜、玉石器来，玻璃器具用途狭小、发展不充分。

而古埃及和地中海沿岸地区出土的玻璃器物的化学成分，主要以钠钙玻璃为主，耐温性能较好，对骤冷骤热适应性较强，因此这种古玻璃的用途和生产量都远大于中国古玻璃。随着水上交通日益发达，以及丝绸之路的不断繁荣，先是玻璃制品传入中国，随后制造"钠钙玻璃"的技术也逐渐传入中国。

当西方"钠钙玻璃"传入我国后，引起人们极大震惊，这类外来品与中国"铅钡玻璃"在性状上的巨大差异，以致中国人不知道它们是同一类物质，越来越多的人把精力和目光集中在"洋"玻璃上，但古代中国人自己会制造玻璃已成为不争事实。毋庸置疑，随着探索的不断深入，人们一定会确定玻璃的起源时间，而且玻璃自制的结论应该是成立的。

◎历史话外音◎

通过对中国古玻璃"身世"的探讨，尤其折射出中国古代陶瓷、冶金技术的精湛，反映出中华民族文化的博大精深及中国人的聪明才智。

第十八章

名家死亡悬案

——风流名士已去，白衣卿相不在

齐桓公：为何会有离奇下场

齐桓公，姜姓，吕氏，名小白，公元前686年与公子纠争夺君位取得胜利，做了齐国国君。即位后的齐桓公在管仲的辅佐下苦心经营40年，使齐国一跃成为春秋时最富有的国家。在外交上，齐桓公首先打出"尊王攘夷"的旗号，借以团结中原各诸侯，受到中原各诸侯的信赖。他曾九次召集诸侯会盟，任盟主达40年之久，成为春秋时期最有实力的第一个盟主，文治武功盛极一时。

本以为作为一代霸王的齐桓公荣华富贵且不论，善始善终应不是奢望，但是，谁能料想到，最先成为霸主的齐桓公的下场竟然是被活活饿死。

公元前643年，管仲病重，齐桓公到他病榻前探望并询问国家未来之事。管仲交代说："易牙、竖刁、开方这三个人绝不能接近和信任。"这三人是齐桓公身边的宠臣，齐桓公问："易牙把他亲生儿子烹了给寡人吃，表明他爱寡人超过爱他儿子，为什么不能信任？"管仲说："人世间最大的亲情莫过于爱子，他对亲生骨肉都不珍惜，怎么会爱国君呢？"齐桓公又问："竖刁割自己的皮肉进宫侍候寡人，证明他爱寡人超过爱自己，为什么不能信任？"管仲说："他对受之于父母的皮肉都不爱惜，怎么会爱国君呢？"齐桓公再问："卫国公子开方放弃太子之尊到我手下称臣，他父母死了也不回国奔丧，这表明他爱寡人超过爱父母，为什么不能信任？"管仲说："最亲近的莫过于父母，父母死了都不回国奔丧，这样对待父母的人怎能奢望他对您忠诚？"

齐桓公虽口头应承，但是行动上却没有遵从，继续让这三个小人在宫中主事，待到公元前643年，齐桓公患重病，易牙、竖刁等认为机会到了，便用桓公的名义张贴了一张布告，禁止任何人入宫，并堵塞齐宫大门，在大门前竖起一道高墙，不准任何人进出。

齐桓公病在床上，没有一个人过问，连想喝口水都不能，这时，卫公子却带走千户齐民降归了卫国。最后，这位称雄一世的霸主竟然被活活饿死在宫内。齐桓公的五个儿子为了争夺权位互相残杀，谁也不管父亲的死活。结果，齐桓公的尸体在寿宫中整整搁置了67天，尸体生了蛆也无人收葬，一代霸主竟落得如此可悲的下场。

◎历史话外音◎

《春秋公羊传》说："南夷北狄交，中国不绝如线，桓公攘夷狄而救中国。"齐桓公作为春秋时代的第一位霸主，他一向是被高度评价的。当时在夷狄的逼迫之下，中原各国的确遭到了极大的威胁，而通过改革而强盛起来的齐桓公，此时充当起了中原各国的保护神，打出了"尊王攘夷"的旗号。作为霸主，齐桓公又是会盟诸侯，又是插手别国事务，又是安定王室，又是征伐夷狄，可谓风光一时。

曹操猜疑，一代神医灭顶之灾：华佗之死

华佗"为人性恶，难得意，且耻以医为业"。华佗在医治肉体疾患上可能是个举世无双的行家，而在体察人情人心上，或许就多少有些糊涂了。关于华佗之死，人们始终把它和历史上另一位大人物曹操联系在一起，曹操为此也背上了千古骂名。他的死，倒不是因为得了什么病入膏肓的不治之症，而是他太执着，执着是有临界值的，超过了，就容易自残，尤其在一个专权的时代，这种特立独行的生存方式没有什么市场，正所谓"峣峣者易折，皎皎者易污"，但是也有人认为是华佗自己害了自己。那么，曹操和华佗之间到底发生了什么？一直唯才是举的曹操为什么

要杀死身怀绝技的华佗？

华佗之死，是他自己要挟曹操的结果。那么历史的真相究竟是什么？曹操和华佗，一个是乱世枭雄，一个是走方郎中，两人似乎关系不大，华佗为什么会死在曹操的手上？

首先我们还是先把视线放在第一个问题上，曹操为什么要召见华佗？

流传最广的说法是《三国演义》的讲法。说曹操得了病，头风病，头疼，请华佗给他看病，华佗说："你这个病根在脑子里，我需要让你喝一服药，然后用利斧劈开你的脑袋，祛除病根，你这个病才能治好。"当然能做这个手术就很厉害了，但是曹操一怒之下把华佗关到监狱里，然后杀了。因为曹操这个人疑心很重，他觉得华佗这个医疗方案不怀好意，认为华佗是想借这个机会替关羽报仇，杀死自己。所以，曹操要召华佗首先是曹操得有病，曹操没有病找个名医来干吗？史书记载曹操是"得病笃重"（《三国志·华佗传》），病得很重了，然后使佗"专视"，召见华佗，专门为自己看病。曹操的病，普遍说法是头风，他的头风病天天发作，异常厉害，所以他离不开华佗。但是，华佗在曹操身边只待了一阵，就请假走了。以什么借口请假走的呢？两部史书记载的略有不同。《三国志》记载，收到家信，"久远思家归"（《三国志·华佗传》），就是离家时间长，离家远，想回家看看。《后汉书》则记载，华佗是回家取药方。

华佗请假回家以后，以他妻子有病为由，多次续假不回去。曹操反复催促无果，最后，曹操急了。《三国志》的记载是"佗恃能厌食事"，《后汉书》记载的是"恃能厌事"。这两个记载一样，就是华佗仗着自己的医术高明，不愿意去为曹操一个人服务，结果曹操大怒，派人去查，看他妻子是不是有病，一查，发现他妻子装病。曹操派人就把华佗抓起来，送到许县，投入狱中。结果，最后是巨星陨落，神医枉死。这就是华佗之死。《三国志》跟《后汉书》记载略有差异，《三国志》成书在前，《后汉书》成书在后。

所以，华佗的真正的死因其实是：

第一，曹操既没有尊重华佗的选择，又没有看重华佗的才，而是视华佗为鼠辈。既不重其人，又不重其才。第二，华佗触怒了曹操。曹操又是写信，又是派人去请华佗。华佗不仅欺瞒曹操，死活不去，触怒了曹操，这是最重要的原因。

唐代著名诗人刘禹锡在《华佗论》中只看到了一点，触怒曹操了。他没有看到另外一点，就是曹操没有把华佗当作人才来看待。这才导致神医的被杀。后果非常严重，最起码有一点，麻沸散失传了。

其实，封建时代，一个人与一个居于核心统治地位的权势集团是无法抗衡的。等到曾患"头风病"的曹操"大怒"之下，祭起"法"这一独裁利器，华佗再妙手，也只好乖乖地在专制的屠刀下束手待毙。不想做听话的奴才，就只能等死，正是这么一种逻辑，多少杰出人才无声无息地陨落了。在华佗生存的这个弱肉强食的时代是必然要遭到扑杀的。死守自我，实际上正是走上一条有死无生的绝路。要想求牛，你不仅得脱去外壳，还要改造灵魂，排除自我，随机应变，才能达到永生。

◎历史话外音◎

华佗的学问有可能从扁鹊的学说发展而来。同时，华佗对同时代的张仲景学说也有深入的研究。华佗循着前人开辟的途径，脚踏实地开创新的天地。例如当时他就发现体外挤压心脏法和口对口人工呼吸法。这类例子很多。最突出的，应数麻醉术——酒服麻沸散的发明和体育疗法"五禽之戏"的创造。

曹操杀杨修案：不是因为妒才

东汉末年，有一位才子名叫杨修，他才思敏捷、聪明过人，学识超群，曾得到一代枭雄——

曹操的赏识和重用，被任命"总知外内"的主簿，成为曹操身边的一位不可多得的高级谋士。然而就是这样一位人才，却因为小小"鸡肋事件"，最终被曹操杀掉。显然，区区"鸡肋事件"不足以解释杨修被杀的结果，理由不充分。那么我们不禁要问：曹操当年草草除掉杨修，是因为妒忌杨修的才能，还是别有他因呢？

第一种观点认为杨修之所以被杀，是因为其主公曹操生性凶残，心胸狭隘自私，总爱嫉妒，忌讳自己下属的才能与自己相当，甚至超越自己。罗贯中在嘉靖本卷十五"曹孟德忌杀杨修"中的话："操平生为人，虽然用才能之人，心甚忌之，只恐人高如已"，可以证明这一点。除杨修之外，曹操嫉贤妒能性情下的冤死鬼，还有孔融，不是吗？

第二种观点认为杨修之死恰恰印证那句话老话："聪明反被聪明误"，最终惹来杀身之祸，丢了自家卿卿性命。他总是自作聪明，恃才放旷，举止轻狂，导致曹操心中对其暗存芥蒂，暗暗忌之戒备之。拿"鸡肋事件"来说吧，当年曹操作战失利，正为是否退兵之事举棋不定时，随口说了"鸡肋"二字。二字一出，杨修竟擅自根据曹操的以往行事规律，推断出主公必定决心退兵，并在军中泄露和散布退兵言论、私自命士兵收拾行囊，开始作撤退的准备。杨修这一举动涣散了军心，动摇了将士们的斗志，无论放在古代，还是现代，这事都是绝对不允许发生的。最终，曹操为了严肃军纪，秉公办事，杀了杨修。

第三种观点认为杨修的死与他参与到曹操家庭内部争宠夺位的斗争中有关。杨修为了让自己的好朋友曹植当上曹氏接班人，竟全然不顾及曹操的感受，千方百计地帮助曹植，曹植与曹丕间的矛盾也因此不断被激化。这破坏了曹操希望儿子们团结亲近的美好愿望，也引来了杀身之祸。

第四种观点认为由于杨修是袁术的外甥，曹操怕养虎为患，于是借"鸡肋"事件将他斩草除根，以解后患之忧。

最后一种观点认为杨修之死展示了中国古代封建社会里统治者与知识分子之间、主人与奴仆之间的关系本质，是人们的个性活力在封建专制意识形态下的悲剧。历朝历代的封建统治者对待知识分子，具有极重的疑惧心态，但为维持其统治体系的运转，又不得不加以利用的矛盾状态。杨修"恃才放旷"不过为表面现象，内在的关键是他冲撞了固有的、神圣不可侵犯的封建等级秩序，最终酿成悲剧。

◎历史话外音◎

杨修一生著作颇丰，结集成册的两文稿已失，今共存作品数篇，其中有《答临淄候笺》《节游赋》《神女赋》《孔雀赋》等。后人有诗赞杨修："聪明杨德祖，世代继簪缨。笔下龙蛇走，胸中锦绣成。开谈惊四座，捷对冠群英。身死因才误，非关欲退兵。"

西汉"战神"：少年英雄霍去病之死

提起霍去病无人不知。古往今来，没有一个人在同样年龄就能有他的成就——17岁两出定襄、19岁三征河西、21岁纵横漠北，杀到匈奴胆寒，甚至影响西亚历史进程，年仅21岁就身居大司马高位。

司马迁在《史记》中，对这位名将的葬礼记载得非常清楚，但对他的死因，却没有任何记载，仅仅是"骠骑将军自四年军后三年，元狩六年而卒"。历史总爱开令人扼腕的玩笑——上天赐给大汉朝这位千年难得的奇将后仅仅23年，就匆匆把他召唤了回去。却在不经意的离开瞬间，给中华历史留下了一段难以摸清的迷案。这样一个风华正茂的将军去世，却没有提及死因，于是后人对司马迁不免有一些"责怪"的意思。然而在如今看来，司马迁如此记载，是在给后人以某些示意。

霍去病病死之说，是最广为流传的，也是官方的说法。此说最早出自西汉时的褚少孙，他在

《建元以来侯者年表》中有一段补记,借霍光之口说霍去病是病死,这就让后世的猜测更玄乎。霍去病年纪轻轻,武将出身,出征万里都没问题,何况一个小病。不过猝死的证据倒是有的——霍去病的儿子霍嬗也是年轻猝死。但这种可能性到底多大,谁也说不清楚,或许考古学能给我们答案。

另一种说法:意外或被杀。汉武帝自己令人干掉霍去病,以防止卫、霍联盟。政治是无情的,即使是父子。武帝在将卫青培养起来并迅速成才后,便意识到要有个制衡的方法——权力之争中泡大的武帝对这方面实在是太敏感了。霍去病在漠北大战后一连串的动作(杀李敢、劝封王子等),让汉武帝觉得封大司马、借他平衡卫青势力的初衷很难实现,反而有可能让二人结立政治联盟进而影响自己的绝对集权。二虎相争还好,若二虎同盟,最惨的就是武帝,于是武帝起了杀心。这种说法可能性更低,汉武帝一个儿子和熊打架被拍死都有记载,当朝大将军、大司马意外死亡或被杀,不可能一点历史证据或记录都没有——这可是国家大案呐!再说了,想谋杀大将军,也没那么容易吧?

还有种说法是得传染病或瘟疫而死。后世的电视、电影里,普遍以这种说法为准。《汉武大帝》里更是有这样的一个镜头:匈奴撤到漠北,为了与汉军周旋,谋臣中行说让单于把得瘟疫而死的动物丢到水源里,霍去病率领的军队正好喝了这些水。回长安后霍去病杀李敢,被汉武帝贬往朔方,路上就得病了。瘟疫这一说的漏洞是明显的:若匈奴确实传播了瘟疫,当时军中将士肯定也难以幸免,不说大面积传染,但死的人肯定不在少数——军事史上哪次瘟疫事件死的人少了?死后武帝悲痛万分,想再看他一眼,被侍者拦住,只能下令厚葬。但史书上无论是霍去病列传,还是匈奴列传,为何找不到大面积死亡的相关记载?一起出征漠北的将军们也没有一个有得传染病而死的记录。最重要的漏洞是:这类瘟疫潜伏期一般不会长,而霍去病是在漠北大战后两年才死去。这期间的时间差,用瘟疫一说显然很难解释清楚,可能性非常之低。

最后一种说法是自杀。自杀的人无非是被逼得走投无路、没有生存空间。我们来看看霍去病死前的生存空间:首先,漠北大战后,他被武帝利用来压制卫氏集团,显然已经成为了卫氏集团的对立派,虽然霍去病心里不愿意,卫青这边的亲人也还当他是自己的亲外甥,但卫氏集团的其他人可不一定这样想——这是无情的政治,父子尚且相残。旁边的至亲是有,但能依赖的基本没有——后来权倾汉朝的弟弟霍光还幼小。其次,不管前面推断是对是错,但霍去病杀死李敢一事令他民心尽失,即使他位居大司马,但在群众中间并不见得有人气,甚至对他极为不满。再次,他一手带起来的人不是匈奴降将,就是只会打仗的低级军官将领,连由皇帝指派的裨将都可以拒绝不要。在武帝跟前得势后,原来跟着卫青的人也有不少"叛变"去跟了霍去病。然而,霍去病跟这些人打打仗那是无往不胜,但谈政治就不行了。

霍去病在死前,已经面临着身居高位、无强力亲人可依赖、官场无助无友、军队和群众中备受指责、皇帝面前被疑这样的局面。他是名将,杀人如麻,他是当朝贵臣,他甚至敢射杀九卿高官。但,他同时也是个年轻的男人。这样的生存环境,对一个23岁的人来说,是什么样的滋味?他会做出什么样的事情?有人说,天才都是孤独的,这一点在霍去病身上表现得淋漓尽致。虽然少年显贵,但是未必能有平常人的快乐——压力太大了,却没有人能帮他释放。显然,死亡对他来说,是个不错的出路。或许,这便是在武帝手下为将者的悲哀——人才能被很好地发掘出来,但用完之后随手就丢。谁敢保证霍去病没死,继续壮大下去的话,不会被冷酷的武帝在某日随手就收拾掉了?对各种利益集团来说,也是个可以接受的事情。而如果霍去病确属自杀,汉武帝有责任,卫氏集团更是直接的关系人,当然,他自己的性格也是重要原因之一。然而,回顾武帝一生中的那些武将,除了卫青之外,几乎没有能得到善终的。

霍去病少年得意,性格孤傲不恤士卒,朋友不多,是孤立一派——武帝亲手栽培起来用以平衡权力的工具。战场上的霍去病杀起人来和汉武帝一样"不眨眼",但官场上的霍去病则是"无助"的——没人给孤傲的他指点什么,他和汉武帝一样孤独。

在《中国军事通史》中，霍去病是这样被评价的：

"霍去病绝不是只有意气之勇的匹夫，而是一员既勇且谋、能够决胜千里的战将。前引霍去病'不至学古兵法'语虽不无偏颇，但从中也可约略看出他的为将之道，这既是不拘泥于习俗常规，重视战前的'方略'即谋划，同时又注意根据战场实际而随机应变。霍去病非常善于运用骑兵集团在沙漠、草原地带机动作战，他可以指挥骑兵进行短程奇袭，也可以指挥骑兵进行长距离、大规模的正面进攻，可以用骑兵打运动战，也可以用骑兵打遭遇战，表现出良好的战术素养和高超的临战指挥艺术。"

"竹林七贤"之一：嵇康为何被杀

嵇康（224~263年，一说223~262年），著名的文学家、思想家、音乐家，是"竹林七贤"的精神领袖之一。官方说法是，他后来因为得罪钟会，为其构陷，而被司马昭处死。但是，事情的真相真的如表面上看起来的这般单纯吗？这位"狂人"的死是否另有隐情呢？

那么，让历史带我们去了解嵇康的生前死后，让我们一窥究竟。

嵇康之死其实有两种比较典型的说法：

第一种说法是：祸起吕安一案，后遭钟会陷害。

鉴于嵇康在魏晋时期的影响力，高干子弟钟会欲借嵇康之名提高自己在名士中的地位，但嵇康深恶此人，便对钟会不予理会，由此钟会便怀恨在心，伺机报复。偏不凑巧，嵇康的好友吕安有个漂亮的妻子，其兄吕巽垂涎弟妻美色已久，趁吕安外出，将弟妻灌醉进而奸污，并陷害弟妻不孝曾殴打母亲，因此吕安也身陷囹圄，嵇康为了向官府说明真相也被传召至官府。在庭审的时候，一个在幕后等了很久的小人钟会出现了，他告诉司马昭："嵇康，卧龙也，不可起。公无忧天下，顾以康为虑耳。"又说，当时曹氏心腹将领毋丘俭起兵造反的时候，嵇康就极力支持，嵇康、吕安这些人平时言论放荡，不拘礼法，有违孝道。做皇帝切不可留这样的人，应尽早除之。帝听会言，遂杀嵇康。

这个说法有很多逻辑不通的地方：

第一，告吕安不孝，需要有足够的证据，魏晋以孝治天下，不孝乃是大罪，不可妄下结论，必须有吕安母亲的证词才可定罪。第二，就当吕安不孝，但是有阮籍在母亲服丧期间曾饮酒吃肉，司马昭并没有追究，但是此案为何一定要治吕安死罪呢？这就有失司法的公正性。

另外，钟会陷害嵇康之词也有不通之处。第一，毋丘俭反叛的时候，嵇康已移居山阳，也就是说嵇康有不在场的证据。第二，魏晋时代名士们大都蔑视礼法，狂放不羁，强调精神自由，展现个性的可爱。如若按此定罪，当诛者何止吕安一人？

第二种说法是：政治斗争的牺牲品。

嵇康有个特殊的身份，他是曹操的孙女婿，嵇康曾在山阳一住就是十几年，其他地方倒无所谓，山阳这个地方司马氏就比较敏感，因为汉献帝被贬以后就曾在这里居住过，嵇康难道是思故主？这个罪名可不轻，够杀嵇康一千回的。

嵇康从来都不与司马氏往来，好友山涛举荐其出任吏部郎，他不光拒绝还写了与山涛的《绝交书》。司马昭曾欲借嵇康的影响力为自己正名，但嵇康却以"非汤、武而薄周、孔"拒绝，这在名义上已经表达了对司马氏篡位的驳斥。更为要命的是，嵇康在当时太有影响力了，在吕安案被捕入狱以后，三千太学生请愿，而且打出如不释放嵇康他们愿意和嵇康一起坐牢，这下把司马昭给镇住了，他没有想到嵇康在文士中有如此之高的影响力，这严重地威胁到了他执政的基础，他于是下定决心必除嵇康而后快，也算是杀一儆百！

嵇康的死有两条线，一明一暗。明的一条是吕安一案，暗的是嵇康不与司马氏合作并且反对司马氏篡曹魏天下，两条线就注定嵇康必遭杀身之祸。诸多两晋的史学家掩耳盗铃，替司马氏掩饰罪行，而是把嵇康的死归罪于钟会的诬陷，这就有可能导致迷信正史，对嵇康的死因不加怀疑，以致看不清事实的真相。

○**历史话外音**○

嵇康尚老庄，曾说"老庄，吾之师也"，讲求养生服食之道。主张"越名教而任自然"的生活方式，著《养生论》来阐明自己的养生之道。嵇康擅长音乐，作有琴曲《风入松》；又作有《长清》《短清》《长侧》《短侧》四首琴曲，被称作"嵇氏四弄"，与蔡邕的"蔡氏五弄"合称"九弄"。他赞美古代隐者达士的事迹，向往出世的生活，不愿做官。

政治牺牲品：崔浩被诛之谜

崔浩，南北朝时期一流的军事谋略家，他对促进北魏的统一发挥了积极的作用。但是他的死因却成为一个历史谜题。

由于崔浩的死作为当时一个重大的政治事件，它的牵扯面之广、范围大、涉及的人多，在北魏历史上也是绝无仅有的，这就更加增加了人们对于崔浩死因的研究，崔浩之死的直接原因是"国史"案，但是在这背后又有怎样深刻的社会历史原因呢？

首先，崔浩的死是民族矛盾的牺牲品。

北魏的政权是少数民族——鲜卑拓跋部，作为游牧民族的他们并不习惯中原封建化的制度和文化，他们更喜欢在马背上过无忧无虑的生活。而汉族士人阶层并不买这些胡人的账，虽然主子是胡人，但他们打心里是瞧不起这些舞刀弄枪的家伙们。他们标榜大汉传统文化，统治为士人集团服务，这些都动摇了鲜卑族贵族的利益。而最重要的是在民族大融合的过程中，拓跋部也深深地感受到汉文化正在不知不觉地改变着他们。他们似乎陷入了不在沉默中爆发就在沉默中灭亡的窘境，激烈的文化碰撞使这些少数民族感到虽然他们统治着这里，但是这里真正的主人并不是他们这些骑在马背上的民族。崔浩更是在国史里对拓跋氏的评价毫不避讳，全无尊主之心。这直接激发了深藏在拓跋部心里最隐痛的自卑感和危机感，所以崔浩的死是少数民族和汉民族矛盾的牺牲品。

其次，崔浩的死是个人政治仇怨所致。

崔浩的政治主张在朝中并无支持者。他主张封五等郡县是拥护拓跋部政权的体现，并无民族矛盾体现。他主张分明姓族是统治阶级内部等级的划分，也无民族矛盾可言。所以崔浩被杀并不是因为不可调和的民族矛盾，而是因为崔浩平时树敌过多，是政敌在恰当的时间、恰当的地点在太武本就因著史而恼火时加了一把旺火，那么崔浩的死也就不难理解了。

再者，崔浩的死是拓跋统治阶级内部矛盾的牺牲品。

历史学家陈寅恪先生就曾说过："杀浩者，鲜卑部落酋长，可以无疑。"也就是在鲜卑族入主中原的时候，他们自己也处在阶级社会的过渡阶段，贵族们的权利和王的权利发生了一些微妙的变化，以前的贵族手中有很多特权，过渡到封建制度后王的权力必然会削弱拓跋部贵族的利益，他们会把自己和王的矛盾转化为与崔浩这样得到王重用的人的矛盾，加上这些贵族天然地仇恨那些辅佐在王身边的人。也就是说贵族和官僚对崔浩的仇恨，是导致崔浩被杀的根本原因。

最后，崔浩的死是拓跋焘的意思。

崔浩被杀的最终裁决者是拓跋焘。那么可以从拓跋焘的态度来分析崔浩的死因。崔浩死于拓跋焘打算南下攻宋的关键时刻，这样大规模的战役，内部的团结是其取胜与否的关键，那么崔浩的死也许是缓和内部矛盾的一剂良药。另外一个原因就是当拓跋焘准备南下攻宋的时候，崔浩却待机而动，虽然他是站在战略的角度分析问题，但是崔浩的身份注定他的任何不南下攻宋的建议都会给别有用心的人瞎想，而拓跋焘也许就是这里面的一员。还有就是崔浩与太子晃等鲜卑贵族的矛盾，使拓跋焘深为疑忌。如若以后太子即位而崔浩跋扈如之奈何？另一个原因就是，崔浩借助引道教排佛教来争夺自己的政治地位，这与拓跋焘崇尚佛教大相径庭。

崔浩的死因必然有其深刻的社会历史原因，单纯的以修国史作为崔浩之死的原因有失偏颇。

◎历史话外音◎

《魏书·崔浩列传》这样评价崔浩："崔浩才艺通博，究览天人，政事筹策，时莫之二，此其所以自比于子房也。属太宗为政之秋，值世祖经营之日，言听计从，宁廓区夏。遇既隆也，勤亦茂哉。谋虽盖世，威未震主，末途邂逅，遂不自全。岂鸟尽弓藏，民恶其上？将器盈必概，阴害贻祸？何斯人而遭斯酷，悲夫！"

摄政王猝死：多尔衮猝死之谜

顺治七年（1650年）十二月，年仅39岁的摄政王多尔衮在狩猎途中突然猝死，死因成谜。官方史料对其死因也是含糊其辞。那么，正值壮年的多尔衮的死因到底是什么呢？

关于多尔衮的死因，历来最普遍的说法有五种：

其中三个是与健康有关的。一是，多尔衮本身就体弱多病，他从小就患有头风病，常常头昏目眩。再加上多尔衮从少年时代就开始随军征战，南征北讨，攻战北京、一统中原，日理万机，积劳成疾。身体是革命的本钱，体弱多病的多尔衮在长年的征战之中更是身体每况愈下。二是，多尔衮的亲人相继离世给多尔衮带来了严重的精神创伤。尤其是多铎的死，给多尔衮带来的打击不可谓不大。多铎是多尔衮的胞弟，与多尔衮之间的感情十分深厚，又是多尔衮最强劲最忠心的政治支持者，多铎的死让多尔衮十分伤心难过。多铎死后不久，多尔衮的弟妹、嫂子以及与自己相濡以沫25年的正妃都相继离世，这些都给多尔衮的心里蒙上巨大的阴影。三是，多尔衮纵欲过度。多尔衮有名可查的妃子就有10个，其他的妻妾还不知道有多少。喜好女色，致使本就虚弱的身体更加虚弱，病情更加严重。

关于多尔衮的死因，还有第四种观点，即多尔衮之死是出于他杀，是一场政治阴谋。顺治七年（1650年）十一月十三日，多尔衮出猎，十一月十八日多尔衮到达遵化，十九日，宿遵化。二十日，宿三屯营。十二月初五日，宿刘汉河。初七日，宿喀喇城。是日，皇父摄政王病重歇息。初九日，戊子，戌时，皇父摄政王崩。出猎途中唯一的意外是多尔衮因堕马受伤，但是小小的腿伤，竟能让正值壮年的多尔衮在如此短的时间内死亡？显然是不可能。

多尔衮当时的行进路线之中，喀喇城最为引人关注，因为喀喇城条件恶劣，如果多尔衮病重，决不会转移到这么一个荒芜之地来修养，这对他的身体并没有好处，因此在多尔衮到达喀喇城之前，他的身体应该毫无大碍。那么，在喀喇城期间发生了什么，让一个健康的人在短短两天内身体急转直下，直到猝死。

第五种观点，有学者认为多尔衮的死因极有可能是脑溢血。脑溢血是一种突发性疾病，发病率也极高，发病之时会失语、偏瘫，意识不清、头痛、呕吐。而根据多尔衮死亡的状况来分析，多尔衮极有可能是死于脑溢血。一方面，多尔衮的家族本就有脑溢血遗传病史，在这之前死于脑溢血的还有莽古尔泰、德格类、皇太极、豪格。另一方面，多尔衮死之前几个小时头痛欲裂、口不能言，而且是突发疾病，这种情况也极符合脑溢血的发病症状。

如果这个假设成立，诱发多尔衮突发脑溢血的主因又是什么？这也是多尔衮死因的最大谜题。一般来说，突发脑溢血主因都是情绪激动，那么又是何事让多尔衮如此激动？

清代历来就有先大婚后亲政的传统。多尔衮出猎的时间与顺治大婚亲政的时间极为接近，因此多尔衮此次出猎就可能是趁着出猎为小皇帝选定皇后人选。只有多尔衮生前就已经选定好了人选，小皇帝也才有可能在多尔衮死后短短的一段时间内大婚、亲政。据《世祖实录》记载，阿济格在多尔衮死亡之日的早晨，派人去娶了葛丹之女。阿济格相中了葛丹之女，所以决定在多尔衮死之前娶这个女人，因为如果多尔衮死后，必然会高规格发丧，到时阿济格是不可能在国丧期间娶妻的。所以他就想在多尔衮死亡的当天早上派人紧急地去讨要了那个女人。如果任何一个人在多尔衮病重之时，把这个消息告诉了多尔衮，在极度的愤怒加失望之下，多尔衮就有可能一口气上不来。

至于这个告密者，济尔哈朗和苏克萨哈的嫌疑最大。因为济尔哈朗被多尔衮打压，仇恨之心和权欲使他极具动机谋害多尔衮。多尔衮出猎，他一直陪伴左右，作案动机和作案条件以及作案能力，济尔哈朗都具备了。苏克萨哈作为多尔衮的亲信，在多尔衮死后就第一个站出来指证多尔衮。所以在多尔衮即将死去的关键时刻，苏克萨哈肯定重新为自己选择一个靠山，帮助济尔哈朗除去多尔衮可谓是利大于弊。顺治亲政后十年，济尔哈朗就渐渐退居二线，颐养天年去了。苏克萨哈则成为乾隆为多尔衮平反的替罪羔羊。

◎历史话外音◎

多尔衮一生多妻无嗣。其正妻为蒙古科尔沁台吉吉桑阿尔寨之女，即敬孝忠恭正宫元妃。又有继福晋佟佳氏、扎尔莽博尔济吉特氏、科尔沁博尔济吉特氏（拉布希西台吉之女）、科尔沁博尔济吉特氏（索诺布台吉之女，即原豪格的福晋）、朝鲜李氏，还有妾察哈尔公齐特氏、博尔济吉特氏、济尔莫特氏、朝鲜李氏，前后共有六妻四妾，仅生一女，名东莪，多尔衮倒台后给与信王多尼，以后命运不详。其养子多尔博是多铎之子，后归宗。乾隆帝为多尔衮恢复名誉后，仍以多尔博四世孙淳颖承袭睿亲王爵，一直传到民国初年。

禁烟大臣：林则徐的生死之谜

林则徐生于1785年8月30日，卒于1850年11月22日，福建侯官人。他是中华民族抵御外辱过程中伟大的民族英雄，因主张严禁鸦片、抵抗西方的侵略、坚持维护中国主权和民族利益深受中国人的敬仰。

道光十八年（1838年），道光皇帝特命林则徐为钦差大臣赴粤查办禁烟。道光十九年四月二十二日（1839年6月3日），林则徐在虎门海滩上将从英国手里收缴的全部鸦片近2万箱（约237万余斤）当众销毁，沉重地打击了侵略者的嚣张气焰。

林则徐抗英有功，却遭投降派诬陷。道光二十一年（1841年），昏庸、刚愎的道光皇帝为讨好英帝国主义，将在广东查禁鸦片立有首功的林则徐罢夫钦差大臣和两广总督的职务，调往浙江军营"戴罪立功"。一个月之后，林则徐又被道光皇帝一道谕旨"从重发往伊犁，效力赎罪"。他忍辱负重，踏上戍途。

道光三十年（1850年），清政府为进剿太平军，再任命他为钦差大臣，督理广西军务。他带着儿子林聪勇和亲信幕僚刘存仁，离开了家乡福建，星夜兼程，直奔广西。当一行人路经广东普宁时，林则徐突然发病，且病情越来越重，不省人事了。1850年11月22日，林则徐暴卒于潮州普宁县行馆，终年66岁。

关于林则徐为何突然发病而死，民间认为可能是被人陷害。因为林则徐在广东大力禁烟，得罪了不少人，被人下毒害死也是可能的。至于下毒之人，传得沸沸扬扬的就是林则徐在广州查办鸦片时雇用的厨子郑发，林则徐获罪充军伊犁后，郑发就投靠洋人了。

据坊间传言，林则徐临死前大喊"星斗南"三字，按福州方言，"星斗南"乃"新豆栏"。而新豆栏在广州十三行附近。按林则徐曾孙林兰岑的分析，广东十三行行商们，乃食夷利者，特恨林公，怕他重来"使坏"，故买通厨人郑发，用巴豆这种十分厉害的泻药熬粥给林则徐喝，林则徐于是病泄不已，委顿而死。更有人直接点名，最恨林则徐的乃是行商商总伍家，听说林公复督粤事，巨恐，于是遣亲信带巨款贿赂林则徐厨人。林则徐死后，广东一带就传说：有人亲眼看见在广州一家客栈，十三洋行总头目伍绍荣手下的一名亲信与郑发窃窃私语，桌上有一堆白花花的元宝。还有人说，林则徐轿子的扶手上，抹有剧毒……

近年来有人根据新近发现的林则徐《讣文》和林则徐之子林汝舟《致陈子茂书》等材料，认为林则徐的死因不是被毒死也并不只是腹泻。自11月12日至15日，林则徐一直在赶路，没有服药，所以吐泻情况已很严重。15、16日服用"中和之剂"后，吐泻情况有所好转，但林则徐抱病继续日夜兼程，辛劳颠簸，身体得不到休息，病情则转为"胸次结胀"、"痰喘发厥"，引发了心肺旧疾，以致"两脉俱空，上喘下坠""喘急愈甚"。在元气大亏、脾胃虚寒的情况下，医生却又"投以参桂重剂"、"连进葠剂"，结果药力未及奏效，反使喘咳增加，舌蹇气促，加上他已是66岁高龄之人，经不起路途颠簸，终致无法挽救。

◎历史话外音◎

林则徐从政40年，历官13省，虽然因为"忠君"思想，镇压过少数民族起义，但在中华民族面临沦入半殖民地的紧要关头，他挺身而出，"置祸福荣辱于度外"，坚决实行禁烟，捍卫了国家主权和领土。还主张学习西方先进技术，发展民族工商业。林则徐不愧是中国近代第一位民族英雄。

第十九章

乱世争战血案

——醉卧沙场君莫笑，古来征战几人回

四面楚歌：西楚霸王项羽失败之谜

秦朝末年，出身贵族的项羽勇猛善战，无人能敌。他的性格直爽豪放，是个令人敬畏的西楚霸王。项羽具有博大高远的志向，这在《史记·项羽本纪》中也有描写：项羽年轻的时候，叔父项梁教他书剑，他不屑于学；叔父很生气，他却说"书足以记名姓而已。剑一人敌，不足学，学万人敌"。也许有人说这是项羽心高气傲，不足以为证。那么还有一条，想必没有人会反驳。秦始皇游会稽的时候，项羽和项梁看到了，项羽说"彼可取而代也"。然而四年楚汉战争后，项羽兵败被围垓下，霸王别姬，乌江自刎，是何等的悲壮，成了一个悲剧人物留在了中国人的心里。

西汉著名的史学家司马迁在他的史传散文《史记·项羽本纪》中花费大量的笔墨来描写这个末路英雄，使后世读者无不为这个孤胆英雄扼腕叹息。项羽的失败留给我们无尽的思考，想据此找出他失败的原因。

项羽是秦末农民战争中的杰出人物。公元前206年二月，项羽自立为西楚霸王，都彭城；尊楚怀王为义帝，迁之于江南。公元前202年，刘邦追项羽至垓下。项羽只剩下八百余人，四面楚歌声中，项羽与宠姬虞姬诀别，突围南走。项羽带了这二十六骑，又继续向东南奔逃，来到长江江岸的和县东北的乌江镇渡口。项羽手杀汉军数百人，自己也负伤十余处。他知道大势已去，仰望苍天，大吼一声，挥剑自刎。

历时四年的楚汉战争以刘邦取得胜利最后即皇帝位而结束，而项羽最后成了一个悲剧人物留在了中国人的心里。四年前后刘邦和项羽地位的转变，如谜一般为史书记录，但史书并没有给出什么明确答案。

自信是他成功的原因之一，但是过度的自信就是刚愎自用，而项羽就是这样的人。这样的性格使他在抗秦斗争中无所畏惧，但是也使他在楚汉相争中失误连连。这种刚愎自用表现在用人方面就是任人唯亲。他用的人不是项氏家族，就是妻子的兄弟。虽然手下曾经有杰出的将领人才，但是他却不能用，以致后来军中将领大都离他而去。韩信在项羽军中多次献策，但是项羽都不能采用，最终韩信亦叛楚归汉，投奔刘邦。而他所信任的楚人和项氏却有负他的重托，甚至成为内奸。项伯在楚汉相争的关键时刻多次出手帮助刘邦，项羽刚到函谷关时，凭借自身强大的军事实力，完全可能战胜刘邦。但是项伯因为张良曾经帮过他，出于报恩的观念，夜访张良，泄露军机，并且还和刘邦约为儿女亲家，使刘邦君臣做好了准备。鸿门宴上，范增命项庄"因击沛公于坐，杀之"而"项伯亦拔剑起舞，常以身翼蔽之，庄不得击"致使刘邦逃走，为以后的楚汉相争留下了后患。项伯还接受张良的贿赂为刘邦求情分封汉中。荥阳之战时，项羽要烹杀刘邦的父亲，又是项伯出面阻止。如果说项羽夜见张良是为了报答张良的救命之恩，那么以后的行为则只能说他是一个内奸，刘邦的帮凶。

对项羽失败的原因，很多人进行了探讨，但看法不全一样。

有人认为项羽之所以失败主要是他实行了分封。在政治上刘邦是进步的，项羽是反动的，他大搞分封，符合旧贵族的利益，违背广大人民的利益，日益陷于孤立，终归于败亡。也有人指出项羽缺乏政治头脑，陶醉于眼前的成功，一心沽名钓誉。项羽灭秦后，"分裂天下而封诸侯"，使国家又回到四分五裂的局面；而刘邦果断地建立帝制，重新统一了国家，这是得民心、顺应历史潮流的。项羽的悲剧不仅仅在于没有在鸿门宴上杀掉刘邦，更在于没有克服自身性格上的缺陷；即使没有刘邦，项羽依然会失败。他只适合做一个叱咤风云的将军，而不适合做统领天下的王者。平时悭吝分封，胜利之后，又极其简单地以封王的形式肯定和承认割据势力。因与历史发展趋势背道而驰，终遭失败。

另一种观点认为刘邦、项羽的成败，是他们个人素质所致。项羽过于残暴，自恃拒谏，是出色的军事家，但不是成功的政治家。刘邦品格低劣，成功在长于权术，善于用人。项羽起兵反秦时打的是诛灭暴秦的旗号，而他自己后来的行为与秦始皇相比，实在是有过之而无不及。《史记》中有几个小片段可以为证：项羽不是对降兵善加督导，化为己用，反因害怕降卒不服而夜击坑秦卒二十余万人。入关后，引兵西屠咸阳，杀秦降王子婴，烧秦宫室，火三月不灭，收其货宝妇女而东。汉二年冬，因封侯不当，田荣起兵反叛。项羽平叛后，"皆坑田荣降卒，系虏其老弱妇女，徇齐至北海，多所残灭"。被项羽活埋的二十万秦军其实是穿着军装的普通老百姓，而他烧的不仅是秦国人民创造的伟大物质财富——宫殿，也是中国历代典籍图册等大量的精神财富。而刘邦，虽然这个"流氓"无产者也照样讨厌儒生，对宫殿和美女照样馋涎欲滴，但还是采纳了张良与萧何的意见，秋毫无犯，大得民心。项羽失败在于用人唯亲，不讲策略。更有人认为项羽失败的原因除了个人因素外，还有推翻暴秦后，没有给人民带来任何利益和生存生产的条件，而内部有不折不扣的奸细项伯的破坏。各家意见分歧颇大，要取得观点一致，已不能局限于原有的史学方法，须加强历史人物个性的研究。

◎历史话外音◎

《淮阴侯列传》里曾经提到过：

韩信曰："请言项王之为人也。项王喑恶叱咤，千人皆废；然不能任属贤将，此特匹夫之勇耳。项王见人恭敬慈爱，言语呕呕，人有疾病，涕泣分食饮；至使人有功，当封爵者，印刓敝，忍不能予，此所谓妇人之仁也。"

忠烈满门：杨家将的虚虚实实

杨家将是一个不衰的题材，电视电影每次翻拍都能继续赚观众的眼泪。试想想，一家父子兄弟，为保卫宋朝疆土，全部披甲上阵，金沙滩一役，这家的父子兄弟8人，死了5个，失踪2个（后来演绎成一个出家一个成为辽邦驸马），只剩一人生还。在这种情况下，这个伟大的家庭还是让唯一的男丁——杨六郎继续在战场上拼命，前仆后继，杨宗保、杨文广，一代一代地走上这条有今天没明日的道路。不仅如此，在这家男丁尽亡、宗嗣仍幼的时候，这一大家子的寡妇披甲上阵，担起丈夫们生前的使命。

杨家将的故事流传很广，家喻户晓。提到杨家将人们首先想到的便是杨业，他是杨家将的第一代。而历史上的真实杨业与杨家将故事中的杨业不尽相同。

杨业本名叫杨崇贵，其父杨信是麟州的土豪，趁五代混乱的时候，占据麟州，自称刺史，由于时局的动荡，先后归附过后汉、后周。杨业因功升云州观察使。以后辽望见杨业的旌旗，就不战而走。宋太宗以杨业对防御辽有丰富经验，派他到代州为三交驻泊兵马部署，为潘美节制。辽大军从雁门大举进攻，杨业从小路率领数百骑兵绕到辽军背后，与潘美的部队前后夹击辽军，杀死辽节度使驸马侍中萧咄李，生擒马步军都指挥使李重诲，缴获很多兵甲战马。

雍熙三年，宋太宗派出三路大军征讨辽，其中潘美为西路军主将，杨业为副将。当时，辽十余万大军已经反击，攻破了寰州。辽军兵力占有很大的优势，杨业等人的任务只是迁移民众，不需要与辽军决战。他向潘美进言，上万全之计。杨业与辽交锋多年，更深知边境地势，他根据实际情况作出的判断非常正确。但是护军王冼和刘文裕却不以为然，非要与辽正面交锋，并且以怯敌嘲笑杨业。最后杨业力争不果，只能冒险出击，他和潘美做了约定，让潘美在要道陈家谷部署步兵强弩接应。杨业力战尽日，转战到陈家谷，没有看到接应的人马，非常悲愤，再率领部下力战。杨业身受几十处伤，左右殆尽，仍手刃辽军数十百人，杨业筋疲力尽，战马又受了重伤，最后为辽军生擒。杨业之子杨延玉，以及部将王贵、贺怀浦全都力战而死。杨业被擒不屈，绝食三日而死。

杨业死后，他的子孙继承其精忠报国的遗志，坚持抗击辽军。其中杨延昭、杨文广最负盛名。

杨文广是杨延昭的第三个儿子。杨文广以班行讨贼张海有功，授予殿直。后来与安抚陕西的范仲淹相遇，范仲淹在谈话中发现杨文广很有才能，就把他带在身边。韩琦派杨文广率领部队在筚篥筑城，控制要道，防御西夏。杨文广先扬言要到喷珠筑城，然后率军迅速赶往筚篥，黄昏时赶到目的地，连夜抢修城寨，构筑好了防御工事，作好了战斗准备。第二天天明，西夏骑兵大至，看到宋军已经占据有利地势，做好准备，只能无奈的撤退，杨文广乘机遣将出击，斩获西夏兵很多。皇帝下诏嘉奖，赏赐丰厚，并任命他知泾州镇戎军、定州路副总管，迁步军都虞候。辽与宋朝在代州的边界划分上发生争执。杨文广向朝廷献上阵图以及攻取幽燕的策略，还没等到朝廷的回音，杨文广就死于任上，北宋朝廷追赠他同州观察使。

杨延昭本名杨延郎，为了避讳，而改名杨延昭。幼年的杨延昭沉默寡言，但是总是喜欢玩行军作战的游戏，杨业看了以后说："此儿类我。"以后出征，必然带杨延昭同行。杨延昭就在这样的环境中成长熏陶，成年以后，也成为一个职业军人。雍熙三年北伐，杨延昭与父兄一起出征，攻击朔州的时候，杨延昭作为前锋进攻，被流矢射穿了手臂，他却更勇猛地作战。杨业阵亡以后，杨延昭由供奉官升迁为崇仪副使。后来又担任保州缘边都巡检使，在河北的边防前线任职。

杨业、杨延昭、杨文广，这三个人是历史中杨家将的主要人物。杨家将三代血战报效朝廷的事迹，为后人所传扬。尤其是杨业和杨延昭，在北宋时期，已经天下闻名。

在南宋遗民所著的《烬余录》中，将杨嗣（实为杨业的叔父）的功绩安到杨延嗣身上，将杨文广的事迹，创造出了一个杨宗保。还杜撰了杨家将父子救援宋太宗的情节。而在元朝的杂剧中，有关杨家将的剧目更是很多，比如《昊天塔孟良盗骨》等等。到了明朝，又有人编撰出《杨家将演义》，以及以《演义》为底本，写出了《北宋志传》，在戏曲中，杨家将的曲目更为兴盛，因为明朝中后期的形势，也是面临外敌入侵、朝廷积弱的局面，杨家将的故事也得以在这个背景下流传。北宋著名文学家欧阳修，称赞杨业、杨延昭"父子皆名将，其智勇号称无敌，至今天下之士至于里儿野竖，皆能道之"。宋元的民间艺人把杨家将的故事编成戏曲，搬上舞台。到了明代，民间又把他们的故事编成《杨家将演义》《杨家将传》，用小说评书的形式在社会民间广泛传播。然而根据某些历史考证，佘太君、穆桂英等人物并非真实存在，而是民间杜撰出来的。其实历史上杨家将没有佘太君，没有杨宗保，也没有穆桂英。害死杨业的，应该是王侁，而非潘美。王侁是个小人，以诬陷主帅而起家，详见（《刘娥》第五章西夏之乱）可能是由于王侁官职太小，不足以突出杨家，所以在杨家将的传说中潘美很倒霉地摊上了这件事。在杨家将故事整个的流传过程中，作为官方，是希望通过宣传杨家将，强调忠孝的思想，而在民间流传的，是一个个的传奇故事，其中反映了许多民间愿望和思想。

◎历史话外音◎

据史所载，杨延昭应为长子。辽人迷信，相信天上北斗七星中，第六颗星是专克辽的，因为杨延昭对于辽人很有威慑力，辽人以为他是那第六颗星转世，因此称他为杨六郎。

成吉思汗：草原苍狼之谜

成吉思汗原名铁木真，1162年出生于蒙古部乞颜孛儿只斤氏的一个贵族家庭。经过多年征战，铁木真统一了漠北草原各部。1206年，他建立大蒙古国，尊号"成吉思汗"，蒙古族语意为

"像大海一样伟大的领袖"。1227年，成吉思汗征讨西夏时死于军中，时年66岁。如今，西方很多崇拜者称其为"全人类的帝王"。

围绕着这个伟大的帝王历来都有很多谜团，而成吉思汗的死因，历来也说法颇多，主要有四个版本：

据《蒙古秘史》记载，在出征西夏前一年，成吉思汗的身体状况已经出现问题。一次打猎时，从马背上摔下受伤，并发起高烧。当时进攻西夏的计划已定，因成吉思汗身体不适，考虑退兵。但在使臣交涉过程中，西夏将领出言不逊，致使成吉思汗大怒伤身而一病不起，他抱病出征。最终虽然灭了西夏，成吉思汗也死在军营里。

另一个说法见于清朝成书的《蒙古源流》，该书中说成吉思汗俘虏了美丽的西夏王妃古尔伯勒津郭斡哈屯，这位王妃在侍寝时刺伤成吉思汗，然后投黄河自尽，成吉思汗也因伤重不治而亡。

此外，曾经于13世纪40年代出使蒙古帝国的罗马教廷使节普兰诺·加宾尼，在其传世的著作中说成吉思汗是被雷电击中身亡。

而著名的意大利旅行家马可·波罗留下的记载中称，成吉思汗是在攻城时中箭而死。目前，史学界和考古界对于成吉思汗的死因，大多倾向于《蒙古秘史》上的记载。

蒙古帝国的创始人，一代天骄成吉思汗，一生拉弓拔箭、戎马风云，不仅创建了有史以来疆域最大的中华版图，也给后世留下无数的猜想与谜团。尤其是成吉思汗之墓，更是雾中之谜，几百年来，后人到处探究至今一无所获。许多怀疑的目光集中到了"成吉思汗的陵墓到底在哪里"的谜团中。曾经有一条爆炸性的新闻在国内媒体出现：日本和蒙古联合考古队宣布在蒙古首都乌兰巴托附近发现了成吉思汗的墓地。消息一出，学者大惊，可靠吗？

一位专家预言：成吉思汗的陵墓里可能埋藏着大量奇珍异宝，里面的工艺品甚至比秦始皇陵出土的兵马俑还要壮观。这并非危言耸听，因为成吉思汗的陵墓里可能埋藏着他从20多个王国搜刮而来的无价珍宝，这些都是吸引私人考古队前赴后继的原因。"事实上，文献上没有陵墓中藏有宝藏的记载"，北京大学考古文博学院教授接受采访时说，"有这样的传言是缘于两件事情。"

对于成吉思汗墓地的具体位置，多年来大致有四种说法：一是位于新疆北部阿勒泰山；二是位于内蒙古鄂尔多斯市鄂托克旗境内；三是位于蒙古国境内的肯特山南、克鲁伦河以北的地方；四是位于宁夏境内的六盘山。700多年来，一直没有找到成吉思汗陵的主要原因是元朝皇家实行的是秘葬制度，即帝王陵墓的埋葬地点不立标志、不公布、不记录在案。

在今蒙古肯特山的依据是，有关史料记载，成吉思汗生前某日，曾经在肯特山上的一棵榆树下静坐长思，而后忽然起立，对手下随从说："我死后就葬在这里。"南宋文人的笔记中也记载，成吉思汗当年在西夏病逝后，其遗体被运往漠北肯特山下某处，在地表挖深坑秘葬。其遗体存放在一个独木棺里。所谓独木棺，是截取大树的一段，将中间掏空做成棺材。独木棺下葬后，墓土回填，然后"万马踏平"。在鄂尔多斯市鄂托克旗境内的依据将在后文中详细表述。

在新疆北部阿勒泰山脉所在的清和县三道海附近的依据是，考古专家在该地发现了一座人工改造的大山，推测有可能是成吉思汗的葬身陵墓。佐证之一是马可·波罗在他所著的《马可·波罗游记》中写道："在把君主的灵柩运往阿勒泰山的途中，护送的人将沿途遇到的所有人作为殉葬者。"在宁夏六盘山的依据则是，有记载说，成吉思汗是1227年盛夏时，攻打西夏时死于六盘山附近。有考古专家据此认为，按照蒙古族过去的风俗，人去世3天内就应该处理掉，或者天葬，或者土葬，或者火化，为的是怕尸体腐烂，灵魂上不了天堂。因此，成吉思汗去世后就地安葬的可能性很大。

对蒙古族而言，成吉思汗是结束各部长期争战、统一草原、凝聚蒙古族群认同，并将蒙古族人推上世界历史舞台的英雄。他统一各部、缔造蒙古民族之功确实无可否认。但就蒙古族人而言，其对外征服也是利弊兼具。征服战争固然能带来巨大财富，提高工艺水平，促进了对外贸易的繁荣，但对平民而言，战争造成的负担远大于所获得的利益。征服所掠取的财富大都归贵族所享有，而平民却须负担长年征战所需求的人力与物力，无数平民百姓或捐躯疆场，或世代远戍他乡，造成本土人口的严重流失。但是，尽管战争带来颇多负面影响，蒙古族人长铭于心的，却是征服世界的民族荣耀与自豪。

◎历史话外音◎

蒙古族原来没有文字，只靠结草刻木记事。在铁木真讨伐乃蛮部的战争中，捉住一个名叫塔塔统阿的人。他是乃蛮部太阳汗的掌印官，太阳汗尊他为国傅，让他掌握金印和钱谷。铁木真让塔塔统阿留在自己左右，"是后，凡有制旨，始用印章，仍命掌之"。不久，铁木真又让塔塔统阿教太子诸王学习，这就是所谓的"畏兀字书"。

郑成功：民族英雄死因之谜

郑成功是中国家喻户晓的民族英雄，也是联系两岸的重要历史人物。他高举反清复明的大旗，曾经控制了中国东南半壁江山；他驱逐荷兰人，收复台湾，被奉为"开台圣王"。郑成功的父亲郑芝龙早年亦商亦盗，最后官至福建总兵。郑芝龙早年旅居日本平户时，与当地女子田川氏结婚，生下郑成功。郑成功7岁时从日本返回中国，开始接受儒家教育。清军进军福建之时，郑芝龙降清，隆武政权也随之灭亡。郑成功得知父亲要降清，曾苦苦劝阻。眼见父亲执迷不悟，郑成功气愤之下单独跑到南澳岛，招募了几千人马，坚决抗清。清王朝几次三番派人诱降，都被郑成功拒绝。他为何死于壮年？

郑成功收复台湾不久，却突然暴病而亡，年仅38岁。根据郑成功临终前的异常表现和当时郑氏集团内部斗争的背景，有人认为郑成功是被人投毒杀死的。

这一说法主要的依据是：郑成功死前的症状与中毒后毒性发作的症状极为相似，与郑成功同时代的李光地《榕村语录续集》、夏琳《闽海纪闻》、林时对《荷闸丛谈》分别记载了郑成功之死。如《榕村语录续集》载："马信荐一医生以为中暑，投以凉剂，是晚而殂。"《荷闸丛谈》道："（成功）骤发癫狂，咬尽手指死。"《闽海纪闻》说，郑成功临终前将药投之于地，然后"顿足扶膺，大呼而殂"。郑成功大概察觉出有人要谋害自己，但为时已晚。

但是，也有这样的说法：郑成功在收复台湾的同时，也接到凶信，说他父亲被家奴伊大器告发，伊大器称郑芝龙和郑成功之间不时有书信往来，图谋不轨。清朝廷震怒，将郑芝龙全家处死。郑成功听到消息后，捶胸顿足，望北恸哭道："你要是听我的劝告，怎么会招来杀身之祸？"不久郑成功又得知，叛将黄梧在自己家乡挖了郑氏祖坟，郑成功更是捶胸拍案，整天哀伤恸哭。他咬牙切齿发誓说："人活着结下怨恨，与死者有什么关系呢？要是有一天我领兵打回去，我不一寸一寸地将你碎尸，我就枉作人间大丈夫了。"郑成功的愿望在14年后实现，郑经攻陷漳州时，也挖了黄梧的坟鞭尸，替父亲雪了恨。1662年4月，南明兵部司务林英削发为僧，从云南逃到台湾见郑成功，向郑成功哭诉道："皇上（永历帝）听信奸相马吉祥、逆戚李国泰之话，避居缅甸。现在吴三桂攻缅，缅王已将皇上献给吴三桂，听说已经被吴三桂杀害了。"郑成功听罢，更是痛哭不已。郑成功的部将马信神秘地死去仿佛也证明了郑成功有可能被毒死。马信是清降将，后来成为郑成功的亲信，郑成功去世当天，是由他推荐的医师开的处方，夜里郑成功死去，他本人也突然无病而卒。谁知一波未已，一波又起。郑成功的部下唐显悦告发郑成功的儿子郑经与乳母通奸，郑成功顿时气塞胸膛，立刻派人到厦门，欲斩郑经与其所生婴儿及乳母陈氏，但留守厦门的众将不执行命令。郑成功天天登高眺望澎湖方向有船来否，因而患上风寒，到了第八天，突然发狂地喊叫道："吾有何面目见先帝于地下也？"既而用两手抓面而逝。所以，《台湾通志》上说郑成功是死于感冒风寒。

　　假若郑成功是被人毒死，那么作案者是谁呢？当然，清政府有重大的嫌疑，同时，还有人认为是郑成功兄弟辈的郑泰、郑鸣骏、郑袭等人，特别是郑泰。生性暴烈的郑成功，用法严峻，郑氏部下，包括他的长辈亲族因过被处以极刑者很多，众将人心惶惶，其中很多人在清廷高官厚禄诱惑下叛逃，郑氏集团内部关系极其紧张。郑泰早在郑成功率军攻打台湾时就与郑成功有矛盾。当时，郑泰为运粮官，当郑成功军队出现补给困难时，郑成功对郑泰的失职极为不满，他在座前写下了5个大字："户失先定罪！"意思是，要是出了乱子，首先处分郑泰。郑成功去世后，郑泰等人伪造郑成功的遗命讨伐郑经，并抬出有野心但无才干的郑袭来承兄续统。最后，他们的阴谋被郑经挫败，郑泰入狱而死，郑鸣骏等率部众携亲眷投降清朝。据此分析，策划谋害郑成功的有可能就是郑泰等人。

　　《台湾外志》记述说，当时清政府派一高级军官，携带一只孔雀胆混入郑军，用重金买通专为郑成功做饭的厨师，让他乘郑成功与部下开会时毒死郑成功和他的将领。这个厨师虽贪财，但害怕事情暴露，权衡再三，不敢下手，于是把这件事交给了他弟弟办理。他弟弟到了真正下毒时，"每欲下药，则浑身寒战"，恐怖之余，便把这件事告诉了他们的父亲。其父"闻言大惊"，怒斥他们说："谋害主人，是不忠；答应了别人而不去做，是没有诚信。宁可没有诚信，也不能不忠心。诛灭九族的事情怎么能做呢？赶紧去自首也许还可能免罪。"于是带他们到郑成功住处自首。郑成功非但没有处罚他们，而且还对他们施以重赏。此后，郑成功加强了保卫措施。这样，即使有人"欲施毒，奈何不得其近（指郑成功）身也"。但这并不能排除郑成功被毒死的可能。

　　郑成功死后，郑经先是忙于对付郑泰的叛乱，后又追讨郑泰存在日本的巨款，他本人又因犯奸险些被郑成功杀死，因此郑成功的死因在当时没有被深究。看来，一代民族英雄的死因需要更多的史料发现来证实了。

○历史话外音◎

　　民间传说郑克爽为了使郑成功安眠地下，不再受干扰，护送郑成功灵柩从北京到固始郑家祠堂安葬；另一方面，为了遮人耳目，又派其弟郑克举到福建南安刻了一块《郑氏附葬祖父墓志》，声称郑成功附葬在"郑氏乐斋公茔"祖坟里。但此说并无具体证据支持。固始县汪棚乡邓大庙村有郑成功衣冠冢，真伪待考。

倭寇克星：戚继光斩子真伪

　　"天皇皇，地皇皇，莫惊我家小儿郎，倭寇来，不要慌，我有戚爷会抵挡。"这是在我国东南沿海一带广为流传的一首民谣，谣中的戚爷指的是明代著名抗倭名将、民族英雄戚继光。戚继光出生将门，世袭登州卫指挥佥事，长期在山东、浙江一代担负抵御倭寇的重任。自幼便立志驰骋疆场，保家卫国，曾挥笔写下"封侯非我意，但愿海波平"的著名诗句。戚继光17岁时承袭了父祖历任的登州卫指挥佥事之职，25岁时被提升为署都指挥佥事，他立志要荡平倭寇，拯救黎民于水火之中。那句"封侯非我愿，但愿海波平"正是他非凡抱负和坦荡胸襟的真实写照。

　　明朝历史上的倭寇，不同于一般的海盗，他们往往都是有着严格纪律的军事组织。要战胜这些倭寇，只有更加严格的纪律才行。戚继光就是一个以严于治军而闻名的军事将领。他经常以岳家军为榜样，对士兵进行教育，并且坚持与部下同甘共苦。历史记载，戚继光的军队号令严，赏罚信，因此所向披靡，威震四方。对于倭寇来说，"戚家军"无异于让他们丧魂落魄的"丧钟"，却是朝廷和百姓的救星。

　　戚继光统军打仗，十分强调纪律的重要性。他要求士兵要绝对地服从指挥，指挥官下令向前，前面就是有刀山火海也要奋勇前进，不得后退，违令者定斩不赦。正是因为戚继光如此强调军纪的重要性，才有了戚继光斩子故事的发生。这样的一支钢铁军队哪里是一朝一夕就能铸造成的？戚继光必然要为此付出沉重的代价。最为典型的，就是浙江、福建一带盛传的戚继光斩子抗倭的种种传说。

戚继光斩子的故事几百年来一直在闽、浙一带广为流传。在福建莆田，这一故事还被改编为闽剧《戚继光斩子》，以艺术的形式在民间盛传不衰。此外，在福建宁德、连江、闽侯，浙江义乌等地也有类似的传说。戚继光斩子的故事到底是不是历史事实，到底发生在哪个地方，一直众说纷纭，没有定论。

有一种说法认为，戚继光斩子的故事不是发生在浙江常风岭，而是发生自福建麒麟山；斩的儿子不是戚印，而是戚狄平。明朝嘉靖年间，倭寇在福建沿海烧杀抢掠，无恶不作，朝廷换了几任大将也拿他们没办法，百姓叫苦连天。后来戚继光率八千义乌兵入闽抗倭，头一仗打的就是海上倭寇的巢穴——横屿。横屿是一个海上孤岛，与宁德樟湾村隔海相望，此处涨潮时是一片汪洋，退潮之后则是泥泞一片的沼泽，地形易守难攻。倭寇在岛上修建了许多坚固的防御工事，戚继光经过一段时间的详细观察之后，决定在中秋节的下半夜乘着倭寇防守松懈，潮水低落的时候，涉过浅滩处的沼泽，出其不意地攻击敌人。戚继光先命张谏、张岳在横屿西、北陆上布阵，防止倭寇上岸；又命张汉率水师在横屿东部海面游弋，防止倭寇从海上逃窜；自己则率领戚家军的主力从南面进攻。在攻击发起之前，戚继光晓谕全军："潮水涨落，分秒必争，只许勇往直前，不准犹疑回顾。违令者斩！"戚继光任命自己的儿子戚狄平为先锋官，率领三千精锐部队打先锋。戚狄平率军行至麒麟山下的宫门嘴山口时，担心父亲年老力衰，跟随不上，便立马回头向樟湾方向望了望。这时跟在后面的将士以为先锋有令要传达，不觉也都脚下一顿，停了下来。戚继光率领中军跟在后面，突然发现前面的队伍停了下来，不知发生了什么变故。立即派人询问。后将校回报说："前面没什么事情，只是因戚先锋回头，兵士疑惑所致。"戚继光听后大怒，立刻令人将戚狄平绑至马前，训斥道："你身为先锋官，不带头遵守秩序向前的军令，反而带头违令，致使三军疑惑。如若不按军法处置，又以何服众？"说完命令帐下军校将戚狄平绑出，斩于军前。戚继光身边的将士纷纷跪地说情，也无济于事。后来，戚家军胜利地攻占了横屿，斩杀倭寇二千六百余人，彻底捣毁了横屿上倭寇盘踞的巢穴。戚继光带军回师时，路过麒麟山，想起被自己斩杀于此的儿子，不禁伤心落泪。后来，当地的人民感于戚将军父子的抗倭功劳，就在戚继光当年立足思子的地方建起一座六角凉亭，取名为"思儿亭"。在戚公子被斩的麒麟山角树立了一块石碑，名曰"恩泽坛"，以永远纪念戚继光和戚狄平抗倭保民的万世恩泽。

另外一种说法认为，戚继光斩子的故事发生在浙江台州地区。戚继光率领戚家军在浙江抗击倭寇，几次大的战役都连战连捷，打得倭寇是闻风丧胆。有一次，戚继光率领军队在台州府围剿一股倭寇，倭寇与戚家军接战之后，很快大败，有一股残敌想绕道城北的大石退守仙居。为了彻底消灭这股倭寇，戚继光立即命自己的儿子戚印为先锋，率领军队抄近路在白水洋常风岭一带伏击。出征前戚继光一再交代戚印，与倭寇接战之后，不要急于求胜，要佯装失败，将敌人诱至仙居城外再予以反击，以迫使城中的倭寇出援，一举歼灭。违反军令者要按军法处置。戚印率军到达常风岭之后，将军队埋伏在山道两旁的树丛中，此时，倭寇的队伍也沿着这条山道开了过来，前面还押着一些抢掠来的妇女和牛羊等，戚小将见后，气愤万分，再也按捺不住了，马上下令军队展开总攻，一时间矢石齐飞，刀枪猛舞，喊声震天。戚印只顾着奋勇杀敌，竟然忘记了父亲临行前交代的只许败不许胜的交代。霎时间就将敌人全歼在山道之上。后来戚印率军回营，将士们都言戚印作战勇敢，杀敌有功。但戚继光却在听完儿子禀报之后，勃然大怒，说他违反军纪，不服从指挥，应该以军法处置，便命将校将其绑出辕门外正法。诸将虽然苦苦求情，说戚印虽然触犯了军令，但其大败倭寇，也是有功之臣，可将功抵罪。但戚继光却认为戚印明令故犯，贻误军机，不容不诛！若是不杀则军纪难以严明如初。最终，还是斩了儿子。后来当地的百姓怀念戚公子，便在常风岭上为他建造了一座太尉殿，据说这座大殿的残迹至今犹存。

有人认为戚印是否真存在还是一个谜，认为所谓戚继光斩子很有可能是被后人杜撰出来的，是为了赞扬戚继光严明的军纪。郭沫若就持这种看法。

此外，有人根据《仙游县志》中"继光至莆田，将出师，烟雾四塞，其子印为前锋，勒马回，求驻师。继光怒其犯令，杀之"的记载，指出戚继光斩子的故事应该就是发生在福建莆田，斩杀的儿子为戚印。

对于以上几种戚继光斩子的传说，史学界另有看法。戚继光斩子的故事，在《明史》《罪惟录》《明书》和汪道昆的《孟诸戚公墓志铭》、董承诏《戚大将军孟诸公小传》《闽书》中的《戚继光传》等较为可信的史料中均无记载，戚继光后人所编著的《戚少保年谱耆编》中也没有关于此事的记载。而且根据《戚继光墓志铭》的记载，戚继光的正房夫人王氏，一生只生一个女儿，并无传说故事中的长子戚印这个人。戚继光在军中所纳的小妾陈氏、沈氏、杨氏等人虽然先后为他生了戚祚国、戚安国、戚报国、戚昌国、戚兴国等几个儿子。但这些儿子在戚继光抗倭时期都还是襁褓中的小儿，根本不可能成为统军打仗的将领。因此，许多历史研究者认为，戚继光斩子之事，纯粹是子虚乌有。民间之所以会有这样的故事流传，也许是人们根据戚继光将军治军严明、军纪如山的特点演绎出来的。戚继光斩子的传说从历史考证的角度来讲并无明证，至于传说中的戚印、戚狄平等人是否是戚继光的义子，此为一种推测，事实是否如此，还有待史学界的进一步证明。戚继光斩子一事真耶？假耶？此谜还需更多的史料来求证。但毫无疑问地，无论真假，人们对戚继光将军的怀念是真的，人们对这位被"父"斩杀的"戚印"所寄托的也并不是谴责，而是对其的同情，所以后世才有"思儿亭""相思岭"等古迹的产生。

◎历史话外音◎

戚继光创造独特的"鸳鸯阵"，充分发挥集体互助、长短兵器结合的力量，机动灵活地打击敌人；建立车、骑、步相配的联合兵种，与敌人进行大规模决战；集中优势兵力进攻敌人防御重点，迅速瓦解歼灭敌人；伏兵奇袭，出其不意，攻其不备。

杨秀清：是否曾"逼封万岁"

清朝末年轰轰烈烈的太平天国运动曾经盛极一时，然"天京变乱"使得太平天国由盛转衰，进而在中外反动势力的联合绞杀下彻底失败。东王杨秀清成为"天京变乱"的牺牲品，多数人认为是因为他在变乱18天之前的"逼封万岁"之举激怒了洪秀全，从而招来杀身之祸。

对于杨秀清的死因，本就众说纷纭，而关于他"逼封万岁"一事，更是争议非常。在史学界几乎已成定论的杨秀清"逼封万岁"之说，现如今遭到越来越多的批驳，甚至有人认为，此事已可以下定论予以彻底否定。

首先否定的，便是记载此事的史料来源。最早记载"逼封"事件的是知非子的《金陵杂记》与张汝南的《金陵省难纪略》，书中较为详细地记载了"逼封万岁"的经过及之后发生的洪秀全与杨秀清之间的冲突。然而所述内容不仅多有荒诞之处，而且"此卷系近日情形，告闻之于遇难播迁之人，及被掳脱逃之辈，方能知之最详，言之最确，复为成一编，参以己见"。不仅不是亲眼所见，还加上了自己的看法，如此叙事，岂可尽信？此外，太平天国的后起之秀，忠王李秀成写的《李秀成自传》中，也提到确有此事。然而"天京变乱"发生时，李秀成正在句容一带作战，对于在此之前的"逼封"之事，只能是道听途说，更难以此为据。与上述史料来源相比，无论是太平天国的内部文书还是清朝的官方文书，均无关于此事的记载，由此不得不令人怀疑此事的真实性。

其次，若杨秀清真的曾经"逼封万岁"，那他是为了什么？此时的杨秀清，已经集神权与军权于一身，只要他"代天父传言"，就连洪秀全都不得不从，为何不直接借天父之言命令洪秀全让位于他，反而多此一举地"逼封万岁"？这既没有改变他与洪秀全的实际地位，又暴露了他意欲夺权的野心。杨秀清并非泛泛之辈，此等权谋策略，他不可能不知，更不可能做出如此愚蠢之事。

再次，在杨秀清死后没多久，洪秀全便大张旗鼓地为其平反，甚至将杨秀清被杀之日定为东升节。洪秀全在《踢英国全权特使额尔金记》中说道："爷遣东王来赎病，眼蒙耳聋口无声，受了无尽的辛战，战妖损破颈跌横。爷爷预先降圣旨，师由外出苦难清，期至朝观遭陷害，爷爷圣旨总成行。"

由此可见，洪秀全也认为杨秀清之死是遭人陷害的。如此一来，杨秀清"逼封万岁"激怒洪秀全而招来杀身之祸的说法，便被彻底否定了。

但是，若真无"逼封"之事，那此说从何而来呢？既然没有足以令人信服的史料记载，也没有合情合理的事实依据，就不能不说这只是谣言。而这个谣言的最大受益者，便是因"逼封"而"受尽委屈"的洪秀全。杨秀清不仅曾因"代天父传言"而杖责过洪秀全，而且在朝中独揽大权，自恃功高盖主，飞扬跋扈。以他的军事才能与政治权谋，足以威胁洪秀全的统治地位，洪秀全要除掉他是必然的，只是需要一个合理的说法以稳定军心、平抚民意罢了。而"逼封万岁"之举足以让杨秀清"死有余辜"。

如此看来，"逼封万岁"的确子虚乌有。然而，对上述批驳产生质疑的，大有人在。

其一，太平天国的内部文书中没有关于"逼封"事件的记载，很可能是因为此事涉及领导集团内部的矛盾纠葛，不宜载入史册。而且天京陷落时天王府被大火烧毁，导致文书档案付之一炬，所以无法找到相关记载。

其二，"天京变乱"时，李秀成已是地官正丞相，后又被封为忠王，在太平天国后期与陈玉成同掌军政。以他的身份和地位，他对天京事变的内情必有所了解。虽没有眼见为实，但也不至于信口开河。

其三，洪秀全在杨秀清死后不仅不揭露他"逼封"之罪，反而为其平反，并深表怀念之情的做法，并不足以证明"逼封"之事子虚乌有，而是洪秀全施展的政治手段。不仅可以撇清他指使韦昌辉杀害杨秀清的罪名，而且可以拉拢东王党羽为他所用。之后洪秀全掉转矛头直指韦昌辉，便可看出他笼络东王党羽的高明之处，起码能够免除后顾之忧。

◎历史话外音◎

杨秀清作为一个出身于山乡农家的农民起义领袖，他的思想也只能是西方宗教教义、小生产者的家长制和中国封建专制主义的混合物。但是伟大的农民革命运动，把杨秀清锤炼成了太平天国内部唯一能够集军政大权于一身的人物。

第二十章

倾国红颜玄案

——巾帼美人轶事多，香魂归何处

造烂漫之乐：妹喜是红颜乱政还是君王误国

与妲己、褒姒、陈圆圆等人相比，妹喜的名气显然不够大，但每逢提到"祸国红颜"，她往往首当其冲。然而，著名作家柏杨先生却在《皇后之死》中这样介绍妹喜："施妹喜是个可怜的女孩子，她的身份是一个没有人权的俘虏，在她正青春年华的时候，不得不离开家乡，离开情郎（假如她有情郎的话），为了宗族的生存，像牛羊一样地被献到敌人之手。"

史书中对妹喜的记载极为有限，现有的材料只能证明她是夏朝有施氏部落的女子。当时夏桀率领军队攻打有施氏，无力以暴制暴的有施将领们只好用"美人计"止战，美女妹喜就成了这场战争中的关键人物。虽然史书并没有详细记载妹喜的容貌，但想必她一定非常漂亮，漂亮到夏桀对她一见倾心，立即停战，左拥美女右率大军快乐地回了夏都。

为了讨得美人欢心，夏桀劳民伤财、大兴土木，造"琼室瑶台"，妹喜日日不离其左右，甚至连批阅奏章时，夏桀也会听从妹喜的意见（《列女传·孽嬖传》）。民间还有一种传说可以印证夏桀对妹喜的宠爱简直达到了登峰造极的地步：据说妹喜有一种特别的嗜好，喜欢听"裂帛"之声，于是夏桀便命人从早到晚地撕扯缯帛，以博美人一笑。假如这个传说属实，那么究竟是妹喜可憎，还是夏桀荒唐呢？

《国语》中记载"妹喜亡夏"的罪证还与另一个人有关：伊尹。伊尹是商朝初期的重臣，也是辅助商汤灭夏的关键人物，他是作为商汤的"间谍"被安插到夏朝内部的。按照《竹书纪年》的记载：夏桀曾经派兵攻打岷山国，岷山国无力抵挡，于是便效仿有施部落，将美女琬与琰献给了夏桀，从此夏桀对妹喜的宠爱大打折扣，妹喜被弃置在洛河流域。妹喜失宠落寞之时，伊尹乘虚而入，不仅博得了美人芳心，还探得了诸多军事情报，为商汤灭夏铺垫了一条明路。

但是这段记载也存在疑点：当时妹喜根本不在夏都，且备受冷落，如何得到军事情报？想必伊尹也不会把自己的"间谍"身份告诉妹喜，所以即使他从毫无防备的妹喜口中刺探到了什么，这也不能成为妹喜亡国的"如山铁证"。

当人们将亡国的罪责压在妹喜身上时，却往往忽略了背后的真相——若不是夏桀昏庸好色，将相腐败无能，又何至于国破为奴呢？历史文献中的夏桀，横征暴敛，荒淫无度，极尽奢侈，重用的权臣又多是趋炎附势的唯诺小人。大臣关龙逢曾向夏桀进谏，指出夏桀若再不收敛，必然亡国。夏桀听闻大怒："日有亡乎？日亡而我亡。"夏桀自比永恒的太阳，并杀了耿直的关龙逢。很多家破人亡、走投无路的百姓痛恨无道的夏桀，他们指着太阳咒骂："时日曷丧？吾与汝偕亡！"

事实无数次证明，那些自命将"与天地同在，与日月齐晖"的王朝和君主最终都无法逃脱历史规律的制约。任何一种新制度的建立都有一个逐步完善并发展的过程，但建立在私有制基础上的政权终究会被人民推翻。夏朝是中国历史上的第一个奴隶制王朝，虽然也曾对中国历史的发展起到了推动作用，但私有制的本质导致其统治阶级的本性必然热衷于剥削、掠夺和享乐，这种奴隶主的本性导致统治阶级内部必然存在权利争斗，压迫与反抗的关系也会一直存在于奴隶主与奴隶之间。

有压迫就会有反抗。在夏朝统治的四五百年间，阶级斗争从来没有停过。到了第十四代君王孔甲时期，由于孔甲乱政，各部落与王室的关系极度恶化，氏族内部的纠纷也日益激烈，奴隶或争相逃亡，或起而暴动，夏王朝逐渐衰落。再到夏桀时，夏桀的穷奢极欲与暴虐嗜杀更使得夏朝的统治江河日下，国势衰微。

此时，妹喜的出现不过是使夏桀为自己的贪婪与残暴找到了一个新鲜的理由，他无限制地征用民力，一心淫乐而荒废朝政，暴虐地屠杀反对自己的大臣，残酷镇压奴隶和平民。夏朝末年，每当有部落起来反抗，夏桀采用的唯一方式就是出兵镇压，他试图以武力解决王朝分崩离析的困境，反而促使各方部落更加离心离德。

◎历史话外音◎

当夏桀一味涂炭生灵以致众叛亲离时，商汤却在养精蓄锐，伺机而动。夏朝的灭亡是必然的，即使没有妹喜，换作一个叫"妹忧"或"妹愁"的美人，夏朝一样会亡。所以，这个"可怜的女俘"妹喜不仅没有亡国的胆识，甚至连掌握自己生存与自由的权利都没有。她可能是夏朝灭亡的催化剂，但绝不是亡国的根本。

彼美孟姜，洵美且都：文姜的功过是非

在中国古代历史中，有许多人都行走在风口浪尖之上，而春秋时代齐僖公的次女文姜，就是这样一个饱受争议的人物。

文姜，姓姜，无名，因其以才华著称于当世，所以被称为"文"，正所谓"一千个人笔下会出现一千个哈姆雷特"，对于这样一个才华绝伦、美艳惊人的女子，史书上也有着不同的记载。例如，在《诗经·有女同车》中，对她的评价是"彼美孟姜，德音不忘"，而在《诗经·南山》中，对她的评价却变成"鲁道有荡，齐子由归"，那么，历史上的文姜到底是一个怎样的人呢？

齐僖公出任齐国国君时，国力已经变得非常强盛，再加上公主的美艳绝伦，其都城临淄自然就成为诸侯王子必到的相亲之地，在众多的追求者中，能让文姜动心的只有郑国世子姬忽，两国也因此缔结了婚姻。

但是，没过多久，姬忽却听信文姜生性淫荡的传言，以"齐大非偶"为由，单方面撕毁婚约，对于文姜来说，这个消息无异于晴天霹雳，从那时起，她开始变得自怨自艾，以现代医学观点来看，当时的文姜很可能患上严重的抑郁症。

一个人在感情脆弱、心情郁闷的时候，最大的希望就是在别人那里得到心灵的慰藉，这时，文姜同父异母的哥哥姜诸儿乘虚而入，每日对她嘘寒问暖，体贴入微，时间长了，两人之间的兄妹之情竟然逐渐转变为儿女私情。

纸终究包不住火，这段乱伦之恋很快就传到了齐僖公的耳中，虽然在春秋时代，民风自然，对妇女没有三从四德的束缚，但是，兄妹之间产生私情，在当时还是会受到道德家的谴责，因此这个炸雷般的消息让齐僖公伤透了脑筋。

恰在此时，鲁国国君鲁桓公派人来求亲，齐僖公大喜过望，立刻把文姜嫁到鲁国，并禁止她再回到齐国。

文姜在鲁国过了几年安分的日子，虽然心中对姜诸儿充满了思念，但是父命难违，她只能把无尽的思念深深地埋藏在心中。

到了鲁桓公十八年，文姜终于等来与姜诸儿重会的机会。四年前，碍事的齐僖公早已一命归西，姜诸儿以世子身份即位，史称齐襄公，他邀请鲁桓公到齐国赴会，文姜自然陪同夫君一同回到齐国。

在齐国，文姜和姜诸儿旧情复燃，却被鲁桓公察觉，为防止事情败露，齐襄公派出力士彭生击杀鲁桓公，因为私情，一国国君把另一国国君谋杀，这在中国历史上恐怕是空前绝后的事情了。

得知鲁桓公的死讯后，鲁国宗室虽然怀疑其中必有阴谋，却也不敢出兵攻打齐国，讨一个说法，这主要有两个原因：一是他们目前只是怀疑，对于国君的死因查无实据，自然也就出师无名；二是鲁弱齐强，假如贸然出兵，无疑是鸡蛋碰石头。在万般无奈之下，鲁国只好先稳定国内局势，由世子姬同继位，史称鲁庄公。

丈夫死了，文姜却不愿扶柩回鲁，而是希望暂住在边境地区，日后再返回鲁国。出于孝道，鲁庄公只好派人在禚地建造宫室，供母亲居住。齐襄公听说后，也派人在禚地附近的阜建造离宫，供他来游玩，至于两个人为什么这么做，那自然是醉翁之意不在酒。

然而，两人在一起厮守的日子并没有维持多久，齐襄公十二年，大夫连称、管至父伙同公孙无知将齐襄公杀害，逃亡在外的公子小白返回齐国，被立为国君，史称齐桓公。

政治上发生巨变，心上人也死于非命，文姜不得不返回鲁国，辅助儿子处理国政。这时，她表现出与其他那些被视为"淫女"之流所不同的一面，她在政治上表现出敏锐的洞察力，在外交上显现出左右逢源的智慧，在军事上也表现出过人的才能，正是因为有了文姜这样政治领袖型人物的存在，才使鲁国从一个人见人欺的小国，逐渐变成军事、经济强国，在诸侯战争中屡战屡胜，甚至在长勺之战中，一举击溃了强大的齐国，使齐桓公争霸斗争史上出现了一次少有的挫折。

◎历史话外音◎

文姜生在宫中，自有幸运，也自有不幸。幸运的是衣食无忧，生活优游，接受了很好的教育。其不幸在于在春秋时这些公主们不过是经常充当政治交易的筹码而已。

愿得一心人：卓文君私奔司马相如

一曲《凤求凰》，让富家女卓文君私奔司马相如，然而她知道司马相如的家底吗？这位富二代将如何化解生活中的困境？对一个古代女人来说，面对丈夫喜新厌旧，她又该如何应对？汉朝最杰出文学家背后的女人——卓文君，在两千多年前告诉了我们一个爱情与婚姻的故事。

卓文君是临邛（今四川邛崃，在成都附近）大富豪卓王孙的女儿，可惜十六七岁的时候就守寡归家了。她貌美如花，很有才气，而且懂得音律，善于鼓琴。何况她家中又是富可敌国的大家族，前来求婚的人不少，可是并没有一个让卓文君看上。

直到有一天，临邛县令王吉带着一个英俊潇洒的公子来到卓家。据说县令很敬重这位公子，曾经邀请他还被拒绝了呢。连临邛的富人们也想见见这位贵客。于是卓家便邀请这位公子来到家中作客。

在古代，特别是礼节严格的时代，有陌生男子来访，家中的女子需要回避。所以卓文君只能在窗外偷看，她看到这个人形容俊逸、气韵非常。他轻轻拨弄琴弦，这是一曲《凤求凰》，歌辞的开头是："有美一人兮，见之不忘。一日不见兮，思之如狂。凤飞翱翔兮，四海求凰。无奈佳人兮，不在东墙。将琴代语兮，聊写衷肠。何日见许兮，慰我彷徨。愿言配德兮，携手相将。不得于飞兮，使我沦亡。"这是一首求爱的曲子，窗外的卓文君听明白了。后来这位公子托人给卓文君送礼物，表达自己的殷切之意。卓文君心中对他也很有好感，就与他私会，并相约立即私奔。一个大家闺秀，竟然要和一个男人私奔，这在当时是令人难以容忍的事情，但是卓文君却凭着自己的胆识，跟着这个男人连夜私奔。

这个男人就是司马相如，卓文君只知道他是风度翩翩的公子，而且是临邛县令的座上宾。但她不知道，这个男人的出现是一个设计好的阴谋，那么卓文君到底陷入了什么阴谋呢？

卓文君跟随司马相如回到成都家中，推开门，她顿时就傻眼了。她看见了司马相如的另一面:家徒四壁，一贫如洗。卓王孙对于自己的女儿竟然私奔感到气愤，放下狠话，不会给她一分钱。司马相如立即将自己的好衣服拿去典卖了，然后买了酒食回来和卓文君吃。卓文君却抱着他痛哭，说："我一直过着富足的生活，想不到现在却要卖衣服买酒喝。"面对这个家徒四壁的家庭，卓文君应该怎么办呢？

靠司马相如的那点文章肯定不行，于是卓文君提出向自己的哥哥们借点钱。司马相如心想：借钱也不是长久之计。他竟然劝文君一起回临邛去卖酒。司马相如为什么会这样打算呢？

《西京杂记》说这是"以耻"卓王孙，也就是故意让卓王孙难堪。于是司马相如变卖家产，和卓文君回到临邛。卓文君当垆卖酒，司马相如穿着个补丁裤子洗酒器，这就是这两个人艰难日子的开始。司马相如深知，卓老爷若是知道自己的女儿当垆卖酒，肯定会感到羞耻。这一招果然奏效，卓老爷迫于压力，只能给这个不孝的女儿一百万钱、僮仆百人和不少嫁妆。这样，夫妻二人就成为了富人，他们回到了成都。

其实在这之前，司马相如只是一个住在成都的失落文人。他也曾出去混过，但是当时的汉景帝不喜欢辞赋，他就跟着梁孝王混，但是后来也很不如意。自己取名"相如"，本来想成为蔺相如那样为朝廷作出卓越贡献的大官。然而自己的日子却过得很惨，所以他的好朋友，也就是临邛令王吉叫他去临邛，然后他俩在临邛富人面前演出了一出戏。司马相如因此拐骗到了卓文君，还因为她成为了富人。这一切，卓文君未必不知道，但是她深爱这个男人，所以她也一直愿意陪着他。

后来汉武帝读到了司马相如的《子虚赋》，非常震惊，于是就感慨："朕独不得与此人同时哉！"他以为司马相如是过世的文人。当时在武帝身边的狗监杨得意告诉他：这是我成都的老乡司马相如写的。于是汉武帝赶紧召见司马相如。司马相如献上《上林赋》，汉武帝读完后，就让司马相如为郎（侍从），也就是专门为皇帝起草文书的秘书。后来，汉武帝还派司马相如出使西南地区。所以当时的司马相如应该是过着有权有钱的富足日子。可是不久，司马相如就辞官了，这是为什么呢？

因为司马相如难以和那些官僚们钩心斗角，再加上他仅仅做了个陵园令。汉武帝一直将他看作耍笔杆的人，所以也没有重用。最重要的原因，司马相如有了"消渴病"，也就是糖尿病。这样，他有了更多的时间来陪卓文君。当然，卓文君更是爱护这个男人。但是回家不久的司马相如就出现了情况，这让卓文君很难过。到底发生了什么事儿呢？

原来，司马相如和卓文君住在长安的茂陵。这里是长安城的风水宝地，住着很多富贵人家。司马相如就看上了一个茂陵女子，他想娶其为妾。有学者推测这位茂陵女子，就是一位有钱人家的女儿，而且极有可能和以前的文君一样是寡居女人。在当时，男人娶妾是很正常的事情。但是，卓文君知道，这是相如对她开始疏远了，她感到失落，更多的是对相如背叛自己的痛恨。面对第三者的出现，男人喜新厌旧了，卓文君应该怎么办？

她写下了一首《白头吟》，其中写道："闻君有两意，故来相决绝。"表明了自己的态度：如果你要娶那个女人，我就走。同时她又希望"愿得一心人，白首不相离"。这让司马相如回想曾经文君伴自己同甘共苦，因为文君自己才有了锦衣玉食的富足生活。于是司马相如回心转意，与文君白头偕老。

对于卓文君面临的感情危机，在峨眉山还流传着卓文君与同心锁的故事。据说，当时卓文君写下《白头吟》后，就离开司马相如，来到峨眉山的金顶。她站在悬崖边，准备纵身一跃，跳下万丈山崖，了却这段尘缘。但是一位道士拦住了她，送给她一把同心锁，说有情人终会携手到老。同心锁，是一种没有锁孔的锁，寓意永不分离。后来司马相如果真回到了卓文君的身边。

当然，这只是当地的一个传说。历史上的司马相如在晚年因为糖尿病严重而去世了，不久卓文君也去世了。

君不见豪富王孙，货殖传中添得几行香史；停车弄故迹，问何处美人芳草，空留断井斜阳；天涯知己本难逢；最堪怜，绿绮传情，白头兴怨。

我亦是倦游司马，临邛道上惹来多少闲愁；把酒倚栏杆，叹当年名士风流，消尽茂林秋雨；

从古文章憎命达；再休说，长门卖赋，封禅遗书。

这是四川邛崃文君井旁的一副对联，这一副对联很有意思。上句概括了卓文君和司马相如的爱情故事，下句则遗憾自己没有司马相如那样的好运气：有美女相陪，有百万家财，有皇帝欣赏。这也可以看出，司马相如和卓文君是令古今羡慕的一对终生眷侣。

◎历史话外音◎

司马相如曾经给卓文君送出过一封十三字的信：一二三四五六七八九十百千万。

聪明的卓文君读后，泪流满面。一行数字中唯独少了一个"亿"，无亿？岂不是夫君在暗示自己已没有以往过去的回忆了。她，心凉如水。怀着十分悲痛的心情，回了一封《怨郎诗》。其诗曰：

"一别之后，二地相悬。只道是三四月，又谁知五六年。七弦琴无心弹，八行书无可传，九曲连环从中折断，十里长亭望眼欲穿。百思想，千系念，万般无奈把君怨。万语千言说不完，百无聊赖十倚栏。重九登高看孤雁，八月仲秋月圆人不圆。七月半，秉烛烧香问苍天。六月伏天人人摇扇我心寒。五月石榴似火红，偏遭阵阵冷雨浇花端。四月枇杷未黄，我欲对镜心意乱。急匆匆，三月桃花随水转；飘零零，二月风筝线儿断。噫，郎呀郎，恨不得下一世，你为女来我做男。"

"公主琵琶幽怨多"：其实并非指王昭君

白日登山望烽火，黄昏饮马傍交河。
行人刁斗风沙暗，公主琵琶幽怨多。
野营万里无城郭，雨雪纷纷连大漠。
胡雁哀鸣夜夜飞，胡儿眼泪双双落。
闻道玉门犹被遮，应将性命逐轻车。
年年战骨埋荒外，空见葡萄入汉家。

看了这首李颀的《古从军行》之后，很多人都以为"公主琵琶幽怨多"指的是王昭君。因为据说王昭君曾被册封为公主，而且最擅弹琵琶，并且她的故事流传千古，为大多数人所熟知。其实，中国历朝历代和亲的公主成百上千，又何止王昭君一个？

只是，很多和亲的公主都湮没于浩瀚的历史烟尘之中。这首诗里的公主也是一位远嫁的汉朝公主，这位公主不仅有美丽的名字，还有美丽的容貌，《汉书·西域传》里还有关于她的记载。

她叫刘细君，江都王刘建的女儿。元封六年（公元前105年），汉武帝封其为公主，远嫁乌孙国王昆莫猎骄靡，为右夫人。婚礼的风光并不能掩盖政治联姻的实际用意，尽管此时的西汉王朝已相当强盛，经过大将军卫青、霍去病的彻底打击，匈奴已经远离漠北，可是汉武帝仍不得不采用怀柔兼武力的办法积极打通西域各国，联合防御匈奴，乌孙国就是主要的争取对象。《汉书·西域传》记载："乌孙国，去长安八千九百里……不田作种树，随畜逐水草，与匈奴同俗。民刚恶，贪狼无信，多寇盗，最为强国。汉元封中，遣江都王建女细君为公主，以妻焉。赐乘舆服御物，为备官属宦官侍御数百人，赠送甚盛。"

就这样，一枝深宫里的牡丹注定要在西域的浩渺风沙中摇曳，没有人眷顾她有多么的娇弱无助，没有人思量她有多么的恋恋不舍，满朝文武都在赞颂天子高瞻远瞩的英明决策。面对父母之邦的冷漠，细君公主只有将哀怨抛向苍凉的大地。不过，她留下了她的琵琶，还有她的幽怨，让史书枯涩的记载变得鲜活生动起来。

相传，细君精通音律，妙解乐理，乐器琵琶创制的直接原因，就是细君远嫁乌孙。晋人《琵琶赋·序》云："汉遣乌孙公主，念其行道思慕，使知音者裁琴、筝、筑、箜篌之属，作马上之乐。"唐人《乐府杂录》中记载："琵琶，始自乌孙公主造。"

《汉书·西域传》里抄录着她的悲歌："吾家嫁我兮天一方，远托异国兮乌孙王。穹庐为室兮旃为墙，以肉为食兮酪为浆。居常土思兮心内伤，愿为黄鹄兮归故乡。"

这首诗传到汉地，连汉武帝也感慨万千，于是时常派特使携带珍贵礼物去慰问细君，想必细君只有一声叹息，惨然苦笑，金银珠宝怎抵思乡情深？

细君远嫁的第二年昆莫猎骄靡就死了，其孙岑陬军须靡继位。按照西域风俗，新国王将继承前任国王的妻妾。细君上书汉武帝，表示自己不愿再嫁他人，而天子却赫然命令"从其国俗，欲与乌孙共灭胡"。自始至终，细君虽名为公主，但终究只是一枚任人摆布的棋子，为了大一统这个冠冕堂皇的理由，作为政治的祭礼，牺牲自己的青春年华。细君公主在大漠悄然陨落了，她只能祈祷她的灵魂能够回归故乡，实现那个"愿为黄鹄兮归故乡"的梦想。

◎历史话外音◎

我们读历史，对许多英雄人物熟记在心，如卫青、霍去病、李广等，我们读惯了"但使龙城飞将在，不教胡马度阴山"，但念一念"公主琵琶幽怨多"，也别有一番滋味在心头。毕竟，蜿蜒绵长的边界线，不仅流淌着男人的血，也曾经流淌着女人的泪。

巾帼不让须眉：花木兰替父从军之谜

中学时代都读过《木兰诗》，也许至今还能背诵"唧唧复唧唧，木兰当户织"的诗句。数年前美国迪斯尼公司拍摄了动画片《花木兰》，作为女英雄代表，花木兰的美名在中国家喻户晓。

《木兰诗》作为经典，对它产生的时代，历来颇有争议。归纳起来有汉魏、南北朝、隋唐三说，近代许多学者则认为《木兰诗》应是北朝民歌。《木兰诗》的创作，开始可能是一个口头流传的类似故事，后来经过许多无名作者润色，民间艺人传唱，才成为系统的叙事诗。诗中描述木兰在外族入侵边关时，女扮男装替父从军，沙场征战12年，屡建战功。凯旋回朝却拒受封赏，弃官还乡，歌颂了木兰的热爱朝廷、不贪慕功名利禄的高尚情操。

那么《木兰诗》中的木兰是虚构人物，还是历史上实有其人呢？对此历来众说纷纭。有人称：纵观南北朝、隋唐诸史，皆无木兰其人的记载。南宋程大昌则根据唐代白居易《木兰花》中诗句："怪得独饶脂粉态，木兰曾作女郎来"，杜牧《题木兰庙》"弯弓征战作男儿，梦里曾经与画眉"，怀疑有木兰其人。还有文章考证说"木兰"是鲜卑族姓，由此断定木兰是鲜卑族人，引出木兰的姓氏之争。

那花木兰真的是姓"花"吗？其实，在历史上很长时间内，她都并不姓"花"。因为诗里没有提到她的姓，所以《大明一统志》中说，木兰姓朱；《大清一统志》则说木兰姓魏。我们现在的说法来自徐文长，他的《四声猿传奇》一口咬定木兰姓花。此说随着清代戏曲的兴盛而在民间得以广泛流行，甚至还敷衍出了木兰的阿爷叫花弧，红妆的阿姊叫花木莲，磨刀的弟弟叫花雄，母亲是花袁氏。

其实，这都是后人附会的，准确地说，是编的。

那么，花木兰替父从军的传说到底是不是真有其事呢？

北朝民歌《木兰辞》，诗歌歌颂了花木兰替父从军的故事，后世关于花木兰的传说绝大多数都是根源于此，除此之外，关于花木兰的故事无论在正史还是野史中都没有记载，只有在各地方志和诗词戏曲中能发现花木兰的影子。由于在史书中见不到花木兰的任何记载，因此她的确切事实很难确定，但根据各地流传下来的民间传说、民谣，以及各地兴建的木兰祠，历史上存在一个女扮男装、替父从军的英勇女性的事情应该是确定的。由于各地方志和口传文学的不确定性，花木兰替父从征的细节则有所差别。

事实上，《木兰辞》本来就是北朝民歌，流传于民间百姓的众口传唱，后来才被文人加以辑录，后代文人又对其进行了润色加工，因此对《木兰辞》是不可尽信亦不可尽疑的。我们只需要知道，历史上曾经有一个花木兰，为了让年老的父亲免于灾难，毅然选择了替父从征，杀退敌人后又不贪慕朝廷的荣华富贵，而解甲归田与父母兄妹过起了田园生活就够了，木兰身上体现的是中国妇女的英雄气概和高尚情操。

◎历史话外音◎

北朝民歌——《木兰辞》，又称《木兰诗》。现摘选如下：

唧唧复唧唧，木兰当户织。不闻机杼声，唯闻女叹息。问女何所思，问女何所忆。女亦无所思，女亦无所忆。昨夜见军帖，可汗大点兵。军书十二卷，卷卷有爷名。阿爷无大儿，木兰无长兄。愿为市鞍马，从此替爷征。东市买骏马，西市买鞍鞯，南市买辔头，北市买长鞭。旦辞爷娘去，暮宿黄河边。不闻爷娘唤女声，但闻黄河流水鸣溅溅。旦辞黄河去，暮至黑山头。不闻爷娘唤女声，但闻燕山胡骑鸣啾啾。万里赴戎机，关山度若飞。朔气传金柝，寒光照铁衣。将军百战死，壮士十年归。归来见天子，天子坐明堂。策勋十二转，赏赐百千强。可汗问所欲，木兰不用尚书郎，愿驰千里足，送儿还故乡。爷娘闻女来，出郭相扶将；阿姊闻妹来，当户理红妆；小弟闻姊来，磨刀霍霍向猪羊。开我东阁门，坐我西阁床。脱我战时袍，著我旧时裳。当窗理云鬓，对镜帖花黄。出门看伙伴，伙伴皆惊惶。同行十二年，不知木兰是女郎。雄兔脚扑朔，雌兔眼迷离；双兔傍地走，安能辨我是雄雌？

花不足以拟其色：花蕊夫人香魂飘落之谜

花蕊夫人，是后蜀主孟昶的贵妃，五代十国的女诗人，擅长宫词。有诗词赞曰"冰肌玉骨，自清凉无汗"，又有赞曰"花不足以拟其色，蕊差堪状其容"。

"花蕊夫人"天资聪颖，风华绝代。尤以她的诗作清新婉转，留给后人许多佳作。

后蜀主孟昶少年风流，不谙朝政，专爱遍访世间美女，偶见花蕊夫人，视为珍宝，赐贵妃位，封号花蕊夫人。整日沉迷后宫的蜀主安知天下大势风云变幻，公元964年赵匡胤发兵攻至后蜀城下，蜀军无一人能战，都跟随孟昶投降。国破家亡，花蕊夫人也随即被宋兵押解至开封。

有诗为证：

初离蜀道心将碎，离恨绵绵。春日如年，马上时时闻杜鹃……

写了一半她已泣不成声。

到了开封，宋太祖对花蕊夫人之名神往已久，下令召见。不见则已，一见倾心，他被花蕊夫人的花容月貌所击倒，几近失态，后故作镇定地假装指责花蕊夫人："真是红颜祸水，堂堂后蜀竟毁于一个妇人之手？花蕊夫人严词道，当皇帝的不知善理朝政，沉迷酒色，以致国家衰败，而又把这罪名强加给弱女子，是何道理？于是当场作诗：

君王城上竖降旗，妾在深宫哪得知。
十四万人齐解甲，宁无一个是男儿！

花蕊夫人的这首《述亡国诗》，悲愤中带着不卑不亢的气节，当时后蜀有兵14万，竟被赵匡胤的几万兵打得落花流水。弱女子的几句诗让多少须眉汗颜。

太祖非常欣赏花蕊夫人的美貌和才气，把她收纳入宫。7日后，孟昶意外死亡，花蕊妇人伤心不已，在宫中看着孟昶的画像独自涕零。后来宋太祖驾崩，赵光义即位后垂涎花蕊夫人的美丽，欲要占有，但花蕊夫人哪里还肯就范，遂被恼羞成怒的赵光义一箭射死。

关于花蕊妇人的死因，众说纷纭。

还有另外两种说法：

一是"因怨成疾"说。宋太祖对花蕊夫人有别一样的爱惜，打算立花蕊夫人为后，但是因其亡国之宠妃，不足以立后；后宋太祖立宋女为后，并且因此怠慢花蕊夫人，花蕊夫人本就无亲无故，再加上长期的冷宫生活使她再也无法忍受被人遗弃的痛苦，因此产生怨疾，郁郁而终。

二是其怀念故主孟昶，招致人身之祸。据说花蕊夫人在开封深宫里每当深夜便拿起孟昶的画像痛哭流涕以表思念之情。宋太祖知道此事后严加追问，花蕊夫人告诉说这是送子的张仙，这也就是民间把花蕊夫人称为送子娘娘的由来，后来宋太祖还是知道了此事，怒而杀之。

花蕊夫人倒在了她生前最喜欢的芙蓉花中，鲜血把芙蓉花染得格外艳丽，人们欣赏她的才气和气骨，又感叹她对爱情的忠贞不渝，民间有把花蕊妇人尊为"芙蓉花神、送子娘娘"的传说。

◎历史话外音◎

花蕊夫人，其实是五代十国时期知名的女诗人，长于宫词，其宫词描写的生活场景极为丰富，用语以浓艳为主，但也偶有清新朴实之作。

名妓风云：李师师归宿之谜

李师师，北宋末年色艺双绝的名伎，她慷慨有快名，号为"飞将军"。她的事迹在笔记野史、小说评话中多有记述，较早的可见张端义《贵耳集》、张邦基《墨庄漫录》、宋代评话《宣和遗事》。

李师师是北宋末年冠盖满京华色艺双绝的名伎，她的事迹虽不见于正史纪传，但在笔记野史小说里却也够热闹的，其事迹颇具传奇色彩，也间接证明了李师师的才情容貌非常人能及。据传曾深受宋徽宗喜爱，并受宋朝著名词人周邦彦的垂青，更传说曾与《水浒传》中的宋江有染，由此可见，李师师早年艳满京城，在文人官宦人物中颇有声名，她与宋徽宗的故事也传为一时佳话，而宋徽宗被掳，北宋亡后李师师的下落也成为千古之谜。笔记野史中也众说纷纭，其遭际悲凉透心。

谁也想不到，一个人人皆知的昏君却是一位重情重义的男人，尤其是他对李师师的感情，真让人感动至极。据说，宋徽宗临死前最想见到的人就是李师师了，可惜那时金兵入关，宋徽宗逃跑，李师师不见踪影，后来，她到处寻找徽宗的踪迹，最后终于在一个庙里找到了徽宗，只可惜，是最后一面，徽宗早已奄奄一息，不过，他还是见到了李师师最后一面，他叫着师师的名字离开了人世，这样轰轰烈烈的爱情，在皇帝与歌伎之间的确难得。据史料记载，宋徽宗曾赐给李师师黄金、白银多达十万余两，为了她竟然在皇宫和李师师所住的镇安坊之间开挖了一条地下暗道！

其实李师师与其他名妓一样，总有许许多多的追求者，宋徽宗只不过是其中一个。徽宗对李师师早就有所耳闻，一日便穿了文人的衣服，乘着小轿找到李师师处，自称殿试秀才赵乙，求见李师师，终于目睹了李师师的芳容：鬓鸦凝翠，鬟凤涵青，秋水为神玉为骨，芙蓉如面柳如眉。徽宗听着李师师执板唱词，看着李师师和乐曼舞，几杯美酒下肚，已经神魂颠倒，便去拥了李师师同入罗帏。这一夜枕席缱绻，比那妃嫔当夕时，情致加倍。李师师温婉灵秀的气质使宋徽宗如在梦中。可惜情长宵短，转瞬天明，徽宗没奈何，只好披衣起床，与李师师约会后期，依依不舍而别。

然而好景不长，宋徽宗慑于金兵的淫威，禅位给太子宋钦宗，自己慌忙南逃，后又躲进太乙宫，号称道君教主，不理天下政务，李师师失去靠山。

据《三朝北盟会编》记载，靖康初钦宗为搜括金银财宝以向金人乞和，居然下旨收了李师师等人的家产。也有记载说她自知难逃抄家之灾，时值金兵侵扰河北，"乃集前后所赐之钱，呈牒开封府，愿入官，助河北饷"，并自乞为女道士。无论是抄家籍没家产，还是自愿缴纳入官，经过这次浩劫，李师师几乎一贫如洗，地位自然也一落千丈，真所谓从天上落到人间。而随着北宋王朝的灭亡，她更为凄惨的命运还在后面。

而"靖康之耻"后的李师师下落，更有如下三种说法：

第一种说法，以死殉宋。《李师师外传》记载说，金人攻破汴京后，金主也久闻李师师的大名，让他的主帅挞懒去寻找李师师，但是寻找多日也没有找到。后来在降臣张邦昌的帮助下，终于找到了李师师。李师师不愿意伺候金主，先是用金簪自刺喉咙，但是没有成功，于是又折断金簪吞下自杀。

第二种说法，老死江湖。《青泥莲花记》记载："靖康之乱，师师南徙，有人遇之湖湘间，衰老憔悴，无复向时风态。"张邦基《墨庄漫录》书中称李师师被籍没家产以后，流落于江浙一带，有时也为当地士大夫唱歌，"靖康间，李生与同辈赵元奴及筑毬吹笛袁绚、武震辈，例籍其家。李生流落来浙，士大夫犹邀之以听其歌，憔悴无复向来之态矣"。清初陈忱《水浒后传》继承了这一说法，说李师师在南宋初期，流落临安（杭州），寓居西湖葛岭，操旧业为主"唱柳耆卿'杨柳岸晓风残月'"。

第三种说法，被俘北上。称李师师在汴京失陷以后被俘虏北上，被迫嫁给一个病残的金兵为妻，耻辱地了结残生。清人丁跃亢《续金瓶梅》等书皆宗其说。但也有人提出异议，当时金帅挞懒是按张邦昌等降臣提供的名单索取皇宫妇女的，李师师早已当上了女道士，自然不在此例，所谓是"师师必先已出东京，不在求索之列，否则决不能脱身"。

以上说法，似乎第二种说法较为可信。汴京失陷前，李师师已废为庶人，当了女道士，说她匿于民间，流落于江浙。总之，小说家为润饰其作，点缀人物，各取所需，所以所取李师师的归宿种种不一；追根溯源，主要由于李师师是与亡国君主有关系的女子。皇帝与伎女，贵贱悬殊，其情事也必涉及国事，有关她的传闻，不免有许多臆测和讹传的成分，因而她的归宿究竟如何，恐怕永远是难解之谜了。

◎历史话外音

历史上曾有过两个李师师，第一个李师师出生于1062年左右，是开封人，本姓王，父母双亡，被一李姓歌伎收养，改姓李。第一个李师师年老色衰之后，第二个李师师来接班了，第二个李师师出生于1090年左右，是汴京城内经营染房的李寅的女儿，其天生一副美声唱法的好嗓子，加上老鸨的耐心调教，悉心指点，不满15岁的小孩，就已经是"人风流、歌婉转"，在首都各教坊中独领风骚，高树艳帜。

名门之后：杨门女将穆桂英是否真有其人

在中国各个地区流传着许多有关穆桂英和杨家将的故事。穆桂英挂帅也几乎是家喻户晓，妇孺皆知。其实为了增加趣味性，许多故事、小说、演义都虚构了许多杨家将没有的人物和事件，比如说穆桂英大破天门阵等，添加了许多情节。戏曲中多次讲穆桂英领兵挂帅，充当大将，频频扭转战局，然而穆桂英在正史中也未有记载。所以不少人对穆桂英本人的存在提出了质疑，甚至有人提出观点说不仅穆桂英是虚构的，而且杨宗保这人在历史上压根就不存在。那么穆桂英是真有其人，还是虚构的人物呢？

在太行山东西，大河南北，几乎是家喻户晓，妇孺尽知的，特别是在20世纪五六十年代，"妇女都学穆桂英"的口号响彻云霄，它还屡见于城乡的粉墙和横幅。

民间都认为有穆桂英这个人，而且她还是一个顶天立地、勇冠三军的女英雄。穆桂英是好样的。见于民间所熟悉的杨家将故事，穆桂英是巾帼英雄，出手不凡，她具备很多妇女没有的文化心理素质和出类拔萃的英武行为，也蕴含男子汉须眉者所缺乏的将才、帅才。人们敬仰她，奉若神明，这是因为她确有很多过人之处：年纪轻轻，自作主张，挑选丈夫，不受礼制等框架限制。男人不同意，就像京剧演出那样，把他缚绑，用刀架在脖子上硬意逼婚，这种以女性为主体的快速结婚模式，是穆桂英一大创造。颇具真性情。53岁还跨上桃花马出征，风韵不减当年。

但关于正史的记载中，并无穆桂英这一人。《宋史·杨业传》中只收录杨业及其子延昭等七人，和其孙文广一人，并无一字提及女眷。倘若杨门女将确曾有过的话，那么，专收"义妇节妇"之事迹的《烈女传》也会记载。《宋史·烈女传》，该传共收近40名"奇女子"，其中并没有关于穆桂英的记载。

不过近年发现的山西代县《杨氏宗谱》、山西原平《杨氏宗谱》于六郎延朗名下，都分别记有宗保、宗政、宗勉三子；而在湖北黄梅发现的《杨氏宗谱》更明确记有"宗保妻穆氏，生文广、同信二子"。可见家谱中有她和杨宗保的。因此，有学者认为，穆桂英姓名虽未见史册，但并非无此人。据称"杨文广之妻慕容氏，武艺高强，英勇善战，辽兵将均畏之"（《保德州志》）。又据该志说，慕容氏家乡在保德州的穆塔村，而慕、穆姓音贴近，所以，学者认为，"《保德州志》未载其名，后人可能除改其姓氏外，还给她起了民间通用的'桂英'这一名字，以取其流传的方便"。"穆桂英助杨家于沙场，可谓不无根据，至于名字如何，乃其余事"。

另一种说法是，杨宗保并非是小说人物，现在称杨宗保无此人是以《宋史》为据，但早于元末脱脱的南宋遗民徐大焯《烬余录》就有"延昭子宗保，官同州观察，世称杨家将"的记载，杨宗保有此人此事。由此推理，很难说历史上没有穆桂英式的杨门女将。

也有学者根据宋人《隆平集》和《宋史·杨业传》，论定杨延昭子无宗保而有杨文广等。杨延昭和杨文广"既是父子关系，他两人中间不会再有杨宗保一辈。小说中所述杨宗保在打天门阵后的活动，'兵征西夏''平定西夏'又都是杨文广的事迹"。"可以看出宋元评话、杂剧所演述的杨宗保，恐怕实际上是指着杨文广"。因为穆桂英的丈夫杨宗保"不是历史人物，是小说家虚构的"，"所谓杨穆联姻，所谓破天门阵，都是小说家为了渲染杨家将，渲染杨门女将而塑造的形象和推理的故事"。

◎历史话外音◎

历史的虚实真假已经因为年代的久远而无从证实了，作为封建朝廷，通过宣传杨家将和穆桂英的故事，强调忠孝的思想，而在民间的流传，则反映了人民群众对英雄的怀念以及对"巾帼不让须眉"的赞叹！

"我见青山多妩媚"：明末名妓柳如是为何自缢身亡

柳如是是"秦淮八艳"之一，虽然身处章台，却是忠贞明朝的奇女子。她出身卑微，不幸落入风尘，却与明末的义士文人相交往。清兵南下后，还暗中支持反清复明活动。后来她认识了钱谦益，在江南过着幸福的日子。可是，当钱谦益去世后，她也自缢身亡。为什么柳如是选择自杀？至今，柳如是之死，也是历史上难解的一个谜。

柳如是生于1618年，正值明末乱世。她本姓杨，名爱，由于家中困窘，被卖入青楼。她后来就改名换姓为柳隐，她读到南宋辛弃疾的词《贺新郎》："我见青山多妩媚，青山见我应如是。"于是自己取字"如是"。柳如是天资聪慧，容貌俏丽，善作诗文，工于书画，所以当时名满江南。但是她并非一般倚门卖笑、在秦淮红船中度过青春的青楼女子。她与明末复社的领袖宋征舆、陈子龙等来往，她还和陈子龙有过一段恋情。后来陈子龙在抗清起义中被逮捕，投水自杀。崇祯十四年（1641年），23岁的柳如是嫁给了59岁的钱谦益。钱谦益出身江南名门，是明清之际的文坛盟主。钱谦益家产殷实，肥田千顷，奴婢过百，财力雄厚。

康熙三年（1664年）五月二十四日，83岁高龄的钱谦益溘然长逝。随后几天，他的妻子柳如是即悬梁自尽。那么，这位名妓自缢身亡的真正原因是什么呢？

传统的观点认为，这是痴情的柳如是为丈夫殉情。从钱谦益和柳如是的相识开始，到他们的婚后生活来看，他们始终是如影随形的眷侣。如果其中一个故去，另一个在人世间也难以苟活。

柳如是经常穿着男子的儒服和江南的文人们往来。钱谦益学识渊博，誉满海外，而且柳如是十分仰慕钱谦益。所以，在崇祯十三年（1640年），她就曾女扮男装前去拜访钱谦益，但钱谦益认为这只是一个俗人，所以不曾与之相见。但是柳如是在临走前留下一首诗："声名真似汉扶风，妙理玄规更不同。一室茶香开澹黯，千行墨妙破冥蒙。竹西瓶拂因缘在，江左风流物论雄。今日沾沾诚御李，东山葱岭莫辞从。"钱谦益读后觉得此人并非寻常之辈，于是追赶出去，但已经不得见了。当年的11月，钱谦益经人介绍认识了柳如是。两人再次相遇，谈诗作曲，相聊甚欢，钱谦益还为柳如是在自己的山斋半野堂旁建了一座"我闻堂"，这里借用了佛家的"如是我闻"，正好衬合柳如是的名字。

第二年春天，两人便结为了夫妻。这在当时引起了轩然大波，一个是明朝三甲进士、前礼部侍郎的名门大家，而一个是秦淮河的风尘女子。他们的结合遭到了很多非议，甚至在婚礼当天，钱谦益迎亲的船都遭到了瓦石投掷。但是钱谦益毫不畏惧，毅然将柳如是娶进门。这让柳如是感动不已，愿意陪伴钱谦益终身。当时的柳如是正值青春妙龄，年仅23岁，而钱谦益已经是年满花甲，但二人婚后生活还算幸福。他们生下了一个女儿，这让夫妻间的感情更加亲密了。两人常在一起谈诗论画，琴瑟相和。钱谦益十分宠爱柳如是，不惜花重金为她建造了绛云楼和红豆村。钱谦益还曾慷慨的以三千两银子赎出了柳如是的好姐妹董小宛，让其和冒辟疆成为恩爱夫妻。同样，柳如是也十分爱恋钱谦益，将其视为终身依靠。

顺治年间，钱谦益因为门生黄毓祺谋反一案，被捕入狱。柳如是为此到处奔走，打通上下关节，最后钱谦益被无罪释放。钱谦益对此感激涕零，在诗中说："恸哭临江无孝子，从行赴难有贤妻。"在他的心目中，柳如是不是一个妾，而是一位贤妻。由此可见二人的感情很好，彼此难以割舍。所以说，在丈夫死后，柳如是为其殉节的说法也是合情合理的。

但是还是有人从历史中看出了不同，他们并不认同殉情说，那么，柳如是是为何自杀的呢？

有人认为柳如是是被逼自杀的。这到底牵扯到什么事情，竟然让"风骨嶙峻"的柳如是悬梁自尽？钱家作为江南富贵之家，家产丰厚，钱谦益的去世引发了家产纠纷，而柳如是就因为家产问题，被钱氏族人逼迫自尽。

柳如是嫁入钱家，钱谦益为了她慷慨付出，甚至将一家的财政大权也交给柳如是。这是钱谦益对柳如是的爱意和信任，然而这却惹来钱氏族人的不满。因为钱谦益活着的时候，有着钱谦益的保护，所以族人从未说过反对的话，但心里肯定积着愤怒。因此在钱谦益死后，家族中便爆发了一场家产争夺的斗争，也就是所谓的"钱氏家难"。

在钱氏族人的眼里，柳如是只是钱谦益的小妾，让她掌管家政大权是对族人的一种侮辱。他们原本就已经积怨太深，再加上柳如是现在已经失去了靠山，所以他们就开始向这个女人施压，于是就爆发了这场家变。当时的柳如是因为丈夫离世，悲痛欲绝，还不得不勉力操办钱谦益的葬礼。然而族人钱曾等人却在这个时候，大吵大闹，敲诈勒索，而且逼着柳如是交出家中的财政大权和房产，在当时就夺走了良田600亩和数十个仆人。

但这些人不肯善罢甘休，几天之后，他们又来索要白银3000两，并且威胁说：如果没有这笔钱的话，你就只能死，这笔钱不能少一分，还不能用衣服、首饰抵押，最好快点拿出来。这群人还甚至扬言，要把柳如是的女儿和女婿赶出家族。面对这种土匪式的威胁，柳如是感到气愤。如今丈夫尸骨未寒，就遭到这些小人的凌辱，感到自己孤立无援。面对着这样的处境，她的心已经冰冷了，然而她还是镇定自若地对这些闹事的族人说："稍静片刻，容我开张。"随即，她独自一人登上阁楼，紧闭房门，写下遗书，悬梁自尽了。她在遗书中，希望钱谦益的长子和女儿、女婿到衙门里告状为自己申冤。所以，在《中国历代才女小传》一书中认为，柳如是实际上是被族人逼迫而自缢身亡的。还有一些学者认为，柳如是的自杀是一个壮举，她的壮举充分显示了她对封建恶势力的大胆抗争。

所以，殉情说的根据是片面的，事实上，钱柳之间的爱情生活并非十分美满。他们之间有着各自的差异，这让柳如是经常产生惆怅的情绪，在婚后的一些诗作中就有体现。虽然柳如是仰慕钱谦益的才华，但是作为明清之际的官员兼文人的钱谦益，却有着人生的几大污点，这让柳如是极为不满。

顺治元年（1644年）李自成攻破北京城，崇祯自缢而死。柳如是便劝钱谦益和她一起投湖以殉大明王朝，然而钱谦益到了湖边却退缩了，他说："水太冷了……"柳如是气愤这个男人的软弱，准备投水自杀，却被钱谦益死死抱住。五月，福王朱由崧建立南明小政权，柳如是支持钱谦益去投奔南明，钱谦益因此被任命为礼部尚书。次年5月，清兵渡江，钱谦益及总督京营戎政赵之龙、大学士王铎等迎降。柳如是得悉后非常气愤，等钱回家后，就准备了刀绳要他尽节："你殉国，我殉夫"，可钱谦益贪生怕死，不愿意。所以这两个人也有着信念的不合，并非是美满的婚姻。

但是，在柳如是的感染下，钱谦益也做出过热爱大明的举动，比如暗中资助反清复明人士、联系郑成功等。然而，正是因为这个男人的离去，才会让钱氏族人有机会欺凌柳如是。

◎历史话外音◎

就文学和艺术才华，柳如是可以称为"秦淮八艳"之首。清人认为她的尺牍"艳过六朝，情深班蔡"。柳氏还精通音律，长袖善舞，书画也负名气，她的画娴熟简约，清丽有致；书法深得后人赞赏，称其为"铁腕怀银钩，曾将妙踪收"。

病眼看花愁思深：董小宛乱世红尘生死之谜

董小宛是秦淮河岸的一代名妓，她因仰慕李白而自名白，别号"青莲女史"。明清之际，她出身于金陵城，然而因父母亡故而沦落风尘。16岁的她色艺俱佳，与柳如是、陈圆圆、李香君等同为"秦淮八艳"，甚至被认为是"东南第一美女"。后来钱谦益出面为其赎身，柳如是为她介绍复社四大公子之一的冒辟疆。这样，董小宛和冒辟疆才子佳人结成伉俪，这两人的恩爱在历史上成为一段佳话。然而，后来清兵南下，在兵荒马乱之中，冒辟疆与董小宛颠沛流离，最后董小宛的人生结局却成为历史上的一个谜。那么，到底这位红粉佳人魂归何处？

当然，其中最有名的一个故事是：董小宛后来入宫成为了顺治帝的董鄂妃。难道真是一代帝王夺去了冒辟疆的心头之爱吗？

据说，在1645年，清兵南下，冒辟疆带着董小宛逃难。不幸的是，董小宛在秦溪被清兵掳去，不久她就被送到了经略江浙军务的洪承畴处。洪承畴看着这绝色佳人，就谋算着一个计划：他要把董小宛送到紫禁城内。他这样做可以得到皇帝的赏赐，加官晋爵。但是董小宛虽曾沦落风尘，但也是刚烈女子，她肯定不会答应去伺候占领汉人江山的满族人。所以洪承畴就想了一套说辞：你董小宛知书达理，深得儒家文化的精髓，如果你进入了皇宫，就可以影响这些满族人，让他们折服于汉人的文化之下。他甚至用王昭君、文成公主来比喻董小宛，希望她能舍小我，成就大我。当时的董小宛也深知，自己落入清兵的罗网，已经难以逃出去了，与其一死了之，还不如进京成为内应，等待汉人的复辟。于是她就答应了洪承畴。洪承畴与清廷大臣鄂硕是莫逆之交，于是董小宛进了鄂府，被鄂硕收为义女，取名董鄂氏。经过三年时间，董小宛的穿着打扮、言谈举止都和那些满洲格格一样了。

清朝初立，顺治皇帝开始在满族人中选妃，董小宛凭借天生丽质和出众才艺顺利入宫，成为顺治帝的妃子，被称为"董鄂妃"，并且深得顺治的宠爱。她先是被封为贤妃，后又加封为皇贵妃。两年后她为顺治帝生下一个龙子，不幸这孩子3个月后神秘夭折。顺治非常悲痛，他将这个死去的孩子追封为"和硕荣"亲王。董鄂妃却悲痛欲绝，对她更不利的是她的事情被孝庄太后发现了。于是董鄂妃饮鸩而亡。董鄂妃亡故，是对顺治帝的巨大打击，他将董鄂妃封为"孝献端敬皇后"。顺治从此郁郁寡欢，接连的打击让他心灰意冷，不久就去五台山出家为僧了。

这似乎是稗官野史，但是近代的大学者黄侃在北大讲授清史时就曾说："小宛入宫，实顾亭林（即顾炎武）主谋，有献西施沼吴之意"。他的意思是说：当时以"天下兴亡，匹夫有责"为号召的顾炎武，出谋将美貌的董小宛送进清宫内院，为的是以红颜让顺治沉迷美色。这就如同战国时，越国向吴王夫差献西施，夫差重色而招致国灭。

然而历史学家通过研究后发现：董小宛生于1624年，而顺治却出生于1638年。遭受1645年秦溪之劫的董小宛，时年21岁，而当时的顺治才7岁。所以这个故事很有可能只是后来人的演义。那么，历史上的董小宛究竟是如何死去的呢？

还有一种说法是董小宛死于扬州。为什么董小宛会出现在扬州，而不是守在如皋冒家或者南逃？1645年初，清军大举南犯，4月18日，多尔衮兵临扬州城下，当时的南明守将是史可法，他率城中军民浴血奋战。这个时候，据说冒辟疆托付董小宛前往扬州犒劳将士。于是董小宛就从如皋赶往扬州，奔走于扬州的战场前线，她将自己亲手制作的酥糖分发给南明将士。然而此时的扬州，最终因为没有援军而寡不敌众，史可法率军苦苦支撑了7天后，扬州城被攻破，史可法也壮烈牺牲，据说董小宛也自刎而亡。后来，扬州百姓为纪念董小宛，将她犒劳军队的酥糖命名为"董糖"，并将其外表一律以红纸包裹，以示小宛的碧血和史将军的赤心，至今"董糖"仍是淮扬一带的传统名吃。这种说法也广受质疑，因为，只要仔细一想便知，为什么冒辟疆会让一个弱女子去战火纷飞的前线？

而最可靠的说法是董小宛病逝于如皋冒家。当年，19岁的董小宛以3000两银子赎身后，就嫁给了年长她14岁的冒辟疆。不久，冒辟疆就带着董小宛回到了如皋老家。冒辟疆此前娶有正妻，所以董小宛是以妾的身份进入冒家。她进入冒氏之门后，与冒家上下相处极其和谐。冒辟疆的母亲马老太太和正妻苏元芳特别喜欢董小宛，而董小宛也很恭敬顺从。闲暇时，董小宛与辟疆常坐在画苑书房中，赏花品茗，鉴别金石。

据说过了九年的夫妻生活后，28岁的董小宛病逝。冒辟疆在长达240韵的《悼亡姬董氏辞》中载："余与子形影交俪者九年，今辛卯献岁二月长逝。"后来的《如皋县志》也采用了这一说法："董小宛身患重病，于南明永历五年（1651年）正月初二夭亡，时年28岁，葬如皋南门外。因年久无人过问，葬址已迷失。"

这样看来，董小宛之死这桩历史疑案似乎可以了结。病逝于如皋似乎最接近事实，但是历史并不是如此简单，那董小宛之死还有什么疑问呢？

这一次的疑问来自冒辟疆自己的记载。1645年冒辟疆确实携带家眷南逃，但是在途中遭遇了已经叛变归属清朝的军队。他在《影梅庵忆语》中有详细记载："卒于马鞍山遇大兵，杀掠奇惨……仆婢杀掠者几二十口，生平所蓄玩物及衣具，靡孑遗矣……天幸得一小舟，八口飞渡，骨肉得全，而姬之惊悸瘁瘯，至矣尽矣！秦溪蒙难之后，仅以俯仰八口免。"这里面有一个事实是"姬之惊悸瘁瘯，至矣尽矣"，也就是说他的姬妾因为受到惊吓而病倒了，甚至遭受到了亡故。

　　而50岁之前的冒辟疆仅有董小宛一个妾，当时冒辟疆35岁。那么，这位受到惊吓的姬妾就是董小宛吗？或者是说董小宛真的被掳走了，冒辟疆不愿意说出这奇耻大辱，就假称其是病死？

　　事隔31年后，清康熙二十一年（1682年），年逾古稀的冒辟疆在《答和曹秋岳先生相遇海陵寓馆，别后寄赠十首原韵》中写道："至今望秦海，鬼妾不曾归。""秦海"是盐官的别称，其指的是当时准备逃难去的浙江海宁，但是极有可能是指遭受劫难的"秦溪"；至于"鬼妾"，人们猜测，这就是指董小宛。

　　正是这一段"秦溪蒙尘"，冒辟疆掩盖了真相。冒辟疆的同时代好友对董小宛的遭遇也多讳莫如深：冒氏的义兄金坛张明弼在《冒姬董小宛传》中称："其致病之由与久病之状，并隐微难悉。"冒氏的诗友王士禄在哀悼董小宛的诗中云："漫道明妃尚有村，芳堤难觅窈娘魂。凄凉何许伤心路，杨柳春风白下门。"这首诗分明是借"昭君出塞"的典故来影射小宛被外族所掳一事。

　　天津查为仁在《莲坡诗话》中说董小宛的"墓在影梅庵侧"。据上海文史专家缪依杭先生实地考证，旧时如城南龙游河畔的彭家荡确有一董小宛墓，但前些年进行挖掘时，里面却没有骨殖，仅有陪葬物，那么这仅仅是一个"衣冠冢"。那么，董小宛之死的真相就更加扑朔迷离了。

　　不过，董小宛的人生转折就在"秦溪之劫"，由于这一段历史模糊，所以才产生了很多传说。

　　董小宛作为一个奇女子，不仅留下了死亡之谜，她甚至在《红楼梦》的谜团中也出现过。据说曹雪芹《红楼梦》中的林黛玉的原型就是董小宛。2003年在浙江海盐发现了的"董小宛葬花碑"。加之董小宛也长期生活在南京秦淮河。金陵是曹雪芹生活过的地方，也是《红楼梦》的故事发生地，更是林黛玉芳消之地。但曹雪芹离董小宛已经近百年时间了，所以，他也仅仅是运用了董小宛葬花的故事，对于其死可能也不知道。

◎历史话外音◎

　　董小宛经常研究食谱，看到哪里有奇异的风味就去访求它的制作方法。现在人们常吃的虎皮肉，即走油肉，就是她的发明，因此，它还有一个鲜为人知的名字叫"董肉"，和"东坡肉"相映成趣。同时，董小宛使用沉香的方法和一般人不同。一般人是把沉香放在火上烧，烟扑油腻，须臾即灭。不仅体察不到香的性情，而且烟气沾染上襟袖还带有焦腥味。董小宛采用的是隔纱燃香法，讲究品香时的情调。寒夜小室，玉帏四垂，点燃两三枝红烛，在几只宣德炉内燃沉香，静参鼻观，就好像进入了蕊珠众香深处。

"还珠格格"：历史上是否确有其人

　　由于琼瑶的"神来"之笔，使还珠格格一夜之间成了京城家喻户晓的人物。据媒体报道，琼瑶某日路过京西公主坟，问同车之人，此地为何叫公主坟？答曰，因有一清代的公主埋葬于此，故而得名。于是琼瑶文思泉涌，由此演绎出一部《还珠格格》。

　　那么，历史上到底有没有"还珠格格"这个人呢？

　　据史书记载，乾隆皇帝一生共有27个子女，无一是干认的。但在民间传说中，乾隆皇帝确曾有过一个干女儿，而且还真是汉籍的。那这位汉族公主是否就是还珠格格的原型呢？

　　民间传说中有这么一段，乾隆皇帝和刘墉、和珅三个人一起去微服私访，就跟电视剧里演的一样。走到一个村子里，皇帝饿了，于是找了一户人家去蹭饭。给皇帝开门的是一个老头儿，老头儿和女儿相依为命，乾隆皇帝觉得饭很好吃，小姑娘也很可爱，他心情很好，主动提出，"你这么乖巧可爱，我收你做干女儿吧！"如果皇帝就是这么一说，说了就算了也行，偏偏他还给这家人留下了一块手帕，说"有需要到京城的皇家大院来找我"。

当时说得好听，结果乾隆皇帝回了京城，立刻就把这事儿给忘了。没想到的是，对方竟然真的找来了，还拿着手帕当证据。皇帝说的话都是圣旨，必须算数，不算数也要算数，乾隆皇帝只好把这汉族的小女孩封做了格格。

传说不算数，史书上记载的，才是真实的。历史上真正存在一位汉族血统的格格，她的名字叫孔四贞，是孝庄皇太后的干女儿，封号是和硕格格，她也是清朝几百年历史当中，唯一的一位汉族格格。因此，她被认为是最贴近"小燕子"经历的人，可以算作是还珠格格的历史原型。不过，这位格格的封号不是还珠，而是和硕。她是孝庄皇太后的义女，名叫孔四贞。孔四贞跟小燕子不一样，她出身名门，父亲孔有德是明朝参将，在崇祯五年降清，后来被封为定南王。从此屯兵桂林，镇守广西。

当时，南方的反清斗争十分高涨。顺治九年（1652年）五月，一直活跃在四川一带的明末起义军张献忠余部大西军，在其首领李定国率领下，由川东进入湖南，再转攻广西，进行抗清斗争。大西军一路所向披靡，节节胜利，七月初，将孔有德包围在桂林城内。孔有德前无援兵，后无退路，眼看大西军就要攻入城内，只好咬牙忍痛亲手将所有爱妾杀死，然后将两年多来在广西搜刮的奇珍异宝聚于一室，燃火自焚。大西军进城后，把人人痛恨的孔氏全家统统处死，唯有孔四贞被其父的部下救出。

大西军占领桂林、孔有德自杀身亡的消息传到京城后，世祖福临深感震惊和哀痛。震惊的是反清力量居然还那么强大；哀痛的是孔有德及其孔家军的灭亡使清王朝少了一支镇压抗清斗争的主力军。为此世祖福临下令彻朝"痛悼"，并与孝庄皇太后商量后，传旨叫清军将孔四贞由广西护送到紫禁城，交由太后亲自抚养。于是孔四贞就成了当时绝无仅有的住在后宫中的汉人。

当然，这位格格并不是小燕子那样没头脑只会乱闯祸的人。因为父亲和哥哥都在战乱中死了，孔四贞实际上掌管着定南王府上下的事务，甚至包括军权。当然，孔四贞是跟着孝庄皇太后住在宫里的，但是，她还是能将定南王府和封地管理得井井有条。

而后的三藩之乱当中，孔四贞也被卷进了战乱，历经数年，直到康熙二十一年，康熙皇帝平定了三藩，孔四贞才从昆明回到了北京，并且在北京终老。

所以，还珠格格的故事基本是琼瑶为了写小说自己杜撰的，并无真实的史料记载，但无论如何，她还是依据于历史的一些边角料创作出来的红遍大江南北的"小燕子"的故事，并受人喜爱至今。

◎ 历史话外音 ◎

清太宗于崇德元年（1636年）仿明制，皇帝的女儿称"公主"，并规定皇后（即中宫）所生之女称为"固伦公主"，"固伦"满族语意为天下、国家、尊贵、高雅；妃子所生之女或皇后养女称为"和硕公主"，"和硕"，满族语，意为一方。两种封号强调了嫡庶之别，但偶尔也有例外。公主不能称为格格，格格是皇家贵族小姐婚前的统称，顺治十七年始把格格分为五等：亲王之女称为和硕格格；世子及郡王之女称为多罗格格；多罗贝勒之女亦称为多罗格格；贝子之女称为固山格格；镇国公、辅国公之女称为格格。公以下之女称为宗女。若为侧室所生，均依次降二等。

第二十一章

国宝真相奇案

——传世国宝离奇失踪，何处觅其所在

大禹九鼎之谜：国宝存在与否

想当初，大禹即位后，一举平定了三苗，为显示权威，维护夏朝和诸侯国的统属关系，大禹发出号令：命天下各州的首领务必前来涂山会盟宣誓。在会上，大禹对各诸侯说："此次盛会标志着天下太平，华夏团结。今后如有图谋不轨者，天下共诛之！"后来，为纪念这次盛会，大禹决定将各方进献的青铜铸成代表九州的九尊鼎。九鼎既然为国家社稷之象征，就应被极端珍视，可是大禹九鼎却神秘失踪。这是怎么回事呢？

关于九鼎的内容，《山海经补注·序》中有相关描述："收九牧之金，以铸鼎。鼎象物，则取远方之图，山之奇，水之奇，草之奇，木之奇，禽之奇，兽之奇，说其形，别其性，分其类，其神其殊汇，骇视警听者，或见或闻，或恒有，或时有，或不必有，皆一一画焉。"《山海经新校正·序》中则记载了九鼎上面的文字："按其文，有国名，有山川，有神灵奇怪之所际，是鼎所图也。"由此可见，九鼎之上不仅有山川河岳、草木鸟兽的图，还有关于各种物象的文字介绍，简直可以称得上是古代的地图。

夏朝被商朝灭亡，九鼎就迁到了商朝的都城亳邑。商朝为周所灭，九鼎就迁到了周朝的镐京。及至成王迁都洛邑，九鼎又随之被安置在洛邑，谓之定鼎。这时候，九鼎已经成为"天命"之所在，代表着王权的至高无上、国家的繁荣统一，即所谓"鼎在国在，鼎失国亡"。公元前606年，春秋五霸之一的楚庄王势力日益强大，一次，他兴兵攻击陆浑之戎，逼近雒邑郊外，威胁周朝，周定王无奈之下，为他举行慰劳欢迎之礼，庄王就曾"问鼎小大轻重"，表明了他有灭周的野心。

秦始皇统一六国后，也一直在寻找九鼎。秦始皇二十八年（前219年），秦始皇在泰山完成祭天大典后，曾专程来到彭城泗水之滨，派人打捞周鼎，但毫无结果。《史记·秦始皇本纪》中载："过彭城，斋戒祷词，欲出周鼎泗水，使千人没水求之，弗得。"北魏郦道元的《水经注·泗水》则这样记载："九鼎沦没泗渊，秦始皇时，而鼎见于斯水，始皇自以德合三代，大喜，使千人没水求之，弗得，所谓'鼎伏'也。亦云系而行之，未出，龙齿啮断其系。故语曰：'称乐太早，鼎绝系。'"这个故事在汉代民间广为流传，还被制成了很多画像石、画像砖。目前，已经发现的"泗水捞鼎"的画像有数十幅，画面大同小异，基本为一条上有拱形桥的河，桥上正有车马行人通过。桥的左右两侧各站一排人正在用力拉绳，绳子系在柱子上，中间一人负责绳子的方向。绳子的另一端分别拴在铜鼎的两个耳上，铜鼎刚刚被拉出水面，这时，从水里跃出一条蛟龙将绳子咬断，铜鼎又落入水里。这就是《水经注·泗水》中描述的故事梗概，也是关于九鼎的最后记载，从此以后，九鼎从史籍中消失，其下落也成为千古之谜。

西汉有个叫辛垣平的人，上书给汉文帝说：周鼎没于泗水，现黄河改道，连通了泗水。他望见东北汾阴有金光宝气，可能是周鼎出现。汉文帝听了欣喜异常，在汾阴建了一座庙，恭请宝鼎降临。可惜的是直至汉文帝驾崩，宝鼎都没有降临。时至东汉，史学家班固在其所著的《汉书》中，对九鼎下落采取了兼收并蓄的手法，收录了司马迁上述的两种说法，同时还补充一条史料，说是周显王四十二年，九鼎沉默在彭城泗水之下，后来秦始皇出巡经过彭城，曾驱使几千人到泗水中打捞，结果还是一无所获。

到了清代，历史学家王先谦对九鼎的去向进行了长期的研究，提出了新的观点。王先谦在《汉书补注·郊祀志》中作了进一步的发挥，其主要内容大体可以归结为以下几点：

一、周人为防止大国觊觎；加上经济困难，采取了毁鼎铸钱的下策；对外则诡称丢失，不知去向。

二、史载秦灭周取鼎，为时人揣度之辞，并非事实。

三、秦人谬传九鼎沉入泗水，秦始皇也受到愚弄。这些说法发人深思，但未必即为至论。

四、九鼎既然被周人视为天命之所在，也就只能与社稷共存亡，岂有因大国觊觎而自行销毁之理？

所以，王先谦认为东周王室逐渐衰落，而各个实力雄厚的诸侯国却虎视眈眈，力图统一中国，取代周的地位。因此，象征王权和"天命所归"的九鼎，自然成为各诸侯争相夺取的稀世国宝。而此时周王室已经入不敷出，为解决财政困难，也为避免诸侯国兵刃相向，前来问鼎，于是将九鼎销毁铸成铜钱，对外则诡称九鼎已不知去向，这种说法虽有一定道理，但却没有历史记载和实物的证实，不足为信。

由于大禹九鼎下落不明，且在北魏以后历史全无记载，也有人开始怀疑大禹制鼎的真实性。但是史籍中有多处关于九鼎的记载。《墨子·耕柱》曰："昔日夏后开（启）使蜚廉折金于山川，而陶铸之于昆吾……九鼎既成，迁于三国。"《左传》中也谈到九鼎铸造的情况：夏朝初年，朝廷划天下为九州，州设州牧。夏令九州牧贡献青铜，铸造九鼎。造鼎之前，曾先派人将全国各州的名胜之地和代表性的奇异之物画成图册，造鼎时即把这些画仿刻于九鼎之上，以一鼎象征一州。九鼎即为九州，分别为冀州、兖州、青州、徐州、扬州、荆州、豫州、梁州和雍州。各州以自然的山河为界。其中豫州鼎为中央大鼎，象征豫州作为中央枢纽的地位。九鼎集中到夏王朝都城阳城，反映了全国的统一和王权的高度集中，表明夏王大禹成了九州之主。

◎历史话外音

我们常说的"一言九鼎"，就借用了"九鼎"的含义，比喻量大，说的话起很大作用。形容人说话信誉极高，一言半语就起决定作用。出自汉·司马迁《史记·平原君列传》："毛先生一至楚而使赵重于九鼎大吕。毛先生以三寸之舌，强于百万之师。胜不敢复相士。"

千古一璧失踪案：金镶玉玺和氏璧

春秋战国时期蔺相如"完璧归赵"的故事成为千古流传的佳话，这件玉璧被战国各诸侯国视为镇国的宝藏，那么它来自何方？又是谁发现的？它现在还在吗？如果不在了，那它又是如何失踪的呢？

和氏璧的来历颇有些神奇。春秋时期，楚国人卞和在荆山得到了一块宝石，满怀赤诚地将它献给了楚国的国王楚厉王。可是楚厉王拿着这块宝石端详了一会儿，不但没有奖赏卞和，反而以欺君之罪砍掉了他的左脚。

后来，楚厉王死了，他的儿子楚武王登基做了楚国国君。卞和又拄着拐杖来献宝。楚武王又让玉匠们鉴别。这些滥竽充数的玉匠，未能识别出这举世无双的珍宝。他们煞有介事地回奏："大王，那是块顽石，不是什么宝贝！"

卞和遭殃了。因为武王也昏聩无比，叫武士砍去卞和的右腿。

楚文王继位后，卞和仍坚持献玉，不改初衷。可是，他已经失去了两条腿，无法行走。只好让人抬到山下楚文王经过的地方。他拦道痛哭，一直哭了三天三夜，眼泪哭干了，又哭出血来。人们无不为之感动。楚文王派大臣前去察看，那位大臣见到痛哭的卞和，便问："你为何长哭不止？是不是受两次惩罚感到冤枉？"

卞和伤心地说："我痛失双腿没有什么，伤心的是明明是宝玉却被说成是石头，明明是忠诚的臣民却被说成是骗子。"说罢又献上璞玉。

使者回报楚文王，楚文王深受感动，于是命人凿开璞玉，亲自验看。果然，里边是块通体晶

259

莹剔透的硕大美玉，全无一点儿瑕疵。楚文王为这块美玉取名"和氏璧"——因为这是卞和所献的宝玉。卞和因此也受到了善待，和氏璧也成为名闻天下的瑰宝。

楚文王得到和氏璧以后当作国宝，在楚国的国君手里相传了370多年。后来，"和氏璧"发现的消息很快传到了各诸侯国，各诸侯国君都想亲眼看看这件宝玉。公元前333年，楚国吞灭越国，楚威王因相国昭阳灭越有功，将和氏璧赐给了昭阳。可就在这时，和氏璧竟失窃了，国宝的不翼而飞震惊了朝廷内外，人们纷纷寻找这件价值连城的宝玉，但终无结果。

几十年后，突然有一天在赵国出现了，至于和氏璧是怎样流落到赵国的，已成为历史上的一个谜。

得知宝玉流落赵国，秦国愿意以十五座城来交换，蔺相如大智大勇，舌战秦王，终于"完璧归赵"。

公元前221年，秦始皇统一中国，终于得到了梦寐以求的和氏璧，并命令工匠把它雕成玉玺，即国印。秦始皇希望这枚国印能够代代相传，便叫宰相李斯用篆书刻下了"受命于天，既寿永昌"这八个大字。这样，和氏璧就成了"国玺"，成了国家最高权力的象征。

和氏璧成为传国玉玺后，一个个曲折惊险的故事也由此诞生，这些都记载在《史记》这本文献中。

秦末天下大乱，做了46天皇帝的秦二世胡亥在万分无奈之下，把玉玺交给了刘邦。汉朝开国后，此玉玺便代代相传，成为皇位交接的表证。

然而正是因为和氏璧成为了传国玉玺，这使得传国玉玺的命运多变，时而神秘失踪，时而乍现人间。如此多变的命运，是否能够最终保住和氏璧呢？如果不能，那和氏璧最终流落到哪里去了呢？让我们追寻历史的脚步去探寻和氏璧的最终归宿吧。

班固的《汉书》和范晔的《后汉书》为我们探寻国宝的下落提供了相应的线索。传国玉玺在西汉一朝平静地度过了200多年，到王莽篡汉时，向两岁的皇帝刘婴索要玉玺。他的姑母皇太后不甘心国印落到外人手里，一气之下把玉玺摔在地上，把玉玺摔断了一角。王莽登上皇位后，把摔断的那一角用黄金修补好，仍奉为至尊至贵的宝物。

东汉光武帝刘秀打败了王莽，夺回传国玺，此玺又成了汉家天下的象征。

后来，在一次次改朝换代中，在一场场血腥的屠杀中，玉玺不断易主，从曹操手里转交到汉献帝，而后交给曹丕，到了589年，陈朝被隋朝消灭，玉玺又到了隋炀帝手中。贞观四年，即630年，携带玉玺外逃的隋炀帝的孙子杨正道终于把玉玺交给了唐朝。这颗玉玺经北周、隋、唐，一直传到五代的后唐。后唐末帝李从珂为石敬瑭围困自焚后，这颗玉玺也下落不明了。北宋赵匡胤开国后，就未见有传国玺的记载。以后的皇帝每个人都有自己的印章，而且不止一枚，但却没了传国的玉玺。虽然后来的王朝也多有声称发现传国玺的，但那都是为了证明自己"受命于天"而编造出来骗人骗己的。

和氏璧至此神秘消失在历史中。

时至1912年11月，冯玉祥发动兵变，把末代皇帝溥仪驱逐出宫，命令警察总监张璧和鹿仲麟等人寻找这枚传国玉玺，还是没有任何结果。

今天，和氏璧仍不见踪影，不论是从文物的角度，还是从皇权的角度，传国玉玺都是无价之宝，可这玉玺到哪去了？何日才能出现线索并让它重见天日？这都是一个谜。

◎历史话外音◎

江山不是靠玉玺来决定是否"既寿永昌"的，历史已经证明了这一点。制玉玺的人江山隔世即亡，那些得玉玺的也从没有一个"既寿永昌"的。

珍贵石雕遭"碎尸"："昭陵六骏"失二骏

　　民国初期，我国文化界发生一件举世震惊的大案。这就是在1914年和1917年美国文化间谍勾结陕西军阀盗窃昭陵六骏浮雕偷运出境事件。经过陕西人民的拦截抗争，终于保存下四幅，其中最好的两幅流失海外，迄今未能物归原主。

　　昭陵六骏浮雕是李世民于唐贞观十年（636年）十一月埋葬长孙皇后之后，诏令雕刻的六匹骏马，石刻中的"六骏"是李世民经常乘骑的六匹战马，它们既象征唐太宗所经历的最主要六大战役，同时也是表彰他在唐王朝创建过程中立下的赫赫战功。据说六骏由唐初大画家阎立本绘制画稿，挑选优秀工匠刻在高1.7米、宽2.05米的6个石屏上。李世民为各骏亲题赞语，由大书法家欧阳询书丹于原石上角，殷仲客用隶书刻于座上，被称为"三绝"。这是一组纪念碑式的浮雕，内容反映了真实的历史事迹，将神勇的六骏生动地再现在汉白玉大理石上。真可谓"秦王（李世民继帝位前被封为秦王）铁骑取天下，六骏功高画亦优"。20世纪初鲁迅来西安讲学时见到六骏神采，深情赞曰："汉人墓前石兽多半是羊、虎、天禄、辟邪，而长安的昭陵上，却刻着带箭的骏马，其手法简直前无古人。"

　　但是，正是这前无古人的六骏，却在惨遭"碎尸"后，被盗运到了美国。事情到底是怎么样？翻开历史，我们一起来探寻事情的真相。

　　据记载，19世纪后期欧洲出版过一本《世界名马图》，其中有一匹马便选自昭陵六骏。此后，昭陵六骏的照片和拓片就经常出现在中外出版的有关中国美术的书中。清末民初，英国驻华公使把昭陵六骏缩小的拓本带回伦敦，建议英政府收买昭陵六骏未果。这样就使昭陵六骏在西方的名声越来越大。

　　1913年，一个法国的古董商，想抢在一个德国古董商之前弄到这些石骏，但在飒露紫、拳毛騧两骏被盗运下山时，"被当地农民拦截"，混乱中，石骏被推下山崖，后被当时的陕西军政府都督运到西安南院门保护起来。

　　关于二骏是如何从西安运送到北京的，历来争论不一。

　　有人认为1914年美国文化劫掠分子毕士博，受美国费城宾夕法尼亚大学博物馆的派遣，披着"汉学家""考古学家"的外衣，假借考察之名来华，勾结当时陕西督军陆建章及地方官吏，以24万银元盗卖了六骏中最优秀的两骏，即飒露紫和拳毛騧。盗运时向群众谎称将此两骏运往省城保存。就这样，在反动军阀的庇护下，两骏被美帝国主义盗运而去，现存在宾夕法尼亚大学博物馆，1918年又来盗窃其他四骏，从渭水用筏载之东下，被西安政府骑兵追至潼关截获。盗掠者为了便于装运，掩人耳目，竟将完美石雕无一例外地击成小块。

　　也有人认为是毕士博勾结中国古玩奸商黄某，在袁世凯的儿子袁克义和袁世凯的特务头子陆建章的包庇下，于1914年把飒露紫和拳毛騧两块石雕运到美国去了。

　　据学者陈重远先生考证，毕士博重金收买了北京琉璃厂遵古斋老板黄鹤舫（一作赵鹤舫），此人结识许多达官贵人，与袁世凯之次子袁克文关系密切，传说与袁拜过把兄弟，借袁克文之手取得了袁府运送物品的专用封条。黄拿着袁克文写的一封信来到西安，找到袁世凯的亲信、外放陕西当督军的陆建章。信中说大总统要修袁氏花园，用昭陵六骏放在园中点缀。陆建章觉得六骏都拿走恐怕不好办，就从中挑了最好的两骏飒露紫和拳毛騧，打断成数块装箱，派兵护送，畅通无阻地运到北京，转手交给毕士博。而在几个月后，二骏神乎其神地到了文物商卢芹斋的手里。

　　事情的真相到底是什么，至今仍没有统一说法，因此这也成为我国近代国宝被盗的一件悬案。但不管是通过何种途径，最终这二骏都落到卢芹斋手里。

　　1916年2月，宾大博物馆新建圆形无柱穹顶陈列大厅开放，经过毕士博牵线，馆长高登邀请卢芹斋前来参加开幕典礼，高登希望卢芹斋提供包括两骏等中国最好的文物在此大厅展出。到1918

年5月，卢芹斋把两骏运到费城并开价15万美元。到1920年年底，有个叫艾尔德里奇·约翰逊的美国人，给宾大博物馆捐了这笔钱，宾大又与卢芹斋讨价还价，最终以12.5万美元成交。现在，宾大博物馆两骏石刻的解说牌上，还有"约翰逊先生捐赠"字样。

成功盗运了二骏之后，1917年，毕士博再度来华，又联系上黄鹤舫，密谋让黄来到西安，买通了陕西督军陈树藩的父亲陈配岳，打通了关节，把四骏打断成多块，装入木箱，运到西安北郊渭河岸边的草滩。为避人耳目，悄悄地装上船，企图由水路运出陕西，但被礼泉县土绅发觉，立即张贴布告，反对把国宝运出陕西。西安爱国民众也纷纷进行抗议和声讨。当盗运之船东行到渭南县时，渭河北岸张钫、郭坚等起兵反陈，船只被阻。陈树蕃见众怒难犯，只好派人将船追回，四骏交陕西省图书馆保存。

举世无双的艺术品就这样被贪婪的盗宝贼打断，后来虽然有专家对其进行修复，且不论修复后效果如何，国人痛失国宝的伤痛是难以修复的。

◎历史话外音◎

石刻中的"六骏"分别是：一是飒露紫，二是拳毛䯄，三是青骓，四是什伐赤，五是特勒骠，六是白蹄乌。石刻所表现的六匹骏马三作奔驰状，三匹为站立状。六骏均为三花马鬃，束尾。这是唐代战马的特征，其鞍、鞯、镫、缰绳等，都逼真地再现了唐代战马的装饰。据传说"昭陵六骏"石刻是依据当时绘画大师阎立本的手稿雕刻而成。

稀世字帖变卖案："三希堂宝帖"天各一方回归难

1928年6月4日清晨，一列从北平开往沈阳的火车在行驶到沈阳西郊一个叫皇姑屯的小站时，一枚预先埋好的炸弹将列车中部一节豪华车厢炸毁，当时赫赫有名的东北奉系军阀张作霖被当场炸死。这就是日本帝国主义为侵占东北而精心策划的皇姑屯事件。

此时，在北平，有一个人，当听到这个消息后，一下子从椅子上站了起来，不停地抹着额头上渗出的冷汗，他就是当时的故宫博物院第一任院长易培基。

就在前一天的晚上，张作霖在离开北平之前，曾派人专门来找他索要一幅古人的书法名帖。面对权倾一时的军阀头子，易培基不能强硬拒绝，于是推说这件书法锁在保险柜里，而保险柜的三把钥匙分别由冯玉祥等三人持有，无法打开。张作霖因急于离京，又不便将宝帖强行拿走，只好作罢。没想到十几个小时之后张作霖就被炸死了。

望着那件险些与张作霖一同葬身火海的国宝，易培基深深地舒了一口气。

那么躲过这一劫的究竟是一件什么样的国宝呢？这还得从北京的故宫说起。

故宫博物院中的养心殿，是清朝自雍正后皇帝处理朝政和休息的地方。在养心殿东侧，乾隆皇帝在他的寝宫特别开辟了一个小屋，用来赏玩他视为宝中之宝的三件珍品，而这间屋子也被乾隆皇帝特命"三希堂"。是什么宝贝能从故宫中如此众多的宝贝中脱颖而出让乾隆皇帝如此珍爱呢？

这三件宝贝就是大名鼎鼎的"三希宝贴"——东晋王羲之的《快雪时晴贴》、王羲之儿子王献之的《中秋帖》和王羲之侄子王询的《伯远帖》。特别是《快雪时晴贴》上面，光乾隆皇帝的印章就有几十枚，御题诗十几首。就这样，"三希宝贴"在三希堂里一住就是200多年。

后来，"三希宝帖"经历了若干次命运的变化，并且一度流落民间。那么这个国宝是如何流落到民间的呢？

清朝末年的一天，"三希堂宝帖"中的《中秋帖》和《伯远帖》从宫中盗出，出现在一家小古董铺中，而几天后一位名叫郭葆昌的人来到这个小古董铺中，他一看到这两件只闻其名、不见其形的深宫宝贝，当即以千两黄金收入自己府邸，并且深藏家中不示外人。从此三希宝贴，两件流入民间，一件藏于深宫之中。

　　时间转瞬到了1932年。有一次郭葆昌请当时的故宫博物院院长马衡在家中吃饭，也许是酒后炫耀自己的收藏，也许是谈到故宫的文物而说了真情，郭葆昌将《中秋帖》和《伯远帖》两幅宝帖取出来，展示在马衡面前。作为故宫博物院的院长，马衡震惊了。他知道在1925年故宫博物院成立以前，紫禁城里的大批文物珍宝被偷盗变卖，流散丢失。此时，他正在为整理和寻找这些文物珍宝而奔波。不想却在这里与大名鼎鼎的《中秋帖》和《伯远帖》意外相遇。如今三希宝帖在故宫里只剩下了《快雪时晴帖》这一帖，面对连做梦都在寻找的宝贝，他多么想马上就把它们带回故宫让这三希宝帖重新团聚呀。

　　可是，郭葆昌自从将《中秋帖》和《伯远帖》给马衡院长看过以后，就将两幅宝帖深藏了起来，再也没有拿出来过。对世人来说，就如同一块石头沉入了大海，谁也不知道它沉在了哪里。

　　如果不是后来发生的一件事情，也许"三希宝帖"中的两帖将永远藏匿于民间，谁也无法一睹国宝的风采，更不要说欣赏了。那么是谁让郭葆昌收藏的《中秋帖》和《伯远帖》重现人间呢？

　　要想知道答案，我们就得回到1949年，那时，国民党政权已经崩溃，时局非常混乱。说来也怪，正是在这混乱之时，沉寂了17年的三希宝帖中的《中秋帖》和《伯远帖》却突然浮现了出来，这让所有的人都感到匪夷所思。

　　1951年有个神秘的年轻人带着《中秋贴》《伯远帖》找到了刚刚从祖国大陆逃台组建的台北"故宫博物院"，准备把这两件国宝卖给他们。当时，《快雪时晴帖》已经随着大批故宫文物被带到了台湾，缺的正是这送上门的三希宝帖的另外两帖《中秋帖》和《伯远帖》。但是台北"故宫博物院"的馆长在惊喜之余又表示了无奈，他们实在没有钱来购买这两件稀世珍宝，而这次失之交臂，又让命运多舛的三希堂国宝，失去了聚首的机会。

　　这个神秘男子就是《中秋贴》《伯远帖》的持有者郭葆昌的儿子。他当时急需用钱，在万般无奈的情况下，将这两件国宝抵押给了香港的英国银行，赎期为1951年底。

　　随着赎期的日益临近，赎金却还是没有到位，持宝者焦虑万分。而英国方面在催促他还款的同时，也有意想占有这两件中国国宝，希望卖给英国银行。就在这万分危机的时候，远在北京的周恩来总理知道了此事，毅然拨款购买了《中秋贴》和《伯远帖》，并将这两件宝帖重新送回北京故宫博物院。

　　从那以后，《中秋帖》和《伯远帖》这"三希宝帖"中的两帖就一直保存在北京故宫博物院。

◎历史话外音◎

　　在那个动荡的年代，无以计数的国家珍宝或毁于战火，或流失海外，"三希堂宝帖"虽然历经波折，但经过各方努力终归留在中华大地上，让人们在惋惜三帖未能团聚之余，甚感欣慰。

黑水城宝藏流失案：西夏古文献经卷"落户"俄罗斯

　　20世纪初，我国发生了一件震惊世人的国宝盗挖案。

　　1908年4月的一个黄昏，一支来自境外的骆驼队在滚滚黄沙的掩护下出现在我国西北部巴丹吉林沙漠的深处。领头的是一名俄罗斯海军中校，叫科兹洛夫。

　　科兹洛夫此次中国之行，真实目的是为了验证一个传说。19世纪末曾到过中国的俄罗斯旅行家波塔宁曾在他的一本传记里记载了一个叫黑水城的地方藏有许多珍宝。

　　黑水城———一座湮灭在历史的长河中近千年的古城，它位于内蒙古额济纳旗达赖库布镇东南25公里的荒漠中。

传说西夏末年有一个名为黑将军的西夏守将曾在这里与敌军交战，寡不敌众，被久困城中。绝望中，他杀死自己的妻子和儿女，尔后将府库所藏80车财宝深埋井中后，在城西北侧破墙打洞率军突围，经过殊死拼杀，最终全军覆没……也就是从那时候起，黑将军藏宝的故事被一代代流传了下来。

当年来到额济纳的科兹洛夫在寻找黑水城的遗址时，曾被当地牧民一次次地拒绝。但有备而来的科兹洛夫诱惑了当地的蒙古王爷达西，达西不但为科兹洛夫提供了前往黑水城的路线，而且还加派了向导。

科兹洛夫终于来到了梦幻般的黑水城，后来科兹洛夫在名为《蒙古、安多和故城哈拉浩特》一书中写道："在哈拉浩特度过的几天时间里，考察队收获的东西林林总总、五花八门，有书籍、信件、金属钱币、女性饰物、家具和日常生活用品、佛像以及其他物品，用数量来计算，我们这几天收获的是满满的沉沉的10个邮箱的物品，后来，我们把这些东西寄给了俄国皇家地理学会和俄国科学院。"科兹洛夫说："我永远不会忘记当我终于在一号废墟里发现一个佛像时的那种充满了全身惊喜的感觉。"

在数量上，科兹洛夫收集的考古资料就装了10个普特重的邮箱。一普特相当16公斤，也就是说，科兹洛夫第一次盗掘了160公斤重的我国西夏文物。

在科兹洛夫挖掘出的书籍中，有译自汉文典籍的西夏文《论语》《孙子兵法》等；还有用西夏文编写的《文海》《音同》等辞书。

在出土的画卷中，除了大量反映佛教内容的唐卡、版画外，还有一些是反映世俗生活和历史人物的绘画作品，如行旅图、舞乐图、相面图、四美人图等等。其中，四美人图尤为珍贵。画面绘有古代美女绿珠、王昭君、赵飞燕、班姬等四人画像。画面上还题有"随朝窈窕呈倾国之芳容"的铭赞。这幅画是西夏时期由中原地区流传于黑水城的一幅宋代雕版画，距今已有800余年的历史。这批珍贵的出土遗物，当时就被运往俄国，成了俄国的收藏品。

1909年6月12日至20日，科兹洛夫又从当地雇用了一批民工，开始在黑水城第二次挖掘，这是一次大规模的野蛮挖掘，"死亡之城复活了，一群人开始在这里活动，工具磕碰出响声，空气中尘土飞扬"。由于在城区内收获不大，科兹洛夫便将目光投向了城外。一座距古城西墙约400米、位于干河床右岸的大佛塔，成为了他首先猎取的目标。当这座佛塔被打开后，科兹洛夫简直不敢相信自己的眼睛，因为展现在他面前的是一座无法用金银财宝去衡量的历史博物馆。

这是一个覆钵塔式建筑，里面秘藏着许多佛教塑像和成百上千的书籍、绘画、经卷等，这些重见天日的艺术珍品依然在废墟上闪耀着那个时代的夺目光彩。

正是这座后来被科兹洛夫称之为"伟大的塔"的佛塔内丰富的文物，为之后揭开西夏的历史之谜提供了详实的文献史料，从而也催生了一门新的国际学科——西夏学。

尝到甜头的科兹洛夫自从发现了"伟大的塔"后，挖掘行为变得更加野蛮，几乎是见塔就挖。他不仅挖走了抄本书籍2000多种，还挖走了300张佛画和大量木制的、青铜镀金的小佛像。

科兹洛夫在圣彼得堡展出了他从中国黑水城带回的文物文献，轰动一时。俄国著名汉学家伊凤阁在成堆的文献中发现了一册《番汉合时掌中珠》，原来这是西夏文、汉文的双解词典。科兹洛夫两次以驼背运来的，竟是中国中古时期西夏王朝190年的历史！这个于1038年崛起的少数民族王朝，以弱小的势力先后与北宋、辽及南宋、金形成三足鼎立，并迅速将自己的政治、经济、文化推向了顶峰。

黑水城宝藏的发现，也引起了西方探险家的垂涎。1914年夏，英国人斯坦因来到黑城。将所盗得的一批西夏文、汉文文献、版画、佛像等艺术品运回伦敦。以后，美国人华尔纳以及一些日本人也曾专程来这里盗宝。

科兹洛夫在黑水城到底盗走了多少珍宝？至今也没有准确的说法。据1926年他在俄国的一次讲演中自供："19年前，曾从黑水城废墟中运出40驼，计2.4万卷文献，相当一座保存完好的图书馆。"这还不包括大量的佛像、绘画和其他艺术品。

中华人民共和国建立后，我国考古工作者对黑水城进行了多次科学考察。特别是1983年至1984年，内蒙古文物考古研究所先后两次、历时3个多月对早已是千疮百孔的黑水城做了首次全面的发掘考察。

据记载，内蒙古考古工作队在黑水城的两次挖掘中，共清理出西夏文献3000多页，但大多以残页为主，这和当年的科兹洛夫相比，那是无法同日而语的。

科兹洛夫走了，留给我们的是一个伤痕累累的黑水城。失色的黑水城，成了今天那些仍然在关注着西夏文化的人们心中永远的痛。

◎历史话外音◎

黑水城属于居延文明的一部分。"居延"一词为匈奴语，其意为"天"。19岁的大汉将军霍去病大破匈奴后，汉朝曾在居延屯兵戍边，创造了居延地区灿烂的汉文明。1226年，成吉思汗蒙古军第四次南征攻破黑水城，1286年元世祖在此设"亦集乃路总管府"，这里成为中原到漠北的交通枢纽，马可·波罗就是沿着这条古道走进了东方天堂。1372年，明朝征西将军冯胜攻破黑水城后明朝随即放弃了这一地区，此后黑水城便在尘封的历史里沉睡了的近700年。

世界上最大抢劫案：命运多舛的圆明园

10月18日是一个比"9·11"更值得悼念的日子。一百多年前的这一天，在中国首都北京发生过一场人类文明的大劫难——火烧圆明园。这座中国清代康乾盛世修造的举世闻名的皇家园林，无论其艺术价值还是历史地位，都是美国纽约世贸大楼无法比拟的。

圆明园是多灾多难的。经过1860年那次闪电式的掠夺珍宝与焚毁全园建筑的"火劫"，以及后来各种人为毁灭性的损坏，曾经的万园之园千疮百孔，伤痕累累。

1860年10月6日傍晚7点钟，法军敲响御园的大宫门。总管内务府大臣文丰出面阻挡。敌兵暂退，找"领导"商量去了。文丰四处找不到帮手，自知势单力薄，只好投福海殉节。约过了1个小时，敌兵卷土重来，击杀两名门卫，强行冲进去了。在贤良门附近，与守园护军交火，圆明园技勇八品首领任亮等人拼命抵抗，直至战死。

一开始"分赃"还显得有些秩序，成立了一个两国高级军官组成的"战利品委员会"，负责挑选出最好的物品呈送给法国皇帝和英国女王陛下，同时把最珍贵的物品保管起来，由联军日后平分。

而后第二天，军官和士兵们就不再能抵抗物品的诱惑，都成群结队冲上前去抢夺园中的金银财宝和文化艺术珍品。据参与、目击者描述：军官和士兵，英国人和法国人从四面八方涌进圆明园，纵情肆意，予取予夺，手忙脚乱。他们为了抢夺珠宝首饰，互相殴打，甚至发生过械斗。

圆明园可抢的东西实在太多。据一个英军目击者称，在整个法军营帐内满堆着很多装潢异常华丽的各色钟表，在士兵的帐篷周围，到处都是绸缎和刺绣品。因为园内珍宝太多，他们一时不知该拿何物为好，有的搬走景泰蓝瓷瓶，有的贪恋绣花长袍，有的挑选高级皮大衣，有的去拿镶嵌珠玉的挂钟。有的背负大口袋，装满了各色各样的珍宝。有的往外衣宽大的口袋里装进金条和金叶；有的半身缠着织锦绸缎；有的帽子里放满了红蓝宝石、珍珠和水晶石；有的脖子上挂着翡翠项圈。有一处厢房里有堆积如山的高级绸缎，据说足够北京居民半数之用，光是抢运这些丝绸就使用了庞大的马车队，不是用绳子，而是直接用丝绸来捆绑车辆。甚至对皇家器皿（银钵、商周青铜器、明清官窑、瓷瓶、罐壶、象牙等），也一律用柔滑的丝绸包裹，塞入私囊。士兵们以昂贵的丝绸做被单、床铺、营帐乃至擦鼻涕的手帕。

圆明园的丝绸被席卷一空，海运欧洲。这是一条新的"丝绸之路"，血泪斑斑。但它已非中国的荣誉，而是耻辱。

侵略者除了大肆抢掠之外，被他们糟踏的东西更不计其数。有几间房子充满绸缎服装，衣服被从箱子拖出来扔了一地，人走进屋里，几乎可遮没膝盖。工兵们带着大斧，把家具统统砸碎，取下上边的宝石。一些人打碎大镜子，另一些人凶狠地向大烛台开枪射击，以此取乐。大部分法国士兵手抢木棍，将不能带走的东西全部捣碎。

10月9日，法国军队暂时撤离圆明园时，这处秀丽园林，已被毁坏得满目疮痍。

英法侵略者究竟抢走了圆明园多少宝物，由于园内的陈设什物及其账目都一并被抢劫一空，所以永远无法说清。据清室史料表明，圆明园内当时仅陈列和库存的欧洲各式大小钟表即达441件，劫后幸存的只有一件大钟。事后查缴被土匪抢走和侵略军"委弃道途"的一部分失散物件即达1197件，这充其量只不过是园内物件的千分之一二。

英法联军占领圆明园的第一天，就纵火焚烧。12天后，英军总司令下令再次纵火烧圆明园，大火整整持续5昼夜，连毗邻的万寿、玉泉、香山三山皇室建筑也未能幸免。借助于火，对圆明园进行彻底的破坏，同时也是为了毁灭自己的罪证。抢劫者希望曾拥有无数珍宝的圆明园，只留下一把模糊的骨灰。

美轮美奂的圆明园四十景，就这样灰飞烟灭。唯一能为后人的想象提供依据的圆明园四十景图，现存巴黎图书馆内。

那么，抢劫得手后，"战利品"又何去何从呢？

这时，形形色色的"拍卖会"应运而生。很多精美古董的纪念品就这样以一种纯象征性的价格归个人所有了，许多珍贵国宝流失海外。

而所有流失海外的圆明园文物中命运最为坎坷的要算圆明园的镇园之宝"十二生肖铜首"了。

这些铜首来自圆明园"海宴堂"西洋古建筑前一个构思独特、设计巧妙的大型喷水池，被人称为十二生肖"水力钟"。每个动物就是一个喷泉机关，每到一个时辰，相应动物口中就喷水两小时。如子时是鼠喷水，丑时则换作牛喷水。十二个动物轮流值班，定时喷水，构成了连续不断的喷水时钟，游人路经此处，只要看看当时由哪个动物喷水，就知道是什么时辰了。

1860年英法联军焚烧圆明园，这一奇特景观从此消失了。十二生肖雕像哪里去了？有人说"海宴堂"被焚毁后，咸丰皇帝的母亲将其移放在南海居仁堂前。有人说这些生肖铜像尚存于世。

1980年，十二生肖铜兽首在国外发现7个，即鼠、牛、虎、兔、马、猴、猪。其中牛、虎、马、猴、猪在几次拍卖会上出现。自1980年代保利集团斥巨资从各处购回牛、虎、猴、猪首，除已回归祖国的4件外，圆明园十二生肖铜像中，目前知道鼠、兔首由法国人收藏，"马首"在台湾，另外五件即狗、龙、蛇、鸡、羊首仍下落不明。

这是一段不堪回首的屈辱史，这是一件令人心寒的滔天劫掠案，在这个案件里面丧失的不仅仅是无以计数的奇珍异宝，更是中华民族的自尊。

◎历史话外音◎

"圆明园"，这一名称是由康熙皇帝命名的。康熙皇帝御书三字匾牌，就悬挂在圆明园殿的门楣上方。对这个"圆明"雍正皇帝有个解释，说"圆明"二字的含义是："圆而入神，君子之时中也；明而普照，达人之睿智也。"另外，"圆明"是雍正皇帝自皇子时期一直使用的佛号，雍正皇帝崇信佛教，号"圆明居士"，并对佛法有很深的研究。

敦煌藏经洞：敦煌莫高窟经卷的流失

1907年6月上旬的一个深夜，在中国甘肃敦煌地区的沙漠里，苍茫夜色中，一支骆驼队伍匆忙赶着路。

这个骆驼队，正驮着中国近代史上一次震惊世界的重大事件。骆驼队的背上，是足足29箱上万件中国敦煌莫高窟出土的5~11世纪的经卷文书、绘画及各类文物。当这29箱珍宝在英国出现后，立刻轰动了全世界，随即迅速引来西方各国探险家对敦煌文物的疯狂掠夺，造成了中国文化史上的一次重大劫难。

这些文物是如何被发现并被弄到西方的？这支骆驼队的主人是谁？敦煌都被弄走了哪些珍贵文物？这里面又隐藏着怎样的内幕？这一切，都离不开一个道士和一个神秘的洞穴。

敦煌莫高窟石窟群建立在今天的敦煌市东南部25公里的鸣沙山东麓的断崖上。自366年开始，经历代连续修凿，现存石窟700余个，古代雕塑3000余身，壁画4500余平方米，堪称一部中国古代艺术史的百科全书。而在20世纪初发现的莫高窟藏经洞，出土了近50000卷古代文献，成为这部百科全书中最为璀璨的明珠。

1898年左右，已过不惑之年的王圆禄道士来到了敦煌莫高窟，并一直住了下来，积极地整修当时已很破败荒凉的洞窟。

某日，在中国西北之一角的敦煌，王道士偶然间打破壁画，惊讶地发现有一个洞口，里头有"白包无数，充塞其中，装置极整齐，每一白布包裹经十卷。复有佛帧绣像等则平铺于白布包之下"。王道士把这一情况报告给了当地知县。而此时的清王朝摇摇欲坠。东边，八国联军的枪炮打破了天津的大沽炮台，正在赶往北京的路上，清政府无暇顾及这批宝物，当局只命敦煌县令检点封存，由王道士就地保管。

这时候，野心勃勃的斯坦因来了。第一个将敦煌藏经洞文物盗运到外国的人，就是这个斯坦因。

1906年4月，斯坦因来到敦煌莫高窟，时任阿克苏道尹的潘震对其礼遇有加，大开方便之门。斯坦因利用各种手段说服了王道士让他进入藏经洞参观。随后，开始挑选洞内所藏文物，一直到5月28日，整整六天时间，斯坦因把藏经洞里的所有文物选了一遍，挑出了自己认为最珍贵的写本和画卷。

斯坦因后来写了本书，他这样描述自己在藏经洞里的所见："只见一束束经卷一层一层地堆在那里，密密麻麻，散乱无章。经卷堆积的高度约有10英尺，总计约近500立方英尺，剩下的空间仅能勉强容下两个人。"

根据斯坦因的描述进行推算，藏经洞的容积人约是19立方米。满满地堆的全是历代各种经卷文书画卷，有四五万卷左右。这些藏书不全是抄写的经书，其内容广泛得难以想象：涉及各种宗教经典、儒家经典、文学作品、戏曲剧本、绘画书法、声韵资料、乐谱、古乐舞资料、天文历法、算学、医学、酿造、冶炼、锻造、印刷、教育、农业、水利、体育竞技等等。

斯坦因弄走的藏经洞文物后来绝大部分藏在大英博物馆。现在大英博物馆内的敦煌文物，仅从文字来说，有汉文、突厥文、西夏文、吐蕃文、回鹘文、粟特文、佉卢文、梵文等，对于研究这些古老文化有着不可估量的价值。文献内容几乎涉猎了各个领域：天文地理、医学穴位图、军事文书、世道小说、舞谱曲谱、算经、字帖、周易占卜、地契、卖身契，甚至还有当地学郎的习字画稿。

斯坦因是第一个进入藏经洞的学者，也是历史上第一个详细勘察藏经洞的人。

斯坦因在把藏经洞的所有文物全部挑选了一遍后，曾想用2000两银子弄走藏经洞里所有的东西，但王道士没答应。经过讨价还价，王道士允许斯坦因用200两银子换走之前挑选出来的画卷和写卷文书，再加上55捆典籍写卷。这就是斯坦因和王道士之间的第一次交易。

后来，他们又进行了第二、第三次交易。

1907年10月8日，斯坦因的驼队离开甘肃。至此，敦煌藏经洞文物开始向世界流失。

斯坦因心满意足地回到了英国，当这些文物在英国一露面，立刻轰动了世界。同时，王道士也迎来了一批又一批的掠夺者。

1908年2月25日，"识货的"法国人伯希和出现在莫高窟前。他一头扎进藏经洞，"惊得呆若木鸡"的伯希和自称"每小时阅百卷，浏览典籍之速，堪与行驶中的汽车相比拟"。精通中国历史的伯希和斩获颇丰。

同年10月，伯希和到达北京，随即把绝大部分敦煌文物偷偷运往法国巴黎。同时伯希和留下了一些自己感兴趣的文献，在对人炫耀的时候，引起了中国一些学界人士的注意。至此，敦煌藏经洞文献流失的事情才在中国学术界公开。

1910年清政府下令将剩余藏经洞文物运往京师图书馆。当时的相关文件数字显示是：18箱。这18箱文物，也仅仅才8000多卷。且就是这剩下的8000卷，在最后运往京城的路上也是边走边丢，每到一地都要遭受当地官员雁过拔毛式的掠夺。

这就有一个问题，藏经洞的藏品大约有40000多件，斯坦因拿走的有万卷左右，而伯希和拿走了大约6000件。但最后运到京师图书馆的却只有8000多卷了。这里似乎存在着至少一两万卷左右的缺口。这么多文书跑哪儿了？

伯希和离开敦煌后，王道士见奇货可居，胆子越来越大，开始私藏经卷文书。但具体数目不详，只知不停地有外国人为了这些宝藏纷至沓来，找到王道士，而王道士也能不断地拎出一捆捆的文书。

1912年，日本的橘瑞超和吉川小一郎探险队到达敦煌，从王道士手里弄走500余卷文书。

1914年，斯坦因再次来到莫高窟，从王道士手里用500两银子弄走570卷文书。

1914~1915年，俄国鄂登堡探险队剥走北魏、隋、唐、五代等各时期壁画多方，并盗走一些塑像。其拿走的藏经洞遗存文书具体数目不详。

1924年，美国人华尔纳到达敦煌，此人堪称不折不扣的强盗。得到藏经洞文书三卷，并盗走唐代供养菩萨一尊。随后用特制胶布沾走珍贵壁画中他认为最为精彩的部分，总面积32006平方厘米。华尔纳在揭取壁画时采取的方式极其无知、愚蠢、拙劣、粗暴，导致珍贵的千年壁画受到了永久性的摧残。

至此，藏经洞足足40000多卷的古代文献大部分被劫往国外，分散在世界各地。

作为20世纪世界上最伟大的考古发现之一，敦煌藏经洞文物的惨痛流失，成为一段中华民族无法抹去的伤心史。

◎历史话外音◎

自从西汉丝绸之路开通以来，敦煌就成为丝绸之路上的重镇之一，往来客商和政府驻军使敦煌辉煌了一千余年之久。

"北京人"化石失踪案：国宝"人间蒸发"

1929年，继瑞典科学家发现两颗"北京人牙齿"后，中国古人类学家裴文中，在北京周口店龙骨山发现了一个完整的"北京人头盖骨"，距今50万年。而在此前，被普遍接受的最早化石记录是西欧的尼安德特人，距今不超过10万年。

之后，裴文中又发现两个，古人类学家贾兰坡也连续发现了3个完整的"北京人头盖骨"化石。1927年以后发掘的"北京人"（包括"北京人头盖骨"）化石，一直保存在北京协和医学院。

"北京人"头盖骨为什么要保存在北京协和医学院呢？在协和医学院保存好好的"北京人"头盖骨后来为何又被拿出来？更让人不可思议的是，这个国宝到最后居然消失得无影无踪，这中间都发生了一些什么事情呢？

"北京人"头盖骨之所以要保存在北京协和医学院，这是因为当时协和医学院是属于美国的机构。尽管1937年卢沟桥事变后日本军队侵占了北平，可侵华日军一时还不敢踏入协和医学院。直到此时，"北京人"化石在这个"保险箱"里还安然无恙。

为什么要将这些原本保存在北京协和医学院的"北京人"头盖骨化石转移？而转移的目的地为什么又会选择美国？

1941年，太平洋风云变幻，日美战争已迫在眉睫。为了"北京人"化石的安全，魏敦瑞提议把文物送到美国保存。由于种种原因，起运工作迟迟未能进行。

1941年11月20日，文物运送终于提上日程，化石开始进行秘密装箱，其中计有北京猿人头盖骨5个，头骨碎片15块，下颌14块、锁骨、大腿骨、上臂骨和牙齿等147块。全部用擦镜头的绵纸包好，裹上药棉，再包上纸、细布、棉花，装入大木箱，然后安全送到美国大使馆。

按照预定方案，已经装好箱的"北京人"头盖骨化石连同一些其他"北京人"化石应该是在1941年12月5日早上，由美国海军陆战队负责护送，乘坐专用列车离开北京，沿当时的京山铁路向位于渤海岸边的秦皇岛进发，准备12月8日在那里登上一艘由上海往北驶的美国定期航轮——"哈里逊总统号"。

可没想到，在这个计划实施过程中，珍珠港事件爆发了。

12月8日，日军迅速占领了包括协和医学院在内的美国在北京、天津和秦皇岛等地的机构，不仅"哈里逊总统号"中途"搁浅"，连负责运送"北京人"化石的美国海军陆战队的专用列车也在秦皇岛被截。

美海军陆战队的列车和军事人员包括美在秦皇岛的霍尔姆斯兵营的人员顷刻成为日军的俘虏，包括"北京人"化石在内的物资和行李则成为日军的战利品，列车与航轮没碰上面，"北京人"头盖骨也神秘失踪。

二战结束后，中国、美国、日本都开展了对"北京人"头盖骨化石的寻找工作，但至今没有这些珍贵化石的下落。

1998年，以"北京人"头盖骨化石发现者之一、著名古人类学家贾兰坡为首的14名中国科学院院士呼吁有关人士行动起来寻找北京人头盖骨化石，而后有关部门发出寻找北京头盖骨的呼声，但由于牵涉到多个国家，寻找很难取得进展。

"北京人"化石到底在哪里，目前有四种主要线索。

化石仍在美国？1972年，美国总统尼克松访华，随行人员中一位金融家贾纳斯对"北京人"头盖骨化石丢失产生兴趣。回国后，他悬赏5000美元寻找线索。一位美国老太太声称"北京人"头盖骨化石在她手上，开价150万美元，并约定了见面地点。贾纳斯看了女士拿来的照片，但非常遗憾，并不是失踪的了"北京猿人"。

化石藏匿在日本？"北京人"头盖骨撤离协和医学院后，按原计划由美国海军陆战队装上"哈里逊总统号"运往美国，但是，太平洋战争一爆发，"哈里逊总统号"却成了日军的"俘虏"，化石当然也被日军截留。

1942年，日本大张旗鼓地追寻化石，1942年10月，煞有介事地宣称找到了化石与此后的不了了之，形成一鲜明的对照。以日本军国主义分子的凶残和狡猾，化石如果不曾找到，他们岂肯善罢甘休？因此，化石应该仍被藏匿在日本。

化石长眠在深深地海底？曾经有人提供线索，化石装箱后，并没有运到天津，而是运往秦皇岛港，并在秦皇岛港装上了"哈里逊总统"邮船。可惜的是，邮船赴美途中遇难，沉没到太平洋海底了。这一说法，有待科学的进步及对"哈里逊总统号"的探测和打捞才能证实。

化石还静卧在中国的土地上？中国人类学家周国兴根据多年的调查，提出了一条新的线索。在珍珠港事件爆发前夕，一个守卫在美国大使馆和美国海军陆战队总部通道门口的卫兵，亲眼看见两个人抬着一箱东西，埋在大使馆的后院里。据推测，可能是"北京人"化石。有趣的是，周国兴已经找到了这个地方，只是因为上面盖着房屋，不便发掘。事实的真相到底如何，则有待于这块神秘地域的开发。

"北京人"化石失踪，不仅是中国，也是全世界、全人类不可估量的损失。解开"北京人"化石失踪之谜，是中国乃至世界关心人类发展和学术进步的人们的愿望。

◦历史话外音◦

"北京人"遗址及化石的发现，是世界古人类学研究史上的大事。迄今为止，还没有哪一个古人类遗址像周口店北京人遗址这样拥有如此众多的古人类、古文化、古动物化石和其他资料。"北京人"化石成为世界科学界众所瞩目的稀世瑰宝。"北京人"虽然不是最早的人类，但作为从猿到人的中间环节的代表，被称为"古人类全部历史中最有意义最动人的发现"，因此，"北京人头盖骨"的珍贵可想而知。

第二十二章

方士巫蛊宗教骇案

——求仙问道，求出几多迷踪，问出几多悬疑

入海求仙：秦始皇魂断求仙路

中国古代帝王有许多异想天开的行为，其中就包括热衷于追求长生不死之药。作为历史上统一六朝的首位皇帝——秦始皇，自从他当上皇帝的那一天开始，就迷恋上了长生不老的千秋大梦。他不但希望皇位能万世万代地传下去，自己还想长生不老，于是就千方百计地寻求仙丹妙药，因此，在统一全国之后，秦始皇经常出巡。

其实，早在战国时期，齐、燕一带就出现了一批方士，即"方术""方技"之士，他们宣扬人可以长生不死，得道求仙，并说这些仙人中有宋毋忌、正伯桥、羡门子高等可以"为方仙道，形解销化，依于鬼神之事"，可以使人的灵魂升天。各国历代君王就纷纷派人到海中寻求长生不老之药。秦始皇在享有了无穷的权力以后，极尽各种办法追求长生，他当然希望能够永久地享受人间帝王的极度富贵和无穷欢乐。

众方士中，徐福无疑是最为聪明的一个，他把握住了秦始皇的性格特点，看出了秦始皇希望长生不老的迫切心情，就说海中有三神山，分别是蓬莱、方丈、瀛州，上面有神仙居，请求出海寻求长生不老药。其实，所谓的仙岛之一，很有可能就是现在的日本。而根据古籍记载，当时的日本有一种神奇的果实，名叫"千岁"，大小如核桃，汁浓，味甘，据说食用可保千年不死，既便闻一闻也可以增寿三年三个月。如果"千岁"的传说曾经在当年传入中土，徐福家住东海之滨，听到此传说应该不是很奇怪的事情。这样的传说，加以附会，通过其他途径传入秦始皇耳朵里并非不可能，那么此时徐福就会极有说服力了。而秦始皇对徐福也会是更加的信任。

此处，我们就会有疑惑了。到底"千岁"是一种怎样神奇的果实呢？它真的有那么不可思议的功效吗？如果没有，为什么会被人穿凿附会成那般的厉害呢？

其实，"千岁"的确是一种稀有的植物，它学名Actinidia chinensis Pianch。藤状灌木。以根和果实入药。具调中理气、生津润燥、解热除烦、活血消肿之功效。果肉绿色，果皮软而带毛，今天已经存在人工栽培的品种，果实大小也增大了几倍，常吃可以强身健体，延年益寿……从功能上来看，它的确有强身健体的功效，但是却没有那么夸张。

这种果实究竟是什么呢？它在中国，我们称之为——野生猕猴桃。

我们现在的人虽然知道此种果实并非如此神奇，但是，为什么当时的徐福在找到这种"长生不老药"后却没有归国呈上呢？

原来，秦始皇的老家，就在陕西秦岭一带，也是著名的野生猕猴桃的产地之一。所以，谁又曾想到传闻中海外的"长生不老药"，会是秦始皇老家的特产呢，难怪就算徐福找到了，也不敢回国。

公元前210年，徐福因"求仙多年未果"，恐受责难，就欺骗秦始皇说蓬莱仙药可得，但海中藏有大鱼，蛟龙作怪，只有除掉这些东西才可得见仙人。至高无上的始皇帝竟然相信了，于是乎他又下令制造捕鱼的工具，准备好大弓，亲自率领军队并射死了一头鲸鱼。始皇帝苦苦寻找，但别说仙人仙药了，连影子都见不着。

也许就是因为一次又一次的失望而返，从海上归来的秦始皇怏怏不乐，而且秦始皇自幼有疾，所以体质较弱。再加上巡游中七月高温等一系列的因素，促使他最后在途中身亡。秦始皇的死引起了后人的争议。有的人说他是途中被刺死，有人说是得病而死。但无论怎样，求仙这件事情给始皇带来的代价无疑是惨重的。

其实，在求仙的过程中，秦始皇的思想始终处于极度的矛盾之中，尽管他听信方士之言，求神仙、炼不死之药，但事实却往往和梦想相悖，于是他大规模营造骊山墓，希望能延续生前的无尽欢乐。求仙与建墓，同样是秦始皇个人私欲无限膨胀的产物。但是直到躺在陵墓里，他仍然固执地追寻着成仙之路，从兵马俑的发掘可以看出这一点。古代帝王讲究面南坐北，而兵马俑却是面向东方。据勘测，躺在地下的秦始皇也是头西脚东，秦人称为面东。面东表现了他向往东方、入海求仙之梦。可见，未能长寿成仙，成了秦始皇死不瞑目的遗憾了。

◎历史话外音◎

他是皇帝尊号的创立者，同时也是中国皇帝制度创立者，使中国进入了汉民族中央集权帝制时代的第一人。他还统一了文字、货币，这套文字作为中国唯一规范的文化一直用了两千多年，同时将货币统一为外圆内方的铜币，这种铜钱一直沿用到两千多年后的清朝。

明君也迷信：汉文帝不问苍天问鬼神

李商隐有一首绝句，题目叫作《贾生》，是这样写的："宣室求贤访逐臣，贾生才调更无伦。可怜夜半虚前席，不问苍生问鬼神。"这首诗对封建帝王只关心虚无缥缈的鬼神之事，却忽视民生之事进行了辛辣的讽刺，历来为人所传诵。

汉文帝可以说是历史上一位非常有作为的皇帝。他生活节俭，与民休息，励精图治，算是历史上难得的一位好皇帝。所谓"文景之治"就说的是汉文帝和汉景帝对于国家出现治世做出贡献的最好评价。但作为帝王，难免会有利己之心。对于迷信鬼神这方面，汉文帝比上（秦始皇）不足，比下有余（汉武帝）。为什么这么说呢？

汉文帝前元十五年（公元前165年），赵人新垣平胡编了一通鬼话，说"长安东北有神气，成五采"，就像一顶帽子一样，这是大大的"祥瑞"，应当建立祠宇，祭祀上帝，"以合符应"。文帝便在渭阳盖了一座五帝庙，"一宇之内而设五帝，各依其方帝别为一殿，而门各如帝色"。

这个新垣平到底是何方神圣呢？是汉文帝时期的一个方士，他靠骗术骗取汉文帝的信任。但他的道行比秦始皇时期的徐福可差太多了！汉文帝相信了他的话，建起了五帝庙，这也仅仅是为了江山社稷和后世子孙着想，也不足为道。在此期间新垣平不过是故伎重施说一些小方术来骗取汉文帝的继续信任罢了。

两年后，有一天，新垣平说："京城里出现一股宝玉气，必定是有人来献宝了。"一会儿，果然有人拿着一个玉杯，要献给皇帝，杯上还刻着"人主延寿"四个字！他还胡说什么"臣候日再中"，说他曾见到太阳已过了中午，又倒转过来了，结果使一天有两个中午。文帝也相信了，这一年按"前元"计算应为前元十七年，还因此而特意改为后元元年，并让全国各地都大大庆祝了一番。

新垣平又尝到了甜头，鬼话自然越编越玄。他说"臣望东北汾阴直有金宝气"，大概是沉没在泗水中的周鼎要出世了，汉文帝又赶忙在汾阴南盖了一座庙，准备迎接周鼎。

不过鬼话终究是鬼话。新垣平越发得意之后，当然会引来一些人的妒忌甚至猜测，后来，新垣平的骗局终于被人揭穿了。丞相张苍和廷尉张释之暗地里派人去监视新垣平的行动，还真的查出了那个在玉杯上刻字的工匠。原来献给皇帝的那个玉杯，是新垣平制作的，献杯人也是他事先安排好的。

张苍和张释之让人上书，告发新垣平所说的话没有一句是实话，有凭有据的罪状不得不叫汉文帝相信。他仔细地想一想，才从迷梦中醒来，他后悔自己的糊涂，痛恨方士的可恶，他立刻革去新垣平的职位，把他交送廷尉张释之审问。

新垣平一见张释之的威严，早已吓得魂飞天外，一经审问他没法抵赖，只好把前后欺诈的经过和盘托出。张释之判他个大逆不道的重罪，新垣平被捕下狱，灭门三族。唐陈鸿《长恨传》：

"恐钿合金钗，负新垣平之诈也。"用的就是这个典故。

自从新垣平的鬼话被揭穿以后，汉文帝便"怠于改正朔服色神明之事"，再也不去五帝庙祭祀了。从此一心治理朝政，爱惜子民，从而出现了"文景之治"的盛况。

◎历史话外音◎

刘恒登基后窦漪房儿子刘启被立为太子，窦漪房成为皇后。刘恒个人躬行节俭励精图治，最终开创治世"文景之治"，公元前157年6月，汉文帝刘恒驾崩，在位23年，享年47岁。葬于霸陵，其庙号太宗，谥号孝文皇帝，也是《二十四孝》中"亲尝汤药"故事的主角。

迷信方士：汉武帝苦寻神仙之谜

汉武帝和秦始皇一样，都有沿海巡游的壮举，他们的目的也不言自明，向往神仙，追求长生不老。这两位皇帝应该算是追求长生不老的帝王队伍中最出类拔萃的了！《史记·武帝本纪》中有一半的篇幅在讲他终其一生如何宠信方士，如何劳师动众追求仙药。

汉武帝利用至高无上的皇权，五次东巡求仙；二十余次巡游全国名山大川。每次都有多则十余万军队护驾，劳民伤财；信方士，建楼阁、御女"万有八千"，以达到长寿见仙人之目的，穷奢极欲，真可谓登峰造极。

汉武帝即位不久，从长安跑到泰山去登顶，试图见到神仙，但他真正大规模接触道士方术是在宠妃李夫人死后。李夫人的死，让年纪尚轻的汉武帝意识到一个很严重的问题：原来死亡很可怕。而当时齐地方士李少翁说只要通过施展法术，就可以让汉武帝见到李夫人。李少翁用了点小阴谋，汉武帝说是见着了李夫人的幻影，就这样拜了李少翁为文成将军。之后方士栾大求见武帝，说可以点石成金，炼出长生不老之药，武帝遂封栾大为五利将军、天士将军、地壤将军、天道将军和大通将军，又将长公主嫁给他，并封其为乐通侯，然而这次显然汉武帝又被骗了，栾大根本没什么本领，除了撒撒谎骗骗人。虽说是准女婿，但汉武帝还是把栾大给杀了。

汉武帝的智商很高，经历了两次骗局，照理来说，他能识破江湖郎中们的骗局，应该也会理性对待那些术士的说辞，思考长生不老的问题了。可惜，他选择了在长生不老这条道儿上一条道儿走到黑！像抽鸦片一般，时时会瘾发。这是为什么呢？

公元前113年，山西汾阴挖出了一只古鼎。这原本是一件普通的考古挖掘事件，一个叫公孙卿的人对汉武帝说："从前黄帝采首山之铜，铸鼎于荆山之下。鼎成，龙来迎黄帝。黄帝骑龙升天，群臣及后宫随之上天者七十余人。"汉武帝一听，大喜。原来这鼎还有如此作用，不仅能召唤神龙，而且能让帝王升天。于是，汉武帝忘乎所以地说："嗟乎！吾诚得如黄帝，吾视去妻子如脱屣耳。"说完，他任命公孙卿为郎官，负责去嵩山太室山等候迎接自己升天的神仙下降。

公孙卿走了，汉武帝开始做长生不老、升天做神仙的白日梦。这个梦一直做到冬天，公孙卿没带来神仙，只不过是在墙上见着了神仙的脚印，而汉武帝半信半疑威胁公孙卿："难道你想效法少翁、栾大吗？"公孙卿的脸皮可厚得多了，撒起谎来脸不红心不跳，说："皇上，现在不是神仙有求于您，急着来见您，而是您有求于神仙。您也看到了，神仙的脚印这么大，但是凡间的道路这么小，神仙根本就落不下脚啊，还怎么来呢？"汉武帝觉得这话有道理，即刻下令全国郡县都修整道路，缮治宫观及名山祠所，迎接神仙的到来。

三年后的元封元年（前110年），汉武帝东巡海上，继续求仙访神。汉武帝听信方士的话，派出数千人乘船出海寻找蓬莱神人。大臣们怕他继续没完没了地寻仙求仙，于是集体撒谎说："我们看见一个老人牵着一条狗，说他见到了身材巨大的神仙。"汉武帝忙问："那他人呢？"大臣们说："老人说完就忽然不见了。"汉武帝这才相信神仙真的出现过，大喜，留宿海上一宿后返回，因情绪高昂又爬上泰山封了禅，并大赦天下，向神仙表达自己的诚意。

汉武帝的一生，登高封禅做了，出海求仙做了，亭台、宫观更是勒紧裤腰带造了，可除了看到几个可疑的大脚印外，连神仙的影子也没见着，得不偿失。但他却乐此不疲。

汉武帝在生命即将结束的征和四年（公元前89年）正月，他最后一次来到东莱。面对波涛汹涌的大海，年迈的他选择了班师回朝，三月，听从大臣田千秋的劝谏，停止求仙活动，罢黜全部方士。他的忏悔，可以看作是对古代帝王追求永生偏执症的一个极好总结："昔时愚惑，为方士所欺，天下哪有仙人？尽妖妄耳！节食服药，差可少病而已。"

◉历史话外音◉

唐人崔涂《续纪汉武》诗写道：分明三岛下储胥，一觉钧天梦不如。争那白头方士到，茂陵红叶已萧疏。许浑的诗作《学仙二首》又写道："汉武迎仙紫禁秋，玉笙瑶瑟祀昆丘。年年望断无消息，空闭重城十二楼。心期仙诀意无穷，采画云车起寿宫。闻有三山未知处，茂陵松柏满西风。"二诗都是讽刺汉武帝学仙不成，最终还是长眠于茂陵松柏之下。茂陵的苍苍林木，提供给后人永远的鉴诫——长生不老永远只是个传说。

杀妻灭子：汉武帝血腥巫蛊连环案

汉武帝的雄才大略举世公认，他的富于进取和勃勃野心，中国得以开疆拓土，大汉帝国登上了强盛的巅峰，汉武帝也成为与秦始皇并称的一代雄主。西汉的历史也翻开了最为辉煌的一页。然而，这样的一位帝王却热衷于修仙炼道，希望能够跟黄帝一样，乘龙而去。由于武帝的迷信，到了晚年，却引发了一系列的巫蛊案，给许多人带来灾难。巫蛊，也叫厌胜之术，即用纸人、草人、木偶、铜像等，作为被施术者的替身，刻上他们的名字和生辰八字然后埋进地下，或用针刺，巫师念咒语进行诅咒。巫师们认为这样就可以让被诅咒者不得好死。

最早的一起巫蛊案发生在天光五年。当时武帝已经27岁了，但是却没有一个儿子。皇后陈阿娇因此失去宠信。而武帝从平阳公主家带回来的歌女卫子夫已经有了身孕。阿娇知道后，甚是嫉妒。于是，她施用妇人惑人的邪术，汉武帝知道后非常生气，派人追查此事。结果发现巫师楚服为皇后祭祀诅咒。巫师楚服被斩首示众，皇后被废，居长门宫。祸及三百人！

这次巫蛊只是一个开头，并没有引起连锁反应。所以，相比较于汉武帝后期的巫蛊案，这件案子还只是很小的一个。

汉武帝生性冷酷多疑，宫中巫术盛行，后宫中的妃嫔钩心斗角，祭祀诅咒，有一些人还说后宫有人诅咒皇上，汉武帝大怒，派人彻查，结果后宫连及大臣死了数百人。武帝经过这次事件后，当然时刻担心被人暗算，怕有人用邪术诅咒他，身体变得很虚弱。有一次，白天睡觉的时候梦见几丁个木偶人，手拿木棒来攻击他。这件事被奸臣江允知道了，他利用汉武帝的迷信心理，煽动制造更大的"巫蛊"冤案。

江充与太子刘据有过节。江充怕以后卫太子即位，自己会被太子诛杀，便先下手为强，上书汉武帝，说他身体虚弱是"巫蛊"作祟。汉武帝责成江充查办"巫蛊案"。江充千方百计地把"巫蛊"的祸水引向太子，在太子宫"掘地求蛊"，找到了为诬陷政敌而预先让胡巫埋设好的桐木人。

当时，汉武帝在甘泉宫养病，皇后、太子都不能与之见面，江充的种种胡作非为也无法向汉武帝奏明。在忍无可忍的情况下，太子与母亲卫皇后商量，于公元前91年7月，假传皇帝诏书，发兵捕斩江充。汉武帝以为太子谋反，遂命人率兵镇压。这次"巫蛊之乱"，导致汉武帝父子骨肉相残，太子兵败逃亡，后自杀。卫皇后被废自杀。太子妃史良娣、皇孙刘进及其妃王夫人，以及其他皇孙、皇孙女都罹难，连刚出生数月的皇曾孙也被投进监狱。

至此，太子谋反事件结束了。但是巫蛊案还没有结束，还在继续上演。太子巫蛊案的第二年，丞相刘屈氂被卷入巫蛊案中，伏诛，丞相的丈人，正在出征匈奴的贰师将军李广利也牵扯案中，家族被灭，贰师将军无奈之下，投降了匈奴。

汉武帝时期的三次"巫蛊案"使陈皇后被废，卫皇后被迫自杀，丞相被腰斩，太子刘据和两位公主、皇孙、皇孙女罹难，加上受牵连的人，前后超过10万人被杀，真是惨不忍睹。更严重的是造成皇室接班人突然空缺，给汉政权带来了重大的政治危机。

这些巫蛊案真真假假，虚虚实实，给汉武帝带来深深伤害的太子巫蛊案，最终的结果却让人心酸。汉武帝派人调查了此案，才知道卫皇后和太子刘据从来没有埋过木头人。最后，江充被灭族，其他参与此事的大臣也都被处死。营救太子的李寿跟张富昌被封侯。

武帝建造了一座思子宫，又在湖县建造了归来望思台。汉武帝在望思台上想到自己的儿子和其他亲人几乎全部因为自己的狂悖而一一惨死，只留下自己孑然一身，成了真正的孤家寡人，不禁老泪纵横。4年后，汉武帝在一片凄风苦雨中黯然辞世。

◎**历史话外音**◎

汉武帝自己一手导演的"巫蛊"案，到了最后，让自己孑然一身，可谓是"赤条条来去无牵挂"，而这其中，邪恶的人如江充最终也得到了惩罚，可知冤冤相报之中自然报应不爽。

"和尚皇帝"：梁武帝萧衍痴迷佛教终误国

南朝是中国佛教文化的重要发展时期，梁武帝的极力推崇使佛教在江南得以广泛传播。梁武帝在位期间曾四度舍身，成为中国第一位"和尚皇帝"。他以九五之尊，舍弃了江山社稷，先后四次跑到寺院里，当起和尚来了。这事儿听起来非常滑稽，但是，它的确发生了。

然而就是这么一个崇信佛教的皇帝，最后却饿死于内宫，不禁让人惊诧万分。也因为过度迷信佛教而国破家亡。

他因何迷信宗教而亡国呢？还得从头说起：

梁武帝从小就迷信宗教，青年时期与道士有缘，经常让道士出谋划策，登基之后更日益痴迷，无复有加。晚年，因为有了一个奇怪的梦境，就转向信佛，到处修建寺院，把南朝变成了佛国。梁武帝不遗余力地弘扬佛法，传名甚广。但是他把全国人民的税收拿来为自己做"功德"，以百姓的饥饿为代价，实属荒唐。《资治通鉴》记载梁武帝的这种事情说"修建浮屠，百度糜费，使四民饥馁"，意思是耗费了国家大量的钱财，修建了无其数的寺院，使四方民众处在饥荒、挨饿之中，不顾百姓的死活而做功德，其意义何在？

梁武帝信佛已经到了无限痴迷的程度，他定戒律，主张吃素，自己身先示范，带头守戒。就这样梁武帝就成了名副其实的菩萨皇帝，他自己信佛后不近女色，不食腥荤，并且要求全国上下效仿，人人学佛，个个守戒。真的把梁朝变成了佛国。那么他在政治方面是怎么样的呢？

南朝是经过了宋、齐、梁、陈四个朝代，比较有作为的就是开国皇帝刘裕，梁武帝在位四十八年，是最长的一个皇帝，刚登基上任的时候，梁武帝很有抱负，想励精图治，有所作为。他勤于政务、孜孜不倦，积极采取一些有力的措施。晚年的时候由于做了个奇怪的梦，就开始迷恋佛教，变得昏庸腐朽，招致侯景之乱。梁武帝疏于朝政，致使国事荒废；又由于他的事佛之举，浪费了不知多少国家财力，造成国力衰退。

这里不得不提一下侯景之乱，侯景之乱指的南朝梁武帝太清二年（548年）八月，东魏降将侯景勾结京城守将萧正德，举兵谋反。当时正值梁朝政务松弛，防备松懈之际，侯景军队很快就包围了台城，次年二月，因兵尽粮绝，台城陷落。梁武帝被软禁后饿死。

对于梁武帝之死，有不同的说法，也算是疑案一宗。一般说的是梁武帝是被活活饿死的，但有人认为他并非是饿死。据《资治通鉴》记载，侯景攻破南京后，进宫面见梁武帝萧衍，"入城见武帝于太极殿，以甲士五百人自卫，带剑上殿拜谒"，萧衍神色自若，对侯景说："卿在戎日久，无乃为劳。"让人带他到三公的座上，侯景非常惶恐，便对左右说："吾踞鞍临敌，矢石交下，未曾怖畏，今见萧公，使人畏惧不已！"也就是说侯景攻破皇宫见到梁武帝时非常恐惧，被梁武帝的从容自若镇住，于是便把他软禁在台城，不敢再去见他。后来侯景派王纶给萧衍送了几百只鸡子让他吃，因此梁武帝不可能是饿死的。关于梁武帝之死，《资治通鉴》是这样记载的，"梁武帝疾久口苦，索蜜不得，再曰：'荷，荷。'遂崩。"说梁武帝生病久了觉得嘴巴苦，想要吃蜂蜜而不能，于是大喊"嗬嗬"数声而死。根据这段记载，萧衍是"疾久口苦"，也就是得了重病，嘴巴苦说明梁武帝并非空腹，而他想吃蜂蜜说明他并非肚子饿，而且上的鸡子有数百只之多，就知道其他吃的东西一定都齐备。其实当时梁武帝已经八十六岁，眼见国破家亡，恶人横行，禁不住忧愤成疾，而自身又被软禁，无人搭理照料，因此病情日益恶化，最终死去，这也是很自然的事情。

◎历史话外音◎

且不说梁武帝是怎么死去的，单从他迷信过度导致国亡这件事来看，他沉溺佛法、僧尼泛滥，朝纲废弛、民生凋敝，最后不得人心，以致朝政废弛，国库亏空，老百姓民不聊生，从而对朝廷心生怨恨。百姓反而去拥护侯景，不能不说是一种悲哀。

凡事应该都有度，过度迷信于佛教招致杀身之祸直至国破家亡实乃悲哀之事！

唐太宗：吃丹药暴死之谜

唐太宗是中国封建社会一位比较开明的皇帝。这是毋庸置疑的。在贞观前期，他重人事，少迷信，励精图治，开创了历史上有名的"贞观之治"鼎盛时期。然而，李世民的"晚年"，也就是他做皇帝的最后几年，一反常态，既迷信占卜，又痴迷丹药，竟在五十三岁英年早逝。

为什么贤良的君王会有这么突然的转变，追求长生不老，然后吃丹药而暴亡呢？

其实，一开始的时候，唐太宗对长生不老，对迷信思想是有所怀疑，有所否定的。他嘲笑秦始皇、汉武帝慕求神仙的愚蠢行为，说"神仙事本虚妄，空有其名"。还说秦始皇想求长生不老被方士欺骗，派方士率几千童男童女入海求仙药，仙药没找到，连性命都搭上，什么也没有得到。说汉武帝求神仙，把女儿嫁给了方士，结果还是被骗。隋文帝、隋炀帝都喜好祥瑞迷信，唐太宗常常讥笑他们。贞观二年，太宗寝殿的大槐树上，飞来了稀有的白鹊，筑起了一只鸟巢。有人以为是祥瑞的象征，纷纷道贺。太宗却严肃地说："祥瑞在于得到贤才，这有什么值得庆贺的？"他还对大臣们说："梁武帝君臣只谈佛家的空苦之论，侯景之乱，百官不能骑马。齐元帝被北周军队围困，却还在讲述《老子》，百官穿着战袍聆听。这些都应深以为戒。朕所好者，只是尧、舜、周、孔之道。"看来，话不能说得太早。在这里，我们可以看到唐太宗对于神仙方术是深恶痛绝的。然而，历史竟也是这般曲折多变！

晚年的唐太宗竟然也和历史上许多有作为的封建帝王如秦皇汉武那样，开始愚昧地追求长生不老，服食丹药，这究竟算不算是一种讽刺呢？

人都是畏惧死亡的，尤其当人们觉得死亡开始逼近的时候。唐太宗晚年的健康状况趋向下降，很少服药的他开始服食药石了，但身体却是时好时坏，添了更多的病症。药物治疗未见好转，他便想通过超自然力量的迷信，希望通过长生不老药收到奇效。于是，他开始服食丹药。可是，两年了，这些丹药还是不见效。唐太宗以为是国内方士们道术尚浅，于是派人四处访求国外高人。从国外引进丹药，这大概是唐太宗的首创。大臣们为了迎合唐太宗的这种心理，为他推荐了天竺国的一位方士。贞观二十二年（648年），大臣王玄策在对外作战中，俘获了一名印度和尚，名叫那罗迩娑婆。那罗迩娑婆吹嘘自己有二百岁高龄，专门研究长生不老之术，并信誓旦旦地说，吃了他炼的丹药，一定能长生不老，甚至可以在大白天飞升到天宫里去成为仙人。他这番话打动了李世民企求健康、追求长寿的心理，于是他把这个印度和尚安排住进了豪华的馆驿，每餐都是丰盛的美食，天天有一大群下人侍奉着，生活不亚于帝王。那罗迩娑婆见李世民对自己深信不疑，就煞有介事地开出一大串稀奇古怪的药名来，李世民号令天下，按此方采集诸药异石，不论任何代价，不惜一切牺牲，只要能采办到印度和尚药方中的药，哪怕刀山火海也得取来。

经过一年的炼制，到贞观二十三年（649年）春，丹药终于出炉，见到盼望已久的仙丹，唐太宗如获至宝，他按照那罗迩娑婆的嘱咐，依法服食。但，令太宗万万没有想到的是，长生不老药成了"催命药"，他服下仙丹之后，顿感不适，病情加剧。接着，唐太宗把自己写好的《帝范》十二篇，当面赐给太子李治，他指着《帝范》对李治说："修身治国的道理都在书里面了。我一旦离开人世，要说的话都在这里面了。你应求古代的明君贤主作你的榜样，像我这样的君主是不值得你效法的。吾自居帝位以来，不善的事做了不少：锦绣珠玉堆满我的面前；宫室台榭时有兴建；巡游四方百姓劳烦……"李世民对太子李治带着后悔心情说的这一段话，或许是感知自己的生命快到尽头给李治的治国口谕遗诏吧！两个月之后，太宗暴疾而终！

假如唐太宗不吃丹药，或许还可能多活几年。看来，丹药葬送了太宗的性命，确是事实。那么，那罗迩娑婆一定是会死的，没准儿还要诛九族。但他不仅没被杀，还被"放还本国"了。新继位的唐高宗担心，若是把他杀了，会将事情闹得沸沸扬扬，让天下人笑话说一代君主死于吃丹药，于是大事化了，打发走了。

曾经嘲笑过秦始皇、汉武帝求长生药的一代明君李世民，没有能够做到慎终如始，自己也被"长生不老药"毒死，过早离开了人间，可悲可叹！

◎**历史话外音**◎

戏剧性的是唐太宗五十步笑百步，没有想到自己也会同秦皇汉武那样，甚至有过之而无不及。

心狠手辣：成就武则天让人悲叹的王皇后

王皇后，唐高宗的结发妻，史称"废后"。王皇后不但有高贵的出身，还有美丽的容貌。她是被同安大长公主推荐，唐太宗——她的公公选中的儿媳妇。可能是因为唐太宗喜欢长孙皇后式的端庄美女，所以就按长孙皇后的标准挑选了王皇后为儿媳。

唐太宗很喜欢这个儿媳，因为她知书达理，孝顺谦恭，对她评价很好，临死的时候还托孤，对褚遂良说过："佳儿佳妇，悉托付汝。"在王氏15岁时，嫁给了晋王李治，册封为晋王妃。贞观二十三年（649年），唐太宗去世，太子李治即位，是为唐高宗。王氏也自然成了皇后。

王皇后一生无子，这成为王皇后最大的缺憾，也是唐高宗多年萦绕心头的一块心病。唐高宗淑妃萧氏，生有一子雍王李素节，因此深得唐高宗宠爱，遭到王皇后极大嫉妒。当王皇后听说唐高宗与唐太宗才人武则天在感业寺相会一事后，就秘密派人见武氏，让她蓄发，并且劝唐高宗把武氏接回后宫，想利用武氏来离间萧淑妃之宠。武氏为人聪明伶俐，刚入宫时，她低声下气，"卑辞屈体以事后"，博取了王皇后的欢心，王皇后在唐高宗面前极力称赞武氏懂礼识大体。王皇后以为对手已经打倒、目的已经达到，从此可以高枕无忧了，哪知螳螂捕蝉——黄雀在后，王皇后很快发现，武则天才是她更难对付的强劲对手，于是又反过来联合萧淑妃，共同对付武则天。

当时的高宗已经被武则天迷得七荤八素了，而武则天的野心明显不只是当个昭仪那么简单，此时的高宗皇帝居然为她而改祖制，在贵淑德贤四妃之上加一个宸妃，离皇后仅有一步之遥。唐初皇后之下有贵妃、淑妃、德妃、贤妃四夫人，地位仅次于皇后，特别是贵妃，但李治不封武则天为贵妃，而另辟蹊径、立为宸妃，可见高宗对武则天之宠爱已经超越常规了，已经把武则天当成夫人之上的准皇后了，因此高宗废王立武只是时间问题而已。但对一心想为天下女人先的武则天来讲，那肯定是不满意的，她现在看重的是王皇后那坤载万物的宝座、是中宫头椅。这次她要炮制一个刑事案件。武则天对王皇后所用的第一个杀手锏是巫蛊事件，凭借巫蛊事件，武则天为谋取后位奠定了坚实的基础。

"巫蛊"，本来是以民间礼俗迷信作为观念基础而施行的加害于人的一种巫术形式。"蛊"的原义，大约是以毒虫让人食用，使人陷于病害。

果真是武则天诬陷的吗？史上却又两种说法。

一个版本说王皇后主动参与巫蛊事件，一个版本说是被武则天所诬陷。

《旧唐书》同《新唐书》有不同记载，《旧唐书·王皇后传》中说："帝终不纳后言，而昭仪宠遇日厚。后惧不自安，密与母柳氏求巫祝厌胜。"而《新唐书·王皇后传》中记载："而昭仪诡险，即诬后与母挟媚道蛊上，帝信之，解魏国夫人门籍，罢后舅柳奭中书令。"但新旧唐书都没有说明巫蛊案是诅咒高宗皇帝还是诅咒武则天。如果是诅咒武则天，那还构不成废后的影响与威胁，因此事后高宗准备废后，被长孙无忌、褚遂良谏止。既然诅咒武则天构不成废后的威胁，那所诅咒的对象就只有高宗皇帝了，但与王皇后有矛盾的是武则天，而不是高宗皇帝，所以王皇后完全没有诅咒高宗的必要，咒死高宗皇帝对她来说没有什么好处。后来唐高宗权衡利弊，并没有按照刑事案件处理。不过，王皇后的舅父中书令柳奭被贬。因为这次事件，王皇后和家族的联络就断了。这样一来，武则天想要废后，就更为简单了。

如果这次巫蛊事件王皇后是被陷害的，她又为什么不去证明自己的清白呢？巫蛊这种邪术原本就是说不清道不明的东西。而且当时武则天把高宗皇帝迷得晕头转向，对武则天的话，高宗是言听计从、无所不予的。在高宗皇帝一心想着武则天的时候去争辩是非，只能越描越黑。

这之后，武则天又诬陷王皇后杀死小公主。话说武则天生下一女安定公主，王皇后前来探望，逗弄了小公主一下便离去。等高宗前来时，发现公主早已断气，旁人说是王皇后所为，武则天痛哭流涕，高宗也愤怒至极，认为王皇后杀害公主，但是又没有确实的证据，对公主暴毙之事无可奈何。但在武则天不断地进谗之下，高宗已开始有废后之意，且对昭仪更加疼爱。从利益上看，杀婴对王皇后有害无利，杀害皇帝的孩子，只能陷她于不利。而且生公主等于无出，并不影响她皇后的位置，王皇后怎么会杀小公主来置自己于不利？

王皇后本性沉稳端庄，循规蹈矩、不敢越雷池一步，却遭遇如此下场，实在是可悲。她一生没有平静，午夜梦回，寂寞凄凉，思绪只能停留在怎样保存后位，战战兢兢地生存下去。

◎历史话外音◎

武则天的野心、强悍、残忍、城府，造就了一个传奇，应该是创造了一个奇迹！而在这历史长河中，王皇后几乎是微不足道的！可想而知，无论曾经的所作所为到底如何，历史记住的，终究是能够"有所为"的人。

亡国之君：荒诞宋徽宗自封教主误国

宋徽宗可谓是中国历史上一位"赫赫有名"的皇帝，但他并不是因为有着怎样的丰功伟绩，而是以"风流奢靡"著称于世。众所周知，宋徽宗是一个荒淫无度、喜好玩乐、任用奸臣的昏君，北宋在其手中逐渐走向了灭亡的道路。

在政事上一无所为的宋徽宗，又是一个极端迷信的皇帝，他很能折腾。在他统治期间，曾向全国各地搜集祥瑞的征兆。比如，今天天神在坤宁殿显灵了，明天在某某处又看见飞龙出现了，或是像真宗时那样在什么地方又看见天书了之类的东西等。只要有人上报，他就会一一封赏。有时还会率领众多道士去祀天。徽宗不仅自己崇信道教，还下令让百姓全部都信奉道教。而且每年都会给道士许多钱财，如此一来，越来越多的人都开始当道士，宋朝道士的人数空前增多起来。然而这些真假道士也开始四处招摇撞骗，成为社会的寄生虫，严重侵蚀着宋朝的国力。

他尊崇道教，自称"教主道君皇帝"，而且也喜欢别人称呼他为"道君"或"道君皇帝"。不知道他是出于何种心理？这样的怪事果真见所未见闻所未闻吧？这其实还要拜周围那些奸臣道士的谄媚吹捧所赐。

于是，一个叫林灵素的游方道士被推荐给了宋徽宗。林灵素得到宋徽宗的召见后，就开始拍马屁了，说："皇上您是天上的长生帝君，住在神宵宫玉清府；您的兄弟是青华帝君，你们都是玉皇大帝的儿子。"宋徽宗听说自己是长生帝君，玉帝之子，禁不住心花怒放。就这样徽宗就认为自己是神仙下界来治理国家，身授天命，开始大兴土木，修建宫殿，并且在道录院让道士们册封自己为"教主道君皇帝"。还特赐给林灵素"金门羽客"之号了，又建通真宫让他居住。果然荒诞至极！

接着他又耗费巨资，大动土木，兴建了很多宫观庙宇。还给神仙人物加封赐号，和制定道教节日。加封玉皇大帝为"太上开天执符御历含仁体道昊天玉皇上帝"，加封后土神为"承天效法厚德光大后土皇地祇"，加封庄子为"微妙元通真君"，列子为"致虚观妙真君"。他对道士给予优宠，提高道士地位。提倡学习道经，设立道学制度和道学博士。经常召见男女道士不计其数，特别注重符录道术之类的，将道教的信仰推向高潮时期，胜过先皇宋太宗。因此，宋徽宗就成了中国历史上最著名的"道君皇帝"。也可以说他是既当皇帝又在做道士，其信道是如此地执着而痴迷，那么治国是如何的呢？

宋徽宗只图享乐，不管政治，他嗜好声色、书画、鸟兽，贪恋于酒色娱乐，玩物丧志，疏于治理朝政，重用蔡京为宰相，童贯为亲信，不察民情，只顾享受，过着荒淫奢侈、纸醉金迷的糜烂生活。因此先后引发了大规模的农民起义。国弱民贫，导致了非常耻辱的"靖康之难"。而在这国破家难之际，宋徽宗仍然执迷不悟，说来也奇怪，自从他自封为"道君皇帝"之后就陷入了个人崇拜的漩涡中不能自拔。

靖康二年（1127年），金兵大肆入侵中原，将京城汴梁（现在的开封）围困。宋徽宗在这危难之际竟然传位给儿子宋钦宗，父子皆信有神相助，就深信方士郭京与刘无忌招募五百兵，身负符箓，声称召请"六丁六甲"和"北斗神兵"等就会刀枪不入，神力无边。都说人的信念能让人变得异常强大，但宋徽宗也太自不量力了。当他与金兵一交手，就被金兵的大炮与弓箭大败，京城被攻克，北宋彻底消亡，宋徽宗与儿子宋钦宗被抓去后囚禁在一坐枯井里，罚其坐井观天，最后饿死了，这就是他的悲惨下场，徽宗被囚禁之时还身穿道袍，不忘记自己是道君皇帝。

◎历史话外音◎

宋徽宗崇道而亡国，其根本在于对宗教所谓神秘现象的迷信，对宗教基本教义的忽视，任何一件事物，脱离了本心，便走上了可怕的轨道。凡事有好有坏，有善有恶，用之善，便善；用之恶，便恶。

第二十三章

诗书曲画疑案

—— 笔墨下不只是风情，还有诸多玄机

《山海经》：先秦古籍谜中谜

鲁迅先生的《阿长与山海经》，在许多人的脑海里留下了难以磨灭的印象。除了对那位虽然没有文化、粗俗、好事，但心地善良的长妈妈印象深刻，更对文中提到的《山海经》异常好奇。

《山海经》是我国文化史上的一部奇书，它以极其朴素的写实手法，描述了我国远古时期人民视野中的名山大川、动植物产、人文风俗、怪异祯祥，内容极其丰富而又怪诞，充满了浪漫主义色彩。但由于年代久远，关于《山海经》有着众多谜团：它成书于什么时代？作者是谁？它是属于什么类型的书？书的主旨是什么？

最早提到《山海经》的是西汉时期的司马迁。他在《史记·大宛列传》中写道："至《禹本纪》、《山海经》所有怪物，舍不敢言之。"实则不能言之，或不愿言之。他以史学家的审慎，没有对书的性质作出明确的判别。

那么，《山海经》是什么性质的书呢？

有人说它是"方技书"。《汉书·艺术志》把它归于"术数略"中的"形法家类"阴阳五行类。所谓"形法"，是指根据实物的外形、方位，能判别贵贱吉凶的方法。据此，有人认为它属于阴阳五行类的方技书。

另外，也有人说它是"地理书"。因为它以古代中国为中心，记载了东达太平洋，南至南海诸岛，西抵西南亚，北到西伯利亚的550座山、300道水和40多个古代"国家"，提供了极为丰富的地理资料，所以《隋书》，旧、新《唐书》都把它归入地理类。

也有人认为它是"小说神话书"。古人所说的"小说"，指的是记录街头巷语、道听途说、遗闻琐事的杂录，《山海经》正是如此，只不过是以山水为纲，比较系统罢了。著名作家茅盾先生认为它是一部"神话总集"。

但是，大多数的人认为它是一部巫书。鲁迅先生在《中国小说史略》中说："《山海经》记载的内外山川神祇异物及祭祀所宜……所载祠神之物多用糈（精米），与巫术合，盖古之巫书也。"这一观点，为很多学者所接受。

在中国古代（外国亦是）巫的地位很高，极受尊敬。巫被认为是介于人和神、鬼之间最有知识、最有文化的。

首先，古代帝王极为重视对山川的祭祀，因此，巫必须对山川的名称、走向、距离、特产、主司神祇等等了如指掌；祭祀的仪式由专门的巫师承担。这些都能在《山海经》中找到答案。

其次，古代巫史不分家，因此他必须对天上的神，如玉皇大帝、王母娘娘，也有地上的神，如山神、土地，还有君工的历史、谱系等等这些烂熟于胸。这在《山海经》中能找到许多相关内容。

最后，《山海经》中记载了祈祷天地，驱除鬼神的手段和治病疗疾的一些方法。因为古代巫医不分家，掌握这些知识也是必需。

基于上述原因，许多学者更愿意接受《山海经》是一部巫书，但这也只是后人的推测，原始的性质，我们需要经过更多的考证，才能找到令人信服的答案。但是，不管《山海经》是一本什么性质的书，它极大的文学、美学价值以及史料价值都对后世产生了深远的影响。那么，这样一部奇书、宝书，它的作者是谁呢？

为解《山海经》作者之谜，从西汉至今的千百年来，一直众说纷纭。

《山海经》的作者，传统的说法是大禹时期的伯益。

西汉刘秀（欲）在《上山海经表》中说："《山海经》者，出于唐虞之际……禹别九州，任土作贡，而益等类物善恶，著《山海经》。"认为是大禹时代，伯益所作，肯定该书有明确的作者，时间也非常之明确。

宋代大学者朱熹认为《山海经》并非独自创作，而是根据《天问》《穆天子传》《竹书纪年》等书所记的事物加以夸张描写的，因此它的作者是"战国好奇之士"，不能明确其作者是谁，但它的成书，大略应该是战国时期。

近代学者基本同意上述观点，并考证出，在战国时期的《鲁语》《晋语》《庄子》《周书王会》《楚辞》《吕氏春秋》等书中，都引用过《山海经》的内容。因此，除了《大荒经》之外，其他篇章应该是战国中期的作品。

更多的学者持与上述不同的观点。认为《山海经》是由民间口头文学流传而来，从荒蛮的远古，人们口耳相传，一代一代在流传的过程中不断演变增益，最后才见之于文字。成书约在战国之前，成书后仍有后人修订。因此，说它是某一时代某一个人所著都是不科学的。

由于《山海经》描绘了一些异国情调的海外风物，又引起了海外学者的遐想：《山海经》会不会是来源于海外？

有人认为《山海经》中有长耳、奇股、三足等怪人形象，与希腊神话中的怪物相似，因此，它有可能来源于希腊。

有人认为，《山海经》在文法、修辞、名物读音上与印度经籍、语言类相同，它奇形怪状的怪物图像与印度婆罗门教的怪神图像相似，还描绘了一些热带风物，因此推断《山海经》的作者是墨子的学生印度人隋巢子的作品，他把由印度到中国的沿途风物与婆罗门教神话综合所作。

还有人认为，《山海经》是阿拉伯半岛的地理书。它的作者是古代巴比伦人，战国时由波斯带到中国，辗转笔录而成。尤为有趣的是，美国学者亨利埃特·默茨居然不畏艰险，跋山涉水徒步进行实地考察，竟发现书中所记与实际地形完全吻合，肯定了这段路程是从美洲到南美洲的山山水水。为此，他把这一发现绘成地图，并著有《几近褪色的记录》一书。

《山海经》是一本奇书，关于《山海经》的研究也是一个饶有兴味的话题，它就像一幅神秘的藏宝图，等待人们去重新发现，去发掘出更多接近真相的线索。

◎**历史话外音**◎

《山海经》的魅力来自它的神秘，更来自它五花八门、包罗万象、引人入胜的内容。它最重要的价值也许在于它保存了大量神话传说，这些神话传说除了我们大家都很熟悉的如夸父逐日、精卫填海、羿射九日、鲧禹治水、共工怒触不周山等之外，还有许多是人们不大熟悉的。如《海外北经》中载："共工之臣曰相柳氏，九首，以食于九山。相柳之所抵，厥为泽溪。禹杀相柳，其血腥，不可以树五谷种。禹厥之，三仞三沮，乃以为众帝之台。在昆仑之北，柔利之东。相柳者，九首人面，蛇身而青。不敢北射，畏共工之台。台在其东。台四方，隅有一蛇，虎色，首冲南方。"

长沙楚墓帛画：其画中的妇人形象是谁

1949 年，湖南长沙市东南郊陈家大山楚墓出土了一幅帛画。此帛画距今已有2000多年，是目前世界上发现的年代最早的绢画之一，被称为晚周帛画或长沙楚墓帛画。

这幅帛画高约28 厘米，宽约20 厘米。画面主要位置绘一妇女，侧立向左，头后挽有一垂髻，并系有饰物，长裙曳地，腰细而修长，两手合十神态虔敬。她的上方绘一条龙和一条凤，凤鸟头上昂，振翼奋爪，尾翻飞，呈奋起状；龙则双足屈伸，身体蜿曲，似乎正向天空飞升。该画以墨线勾描，线条有力，顿挫曲折富于节奏变化，用黑白组合，使画面具有一定的装饰趣味。在人物的唇和衣袖上，还可以看出施点过朱色的痕迹。

长沙楚墓帛画的发现引起了我国许多专家学者的关注，这幅帛画为何而作？图中的妇女是谁？腾飞的动物是否是龙凤？学者们对此进行了诸多研究和探讨。

20世纪50年代初，郭沫若根据当时的旧摹本进行过研究，认为妇人左上方的一兽一禽为夔（古代传说的一种独脚兽）和凤，一凤一夔，作斗争状。凤为神鸟，象征善与和平，在斗争中居高临下，占优胜地位；夔为怪类，象征邪恶与死亡，在侧面抵御相形败退。画的下面是一个现实中的女子，她合掌胸前，立于凤鸟一侧，似乎在祈福。然而郭沫若却没有对画中妇人的身份进行考证。

80年代以后，帛画在社会上公开，人们对照旧摹本研究，发现旧摹本中有不少错误，似龙的兽是双足而不是单足，帛画的最下角有一新月被忽略了。因此，郭沫若的推测就被否定了，于是学者们对原画进行重新鉴定。

《江汉论坛》曾发表一文章《对照新旧摹本谈楚国人物龙凤帛画》，这篇文章对长沙楚墓帛画又有了新的诠释。

该文认为帛画的结构和布局有上、中、下三层。上层是天空，左边的兽应该是我国古代神化了的龙，右边的鸟，则应是凤鸟。龙和凤在我国古代神话传说中是人和神助魂升天的神兽神禽。画中的妇女站在中层，就应该是人间。妇人右下角有一弯月状物是下层，应该是大地，意味着妇人站在大地上，向龙凤合掌祈求，希望飞腾的神龙神凤引导她的灵魂进入神界。该文还认为画中妇人即墓主人自己，这幅帛画的主题思想就是楚巫神迷信思想的一种反映。

美术史家金维诺先生也赞同这样的说法。他认为画上的中心人物应当是死者本人的画像，并认为此类帛画是我国肖像画的滥觞。

但是对于画中的妇女是谁，学术界还没有一致的答案。美术史话家王伯敏认为这是一幅带有迷信色彩的风俗画，描写一个巫女为墓中死者祝福。这幅帛画所描绘的妇女，有可能是当时"巫祝"的形象。除此以外，还有人认为画中妇人是女神宓妃，认为这是一幅"丰隆鸾鸟迎宓妃"图。

从墓葬出土的形式来看，这幅帛画在当时，肯定不是作为观赏的美术品，而是被统治者作为寄托升天愿望的迷信工具，这与楚人的迷信习俗是相符合的。至于画中妇人的形象到底是谁？各家说法不一，就成了一个未解之谜，还有待于专家、学者作进一步研究。

◎历史话外音◎

楚文化之所以广受重视，一个很明显的原因，是这种文化所表现的绚丽多彩的文化面貌。中国的种种古代文化，有的比楚文化年代更久远，有的比楚文化分布更广袤，但是它们的遗物每每不像楚文化这样保存良好。这是由于楚文化存在的地区，地下的环境更适于文物的保藏，特别是楚墓的埋葬方式，使大量易于损毁的文物得以存留。这样，我们就在楚墓里看到无法于其他地区获见的种种遗物，窥见当时文明是怎样进步发展的。这好比在埃及考古中，如果没有图坦哈蒙墓这样的发现，便难于认识古埃及新王国时期的文明全貌。

《胡笳十八拍》：作者究竟是谁

琴歌《胡笳十八拍》由18首歌曲组合的声乐套曲，由琴伴唱，描写主人公饱受战乱之苦，抒发思乡之情，骨肉分离之亲。千百年来成为我国传统音乐作品中的珍品，深受人们喜爱。

据传其作者是东汉著名文学家蔡文姬。

蔡文姬，名琰，是东汉末年大名士蔡邕的女儿，她自幼就聪颖过人，博学多才，尤其在文学和音律方面更是出众，是个出了名的才女。父亲死于狱中以后，文姬孤苦无依，只好跟着难民到处逃亡。有一天文姬在逃难中正好碰上匈奴兵，被其掠去。从此，她流落匈奴成了左贤王的夫人。

左贤王很宠爱文姬，夫妻感情很好。蔡文姬在南匈奴一住就12年，生有两个孩子，但是仍然十分思念故乡。她靠着自己的音乐天赋创作了《胡笳十八拍》。《胡笳十八拍》歌词分为十八章，一章为一拍。第一拍点"乱离"的背景；第二拍到第十一拍的主要内容便是写她的思乡之情；第十二拍中是这种矛盾心理的坦率剖白；第十三拍起，转入不忍与儿子分别的描写，结尾一段"胡与汉兮异域殊风，天与地隔兮子西母东。苦我怨气兮浩于长空，六合虽广兮受之应不容"。全诗即在此感情如狂潮般涌动。《胡笳十八拍》创作后蔡文姬经常演奏，借以抒发自己的思乡之情。后来，曹操派朝臣周近出使南匈奴并赎迎文姬。文姬经过激烈的思想斗争，挥泪与左贤王和两个孩子告别后踏上了归乡的道路。经过长途跋涉，数月之后，她终于回到了曹操的大本营邺城。

胡笳就是胡地的笳，在汉时流行于塞北和西域游牧民族中。"笳"形似筚篥，是汉代鼓乐中的主要乐器。胡笳善于表现凄怆、哀怨的情感，富有悠远的穿透力，很符合那些边远游牧民族英勇强悍的个性及牧马吹奏的特色。

在汉魏历史上流传有不少运用笳声作战的故事。历史上也有不少有关笳的文章，蔡文姬的《胡笳十八拍》更为笳添加了一种感伤而诱人的神韵。

《胡笳十八拍》的艺术价值很高，明朝人陆时雍在《诗镜总论》中说："东京风格颓下，蔡文姬才气英英。读胡笳吟，可令惊蓬坐振，沙砾自飞，真是激烈人怀抱。"现代学者郭沫若从文学角度和语言文字学角度，对《胡笳十八拍》中歌词加以考证也断言非蔡琰莫属，并称赞说"这实是一首自屈原《离骚》以来最值得欣赏的长篇抒情诗"。

然而，自唐以来，有学者对蔡文姬创作《胡笳十八拍》提出质疑，认为这部作品的作者是唐代著名琴师董庭兰。唐代进士刘商《胡笳曲序》（《乐府诗集》卷五十九转引）序文曰：

> 蔡文姬善琴，能为离鸾，别鹤之操。胡虏犯中原，为胡人所掠，入番为王后，王甚重之。武帝与邕有旧，遣大将军赎以归汉。胡人思慕文姬，乃卷芦叶为吹笳，奏哀怨之音。后董生以琴写胡笳声为十八拍，今之胡笳弄是也。

序文中有"后董生以琴写胡笳声为十八拍，今之胡笳弄是也"，以是推断：《胡笳十八拍》乃唐代琴家董庭兰（即董生）所作。

琴歌《胡笳十八拍》作者自唐代至今文学界见仁见智，音乐学界也未有定论。但无论作者是蔡文姬还是董庭兰，抑或其他人，都不影响我们对作品的喜爱和推崇。

◎历史话外音◎

以下是《胡笳十八拍》的正文的部分内容，让我们一起来领略一下其精妙之语：

"我生之初尚无为，我生之后汉祚衰。天不仁兮降乱离，地不仁兮使我逢此时。干戈日寻兮道路危，民卒流亡兮共哀悲。烟尘蔽野兮胡虏盛，志意乖兮节义亏。对殊俗兮非我宜，遭恶辱兮当告谁？笳一会兮琴一拍，心愤怨兮无人知。

"戎羯逼我兮为室家，将我行兮向天涯。云山万重兮归路遐，疾风千里兮扬尘沙。人多暴猛兮如虺蛇，控弦被甲兮为骄奢。两拍张弦兮弦欲绝，志摧心折兮自悲嗟。

"越汉国兮入胡城，亡家失身兮不如无生。毡裘为裳兮骨肉震惊，羯膻为味兮枉遏我情。鼙鼓喧兮从夜达明，胡风浩浩兮暗塞营。伤今感昔兮三拍成，衔悲畜恨兮何时平。

"无日无夜兮不思我乡土，禀气含生兮莫过我最苦。天灾国乱兮人无主，唯我薄命兮没戎虏。殊俗心异兮身难处，嗜欲不同兮谁可与语！寻思涉历兮多艰阻，四拍成兮益凄楚。

"雁南征兮欲寄边心，雁北归兮为得汉音。雁飞高兮邈难寻，空断肠兮思愔愔。攒眉向月兮抚雅琴，五拍泠泠兮意弥深。

"冰霜凛凛兮身苦寒，饥对肉酪兮不能餐。夜闻陇水兮声鸣咽，朝见长城兮路杳漫。追思往日兮行李难，六拍悲来兮欲罢弹。"

诸葛亮：有没有写过《后出师表》

《三国演义》里面，最让人觉得不可思议、印象深刻的军师，非神机妙算的诸葛亮莫属。诸葛亮是我国古代最著名的贤相之一，他二十一年间，"受任于败军之际，奉命于危难之间"，最终三分天下，毫不夸张地说，蜀汉凝聚了诸葛亮一生的心血。他是怎样一个人呢？我们并不完全是通过《三国志》《三国演义》和其他史载，最直观的便是他写的前后《出师表》，其中，《后出师表》提到"鞠躬尽瘁，死而后已"，它是诸葛亮心迹的表白，以后又演变为一个成语，专门用来赞美那些献身国家和民族的伟大"仆人"。

但是，诸葛亮真的写过《后出师表》吗？

在陈寿《三国志·蜀志·诸葛亮传》中，只载有《（前）出师表》，而没有《后出师表》。《后出师表》是刘宋裴松之注《三国志》时引录东晋习凿齿《汉晋春秋》的，而《汉晋春秋》中的这篇《后出师表》又是出于三国孙吴大鸿胪张俨的《默记》。著名的《昭明文选》，也只选录《（前）出师表》，而不收《后出师表》

《后出师表》见于《三国志·诸葛亮传》注引《汉晋春秋》。说是诸葛亮第一次北伐失利，引咎责躬，厉兵讲武，当孙权破曹休，魏兵东下、关中虚弱之时，他上此表请求再次伐魏。因为他第一次北伐时有一篇《出师表》，因此这一次的被称为《后出师表》。这篇《后出师表》是否为诸葛亮所写？历来看法不一。

持肯定意见的学者认为，因为张俨与诸葛亮同时稍后，对诸葛亮的生平事迹很熟悉，如果《后出师表》为人伪撰，张俨不会不加辨别就把它收进《默记》。至于陈寿，因为不敢犯司马氏之讳，所以不敢把骂他们为魏贼的《后出师表》收入《三国志》本文。

部分史学者认为此文（《后出师表》）并非诸葛亮所写，而是后人伪托诸葛亮之名所写。其理由主要有三方面：

一、《后出师表》所说的很多事情与史实不合。比如，它列数曹操的几次失利，如困于南阳、险于乌巢、危于祁连、僵于黎阳、几败北山、殆死潼关，除南阳、乌巢、潼关几次遇险史书有记载，另几次都没有确切依据。又比如，《后表》说刘繇、王朗各据州郡，连年不征不战，坐使孙策据有江东，这和史书记载的情形也不符。

这或者可以解释为史书缺载或误载，或诸葛亮误记，但有一件事却不可能误记，即赵云之死。赵云是建兴七年（229年）死的，他在第一次北伐中虽然失利，但未大败，更不至于丧生，他还被贬为镇军将军，这是退军以后的事。这是《三国志·赵云传》和注引《云别传》明确记载的。但上于建兴六年（228年）十一月的《后表》却说赵云和另外七十多名战将都已经死了。这个明显的漏洞很难作别的解释。

二、《后出师表》与《（前）出师表》在用语立意上完全不同。《后表》开头直言后主无能，"今陛下未及高帝，谋臣不如良、平，而欲以长计取胜，坐定天下，此臣之未解一也"。这不像是臣下对君主的口气，更不像出自诸葛亮之口。其次，《前出师表》表示了诸葛亮对北伐的信心："当奖率三军，北定中原，庶竭驽钝，攘除奸凶，兴复汉室，还于旧都。"又说："愿陛下托臣以讨贼兴复之效；不效，则治臣之罪，以告先帝之灵。"《后出师表》却一扫《前表》的信心，列举了六条不解，皆显消沉、沮丧。"然不伐贼，王业亦亡；惟坐待亡，孰与伐之？""至于成败利钝，非臣之明所能逆睹也。"时过一年，仅第二次北伐的诸葛亮怎会如此雄心全挫呢？

三、在风格上，《前出师表》中，显示了诸葛亮初年无意为政，故风格高迈。《后出师表》中辞意不免庸陋，如"群疑满腹，众难塞胸，今岁不战，明年不征"四句，两句对偶，意思却完全雷同，《前出师表》就没有这样的句子。清代学者黄式之就说："《前表》悲壮，《后表》衰飒；《前表》意周而辞简，《后表》意窘而辞繁。"

近人比较倾向于《后出师表》非诸葛亮自作。那么伪造者会是谁呢？

有人认为是张俨所作，因为《后出师表》出于张俨的《默记》。但是马上就被否定了，因为张俨对于诸葛亮的将才是估价很高的，常叹息假使诸葛亮寿命长一些，北伐一定可以取得胜利。这与《后出师表》疑虑重重的态度全然不同。

又有人认为是诸葛亮的胞侄诸葛恪。诸葛恪在252年孙权临死时，受命为吴大将军，曾发动过对魏的战争。"议者谓为非计"甚众。于是，有可能在纪念诸葛亮基础上伪制《后出师表》。张俨死于266年，这个伪制品也许被收录进他所撰的《默记》。不过也有人认为，由于亲属关系，诸葛恪也可以得到诸葛亮的文字。所以，不管诸葛亮是作为原作者还是另有伪作者，都没有确切可考的依据。罗贯中把《后出师表》写入《三国演义》，大概是抓住诸葛亮"鞠躬尽瘁，死而后已"的精神，以塑造一个为人所景仰的艺术形象，所以《后出师表》也广为人知。

诸葛亮究竟有没有写过《后出师表》呢？这还是一件悬案。但是不管《后出师表》是否出自诸葛亮之手，流传甚广的"鞠躬尽瘁，死而后已"依然能给我们带来别样的震撼与感动。

○历史话外音○

"表"是中国古代向帝王上书陈情言事的一种特殊文体，是封建社会臣下对皇帝有所陈述、请求、建议时用的一种文体。在古代，臣子写给君王的呈文有各种不同的名称。战国时期统称为"书"，如乐毅《报燕惠王书》、李斯《谏逐客书》，"书"是书信、意见书的总称。到了汉代，这类文字被分为四个小类，即章、奏、表、议。

岳飞：是否真的创作过《满江红》

《满江红·怒发冲冠》的通行版本如下：

怒发冲冠，凭栏处、潇潇雨歇。抬望眼，仰天长啸，壮怀激烈。三十功名尘与土，八千里路云和月。莫等闲，白了少年头，空悲切。

靖康耻，犹未雪。臣子恨，何时灭？驾长车，踏破贺兰山缺。壮志饥餐胡虏肉，笑谈渴饮匈奴血。待从头收拾旧山河，朝天阙。

这首词（以下称《满江红》）是在明朝的中前期才广泛传播开来的，在宋、元两代极少或根本不见于记载。然而，在20世纪30年代以前，所有的人都相信它是岳飞的作品。让人始料不及的是，30年代著名学者余嘉锡在《四库提要辨证》一书的《岳武穆遗文》一篇中对《满江红》一词的作者提出质疑，从此江湖多事，数十年来关于此词的作者是不是伪作，争论不断。

为什么认为这首广为人知的《满江红》是伪作呢？理由是什么？总结起来，理由有三：

首先，如果《满江红》真是岳飞所作的话，为何在南宋与元朝一百多年的史记文献中没有任何的记载呢？

学者余嘉锡在《四库提要辨证》中指出：《满江红》最早出现于明嘉靖十五年（1536年）徐阶编的《岳武穆遗文》中，而岳飞的后人们曾不遗余力地收集岳飞的手稿和遗文达31年之久，为何却在岳珂所著的《金伦粹编·岳王家集》中没有这首《满江红》？

其次，词中议论最广的一句是"踏破贺兰山缺"。贺兰山在汉、晋时期还不见于史书，到北宋时才有记载。唐、宋时人们以贺兰山入诗，都是实指，直至明代中叶以后仍是如此。因此，如果此词是岳飞所作，为何方向会如此乖背？而在弘治十一年（1498年），明将王越在贺兰山抗击鞑靼，打了第一个大胜仗。因此"踏破贺兰山缺"更像是此时明朝人的一句振奋人心的抗战口号。所以，《满江红》很可能是作于明代。

再者，许多的学者从词的风格上进行考究，他们把岳飞《小重山》与《满江红》从词的词调风格上进行比较，认为前者婉转惆怅、娇柔徘徊，后者风格迥前者，慷慨激昂，充满了英雄豪情，认为两首词的词风和格调大相径庭，不是出自一人之手。

尽管如此，还是有不少人仍然认为此词就是岳飞的作品。对此持不同意见，一批学者如邓广铭、王起、李安等则从不同角度进行了辩驳。

第一，绍兴十一年（1141年）岳飞被害前秦桧集团一边查封岳飞家存，一边诱捕岳云等将领，对岳飞的手记文稿更是严查特禁在民间传播。此后秦党又把持朝政十年之久，岳飞的文稿在此间遗失了很多。虽然岳飞的儿子和孙子历经31年收集岳飞所有的文稿，但是也有遗漏的实证，如在《金伦粹编·岳王家集》中就根本没有岳飞的《题新淦萧寺壁》一诗，而在《宾退录》中却重见天日。

第二，贺兰山在南宋时虽为西夏的领域，但宋与西夏的战争就从未间断过。他们认为"踏破贺兰山缺"只是岳飞伐金的一种泛指。何况泛指在文学史上也是一种惯用的比喻手法，陆游曾将"天山"比作中原前线，辛弃疾把长安比作汴京，岳飞把贺兰山比作敌营也未尝不可。他们认为"驾长车踏破贺兰山缺"只是表达了一种了却君王天下事的决心，并不能说是作者犯了地理常识性的错误。如果撇开《满江红》一词反映的整体思想，而纠缠在"贺兰山"的地理位置上，似是也难以令人信服的。

第三，在文学史上，兼擅多种风格的写家很多，如婉转派词人李清照既写过《如梦令·昨夜雨疏风骤》婉转靓丽之作，也写过《乌江》豪气冲天压倒须眉的句子来。仅凭《小重山》与《满江红》词风格调上的不同，就断定《满江红》不是岳飞的作品，有点牵强。如果这首词真是岳飞所作的话，屈指一算，也绝不是没有阅历的，岳飞从靖康元年（1103年）从老家河南汤阴从军以来，因作战英勇被开封留守宗泽看中留其麾下委以重任，屡立战功。建炎三年（1129年）任河南北路招讨使，从此率军转战于宜兴一线抗击金兵。建炎四年（1130年）从金兵手中收复建康（今南京）。绍兴九年（1139年），又在江西讨伐判将李成，随后进军广西消灭游寇曹成，后奉旨进吉州（今吉安）、虔州（今赣州）地区镇压农民起义军，次年又渡江北上一鼓作气从金人手中收复襄阳、信阳等六座州郡，八、九年间披星戴月转战万里。所以说，"三十功名尘与土，八千里路云和月"和岳飞的生平事功都是十分吻合的。如岳飞的"雄气堂堂贯斗牛，誓将直节报君仇。斩除顽恶还车驾，不问登坛万户侯"简直就是"三十功名尘如土，八千里路云和月"的注脚了。所以我们不能光从词风格调上来妄下断论，更应注重词人内心真实思想感情的反映。

综上所述，《满江红》到底是不是岳飞所作，我们难下定论。而唯一能提供我们详而有力的《永乐大典》因散佚和破损已经找不到关于它的记载了，《满江红》的作者质疑在现今仍是悬案一件。

◎历史话外音◎

扑朔迷离的身世之谜为《满江红》增添了神秘的色彩，但我们不能否认这首千古绝唱在文学上的价值。

同时，从词牌来说，满江红，此调唐人名《上江虹》，以后改今名。《词谱》以柳永"暮雨初收"词为正格。九十三字。前片四十七字，八句，四仄韵；后片四十六字，十句，五仄韵。用入声韵者居多。格调沉郁激昂，前人用以发抒怀抱，佳作颇多。双调九十三字，前片八句四平韵，后片十句五平韵。

丹丹乌里克千年古画疑案：画中描绘的到底是什么

在新疆和田市东北部塔克拉玛干沙漠深处，玉龙喀什河畔，有一座重要的佛教遗址叫作丹丹乌里克。

丹丹乌里克在唐朝的时候又被称为梁榭城，属于当时的于阗国。在那时，西传的印度文化、当地的本土文化和中原文化在这里结合，形成了极具特色的文化风格，成为一个重要的佛教文化中心。20世纪初，英国考古探险家斯坦因首先发现了它，但是之后又突然消失了。直到20世纪末，新疆文物考古工作者才再次发现了隐匿近百年的丹丹乌里克遗址。

人们在丹丹乌里克遗址发现了许多古代的文书、钱币、雕刻、绘画等文物，其中有几幅珍贵的唐代木版画和壁画，引起了人们的高度关注。这就是《鼠神图》《传丝公主》和《龙女图》。

这些绘画所描述的内容与唐代高僧玄奘所写的《大唐西域记》中的记载几乎完全一致，让人们十分惊奇。人们或许认为玄奘的《大唐西域记》是胡编乱造，但是这些沉寂了千年的古画，让人不得不相信那些神话传说的真实。

《鼠神图》上画着一个鼠头半身人像，头戴王冠，背有椭圆形光环，坐在两个侍者之间。而在《大唐西域记》中就有一则神话故事《鼠壤坟传说》。

传说于阗国都西郊有一座沙包称鼠壤坟。当地居民说此处有大如刺猬的老鼠，其中有毛呈金银色彩的巨鼠为群鼠首领。有一次，匈奴数十万大军侵犯于阗，就在鼠壤坟旁屯军驻扎。当时于阗国王只有数万兵力，难以抵挡和取胜。国王虽然知道沙漠中有神鼠，但从来都没有拜过。大敌当前，君臣惊恐不知所措。于是就摆设祭品，焚香求救于神鼠。夜里国王果然梦见一大鼠，愿意助他一臂之力。于是第二天交战的时候，匈奴兵的弓弦、马鞍、军服等都不知在什么时候被老鼠给咬破了，于是这样一来，于阗军大胜。为了感谢神鼠，国王就下令建造了神祠来供奉它。或许木版画上的那只威风凛凛的老鼠就是鼠王吧。

《传丝公主》木版画上画的是一个古代贵妇。她戴着高高的帽子，帽子里似乎还藏着什么东西。在她的两边都跪着侍女，左边的侍女左手指着贵妇的帽子。画的一端有一个篮子，装着满满的葡萄之类的东西；另一端是一个多面形的东西。这幅画描绘的是怎样的场景，又有什么样的含义呢？

研究者根据《大唐西域记》中的故事，发现画中贵妇是将蚕桑业介绍到于阗的第一个人。原来画上的贵妇是唐代的公主，被皇帝许配给于阗王。当时于阗国没有蚕丝，于是国王恳求公主能将蚕种带过来。可是那时中国严禁蚕种出口，于是聪明的公主将蚕种藏于帽内，顺利出关了。因此，画中篮子里装的根本就不是葡萄，应该是蚕茧，而另一端多面形的东西就应该是纺车了。

《龙女图》上描绘的是一个头梳高髻的裸女，佩戴项圈、臂钏、手镯，站在莲花池中，左手抚乳右手置腹，扭腰出胯呈三道弯姿势，欣喜而又羞涩地回首俯视脚下的男童。男童也赤身裸体，双手抱住裸女的腿，仰望着她。那么，这幅画又是什么意思呢？细读《大唐西域记》，我们会发现这与其中的故事《龙女索夫》惊人的吻合。

传说于阗城东南方有一条大河，用以灌溉于阗国无数的农田。可是不知怎么回事，河水突然断流了。这让百姓不知如何是好。听说这与河中住着的龙有关，于是国王就在河边建了祠庙进行祭祀，果然河里出现了一个龙女。她说自己的丈夫去世了，如今自己无依无靠，如果国王能给她找个丈夫，水流就会恢复如常。于是国王挑选了一个臣子，穿着白衣骑着白马跃入河中。从此，河水就再也没有断流过。根据佛教绘画神大人小的处理方式，画中的裸女应该就是龙女，而那个男童就应该是她的新婚丈夫。

但是对于这样的解释，有些专家学者还是提出了异议。认为这些木版画和壁画是佛教绘画，应该从佛教故事中寻找来源，而不是当时的世俗生活。

所以，丹丹乌里克发现的绘画作品，为人们打开了古代于阗社会生活的一幅幅画卷，其意义远远超出艺术本身的价值。

◎历史话外音◎

丹丹乌里克位于一沙山环绕的狭长地带，干涸的古河道自南向北贯穿而过。遗迹沿河分布，东西宽约2公里，南北绵延10多公里。重要遗迹集中在南部，包括圆形城堡、民居、寺庙在内，共发现近20处建筑群废墟，它们与古灌溉渠道、果园、田地一道，构成一个统一的结构完整的聚落遗址。

李煜：责令画《韩熙载夜宴图》的目的为何

中国历史上的画作闻名遐迩者不在少数，《韩熙载夜宴图》正是其中一卷。此画卷分多幅，如同一幅连环画，绘制了南唐著名官员韩熙载家开宴行乐的场景，包括琵琶独奏、六幺独舞、宴间小憩、管乐合奏、夜宴结束五幅画卷。画中无论人物、事物，皆笔法细腻，活灵活现。整幅长卷线条准确流畅，充满表现力，设色端丽雅致，层次分明，神韵独特，简直是神来之笔。

这样一幅绝世画作，在得到千年盛誉的同时，当代却有人提出，其实如此名画是一份"谍报"。该评价顿时在文化界掀起一阵讨论热潮，为什么名画竟成了谍报图呢？这得从画作的由来谈起。

《韩熙载夜宴图》所画的既然是南唐名臣韩熙载，图画的背景当然就是南唐。李唐末年，各路节度使、太守、军阀趁势而起，将大唐江山撕分食之。其中，偏居于江西、浙江一带的南唐国，自称为李唐正统遗脉。韩熙载就生活在南唐国君李煜在位时期，那时韩熙载已经是权倾朝野的大臣。若说李煜与韩熙载的关系，只能用微妙来形容，却不能说二人关系紧张，因为韩熙载还是忠于南唐、忠于国主的人，只不过他时常顶撞李煜，叫后者对他的防备之心越来越盛。

时值国势衰微之际，李煜新娶小周后周薇，大臣们纷纷恭喜，没有一个人敢说李煜沉迷酒色，韩熙载却写了一首讽刺诗。李煜看了之后也是无奈。韩熙载此人颇有诤臣和鉴臣的风范，为人耿直，李煜对他是又爱又恨，升了他的官又想踢他下台。

不久，赵宋于中原兴盛起来，南唐岌岌可危，满朝文武均知大势已去，想必韩熙载也是意识到了这一点，于是再也不上朝，而是终日在家饮酒作乐，夜夜笙歌。此事传到李煜耳中，顿时气不打一处来，于是叫了两个非常有名的画室去参加韩熙载的夜宴，并将夜宴的场景细细刻画出来。

经过几个月的工夫，李煜接到了这幅《韩熙载夜宴图》，欣赏来欣赏去，最终吩咐人将此画送给了韩熙载。这位李后主的行为不禁叫人诧异，他明明派人做间谍去韩熙载府上参加晚宴，又花了数月的工夫等人将《韩熙载夜宴图》画好，如此大费周折，怎么还要把夜宴图送给韩熙载呢？

其实，仔细一想，如果李煜真的想要找人做间谍监视韩熙载，只要派身手矫健的探子盯着后者就行，没有必要派人参加晚宴，还命人作画。他之所以这样做，就是想借画告诉韩熙载：你作为重臣如此堕落，国家怎么能再次兴旺起来？

不过，韩熙载似乎并未领会李煜的用意，依然过着放荡不羁的生活，李煜在失望至极之下决定将韩熙载迁至洪州。韩熙载这才知道李煜并不是软柿子，慌忙借此机会告老还乡，再不摄政。李煜念在他对南唐江山有功的份儿上，将他放逐出了金陵。

◎ 历史话外音

细品《韩熙载夜宴图》，抛开种种疑点，我们不得不为创作者高超的绘画技法所折服，远在古代的南唐，画家便能通过"目识心记"来完成这样一幅长篇巨作，且笔法细腻，神韵独特，确实令人叹为观止。

李淳风：预言奇书《推背图》

《推背图》是中国预言中最为著名的奇书之一。全集一卷，凡六十图像，以卦分系之。每幅图像之下均有谶语，并附有"颂曰"诗四句，预言后世兴旺治乱之事。在人们心目中《推背图》曾经是一种很神秘的东西，好像它预言着未来的社会变迁，真的包含着什么"天机"，诗图并茂又给它增添了几分神秘色彩。

说起《推背图》的缘起，倒是很神秘。唐朝术士李淳风，精通天文历算，曾经因为预感到不久将有武则天乱唐的灾难，便推算起来。他推算得忘了情，一直推演下去，直到被另一位叫袁天罡的术士推了一下后背，道："天机不可泄漏！"他这才罢手。但这时他已经推到千年之后了。推背图共六十象，以六十干支命名，另每象合一周易卦名。李淳风把他推算的成绩，写成诗歌，又画成图画，通过袁天罡上奏给唐太宗。这种事关国家机密的东西当然是不能再让别人看的，可是不知怎么泄漏出来了。

《推背图》真伪何如？王亭之判之为诸版皆伪。历代谶书作伪，可由互相比对而知其痕迹。王亭之试举一例。王亭之藏《推背图》六个版本。一、彩绘明抄本。台湾"研究院"藏。二、明抄本（无图）。三、明抄本。芝加哥大学藏。四、清初潘氏八喜楼抄本。台湾"中央图书馆"藏。五、清末石印本。芝加哥大学藏。六、流行本（据称八国联军之乱时，由清宫流出）。

六种版本，前四种同一系统，后两种又自成一个系统。可是彼此之间的差别却很大。流行本因有金圣叹评注及张之洞手跋，而且又传出自清宫，所以甚为读者重视。但假如将六个版本加以仔细排比，便会发现愈是年代早的版本，措词愈俚俗，年代愈晚，谶颂便朗朗上口矣，这显然是经过文人的修改。

这《推背图》不仅把有唐数百年，而且连此后的宋辽金元明清的治乱兴衰都预测得分毫不差。李淳风实有其人，在《旧唐书》《新唐书》中都有他的传。他是唐太宗时人，博通群书，精天文历算阴阳之学。他曾经主持铸造浑仪，编成《麟德历》以取代过时的《戊寅历》，是一个了不起的天文学家。《推背图》最为难得的是它那一幅幅图画，把此后一千多年的中外服饰也都预测出来了，清代的花翎马褂、洋人的西服革履，全部画得惟妙惟肖，如果再描绘得细致一些，完全可以供时装设计师做流行色预测的根据了。但是，如果再细心地看下去，问题就会出来了。推背图前四十几象神准无比，后十几象语焉不详，如何解释？前四十象关于历史事件的预测非常容易解读，因为里面几乎是指名道姓，比如第五象，其图为鞍（安禄山），史书（史思明），一妇于地（杨玉环），颂中渔阳鼙鼓来自古诗词描述；第三十四象，太平又见血花飞，洪水滔天苗不秀，中原曾见梦全非，分明是指洪秀全。

有学者要问："清代的人穿马褂是不错的，为什么唐朝时的胡人也是顶戴花翎？这不成了唱《四郎探母》，辽的公主和大清国的格格一样了？从烧饼歌和马前克来看，预言到最后都是一个大同世界，推背图中称大下一家，至臻大化；烧饼歌中言琴瑟和谐，马前课中讲贤不遗野，天下一家，无名无德，光耀中华。暗合了中国文人和百姓自古以来终极理想的社会建制，以此可见这类玄书其实是寄托了作者的美好愿望而已。莫非李淳风是近视眼，千年之后洞若观火，百年之内却一塌糊涂，连自己穿什么衣服都搞不清了？"还有的读者更爱较真儿，从地摊上买了几种，对照来看，竟然发现几种并不相同，不但图不同，诗也不同，预测的下限自然也不一样。四十五象金乌隐匿白洋中暗喻日本沉沦，可能只有在电影中才有。四十八象中称卯午之间有大乱，当在2011~2014年发生内乱。后十几卦大都是这种类似的战争与和平的老话，而且一般没有详指，难道是李淳风技穷？

按《旧唐书》所记载的李淳风故事，本事见于《感定录》，今存《太平广记》卷二一五，《旧唐书》原封不动地把"小说家言"搬进《李淳风传》，实在失之于滥。李君羡究竟是否与妖人有勾结，这本来就是疑案，反正"欲加之罪，何患无辞"，为了自己的江山，万岁爷怎么干都是有理的。于是防患于未然，李君羡和他的全家都丢了性命。说透了，这其实不过是李淳风编的神话而已。其实真正更值得我们怀疑的是预言本身。

这种重合不是英雄所见略同，不是对历史预测的吻合，而是行文上的互相抄袭。马前克第四、八课有日月丽天，和推背图四十四象相同，而马前克中讲的是贞观之治和明朝，推背图中说的是20世纪的事情了。烧饼歌中八千女鬼和马前课中阴居阳拂，八千女鬼相合，不过前者是讲魏忠贤乱政，后者却是魏国曹丕不统一天下。马前课推背图烧饼歌分属三国、唐、明，其行文语法如此相似，部分语句甚至雷同，岂不令人起疑？

○历史话外音○

"一阴一阳无终无始"，历史无始无终，而一切自有其规律，也就是那"茫茫天数"。《推背图》中对某个朝代或历史时段的预测非常集中，某些同样重要的时代却跨度很大，几百年偶见一个预测。这或许只能理解为作者受自身历史知识限制，有选择地编造。

张择端：《清明上河图》谜团多

在中国美术史上，《清明上河图》可谓是一幅最具传奇色彩的作品，也是历朝历代被临摹最多的一幅作品。《清明上河图》历经兵火，几遭劫难，流传过程充满传奇。而它本身也有许多待揭之谜：它的创作者张择端是哪个朝代的人？画中所表现的真的是"清明时节"的景象吗？"上河"又有什么样的含义？

关于张择端的身世，史书上没有任何记载。一些专家学者认为张择端是南宋人；也有专家学者认为张择端是金朝人；还有专家学者认为张择端是北宋人。

认为张择端为南宋人的专家，主要根据是明晚期书画家董其昌在《容台集》中对《清明上河图》的推测："南宋时追摹汴京景物，有西方美人之思。"及清代孙承泽在《庚子消夏记》中的记载："《清明上河图》乃南宋人追忆故京繁盛也。"

认为张择端是金人观点的专家，其根据是《清明上河图》最早的题跋出自金人之手，且张择端的名字两宋画院均不见著录。

然而，更多专家学者通过对《清明上河图》的研究考证，认为张择端是北宋人。《清明上河图》卷后金代张著题跋中，明言张择端的身份为"翰林"，并进一步指出，张择端游学于京师，后习绘画，尤喜画舟车、市桥、郭径。张著的题跋是关于张择端身世最早的记载，目前张择端是北宋人的观点最具说服力。

而关于《清明上河图》中的"清明"与"上河"是什么含义，学界更是众说纷纭。

《清明上河图》描绘的是清明时节，从金代以来，都没有任何的异议。"清明"一词，最早出现于金人张著的跋文，在他的跋文中提到了张择端有《清明上河图》和《西湖争标图》，从此《清明上河图》的名称才定下来。这幅画不但有宋徽宗的瘦金体题签、双龙小印，并且还有宋徽宗的题诗：诗中有"水在上河春"一句，可以断定这画卷描绘的是春天的景色。近代和当代的美术史家郑振铎、徐邦达、张安治等，都赞同"清明节"说。

对"清明节"说提出异议的，有开封市教师孔宪易。1981年他在《美术》第2期发表了《清明上河图的"清明质疑"》一文，提出八点质疑：第一，画的开始，有一队小驴驮着木炭从小路而来。这是画家在告诉观者，这些木炭是准备过冬御寒用的。秋季营运冬季货物比较合理，商人早在春天营运冬季货物有违常识。第二，画面有一农家短篱内长满了像茄子一类的作物，赵太丞家门口垂柳枝叶茂盛,画面上还出现了光着上身的儿童,这些都不可能是清明时节的事物。第三,画面乘轿、骑马者带着仆从的行列,上坟后回向城市一段,孔宪易对人物形象分析之后认为,这群人更像是秋猎而归。第四,画上有十多个持扇子的人物形象,除个别上层人物有可能用扇"便面"以外,一般群众也持扇,这说明是春秋季节用于驱暑驱蚊的,应该不是清明时节。第五,画面上多次出现草帽、竹笠这些御暑和御雨的东西,图中并没下雨,这肯定是御阳用的,根据当时的气候,清明节应该不会用这些东西。第六,画面上有一处招牌上写着"口暑饮子"的小茶水摊。如果"口暑饮子"中的"暑"字与今天的意思一样的话,这足以说明它的季节。第七,在虹桥的南岸、北岸,桥上有几处摊子上放着切好的瓜块,很可能是西瓜。第八,画面上临河的一家酒店,在条子旗上写着"新酒"二字,孔宪易查阅了资料,两宋间没有清明节卖"新酒"的记载,而有"中秋节前,诸店皆卖新酒"的记载。至于"彩楼欢门",根据宋代孟元老《东京梦华录》的记载,东京酒店的"彩楼欢门"是永久性的,而不是清明节特有的标志。从画中的"城门楼"来看,《清明上河图》可能是描绘从清明坊到虹桥这段上河的景色的画卷,所以"清明"指的应该是"清明坊"。

继孔宪易之后,学者邹身城又发表了文章《宋代形象史料〈清明上河图〉的社会意义》,认为"清明"既不是指节气,也不是指地名。这里的"清明"一词,本是画家张择端进献此画时所作的颂辞,因此距北宋较近的金代留下跋文说:"当日翰林呈画本,承平风物正堪传。"点明此图的主题,是表现承平风物。这个"清明"是指政治开明。

周宝珠教授对"政治清明"一说表示认同,并进一步证明了这种可能性。北宋长期实施"偃武修文"国策使国家经济趋于繁荣,出现了唐朝之后的又一个太平盛世。《清明上河图》中展现出的磅礴气势和繁盛景象,最能代表宋徽宗赵佶"偃武修文"的治国思想。也有学者提出异议,《清明上河图》中也描绘了乞讨的乞丐,官衙门口坐着的懒散的士兵,这些与太平盛世相悖的另一番景象又该如何解释?

此外,《清明上河图》中的"上河"又是什么含义呢?

《东京梦华录》记载:汴河自西京洛口分水入京城,东去泗州入淮,运东南之粮。根据这段文字,由西北向东南是下水,反之是上水。因此有专家学者认为"上河"即汴河上逆水行舟之意。然而,也有专家学者提出了不同的观点。

根据《清明上河图》卷后明代李东阳的题跋记载:"上河者云,盖其世俗所尚,若今之上冢然,故其如此也。"这就是一些专家学者提出"上河"即是"上坟"一说的重要依据。然而,还有专家学者提出了不同观点,认为"上河"不能作为动词解释,而应该作为专用名词解释,如果按名词解释"上河"应该是指御河。

尽管现在有些专家的观点并不能完全令人信服,但这些研究对《清明上河图》无疑是突破,期待在未来对《清明上河图》的不断研究中,能一一解开这些谜案。

○历史话外音○

《中国通史(彩图本)》对《清明上河图》的评价:全卷所绘人物五百余位,牲畜五十多只,各种车船二十余辆艘,房屋众多,道具无数,场面巨大,段落分明,结构严密,有条不紊。技法娴熟,用笔细致,线条遒劲,凝重老练,反映了高度精纯的绘画功力和出色的艺术成就。同时,因为画中所绘为当时社会实录,为后世了解研究宋朝城市社会生活提供了重要的历史资料。

王实甫:《西厢记》写作疑云

被《红楼梦》中林黛玉称为"曲词警人,余香满口"的元代杂剧《西厢记》,取材于唐代元稹的小说《会真集》(又名《莺莺传》),讲述的是一个才子佳人最终喜结良缘的故事。穷书生张生与相国家的小姐崔莺莺一见钟情，然而他们的爱情却遭到莺莺的母亲崔夫人的强烈反对，在莺莺的丫鬟红娘的帮助下，最终张生取得了功名，衣锦还乡迎娶了崔莺莺。数百年来，这个杂剧所表达的"愿普天下有情人终成眷属"的祝愿，深深地打动了青年男女的心。

在中国文学发展史上，《西厢记》与《红楼梦》并列，被誉为"中国文艺中的双璧"。《西厢记》元刊本现在已无从见到，现存的大都是明人校订本。也正是从明代开始，对于《西厢记》的作者是谁，出现了几种不同的观点。元末锺嗣成的《录鬼簿》认为是王实甫，明初朱权的《太和正音谱》及稍后王世贞的《艺苑卮言》也持有同样看法。几乎与此同时，又有人提出《西厢记》是关汉卿所作，更有人提出《西厢记》是关汉卿作王实甫续或王实甫作关汉卿续三种不同见解。

《西厢记》全剧共五本二十一折，所谓"关作王续""王作关续"，意即其中第五本系由王或关补续。王实甫和关汉卿的生平史上鲜有记载，后人知之甚少，因此《西厢记》究竟出自谁人之手，难以考证，各家都拿不出证据确凿的理由来。

主张"王作关续"最早的明代戏曲作家徐复祚在《三家村老委谈》中，指出《西厢记》第五本"雅语、俗语、措大语、自撰语层见迭出"，文学风格和语言与前四本不统一。明末卓人月将《西厢记》第五本和前四本分别与宣扬"始乱终弃"的《莺莺传》作了比较，认为《西厢记》前后出入较大，"若王实甫所作犹存其意，至关汉卿续之则本意全失矣"（《新西厢》自序），也主张"王作关续"。明崇祯十二年张深之校正本，更是明署"大都王实甫编，关汉卿续"，到了清初，金圣叹批本《第六才子书》盛见流行，"王作关续"说也几乎就成了一时的定论了。

国内比较通行的看法都认为《西厢记》为王实甫一人所作。游国恩等主编的《中国文学史》认为，所谓"王作关续"，是封建统治者对《西厢记》的排斥和丑诋。学者谭正璧也认为，《录鬼簿》和《太和正音谱》的说法是可信的，同时他也认为，关汉卿也是作过《西厢记》的，不过并不是杂剧，而可能是小令（《乐府群珠》卷四中，就有关汉卿作的总题为《崔张十六事》的《普天乐》小令十六支），这就是后人误传关汉卿作或续作《西厢记》杂剧的由来。

从20世纪60年代初开始，又有人在前人研究的基础上提出新的见解。例如，著名学者陈中凡既否定王实甫独作说，也不赞成"王作关续"说。他认为，《西厢记》确实原属王实甫的创作，但那不是多本连演的杂剧。元杂剧的通例是一本四折，每折由一人独唱到底，而现存的《西厢记》却打破了这些限制，在王实甫生活的元代前期还不具备这种条件。再则，《西厢记》与公认为王实甫所创作的《丽春堂》等剧相比，思想内容和艺术成就都有极大的差异。因而可以推知现存的《西厢记》是在元曲创作阵地南移到杭州，受到南戏影响后，由元代后期曲家在原有基础上改编而成的。其中第五本所用的曲调完全打破了前四本遵用北曲联套的习惯，唱法也不尽相同，自由运用声腔尤见进步，证明第五本尤为晚出。

后来，又有人从《西厢记》全剧情节发展的时间上的疏漏、结局与主题的不同等方面，论证了第五本非王实甫所作，认为《西厢记》，在第四本"惊梦"之后便告结束，不仅符合我国传统戏曲的结构特点，而且改变了当时戏曲作品以大团圆来结尾的通病，否定了夫荣妻贵、衣锦荣归的封建正统观念，无论在思想上，还是在艺术手法上，都极其高明，令人回味。而第五本的结局，只有在元末知识分子的社会地位由于重新开放科举仕进之阶而有了一些变化之后才可能产生。同时，从史料记载来看，无论是最早有关《西厢记》记载的元人周德清的《中原音韵》，还是明初朱权的《太和正音谱》，都只摘引了《西厢记》前四本，而没有任何第五本的资料，因此推断"王西厢"的原本应是四本，金圣叹将第五本定为"续书"还是有一定道理的。

《西厢记》的作者之谜在各家的讨论中非但没有定论，反而越显扑朔迷离。这一切，还有待人们进一步研究。

◎历史话外音◎

历史上，"愿普天下有情人都成眷属"这一美好的愿望，不知成为多少文艺作品争相表现的主题，而《西厢记》正是描绘这一主题最成功的戏剧。《西厢记》的曲词华艳优美，富于诗的意境，可以说每支曲子都是一首美妙的抒情诗。曹雪芹在《红楼梦》中，通过林黛玉的口，称赞它"曲词警人，余香满口"。

曹雪芹：《红楼梦》一书创作疑案

2010年，新版《红楼梦》横空出世，从选角到落幕，引来了无数质疑之声。相比起1987年版的经典之作，人们褒贬不一。但这无疑又一次以全新的姿态诠释了中国的古典鸿篇——中国四大名著之一的《红楼梦》。

《红楼梦》是我国一部享誉中外的古典名著，人们欣赏它、研究它，以至于逐渐形成了一门特殊的学问——"红学"。而在所有研究话题中，作者是谁无疑是最热门的一个。

《红楼梦》最初的几个版本，都没有作者署名，出版家程伟元曾在《序》中说："作者相传不一，究未知出于何人，唯书内记曹雪芹先生删改数过。"寥寥数语，道出了这部小说最早的鉴赏家们在作者问题上的困惑。

那么《红楼梦》的作者到底是谁呢？

最初认定《红楼梦》作者为曹雪芹的，是与曹雪芹大略同时的清代著名诗人袁枚。他在《随园诗话》里说："康熙年间，曹栋亭为江宁织造……其子曹雪芹，撰《红楼梦》一书。"

1921年，胡适先生的《红楼梦考证》发表以来，《红楼梦》为江宁织造曹寅的之后曹雪芹所作的观点成为了学术界的主流观点，并为世人所接受。成为现在为大家所公认的一种通俗观点。胡适先生将历史考证学的方法用于文学考证，通过与曹雪芹同时在南京为官的袁枚的《随园诗话》中记载的一句话："康熙间，曹练亭（练当作栋）为江宁织造，每出拥八骑，必携书一本，观玩不辍。人问：'公何好学？'曰：'非也。我非地方官而百姓见我必起立，我心不安，故藉此遮目耳。'素与江宁太守陈鹏年不相中，及陈获罪，乃密疏荐陈。人以此重之。其子雪芹撰《红楼梦》一书，备记风月繁华之盛。中有所谓大观园者，即余之随园也。明我斋读而羡之。"等证据，考证出《红楼梦》的作者应该就是曹雪芹。胡适先生的考证极为精密，以至于他考证的结果，成为史学界最经得起考验的成果，《红楼梦》的作者是曹雪芹的说法也近乎成了学界的定论，为世人广为接受。

但是，并不是所有人都认同这种观点，实际上，这一百多年来一直有人对《红楼梦》为曹雪芹所作提出质疑。

首先，人们发现《红楼梦》本身交代的成书过程不符。

据《红楼梦》第一回叙述：某空空道人在访道寻仙时，"见一大块石上字迹分明，编述历历"，"因不干涉时世，方从头至尾抄录回来，问世传奇。从此空空道人因空见色，由色生情，传情入色，自色悟空，遂易名为情僧，改《石头记》为《情僧录》。东鲁孔梅溪则题曰《风月宝鉴》。后因曹雪芹于悼红轩中批阅十载，增删五次，纂成目录，分出章回，则题曰《金陵十二钗》"。这就明白地告诉了人们，《红楼梦》来自石头本身，空空道人是传抄者，曹雪芹只是"批阅""增删"者而已。

其次，与脂砚斋的一条眉批矛盾。

"脂砚斋"是《红楼梦》作者最亲密的亲属或朋友，了解作者的方方面面，熟知作者创作的全过程，早期抄本的《石头记》都有脂砚斋的评语，他的阅批几乎与《红楼梦》的创作、修改过程相始终。因此，他的批语具有相当的权威性。

脂砚斋在庚辰本第十三回的一条眉批说："读五件事未完，余不禁失声大哭，三十年前作书人在何处耶？"据考曹雪芹是1762年（壬午）除夕去世的，庚辰本1760年问世时，曹雪芹尚健在，如果作者是曹雪芹的话，脂砚斋为何会作此眉批？

再次，最早认定作者为曹雪芹的袁枚说法有误。

袁枚虽与曹雪芹同时代，但对曹家并不了解，比如，按曹氏宗族的谱系，"亭"和"芹"之间应是祖孙关系，但袁枚却把"楝亭"和"雪芹"说成父子关系；有如，他把《红楼梦》的内容说成是"备记风月繁华之盛"，以为是专写妓女和妓院生活的书，其间错漏百出。因此，他的叙述有可能只是道听途说，以讹传讹，不足为信。

既然曹雪芹只是"披阅十载"的增删者，那么，《红楼梦》的原作者是谁呢?

1979年，学者戴不凡先生发表了名为《揭开红楼梦作者之谜》论文，提出曹雪芹不是《红楼梦》的"一手创纂"或"创始意义"的作者，他是在"石兄"的《风月宝鉴》旧稿的基础上，巧手新裁，改作成书的。总之，曹雪芹只是小说的"改作者"。石兄才是此书的真正作者。但是戴先生又拿不出充足的证据来证明"石兄"这个人的存在。

另外还有以学者王梦阮先生为代表的《红楼梦索隐》派，提出《红楼梦》为顺治帝福临为董鄂妃而作的说法；蔡元培先生提出《红楼梦》是清代康熙年间出现的政治小说的说法；也有人提出《红楼梦》的作者为世传为康熙朝大学士明珠的儿子纳兰成德；还有学者提出《红楼梦》系曹雪芹的父亲曹頫所作的观点；甚至还有人提出《红楼梦》系曹雪芹的恋人薛香玉所作……总之是各有说法，又都难以服众。

作为一部旷世经典，《红楼梦》值得后人作进一步的研究和考证，也许有一天，我们能发现更为惊人的研究结果。不管作者是谁，曹雪芹"披阅十载，增删五次"，乃至"泪尽而逝"的杰出贡献，将永远同《红楼梦》这部伟大著作一起，辉煌于后世。

◎历史话外音◎

《红楼梦》成书于18世纪中叶的乾隆时代。原著120回，前80回曹雪芹著，后40回为无名氏续写。在初期是通过名为《石头记》的手抄本形式流传。自乾隆年间始，关于《红楼梦》的续作纷纷出笼，并衍生出"红学"。

第二十四章

考古奇谈密案

——抽丝剥茧，隐藏于历史尘埃下的种种疑团

远古彩陶探秘：仰韶文化究竟是"西来"抑或"本土"

1921年仲秋的一天，河南省渑池县一个偏僻的小村庄，迎来了一位大个子洋人，从此这座小村庄和这位洋人同时扬名天下。这座小村庄就是后来大名鼎鼎的仰韶村，这位洋人就是瑞典人安特生。

安特生是瑞典地质学家，1914年被中国北洋政府聘请担任农商部矿政顾问，主要职责为中国寻找矿藏。一次偶然的机会，安特生与助手意外在仰韶村的农民家中，看到了一些古老的石器，引起了他极大的兴趣，他认为这些石器极有可能是远古时期的。随后，安特生开始对仰韶村进行考古挖掘，其中发现最多的就是彩陶，有杯、钵、碗、盆、罐、瓮、盂、瓶、釜、灶、鼎、器盖和器座等。最为突出的是双耳尖底瓶，线条流畅、匀称，极具艺术美感。特别引人注目的是陶器上精美的图案，这让安特生震惊不已。另外还发现了骨锥、骨铲、骨针等骨器和石斧、石刀等石器。

从仰韶村遗址出土的600多件器物上看，证明这里是典型的新石器时代人类活动的遗址。这里的人们已经具有很高的智慧，他们制陶、狩猎、捕鱼。但让安特生迷惑的是，仰韶村的古文明到底是从哪里来的呢？

1923年，安特生发表了《中华远古之文化》一文，把仰韶文化确立为中国史前文化，这不仅使中国无石器时代的论调不攻自破，而且让仰韶文化走向了世界。在分析仰韶文化的性质时，他认为仰韶文化就是中国古代文化的前身，仰韶村出土的大量精美的彩陶，使仰韶文化又被称为"彩陶文化"。在当时考古很少的中国，由于没有其他的参照，安特生认为这些彩陶不可能是中国本土的，反倒与西方的安诺遗址的彩陶有许多相似之处，所以仰韶文化有可能从西方经中亚传入。安特生的报告一经出版，这个假说很快风靡全球，学术界普遍相信，在新石器晚期，有一个以彩陶为代表的先进农业集团由西向东从中亚进入中国的黄河流域，并汇入原有的古老文化中，形成了中国自己的史前文化。此后，安特生又在河南荥阳调查发掘了秦王寨等遗址，他认为这些遗址和仰韶遗址同属于一个文化系列，安特生就把这些石器遗址命名为"仰韶文化"。这也是近代考古学史上第一个出现的考古学名词。从此，"新石器时代"这个名词也为大众所熟悉，仰韶遗址的发掘拉开了我国田野考古的序幕。

仰韶文化，中国第一个考古学文化，但它的发现者安特生却认为，仰韶文化是由西方传入，这就是著名的"中华文化西来说"。那么，仰韶文化真的是由西方传入吗？仰韶文化到底是什么性质的文化？

1931年，近代考古学的奠基人梁思永发现了著名的后岗三叠层。它的下层是以红陶和少量彩陶为代表的仰韶文化遗存，中层是以黑陶为代表的龙山文化，上层是以灰陶和绳纹陶为代表的商代晚期文化遗存。因为在安阳小屯最先确定，又称小屯文化。这个三叠层证明不同文化的连续性，有力地驳斥了西来说。

中国社会科学院考古研究所研究员说，"中国文明起源的探索，可以说一直伴随着对仰韶文化的不断认识。从20年代的仰韶文化西来说，到后来的仰韶文化和龙山文化的东西二元对立说，再到上世纪60年代、70年代的仰韶龙山一元发展说，发展为现在的多元说，应该说是一个不断进步的过程。"

20世纪50年代末期发现了李家村等早于仰韶文化的遗存，但当时并没有引起足够的重视。直到70年代在华北地区，磁山裴李岗和老官台文化等前仰韶文化和新石器时代早期文化的发现，中国史前文化的土著性和连续发展性逐渐成为人们的共识。自80年代中期以来，对中国史前文化的总体认识发生了根本变化。我们现在知道，中国史前文化既不是外来的，也不是从国内某一个中心向外传播的。各地的史前文化是在适应当地自然条件的基础上逐渐发展起来的，它们或多或少都对中国古代文明的形成和发展作出了独特的贡献。黄河中心论或中原中心论的一元论终于被多元论所取代。

经过几代考古工作者近一个世纪的努力，更多的仰韶文化遗址陆续被发掘了出来，目前这些遗址已多达5000多处，考古者认为其中半坡遗址是仰韶文化的早期类型，庙底沟遗址则代表着仰韶文化中晚期类型，甚至有的学者明确主张，半坡类型对应炎帝时代，庙底沟类型对应黄帝时代。在发掘的5000多处仰韶文化遗址中，绝大部分为庙底沟类型，这也说明，在仰韶文化庙底沟时期，出现了一次大规模的文化扩张。在随后的发掘中，庙底沟文化的传播方向也渐渐清晰起来，经过考古研究，证明安特生发现的马家窑文化是仰韶文化庙底沟类型的变种和发展，庙底沟文化彩陶传播到青海、甘肃一带以后，经过发展过渡到马家窑文化，马家窑彩陶在庙底沟彩陶的基础上，发展得更加绚丽多彩。这说明，在汉代丝绸之路形成之前，连接西北与中原之间的文化通道已经形成，这个通道所发挥的作用一直可以上溯到新石器仰韶时代，只不过不是像安特生所说的由西向东，恰恰是由中原像西北地区延伸。

在几代考古学家的努力下，安特生的"中华文化西来说"自然也就成了历史的烟云。仰韶文化在长达2000年的历史进程中，不断吸收周围诸文化的因素，又给周围文化以不同程度的影响，逐渐形成中华民族原始文化的核心部分，并在后来发展为夏商周文明。

综上所述，长期困扰着中国人的疑案终于解开，中国是一个有着深厚文化底蕴的民族，我们有着令人自豪的本土史前文化，仰韶文化的发现，无疑为我国史前文化添上了光辉的一笔。

◎ **历史话外音** ◎

仰韶时期的人们过着定居生活，拥有一定规模和布局的村落；原始农业为主要经济形式，同时兼营畜牧、渔猎和采集；主要的生产工具是磨制石器；生活用具主要是陶器；此时反映人们意识形态的埋葬制度已经初步形成。

同时，仰韶文化属于母系氏族公社繁荣时期的文化。早期盛行集体合葬和同性合葬，几百人埋在一个公共墓地，排列有序。各墓规模和随葬品差别很小，但女子随葬品略多于男子。

岳麓峰上禹王碑：字体奇古难破译

在岳麓山，尚存一处千古谜团：禹王碑。作为岳麓山的古老文化象征，禹王碑的碑文铭刻千年，至今尚无人破译。

岳麓山上的禹王碑高1.84米、宽1.40米，碑上镌刻着77个字。字体奇古，有如龙蛇行走，恰似蝌蚪拳身。传说这是为纪念大禹在岳麓山治水的禹王碑。相传，大禹来南方治水，以岳麓山为营地，带领长沙先民，斩恶龙、斗洪水，终于将洪水治好，长沙先民欢欣鼓舞，感激万分，纷纷要求在岳麓山顶上，立碑为大禹治水记功，大禹起初并不同意，但感念的长沙先民执意如此，大禹却之不恭，只得答应。但大禹提出了条件：碑文要刻得奇古，如天文一般，百姓不能相识。于是，长沙先民派来最好的石匠，将大禹提供的77个字样，全部镌刻在岳麓山顶的石壁上。

过了几百年之后，有天早晨，一位云游四海的老道士路经岳麓山头，他在石壁下好奇地停下脚步，面对着碑文，一个字一个字地考证辨认起来。从早晨一直到傍晚，认出了76个字。老道士兴奋不已，正要考证辨认最后一个字，忽然感到脚下冰凉，好像被水浸了一般。他低头一看，只见自己正站在水中；他再回身一望，洪水就要齐天了。他吓得面如土灰，一下把所有考证辨认的碑文全忘记了，此时，就见那洪水也随着他的忘记，一下子全退了。老道士望着退去的洪水，想着那刚才的景象，心惊胆战。他想，这一定是天书，百姓不得相认。于是，下山通告全城：禹王碑文是天书，百姓不得相认，否则洪水淹天！

传说是美好而又离奇的，然而传说毕竟是传说，它并没有动摇文人学士考释碑文的信心，多少人为其花费了毕生的心血。

史载禹王碑最初发现于南岳衡山岣嵝峰，亦称《岣嵝碑刻》。该碑系宋代嘉定年间（1208~1233）由南岳衡山岣嵝峰摹刻而来，距今约800年。唐代散文家韩愈曾为此碑赋诗，并为不知此碑踪迹深表愧惜。然韩愈此诗不见录于其著作。宋朝著名金石家欧阳修和赵明诚，曾遍搜天下著名碑刻汇编成文，文中同样也不见《岣嵝碑》的记载。

宋朝嘉定年间（约13世纪），此碑突被发现，其字有的笔画头大尾小，于是有人认为是古蝌蚪文；有的字笔画弯曲较多，有人据此断定为虫鸟文；还有断其字为大篆者。但无人破译出来。

明嘉靖年间，文人张素将《岣嵝碑》文拓片带回云南，送给谪戍云南的学者杨慎。经他研究译出了全部碑文。当时的学者沈镒、杨时乔、郎英等都破译了碑文。大意是大禹接受了部落联盟首领舜交给的治水任务，历经艰辛困苦，成功地将大水疏导入海，制服洪水，从此天下"衣制食备，万国其宁"。

此后，《岣嵝碑》名声大振，被摹刻于各地的名川大山中。云南昆明、四川成都、湖南长沙、西安碑林、河南汲县、湖北汉阳等地都有摹刻石碑。

《岣嵝碑》是不是夏禹时的刻石，历代争论不休。明代杨慎、杨时乔，清代李蕃四、毛会建等，一面破译，一面摹刻，那是信其有。持不同意见的清代王昶在《金石萃编》中提出："此碑自南宋始出，故欧（阳修）、赵（明诚）皆不录，后来考证家如杨慎……诸人深信不疑。余皆斥为伪物，今亦究无确证。"证明此碑为夏禹时的文字，没有证据。人们对杨慎抱有怀疑态度。史家认为杨慎治学之道是：好博务欲胜人，甚至依托杜撰。

对于禹王碑上字形奇古的文字，至今说法不一。有人说是蝌蚪文，有人说是鸟篆，还有人说是符篆。但历代学者大多认为是商周或商周以前的文字。自明代嘉靖年间再现天日后，禹王碑引起许多学者的兴趣，研究者颇多，杨慎、沈镒、郎英、杨时乔等人对碑文都有释文，却相去甚远。文史专家介绍，禹王碑虽经历了近千年的历史，但因为碑文字形的独特，既不同于甲骨钟鼎文，也不同于籀文蝌蚪文，很难辨认，至今尚无定论。如今能形成一家之言的说法就有好几种，其中明代杨慎，当代学者曹锦炎、刘志一的释文比较有代表性。

明代杨慎为正德年间状元，明世宗时任经筵讲官，博览群书，当时推为天下第一，曾撰禹王碑释文："承帝日咨，翼辅佐卿。洲诸与登，鸟兽之门。参身洪流，而明发尔兴。久旅忘家，宿岳麓庭。智营形折，心罔弗辰。往求平定，华岳泰衡。宗疏事衰，劳余神。郁塞昏徙。南渎愆亨。衣制食备，万国其宁，窜舞永奔。"杨慎的释文也多采用为现在禹王碑的释文。

当代学者对禹王碑的释文，以杭州曹锦炎和株洲的刘志一等人先后作"岣嵝碑释文"比较有代表性。其中曹锦炎认为，禹王碑是战国时代越国太子朱句，代表其父越王不寿上南岳祭山的颂词。而株洲刘志一认为，禹王碑为楚庄王三年（公元前611年）所立，内容是歌颂楚庄王灭庸国的历史过程与功勋。

由于目前仍然缺乏有力的证据与资料，禹王碑上奇特的文字，在未来一段时间仍是难解之谜。

◎历史话外音◎

大禹治水是神话，抑或史上真有其事，我们不得而知。历代关于大禹治水的记录及艺术表现颇多，禹王碑如此，清代的大禹治水图亦如此。

神秘文字现世：见证殷墟的甲骨文明

中国目前发现最早的文字是什么？许多人可以不假思索地告诉你：甲骨文！

那么，甲骨文是如何被发现的呢？

清朝光绪年间，位于洹河南岸的河南省安阳市小屯村的几位农民正在翻耕土地，忽然，有一些骨片被随土翻起，人们急忙捡起一看，骨片已经石化，有的上面还有刻画痕迹。纯朴的农民觉得这些骨片年代可能比较久远，或许还可以卖给药店当药材来换点零用钱。于是有的人试着挑选了几个比较大的骨片送到药店，药店果然把这些骨片当"龙骨"收了下来。

"龙骨"，它经常被用来治疗破伤，俗称"刀尖药"。使用时将龙骨碾成粉末，贴在伤口处，可以止血，帮助伤口愈合。除此之外，它还可以用来治疗小儿、妇科疾病和男子肾虚等症。于是，小屯村的农民一有空闲就到处寻找挖掘龙骨。

这种神奇的龙骨当然不是真正的龙的骨头，而是一种在地下埋藏多年并且已成为化石的动物骨头。那么，这到底是什么动物的骨头？埋藏在什么地方？它的神奇之处只在于它能够治病吗？其实，这里面藏着一个巨大的历史文化之谜。

被人们当成龙骨的这种骨片到底是什么珍贵的古物呢？这个谜底的揭开关系到一个非常重要的人物，那就是当时在北京任团练大臣的山东福山人王懿荣。王懿荣非常爱好古物，是一位金石学家，他对青铜器的铭文很有研究，也能鉴别一些古物的真伪。光绪二十五年（1899年），王懿荣身患疟疾，大夫给他开了一副中药，王懿荣服药时，在一味叫"龙骨"的药材上发现有人工的划痕。这位对金石古文字有特殊爱好的文人马上意识到这可能是古代文字，于是立即分派家人，到北京各大药店将有划痕的"龙骨"买了回来。几天之内，竟收集到三四百片"龙骨"。

王懿荣对西周春秋时的青铜铭文非常熟悉。这些"龙骨"上的文字与金文完全不一样：用笔纤细，多方折而少圆转，肯定是周以前的文字遗存。于是他将《尚书》中记载的"惟殷先人，有典有册"与之联系起来，认为应该是殷商时期的文字。

王懿荣因此成为最早发现甲骨文的学者。1900年八国联军入侵北京后，王懿荣被迫自杀。所藏甲骨主要流入金石学家刘鹗之手。1903年10月，刘鹗在其编著的《铁云藏龟》自序中首次确定了这些文字就是"殷代人的刀笔文字"，从而揭开了所谓"龙骨"之谜。

那么，这些"龙骨"到底是什么呢？他们上面鲜为人知的异样文字，又都记录了什么呢？

正如刘鹗所说，这些所谓的"龙骨"正是商代晚期的遗物。当时人们迷信占卜，凡事皆要问卜。这样就产生了专门从事占卜的卜官，他们把占卜的经过和结果刻在龟甲或牛骨上，就形成了后我们来所发现的"龙骨"。因为它是可在龟甲或者牛骨上的，所以称之为"甲骨文"。

此后，不断有人到小屯村对甲骨文进行挖掘、收集以及研究，在历时半个多世纪的发掘中，共获得甲骨15万件，还有大型宫殿遗址56座，商晚期大墓11座，大型祭祀坑3个，其中殉葬和用来祭祀的奴隶达五千人之多。这些资料，充分证明了小屯村一这个中国北方普通的小村，却是3000多年前商朝时期的国都。小小的甲骨文，竟为我们揭开了这么大的秘密！

商朝约从公元前14世纪末至公元前11世纪，历经273年。西周灭商后，这里逐渐衰落，而终成废墟，至明代在这里设置小屯村时，这里已是一片田野。因为此地在商朝时被称为"殷"，所以人们有时把商朝也称殷朝，所以废墟被称为"殷墟"。以后人们只在文献中见到"殷墟"二字，而不知它在什么地方。因此，小屯村的发掘，其意义远远超过了对甲骨文的寻找。

在中国古代文献中，有关商代历史的记载比较少，连司马迁写《史记》时都觉得资料匮乏。而甲骨文的发现，正好弥补了史料记载的不足。甲骨文所涉及的内容非常广泛，包括了农业、畜牧业、田猎，还有天文、历法、医学、祭祀等内容，为我们研究商代的历史提供了重要的资料。

总之，丰富的甲骨卜辞为我们研究商代历史提供了大量而可靠的资料。但是，围绕着甲骨文亦有许多未解之谜等待着人们去探索。比如甲骨文至今已发现了4500多个单字，但目前已辨识的只有2000个，剩余的2500多个单字尚不能辨认，大都是地名、人名或专用字。这也是甲骨学对现代学者所提出的一大挑战。在已辨识的字中，亦有无法认定含义的，如"日又哉"这一卜辞，有的人认为这也指日食，但亦有人认为这是最早的关于太阳黑子的记载。哪种说法正确，目前仍无定论。

在甲骨文研究中，类似这样的问题还不少，如甲骨文中有关地名、河名的记载与现在的有关地名、河流有什么关系，等等。20世纪70年代，在陕西周原遗址所出土的西周甲骨文，为甲骨学的研究提供了新的资料。但是，其中一块甲骨上的文字要用五倍放大镜才能看得清楚，那么在微雕技术还不发达的西周时代，这么细小的文字是如何刻上去的呢？至今仍是一个难解之谜。

◎历史话外音◎

甲骨文，目前发现最早的文字——为我们带来了别具一格的书法艺术，甲骨文的发现，把中国书法有据可考的时代推到了殷商。同时，学者王国维对甲骨卜辞中所见的商代诸先王、先公，对照《史记》记载作了详细的考证，证实了《史记》中《殷本纪》的可信性。殷墟是商朝第10代王盘庚于公元前1318年，把都城从奄（今山东曲阜附近）迁到殷（小屯村一带），从此历经至8代12王，在此建都达273年之久。这些研究成果，把中国有考据可信的历史提早了1000年。

"东方睡美人"：马王堆古尸千年不腐疑案

一团蓝色火焰，唤醒了沉睡千年的神秘墓葬，五光十色的珠宝，色泽如新的随葬漆器，埋藏2000年却依旧清晰可见的藕片……这就是震惊中外的马王堆汉墓！

1972年1月，考古学家对位于湖南省长沙市郊的这座巨型汉墓进行科学发掘，除了大量的精美的陪葬品，最让人惊奇的便是被称为"东方睡美人"的马王堆女尸——辛追夫人。

当墓主人在千呼万唤中露出面容，在场的人都目瞪口呆：她不像一具古尸，皮肤仍旧是淡黄色的，按下去甚至还有弹性，部分关节能够活动。女尸经过防腐处理后，被送到了湖南省医学院。注射防腐剂时，女尸的软组织随时鼓起，以后逐渐扩散，和新鲜尸体十分相似。这不仅是世界考古史上的奇迹，而且也是人类历史上的奇迹。

通过对墓葬的发掘考证，在解开辛追夫人的身份之谜后，更具挑战性的问题摆在考古学家面前：她是因为年老或疾病去世还是死于处心积虑的谋杀？为什么历经2000多年的时光依然能保持尸身不朽呢？

为了进一步了解女尸的生理状况，人们经过仔细研究，决定对古尸进行解剖，湖南省的医学专家被请来负责解剖。解剖结果显示，女尸生前患有多种疾病：冠心病，多发性胆石症，日本血吸虫病，第四、五腰椎间盘脱出或变形，右臂骨折等等，50岁左右死亡，尸体光滑的皮肤说明，她并没有忍受长久疾病的折磨，而属于猝死。

人们在女尸的胃肠中发现了138粒还没有消化的甜瓜瓜子，也就是说，在死亡前不到一天的时间里，她曾经吃了大量的甜瓜，她一定是个喜好甜食的贪嘴的女人，在墓中还发现了不少动物的骨骼，有兽类、禽类和鱼类，它们大部分都是女主人的食物，看来辛追是个非常讲究吃喝的人。

医生再次仔细检查了辛追的生理状况，发现她患有胆结石，一块石头就堵在十二指肠口，食用太多甜瓜会引起胆绞痛，而辛追同时还患有严重的冠心病，百分之七十的主动脉堵塞，由此医生推断，辛追死于胆绞痛诱发的冠心病。

能如此清晰地了解2000多年前人类的死因，在考古史上也是绝无仅有的事情，这得益于尸体良好的保存状态。解剖结果说明，尸体只出现了早期腐败的症状，也就是说，当尸体暂时地被细菌侵蚀后，便成功地阻止了大自然的进攻，时间就此停止了。

那么，到底是什么原因，使得在地下长眠千年的"睡美人"能出现尸体不腐的神奇现象？

在马王堆女尸出土的时候，棺材里注满了一种红色的棺液。专家们相信，这种液体是使辛追2000多年来不腐的"神液"。

据相关专家介绍，经过化验可以证实，红色棺液成分复杂，之所以是红色，是因为掺加了朱砂，朱砂的化学成分对人体是有害的，其中含有砷和汞，棺液中还检测出了许多中药的成分，这些东西泡在一起就成了深红色。可以肯定，这种红色液体具有杀菌作用，可以保证尸体不腐。

红色棺液中的主要成分包括有机汞，也就是水银。专家推测，辛追生前可能有服用丹药的习惯。在古代中国，炼丹术是人们追求长生的主要方式之一，而炼出的丹药，本身都含有汞等对人体有毒有害的物质，当时人们意识不到，但是汞对于细菌却有杀灭作用。所以，虽然辛追生前滥服丹药没能长寿，死后却阴差阳错，丹药的毒性使得她的尸骨长久保存下来。

前面提到，在红色棺液中还发现了一些中药的成分。据介绍，在陪葬品里，人们发现了大量的中草药，从一定程度上支持了古人能够配制防腐药水的观点。"这些化学物质的结合，是古尸保存的基本原因。"相关的专家说。

可是，为什么当时比辛追地位高的人没有保留下尸骨，而辛追却可以？这起码说明这种防腐药水的配方是一个偶然因素形成的。专家认为，辛追2000年不腐充满了偶然性。除采取了得当的防腐措施之外，当时的环境一定非常干燥，有利于保存，而且棺木密封很好，棺外有5000公斤的木炭和白膏泥包裹导致水不能渗入，和外界空气隔绝避免了细菌对尸体的侵蚀，再者，马王堆墓一直没有被盗。地质条件加上人为因素，使得辛追的尸体奇迹般保存下来。

但这些毕竟都只是专家的推测，直到今天，人们还在不懈地探求马王堆女尸的不朽之谜，但没有一种解释能让人完全信服。不腐女尸的疑案，还在继续。

◎历史话外音◎

"东方睡美人"——辛追夫人在享尽世间荣华后，在2000年后的今天却因其不腐之身成为传奇，命运使她在古今都不平凡。

沉睡千年的曾侯乙编钟：探索古代音乐艺术

2000多年前，一个神秘的曾国国君曾侯乙在湖北省随州市建造了一部盛大的皇家音乐宫殿。1978年，一次举世瞩目的考古发现，让这些深埋地下的大量乐器和音乐文物重见天日。举世无双的曾侯乙编钟敲响了穿越千年的远古旋律，也敲响了中华民族那古老的梦。

1978年5月23日午饭时分，曾侯乙墓发掘现场，抽水机还在抽取墓穴里的积水。当积水终于排干，墓葬中室的景象立刻吸引了所有人的目光。65个青铜的编钟整齐地挂在木头的钟架上，仿佛刚刚被埋入地下。2400多年来，它一直稳稳地站立在原地。这是世界考古史上绝无仅有的一幕，也是擂鼓墩古墓出土的最瑰丽的珍宝。编钟沿中室的西壁和南壁呈曲尺形立放，总长度超过10米。

如此豪华的乐器阵容，让所有看到它的人不禁都为之眼前一亮。古代人们的乐器制造水平实在是出人意料。于是不少的疑问又随之而来。这些乐器都是些什么？它们沉睡在地下数千年，还能演奏出动听的音乐吗？现代人怎样才能利用它们演奏出动听的音乐来？

曾侯乙墓中的编钟分为钮钟、甬钟、镈钟三种，整套编钟出土的时候保存完好，只有个别有些小的问题，如上层第一组第三号钟，因横梁悬钟的部位有豁缺，故此件钟掉落于椁室。中层和下层也有个别挂钩断损，致使中层第一组有2件、第二组有1件、第三组有2件，下层第一组1件、第二组4件，也均掉于椁室。幸好钟部完好无损，出土后只对这些挂件稍作修复，又都能挂于架上。这么笨重的东西能够如此完好地保存下来简直是个奇迹，同时也为我们彻底揭开2400多年前的音乐之谜打开了大门。

如果说实物乐器可以使我们清晰地知道古代乐器的真实面貌，那么这些沉睡了2400多年的乐器能否发出声音？即使能发出声音，是否还是2000多年前的那个原音呢？揭开所有这些谜团需要一个关键的物证，那就是乐谱，而这时，考古工作者从编钟身上找到了一些铭文。

于是解决问题的契机从释读第一行铭文开始了。每一件钟上都有铭文，除上层第一组6件钟和下层的2件钟外，铭文皆错金，至今仍金光闪闪，富丽堂皇。同时编钟架横梁挂钟的部位和悬挂钟的挂件上，还有刻文（铭文）。编钟架横梁的刻文内，涂以朱彩，加上编钟架的彩绘，与金光闪闪的钟上错金铭文，更是交相辉映。因此，整套编钟铭文，实际应该包括钟体（每个单件的钟）、钟架（横梁）、挂件三个部分，这三个部分又是有机地联系在一起的，从而更便于对编钟乐理的研究，并加深对编钟的理解。

钟架刻文与悬钟的挂件上的铭文（或刻文）共有927字，主要是标明此处（或此挂件）应挂什么音的钟。每件钟上的铭文少则3字，多则达90字，共有2828字。

那么，这些铭文的内容是什么呢？据专家考证，有如下三方面的内容。

一是铭记，除钮钟以外，全部甬钟的一面钲部，皆有"曾侯乙乍（作）持"五字，表示为曾侯乙所制作和享有。

二是标音，甬钟和钮钟均有一面的正鼓、右鼓或左鼓（大多数为右鼓），标有这两个部位所应击发乐音的名称，即阶名和变化音名，如中层第三组6号钟，正鼓为宫角，右鼓为徵。

三是关于乐律乐理关系方面的内容。铭文中许多关于乐律方面的记载，不少涉及到音乐史方面的问题，有些是过去中外学者长期争论而没有得到很好解决的，如我国古代的十二律产生于何时，我国何时开始有七声音阶，等等，都能通过编钟铭文得到解决或得出更明确的结论。所谓十二律，是我国古代的律制。律，即是指音调。用12个长度不同的律管（竹管），吹出12个高度不同的标准音，用以确定乐音的高低，这12个标准音就叫作"十二律"。我国传统的十二律即相当于现代音乐的12个调，由低到高依次排列为：（1）黄钟（C），（2）大吕（#C），（3）太簇（D），（4）夹钟（#D），（5）姑洗（E），（6）仲吕（F），（7）蕤宾（#F），（8）林钟（G），（9）夷则（#G），（10）南吕（A），（11）无射（#A，"射"读yì），（12）应钟（B）。

铭文释读完毕，人们最关心的便是乐器能否发出声音？音色是否还是2000多年前的那个原音？经过音乐工作者的研究和试验性演奏，一切疑问在动听的敲击声中迎刃而解，事实证明它虽在地下埋藏了2400多年，音乐性能不仅依然保存，而且仍然很好，音色优美，音域很广，变化音比较完备，其音阶结构与现在国际通用的C大调七音阶属同一音列，中心部分12个半音齐备，可以旋宫转调，故它能演奏古今乐曲，包括采用和声、复调以及转调手法的乐曲。而且它还涉及到我国古代乐器与传统乐律学中的有关其他领域，包括乐律史地位、水平的重新估价与诸如音阶、调式、变化音体系、唱名体系等方面的理论和运用的评价等。仅从编钟的全部标音体系来看，就可知道近代乐理中的大、小、增、减等音程概念和八度位置的概念，早在2400多年以前，我国就有了自己民族的表达方法，从而提高了我国音律学在世界音乐史上的地位。

◎历史话外音◎

曾侯乙墓编钟的出土，使世界考古学界为之震惊，因为在2000多年前就有如此精美的乐器，如此恢宏的乐队，在世界文化史上是极为罕见的。曾侯乙墓编钟的铸成，表明我国青铜铸造工艺的巨大成就，更表明了我国古代音律科学的发达程度，它是我国古代人民高度智慧的结晶，也是我们文明古国的历史辉煌。曾侯乙编钟的出土，真可谓我国古代音乐艺术的瑰宝，是华夏之邦优秀的民族音乐财富。

后母戊鼎多悬疑：解读殷墟青铜里的秘密

2011年，央视《新闻30分》的某次文物新闻播报中，播音员将为人熟知的"司母戊鼎"读作"后母戊鼎"，引发不少网友的质疑。随后国家博物馆方面表示，此鼎在最初定名时被专家按照鼎上的铭文释读为"司母戊"，并纳入教材被广泛接受。但随着更多商代青铜器的发现，目前学界普遍认为应该释读为"后母戊"。这一改名引起了轩然大波，使这个目前我国已发现的最大最重的青铜器再一次被世人所瞩目。

后母戊鼎原名司母戊鼎，是中国商代后期（约前16世纪~前11世纪）王室祭祀用的青铜方鼎，1939年3月在河南省安阳市武官村的一家农地中出土，现藏于中国国家博物馆。

那么，"司"与"后"哪个更准确些？它是什么年代的器物？它又是为谁所铸造的呢？如此庞大、沉重而又精美的器物，在当时的技术条件下，古人又是如何铸造的呢？这一切，都为这尊鼎中至尊蒙上了一层层神秘的面纱。

关于大鼎的命名，有如下两种解释：

第一种说法认为"母戊"为墓主人的庙号。"司"读"祀"，即祭祀的意思。认为这三个字的铭文表示该鼎为祭祀"母戊"而作，母戊是商王文丁（属于殷墟3期）之母的庙号，该鼎即为商王文丁所铸，是用来祭祀其母。

但是，考古人员通过形制确定后母戊鼎属于殷墟2期，即商代晚期的商王武丁后期至其子祖庚、祖甲时期，因此此说很快被否定。一般情况下，判断一个器物的年代，要通过它的地层关系，然后在底层关系的基础上，再去看它的器物的组合。但是后母戊鼎重现于世时既没有其他器物一同出土，也没有发现墓葬。因此对于后母戊鼎年代的判断，只能从器物形制着手。专家们把200多年殷墟文化分为四个时期，每一时期的器物，在造型上都有大致的分期特征。越早的方鼎，它腹部就越深，腿也就细长，根据鼎腿与鼎腹的比例关系，专家们判断，后母戊鼎应该是比较接近殷墟2期的器物特征。

第二种说法将"司"字改释为"后"字。商代的字体较自由，可以正写，也可以反写。所以"司"和"后"字形可以一样，而意思上此处更接近"商王之后"。学术界更多人赞同"后"，并且新说认为"母戊"并不是商王文丁之母，而应指商王祖庚或祖甲之母。

商人以天干地支为自己的称号，因此在不同的时期可以发现使用相同称号的人。甲骨文中提到的，配偶为"戊"的，共有4位商王。他们分别是大丁、武丁、祖甲、武乙王。大丁的时代，不在殷墟的12位商王之内，而武乙王属于殷墟3期，后母戊鼎与这个时期的器物外形不吻合，剩下的就只有武丁和祖甲了，那么这里的"戊"究竟是谁的妻子呢？

1976年安阳殷墟妇好墓的发掘给出了答案。妇好乃商武丁的一个王后，史载她主持祭祀、打猎，英勇善战，是中国历史上第一位赫赫有名的女将军。考古学家在妇好墓中发现了后母辛鼎，而通过对比发现后母辛鼎的形制、纹饰和铭文的风格均和后母戊鼎一致，两鼎之间的合金配比情况也极其相似，这就有力地证明后母戊鼎确属殷墟2期。这也帮助我们断定后母戊的"戊"应该就是武丁王的另外一个王后"戊"，此鼎乃商王祖庚或祖甲为祭祀其母戊而作的祭器，祭祀的时候，祭祀者把铭文和纹饰完整的一面朝向祭祀的牌位，把器物的背面对着自己。这种纹饰大多为饕餮纹。也有专家认为，这种狰狞的饕餮就是早期的龙，是龙的一种变体。在烟雾缭绕之中，龙会把祭祀的信息带到天上。

但令人奇怪的是，同为武丁王的王后，后母戊鼎的体积几乎是后母辛鼎的2倍，重量则是它的6倍。不久，考古人员在当年后母戊鼎出土的下方发现了一个巨大的甲字型大墓，在殷墟王陵区中共有大墓11座，这些大墓很可能都是商王的墓葬。"戊"的墓葬规格是仅次于商王的。而武丁的另一位王后——女将军妇好，她的墓葬并没有进入王陵区。在12位商王中，每一位商王通常都有十几个妻子，为什么仅仅有武丁的王后"戊"，墓葬有如此高的规格呢？种种疑惑，只能期待着考古学家们继续研究。

除了后母戊鼎的身世之谜，最为神秘也最难让人猜测的，是它究竟如何铸造的。后母戊大方鼎的出土，表明在商朝，青铜器的制作技术已经达到了炉火纯青的地步，标志着我国古代的青铜工艺出现了第一个高峰期。但是，铸造后母戊大方鼎，在当时的生产力情况下，无论如何都还是一件相当困难的事情。如此浩大的工程，究竟是如何实施的呢？

有人认为，勤劳智慧的古人采用的是化整为零的战略，先分别铸好鼎耳、鼎足、鼎身，然后再将各个部分合铸在一起。但是，迄今为止，这种论证还没有得到相关科技的论证。

另外，研究后母戊鼎的专家曾经发现过一个异常的现象：后母戊鼎的东侧壁纹饰粗糙，有的地方还可以看出错位的痕迹，四条鼎腿下半部分厚度都出现了异常。于是人们设想，整个大鼎鼎身部分很可能在铸造时发生了泄漏。经过研究。他们发现大鼎并不是一次浇铸完成的，在第一次浇铸时，由于泥范体积太大，铜液冲刷过于猛烈，在鼎的东侧壁内部带有花纹的泥范发生了破裂，铜液渗入泥范，所以预计的铜液没有把整个泥范浇满，使4条鼎腿短了一截。接铸的部分使鼎腿的厚度变厚了。如今的后母戊大方鼎，是古人一次并不完美的作品，或许也仅仅是一次大胆的试验尝试。

后母戊鼎承载着太多历史的秘密，时至今日我们仍无法一一给出最确切的解答，千古疑案，仍在继续。

◎历史话外音◎

后母戊鼎厚立耳（其中一耳为后配），折沿宽缘，直壁深腹平底，腹部呈长方形，下承四中空柱足。器耳上饰一列浮雕式鱼纹，首尾相接，耳外侧饰浮雕式双虎食人首纹，腹壁四面正中及四隅各有突起的短棱脊，腹部周缘饰饕餮纹，均以云雷纹为地。足上端饰浮雕式饕餮纹，下衬三周凹弦纹。此器形制巨大，雄伟庄严，重832.84千克，是目前所知中国先秦时期最重的青铜器。

窦绾墓：汉代灯具的环保意识之谜

灯具是我国古代的照明器具。其形状为下有座，中有柄，上用金属圆盘或小瓷碗，燃以膏油。

汉代的灯具，是对秦以前灯具的继承和创新。从形式上说，有座灯、吊灯、多枝灯等；从质地上说，有陶灯、青铜灯、铁灯、玉灯和石灯，其中以青铜灯具最为多姿多彩；从造型上说，有人物形象、动物形象、器物形态等。

两汉的灯具不仅外观好看，种类繁多，而且在设计之中加入了环保的意识，体现了科学和艺术性的高度统一，显示了劳动人民的高超技艺。

在当时，灯具的燃料主要是动物油脂，虽然实现了照明功能，但有一些没有完全燃烧的炭粒和燃烧后留下的灰，造成室内烟雾弥漫，污染了室内的空气和环境。因此汉代的座灯大多设计有导烟管，并在灯体内贮入清水。当灯燃烧时，烟尘通过导烟管溶入体腔内的清水从而实现了环保功能。大部分象形灯具都用身体中的某一部分作为导烟管，如人的手臂、牛的双角、凤、雁、鹅的颈部等。

储水滤烟环保灯具是我国汉代灯具在功能方面最先进的发明创造。而西方油灯直到15世纪才由意大利的达·芬奇发明出铁皮导烟灯罩，可见汉代灯具设计的科学性和先进性在世界灯具史上的地位。这类富有环保意识的灯具在考古工作中连接不断地被发现，而且分布的地域由北到南，由东到西，十分广阔。

西汉中山靖王刘胜的妻子窦绾的墓葬中发掘出一盏长信宫灯。长信宫灯就是一项防治灯具污染环境的巧妙发明。这盏灯具的造型是一个双膝跪地的宫女，左手托着灯座，右手伸入灯罩。灯具通高48厘米，通体鎏金，至今仍然灿烂发光。这盏灯具设计、制作都非常精美灵巧，它的灯盘、灯座和执灯宫女的右臂、头部，都可以拆卸，灯盘中心有一根钎，是用来插蜡烛的。灯罩和灯盘能够随意开合，这样就可以根据人们的需要，随时调节烛光照射的亮度和角度。宫女的右臂实际上是烟道，它与宫女的身体连通，双膝跪地的宫女下部底层设水盘，这样，灯烟通过宫女右臂、身体、进入底层水盘，经过滤以后，去掉灯烟中的尘埃和异味，排出的是比较干净的烟，从而减轻了灯烟对室内环境的污染，避免房屋墙壁、室内器物被熏黑。

与长信宫灯类似的汉代灯具，在考古工作中陆续有所发现。1980年5月，在江苏省甘泉乡出土了东汉错银饰铜牛灯。该灯通高46.2厘米，灯盏承接在牛背中的圆形座基上，牛头顶部有烟筒直上而后弯曲与灯罩相接，牛腹是空的，可以储水然后过滤烟尘。

1985年，在山西省平朔县出土了西汉雁鱼铜灯。该灯通高53厘米，整体造型为一回首衔鱼的鸿雁，雁颈与灯体以子母口相接，鱼身、雁颈、腹腔中空并相通，雁腹中空可储水，灯盘为圆形直壁，鱼腹下为圆形覆口与灯盘相对应。灯盘所附短柄可自由转动以控制两片弧形屏板灯罩的左右开合，这样既能挡风，又可调节灯光亮度。鱼鳞和雁翅部位铸有精细的纹理，铜灯上遍施华美的彩绘，红、绿、蓝、白的装点让静止的灯具鲜活灵动起来。灯火点燃时，烟雾通过鱼和雁颈导入雁腹体内，雁腹中有水，可以过滤烟气，防止油烟污染空气。这种带烟管与销烟功能的灯具有如此优越的功能，使之在当时风靡一时。

由此我们可以看到，利用清水净化灯烟尘埃的科学思想在西汉时期已经受到了人们的普遍重视，而且非常盛行，已经成为当时的一种风尚。

◎历史话外音◎

灯，中国现存最早的灯具出于战国，在《楚辞·招魂》中有"兰膏明烛，华镫错些"的记录，说明战国时已出现"镫"这个名称了。战国以前都还没发现名为"灯"的实物。在商代的甲骨文中也未见灯、烛之类字样。西周时在人们日常生活中出现的"烛"（一种由易燃材料制成的火把，用于执持的已被点燃的火把），这应是最早的照明用器的记载。

金缕玉衣：古代殓葬玉器之谜

玉文化在中国源远流长。感人至深的《红楼梦》，故事从一块顽石美玉开始，对玉的爱在中国人的心目中扎下了深深的根。历代对玉的描述甚多：有"玉，石之美者，有五德，润泽以温，仁之方也"，有"君子比德于玉"，"君无故，玉不去身"等等，可见玉器在中国几千年的历史中，被赋予了众多美好寓意与特殊含义。

在玉器众多文化内涵里，显官阶、避邪祟、防腐朽等等这些功能，无疑是其重要的组成部分。

希望长生不老、灵魂永存是古代皇帝梦寐以求的事，所以他们千方百计地寻找长生不老药，喝甘露，吃炼丹丸等。由于这一切的目的都是为了长生不老，所以他们将求生的欲望也寄托在死后的裹尸衣上，这就出现了汉代特有的玉衣。玉衣是什么样的呢？它是如何制成的？是否真的可以使尸体不腐呢？

1968年，考古工作者在河北满城县的一座小山丘上，发现了中山靖王刘胜和他的妻子窦绾的墓。在刘胜和窦绾棺内的尸体位置上，分散着许多小玉片，它们究竟是做什么用的呢？经过考古工作者的精心修整和研究，终于复原出两套完整的玉衣。

玉衣是汉代皇帝、诸侯王和高级贵族死后的殓服。史书中称"玉匣""玉柙"，但它的形状究竟是什么样的，从汉代以后就无人知晓了。刘胜和窦绾的玉衣使我们第一次看到了玉衣的真面目，从而解开了这个千古之谜。

这两套玉衣的外观和人体的形状一样，分为头部、上衣、裤筒、手套和鞋5大部分，各部分都由许多长方形、三角形、梯形、圆形等玉片组成，玉片上有小的钻孔，玉片之间用纤细的金丝加以编缀，所以又称为"金缕玉衣"。刘胜穿的玉衣形体肥大，头部的脸盖上刻画出眼、鼻和嘴的形象，腹部和臀部突鼓，裤筒制成腿部的样子颇似人体。窦绾的玉衣比较短小，没有做出腹部和臀部的形状，这可能是由于表现女人体与当时的传统观念相违背的缘故。刘胜玉衣全长1.88米，由2498片玉片组成，用于编缀的金丝约重1100克。

完整的玉衣是西汉早期才出现的，那么玉衣是如何出现并发展起来的？早期的玉衣是什么样的呢？

玉衣的出现与流行，是与当时社会经济的发展及丧葬观念的变化密切相连的。西汉时，经过"文景之治"，汉武帝时国力大大增强，"京师之钱累巨万，贯朽而不可校。太仓之粟，陈陈相因，充溢露于外，至腐败不可食"。于是，统治阶级的生活日益奢侈腐化，生前穷奢极欲，死后则实行厚葬，在丧葬制度方面也有明显的变化，战国和西汉早期的长方形木椁墓逐渐为仿生人宅院的洞室墓所替代，随葬品也多为日常生活用具及宅楼庭院等模型。玉衣就是在这种厚葬之风日甚的背景下出现的。

据一些学者的研究，汉代的玉衣是由先秦时期的"缀玉面饰"演变而来的。所谓"缀玉面饰"，就是将做成眉、眼、鼻、口形状的玉石片，按一定的形状排列，缀附在织物上，再覆盖在死者面部。这种缀玉面饰就是汉代玉衣的雏形。最早的缀玉面饰出现在河南三门峡市西周晚期的虢国墓地中。战国时期，缀玉面饰是一种颇为流行的丧葬礼俗。汉武帝以前的诸侯王墓中尚未发现完整的金缕玉衣，但出土有金缕玉面罩、玉帽、玉手套和玉鞋，这是缀玉面饰向玉衣的过渡形式。

目前发现的汉代玉衣，除金缕玉衣外，还有银缕玉衣、铜缕玉衣和丝缕玉衣，编缀玉衣用料的不同，代表着死者身份的不同。据汉代文献记载，汉代皇帝死后使用金缕玉衣，诸侯王等使用银缕玉衣，大贵人、长公主使用铜缕玉衣。

问题出现了，中山靖王刘胜是汉景帝刘启的儿子，汉武帝刘彻的庶兄，按规定他只能以诸侯王的身份使用银缕玉衣，为什么却越级穿金缕玉衣呢？

研究专家认为，玉衣等级的严格规定，是在东汉时期才形成的，因为是东汉时期的诸侯墓中就再没出土过金缕玉衣。身为诸侯王的刘胜都能穿如此华贵的金缕玉衣，那贵为天子的皇帝玉衣是什么样的呢？史书记载，汉武帝的玉衣玉片上雕刻着蛟龙、鸾凤、龟麟等纹饰，被称为"蛟龙玉匣"，在玉衣片上雕刻花纹，想必除了加强装饰效果，让玉衣有华贵之感外，还要体现皇帝的高贵身份，但因为目前没有考古发现的实物作为证据，汉代皇帝的玉衣对我们来说还是一个未解之谜。

不管是"缀面玉饰"还是"金缕玉衣"，其初衷应该说都是为了追求尸体的不朽。因为古人认为尸体入葬时会遇到水银浸泡，而水银遇玉就会凝固，所以以玉敛尸会使尸体不腐，从而有再生的可能。事实上这纯粹是无稽之谈，中山靖王刘胜和窦绾的玉衣内，除残留几颗牙外，尸骨早已化为泥土。

延至三国时代，战乱不断，盗墓盛行，厚葬之风渐趋衰落。曹魏黄初三年（222年），魏文帝曹丕下令禁止使用玉衣，从此玉衣殓葬习俗便在历史上销声匿迹了。

◎历史话外音◎

《吕氏春秋》节丧篇中述及的"含珠鳞施"，"含珠"施于口内，"鳞施"则施于身上，即用玉片或金属片，像鱼鳞般施于身上。玉衣至汉代才正式见诸记载："汉帝送死，皆珠衣玉匣，匣形如铠甲，连以金缕。"

《汉书·霍光传》："光薨，赐金钱，缯絮绣被百领，衣五十箧，璧珠玑玉衣。"但以玉衣敛尸只延续到东汉末年。曹魏黄初三年（222年），曹丕鉴于"汉氏诸陵，无不发掘，至乃烧取玉匣金缕，骸骨并尽，是焚如之刑"，废除了"玉匣"。

高州：发现冼夫人时代铜刀铜剑和奇特石刻文字

提起高州，会想到一生为国为民，维护国家统一，保障了岭南地区的安定局面长达数百年，先后受梁、陈、隋及后世数朝敕封21次，被称其为"中国巾帼英雄第一人"的冼夫人。冼夫人和她的事迹在民间广为流传。高州是高凉族女英雄冼夫人的故里，然而遗憾的是，除了大大小小的纪念性庙宇和部分铜鼓，可以让我们认识冼夫人那个时代更多细节的具有实证性的地下文物却迟迟没有出现。这其中一个原因是20世纪50年代高州水库修建之后，淹没了古高凉郡核心郡治。另外，据传高凉族无文字，我们现在所知道的高凉历史多为汉人所记载，和历史真相有一定的距离。

但是，广东高州出土的铜刀铜剑和奇特石刻文字符号，开始慢慢地让历史浮出水面。长坡镇旺沙村铜刀铜剑的出土，除了自身价值之外，还证明了高州大量古城墙、跑马道、烽火台确实是冼夫人时代修筑的军事遗址。长坡镇雷垌村马鞍坳山坡岩石上人工刻凿的奇特文字符号，则从另一个侧面反映了冼夫人所赖以生长的原始高凉族文明，这些物证重见天日，使深埋于水底地下、沉睡了几百年的高凉文明随之被掀开了一角。

从刀、剑本身，以及其铸造工艺来看，和冼夫人同时代的北流型铜鼓属于同一类，军事遗址最早可能是在冼夫人时代所建。十几年前，文物普查时发现了这些遗址，判断有可能是明朝时流寇所为，此说近几年被推翻，如此大的规模，流寇绝对没有能力在短期内完成，隋唐之后只有冼夫人军事集团才有这个实力和时间经营。同时，从军事遗址的规模和选址来看，这里应该是冼氏最重要的军事防御中心。但天然的石头和人工烧制而成的砖瓦不同，无法断定具体的年代。

刻划符号分布于长坡镇雷垌村旁马鞍坳山坡的山岩上。已发现的刻划符号有两种，其中一种为文字符号，另一种为图形符号。文字符号发现于马鞍坳东部200米处的山岩上。岩体宽400厘米、高230厘米，斜靠于山体上，当地村民称此岩石为"刻字石"。刻字石上有18组刻字纹符号，它是由点、横、竖、斜线构成，每组大小不一，一组符号构成一个字，每组长宽约15厘米×15厘米，刻划深度约0.5~1厘米，纹宽约1厘米。图形符号发现于距文字符号60米处的另一山岩上。岩体长180厘米、宽160厘米，顶部稍呈椭圆形。在岩体顶部及岩体四周均刻有许多图形符号，主要由格形及圆点形组成。格形图案有四种，大小不一。

以上两种的刻划符号均刻于山体中比较坚硬的麻石上，为不规则的排列形式，分布于岩石的各个部位。特别是图形符号，有的在岩石的顶部，有的在岩石的四周侧面。这些字是用坚硬的材料凿刻成的，凿刻的划纹路较深。由于岩体坚硬，不易风化，所以在岩体的表面上布满了青苔。将青苔刮掉后，则现出了清晰的刻划符号。

南朝梁天监年间，冼夫人出生于高凉，并世袭高凉首领职务。她与高凉太守冯宝联姻后，促进了俚族地区的民族融和，汉文化在俚族地区迅速传播，俚族地区特有的文字迅速为汉字所取代。但在俚族中心地区的高州境内，仍然保存和使用一些俚族流传下来的部分文字，如从一至十的10个数目字，当地群众称它为"花码字"，这些"花码字"就是过去俚族人使用的数字符号。当地群众直至20世纪50年代时仍用它来记账。为了保存这些古老的文字，高州群众过去在自制的量器——米升或烟盒中，在其边沿或盖子上刻着这10个"花码字"。这些"花码字"直至20世纪60年代以后才迅速被阿拉伯数字所替代，时至21世纪的今天，再没有人使用这些数字记账了。

高州境内遗存有古人文字的事实，在高州地方史中也有记载。史料所记之高凉山"马鞍坳"，在山麓上卓立的古字巨石，因连年开发使用，早已被破坏，无法寻找。今在雷垌的"马鞍坳"上却保存了古人类的"刻字石"。但雷垌村所保存的俚族人摩岩刻划文字，已经很难被普通人所识别。它们究竟是什么字、怎样发音、表达了什么内容等许多学术上的问题，人们期待谜底的揭开。

◎历史话外音◎

石刻艺术属于雕塑艺术，运用雕刻的技法在石质材料上创造出具有实在体积的各类艺术品。国内现有石刻艺术专业博物馆其规模较大的有成都安岳"中国石刻艺术之乡"、云冈石窟、龙门石窟、重庆大足石刻、山东石刻艺术博物馆、西安碑林"中国石刻艺术博物馆"、河南南阳石牌坊、北京海淀区石刻艺术馆、徐州"中国石刻艺术馆"……

第二十五章

历史伪说惑案

——到底是历史误导了我们，还是我们误解了历史

□ 古今悬案疑案奇案大全集

越王勾践：是否真的卧薪尝胆

"有志者、事竟成，破釜沉舟，百二秦关终属楚；苦心人、天不负，卧薪尝胆，三千越甲可吞吴。"对于蒲松龄的这段话，大多数人都不陌生，而这段话中"卧薪尝胆"一词更是家喻户晓的经典成语。

春秋时期，越王勾践在一次战争中被吴国夫差打败，带领所剩的五千兵马逃到了会稽，还是被吴军围了个水泄不通。于是越王只能向吴国屈辱求和。在吴王的威逼之下，勾践到吴国宫廷中服了三年的苦役，过着牛马不如的生活。勾践被释放回国之后，为了奋发图强报仇雪耻，他睡觉躺在硬柴上，坐卧饮食都要尝一下苦胆，告诉自己不能忘记越国灭亡的痛楚，激励自己的勇气和斗志。经过几十年的休养生息和不懈努力，他最终战胜了吴国。这就是我们今天所熟知的典故"卧薪尝胆"的来历。现在人们常用这个成语表达刻苦自励、奋发向上的决心。

然而关于越王勾践是否真的曾经卧薪尝胆，却是众说纷纭。有的说他从来没有卧薪尝胆过，有的说他"卧薪"而没有"尝胆"，那么事实到底是怎样的呢？难道这个流传千古、帝王发愤图强的典故，竟然是个欲盖弥彰的大谎言？

《左传》和《国语》是现存最早的记载吴越争霸和勾践事迹的历史典籍，但这两本史籍都没有讲到越王勾践卧薪尝胆的行为。

到了西汉，史学家司马迁在《史记·越王勾践世家》曾说："吴既赦越，越王勾践返国，乃苦身焦思，置胆于坐，坐卧即仰胆，饮食亦尝胆也。"但这段话中并未提到"卧薪"二字。那么"卧薪"呢？司马迁笔下的"苦身"是不是就是指的"卧薪"呢？可惜的是，司马迁并没有给出更为详细的交代。之后的一些著作皆以先秦史料为基础，对此没有更深描述。

而最先将"卧薪""尝胆"两个词连在一起使用的人是北宋的苏轼。他在《拟孙权答曹操书》这一带有游戏色彩的书信中说："仆受遗以来，卧薪尝胆。"苏轼在这里指的孙权，与越王勾践完全无关。

发展到后来，真正将"卧薪尝胆"用在勾践身上并使之广为流传的是众多的文学作品。明朝末年，梁辰鱼在《浣纱记》中对越王勾践"卧薪""尝胆"的事情进行了大量的描写。后来冯梦龙在其刊刻的历史小说《东周列国志》中多次提到过勾践"卧薪尝胆"的故事。清初的吴乘权也在《纲鉴易知录》中写道："勾践叛国，乃劳其凝思，卧薪尝胆。"正是这些文学作品的描述，从此使越王勾践"卧薪尝胆"的故事家喻户晓、广为流传，但其真实性还需进一步考证。

"卧薪"的记载最早出现在宋代，有些学者表示不能认同。他们认为东汉《吴越春秋》中记载越王勾践"用蓼攻之以目卧"就是"卧薪"的意思。所谓"蓼"清代马瑞辰解释为"辛苦之菜"。这种蓼菜积聚得多了，就成为"蓼薪"。勾践那时日夜操劳，眼睛疲倦得想睡觉（目卧），就用苦菜来刺激。"卧薪""尝胆"分别是让视觉和味觉感到苦。后人把"卧薪"说成是在硬柴上睡觉，是一种曲解。

◎历史话外音

不管"卧薪尝胆"是否真有其事，我们只要保留和坚信这种为了目标坚忍不拔的态度和精神就好了。其实，历史上很多事情，就从文字流传和记载来说，我们又能否说它们全部都是真的呢？或许它们的真伪并不重要，重要的是，它们对后世的影响和价值，与后来人对待它们的看法和态度，以及从中感悟到的理念和信仰。

淝水之战：这场战役是否真的是以少胜多

五胡十六国时期，前秦统一了北方。南方由司马睿建立起了东晋，盘踞江左一带，南北双方形成了对峙的局面。383年，前秦与东晋在淮南淝水展开了一场规模惊人的大战，史称淝水之战。淝水之战中，前秦百万兵马居然输给了东晋10万兵马，在历史上颇为罕见。

前秦天王统一了北方各少数民族之后，就开始积极准备南征东晋。383年5月，苻坚不顾前秦丞相王猛临终遗言以及群臣的反对，决意攻取东晋。苻坚甚至扬言以此强兵百万，"投鞭可以断流"。8月，苻坚以苻融、张蚝、慕容垂等步骑25万为前锋南下，苻坚随后率百万兵马从长安出发，全军有步兵60万、骑兵27万，旗鼓相望，前后千里，东西万里，水陆并进。崔鸿《十六国春秋·前秦录六》记载，"八月戊午，遣……步骑二十五万为前锋。甲子，坚发长安，戎卒六十余万，骑二十七万，前后千里，旌鼓相望。"

面对前秦来势汹汹，东晋任命谢石为征讨大都督，谢玄领北府兵为前锋都督，与谢琰、桓伊等共同率领8万之众抵抗秦军，又另派将领胡彬领5000水军增援寿阳（今安徽寿县）。11月，谢石、谢玄和刘牢之在谢安的计策指挥之下，由刘牢之率北府精兵5000人强渡洛涧，袭击梁成军营，临阵斩杀梁成等10员将领，又分兵截断退路的渡口。秦兵步骑一时崩溃，落水而死的就有15000人，缴获了秦军丢弃的大量军资器仗。强渡洛涧取得大胜的晋军乘胜追击，水陆并进，声势大振。全军推至淝水东岸，与秦兵隔河对峙。苻坚在寿阳城上目睹晋军布阵严整，心中暗暗吃惊。又见淝水东面八公山上草木摇动，以为都是埋伏的晋兵，不由得连连感叹："此亦劲敌何谓弱也。"当秦晋两军夹淝水布阵之时，为速战速决，谢玄便派人向苻融提议说："两军隔河对峙并非长久之计，不如将军往后退一步，让我军能渡过淝水，一决胜负如何？"苻坚认为我众敌寡，想要乘晋军渡江之时，向晋军发动进攻，必能取胜。于是同意了谢玄的提议。但是当秦军下令后退时，全军军心大乱，众多秦军将士都以为是前锋战败，顿时间秦军争相逃命，自相践踏。谢玄、谢琰、桓伊等率领晋军渡河猛攻。晋军一鼓作气，追击秦军至寿阳30里外的青冈。一路逃亡的秦军听到风的吹拂声与鹤的呼叫声，都以为是追兵到了，昼夜不敢停息，最后只有10多万人逃回北方。淝水之战，以少胜多，从此扬名于中国军事史。

但是近年来，史学家们通过对史册的研究，对淝水之战以少胜多提出许多新的观点。

一、前秦百万军队真的有100万吗？史学家认为百万只是一个虚数，实际数量并无百万。首先，虽然苻坚统一北方各少数民族，但是从人口总数估计，拥有百万雄师的可能性并不大。其次，假设前秦真的拥有百万军队，也不可能全部派往前线，至少要留一些驻守各地重镇。再次，这年五月，苻坚就派遣儿子苻叡率兵进入襄阳和蜀地以抵抗晋军，苻叡也就带走了前秦的一部分兵力。所以百万之师的说法值得怀疑。

二、真正参加淝水一战的前秦军队有多少人？淝水之战中，结集在淮淝一带的秦军其实就只有苻融率领的30军队。这30万人还被分布在了郧城至洛涧的五百里战线之上。也就是说，真正驻扎在淝水的军队也不过10万人。但是，晋军的8万人几乎都参加了淝水一战，再加上晋军本来就在长江中游地区布置有很雄厚的兵力，因此真正与前秦交战的晋军在人数上可能已达到十二三万人左右，要比前秦军队的10万人多。

◎历史话外音◎

从长期看，淝水之战最重要的作用是使得流落到南方的汉族中原文化得以延续和发展，并且直接影响到了此后隋唐等统一王朝的精神实质，可以说淝水之战保住了中华文化的核心部分并使之从"五胡乱华"后得到喘息和重新崛起的机会。

纵横大师：世间到底有无鬼谷子其人

鬼谷子，相传生活在战国时期的楚国，姓王，名诩，此人神秘中透露着深不可测的魅力，关于他的出身民间有很多传说，有说他是村夫庆隆和东海龙女的儿子，又有他是道教的洞府真仙的传说。传说并不足信，但鬼谷先生至今是个未解之谜。

认识鬼谷子，我们是从其著作《鬼谷子》中，但是最早人们了解《鬼谷子》是从《隋书·经籍志》中得来的，但是此书的历史真实性我们不得而知，这就产生了一个疑问：鬼谷子到底有无其人？

我们没有在史料中发现一些直接记录鬼谷子的文献材料，但是间接提到他的却很多，其中《史记》的记载颇为引起我们的注意，《史记·苏秦列传》有提到，苏秦"东师事于齐，而习之于鬼谷先生"。又有《史记·张仪列传》中又说，张仪"尝与苏秦俱事鬼谷先生学术，苏秦自以不及张仪"。也就是说苏秦、张仪这两位驰骋战国的纵横家都曾师承鬼谷子；而司马迁《史记·太史公自序》中也提道："圣人不朽，时变是守。"唐代著名的史学家司马贞在其《史记索隐》中说："圣人不朽，时变是守。"此句引自鬼谷先生名作《鬼谷子》，《史记》探究历史的态度和真实性我们无须怀疑，从司马迁的话中我们可以得知其对鬼谷子确有一定了解。

鬼谷子的重要学说就是纵横之术，我们姑且从这条线上摸索关于鬼谷子的一些事迹，据司马迁在《史记》中记载，汉武帝时期大臣主父偃曾学纵横术。博学奇儒王充也曾学习纵横之术并称此术开山祖师乃鬼谷先生也。这就说明在汉代人们对纵横之术的理解也来自鬼谷子。

西汉刘向，汉魏蔡邕，魏晋皇甫谧，东晋郭璞、王嘉，南朝陶弘景、唐代李善等都在各自的著作中间接地提到过鬼谷子。

美国外交家基辛格的老师施本格乐对鬼谷子的评论是，在当时的历史中其外交才能和外交技巧的灵活运用，必然成为当时最为有影响力的外交家。

我们通过对各种关于鬼谷子论述的总结、分析，大致可以得出这样的结论：鬼谷子确实生活在战国时代，他是一位行踪不定的理论家、实践者。我们可以从苏秦、张仪的生活年代大致推算出鬼谷子的生活年代。他的一生给我们最重要的影响就是其纵横之术和其鼎鼎大名的两个高徒。他肯定不是传说中的神仙，他只是一个把自己的智慧传递给别人的普通人。另外大家会问，为什么他用"鬼谷子"这个名字，一种类似于笔名的东西？他是不愿意用自己的真实姓名，故而都以"鬼谷子"自称。

我们要了解一个真实的鬼谷子，就不要把鬼谷子看成是多么神秘的人物。更有甚者把鬼谷子当成一个神仙或者能通天彻地的能士。我们只有揭开一些掩盖在外表的虚无的东西，才会真正了解一个人、一些事。

◎历史话外音◎

《鬼谷子》作为纵横家游说经验的总结，其价值是不言自明的，《隋书》中说："纵横者，所以明辨说、善辞令，以通上下之志也"，"佞人为之，则便辞利口，倾危变诈，至于贼害忠信，覆邦乱家"。历代虽然存在着对纵横之学的偏见和歧视，但我们不能因为某种事物能用于坏的方面就否定其自身价值。

《水浒》真相：武大郎、潘金莲真伪之谜

《水浒传》里描写的武大郎奇矮，不足三尺，靠卖烧饼谋生，他有一个很美貌的妻子潘金莲，后因潘金莲与西门庆有染，继而二人商量毒死了武大郎。

在很长一段历史时期内，武大郎一直被当作窝囊男人的典型代表而受到人们的鄙视，充当了一个受苦受难甚至被害人的角色，而潘金莲更甚，数百年来，她被视为"千古第一淫妇"，承受着"淫妇"等道德意义上的唾骂，他们的形象从何而来？无非是中国的两部古典文学名著——《水浒传》和《金瓶梅》。

事实上，他们是真实存在的人物，而不仅仅是小说中的人物，那么，历史上的他们是怎样的呢？

据河北省《清河县县志》记载，武大郎姓武名植，清河县武家那村人，县志和武氏家谱可以证实，武植身材高大，相貌不俗，根本不是《水浒传》中的"三寸钉，枯树皮"，他聪明好学，知识渊博。明朝某年考中进士，北宋徽宗钦定为山东阳谷县令，在为官期间，清正廉明，平反冤狱，治理河患，为百姓做了不少好事，世人尊称其为"武大郎"。

武家那村中有一座纪念武植的祠堂，整个祠堂由前庭院、展览厅、武植碑、武植墓四部分组成。一进武植祠堂，便可见武植雕像及为其正名的图画文字。祠堂后院有座土冢，便是武植墓。据其后人介绍，此墓始建于明代，为悬棺合葬墓，土冢原高9米、直径约20米，树木葱茏。墓前有清乾隆年间武家后人所立护墓碑。

1946年初，武植墓曾被掘开，村民亲眼看见里面的楠木悬棺，出土的武植骨殖高大，按照推算生前身高应在一米八以上，他是清官，所以无值钱的随葬品，他不是卖烧饼的，否则，哪有楠木悬棺和青砖垒墓？

而清河县城东北的潘家庄（后改名黄金庄），便是被武家后人称作"老祖奶奶"——潘金莲的家乡。潘金莲并不是什么潘裁缝的女儿，而是贝州潘知州的千金小姐，一位大家闺秀。她知书达理，随武植到阳谷县赴任，两人恩恩爱爱，白头到老，先后生下4个儿子。黄金庄正南15公里便是武家那村。

可以说，历史的真实和我们所知的相差太远，这么多年过去了，关于他们的错误认知非但没有减少，反而因四处流传而为更多人所熟知，是什么原因使无辜的他们处于这样的冤屈处境？

话说武植在阳谷为官时，体恤民情，为民请命，官声很好。而当地的西门氏是"阳谷一霸"，为非作歹，民讼不断。武植不畏强暴，为民伸张正义，因此得罪了西门家族。西门氏对武植怀恨在心又没什么办法，就编排一些武植的坏话到处宣扬。

就在这时，有一武植的同窗黄堂家遭大火，便到阳谷找武植求助。他来到阳谷县一住半月，因武植一直忙于政务，只是来的当天见了武植一面，便再也没有露面。黄堂以为武植不想资助他，故意避而不见，所以一气之下回到清河县。一路上，他为泄私愤，在道旁、树上、墙上写了很多武植的坏话，还编排西门氏与潘金莲的"绯闻"故事诋毁武植。回到家中，只见一座新盖的房屋亮亮堂堂，他很奇怪，一问妻子才知道，原来武植得知黄堂的遭遇后就派人送来银钱，并帮忙盖好了房子，本想一切准备妥当之后再告诉黄堂，可是……黄堂懊悔不已，但已经晚了，民间已传得沸沸扬扬，武大郎和潘金莲的清誉毁于一旦。黄堂因太过自责而最终自杀。但是，清河县的县志却明文记载着武大郎夫妻的真实一面，但千百年来民众中流传的形象已经铁一般固定了下来。

◎历史话外音◎

《水浒传》中的潘金莲是个有罪的人。她的罪在于她杀死了人，她的悲剧是那个社会和环境造成的。她的一生，确实是一种巨大的不幸，一个巨大的悲剧。

"独臂神尼"：书中女杰实乃弱女子

在民间传说中，有一位武功超凡的独臂女尼，乃是明末崇祯皇帝的女儿长平公主，曾与袁崇焕之子有过婚约，但因为国破家亡，被父亲砍去手臂后流落民间。怀着深仇大恨的公主从此斩断儿女情丝，遍访名山，拜师学艺，终于练就了一身过硬的武功，誓要为父母报仇雪恨。人称独臂神尼九难，即《鹿鼎记》中的九难。

传说独臂神尼九难收了八个天下无敌的徒弟：了因、黄仁父、李源、周浔、白泰官、路民瞻、甘凤池、吕四娘。吕四娘后来潜入深宫，刺杀了雍正皇帝，辗转为师父报了仇。这八个了不起的徒弟，被称为"清初八大侠"而威震天下！

其实，真实的长平公主并没有这么好的命。袁崇焕督师也没有这么好的命，他死的时候，儿子还没有生出来呢，上哪里去跟长平公主订婚约？

历史上真实的长平公主名叫朱媺娖，生于1628年，是崇祯皇帝的第二个女儿，也是六位公主中唯一长大成人的一个，16岁时被封为长平公主。崇祯对女儿很疼爱，虽然国事繁重，但还是为她挑选了驸马——状元周显。由于处在大明王朝的风雨欲倒的动荡之际，长平公主与周显的婚期一拖再拖，始终没能举行婚礼。

李自成攻破北京城的时候，崇祯为了不让宫中后妃和公主受到凌辱，决定杀死她们。在用剑砍杀长平公主之时，悲曰："汝何生我家！"崇祯一剑砍下，长平公主用左臂一挡，左臂顿时被砍断，立时昏厥。崇祯以为其死，就没有再砍第二剑。随后，崇祯自缢于北京煤山的一棵树上。

清军引兵入关后，为了笼络人心，多尔衮下令为崇祯帝哭灵三日，上谥号怀宗端皇帝，后来又改称庄烈愍皇帝。与此同时，将他和周皇后的棺木起出，重新以皇帝之礼下葬，葬在昌平明皇陵区银泉山田贵妃陵寝内。

看着父母终于入土为安，长平公主也有了一丝安慰。但是，在清顺治二年，长平公主知道自己的弟弟"太子慈烺"在南京被堂兄朱由崧监禁的消息后，再次陷入绝望，遂向顺治帝上书，说："九死臣妾，跼蹐高天，愿髡缁空王，稍申罔极。"希望自己能够出家为尼，断绝这尘世间的哀伤悲痛。

然而，为了让汉人归心，以反衬弘光帝虐待崇祯子嗣的恶行，顺治帝不但不许公主出家，而且还让她与崇祯为她选定的驸马周显完婚，并且同时赐予府邸、金银、车马、田地。身不由己的长平公主接到这道诏命后泪如雨下，痛哭流涕。但是，不管她愿不愿意，隆重浩大的婚礼还是如期进行。

婚礼之后，仅仅过了几个月，长平公主又得到南京城破、狱中"朱慈烺"乃是假冒的消息，心灵重度受创，苦苦支持她的精神支柱瞬间彻底崩溃。几个月后，长平公主便在万念俱灰的哀怨中病逝。时为顺治三年，年仅18岁，死时尚有五个月的身孕。

长平公主短暂的人生就此结束，她的命运起伏太大，超出了她能够承受的范围，当然，她更加不能与《鹿鼎记》中教韦小宝武功的绝世神尼相提并论了。

◎ 历史话外音 ◎

　　不管长平公主是否像影视剧所演一样，不可否认的是，她是一个时运不济的女子。

诸葛亮：究竟是否发明木牛流马

中华大地，对诸葛亮发明"木牛流马"的爱好者，不乏其人。追求制造"木牛流马"的人数与其热情之高涨，远远超过了世人对"永动机"的研究！只是到目前为止，对于"木牛流马"的研究，就如同研究"永动机"一样，万变不离其宗，并没有突破性的进展。

因此，有人对"木牛流马"是否由诸葛孔明发明提出质疑，理由如下：

首先，《三国演义》所述：孔明即手书一纸，付众观看，众将环绕而视。造木牛之法云："方腹曲头，一脚四足；头入领中，舌着于腹。载多而行少，独行者数十里。曲者为牛头，双者为牛脚，横者为牛领，转者为牛足，覆者为牛背，方者为牛腹，垂者为牛舌，曲者为牛肋，刻者为牛齿，立者为牛角，细者为牛鞅，摄者为牛轴。牛仰双辕，人行六尺，牛行四步。"每牛载十人所食一月之粮，人不大劳，牛不饮食。就在"木牛流马"的造型与使用之争，尚无眉目的情况下，要说诸葛亮发明了木牛流马，显然牵强无据。这就使得"木牛流马"问题，坠入技术失传的泥潭之中，不可自拔，而不得其解！

其次，"木牛流马"是历史上"明修栈道，暗渡陈仓"所在地的产物。实际是魏、蜀、吴三足鼎立时代，蜀军通过秦巴山区，向关中岐山运输军需，供应粮食的器械。可见，凡是脱离上述历史使命及其客观环境，谈论与设想的木牛流马，自然是不符合实际，而难以立足。具体地说，蜀军北上通过秦巴山区运粮，既没有大河湖泊之水路可走，也无宽阔平坦的道路可行。除了台阶栈道，就是上下爬坡。换句话说"木牛流马"应是一个多功能的运输工具，既要能上下坡道，还要能步入台阶栈道。

史料记载，在陕西省汉中市勉县的黄沙镇，这里是诸葛亮当年造木牛流马的地方。据考证，诸葛亮当年在8年北伐中，木牛流马总共用过3次，木牛流马就是从这里出发，走过250公里的栈道，到达前线祁山五丈原。这岂不是说，就是现在的电动车，甚至是月球登陆车、蹄球爬楼的机器人，也不能完成此项艰难复杂的任务。仅此，认为诸葛亮发明了"木牛流马"的观点和认识，就很难立足。何况帝王将相，虽写有丰富多彩的历史，但在器物方面有所发明者，却是十分少见。这就把"木牛流马"问题的研究，推入简单问题复杂化的死胡同，成为"瞎子摸象"之所为！

最后，观察"唐三藏"使用的背夹，即可看出，主体龙骨支架上端，向前弯曲。特别是比较讲究的背夹的上下两端，均用横轴穿有几粒转动的轮珠。因此，要将如此的背夹，放在地面上使轮珠着地，这岂不是一辆不能左右转向的"四轮拖架车"吗！就此，只要在前端的中间位置，固定一个如同小舟摆舵的杠杆，即可解决其转向的问题。

以上带转向拖柄的四轮背夹，用"方腹曲头，一脚四足；头入领中，舌着于腹"之词解说，则是天衣无缝。即是轮珠为四足；转向柄，将伸出前端的部分称其为脚；把伸至顶端之内的部分称之为舌。如此可背又可拖的背夹，岂不是《三国演义》中的"木牛"吗！至于说何谓"流马"，则不能排除安装铁质轮轴的可能性。由此也不难看出，在有平坦大道的地段，制造载重量可达400斤的双辕独轮车，如将背夹改装成，二牛抬杠式的地老鼠车，蚂蚱车等简单化的推车，就是"流马"。因此更为复杂化的研究，只能是偏题而徒劳。

还有，木牛流马是什么样子，自古以来，莫衷一是。千百年来人们提出各种各样的看法，争论不休。此谜吸引着世世代代的探究人。有些人制作出了他们心目中的"木牛流马"：

（1）新疆工学院王湔高级工程师制作，一架推拉四足步行机。

（2）河北省泊头有一个乡村教师梁国君制作，四条腿的步行机。

（3）陕西汉中市的洋县农民郭统霄制出，推拉四条腿步行机。

（4）青岛市民王振福，用废旧钢铁零件组装成的"木牛流马"（电动），人骑在上面轻踩马镫，"木牛流马"就能像真马一样，撒开四蹄向前跑。

当年的"木牛流马"是适合山地运输，当时虽说是山地但并不是陡峭崎岖的山路，而是在山上修有栈道，栈道是很平坦的。现在仿制出的这些"木牛流马"都是四条腿走的，这样是显然不适合在栈道送粮草的。这些东西当模型还可以，结合到当时的时代背景，可是一点价值都没有的。

对于《三国演义》中，木牛流马的描述，经长期以来专家、学者的探究结果，对象的真实性被怀疑和否定，一个"独轮木推车说"似乎成了定论。早在宋代，高承就在《事物纪事》中写道："木牛即今小车有前辕者，流马即今独推者是。"史学家范文澜先生认为："木牛是一种人力独轮车，有一脚四足。清华大学古文献研究所教授冯立升认为，木牛流马基本上可以定论是一个独轮车，因为综合各种史料和各种文献的证据来看，独轮车的可能性最大。"总而言之，大多数研究者、考古学家都认为，所谓木牛流马并不是什么真实的奇思妙想的造物奇观，而是传说的神化和记载者的夸张，加上后人的猎奇和想象误会。

从当时的崎岖山道来分析，也只有独轮车才最有可能是历史上的木牛流马。至今还摆放在国家军事博物馆中的木牛流马，是一个通常的独轮车，只是在前面上部加上了一个用木头雕刻出来的牛头，前面下面加上了两个支棍而已。

◎**历史话外音**◎

木牛流马最远可追溯到春秋末期。据王充在《论衡》中记载：鲁国木匠名师鲁班就为其老母巧工制作过一台木车马，且"机关具备，一驱不还"。

第二十六章

文人墨客秘案

——"真名士自风流"背后的真相

千古之谜：屈原为什么选择"鬼节"投江

屈原是中国文学史上伟大的浪漫主义诗人，也是著名的政治家。其伟大的爱楚之情被后世传诵千古。

屈原是战国时期楚国人，据说他因为受政治迫害，而被流放，在楚国灭亡之际，"屈原至于江滨，披发行吟泽畔……于是怀石遂自投汨罗以死"。（《史记·屈原列传》）。但后人也不免发问，屈原为何要投江呢？而且还选择在楚国认为是鬼节的五月初五这一天呢？两千多年前的这些谜团又有了新的论点。

屈原是被流放照旧受楚王差遣派遣。两千多年前，屈原分开楚国郢都，渡长江，过洞庭，溯沅水，不远千里不以千里为远。形容不怕路途遥远。离开而今的怀化市溆浦县，他的目标是什么？历代研讨者有"放逐""流放""构造抗秦救国""寻先祖之踪""慕'禹'之名"等几种看法。

"溆浦"一词，最早见于屈原《涉江》一诗中的"入溆浦余儃徊兮，迷不知吾所如"。从记录中可以看出，屈原固然跋涉用时经年，但他离开楚国国都郢以后，其目标地便是溆浦。溆浦是屈原终身中相当主要的一个站点，使他从殿堂走向了群众，并从大众中吸收了厚实的文学养分，缔造了楚辞。屈原在溆浦待了十六年，创作了除《怀沙》之外的全部作品。可以说，溆浦是楚辞之源，是屈原文明的摇篮。屈原没有在沿途的"山皋""方林""枉陼""辰阳"这些处所住下去，表明他的目标是溆浦而不是其他处所。"溆浦是沅水中下游地区最大的河谷盆地，周围山高岭峻，中部是一坦荡的高山。考古出土文人证实，这里在战国至西汉期间，是个民族浩瀚、文明发财、战事频仍的计谋要地。"有看法认为，屈原不是被流放到溆浦的，而是受楚王的差遣派遣、支使。带着抗秦复郢的使命来溆浦。这也是汗青上的所谓"南人反秦"。

那么，农历五月初五是楚国的凶日和鬼节。屈原为何选择鬼节投江自尽呢？

有人认为屈原早在溆浦就已萌生了"忽乎吾将远行"的离世思想；在《离骚》中也两次说到要像彭咸（原殷朝贤臣，因谏不成而投水自尽）那样投水而死。此后在《思美人》、《悲回风》中同样多次提到"彭咸"。因此他就在这天投汨罗江自杀了，选择这天只不过是"碰"上的。

在湖北一带有这样的传说：相传屈原遭奸佞中伤后，被楚怀王流放到沅湘荒蛮之地。楚怀王在秦国死后，顷襄王继位。当时的楚国已经十分地腐败，秦军经常犯楚，占领了楚国不少地方，后来又攻破了郢都，并追杀顷襄王。顷襄王非常悔恨，当初不该亲秦，更不甘心楚国近八百年的基业毁于自己手中，于是他想到了被流放在汨罗江一带的屈原，就去找他商议救国大计。秦军闻讯后紧紧追来。在这危急关头，屈原与顷襄王换了衣服，并且在秦军的视线下跳进了汨罗江。秦军看到"顷襄王"沉入江中，停止了追杀，从而使顷襄王得以脱险。而屈原离开楚国郢都，渡长江，过洞庭，溯沅水，不远千里来到现在的怀化市溆浦县，也引起人们的众多疑问。有人说是因为"流放"，有人说是放逐，还有人说是组织军队抗秦救楚，甚至说是为了寻找先祖的踪迹。

也有人说屈原是为追随舜帝而在这天自杀的。因为屈原是一个非常浪漫的诗人，他对自己的出生时辰是否吉祥和富有的含义看得很重，他曾称自己是太阳神的后裔。而舜帝正是楚国人信仰的太阳神，并且楚人会在五月初五拜祭舜帝。屈原曾畅想他跟随舜帝畅游仙山，"与天地兮同寿，与日月兮齐光"。"既然活着时没法去瞻仰，就只有一个办法实现瞻仰的愿望。"不难理解，屈原有意在舜帝的祭日这一天投水，以便随同冉冉上升的太阳融为一体，与心仪已久的先帝尧、舜以及彭咸等忠臣相聚一堂，去完成在人间无法实现的"美政"和"德政"。

屈原投江以后，人们为了纪念这位伟大的诗人，就命名五月初五为端午节，每年都来纪念他。

◎历史话外音◎

有些史学家认为，楚怀王之子顷襄王继位后，屈原的政敌对其进行谋杀。刺客在汨罗江上乘龙舟追杀屈原，屈原乘另一只龙舟飞快逃跑。最后被刺客装入麻袋投入江中，并说此即为赛龙舟和包粽子之情形。端午的解释是："端"就是端正、澄清之意，"午"是"忤"的通假字，"端午"就是澄清谎言的意思。

蔡伦之死：中国史上最著名的知识分子自杀事件

众所周知，四大发明是中国的骄傲，说起四大发明，就不能不提到蔡伦。作为造纸术的发明者或改进者，蔡伦的名字可谓家喻户晓，妇孺皆知，可是却很少有人了解他的人生轨迹，而他的最后归宿则更不为人所知。说蔡伦最伟大，自然不会有任何异议，因为造纸术位列中国人的"四大发明"之首，另外三项火药、指南针和印刷术均孕育发生于他身后一千年的宋代。

蔡伦大约生于63年，湖南郴州人，曾任尚书坊，主持朝廷用的各种器物的制造。105年，他用树皮、破布、麻头、鱼网造出纸张，呈送给汉和帝，受到奖励，官封龙亭侯（今陕西洋县），后人戏称他"蔡侯纸"。他的发明也因而推行开来。

75年，十多岁的蔡伦离开生他养他的父母，被带到了几千里之外的京城洛阳，进了宫，开始了太监的生活。所有这一切，会在一个孩子的心上留下怎样的烙印。既来之，则安之。小蔡伦从进宫的那天起，就决定要做一个出人头地的大太监。在这个"远大"理想的指导下，他一面做好本职工作，一面好好学习，天天向上，第二年，就当上了小黄门。不久，蔡伦就被提升为主管公文传达的黄门侍郎，有了接触帝后妃嫔、王公大臣的机会。俗话说：常在河边走，哪能不湿鞋？蔡伦和后妃们见面交往多了，结果不由自主地介入了她们之间的明争暗斗。

当时，汉章帝的窦皇后肚子不争气，生不出儿子来，所以她一看见有了龙子的妃嫔，就妒火中烧，粉面通红，暗地里则想方设法要将她们打倒在地，然后再踏上一只脚，蔡伦竟然成了她的帮凶。窦皇后先指使蔡伦诬陷太子刘庆的母亲宋贵人"挟邪媚道"（就是借助歪门邪道迷惑皇上），逼她自杀，并将太子废为清河王；接着她又安排人写匿名信陷害皇子刘肇的母亲梁贵人，并强行将尚在襁褓之中的刘肇带走，当成自己的儿子，并让皇帝立其为太子。对于蔡伦来说，宋贵人之死成了他命中的"萧何"，既为他带来了意想不到的高官厚禄，也早早给他挖好了埋身的墓坑。

88年，汉章帝驾崩，10岁的刘肇继位，这就是汉和帝，由以前的窦皇后，现在的窦太后垂帘听政。窦太后一掌权，蔡伦的春天来了，他因功而被提拔为中常侍，随时陪在小皇帝身边，参与国家大事，相当于部级领导，俸禄两千石。东汉后来的灭亡和太监乱政有着极大的关系，而蔡伦正是后汉宦官干政的始作俑者。

10年之后，蔡伦的靠山窦太后薨逝，但他马上投靠了新主子，和帝的皇后邓绥，实事求是地说，这个新主子并不是个坏人，作为皇后在历史上是有较高地位的。

邓皇后是个才女，喜欢吟诗作赋，舞文弄墨，同时她又是一个喜欢节约、不尚奢华的人，所以她非常需要一种比帛纸省钱，质地又好的纸张来写字画画。从小就聪明伶俐的蔡伦到这时才发现自己真正有了用武之地，于是，他自告奋勇兼任主管御用器物制作的尚方令，怀着为主子鞠躬尽瘁死而后已的精神专心改进造纸技术。他总结西汉以来造纸经验，利用树皮、破布、麻头、渔网等原料精心制造出优质纸张，受到皇帝皇后的特别嘉奖和通报表扬，造纸术也因此在东汉全境得以推广。

就在蔡伦成功改进造纸术这一年，刘祜当选皇帝的消息把蔡伦吓了个半死，他的被废和他母亲宋贵人的被害正是蔡伦和窦皇后二人的合谋。简单地说，就是蔡伦曾经废掉了（当然是间接的）新皇帝的亲爹，害死了新皇帝的亲奶奶。蔡伦揪着心过日子的生活开始了，他也许无数次地梦见新皇帝把他的脑袋割下来当球踢。

就在蔡伦志忑不安地屹立于权位之珠穆朗玛峰的时候，邓太后丢下他撒手而去了，他感觉一下子跌到了艾丁湖底。邓太后薨了，汉安帝亲政了，蔡伦的好日子终于到头了，已经长大成人的皇帝即将对他展开一场彻底地反攻倒算。蔡伦是个要面子的人，觉得与其坐以待毙，受辱而死，还不如自行了断，一了百了，于是他选择了后一条路。121年，为造纸术的发展作出了重大贡献的蔡伦在京都洛阳非正常死亡。

相比诗人屈原的自杀，后者已经尽人皆知，且已经有节日纪念，而蔡伦的自杀不大为人所知，而其影响力倒是世界性的。有意思的是，今天有两个蔡伦墓，一个在他的封地陕西，另一个在他的老家湖南。世界上有许多国家都刊行过纪念蔡伦的邮票。

◎历史话外音◎

据《后汉书·蔡伦传》记载，蔡伦主管尚方期间，曾"监作秘剑及诸器械，莫不精工坚密，为后世法"。近代考古发掘的实物也证明确实如此。尚方令本来是少府属官，主管刀剑等各种宫廷御用器具的制造，与中常侍高位根本不相称，但蔡伦尽力讨好，凡是帝、后喜欢的器物，都在尚方精制。造纸术是我国古代科学技术的"四大发明"（指南针、造纸术、印刷术、火药）之一，是中华民族对世界文明作出的一项十分宝贵的贡献，大大促进了世界科学文化的传播和交流，深刻地影响着世界历史的进程。

尘封的历史：毕昇有太多的谜

毕昇发明的活字印刷术虽为世界文明的传播作出了卓越的贡献，在我国浩如烟海的史籍中，对术发明者毕昇的生平事迹却记载很少。有限的记载仅见于北宋沈括的《梦溪笔谈》："……庆历中（即1041~1048年）有布衣毕昇又为活板……"从原文短短200多字的记载中，仅知道毕昇为北宋仁宗时期的一个平民，关于毕昇的生平，如籍贯、家世、经历、生卒年月等均无记述，而其他"稗官野史"也未发现任何线索，给后人留下了诸多不解之谜。

1.毕昇的籍贯之谜

千百年来，对毕昇籍贯众说纷纭，大致有三说：

（1）汝南说。因明人强晟《汝南诗话》记传，毕昇所造活字在汝南出土，遂有汝南说。

（2）益州说。清人李慈铭在元人王士祯《居易录》上批注，谓毕昇为"益州（成都）人"，但未提供任何证据。作为揣测，学术界无法承认。

（3）杭州说。为今人所创。此说怀疑毕昇"乃杭州一雕板良工"；怀疑毕昇与沈括有亲戚关系，因而推测"因沈括是杭州人，毕昇可能也是杭州一带人"。因《梦溪笔谈》载有"昇死，其印为余群从所得"可推猜毕昇和沈家或者是亲戚，或者是近邻的依据。因杭州是当时雕版印刷较为发达的地区，活字版在这里发明，也是符合历史规律的。

（4）蕲州说。因毕昇墓地在宋代属淮南路蕲州范围。有毕昇及其子孙墓碑实证。

2.毕昇墓碑存在争议

1990年毕昇墓碑在英山草盘地镇五桂村毕家坳被发现。遗憾的是，墓碑最关键的年号字样，恰是严重损坏之处，成为专家们争论的焦点。

1993年10月，英山县邀请湖北文物界、史学界专家教授对毕昇墓碑进行鉴定。杨宝成、孙启康、谭维四、王劲等六位专家一致认为：根据毕昇墓碑的形制、花纹、结构及碑文内容考证，确认此碑是北宋皇祐四年（1052年）所立。墓主即是北宋时期活字印刷术发明家毕昇，毕昇墓碑及其墓地的发现进一步证实该地即是毕氏家族的故里和墓地所在。

不过也有其他判读。一些专家对英山发现的毕昇墓碑提出质疑：英山的毕昇墓碑是宋碑还是元碑？其年款是否为元之"皇庆"？此外，还有专家认为年款第一字可读"重"字，断定此碑立于宋徽宗的"重和"年间（1118~1119年），故不是北宋活字印刷术发明者毕昇的墓碑。亦有专家将年款判读为"景"字或其他字，亦断定英山发现墓碑不是毕昇墓碑，此毕昇乃同名同姓而已。同时，在墓碑的花纹图案、墓碑避讳等问题上也存在分歧意见。

1995年12月，多位专家在英山再次召开毕昇研讨会，经中国历史博物馆研究员、国家文物鉴定委员会副主任委员史树青等28名专家学者鉴定，再次确认毕昇故里在英山。此外，毕昇墓碑附近发现了碗底刻有"毕廿四、毕卅八"字样的两只陶碗，以及至今仍叫毕家坳、毕家铺、毕家畈等地名，佐证了毕昇是淮南路蕲州（今湖北英山）人。后毕昇墓碑仿制品陈列在中国印刷博物馆。

3.毕昇的职业：工人还是士人

沈括在《梦溪笔谈》卷十八中说毕昇是布衣，布衣即平民，也习惯上多指未入仕途之人。同书卷二十又说毕昇是老锻工。显然，布衣是他的身份，锻工是他的职业并不矛盾。据此有人认为毕昇是刻字工人成为流行最广的说法。不过，有人从"昇"和"升"同音异字认为是两人，进而认为毕昇是书肆良工，因为只有熟悉或精通雕版技术的人，具备相当文化程度且拥有大量资财才有可能成为活字版的发明者。这从《梦溪笔谈》载有"昇死，其印为余群从所得"可知。

4.毕氏后人的去向

毕昇是英山草盘人，草盘也有不少叫毕家坳、毕家铺、毕家畈的地名，可是为什么却难以找到毕姓的后人呢？毕氏后人的去向成了千百年来的一个谜。

原来毕昇虽然发明了活字印刷术，但在当时并未得到官方的肯定与推广，其子孙后裔不甘心祖上的心血付之东流，于是继承了毕昇的印刷技艺，未经官方批准在商业发达的华东地区擅自大兴印刷业而获罪，招致满门抄斩。此后，毕氏后裔在宋元明三个朝代历尽坎坷，几遭杀戮，侥幸活着的或逃亡他乡，或隐姓埋名。

据史料记载，英山草盘镇现在的萧家河，就是当年的毕家河，后来当地毕姓人丁稀少后，李姓人成了望族，于是将毕家河更名为李家河。但到明朝末年，李自成起义失败，李姓也遭受毕氏同样厄运，于是在"李"字头上加一撇，改姓"季"了。这以后萧姓成为当地望族，于是李家河又变成了萧家河。这也就是英山草盘一带有毕家寨、毕家坳等地名，却难找毕姓人的原因。

◎历史话外音◎

活字印刷术的发明，为人类文化作出了重大贡献。平民发明家毕昇的功绩不可磨灭的。可是关于毕昇的生平事迹，我们却一无所知，所幸毕昇创造活字印刷术的事迹，比较完整地记录在北宋沈括的名著《梦溪笔谈》里。

诗人李商隐：为什么说他是"牛李党争"的牺牲品

古代科举制度是中国历史上通过考试选拔官员的一种基本制度。它源于汉朝，创始于隋朝，确立于唐朝，消泯于清末，而唐朝可以说是科举制度真正发展起来的时期，它对汉代到魏晋南北朝的选士经验教训进行了总结汲取，比较详明严密地开创了考试取士的规模，具有一定的客观标准，也就是选贤任能。在当时的历史条件下，一般出身低微的知识分子就有了打破旧的严格的封建等级界线，进入仕途的机会。

然而，任何事情都是双面的，有利必有弊。庶族们的平步青云让养尊处优的士族们感到强烈的心理失衡。于是，正当文人才子们都在寒窗苦读，为挤过这道狭窄的入仕门槛而争得你死我活、头破血流的时候，一场政治斗争在文人间如火如荼地展开了。这就是"牛李党争"的时代背景。在当时，有两个两耳不闻窗外事的书生牛僧孺、李宗闵对此毫不知情，一门心思想着如何中举，却在不知不觉中踏入了党争的泥淖。

唐宪宗元和三年（808年），长安制科考试，举人牛僧孺、李宗闵在策论中批评时政，得到考官的赏识，但因为二人的考卷中抨击了宰相李吉甫，于是李吉甫从中作梗，对二人久不续用。谁知此事却引致朝野哗然，争为牛僧孺等人鸣冤叫屈，谴责李吉甫嫉贤妒能。唐宪宗迫于压力，只得将李吉甫贬为淮南节度使，另任命宰相。至此，朝臣分成两派，互相对立。但真正的"牛李党争"，是在牛僧孺和李林甫之子李德裕上台之后开始的。

唐穆宗在位期间，牛僧孺曾一度为相，一次科举考试由牛党人物钱徽主持，其中牵涉李宗闵等人。时任翰林学士的李德裕指斥李宗闵等人主持科考舞弊。结果李宗闵等人被贬官，斗争逐渐趋于复杂化。就这样，朝廷中形成以牛僧孺、李宗闵为首的"牛党"和以李德裕为首的"李党"两派，相互倾轧四十余年。牛李两党的政治主张截然不同，主要表现在：李党力主摧抑藩镇割据势力，恢复中央集权；牛党反对用兵藩镇，主张姑息妥协。

其实，这样的争论仍然是有一定的历史意义的。可是自长庆以后，党争的内容已经丝毫看不到有意义的内容，而完全是一些能将对手打倒在地的鸡毛蒜皮的小事。唐代党争已经完全演变成了一场争权夺利的政治斗争，这正是唐代党争的实质所在。官僚之间的斗争不断升级、扩大。

那么，"牛李党争"之事与晚唐著名才子李商隐又有何干系呢？为什么说李商隐是"牛李党争"的牺牲品呢？原来，这一切都与牛党的令狐楚有关。据《旧唐书·李商隐传》的记载，李商隐极富文采，儒雅风流，深受当时镇守河阳的令狐楚的赏识。按照这个节奏，在令狐楚的引荐下，李商隐的仕途必将一片辉煌。可不巧的是，镇河阳侍御史王茂元也对李商隐青睐有加，并将自己的女儿嫁给了李商隐。王茂元是李党领袖李德裕的亲信，李商隐娶了王茂元的女儿，无形中就是靠拢了李党。此事被令狐楚知道后，大骂李商隐背信弃义，任李商隐多次找令狐楚解释自己并无心与牛党为敌，仍得不到令狐楚的原谅。

由于处境尴尬，李商隐既没办法与牛党交好，从而失去了被引荐的机会，又不想借着岳父的关系走入政坛。再说李党对于李商隐曾与牛党亲密接触的事情始终有所忌惮，更不可能举荐他。结果满腹经纶、才情高绝的李商隐一生备受冷落，黯然而终。或许就李商隐而言，他的心中并没有党派之分，不然他也不会私下结交文人，从不过问对方党属。不过，他的心坦荡自然，并不等于别人也同样拥有君子之心，所以凭君子之心结识小人，又如何能得善终呢？

看历史上历朝历代"朋党之争"，汉、明两朝主要是宦官与外戚或朝臣的权力之争，宋朝则是朝臣的政见之争，唯有唐朝的朋党之争畸形可笑，它不过是公卿显官集团（李党）同豪强地主、暴发户庶族（牛党）之间的冲突。

◎历史话外音◎

争斗只会使一个国家越来越贫弱，而不是通过激烈的碰撞，擦出新的火花，所以说，处在此类夹缝环境的李商隐，尽管多有才华，于这样的争斗中也一样要成为牺牲品。

唐代"诗仙"李太白：死因扑朔难定论

李白的一生，是传奇的一生。众所周知，他从小就受过正规的教育；从他留下的一些不朽的诗篇，也可以佐证他曾游遍祖国的名山大川。"读万卷书，行万里路"的经历，为李白日后妙笔生花打下了坚实的基础，为他开创一代浪漫主义的诗风打下了深刻的烙印。后来李白寓居安陆达十年之久，并成为安陆的女婿。此后10年间，他又北上太原，西入长安，东至鲁郡，结识了不少名流，写下不少诗文。传闻初至长安时，贺知章一见，惊叹为"谪仙人"，称其诗可"泣鬼神"。

李白之死，历来众说纷纭，莫衷一是。总体可以概括为三种死法：其一是醉死，其二是病死，其三是溺死。

《旧唐书》，说李白"以饮酒过度，醉死于宣城"。应该比较可信。李白一生嗜酒成性是出名的，因有"醉仙"之称。玩读李白诗作，就能闻到一股浓浓的酒味。诗人的《将进酒》有"烹羊宰牛且为乐，会须一饮三百杯"。《叙赠江阳宰陆调》有"大笑同一醉，取乐平生年"。《赠刘都史》有"高谈满四座，一日倾千觞"。《训岑勋见寻就元丹邱对酒相待以诗见招》有"开颜酌美酒，乐极忽成醉"。《月下独酌四》之三有"醉后失天地，兀然就孤枕，不知有吾身，此乐最为甚"。李白的死会不会与他喝酒有关呢？

第二种死法亦见诸其他正史或专家学者的考证之说，不能偏信。现世学者郭沫若从文献记载的"腐胁疾"得到启发，从医学角度进行研究推测，说当李光弼东镇临淮时，李白不顾61岁的高龄，闻讯前往请缨杀敌，希望在垂暮之年，为挽救朝廷尽力，因病中途返回，此为"腐胁疾"之初期，当是脓胸症。一年后，李白在当涂养病，脓胸症慢性化，向胸壁穿孔，由"腐胁疾"致命，最终死于当涂。但是，这也仅仅是推测而已。

而第三种死法则多见诸民间传说，极富浪漫色彩，与诗人性格非常吻合。说李白在当涂的江上饮酒，因醉跳入水中捉月而溺死。但是不管哪一种死法，都因参与永王李璘谋反作乱有着直接的关系。因为李白流放夜郎，遇赦得还后不久，就结束了他传奇而坎坷的一生，这是一个不争的事实。五代时期王定保在《唐摭言》中记载："（李白）著宫锦袍游采石江中，傲然自得，旁若无人，因醉入水捉月而死。"这种说法认为李白是醉酒溺死的，此说正史虽然没有记载，但屡见于文人歌咏。北宋初期梅尧臣《采石月下赠功甫》一诗说得最为明白："醉中爱月江底悬，以手弄月身翻然。"醉中在船上爱江中皎洁月影，以手于江水中戏弄月影而翻身落水溺死。学者安旗的观点与之相同，他在《李白纵横探》"李白之死"一节中写道："稗官野史就完全不足凭信吗？从李白当时近乎疯狂的精神状态来看，这种情况（指溺死）是可能的。"在他的著作中，他还描绘了李白临终的情景："夜，已深了；人，已醉了；歌，已终了；泪，已尽了；李白的生命也到了最后一刻了。此时，夜月中天，水波不兴，月亮映在江中，好像一轮白玉盘，一阵微风过处，又散作万点银光。多么美丽！多么光明！多么诱人！醉倚在船舷上的李白，伸出了他的双手，向着一片银色的光辉扑去……船夫恍惚看见，刚才还邀他喝过三杯的李先生，跨在一条鲸鱼背上随波逐流去了，去远了，永远地去了。"近代学者郭启宏力主李白是溺死的，他在《李白之死的考证》一文中写道："溺死在封建时代被认为'横死'非'善终'，依古礼属不祥，亲友不能吊唁，还有碍子孙前程，为了掩饰真相，往往称为病故。"刘全白于李白死后二十多年撰写《碣记》，当时，李白的儿子伯禽仍然在当涂，于是刘全白恐有碍伯禽及于孙前程，为他避讳而写作"疾终"。于是，既顾及忌讳又不甘造假的亲友提笔行文之际未免踌躇，不得已而闪烁其词。其他的人也因为这个原因闪烁其词。

总而言之，我们有理由相信"白也诗无敌"，但是李白只适合做一个纯粹的诗人，而不是翻云覆雨的政治家。因为诗人狂放不羁、恃才傲物的秉性根本不适合在尔虞我诈、欺上瞒下的官场混。历览前贤国与家，文人只要涉足官场，似乎注定没有好果子吃。他们中的一些人虽然能通过科举考试，捞得一官半职，但是那官常常做得卑微，做得窝囊。陶潜不愿为五斗米折腰就是明证。偶有位居显要的，只是此时的文人已不再是文人，经过官场的摸爬滚打，早已脱胎换骨成一个地地道道的官员。江淹为什么会才尽，不是因为传说中有人收回了他生花的妙笔，而是违背了"穷而后工"的定律。李白一生既想在官场上实现"辅弼天下"的宏愿，又不愿改变自己狂放不羁的性格，结果也只能借诗抒怀，"痛饮狂歌空度日"，用酒麻醉自己的灵魂，了此一生。正如小他11岁的好友杜甫所言，纵使能赢得"千秋万岁名"，那也不过是"寂寞身后事"了！

　　李白是一个行吟诗人，或者就是一个游侠，他身佩宝剑，浪迹天下。25岁之前在蜀中揽胜，"巴国尽所历"；25岁以后，他离开家乡，沿平羌江南下，到荆门，游洞庭，开始他近40年的漫游生涯。他像一阵长风，掠过无数山河，所到之处，无不吟咏，处处题诗，一时震动朝野。

"诗仙"与名妃：李白被逐之谜

　　唐朝大诗人李白，以诗仙的形象写出了许多脍炙人口的诗歌。李白曾多次随侍唐玄宗、杨贵妃身边，奉旨写出了许多诗歌以娱唐玄宗、杨贵妃游兴。

　　天宝元年（742年）八月，李隆基让李白做了待诏翰林，虽然这只是一个候补官职，却让李白有了接近皇帝的机会。李白凭待诏翰林的身份曾多次跟随李隆基、杨贵妃出游。从天宝元年十月唐玄宗携杨贵妃往骊山泡温泉开始，唐玄宗每次携杨贵妃游玩，都会让李白跟随左右，以吟诗佐兴。《侍从游宿温泉宫作》《宫中行乐词十首》《龙池柳色初青听新莺百啭歌》《清平调词三首》《白莲花开序》《春日行》《阳春歌》等诗。李白的才华让唐玄宗刮目相看，优礼异常。李白进宫，给奢侈而沉闷的宫廷生活吹进了一股清新的空气，出现了后世记载的"御手调羹""贵妃捧砚""力士脱靴"等典故。这份官职持续一年多之后，李白就被唐玄宗逐出了长安。

　　在李白跟随唐玄宗、杨贵妃到处游玩的一年里，才子李白与美人杨贵妃必定相识，李白也曾用"云想衣裳花想容""可怜飞燕倚新妆""花倾国两相欢"，来形容杨贵妃的美貌。虽然李白与杨贵妃在当时并未传出什么绯闻，但是后人往往都喜欢把这样的才子佳人放在一起，人们也愿意相信其实李白与杨贵妃之间还是有点什么，只是这些都没有事实根据而已。李白与杨贵妃之间的真实关系，我们不得而知，但是至少惺惺相惜之情应该还是有的。

　　李白曾有一年的时间接近唐玄宗，仕途通达也不是不可能。但是事情往往没有绝对，天宝三载，也就是李白入京一年之后，李白就被朝廷放逐，离开了长安。对于正受宠的李白被放逐的原因，后世也有多种说法。

　　其中一种说法就与杨贵妃有着很大的关系。《新唐书·李白传》记载，李白被逐出长安是由于杨贵妃和高力士在皇帝面前诋毁李白。但是这种说法很快遭到反驳。因为，第一，《新唐书》记载，高力士曾摘出李白诗中以赵飞燕影射杨贵妃的句子挑拨杨贵妃，说李白是在影射和揭发杨贵妃跟安禄山的淫乱秘密。这种说法让人难以相信，李白还不至于大胆到如此直接、露骨的影射这种敏感事件。此外，杨贵妃虽然"集三千宠爱于一身"，但是唐玄宗还没有被爱情冲昏头脑，杨贵妃干政并不可能，历史证明，杨贵妃也并没有干政。

　　所以杨贵妃诋毁李白的说法并不能成立，况且李白与杨贵妃之间并没有什么重大的利害关系，彼此之间才子佳人惺惺相惜的可能性倒是比较大。

　　再者于高力士，唐玄宗也不允许宦官干政，高力士自是十分清楚。如果说是因为一次李白酒醉后在玄宗等人面前写诗，让他脱靴，让他在唐玄宗面前说李白坏话，可是当时李白正受皇宠，对于高力士这样一个弄臣来说，难道他会不知道其中的利害关系？

　　既然李白被逐与杨贵妃和高力士无关，那么真正的原因又是什么？

　　《唐左拾遗翰林学士李公新墓碑序》记载，"玄宗甚爱其才，或虑乘醉出入省中，不能不言温室树，恐掇后患，惜而逐之"，李白被逐的真正原因是李白爱喝酒、易喝醉，害怕他酒后吐真言，担心李白酒后泄露宫闱秘闻。所以唐玄宗打消了任命李白为中书舍人的念头而放逐其回家。

　　从艺术成就上来讲，李白的乐府、歌行及绝句成就为最高。其歌行，完全打破诗歌创作的一切固有格式，空无依傍，笔法多端，达到了任随性之而变幻莫测、摇曳多姿的神奇境界。李白的绝句自然明快，飘逸潇洒，能以简洁明快的语言表达出无尽的情思。在盛唐诗人中，王维、孟浩然长于五绝，王昌龄等七绝写得好，兼长五绝与七绝而并至极境的，只有李白一人。

出入帅府的女校书：薛涛与元稹演绎姐弟恋

元稹是与白居易并称"元白"的著名诗人，时人称为"元才子"，他曾写过《莺莺传》，而且他还一度位居相位。薛涛是一位寓居成都的风流女诗人，也是中唐最杰出的女诗人。这两个人，看似八竿子打不着，实际上他们常有诗歌唱和。因此就传出了两人有暧昧关系的风流韵事，这到底是绯闻，还是真有其事呢？

薛涛，字洪度，她本来是长安城中的好女儿家。因为他父亲在四川做官不幸病故，家道沦落。所以她和母亲相依为命，估计她父亲做官也很清贫，现在失去了依靠的日子更加艰难。但薛涛敏慧善辩，通音律，善写诗文，这估计和她父亲的教育有关。据说薛涛八九岁时，有一天，她父亲薛勋指着井边的梧桐树吟了一联诗："庭除一古桐，耸干入云中。"他让薛涛将后面的诗句续接上，薛涛不假思索就朗诵出来："枝迎南北鸟，叶送往来风。"八九岁的小女孩竟然能够识声律，而且敏于文思，这应该是一位父亲值得高兴的事情。但是薛勋听到薛涛吟出的诗句后，竟然有一种难言的悲伤，这是为什么呢？

仔细看看薛涛的诗句："枝迎南北鸟，叶送往来风。"这不就是暗示着一种迎来送往的人生吗？对于一个女子来说，其命运就是伎女了，所以薛涛的父亲会感到难过。这两句诗也成了薛涛的人生写照。

16岁时，小时候就显示出过人才华的薛涛，这时候更是诗名远播。但是她家生活艰难，所以她不得不入乐籍，成为成都官府的一名乐伎。乐伎就是官方的歌舞演出人员，如果官府举行宴会，就会召集乐伎来助兴作乐。这里面的女子也可以说是官伎，时常要与这些达官要人逢场作戏。

唐德宗年间，韦皋任剑南西川节度使，他是一个能诗善文的儒雅官员。他听说薛涛才华出众，而且父亲还是做官的，于是破格将薛涛召到帅府侍宴赋诗。韦皋自己很会写诗，所以他对薛涛也极尽宠爱。他曾打算授予薛涛"校书"一职，但是上表朝廷未被准奏。其实这在唐代并非是奇事，武则天时候的上官婉儿也曾凭借着出众的诗文才华成为女官。虽然"校书"一职未被批准，但"薛校书"之名不胫而走。中唐诗人王建（一说是进士胡曾）曾写了一首《寄蜀中薛涛校书》："万里桥边女校书，琵琶花里闭门居。扫眉才子知多少，管领春风总不如。"从此，"女校书""扫眉才子"就成为薛涛的代称。

在德宗贞元五年（789年），薛涛因事被韦皋惩罚，流放到边城松洲（现在四川的松潘一带）。为什么这位深受韦皋喜爱的才女会被流放呢？据历史学家推测，薛涛在韦皋帅府中可谓是春风得意，可以自由出入幕府，而且薛涛也时常对现实和政治发表点意见。这在当时是颇为禁忌的，而且韦皋觉得太过宠爱薛涛了，于是就找个由头惩罚下薛涛。后来薛涛向韦皋献《罚赴边有怀上韦令公二首》，韦皋念及她的才情，就将她释放了。韦皋去世后，朝廷派宰相武元衡挂印来蜀。武元衡听闻薛校书之名，便下令准许薛涛脱籍回家。后来的历任节度使到成都来，她都以歌伎兼清客的身份出入幕府。她熟知历代幕府的政绩得失，成为节度使们咨询的对象，受到极高的礼遇。

薛涛脱籍后就住在幽静的浣花溪，但是美女诗人，仍然芳名远播。有很多慕名拜访的人，从权倾一方的节度使和著名文人，到幕府佐僚、贵胄公子和禅师道流，她都能和他们交往。薛涛还和当时著名的诗人白居易、张籍、王建、刘禹锡、杜牧、张祜等人有诗歌唱酬。当然，这些大多数是应酬，而最令她动情的男人却是相见恨晚。那么，这个男人是谁呢？

　　唐宪宗元和四年（809年）三月，元稹以监察御史身份出使东川，曾经就专门绕道成都去拜访了薛涛。他就是薛涛一见倾心的男人，元稹不仅才华出众，而且仪表堂堂，为人正直但不失风流雅韵。他这次来东川监察案件，就办了不少地方官员，但是他也不忘来成都拜访美女诗人薛涛。

　　元稹很有才气，他写了有名的传奇故事《莺莺传》，据说这就是他的初恋故事。他能让纯情少女崔莺莺深夜前来私会，可见他的魅力不凡。那么，女诗人薛涛和元稹相见的情形如何呢？

　　最早记录此事的是唐末范摅的《云溪友议》：元稹到四川的时候就很想见见薛涛，但是因为在东川处理事情一直难以相见。一个月后绕道来到成都，就让司空严绶引见。薛涛一见号称"元才子"的元稹，生出了从来没有的爱情。这个时候，元稹30岁，薛涛都已经39岁了，她似乎风韵犹在。这段感情若是真的存在，这就是历史上的一段姐弟恋。

　　一直独身居住浣花溪的薛涛有托身相许之意，她作过一首诗《池上双鸟》："双栖绿池上，朝暮共飞还；更忙将趋日，同心莲叶间。"就表达了她追求真情挚爱，愿与元稹双宿双飞的愿望。在来四川之前，元稹的妻子刚刚去世，所以他也是单身一人。才子佳人是最好的归属，他们能走到一起吗？

　　然而，他们只是在成都悠游数月，过了几个月元稹就回长安了。离别之时，薛涛写下一首深情的《赠远》诗："知君未转秦关骑，日照千门掩袖啼。闺阁不知戎马事，月高还上望夫楼。"然而，这时候的元稹没有表示要娶薛涛，但是也没拒绝薛涛。虽然天涯相隔，但是薛涛仍然在苦苦等待。她不知道，后来元稹仕途起伏坎坷，但是他却在元和六年（811年），也就是离开薛涛两年后，在贬谪地湖北江陵纳妾安仙嫔。后来在元和十年（815年）续娶裴淑。长庆元年（821年），仕途达到最巅峰的元稹给薛涛寄了一首诗《寄赠薛涛》："锦江滑腻蛾眉秀，化出文君与薛涛。言语巧偷鹦鹉舌，文章分得凤凰毛。纷纷词客皆停笔，个个君侯欲梦刀。别后相思隔烟水，菖蒲花发五云高。"这似乎元稹对于薛涛还恋着一份情，但是这时候的他也没有说娶薛涛。

　　三年后，元稹在浙东任官，这时候他和薛涛都十几年没见了。他突然想到蜀地去接薛涛，然而他却犹豫着并没有去，这是因为他遇到了另一个女人。这个女人就是江南艺伎刘采春，元稹写下了《赠刘采春》："新妆巧样画双蛾，谩里常州透额罗。正面偷匀光滑笏，缓行轻踏破纹波。言辞雅措风流足，举止低回秀媚多。更有恼人肠断处，选词能唱望夫歌。"可以说元稹对于刘采春爱慕有加。那么，薛涛爱上的就是这样一个薄情寡义的人吗？

　　后来的研究者也有人不同意《云溪友议》的说法，他们认为元稹和薛涛年龄有差异，而且他们的诗歌往来都是普通的唱和。那么，这一段号称文学史上的姐弟恋是后人的编纂吗？

　　然而，从元稹的一生中，可以看见这位风流才子的习性，他习惯于和那些有才貌的女子相好，但是不能厮守。他的确对这些女人都有真情，但是却无法和她们结合。因为在唐代，门第是婚姻中的一个重要考虑。虽然薛涛诗名远播，然而她却是伎女出身，若想嫁给元稹，这只是一厢情愿的苦恋。后来的薛涛一直等候着元稹，独身守护着浣花溪。在那里她穿着女道服，自制"薛涛笺"——这是种用木芙蓉做的彩笺。她给元稹寄出了无限相思，却没等来佳音。

　　大和五年（831年），贬居武昌的元稹突然逝世，第二年，薛涛也在成都香消玉殒。自此，两个人相望了二十多年的爱情也去了另一个世界。

◎历史话外音◎

　　今天成都的望江楼公园，是明清文人纪念薛涛建造的。这里有薛涛墓，还有一座似乎专为薛涛建筑的望江楼。清代，一位江南才子写下："望江楼，望江流，望江楼上望江流，江楼千古，江流千古"的上联，至今也没有下联。这就像薛涛的爱情，在江畔等候了一生，也没等到元稹回来的身影。

"庆元党案"：大儒朱熹"纳尼为妾"的背后

朱熹是南宋的一代大儒，他的理学思想一度在思想史上占据了主要地位。然而这样一位曾任帝师、受世人推崇的大儒，却被扣上了"纳尼为妾""伪君子""假道学"的帽子，并在一片唾骂声之中，含恨而终。

南宋宁宗庆元二年（1196年），爆发了有名的"庆元党案"。朱熹就不幸地成为"庆元党案"这场暴风雨的中心人物。这年十二月，监察御史沈继祖弹劾朱熹，其中有"引尼姑二人以为宠妾，每之官则与之偕行"和"家妇不夫而孕"两条罪状。这两条罪状足以使朱老夫子的一世英名扫地。因为古人注重名节，甚至把名节看得比生命还重。朱熹为老不尊，贪色好淫，引诱两个尼姑做宠妾，出去做官时还带在身边招摇过市，甚至还被疑"翁媳扒灰"，致使儿媳在丈夫死后还怀上身孕。在注重德行的社会中是为世人所不齿的。最足以致命的是，朱熹还承认自己的这些罪名，更让世人们肯定了朱熹败坏了道德纲纪。真相如何，不论是朱熹是为保性命而不得不妥协认罪，还是真有其事，朱熹认罪的事实成为他声名狼藉、为后世攻讦为"伪君子"的主要原因。

朱熹把自己弄得如此狼狈，除了自己的原因以外，还有更重要的原因，就是政治斗争。

自古以来，政治舞台都是一个杀人不见血的战场。"庆元党案"也无疑是一场残酷的政治斗争。

朱熹曾通过宰相赵汝愚推荐，出任焕章阁侍制兼侍讲，也就是皇帝的老师。此时朱熹已经65岁，但他性情过于耿直，喜欢倚老卖老，经常在讲学的时候上书皇帝要"克己自新，遵守纲常"，甚至连续六次上本弹劾台州知府唐仲友贪赃枉法，因此而得罪了许多权贵。而朱熹仗着自己帝师的身份在皇帝耳边喋喋不休，甚至指责皇帝的不是，皇帝也对朱熹极为不满。

当时的朝廷由外戚韩侂胄和宰相赵汝愚共同把持。韩侂胄也一心想要扳倒赵汝愚，以达到自己独断朝纲的目的。赵汝愚被韩侂胄视作眼中钉、肉中刺。于是韩侂胄决定以赵汝愚的挚友朱熹为突破点，通过设立"伪学"之说来打击朱熹和赵汝愚。当宋宁宗看到这份奏折之时，想到自己对朱熹的不满，于是就很干脆利落地准了这份奏折，赵汝愚遭谪永州，朱熹被弹劾。《宋史》记载，"十二月辛未。金完颜崇道来贺明年正旦。是月，监察御史沈继祖弹劾朱熹，诏落熹秘阁修撰，罢宫观。"宋宁宗还当朝宣布道学为伪学，禁止传播道学。赵汝愚和朱熹的众多门生故吏也大难临头各自飞了。

朱熹因为此事名誉受损，没过几年就死去了。

◎**历史话外音**◎

朱熹是理学的集大成者，中国封建时代儒家的主要代表人物之一。他的学术思想，在元朝、明朝、清朝三代，一直是封建统治阶级的官方哲学，标志着封建社会更趋完备的意识形态。

名士美人：唐伯虎从未点秋香

唐伯虎，又名唐寅，明朝人，此人博学多能、吟诗作画样样皆通，自称江南第一才子。我们印象中唐伯虎妻妾成群，家财万贯，少年风流，又有"唐伯虎点秋香"这样美丽的传说，那么真实的唐伯虎是不是民间传说的那样呢？

唐伯虎出身商贾之家，其自幼聪明好学，一生可谓命途多舛，在其20岁的时候父母、妻子、妹妹相继去世，家境从此衰败，幸得好友资助这才得以用心学习，功夫不负有心人，在其29岁时参加乡试以优异的成绩中得乡试一名即解元，民间有称唐伯虎为唐解元就因此而来。30岁赴京参加会试，命运又一次捉弄了唐伯虎，他无端因科考舞弊案牵连，心灰意冷誓不踏入仕途。就在人生失意的时候，他的结发妻子却是个势利之徒，眼见唐伯虎前程无望，她便提出离婚，夫妻反目。

就在唐伯虎最绝望的时候，苏州名妓沈九娘，她虽然来自烟花之地，但其渴望真爱，也仰慕唐伯虎的才气，俩人相见恨晚，有情人终成眷属，但天不遂人愿，沈九娘也不久于人世，唐伯虎悲痛欲绝，发誓再不续弦。

而"唐伯虎点秋香"这个故事最早出自明代王同轨的小说《耳谈》，但是故事的主角不是唐伯虎而是苏州才子陈元超，此人性格放荡不羁，风流倜傥，无意中与秋香不期而遇，秋香对陈公子嫣然一笑，遂暗生情愫，就产生了陈元超点秋香的故事。但是到了冯梦龙的手里就成了我们熟悉的《唐解元一笑姻缘》。

故事主角的变化，其实是有深刻的社会背景原因的。众所周知，唐伯虎生活在明朝经济高速发展的时期，而苏州恰是各种经济、文化汇聚地。经济基础决定上层建筑，经济上的繁荣在文化上就有相应的表现，当时的中下层知识分子有着强烈的叛逆，他们期望得到精神的自由，思想的反传统，礼法的不拘束，他们更需要一个在精神上能给予他们向导的人，这样的人必须具备勇于叛逆的精神，而唐伯虎本身天然地具备这些特点，所以各种文艺作品都把一些不拘礼法、放浪形骸形象的蓝本演绎成唐伯虎的故事。

那我们再来关注秋香：历史上却有秋香其人，也是生活在明朝中期，但是她的年龄至少要比唐伯虎大20岁，这两人之间要发生风流之事实难理解。秋香是何许人也？秋香实名林奴儿，是金陵名妓。据明代《画史》中记载："秋香学画于史廷直、王元父二人，笔最清润。"一个是当是才子，一个是江南名妓，如果两人发生这么一个点秋香的故事，那么其爆炸性、影响力可见一斑。

与秋香接触过的另外一个人其实和唐伯虎也有一些关系，这个人就是唐伯虎的绘画老师沈周，按年龄推算秋香和沈周这两个人倒也相仿，据《金陵琐事》记载，秋香曾拜师过沈周学画，有诗为证：临江仙题林奴儿（即秋香）山水画："舞韵歌声都折起，丹青留下芳名。"这首诗其实也有暧昧成分，这首诗的意思是什么呢？就是"前尘往事成云烟消散在彼此眼前，就连说过了再见也看不见我的哀怨"。

不管是小说笔下的陈元超变为唐伯虎还是冯梦龙的《唐解元一笑姻缘》，都是人们期望通过唐伯虎这样的具有反叛精神的青年来传递中下层知识分子渴望自由、追求个性解放、警示人们要为自己的理想而奋斗，只有这样才能取得成功。

○历史话外音○

唐伯虎，号六如居士、桃花庵主、鲁国唐生、逃禅仙吏等，据传他于明宪宗成化六年（1470年）庚寅年寅月寅日寅时生，故名唐寅。他玩世不恭而又才气横溢，诗文擅名，与祝允明、文征明、徐祯卿并称"江南四才子"，画名更著，与沈周、文征明、仇英并称"吴门四家"。

汤若望：一个德国人帮助康熙登基

中国历史从秦始皇开始，就从来没有在皇位继承的问题上被别人干涉过。但当历史的脚步前行到清朝的顺治十八年（1661年）时，该谁当皇帝，这件原本该是中国人自己拿主意的事，却被一个德国人硬生生地横插一竿子。

这名德国人的插手居然改变了中国历史，让本来排不上号的三阿哥玄烨成为下一任帝王，这才有了长达61年的康熙王朝，有了康乾盛世。这个德国人历经明清两朝的更替，先后侍奉过崇祯、顺治、康熙三位帝王，并且康熙的名字还是他给起的，他就是传教士汤若望。

后来皇帝病重，继承人成了关键问题。康熙作为顺治皇帝的三皇子，虽然大皇子已死，但还有二皇子福全。按照长幼排序，无论如何也轮不上他。但此时汤若望说出来一个谁也无法反驳的理由——玄烨出过天花，对这种可怕的疾病有了终身免疫力，再也不会出了，而福全还没出过，难保以后不会出，为了保证国家将来不会因为皇帝突然病逝而出动乱，应当选择玄烨来当皇帝。

汤若望的这番话彻底改变了中国历史，让本不该登基的玄烨登上宝座，至于汤若望为何力保玄烨，则是个谜，没有这个外国传教士，便不会有了后来的康乾盛世。

但是，为什么这个外国人能够插手清朝皇帝的家务事呢？为什么顺治对他如此信任呢？

汤若望之所以能影响到玄烨的继位，主要得益于他杰出的口才。顺治皇帝被他说服，信奉基督教，从而影响顺治的思想。

汤若望与皇室的渊源可以说是一个传奇。明朝末年，西方国家走上了全球殖民扩张的道路，扩张之前，他们先派传教士到国外去探路，打探情况，汤若望就是在这样的背景下进入了中国。

说起这位传教士，就不得不提他的出身背景。1592年，汤若望出生于德国科隆的一个贵族家庭，他从小就接受了良好的教育，而且成绩优异，后来被保送到罗马的日耳曼学院研修神学，从而成为上帝的使者，做了一名专业的传教士。

1619年，汤若望在法国神甫金尼阁的带领下到达澳门，三年后进入广东，过一年，又转到了北京，他所掌握的西方科学知识，深得明朝政府的户部尚书张问达赏识，被聘任为政府专员。汤若望就这样进入仕途，他与当地百姓结下不错的人缘，凭着自己带来的西洋玩意，让人们对他产生了好奇、喜爱之心。

作为一个外来"打工者"，汤若望十分敬业，他编写了科学文论，译著历书，推步天文，翻译德国的矿冶书籍，给明朝带来丰富的新知识。同时，汤若望还不忘宣传他的基督教义，只可惜汤若望来得太晚，他还没有说服崇祯信奉基督教，崇祯就被逼死在煤山上了。

明亡清始，汤若望换了个主子接着宣扬基督教义，与崇祯不同的是，顺治皇帝对汤若望宣讲的知识颇感兴趣，不但尊称他为"玛法"（"玛法"在满族语里是"爷爷"的意思），还对汤若望言听计从，并成为了虔诚的天主教徒。

为了支持基督教的传播，顺治皇帝拨款又拨地，在宣武门外建造一处天主堂，即北京南堂。不但顺治对汤若望尊崇有加，就连当时的老祖宗孝庄太后也将汤若望视为座上宾，这个外国人就这样获得了皇宫的高度信任。

◎历史话外音◎

顺治十年（1653年），汤若望被顺治皇帝赐予"通玄教师"封号，顺治十四年（1657年），顺治皇帝又为汤若望御撰《天主堂碑记》一文，赐予了"通玄佳境"的堂额。而在顺治十一年三月十八日（1654年5月4日）康熙出生。在康熙出生前后几年，"玄"字在顺治皇帝的心目中十分重要，给汤若望的赐物里两次带有"玄"字，自己的儿子名字里也带有"玄"字。"玄"这个字的意思包含汤若望所讲授的天文、历法、机械等在内的一整套学说。

满族贵族曹寅：曹雪芹祖父的密探身份

曹寅（1658～1712年），也就是曹雪芹的祖父。生于顺治十五年（1658年），曹寅的祖父是满族贵族。曹寅16岁的时候曾就做过康熙的御前侍卫，另外还有做过伴读的说法，也就是说曹寅是康熙的发小，两人一起经历了康熙最为重要的少年时期，这也就是康熙极为信任曹寅的一个重要原因吧。

那么曹寅给康熙做密探这样的说法到底是否属实？

1704年，康熙曾给曹寅写信："倘有疑难之事，可以密折请旨。"1708年，康熙两次告诉曹寅密折奏报地方上的事务及财政。

曹寅现存的我们可以查阅的奏章最早是1697年12月，但是在这之前，他就已经向皇帝报告过了诸如江南的粮价、气候等相关农业的情况了。

但是曹寅真正承担一些特殊职责的秘奏事宜应该始于1704年康熙给他的朱批："倘有疑难之事，可以密折请旨。凡奏折不可令人写，但有风声，关系匪浅。小心，小心，小心，小心。"

但是有人会说，这个朱批的时间大致为曹寅刚刚担任巡盐御史期间，作为监察官专折秘奏是其职责所在。但是我们应该注意另一个细节，那就是在当月，他从京城到江宁的路线是康熙指定的，他还把一路所见所闻写成一个长长地奏折报告给康熙。收到的回复是："知道了，以后有闻地方细小之事，必具密折来奏。"

从这时候开始曹寅的潜伏计划，他收到的第一个关于这个工作的教训就是：密折奏事，贵在神速。也许是由于曹寅担任了这项密探的职责，皇帝较之与以往的亲和不见了，代之而来的是更加坦率地和曹寅谈论各地方官员。

有一个例子或许更能真切地反映曹寅的这个潜伏的身份或者密探的角色。关于退休江宁的大学士、户部尚书熊赐履。皇帝问起："熊赐履近日如何？"曹寅的奏章这样写道：

打听得熊赐履在家，不曾远出。其同城各官有司往拜者，并不接见。近日他还和江宁的秀才们一起看花作诗，已经印刷，市场上也有卖的。因我不和他交往，不知道他的详情。

这一密奏其实包含很多内容，比较详细地回答了康熙想知道的关于熊赐履的一切活动，包括与地方官的接触、日常的生活、活动等。从这件事上看到，曹寅的报告很敏锐，而且工作的专业性也日益提高。

在曹寅的一生中，作为皇帝密探的三年或许是他人生中最重要的三年，他与康熙一直保持着直接的联系。康熙很坦白地向他询问诸如雨水、旱灾、冰灾、粮食收成、粮价、社情民意以及地方大小事务以及关乎国计民生的一些产业等问题，曹寅一一作答，在康熙统治时期，像曹寅这样和皇帝属于直接联系的人还很多，但因为所负责的工作的高度机密性，这些人大都是极为尊贵而且大都是皇亲国戚，例如康熙的大舅子李煦。

曹寅这样极为秘密地和皇帝保持某种联系，密奏各项事宜一直进行了大约20年，足见曹氏家族与皇帝之间有着密切关系。

◎历史话外音

曹寅喜好文艺，又爱好藏书，他精通诗词、戏曲和书法，他的代表作有《楝亭诗钞》《楝亭词钞》等。曹寅深厚的文化教养和广泛的文化活动，营造了曹家的文化艺术氛围。此时的曹家，呈现出空前的繁荣。

"丁香花公案"：龚自珍与顾太清的绯闻是非

道光年间的北京城，一出绯闻案传遍了大街小巷，绯闻的男主角就是写下"落红不是无情物，化作春泥更护花"的清代著名诗人龚自珍。龚自珍为人正派、耿直，却偏偏被牵扯进一桩桃色绯闻中，和一位寡妇传出了是非。这件事还要从这桩绯闻案的女主角说起，也就是清代的女词人顾太清。

顾太清，满族西林氏，跟随苏州的亲戚生活。她从小就聪明好学，写得一手好文章，诗才更是了得。在顾太清正值妙龄时，恰巧遇到贝勒王奕绘南游到苏州，对她一见倾心，便纳为侧福晋。嫁入豪门，也算是那时女人们都向往的生活了。顾太清也算是幸运的，可惜幸福的日子没过几天，婚后九年，贝勒就身染重病，不到一个月便撒手人寰，留下了顾太清和一双儿女于世间。

　　成了寡妇的顾太清只想清净度日，她不想惹麻烦，麻烦却自己找上了她的门。贝勒死后，她一直住在贝勒生前的那所宅院——京城西太平湖畔的王府里，深居简出，写写诗文度日。

　　但杭州有一个风流文人陈文述，他编辑了一本诗集叫作《兰因集》，搜集了一些闺秀诗文，为了抬高这本文集的档次，他让自己的儿媳周云林去央托表姐汪允庄，向闺秀文坛之首顾太清求一首诗，但顾太清实在无心去参与这些闲事，便拒绝了。这件事情让陈文述一直耿耿于怀。

　　后来，《兰因集》发行后，里面居然有署名顾太清的一首诗，顾太清觉得太荒唐，便写了一首诗讽刺陈文述，这更让陈文述记恨在心。但顾太清很快便忘记了这件小事，她一直与京城里的文人雅士有着诗词的交往，其中龚自珍就是其中之一。一年秋天，龚自珍写下一首诗：

　　　空山徒倚倦游身，梦见城西阆苑春；
　　　一骑传笺朱邸晚，临风递与缟衣人。

　　诗后还有一句注释："忆宣武门内太平湖之丁香花。"太平湖距离贝勒府不远处就有一片丁香树，这首诗被陈文述看到后，他认定龚自珍与顾太清有私情，于是他将二人的绯闻传播开来，顾太清有口难辩，龚自珍也为了避嫌，离开了京城。这场绯闻也被称之为"丁香花公案"。

　　顾太清因为这场绯闻，被奕绘的正室妙华夫人所生的儿子载钧逐出了居所，无奈之下，只得带着一双儿女在西城租下几所破房子，勉强度日。她曾写下一首诗表述当时的日子艰难：

　　　陋巷数椽屋，何异空谷情；
　　　呜呜儿女啼，哀哀摇心旌。
　　　几欲殉泉下，此身不敢轻；
　　　贱妾岂自惜，为君教儿成。

　　这首诗可以看出她当时生活的艰苦，但同时也能看出她内心的坚强，后来顾太清在清平生活中一直活到73岁。时间证明，清者自清，中伤顾太清和龚自珍的陈文述却只能是隐没在历史尘埃中，被人唾弃。

◎历史话外音◎

　　顾太清多才多艺，且一生写作不辍，她的文学创作涉及诗、词、小说、绘画，尤以词名重士林。她做诗词全凭才气，不摆"唐模宋轨"的架子。倒也潇洒自如，平添一种风流态度。著有词集《东海阁集》和诗集《天游阁集》。前人曰："八旗论词，有男中成容若，女中太清春。"

徐志摩：美诗之中留下的谜团

　　你去，我也走，我们在此分手；
　　你上那一条大路，你放心走，
　　你看那街灯一直亮到天边，
　　你只消跟从这光明的直线！
　　……
　　有那颗不夜的明珠，我爱你！

　　以上是徐志摩去世前写给林徽因的一首诗。

你真的走了，明天？那我，那我……

你也不用管，迟早有那一天；

你愿意记着我，就记着我，

要不然趁早忘了这世界上

……

但愿你为我多放光明，隔着夜，

隔着天，通着恋爱的灵犀一点……

以上几句是徐志摩写给妻子陆小曼的诗。

徐志摩的一生的感情生活和这两位女士是分不开的，一个是与之发生淡淡纯情的林徽因，一个是曾经的娇妻，时光匆匆走过，留下的徐志摩孤独的身影。就连徐志摩的死也是和这两位有千丝万缕的联系。当时由于陆小曼在上海的挥霍无度，数次催促徐志摩回上海，两人一见面就吵架，徐志摩负气出走，为了赶上林徽因在北京做的关于中国古代建筑的演讲，他搭乘一架邮政机飞往北京，后因大雾影响飞机坠机，徐志摩不幸遇难，时间是1931年11月19日。

故事没有就这么结束，因为在这之前也就是1925年3月，徐志摩曾把一个小提箱交给了著名作家凌叔华，并说，如果哪一天他不幸去世，望凌叔华给他写一个传记，并说箱子里装的就是写传记的素材。

那么箱子里到底装的是什么呢？我们从凌叔华写给胡适的一封信里得到这样的信息："箱里的东西不能给陆小曼看，箱子里有徐志摩的日记外加陆小曼的两本日记。徐志摩的日记里有当年和林徽因的恋情，陆小曼的日记内容却以骂林徽因的居多，令她着实为难。"

徐志摩身后留有一个箱子的消息不胫而走，人们都对箱子里的东西产生了极大的好奇心，尤其是这两位女士，陆小曼因为想写有关徐志摩日记集，所以急需得到第一手资料；而林徽因不想让徐的日记公开，所以她比陆小曼更想得到这个箱子。

林徽因知道凭自己始终无法得到箱子，她便请胡适做中间人。胡适以要为徐志摩整理出书为借口向凌叔华索要箱子，凌叔华想到自己也是受亡人所托，不能随便将故人的东西转赠他人，她便把徐志摩日记中一些涉及林徽因的部分私藏起来，其余部分交给了胡适。并要求胡适把这些东西转交给陆小曼，但是胡适并没有这么照搬，而是把箱子直接交给了林徽因。

林徽因如愿得到箱子，但是她万万没有想到徐志摩的日记只有半册，她便把此事告诉胡适，胡适写信告诉凌叔华，希望她把其余部分也交给他，因为只有这样才不至于材料分散会导致研究不便，况且大家都藏一部分资料会使朋友们之间产生嫌隙。另外，徐志摩还答应给凌叔华有关徐志摩日记的副本。在胡适的软硬兼施下，凌叔华最终还是把这些资料给了胡适。

凌叔华最后得知自己上当受骗，就写信给胡适，"我因听说你把箱子已给林徽因，很是着急，里面有小曼的日记，是非很多，但是已经这样，就不必再说了。"

故事的主角相继都去世了，但是徐志摩留给后人的这个箱子以及箱子里的日记最终花落谁家，却无从知晓，至今却成了一个无法解开的谜了。

◎历史话外音◎

作为那个时代的人，徐志摩做到了一个普通知识分子能做的一切，他在追求自身幸福生活的同时，也对民族命运有过深刻的思考。他的世界观是没有主导思想的，或者说是个超阶级的"不含党派色彩的诗人"。

第二十七章

奇闻异事怪案

——最奇妙和不为人知的怪事、轶闻

一代枭雄：曹操不要皇帝名号的秘密

一代枭雄曹操，出身卑微却胸怀大志，凭借对权谋与智慧的妙用，在东汉末年的董卓之乱中拔地而起。到建安元年（196年），曹操迎献帝至许昌，挟天子以令诸侯。依靠如此优势，枭雄奋起，统一了黄河流域，官拜丞相，封魏王，成就宏图霸业，开创了三国鼎立的局面。

曾被认为是"治世之能臣，乱世之奸雄"的曹操，在其"知天命"之年达到了权力的巅峰。然而，他最终没有承接"天命"登上帝位，给世人留下了一个千古之谜。

尝试解开谜题者，百试不殆，述其原因如下：

1.背不起乱臣贼子的骂名

东汉末年，汉室衰微而天下大乱，但纲常伦理、忠孝礼义仍在。曹操虽有雄才大略，亦摆脱不了儒家文化的影响。在争权夺利、内征外战的血雨腥风中，一直以天子之名出师，以捍卫朝廷的名义进行。曹操深知，如果自己废献帝，登帝位，那他将沦为千夫所指的罪人，难逃今生来世历朝万代的唾弃与责骂。这是一代枭雄背负不起的重担，曹操也不例外。他一再表明自己绝无称帝之心，绝不是篡权夺位的"奸佞小人"，而是忠心辅政的"贤能将相"。足见其受儒家正统文化影响之深，断不敢冒天下之大不韪而背负乱臣贼子的骂名。

2.经不住群起而攻之的激战

虽然曹操已取得了对汉室的绝对控制权，但他的势力仍局限于北方，东南、西南的孙权、刘备亦非等闲之辈。曹操如果贸然称帝，必将成为众矢之的，让孙权、刘备等人有了一个讨伐乱臣贼子的幌子，继而带领天下英雄群起而攻之。如此一来，他苦心经营的"挟天子以令诸侯"的绝对优势如流水东去，难挽狂澜，不仅陷入政治和道德上的被动，更有可能引发一场空前惨烈的激战。任其再怎么兵精将广，一旦以乱臣贼子的身份与天下豪杰对抗，胜算可想而知，亦难逃"偷鸡不成蚀把米"的下场。面对如此不利的形势，心思缜密的曹操，又岂会为了一时的痛快而陷自己于万劫不复之地。

3.看不上虚名而重实权

曹操为人讲求实际，实权与虚名孰重孰轻他再清楚不过。能够从乱世中一路走来，靠的不只是雄心壮志，更是为达目的不择手段的务实作风。称帝不过是多得了个名号，而天子诏令由他口授，朝廷政策由他制定，官员任命由他授意，这一切足以证明他名为丞相实当皇帝。皇帝名号，此时不仅不能锦上添花，反而可能因此而遭落井下石之罪，要它何用？

◎历史话外音

一句"若天命在吾，吾为周文王矣"，似乎道出了枭雄的心愿，点破了曹操宁为儿子铺路也不愿自己称帝的决心。然其心中真实的想法，历千年涤荡仍扑朔迷离，但凭后人评述。

一代女皇武则天：神秘的无字碑与没有脑袋的石像

素有考古界的"三峡工程"之称的乾陵埋葬着唐高宗和大周女皇帝武则天。一对夫妇，两朝皇帝，合葬一室，这在全世界也是稀罕的。更让世人无法弄明白的还有，武则天为何要为自己竖一块无字碑？乾陵的61尊石人像为什么都没有头部？

自秦汉以来，帝王将相无不希望死后能树碑立传，但是，武则天——中国历史上唯一一位女皇帝的石碑却没有刻一个字。

据有关史书记载，唐高宗死后，乾陵的选址、设计以及营建，都是在武则天直接指导下进行的。作为乾陵地面的主要大型石雕——无字碑也很有可能是当时树立的。由此看来，无字碑无疑是武则天树立的。这块武则天精心设计并树立的无字碑在整个乾陵陵园的石雕中，不仅因处于显著位置而引人瞩目，而且以其精湛的雕刻艺术，独特的韵味，以及种种富于传奇色彩的传说故事而备受青睐，名播八方。

无字碑上为何无字，民间出现了三种说法。

第一种说法认为，武则天立"无字碑"是用以夸耀自己，表示功高德大非文字所能表达。武则天从655年做皇后开始，到705年被迫退位，前后参与和掌握最高权力达五十年之久。如果从唐高宗死时算起，也有21年。她是中国历史上唯一的、杰出的女皇帝。她在政治上打击豪门世族，并通过发展科举制度，使得大量人才进入政治舞台，抑制了豪门垄断；她奖励农桑、兴修水利，减轻徭役并整顿均田制，使社会经济不断上升，民户数不断增长；她知人善任，破格用人，鼓励各级官吏举荐人才，并虚心纳谏，职是之故，"累朝得多士之用"。她加强封建朝廷的边防，改善与边境各族的关系。总之，武则天是一个富有政治才干和理想的人，在她统治期间作过许多符合民众利益的事，稳固和发展了"贞观之治"，把历史推进一大步，并对后来"开元之治"起到了承前启后的作用。

第二种说法认为，武则天立"无字碑"是因为自知罪孽重大，感到还是不写碑文为好。武则天对自己一生的反省可能有以下五点：第一，武则天以各种不得已的手段取得信任，从地位较低的"才人"，爬到掌握大权的皇后，最后居于皇位。第二，培养党羽、建立宫廷奸党集团，并打着李唐"朝廷"的旗号，消灭异己。第三，任用酷吏，实行告密和滥刑的恐怖政策。第四，唐初社会经济发展呈马鞍形，而武则天当政时处于最低处。第五，在其当政期间，曾失掉了安西四镇，危害了国家的统一。职是之由，武则天无法为自己立传，而只能以"无字碑"来为后世定基调。

第三种说法认为，武则天是一个有自知之明的人，立"无字碑"是聪明之举，功过是非让后人去评论，这是最好的办法。因为武则天有可以肯定的地方，也有应该否定的地方。武则天当政期间，贞观以来经济发展的趋势，仍在继续；在处理唐高宗去世前后的复杂局面中，她表现了不平凡的个人才干；就"纳谏"和"用人"这两点，连许多具有封建正统思想的人士，为之赞叹不已。但是，武则天的消极面也十分突出。她为了巩固个人的地位，任用"酷吏"，也曾滥杀无辜，崇信佛教，奢侈浪费。特别是统治后期，朝廷政治日趋腐败，形成一批为武则天所纵容支持的新的特权贵族。武则天被迫交出权力，还政于唐中宗，她知道对自己的一生，人们会有各种各样的评价，碑文写好写坏都是难事，因此决定立"无字碑"，由后人去评价。

对于没有了头部的61个石人像，史学家陈国灿先生曾经进行了多年的研究，最后考证出36尊石人像的名字。他认为61尊石人像应该叫61番臣像，其中有些人的生平事迹在唐代史书里有记载。

那么，为什么武则天要在乾陵竖立61座番臣像呢？

据《陕西通治》记载，乾陵石人群像是参加唐高宗葬礼的少数民族首领和特使。葬礼过后，武则天为纪念这件事，命人刻石像立在乾陵陵园朱雀门外两侧，象征着唐王朝的威望以及和这些边境民族的睦邻友好关系。

对于石人像头部的去处，在民间有许多说法。最流行的一种说法是：明末清初时，一个外国使节后代到乾陵来游玩，发现他的祖先在给大唐的皇帝守灵。他们认为有失国格，有辱人格，但又怕若把这些石像打碎会引起当地政府官员的阻拦，所以他想了一个招：每天晚上去到附近的农田里糟蹋庄稼，糟蹋完以后到附近农民家里去说这些石人晚上成精，把所有粮食都糟蹋光了。要保护粮食，就必须把这些石人消灭，把他们的头敲碎，他们就不能成精了。当地农民觉得这话说的有道理，就一气之下把石像的脑袋都打碎了。

另一种说法认为是八国联军侵华时，看见唐乾陵前立有外国使臣的群像，感到有辱洋人的脸面，于是把石人的头砍掉了。但据历史学家考证，八国联军当时并没有到过乾陵。

明朝的开国元勋刘伯温曾到过乾陵，并留下了"番王严似立层层，天马排行势预腾"的诗句。然而在明朝末年一些诗人描写乾陵的诗句中出现了"赤马剥落离倒旁"的诗句，也就是说乾陵的立马和石像都纷纷地倒在了地上。诗中所描述的石像倒地的情景，似乎与民间传说在时间上有相近之处。

◎历史话外音◎

自古道："人过留名，雁过留声。"多少人为了留名，费尽心机自己树碑立传。那无处不见的墓志铭，可谓应有尽有。然而在历史上却鲜有无字碑。正因其无字，所以特别引人注目。

苏东坡轶闻奇案：曾遭遇过UFO

外星人之谜是当今世界的热门话题，其是否存在、究竟是什么样子等争执从来没尘埃落定过，但是从古至今，对那些被今人视为UFO的不明物，古籍、书画中有颇多记载。

在中国，UFO研究是一幅横亘古今的历史长卷，现在我们可以确信的是，中国是世界上最早记录不明飞行物现象的国家之一。吴友如的《赤焰腾空》是我国最早一幅关于UFO的图画，在世界上也是罕见的。

该画距今已近百年，画面为许多身着长袍马褂的市民聚集在南京朱雀桥头，仰望高挂在空中的一团火球而议论纷纷。民俗或说民情画家吴友如在画面上方落款写了题记。火球掠过南京城的时间、地点、目击人数、火球大小、颜色、发光强度、飞行速度以及各种猜测又不得其解，皆有明确记述。一位老人还在它开始出现时，听到微微的响声。此画约作于1892年（光绪十八年），在一百多年前，世人尚无飞碟和UFO之说法，画家显然未能意识到，这幅《赤焰腾空》图，竟成为今人研究UFO的一则珍贵历史资料。

除民间传说外，大量有关不明飞行物的记载散见在各种古籍中，如《庄子》《拾遗篇》《梦溪笔谈》《御撰通鉴纲目》《二十四史》《山海经》等。《宋史·五行史》记载，宋乾道六年，西安官塘出现了一高约丈余、鸡首人身的不明物，从高空而降，大白天在田野上行走，还试图与人交谈。《五行志》中也记载了清朝康熙十二年三月时，当时有人看到过一个黑面人在空中飞驰，红光闪闪的，如同在空中放火。官府捕快闻讯而来，想对其进行追捕时，黑面人忽然不见了踪影。

在所有关于UFO的记载中，最值得考究的当属北宋苏东坡的一首诗。苏东坡在往杭州赴任途中，曾夜游镇江的金山寺。当时月黑风高，忽然江中亮起一团火来。这一奇遇使苏东坡深感迷惑，于是在《游金山寺》一诗中记载了此情景，"是时江月初生魄，二更月落天深黑。江心似有炬火明，飞焰照山栖鸟惊。怅然归卧心莫识，非鬼非人竟何物？"这几句诗隐藏着有关"UFO"的千古之谜。可是长期以来，注家、读者包括苏东坡本人如坠雾中，无法破译。

苏东坡解释自己所见之物是"江神"。但是却拿不准，所以感叹"心莫识""非人非鬼""竟何物"，而且，还怕别人误会，特在四句之后注明："是夜所见如此。"可见，所谓"江神"，只不过是创作的需要，是为引申出"归田"而作的假设。苏东坡究竟看到的是什么，连他自己也不清楚的。

清朝学者王文诰在注释本诗时，作了一番考证。他的结论是"阴火"。并引了三条依据：一是汪革：山林薮泽，晦明之夜，野火生焉，散布如人秉烛。其色青，异于人火；二是《岭表异物志》：海中遇阴晦，波如燃火，满海，以物击之，并散如星火，有月即不复见；三是木亢虚《海赋》：阴火潜燃。

然而，阴火似乎不像苏东坡所见之物，因为，王文浩所列之火如"秉烛""火星""潜燃"，绝不能"飞焰照山"，更不能"惊栖鸟"。

近来学者曹光甫先生在《宋诗鉴赏词典》中，为此列出了五个选项：一是束苇烧的火炬；二是阴火；三是某些会发光的浮游生物聚集水面而成；四是自然物被苏东坡神化；五是幻觉。

但是，曹先生也觉事有蹊跷，如果是如上三项，则光芒不足；如果说神化，则苏东坡清楚地注明："是夜所见如此"；至于幻觉，东坡此诗，思路极度清晰，也无从谈起。于是，只好以"奇怪"目了之了。

至于一般的注家，则采取回避态度，或者略而不注，或者干脆讲明："苏东坡究竟见到了什么？不能随意猜测。"

其实，如果把苏轼所见之物，看成是UFO，所有的谜团就迎刃而解了。

众所周知，UFO通常具有如下特点：一是碟形；二是发光（强光）；三是能飞行和潜水；四是能隐身；五是能干挠电子磁场；六是异于常物而人不识。

在这里，苏东坡没提及飞行、形状和隐身，干扰电子磁场也无法验证。可是具有强光、潜水和异于常物，三点却与UFO吻合。试想，除了掌握了电能或更为先进的光能的UFO外，能惊起宿鸟、使光焰照山的也只有雷电、阳光、极光等现象了。而苏东坡当时所见风平浪静，又是夜晚，根本不可能出现上述现象。苏东坡在金山寺所见之物是UFO无疑了。

这样看起来怪诞不经的事，在中国古代灿烂辉煌的历史文化中，确实有过不少的记载，为悬而未解的外星人之谜更加增添了神奇的色彩，也为后人研究外星人提供了宝贵的线索。

◎历史话外音◎

　　UFO和地外文明在上古时期曾经频繁地拜访过地球，甚至移民地球。中古和近古时期也未曾中断。随着古籍记载的大量整理，必将有越来越多的UFO现象展现在人类眼底。UFO将不再是"不明飞行物"。

蒙哥之死："上帝之鞭"折于钓鱼城之谜

1258年2月，蒙古大汗蒙哥亲率御营亲兵10万，分三路进攻四川，连克南宋许多州县，兵临钓鱼城下。蒙哥宣称："不出一月，我将踏平钓鱼城。"可是，从1259年2月起，蒙哥亲自指挥蒙古军数次进攻，损兵折将，蒙哥这位横扫欧亚无敌手、使欧洲人闻之哆嗦的"上帝之鞭"也折于城下。钓鱼城也因之而被各国史学家称为"东方的麦加城"、"上帝折鞭处"。由于史料对蒙哥死因记载不明，所以，蒙哥的死因引起了史学家的诸多猜测。主要有以下几种说法：

1.溺水身亡

口授而成的《海屯纪年》说蒙哥是在进攻宋军时，乘坐的战船被宋军潜水者凿穿船底，落水而死。

2.为炮风震伤而死

清代《古今图书集成》中的《钓鱼城记》一文中说蒙哥是在架设望楼窥视钓鱼城时，遭到城内宋军的炮石轰击，蒙哥为"炮风所震，因成疾。班师至愁军山，病甚……次过金剑山温汤峡（今四川重庆北碚北温泉）而殁"。1484年，明朝四川巡按谢士元在《游钓鱼山诗序》里也说蒙哥是遭"炮风致疾"而死。民国时张森楷先生主持编修的《合川县志》也有相同记载，并说蒙哥中炮风的地方就是今钓鱼城嘉陵江对岸的东山（现称炮台山）。1980年出版的西南师范学院历史系编写的《钓鱼城史实考察》一书采纳了《钓鱼城记》的观点。还说合州知州王坚在蒙哥中炮风之后，又命人把从钓鱼城天池里捞起的30多斤重的大鱼和几百个面饼送到蒙哥营中，并附书一封，告诉蒙哥把鱼煎了和面饼吃，并说城里粮食和水都很充足，蒙哥再有10年也攻不破钓鱼城。重伤中的蒙哥见到物和信，又羞又气，退兵温汤峡而亡。

3.被宋军射死

南宋著名诗人刘克庄在《蜀捷》诗里说："吠南初谓予堪侮，折北俄闻彼不支，挞览果歼强弩下。"叙利亚阿部耳法剌底编著的《世界史节本》，翦伯赞主编的《中国史纲要》，张传玺、李培浩编著的《中国通史讲授纲要》对蒙哥之死都持飞矢射死的观点。现存于四川省合川县钓鱼城旧址钓鱼山忠义祠内，1517年（明正德十二年）合州所立的《新建二公祠堂记》石碑碑文也说蒙哥是"中飞矢而死"。

4.炮石所伤致死

刘译华、冯尔康编著的《中国古代史》及邱树森著的《元朝史话》均采纳此种观点，认为蒙哥在率军攻城时，被宋军所发炮石击中，因伤势过重而死。

5.生病医治无效而死

波斯政治家和文学家剌施特哀丁编著的《史集》中说，蒙哥好饮酒，时天气炎热，蒙哥军中流行痢疾，蒙哥亦染疾而死。清人毕沅在《续资治通鉴》也持这种说法。

然而，虽然众说纷纭，"上帝之鞭"究竟如何断折，仍然没有定论。

◎历史话外音◎

蒙哥虽然并未亲自统一中国，但是他发动的征服战争为后来元朝的建立可谓贡献良多。而且，蒙哥还是一个比较有才华的人，并不是一副武夫样子。《多桑蒙古史》称："成吉思汗系诸王以蒙哥皇帝较有学识，彼知解说Euclid之若干图式。"这也就是说最早对于欧几里得《几何原本》有所研究的人是蒙哥，而且，他还是通过《几何原本》的阿拉伯文译本而了解古希腊数学的。

财神沈万三：沈家家业败亡探秘

沈万三在民间的知名度不亚于白蛇娘娘，据《明史》记载，他当年帮朱元璋修筑了三分之一的南京城，功不可没。后来他又自告奋勇要出资犒劳军队，结果惹恼了朱元璋脆弱的自尊心，认为他是故意展示财富，有谋反之心，之后在马皇后的求情下，才免了死罪，被发配云南。

《明史》中，记载了朱元璋与沈万三这样一段对话：

朱元璋问："朕有百万军，汝能遍济之乎？"

沈万三说："每一军犒金一两。"

朱元璋说："此虽汝至意，不须汝也！"

有真相有细节，似乎沈万三真的是在朱元璋的打击下才被流放至死的，但事实上沈万三与朱元璋却是八竿子打不到一起的人，早在明朝还未建立时，沈万三便病死了。一个已死的人是不可能出资修建京城，更不可能被流放的。

不过沈万三与朱元璋没有关系，但沈家是遭到朱元璋的打击而没落的这件事却是千真万确。明朝初期，朱元璋大肆屠杀开国功臣，令沈家触了霉头。在胡惟庸案上，沈万三的女婿陆仲和被扣上了"胡党"的罪名满门抄斩。

这一点在朱元璋亲手编写的《大诰三编》里有着记录：这位做了18年粮长的超级大富翁，不但谎报灾荒还出钱收买官吏。所以，帝王圣明，查明真相后便严惩不贷，将他斩草除根了。

而在洪武二十六年（1393年）的蓝玉谋反案里，沈家遭到了彻底的、毁灭性打击。之所以斩杀蓝玉，最初的动机是朱元璋为了保护年幼的皇长孙朱允炆登基后不受到那些豪杰的威胁，所以，他一面铲除最有威胁性的功臣，一面斩断民间富豪的根，不幸的是，沈家被朱元璋列入了名单之内。

俗话说："君叫臣死，臣不得不死。"皇帝想杀人是不需要理由的，更何况沈家自找着就卷入蓝玉的关系网中，为朱元璋名正言顺地铲除沈家留下了理由。而制造这个机会的，是一个名叫王行的教馆先生，他牵线搭桥将沈家罗织进了蓝玉一党中。

王行曾在沈家做过很多年的教馆先生，后来又去蓝玉家做教馆先生。沈家为了攀附权贵，便想通过王行这个中介，让自己能搭上蓝玉这艘大船，结果反而是给了朱元璋一个借口，令沈家满门抄斩。

沈万三一手创下的巨大家业就此画上了一个句号。虽然沈万三与朱元璋之间的纠葛是伪造的传奇，但依附在这些传奇上的历史却是真实可寻的。之所以沈万三帮助朱元璋修筑南京城的传说会一直流传，那是因为这与朱元璋大肆强行迁徙江浙地区的富户来"充实都城"有关。

朱元璋的仇富心理很极端，他为了修筑自己的帝国，强行对富户们采取迁徙手段，将苏州、杭州、嘉州、湖州等地四千多家富户集体迁往南京，美其名曰是为"京城繁荣"，实际上是将大批富豪连根拔离本乡，变相地掠夺他们的财富。

沈万三的典故便是出于这个背景。至于说沈万三充军云南，也是因为朱元璋自洪武十五年云南平定后，便不断将内地居民迁往云南。这项行为被冠上"支持边疆建设"的美名，实际上也是对富户变相地打击报复，因为这些移民当中，百分之六十都是富户。

明代人谢肇淛的《滇略》一书，就对此有过记载："高皇帝既定滇中，尽徙江左良家闾右以实之……故其人土著甚少，寄籍者多。衣冠、礼法、语言、习尚，大率类建业……"可见在传说中，沈万三只是这些富豪们的一个影子而已。

沈万三作为一个毫无身份地位，靠自己双手白手起家的平民财神，被杜撰到这样的故事中，无疑表露了明朝人当时对朱元璋的极大不满，从故事中的沈万三就可以看到当时明朝富豪们的悲惨命运。

而对于这些历史，当时的记载却是不咸不淡，犹如挠痒痒般不痛不痒："当是时，浙东、西巨室故家，多以罪倾其宗。"一句话便将受到牵连的富户打发了，而沈家也正是在这样的不公正待遇下，走向穷途末路的。

在这样的大背景下，即便沈万山活到明朝，也是难逃一死，因为朱元璋在明朝帝国的设计蓝图中，是不允许富人们存身的。

◎**历史话外音**◎

贫农出身、苦了半辈子的农民皇帝认为富人们会损害他的统治，妨碍他对帝国的掌控，沈万三的败亡探秘到最后，揭晓出来的不过是皇权制度下的"潜规则"罢了。

泰州明代古墓：不腐女尸，容貌不改

2011年，在泰州市区春兰路延伸工程施工工地发现三副明代棺木，棺木木质优良，均系浇浆墓，墓葬距地表都在2米以上。泰州博物馆工作人员对其中两副棺木进行清理，只发现木枕、明代服饰、陶罐、尸骨等，未出土有文字的文物。

江苏省泰州市博物馆工作人员将明代不腐女尸抬出棺外。开棺的这副棺木外层浇浆保存非常好。开棺时女尸紧缠于裹尸布、被子和衣服之中，几乎全部浸在黄褐色的棺液里。尸体僵硬、皮肤完整，五官、毛发、睫毛等清晰可见，女尸长1.5米左右。用手按压其脚踝部，发现皮肤竟然有弹性。女尸头部的帽子后侧还残留有青蓝的颜色，脚上布鞋底的针线眼清晰如初。棺木以糯米石灰浇浆来防腐，显示是大户人家，但女尸通体都是棉布，并没有发现丝绸等华贵衣服又似平民。

该明代古墓的女主人五官分明，甚至眉毛都清晰可见。要对女尸"善后"，需将肉身和衣物分别保存。泰州市博物馆的专家，花费3个小时为女性墓主人"更衣"，发现了一些有价值的墓葬品，其手上一枚绿宝石戒指最为吸引人。

泰州市博物馆专家选择了最适合女尸及其身上衣物贮藏要求的温度：4摄氏度。据介绍，出土后的女尸，须肉身和衣物分开分别保存，以免女尸出现腐烂。因此，褪去其身上的衣物，便成了当务之急。身上包裹厚厚衣物的女尸，被抬出冰柜。由于不需解冻，专家们随即着手对其"褪衣"。记者现场看到，连接女尸衣服两侧的"纽扣"，其实是一个两根布条扎在一起的"结"。女尸外衣被解开后，里面一层层衣服都是斜衣领，领口从右上开始，"终于"左腰间。

褪衣初期，工作人员脱去其外罩后，便发现女尸右手戴有一枚戒指，上面的绿宝石还隐隐发着光，戒身为银制。几乎与此同时，工作人员看到，从女尸右袖筒滑出一串铜钱，这些铜钱被穿在一根布条上，布条一头拖得很长，另一头刚刚"探出"最上面一只铜钱的眼孔。专家分析，根据有关风俗，女尸刚下葬时，这些铜钱应该是被其"攥"在手中的，寓意是转世后手里不缺钱。

褪去帽子，工作人员在其头部发现了一只发簪，由于年代久远，发簪已呈黑色。有意思的是，这只发簪一头竟是可以挖耳朵的耳扒。专家分析，发簪的材料可能是银质的。在第二层衣服的上方，工作人员发现了一只挂在脖子上的香袋。移去香袋，一枚被缝制在衣服中央的铁钱露了出来，钱面上"太平通宝"四个字还能隐约看得出。在多层衣服之间，工作人员还发现了一张张"黄元纸"（俗称"阴钱"）。令人称奇的是，这些"黄元纸"虽泡在水中数百年，仍完好无损。对于这些随葬品，工作人员都逐一小心翼翼地存放。

被完全褪去衣物后，女尸的肉身被浸泡在一个类似浴缸的容器内，缸内放满了水。据泰州市博物馆考古部主任王为刚介绍，容器内的水是福尔马林药水，可以对女尸进行防腐。而褪下来的衣服，继续放冰柜冷藏。下一步，泰州博物馆将约请上海科技馆专家对尸身进行专业保护，并请有关纺织品专业保护单位的专家，对其衣物进行保存。

泰州市博物馆馆长分析后认为，尸体之所以不腐烂，是因为处在一个密封的空间里，隔绝了空气，微生物又相对较少，而浇浆层上有细微小孔，致使地下水渗进棺中，这恰恰又为尸体保存提供了良好的隔离空气的环境，才能保存至今。但是令人遗憾的是，除了一些防腐用的中草药，没有发现任何殉葬品，也没有发现墓志铭等文字记载，墓主确切身份还是个谜。

女尸出土后为何容貌没变？有报道说，有的古尸一出土，容颜就大变。但尽管"重现天日"已经两天，但女尸的容颜几乎和刚出土差不多。泰州市博物馆考古部主任介绍，古尸出土，之所以容颜有变化，是因为出土后的环境（比如温度、湿度等）与地下存在较大差别，比如，古尸出土恰逢高温，或烈日曝晒，容颜就会大变。泰州女尸之所以变化小，是因为近来气温较低，天气湿润，与地下环境差异不大。

泰州市博物馆专家介绍，省里有专家曾对该疑问提出过自己的观点，那就是这很可能与泰州地下独有的环境有关。具体原因，还有待进一步考证。此外，还有人猜测，尸体中可能注入了水银之类的防腐剂。因为泰州不像那些出土古尸较多的新疆等地那样气候干燥，泰州相对湿润，按理说不便于尸体保存。因此怀疑是注入水银。还有一种说法是，可能正因为泰州地势低注，导致地下水渗入棺中，与棺中的物质混合，形成了一种可防腐的特殊液体。

据介绍，泰州所有出土明代服饰的墓葬都有些共同之处：选用珍贵耐腐的柏木、杉木，精工制作棺椁，全用榫卯紧密接合；有的棺木内放置灯芯草等防腐干燥物品；棺外有椁，棺内外刷漆；椁外周围六面全用石灰糯米拌和浇浆；在上层浇浆上再堆起高大的封土堆，使整个墓葬处于符合保护尸体条件的相对恒温恒湿无菌的环境中。在当时，这种尸体与服饰的防腐技术已达到了相当高的水平。这正是能在泰州大量出土明代服饰的重要原因之一。

泰州为何常出不腐古尸？据介绍，从1979年至2008年，泰州市先后在泰州西郊九龙桥等处，发现5处明代墓葬，墓主人随身穿戴或陪葬的服饰都未腐烂。"这些明代服饰大多是丝织品，少数为棉织物。"泰州市博物馆馆长说，作为古代服饰，无论是丝的还是棉的都很难保存，在一般棺木中会腐烂得更快。类似泰州这样多次发现明代不腐尸与随葬不烂服饰的现象，较为少见。

◌ **历史话外音** ◌

　　《不腐肉身》一书的作者乔安·克鲁兹曾将保存完好的尸体分为3种情况：人为保存下来的，在一些自然条件影响下侥幸保存下来的和由于上苍的恩赐本身就不会腐烂的。

1923年紫禁城失火奇案：疑云重重待揭秘

　　1923 年6 月27日晚，天上月朗星稀，地面燥热无风，北京城的许多人家都在外面打扇纳凉。9点多钟，一道火光从紫禁城东北角冲天而起，熊熊的火光映红了夏日的夜空。这一场特大火灾从紫禁城东路静怡轩开始烧起，延烧到延寿阁。宏伟高大的延寿阁倒塌时，将正燃烧的椽梁架在别的宫殿上，这样一来，慧曜楼、吉云楼、碧琳馆、妙莲花池、积翠亭、广生楼、凝辉楼、香云亭等顿时化为一片火海。宫中数百年的参天松柏也变成一棵棵火树。

　　这场大火据说是意大利使馆的消防队发现并首先赶到的。但大火发生时，内务府中堂绍英为防意外，令紫禁城卫队先不要开宫门，结果消防队被阻在宫外，导致火势蔓延。及至宫门打开，军警和全城的消防队赶到，又因宫中无水而一时无用武之地。后来将所有的水龙接在一起，取紫禁城外御河之水扑救，一根水龙面对一片火海亦是杯水车薪。意大利消防队指挥大家拆除房屋、隔断火道，直到次日早上才将这场大火扑灭。

　　这次大火共烧毁房屋三四百间。这些楼阁建筑都非常宏伟壮丽，里边存放的奇珍异宝堆积成山，是清宫存放珍宝最多的地方。烧毁的珍品主要有： 敬慎斋所藏明景泰年间刻制的大藏经版数千块，广生楼所藏全部大藏经，古云楼、凝辉楼所藏钻石顶金亭四座、金佛及金质法器数千件，中正殿所藏大金塔一座、全藏真经一部。此外，还有清代九个皇帝的画像和行乐图，历代名人字画、古铜、古瓷，以及溥仪结婚时所收的全部礼品。

　　事后清理火场，仅将熔入土中的金水重新熔化而成的纯金即达三四百斤之多。这场特大火灾造成的损失没有具体统计，但无疑是极为惨重的。火灾以后，溥仪下令追查责任。然而，对于这场特大火灾的起因，众说不一。

　　第一种说法是宫内太监监守自盗。溥仪退位以后，经常与溥杰等人将宫中珍玩偷盗出宫，太妃们也常将珍贵物品交心腹太监运出变卖。"上有所好，下必甚焉"，内务府官员与太监勾结，偷盗之风愈来愈严重。仅1922~1923年6月火灾前，已经查实的被盗物品就有重达百余斤的金钟两个，古铜器、金器、玉器数十件。北京当时的古玩铺，经常发现宫内的古物。大火以后，建福宫首领黄进禄供述了太监多次偷盗古物的内情。

　　那段时间，溥仪无所事事，经常与庄士敦在一起，叫太监们将宫内收藏的古玩一一取来欣赏。有几次，溥仪所要的古玩竟然取不出来，监守自盗的太监们眼看纸包不住火，罪行马上就要暴露，于是纵火灭迹。

　　据参加宫中灭火的消防队说，他们初到宫中时，曾闻到一股浓烈的煤油味。溥仪闻讯后，认定太监监守自盗，纵火灭迹，下令拘捕了几名太监，但是谁也不承认自己是纵火犯，因查无实据，只得不了了之。

　　这场大火以后未久，养心殿东暖阁又着火，所幸被及时扑灭。溥仪认为，太监不仅监守自盗，还图谋报复，要将他活活烧死，于是下令将太监驱逐出紫禁城。驱逐太监与火灾仅隔20天，太监一走，火灾的起因更无法查清了。

　　第二种说法是电线走火。当时紫禁城里造有一座小型发电厂，专供宫内照明之用。因电线质量差及敷设使用不得法，宫内已不止一次发生电线漏电走火的事，但未酿成火灾。此次大火烧毁的东路楼阁，全部敷设有电线。起火的晚上，东路楼阁有 7 个太监值守，彼此证明未纵火，也未见有其他人纵火。9点多钟，火从静怡轩起。

第三种说法是渎职失火。紫禁城当时虽已采用电灯照明，但因紫禁城面积大，房间多，发电厂功率小，尚不可能全部采用电灯照明。许多地方仍采用旧法，用铁油灯挂在柱上照明。日久天长，木柱烤焦，便易引发火灾，还有太监晚间行路，以灯照明，也是火灾的隐患。清代仅道光以后就发生失火案数起：道光十六年（1836年），太监韩进钰失火延烧西佛堂；道光二十五年（1845年），太监马庭贵失火延烧延禧宫；咸丰八年（1858年），太监禹得馨失火延烧延辉阁；同治八年（1869年），匠役城钰失火延烧武英殿；光绪十四年（1888年），护军富山失火延烧贞度门。

◎历史话外音◎

古籍堪舆书中记载，紫禁城永乐十九年（1421年）突遭天火，天火在古时乃是不祥之兆，当时的皇帝朱棣难免内心惶恐不安，在失火当天就到太庙和社稷坛举行隆重的祭祀，祈求祖宗和上天的保佑。但是，上天和祖宗并未因朱棣的诚心而降下福佑，相反，在这场大火之后的十几年时间内，紫禁城几乎年年失火。不仅如此，在接下来的几百年间，紫禁城还历劫了大大小小不下百次的火灾。

安溪清初土楼：无人居住清扫，百年不长蜘蛛网

安溪县感德镇龙通村是个偏僻的小山村，四面临山，位于永春与安溪两县的交界处。村中至今还完整地保留着一座近400年的大土楼，气势雄伟，占地面积有2000多平方米。远远地看到土楼，便使人产生一种要走进村寨的感觉。感德镇龙通村有一座清初土楼，历经360多年风雨洗礼，仍然保存完好，更为奇特的是，虽然无人居住清扫，但土楼内却从不长蜘蛛网。

龙通村离感德镇区有13公里，是一个四面环山的偏僻小山村，通往该村只有一条3米宽的水泥路。沿着山路盘旋而上，脚下便是呈梯状的茶山，深不见底，有一种胆战心惊的感觉。从远处看，土楼更像个古堡，呈正方体，高约20米。外墙是白色，因年代久远，下半部分的白灰已经脱落，露出斑斑驳驳的泥墙，屋顶盖着青瓦。走近一看，墙基由石头砌成，土楼外墙石基厚约3米，土墙厚近2米，高足有20米，十分坚固。大门框用石板条弯拱而成，正上面挂有一匾额，题写着"崇墉永峙"四个大字，落款为甲申年瓜月。走入大门有点入城门的感觉，炎炎夏日，在土楼里却十分凉快。抬头仰望，首先映入眼帘是一座古老的三层楼阁式古民居，气派辉煌，窗格子、板壁、屋檐等等，雕梁画栋、古香古色，其建筑艺术令人赞叹无比！

据许氏族谱记载，土楼是清初顺治三年（1646年）开始建造，建造者为当地富绅许明哲，传说土楼建到一半时就去世了，其妻续建。因为当时社会混乱，匪寇四起，土楼易守难攻，山区的人们学习北方人的做法，建造土楼，用于防御、躲藏、储存物品等。传说，许氏的祖先曾被匪寇围困在土楼里，他们用大石块堵住大门，土匪攻不进来，七八天后才无可奈何地退兵。解放初期，人民解放军到山里剿匪时，也有部队官兵来土楼居住。

土楼长、宽各有29米，占地面积有近900平方米，建筑面积有2000多平方米。推开土楼的大门，看见里面是一个"四合院"，抬头仰望，古老的三层楼阁式古民居环绕四周，古色古香。大门边靠墙有一条陡峭的1米多宽的石阶，下堂左右两边都有木板梯可以上下。记者一行沿着楼梯登上二楼、三楼，但见一条1.7米宽的走廊绕着土楼四周，有如走进边关阵地。给人的印象是设计合理、无懈可击。

大门边靠墙有一条陡峭的1米多宽的石阶，光线昏暗。一条1.7米宽的跑马路绕着土楼四周，跑马路下面便是宽大的墙体，可见其工程之大。望口其实是个小窗户，可用于瞭望和防卫射击，不用时还可以关起来。沿着跑马路走一圈，有如走近边关阵地，土楼左边靠墙处还有个破旧的小灶

台，大概是先人用来煮饭的吧。

从望口欣赏村中美景，只觉凉风习习，凉爽无比。仔细数一数，二、三层都有20个房间，可见其规模庞大。看着一间间构造精致的木房子，不禁又想起了那多情的酒家客栈。夜里土楼的走廊里如果挂上红灯笼，四周映照着，一定会使人产生回到从前的感觉。二楼屋内的楼板有的已腐烂，处处是破洞，满目疮痍。

土楼内的房间大小不一，大的有20多平方米，小的只有10多平方米，据说，这样的房间一共有72间，古时足以容纳全村人避难。

最为奇特的是，整座土楼内15年无人居住，居然很干净，没有一张蜘蛛网。市、县文管部门看到也啧啧称奇。连一根蛛线也没发现，当地村民、几位专家也感到不可思议。

龙通村老人说，民国初年，龙通村与邻村曾引发过一次冲突，邻村人请来一个连的军队帮忙实施报复，龙通村人见势不妙，全部躲进土楼，军队将土楼团团包围，但就是攻不下土楼，于是调来大炮朝土楼开炮，不料开了三炮，却只有一发炮弹击中了土楼，竟然也没有爆炸，军官就下令撤离，后来村民曾被土匪围困在土楼里，土匪放火也攻不进来，7天后撤退了。

20世纪50年代末，全国大炼钢铁的时候，有人提议要将土楼拆毁，砖石作为炼炉用，但遭到大部分村民反对，土楼又躲过了一劫。曾到感德镇进行文物普查的安溪县文管会负责人说，龙通土楼虽历经300多年历史，但基本保存完好，对感德发展生态旅游有着积极意义，因此他们建议政府进行就地保护。

◎历史话外音◎

所谓土楼，就是利用未经焙烧的按一定比例的沙质黏土和黏质沙土拌合而成的泥土，以夹墙板夯筑而成墙体（少数以土坯砖砌墙）、柱梁等构架全部采用木料的楼屋；简言之，就是以生土版筑墙作为承重系统的任何两层以上的房屋。

千古之谜：龙虎山崖墓悬棺

龙虎山原名云锦山，被誉为"中国道教第一山"的国家4A级龙虎山旅游景区，位于江西鹰潭市郊西南16公里处，应天山、上清宫、正一观等六大景区拱抱出的源远流长的道教文化，独具特色的碧水丹山和千古未解的崖墓，也就是悬棺之谜。在悬崖峭壁上的垒垒洞穴内，散布着200多座崖墓群，岩洞大小不一，里面陈放棺木形式各异，都在距水面10~80米之间。

其实，悬棺葬是古代一种比较奇特的葬式：在江河沿岸，选择一处壁立千仞的悬崖，用我们至今仍不知晓的方法，将仙逝者连同装殓他的尺棺高高地悬挂（置）于悬崖半腰的适当位置。

而早在1978年，考古部门请来了身怀攀岩绝技的当地药农，凭借几根绳子荡入洞中，最后竟然从中取得了一些文物，经专家鉴定，此属春秋战国时期的遗存。1979年，考古队采用层层搭架的方法第二次发掘清理，共取下棺木39具，人骨架16副，收集到珍贵文物290多件，但无法确定葬俗葬法。由于年代久远，史书的记载也不尽详细，人们对悬棺亦莫知其由来，故而把悬棺神秘化了。将放置悬棺的地方称为"鬼葬山、仙人岩、仙人屋、兵书峡、风箱峡、箱子岩"等，对悬棺则叫之为"沉香船、沉香棺、仙人棺、龙船、船棺"等。近些年来，随着科考、探险、旅游的深入，人们对"地壳变化""洪水涨落""筑土架台"等数十种猜测、实验都予以了否认，使得龙虎山崖墓之谜，更是笼罩在神秘的迷雾之中。

有这样一则轶闻：1933年，一位姓陈的地方官为了探究僰人悬棺的奥秘，雇用两名樵夫，从豆沙关的绝壁上掀下两具悬棺，其中一具运到昭通省立第二中学供考察、展览。未久，两名樵夫均意外惨死。翌年，一位叫熊廷权的赈灾的官员，公务之余，到省立二中参观，看了悬棺及棺木中遗骸，又询悉惨死的樵夫的故事，便有些坐不住了，对校长再三进言："文王泽及枯骨，古人遗骸何当玩弄？请以礼瘗之。"校长只得将悬棺遗骸归葬。这位熊大人仍难以心安，又战战兢兢地写了一篇诔文："霜凄凄兮露瀼瀼，风雨剥蚀兮日月迎将。翳何人兮骨骸坚强，胡不速朽兮恋此高岗。恶有报兮善有庆，毁棺露骸兮吾意凄惶。山之广大兮地厚无疆，以为宅兆兮永此潜藏。臻百福兮降百祥，千秋万岁兮无厉无殃。"敬鬼神而远之。

悬棺葬的表现方式经专家归纳有七种类型：一是"木桩架壑式"，将棺木一头置于天然岩洞或者岩石裂隙之中，另一头则架于绝壁的木桩之上。二是"天然洞穴式"，将天然洞穴稍加修整或填平，然后置棺其内。三是"人工开凿横穴式"，人工在临江的崖壁之上开凿长方形横龛，大小宽窄以容一具或两具棺木为宜。四是"人工开凿方穴式"，在临江崖壁上开凿宽1~1.5米的方洞或者利用天然洞穴加工成方洞，置棺其内。五是"悬崖木桩式"，在临江崖壁上开凿横向2~3个小方孔、嵌入木桩，然后置棺其上。六是"崖礅式"，在临江悬崖峭壁上有突出或凹下的岩石，因其厚重而又平坦，稳度大，或称"岩礅"或"岩缝"，将棺木置入其内。七是"岩缘式"，在海边陡峭的崖壁上找有突出的狭窄岩缘，形成天然平台，置棺其上。

一口沉甸甸的尸棺，一具冷冰冰的尸骨，怎么会"飞"到那高高的悬崖上？尸棺的主人是谁？

为了彻底解开这个世界之谜，1997年6月，龙虎山遍下英雄帖，向全世界郑重宣布，有人能解开以下三个谜底的，即（1）棺木如何进洞？（2）为何采用崖葬？（3）葬者何人？即可获得30万元人民币的巨奖。

悬赏解悬棺之谜的消息一经发出，仅一年时间，就收到海内外猜谜者寄来的信函和文稿近千件，来函对悬赏的三个主要问题见解不一，归纳起来有三：（1）关于棺木进洞方法，有"悬吊法""竹木搭架法""云梯架岩法""架天梯法""网绳搭架法""栈道法""后山挖隧法""楼船安放法"等。（2）关于为何采用崖葬，有"升天成仙说""尊神事祖说""敬先至孝说""回归洞穴说""保存祖尸说""防盗防害说""修炼坐化说"等。（3）关于何人享受此葬待遇，认为上至诸侯将相、文臣武将，下至部落首领、家庭成员或修道隐士者都有。

尽管龙虎山悬棺至今未解，但是人们从来没有停止过探秘绝壁悬棺的脚步，1989年，上海同济大学古代机械研究专家陆敬严教授，研制出仿古吊装法，把重达200公斤的棺木提升至洞口，由吊装人拉进洞中安放。

陆敬严教授的这种仿古吊装法升置棺木的过程，如今已经在龙虎山展现，并成为龙虎山一个固定表演节目，这个节目就设置在仙水岩悬棺比较集中的飞云阁。

表演者自峰顶轻轻腾空跳起，沿着垂直悬挂到江面的绳子而下，当他们下滑到接近峭壁中间的岩洞时，只见他们剧烈地摇晃绳索，借着惯性，以迅雷不及掩耳之势蹿入洞中。然后地面上的楠木悬棺缓缓升空，上升到接近洞口时，岩洞里的人用短索牵引，地面的人则大幅度地摇晃绳索，借着悬棺在半空中晃荡的惯性，找准时机，上下合力把悬棺送入洞中。

◎历史话外音◎

悬棺葬——中国古代一种特殊的葬礼，是我们的先辈们凭借着智慧、技巧和无畏征服自然，超越天险的体现，他们的聪明才智和勇敢都令人钦敬。对于悬棺葬，我们好奇、惊讶，更应该尊敬，是对逝去的先辈们的尊敬，也是对发明了这种伟大的方法的先辈们的尊敬。

神秘的寄死窑：弃老恶俗的凭证

在湖北省西北部的十堰市丹江口武当山有一些不明窑洞，处于其南麓丘陵的灌木草丛中，窑洞依山而建，洞口很小，只能容一人，洞形形状规整，隐约留有人工痕迹。但被发现的石洞中，未留下任何物件。